奶牛产业技术体系北京市创新团队
Beijing Dairy Industry Innovation Team

奶牛产业技术体系北京市创新团队全家福

奶牛产业技术体系北京市创新团队简介

团队组成：奶牛产业技术体系北京市创新团队依照北京市农业局、财政局“关于印发《现代农业产业技术体系北京市创新团队建设实施方案（试行）》（京农发〔2009〕44号）”文件的通知要求，于2012年4月组建。共设置技术研发中心、功能研究室、综合试验站和田间学校工作站4个层级，专业涵盖繁育、饲养与营养、疫病防控、环境控制、乳品加工、生鲜乳安全、产业经济等领域，可全方位为奶牛产业健康发展提供技术支撑。团队共设有功能研究室5个，综合试验站8个和农民田间学校工作站18个，53名成员分别来自中国农业大学、中国农业科学院、北京农学院、北京农林科学院、北京农业职业学院等大专院校、科研院所，各级畜牧兽医技术推广机构及首农集团、中地畜牧等大型企业。

总体目标：依据现代农业发展总体规划和优势农产品布局的具体要求，以奶牛产业为主线，凝聚首都奶牛产业科技优势资源，组建集研发、示范、推广为一体的团队，合力提升奶牛产业科技创新能力；以优势区（县）为重点，以综合试验站和田间学校工作站为载体，通畅技术成果转化渠道，增强科技转化能力；以解决制约当前奶牛产业发展的技术瓶颈问题为突破口，加强科技研发工作，提升对产业热点问题的解决能力和突发事件的应对能力；以高端、高效、安全乳制品开发为切入点，推进安全、高效、特色乳制品生产的产业化进程，提高本地乳制品市场占有率和市场控制能力。最终达成产品安全放心，养殖场（户）增收致富，环境友好和谐的都市型奶牛产业发展目标。

实施要点：团队建立以来，以京郊奶牛养殖优势区（县）的规模牛场（户）为主，开展了系列调研。通过调研，达到了“了解北京市奶牛产业发展现状，掌握奶牛产业链各环节存在的主要问题，理清产业未来发展方向”的目的。团队今后的工作将依照“占高端、提效率、降排放、保安全”的团队发展方向，重点通过提高奶牛疫病防治及健康水平、饲料与营养供应及保障水平、奶牛繁育水平、产业安全水平和产业竞争力水平等五大水平，探索建立优质高效、环境友好、生态文明的都市型现代奶业发展模式，全方位推进北京市奶牛产业的健康、良性和可持续发展。

团队英文名称：Beijing Dairy Industry Innovation Team

团队精神：和谐 高效 务实 创新

团队使命：服务奶牛产业，创造美好生活

团队Logo：

奶牛产业技术体系北京市创新团队
Beijing Dairy Industry Innovation Team

团队吉祥物：欣欣

团队五年总目标：

1. 成乳牛年均产奶量提高10%，从6.4吨提高到7.0吨以上，其中成乳牛平均单产达到11吨以上的牛群数量占全市成乳牛存栏的30%以上；年自主培育优秀种公牛50头以上。

2. 年开展各类技术培训70场（次）以上，推广高效、生态环保养殖等技术培训5000人次以上，全方位提高从业人员综合业务素质。

3. 建成“专业、高效、和谐、团结”的奶牛产业技术体系创新团队。

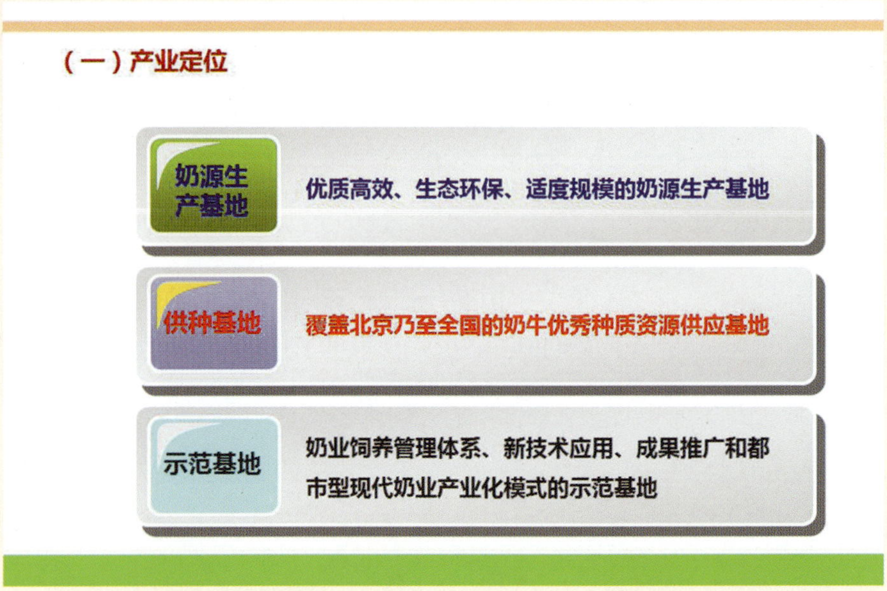
（一）产业定位
奶源生产基地
优质高效、生态环保、适度规模的奶源生产基地
供种基地
覆盖北京乃至全国的奶牛优秀种质资源供应基地
示范基地
奶业饲养管理体系、新技术应用、成果推广和都市型现代奶业产业化模式的示范基地

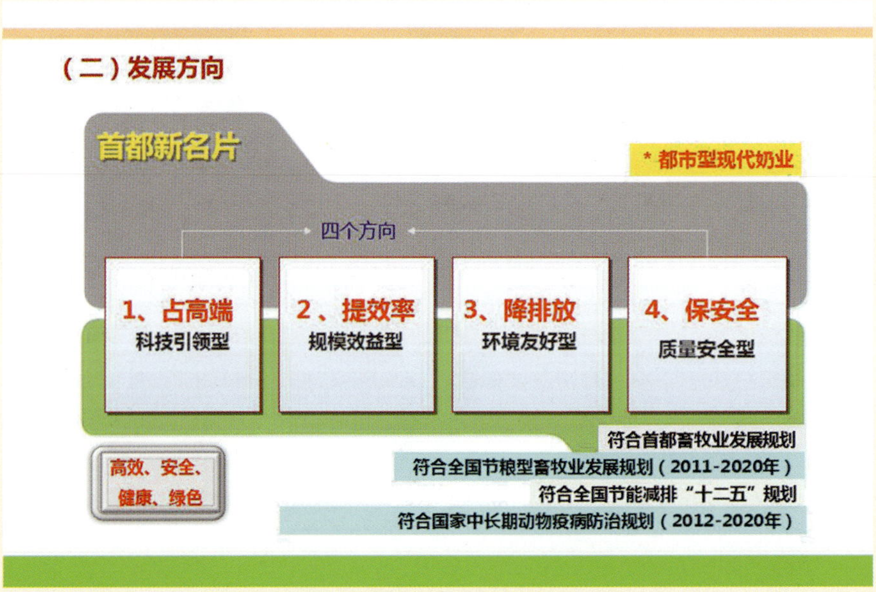
（二）发展方向
首都新名片
* 都市型现代奶业
四个方向
1、占高端
科技引领型
2 、提效率
规模效益型
3、降排放
环境友好型
4、保安全
质量安全型
高效、安全、健康、绿色
符合首都畜牧业发展规划
符合全国节粮型畜牧业发展规划（2011-2020年）
符合全国节能减排“十二五”规划
符合国家中长期动物疫病防治规划（2012-2020年）

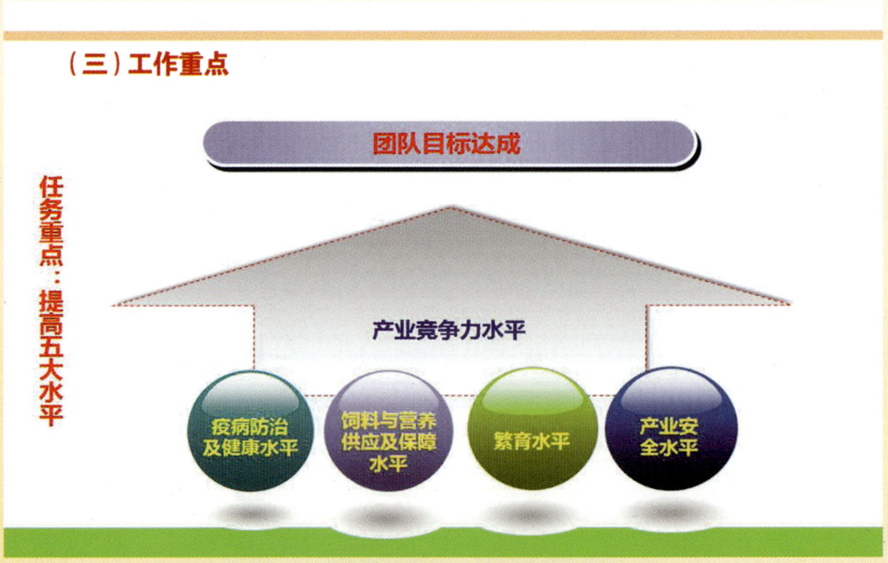
（三）工作重点
任务重点：提高五大水平
团队目标达成
产业竞争力水平
疫病防治及健康水平
饲料与营养供应及保障水平
繁育水平
产业安全水平

北京奶牛产业技术研究进展
（2012—2016）

路永强　主编

中国农业大学出版社
·北京·

图书在版编目(CIP)数据

北京奶牛产业技术研究进展:2012—2016/路永强主编. —北京:中国农业大学出版社,2017.8
ISBN 978-7-5655-1811-9

Ⅰ.①北… Ⅱ.①路… Ⅲ.①乳牛-养牛业-产业发展-研究-北京-2012-2016 Ⅳ.①F326.33

中国版本图书馆 CIP 数据核字(2017)第 100555 号

书　名　北京奶牛产业技术研究进展(2012—2016)

作　者　路永强　主编

策划编辑	林孝栋	**责任编辑**	洪重光
封面设计	郑　川	**责任校对**	王晓凤
出版发行	中国农业大学出版社		
社　址	北京市海淀区圆明园西路 2 号	**邮政编码**	100193
电　话	发行部 010-62818525,8625	读者服务部	010-62732336
	编辑部 010-62732617,2618	出　版　部	010-62733440
网　址	http://www.cau.edu.cn/caup	**E-mail**	cbsszs@cau.edu.cn
经　销	新华书店		
印　刷	涿州市星河印刷有限公司		
版　次	2017 年 8 月第 1 版　2017 年 8 月第 1 次印刷		
规　格	889×1194　16 开本　25 印张　740 千字　彩插 2		
定　价	78.00 元		

图书如有质量问题本社发行部负责调换

编委会名单

主　任　程晓仙　路永强

副主任　张　猛　肖长坤　郭江鹏　杨宇泽　任　康

委　员　（按姓氏拼音排序）

陈　琛　陈历俊　丁双阳　董晓霞　冯小宇　顾宪红　郭江鹏
韩广文　侯引绪　姜小平　蒋林树　冷小京　李秀波　李永清
刘　芳　刘国世　刘　彦　鲁　琳　路永强　吕加平　马　翀
倪和民　乔　绿　任　康　孙东晓　屠　焰　王　栋　王九峰
王天坤　王　艳　温富勇　肖　炜　熊本海　杨宇泽　张俊昌
章玉涛　赵广永　赵景义

编 者 名 单

主　编　路永强

副主编　郭江鹏　杨宇泽　任　康

参　编　（按姓氏拼音排序）

陈　琛　陈历俊　丁双阳　董晓霞　冯小宇　顾宪红　韩广文
侯引绪　姜小平　蒋林树　冷小京　李秀波　李永清　刘　芳
刘国世　刘　彦　鲁　琳　吕加平　马　翀　倪和民　乔　绿
孙东晓　屠　焰　王　栋　王九峰　王天坤　王　艳　温富勇
肖　炜　熊本海　张俊昌　章玉涛　赵广永　赵景义

前　言

自2012年奶牛产业技术体系北京市创新团队成立以来，团队成员针对北京奶牛产业现状，瞄准限制产业发展的瓶颈问题，通过试验研究、集成创新等手段，在育种与繁殖、饲料与营养、疫病防治、健康养殖与环境保护、乳品加工、生鲜乳安全和产业经济等领域开展了大量的基础研究和应用研究，取得了丰硕的科研成果，为北京乃至全国奶牛产业的技术提升做出了重要贡献。

与此同时，在团队的统一部署和专家的大力支持下，将科技成果转化为实用技术和新产品的工作也取得重大进展，如防治乳房炎系列新兽药、犊牛代乳粉、牛用增犊灵等新产品的问世，通过“奶牛保姆行动”和“一对一对接服务”等团队活动，迅速在生产一线得到示范、推广和应用，取得了显著的经济效益。

为了进一步促进这些新技术、新产品落地，使其在更广、更深的领域发挥作用，为北京市乃至全国奶牛产业技术水平的提高发挥更大的作用，以奶牛产业技术体系北京市创新团队首席专家路永强研究员为主编，汇聚各团队各领域专家，共同编辑出版北京奶牛产业技术研究进展。由于编撰时间仓促，书中难免有疏漏之处，请广大读者批评指正。

编　者

2017年6月

目　　录

第一篇　遗传与繁殖

第三篇　疫病防治

第四篇　环境控制与健康养殖

第五篇　乳品加工篇

第六篇　生鲜乳安全

第七篇 产 业 经 济

第一篇　遗传与繁殖

研究背景

本篇由北京市奶牛体系繁育功能研究室岗位专家们一起，系统地总结2012—2016年度北京市奶牛产业体系繁育功能室开展的研发和推广技术。从奶牛的繁殖与遗传育种方面不断地解决奶牛养殖业的一系列生产问题，以及在奶牛繁殖技术上的最新研究进展与突破。

奶业是高效的畜牧业，在我国国民经济发展、农村经济发展、农民致富和改善城乡人民生活等方面发挥着重要作用。近年来我国对牛奶的需求量不断增大，同时奶业也得到高速发展，创造了很大的经济效益。

其中繁育是奶牛生产中举足轻重的环节，多年来奶牛单产提高缓慢，并存在繁殖障碍问题频发、繁殖技术效率低下等问题，这些问题都制约着奶牛业的进一步发展。针对这一情况，岗位专家们近几年逐渐建立完善了繁殖障碍牛的繁殖调控技术、奶牛产后繁殖保健技术，对于奶牛繁殖障碍起到了一定的防控作用；并研发了奶牛促繁殖新产品——褪黑素复合针剂，应用于生产，显著地提高了奶牛产后首次配种受胎率。在奶牛体外生产环节中，岗位专家对于冻精技术、性控精液人工授精技术、超数排卵与胚胎移植技术进行了逐年完善，并研制出了自主的无卵黄稀释液配方等研究成果已很好地应用于生产；同时将有很强抗氧化抗衰老作用的褪黑素积极应用于体外胚胎玻璃化冷冻及体外胚胎生产中，发现能够提高后续发育的囊胚质量，建议应用于生产实践中；岗位专家在胚胎性别鉴定早期妊娠诊断环节中，建立了两温度梯度PCR法鉴定胚胎性别，缩短了检测时间，减少了胚胎体外应激时间，而且降低了检测成本。

不单是繁殖技术对奶牛场中奶牛的繁育有显著影响，对于奶牛场繁殖技术规程进行规模化更是一项必须完成的工作。近几年来，国内的一些大型规模化牧场对分娩管理、产后健康监测和围产期保健才刚刚开始重视，而北京市郊区的大量中小型规模奶牛场对其还重视不够，甚至存在忽视、轻视的情况，这就容易造成奶牛极易发生分娩不当的情况。岗位专家系统地建立了奶牛分娩管理技术操作规范，并在北京市郊区3个中小型规模奶牛场进行了几年的试验示范和推广，显著地减少了奶牛子宫内膜炎发病率，提高了犊牛成活率；并在这几年中逐渐建立起了以自动化、智能化为基础的奶牛繁殖管理信息系统，在北京市的各个奶牛场进行了推广与应用。

近年来，随着冷冻精液技术的发展，种公牛数量也随之大量地减少，同时质量要求也越来越高，对于公牛的选择更加严格，对种公牛改良和提高整个牛群质量的重要性更加突出。因此建立优秀的公牛自主培育体系是非常重要的。岗位专家经过不断研究，通过奶牛基因组选择育种和构建育种核心群提高了公牛的质量；同时提高单头公牛冷冻精液生产水平可显著提升优秀种公牛对群体的遗传改良效率，扩大优秀公牛在群体的影响，进而全面提升奶牛群体的遗传进展和生产水平；通过采用个性化采精和红外成像技术测定公牛睾丸顶部和基部温度差等措施，使成年公牛年冻精生产量提高到6万剂/头。

基因组选择技术改变了世界奶牛的遗传进展，基因组选择作为一种革命性的遗传改良战略，显著提高了后备公牛的选择强度和遗传改良速度。基因组选择在提高选择准确性方面也有显著作用,特别是对遗传力低的一些功能性状评估的准确性更是显著提高。因此,近年岗位专家建立了奶牛重要性状优势基因分子检测技术,利用基因组选择遗传评定方法为奶业生产者提供遗传水平优越的青年公牛;使用更年轻的父母本,包括未经后裔测定的基因组验证青年公牛以及基因组验证的青年母牛和年轻成年母牛,来生产下一代人工授精青年公牛,大大缩短了世代间隔,加快了遗传进展速度。

总之,近五年繁育功能室各岗位专家为加速北京市奶牛遗传改良步伐、防治繁殖障碍、缩短产犊间隔、提高年繁殖率、提高奶牛单产和牛奶品质做出了重要贡献。

第 1 章　奶牛繁殖障碍防控和高效繁殖技术研究进展

1.1　繁殖障碍牛的繁殖调控技术

1.1.1　概述

随着我国奶业的不断发展，奶牛单产水平逐步提高，创造了更大的经济效益。但与此同时，高产奶牛繁殖障碍问题也日益严重。高产奶牛由于采食量增大、肝血流量增加、代谢速度加快，肝脏对雌激素和孕酮的代谢加快，使血液循环中的激素水平明显降低，导致奶牛产后发情推迟、不发情或发情表现不明显、屡配不孕等问题。目前，国内外因繁殖障碍淘汰的泌乳奶牛高达淘汰母牛的30%～60%，已成为生产中泌乳奶牛淘汰的第一因素。对繁殖障碍奶牛进行繁殖调控技术处理，可有效改善泌乳奶牛的发情、配种及妊娠，大幅提高高产奶牛利用年限，减少后备牛培育成本，减少资源浪费，对奶牛养殖业的健康发展具有重要意义。

1.1.2　技术研究进展

1. 同期发情定时输精技术在经产奶牛上的应用

近年来，由于同期发情定时输精技术（Ovsynch）能够在不影响受胎率的前提下提高奶牛的输精率，从而提高奶牛的繁殖效率，因此逐步成为牛场管理的重要组成部分，在国内外牧场得到广泛的程序化应用。在繁殖管理相对规范的牛场，对产后 50 d 以内出现过发情表现的经产奶牛进行 Ovsynch 处理，配种受胎率可达到35%～45%。

2. 同期发情定时输精技术在繁殖障碍奶牛上的应用

产后 50 d 仍未出现发情表现的奶牛可定义为繁殖障碍奶牛。对于繁殖障碍奶牛的繁殖调控技术处理主要也是通过外源促性腺激素的反复刺激来诱导性腺及卵巢功能恢复，人为控制发情周期的进程以及排卵时间。2012 年以来，繁殖岗位针对繁殖障碍奶牛的处理，在采用常规 Ovsynch 方案基础上，筛选了多种激素前处理方案，最终优选出对障碍奶牛处理效果较好的 G6G 方案进行推广（图 1-1）。试验发现，G6G 程序处理后血液孕酮水平与 Ovsynch 组相比显著提高，注射最后一针 GnRH 时血清雌二醇水平有提高趋势，G6G 程序处理后卵巢反应明显优于常规 Ovsynch 处理方案，繁殖障碍奶牛配种后可达到与自然发情奶牛相当的配种受胎率（32.6% vs 36.7%）。此处理方案对于卵巢静止、卵巢囊肿以及持久黄体导致的繁殖障碍问题都有明显作用，同时采用定时输精方案，以排卵作为输精时间的准线，进一步避免了因激素分泌不足导致的发情表现不明显或隐性发情带来的失配漏配，因此可在不区分具体繁殖障碍类型的情况下取得了较好的配种效果，易于推广。

3. 屡配不孕奶牛繁殖障碍分析

此外，进一步对以上方案处理后仍屡配不孕的奶牛进行检查发现，卵巢囊肿（cystic ovarian disease，COD）问题发生比例高达 60.5%，约占牛场全群的 10.73%。进一步体外的机理研究发现，奶牛

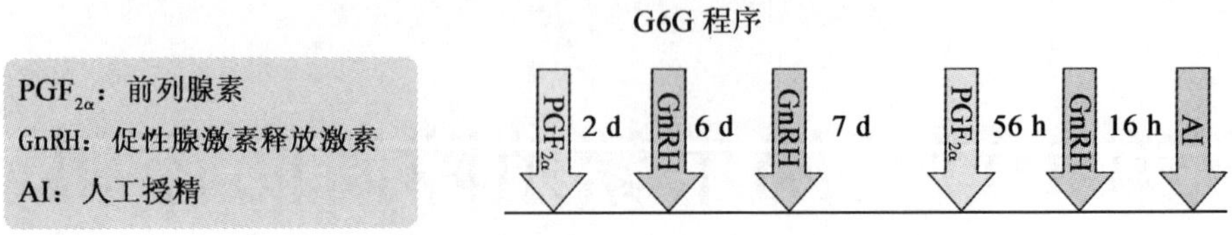

图 1-1　繁殖障碍奶牛的同期发情定时输精处理方案

卵巢囊肿形成机制复杂，主要是由于下丘脑-垂体-卵巢轴功能改变引起的。我们前期通过高频率(15 min/次，连续 8 h)血清激素、维生素、生化指标的测定，体外卵泡液激素测定以及相关受体基因定量 PCR 检测已经初步揭示了其形成的作用机制，但还需要进一步的体外蛋白功能验证。

1.1.3　存在问题

经过 5 年不断地研究与推广应用，目前带有前处理程序的同期发情定时输精方案(G6G)已经可以作为一项成熟的繁殖调控技术应用于繁殖障碍奶牛的治疗，但不同牛场、不同批次繁殖障碍奶牛的处理效果不完全一致，受到奶牛生理、营养、福利、健康等因素影响，需要更加深入的研究和探讨。在奶牛卵巢囊肿分型及形成的作用机制基础上，进一步的体外蛋白功能验证工作正在逐步开展。

1.1.4　下一步工作

本岗位下一步计划结合奶牛生产、营养、健康等相关因素，对繁殖障碍的成因及调控方案进行深入研究。通过 western blot 以及免疫组化的方法对前期筛选出的繁殖障碍相关的差异表达受体基因进行蛋白功能的验证，以期找出其确切机制，指导针对性调控方案设计。同时，进一步完善繁殖障碍调控方案进行验证并在规模化奶牛场进行示范推广，全面减少京津冀地区规模化奶牛场繁殖障碍引起的经济损失。

(刘彦团队)

1.2　奶牛产后繁殖保健技术

1.2.1　概述

奶牛产后繁殖保健是牛场非常重要的一项工作。产后疾病以预防为主，治疗为辅，做到早发现、早治疗。做好奶牛产后保健工作，就会提高奶牛的受胎率、缩短奶牛胎间距，提高奶牛繁殖率。而奶牛的繁殖与牛场的经济收入密切相关，所以做好奶牛产后保健就是提高牛场的经济效益。

Upham(1996)在美国加利福尼亚提出了一个奶牛产后前 10 d 的健康监测程序，需要训练有素的专业人员通过测定直肠温度和观察奶牛行为来诊断奶牛的健康。巩和秋(2016)研究表明，产后发病较高的是第 2、第 3 和第 4 胎次的牛只，分别占 20.0%、30.5%和 40.0%，发病持续时间也存在很大差异，发病牛的 70%是在产后 3 周以内发病的。在国内，部分大型规模化奶牛场已经在生产中运用产后保健技术，而在北京的中小型规模奶牛场才刚开始意识到奶牛产后保健的重要性。

1.2.2　技术研究进展

近几年本岗位在北京市郊区 3 个中小型规模化奶牛场试验示范和推广奶牛产后繁殖保健技术。通过几年的试验示范和技术推广，奶牛平均胎间距由 428 d 减少到 406 d，每头平均缩短 22 d。围绕奶牛产后繁殖功能的尽快恢复，形成了一套适合于北京市郊区中小型奶牛场的奶牛产后繁殖保健技术。

(1)子宫复旧和卵巢功能恢复技术。通过产后对母牛进行连续 3 d 灌服产后补盐液(由酵母、电解质、复合维生素、丙二醇或甘油等组成的营养液)让母牛子宫恢复，观察能否正常排出胎衣、恶露，是否子宫复旧。通过产后 30 d 左右提前注射 PG 来恢复卵巢机能，提高产后第二情期的发情率。

(2)产后瘫痪、真胃变位防治技术。主要以预防为主，干奶牛产前 1 个月适当减少精粗比到 3∶7，保证充分优质的干草，每天每头牛需喂给 3.5 kg 左右 2～3 cm 的长干草，并注意运动。在产前 1 周左右给母牛注射维生素 A、维生素 D、维生素 E 能更有效预防产后瘫痪。

(3)酮病的预防与治疗技术。近年来，随着奶牛单产不断提高，越来越多的母牛产后能量出现负平衡，引发酮病。预防可在产后提高日粮能量水平和干物质摄入量，并加强运动。治疗可用 50%葡萄糖溶液 500 mL，静脉注射，每天 1～2 次，连续 3 d。

1.2.3　存在问题

中小规模的奶牛场技术力量弱，对奶牛产后繁殖保健技术要进一步加大推广应用。今后针对高产奶牛群产后繁殖保健技术进行深入试验研究，进一步优化该技术规程。

1.2.4　下一步工作

虽然本保健技术在使产后子宫疾病、产后瘫痪和酮病等发病率有所下降，但是我们下一步更应该实施科学、有效的奶牛产后护理措施，如加强奶牛围产期饲料管理，控制好体况，了解奶牛产后体重和体况的恢复水平等。同时，着重开展非抗生素在奶牛子宫内膜炎以及产后保健中的应用研究，从而减少药物残留和抗生素耐药性等问题。

(刘彦团队)

1.3　同期发情定时输精技术

1.3.1　概述

近几年，奶牛的繁殖变得越来越困难，主要表现为发情症状不明显和受胎率低下，已严重制约着奶牛业的发展和奶牛饲养的效益。定时输精技术(Ovsynch/TAI)在奶牛繁殖上的应用可有效解决上述问题，适合国内饲养条件下奶牛场使用。

在前期工作基础上，通过生产应用的反馈，针对不同牛群特点、不同卵巢疾病，从剂量、种类、使用方法上，进一步完善定时输精程序，有效保障产后卵巢功能的恢复、定时发情和输精处理，有效缩短分娩间隔，避免隐性发情漏配，简化牛场繁殖管理，提高奶牛的繁殖力。

为了进一步提高定时输精效率，降低处理成本，根据经产牛与青年牛的生理差异，及不同繁殖状态，分别制定更加细化的定时输精程序。

1.3.2　技术研究进展

1. 经产牛定时输精程序

(1)程序一　准备定时输精的母牛先用 GnRH 100 μg 进行处理，7 d 后注射 0.3～0.6 mg 氯前列醇钠(PG-Cl)，48 h 后再注射一次 GnRH 100 μg，母牛不需要观察发情，只要在第 2 次注射 GnRH 后 18～

20 h 输精即可(图 1-2)。对于发情周期正常的奶牛来说,在不考虑发情周期时间的情况下,应用本程序进行处理,对 65%左右的奶牛是有效的,35%左右的奶牛根本达不到同期排卵。只有在奶牛发情周期的第 5～10 天应用本程序,才能真正做到同期排卵和定时输精。本程序进行处理时间短,对奶牛卵巢疾病的治疗效果好。该程序适用于奶牛卵巢疾病的治疗。处理周期短。

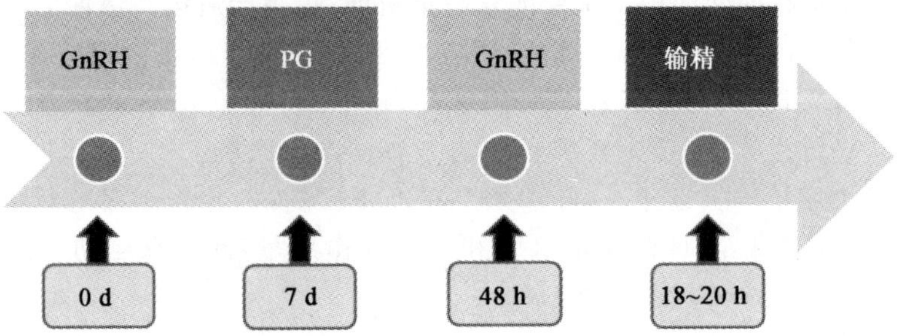

图 1-2　经产牛定时输精程序一

(2)程序二　在实施程序一前间隔 14 d 先注射二次氯前列醇钠(PG-Cl),第二次注射氯前列醇钠(PG-Cl)后 12 d 开始程序一(图 1-3)。

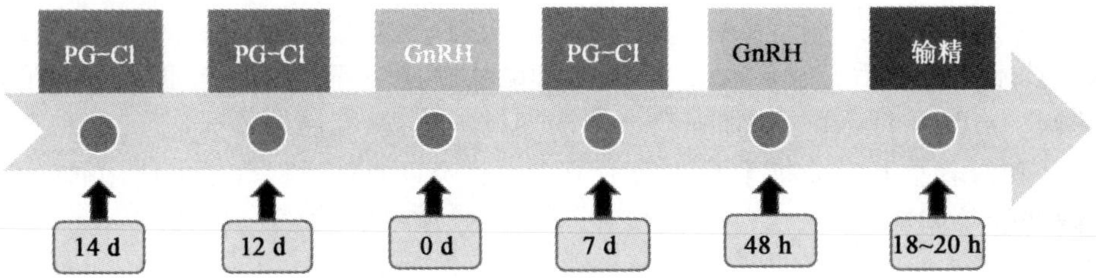

图 1-3　经产牛定时输精程序二

产后母牛在产后 35～40 d 开始本程序,产后 70～75 d 就可配种。程序二几乎使所有母牛在第 1 次注射 GnRH 时进入理想的性周期。适用于产后奶牛的卵巢机能调节,明显缩短产犊间隔。也可用于奶牛的繁殖管理。

(3)程序三　先注射 0.3～0.6 mg 氯前列醇钠,过 2 d 注射 100 μg GnRH,6 d 后再注射 100 μg GnRH,7 d 后注射 0.3～0.6 mg 的氯前列醇钠,48 h 后再注射 100 μg 的 GnRH,过 18～20 h 输精(图 1-4)。

本程序可以提升奶牛同期排卵的效果,使奶牛的排卵同期率达到 95%以上,受胎率也能得到提高。成本高。

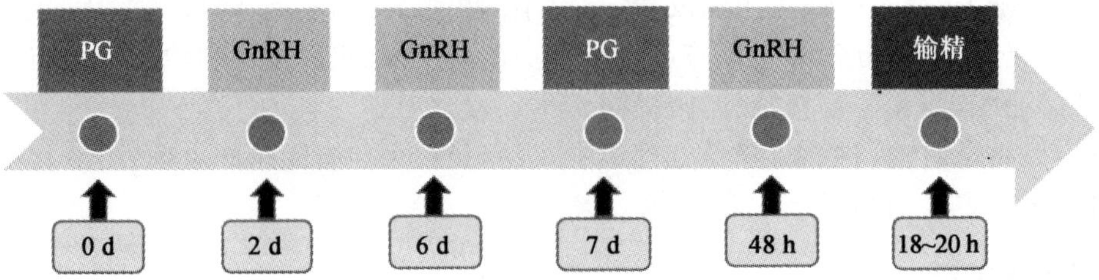

图 1-4　经产牛定时输精程序三

(4)程序四　相比程序三增加了一次 GnRH 处理,成本相应增加(图 1-5)。

(5)程序五　相比程序一增加一次 GnRH 处理,进一步提升处理效果(图 1-6)。

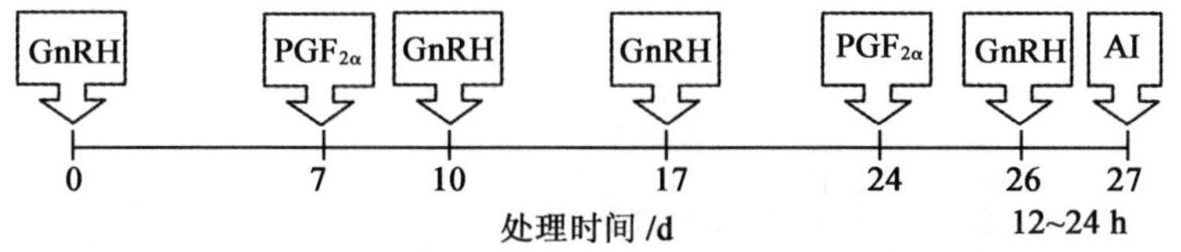

图 1-5　经产牛定时输精程序四

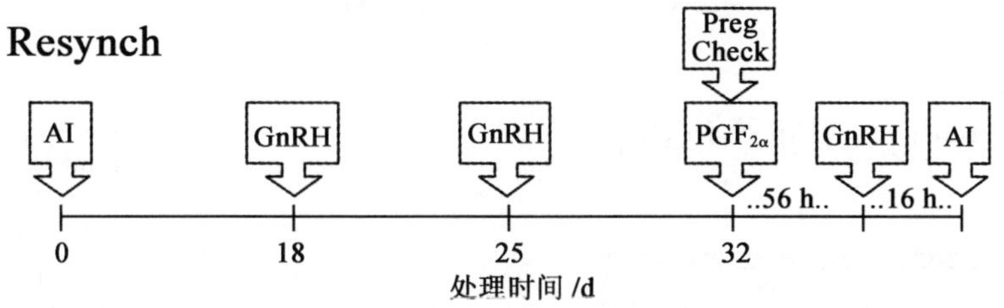

图 1-6　经产牛定时输精程序五

(6)程序六　相比程序一提前 AI 时间，并可增加 CIDR 处理(图 1-7)。

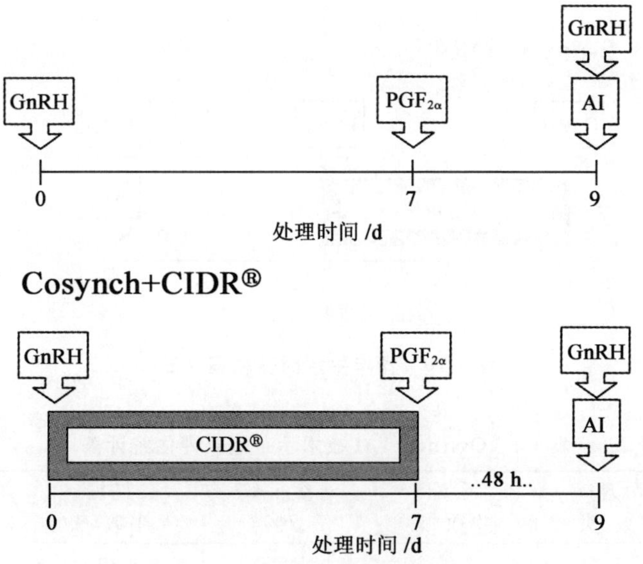

图 1-7　经产牛定时输精程序六

2. 青年牛定时输精程序

(1)程序一　准备定时输精的青年牛先在第 0 天放置 CIDR，6 d 后注射 PG，7 d 后移走 CIDR，第 8～11 天观察发情(图 1-8)。

(2)程序二　第 0～14 天放置 CIDR，第 30 天注射 PG，注射一次 GnRH 并输精即可(图 1-9)。

(3)程序三　第 0 天放置 CIDR 并注射一次 GnRH，第 5 天移走 CIDR 并注射一次 PG，第 8 天再次注射 GnRH 并输精即可(图 1-10)。

3. 技术效果

应用 Ovsynch/TAI 技术，繁殖效率可提高 17.11%(表 1-1)。

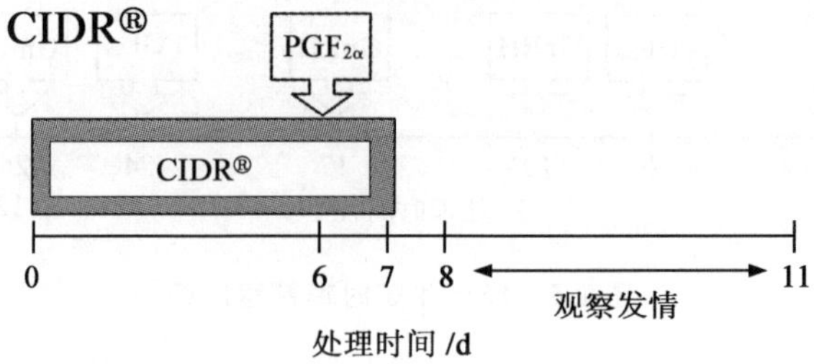

图 1-8　青年牛定时输精程序一

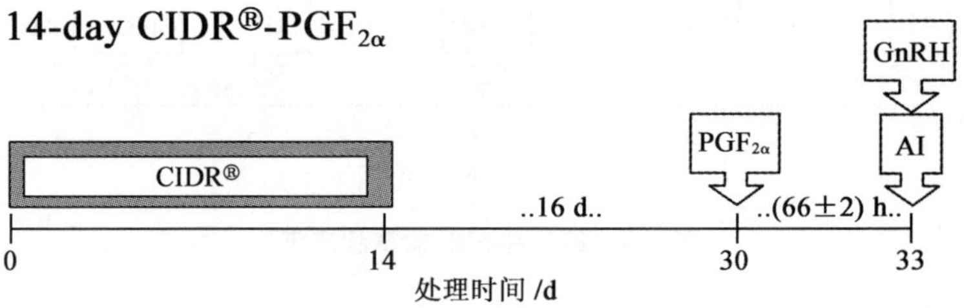

图 1-9　青年牛定时输精程序二

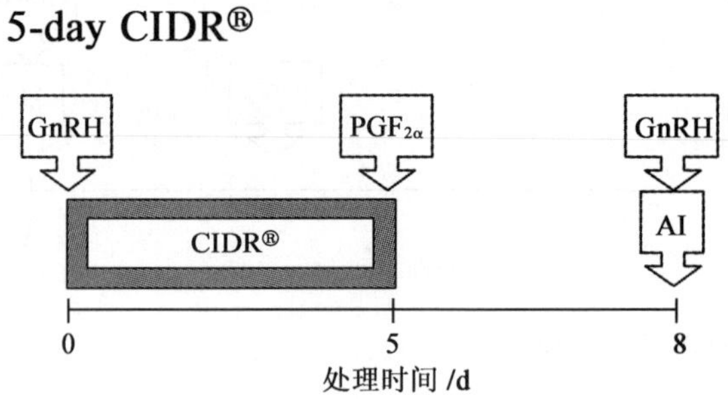

图 1-10　青年牛定时输精程序三

表 1-1　Ovsynch/TAI 技术示范效果评估统计表

组别	处理牛数/头	参配牛数/头	参配率/%	妊娠牛数/头	情期受胎率/%	总受胎率/%
对照组	153	83	54.25	39	46.99	25.49
Ovsynch/TAI 处理组	331	301	90.94	141	46.84	42.60

注:2014 年度数据。

4.技术特点

(1)不需要借助发情检测就能配种;

(2)提高卵巢疾病的治愈率;

(3)提高配种受胎率;

(4)明显缩短产犊间隔;

(5)可以随意调节配种时间;

(6)不但适用于奶牛场的繁殖管理,更适用于卵巢疾病的治疗。

5. 注意事项

(1)必须严格按推荐的程序进行,否则无效。包括使用的药物与药物的使用时间;

(2)在处理过程中有发情的母牛可适时配种,并停止以后的药物处理,未孕母牛可继续执行以上程序。

1.3.3　存在问题

大型牛场开展同期发情定时输精技术比较广泛,成效显著。中小型牛场对本技术更为需求,不仅提高繁殖效率、缩短胎间距,而且对繁殖障碍的治疗效果明显,还需大力推广。下一步还需要制定更简单、成本较低的技术程序,在中小型牛场大力推广。

1.3.4　下一步工作

接下来任务目标是进一步提高定时输精效率,降低处理成本,根据经产牛与青年牛的生理差异,及不同繁殖状态,分别制定更加细化的定时输精程序。

（路永强团队）

1.4　奶牛促繁殖新产品应用——褪黑素复合针剂提高奶牛受胎率技术

1.4.1　概述

产后首次配种受胎率是规模化奶牛场生产管理过程中的重要指标。20 世纪 80 年代以来,奶牛的繁殖效率随着产奶量的增加逐渐下降。科学家们为解决这一难题做了许多的努力,包括改善饲料营养水平,使用同期发情和用抗生素治疗等,但仍然未能解决这一难题。近年来,由于全球气温变暖,奶牛遭受到日益严重的热应激,使奶牛繁殖效率进一步降低。家畜机体中缺乏抗氧化剂造成过氧化物的积累明显增加,对繁殖性能产生不良影响,母畜受胎率下降,胚胎死亡率,流产率和死产率增加,使用合成抗氧化剂——乙氧基喹(山道喹)可以提高牛的受胎率。褪黑素(melatonin,MT)化学名称 *N*-乙酰基-5-甲氧基色胺是一种高效的自由基清除剂,抗氧化剂和抗凋亡剂,越来越多的研究证明褪黑激素是一个很有力的自由基的清除剂。卵巢中褪黑素浓度的规律跟在松果体和血液中规律一样,白天最亮的时候浓度最小,夜晚最黑的时候浓度最大。本研究证实,血液中褪黑素浓度与奶牛的受胎率关系密切,皮下注射外源褪黑素复合抗氧化针剂可以显著提高奶牛的产后首次配种受胎率,降低死胎率,提高牛场的实际繁殖效率。

1.4.2　技术研究进展

我们的研究已经证实:发情时促黄体素(LH)上升,促进卵母细胞成熟和排卵;而此时,卵泡中颗粒细胞褪黑素Ⅰ型受体(MT1)表达水平急剧上升,褪黑素水平也显著升高,进一步促进卵母细胞成熟和颗粒细胞黄体化,增强黄体功能。我们研究了奶牛血液褪黑素浓度从产后到配种时的变化规律,以及其对产后首次配种受胎率、死胎率、犊牛性别、犊牛出生重和犊牛成活率的影响。产后首次配种受胎率是规模化奶牛场生产管理过程中的重要指标,奶牛的繁殖效率随着产奶量的增加逐渐下降,这一问题仍然未解决。本研究发现,在配种前后,奶牛血液中褪黑素浓度有一个峰值,介于 17～145 ppb,平均值为(66.40±40.04) ppb,显著高于非配种时血液中褪黑素浓度的平均值(4.98±4.31)ppb。说明褪黑素在奶牛发情配种过程中发挥了重要的作用,因此我们进行外源注射褪黑素以期促进奶牛配种受胎率。

1. 实施途径与措施

从产后第 1 天开始每 4 d 尾静脉采血 10 mL,直到输精当天。采集时间为早晨 9:00。选择产后首次配种的荷斯坦奶牛,配种的同时皮下注射 4.64 mg 褪黑素,只输精一次,输精后 20～75 d 妊娠检查。一次输精妊娠后,跟踪死胎、犊牛性别和犊牛体重等情况。

2. 效果与效益

配种时血液中褪黑素的浓度与配种后妊娠关系密切,22 头实验奶牛中,首次输精后妊娠的奶牛配种时血液中褪黑素浓度高于 60 ppb,而低于 30 ppb 的奶牛均未妊娠(图 1-11)。因此,配种时血液中褪黑素浓度高的奶牛配种后更容易妊娠。

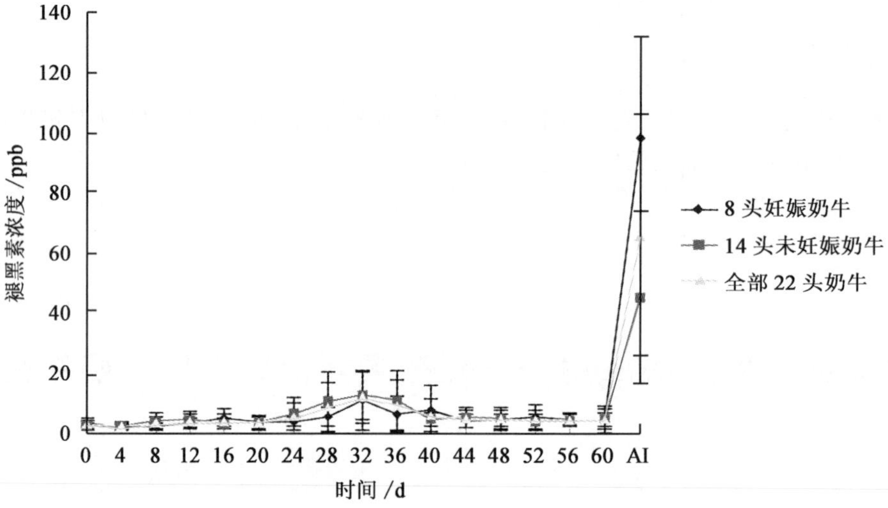

图 1-11 产后至配种时奶牛血液中褪黑素浓度变化情况

通过皮下注射的方式增加血液中褪黑素的浓度可以提高奶牛的产后首次配种受胎率,配种时皮下注射外源褪黑素可以显著提高春季[(44.00±2.28)% vs. (35.93±1.56)%]和夏季[(26.15±2.00)% vs. (17.91±1.75)%]奶牛的第一情期受胎率(表 1-2、表 1-3),降低死胎率[(4.95±3.41)% vs. (6.94±4.74)%],对犊牛性别、出生重和成活率无显著影响(表 1-4)。该技术的推广应用将会给奶牛养殖企业带来可观的经济效益。

配种的同时皮下注射该产品可以明显提高奶牛受胎率。7—8 月份夏季,配种的同时皮下注射该产品 2 mL,经产奶牛的第一情期受胎率提高 40%以上,3—4 月份春季使用第一情期受胎率提高 20%以上。

表 1-2 皮下注射褪黑素对春季奶牛产后首次配种受胎率的影响

组别	奶牛数量/头	妊娠奶牛数量/头	产后首次配种受胎率/%
对照组	167	60	35.93±1.56[a]
实验组	197	84	44.00±2.28[b]

注:同列小写字母相同,表示差异不显著($P>0.05$);同列小写字母不同,表示差异显著($P<0.05$)。下同。

表 1-3 皮下注射褪黑素对夏季奶牛产后首次配种受胎率的影响

组别	奶牛数量/头	妊娠奶牛数量/头	产后首次配种受胎率/%
对照组	67	12	17.91±1.75[a]
实验组	65	17	26.15±2.00[b]

表 1-4　皮下注射褪黑素对死胎率、犊牛性别、犊牛体重和犊牛成活率的影响

组别	妊娠奶牛数量/头	死胎数量/头	死胎率/%	双犊率/%	产犊数量/头	母犊数量/头	母犊率/%	母犊牛平均体重/kg	犊牛成活率/%
对照组	72	5	6.94±4.74[a]	4.48±2.14[a]	70	38	54.29±3.28[a]	36.4±2.1[a]	92.13±3.1[a]
实验组	101	5	4.95±3.41[a]	4.16±1.37[a]	100	52	52.00±4.06[a]	36.5±1.9[a]	91.89±2.7[a]

3. 创新点

奶牛配种时外源注射褪黑素，建立了提高奶牛产后首次配种受胎率的有效方法，效果显著，可以为养殖户带来可观的经济效益。

研究发现外源注射褪黑素不仅对奶牛产后首次配种受胎率效果显著，同时可显著降低牛乳中的体细胞数，有效缓解奶牛乳房炎症状，改善奶牛体内的免疫环境，对奶牛繁殖也能起到积极的促进作用。

1.4.3　存在的问题

我们的研究已经证实了发情时促黄体素(LH)上升，褪黑素水平和颗粒细胞 MT1 表达水平同时上升，进一步促进卵母细胞成熟和颗粒细胞黄体化，增强排卵后黄体分泌孕酮功能，因此，发情配种注射褪黑素可以提高卵子质量和黄体功能。但褪黑素提高奶牛配种受胎率的作用机制，还需进一步研究完善。褪黑素复合抗氧化针剂仅申请了专利，还没有申请兽药批号，因此，褪黑素在奶牛养殖推广中受到一定限制。

1.4.4　下一阶段的工作

与激素生产企业合作，将褪黑素复合抗氧化针剂申请兽药批号，成果为正式产品。使该产品进一步在规模型养殖场推广，进一步研究褪黑素提高奶牛产后首次受胎率的作用机制。

（刘国世团队）

1.5　高效奶牛冻精生产技术

1.5.1　概述

奶业是现代农业的重要组成部分，是人类优质动物蛋白的重要来源。自 20 世纪 90 年代起，中国奶业发展迅速，但也已经体现出奶牛养殖基础薄弱、生产各环节缺乏监管等方面的不足。因此，健全我国奶业“持续、健康、科学”的发展模式，对保障乳制品安全、促进奶源基地稳定发展、提高奶农养殖收益等方面均具有重要意义。而其中精液的质量、数量是改良良种奶牛扩繁速度的一个重要指标。

1.5.2　技术研究进展

主要研究内容包括无卵黄稀释液配方的研制、“长效”冻精生产技术研究、奶牛“低精子数”冷冻精液生产及人工授精技术研究。通过开展种公牛冷冻精液高效生产技术体系的相关研究，显著提升了种公牛冷冻精液生产水平对提升我国优秀种公牛供种能力，加速牛群遗传改良奠定了物质基础。

(1)无卵黄稀释液配方的研究　已筛选出了合适的果糖、柠檬酸钠及大豆卵磷脂的配比，使得所配置的稀释液的 pH 及渗透压在合适的范围之内，且用 1.0%大豆卵磷脂替代卵黄所得稀释液稀释后冷冻精液质量与现用的卵黄稀释液相当，且差异不显著。此项研究使在精液冷冻中，减少动物源性物质的添加,从而减低了输精过程中疫病传播的风险和对母牛的伤害。

(2)长效冷冻精液体外研究　冷冻对精子造成损伤,其原因一方面是由于冷冻保护剂的毒害作用,其对生物膜(如细胞膜,高尔基体膜,线粒体膜)的影响更为明显。细胞膜上的膜蛋白变性,改变了膜脂和蛋白质之间的相互作用,膜的透性改变。另一方面是由于当精子细胞遭受冻融后,细胞内及细胞间形成冰晶与冰晶融化是造成细胞损伤。本研究通过在精液稀释液中添加活性物质可显著提高精子线粒体完整性。并且采用无 Ca^{2+} 冷冻精液稀释液,周围没有 Ca^{2+} 对精子进行刺激,仅靠精子本身的钙库 Ca^{2+} 容量不足以发生获能反应,从而使冷冻精子获能比例下降,精子 ATP 水平得以保存,精子能较长时间存活,延长精子在生殖道内的存活时间,提高配种效率。

(3)“低精子数”冷冻精液人工授精试验　降低单剂量冷冻精液前进运动精子数可显著提高公牛冷冻精液产量,进而充分发挥优秀种公牛的遗传改良效果。本研究采用 200 万、400 万、600 万三个梯度,用 800 万作为对照,对低有效精子数冷冻精液人工授精实验的效果进行分析。目前,初步实验已经在北京、广西以及黑龙江单个地区 6 个牛场完成,结果表明当每剂量前进运动精子数降低到 400 万时,与对照组(800 万)人工输精后的第一情期受胎率差异不显著,为将来修改牛冷冻精液国家标准提供有效的实验结果。

1.5.3　取得的技术成果

(1)通过降低冷冻精液单剂量中前进运动精子数的人工授精实验研究,结果表明当前进运动精子数降低到 400 万时,不影响人工授精后的情期受胎率。

(2)研制出自主的无卵黄稀释液配方,用 1%大豆卵磷脂溶液或加入 1.5 nmol 丙酮酸盐代替卵黄溶液,对精液冷冻效果、冻后精液质量影响与卵黄液相当,降低使用动物源性物质所带来的疾病传播风险和减少对牛生殖道伤害。

1.5.4　存在的问题

低前进运动精子数人工授精的样本数和试验地点不多,所采用的梯度差别较大。还需增加试验次数和奶牛数量。

1.5.5　下一阶段工作

(1)增加 200 万、300 万两个梯度前进运动精子数人工授精试验。

(2)生产出“长效精子”产品并开展人工授精试验。

(韩广文团队)

1.6　性控精液人工授精技术

1.6.1　概述

性控精液人工授精技术是目前家畜性控繁殖的技术代表,是一项具有重大推广价值的繁殖新技术。该技术通过流式细胞仪分离 X、Y 精子后进行人工授精,是目前最准确、有效、简易的控制奶牛性别的方法。该技术能快速扩繁母牛数量,加快育种进程,从而使奶牛繁育改良的速度提高将近一倍,同时还因公牛犊生产的减少而显著降低牛场的养殖成本。目前国内外使用奶牛性控精液配种,产母犊准确率几乎都能达到 90%以上(89%～96%)。但是,由于性控冻精经历了体外染色、体外分离、冷冻保存等环节，体内存活时间和密度都比常规精液低，输精后青年母牛情期受胎率不足 50%，比普通精液低 10～15 个百分点，经产母牛更低，因此大大地限制了该项技术的适用范围和推广力度。

1.6.2　技术研究进展

从 2012 年开始，本繁殖岗位主要围绕性控精液人工授精后情期受胎率的提高进行研究，主要进展如下：

1. 性控精液在青年奶牛上的应用技术优化以及示范推广

主要围绕种公牛精液选择、精液解冻条件优化、输精时间和位置准确把控，并结合发情鉴定优选出适宜奶牛性控冻精的输精技术方案，从而提高青年奶牛的配种受胎率。通过研究，筛选了受精率高的公牛精液、确定了性控冻精的最佳解冻条件为 38℃，30 s，最佳输精时间为发情盛期（即奶牛接受爬跨或活动量剧增）后 6 h 内输精，输精位置即直肠把握排卵侧的子宫角的性控冻精输精技术方案。

2. 性控精液在经产奶牛上的技术研究

开展了经产（1～5 胎）奶牛性控冻精输精技术的初步研究，该研究主要通过受配牛的选择，最佳的输精时间以及输精位置的确定，从而提高经产奶牛的情期受胎率。经产奶牛输精时间早于青年奶牛，输精位置为排卵侧子宫角。

1.6.3　技术效果

2014—2015 年在郊区试验基地示范推广青年奶牛 629 头次，平均情期受胎率为 53.89%，个别牛场达到 55.94%；同时，还开展经产奶牛试验，共计输精 168 头次，情期受胎率为 29.17%，略低于该场经产牛（1～5 胎）普通冻精输精后受胎率的 32.26%。

1.6.4　存在问题

目前该项技术推广使用后虽然效果显著，但是与普通冻精输精后的情期受胎率还是存在一定的差距，特别是经产奶牛，还有较大的提升空间。

1.6.5　下一步工作

通过筛选一些外源因子，增加性控冻精解冻后的运动能力、存活时间以及改进输精手段等来提高青年奶牛和经产奶牛性控冻精输精后的情期受胎率。目前青年奶牛性控冻精输精试验已经取得了一些重要进展，经产奶牛性控冻精输精试验还在进行验证，以期尽快在所有奶牛中推广应用该项技术。

（刘彦团队）

1.7　超数排卵与胚胎移植技术

1.7.1　概述

在畜牧生产中，家畜的超数排卵和胚胎移植通常同时应用，合称超数排卵胚胎移植技术（multiple ovulation and embryo transfer，MOET）。超数排卵也称超排：是指母畜发情的适当时间，用促性腺激素处理，使卵巢有比自然条件下较多的卵泡发育并排卵的方法。胚胎移植又称受精卵移植，俗称“借腹怀胎”，它是将体内、外生产的哺乳动物早期胚胎移植到同种的生理状态相同的雌性动物生殖道内，使之继续发育成正常个体的生物技术。

胚胎移植技术是继人工授精技术之后,人类成功地将生物技术广泛应用到家畜繁殖生产进程中的又一里程碑。自 1890 年 Heape 在英国剑桥大学首次报道获得兔子胚胎移植成功以来,胚胎移植技术已有 100 多年的研究历史(Heape et al.,1890)。20 世纪以来,胚胎移植在多种家畜中获得成功,主要有绵羊(Warwick et al.,1934)、山羊(Warwick et al.,1949)、猪(Kvansnickii et al.,1951)、牛(Willett et al.,1951)和马(Oguri et al.,1974)。到 60 年代以后,随着畜牧业的发展和繁殖基础理论研究的深入,人们开始采用激素对供体进行超数排卵处理和对受体进行同期发情处理,尤其是 Sugie(1972)设计成功非手术胚胎采集方法,促进了胚胎移植技术的成熟和向产业化方向进一步发展。1975 年在美国科罗拉多州召开了第一届国际胚胎移植学会(IETS)成立大会,并规定每年召开一次年会。国际胚胎移植学会的成立标志着胚胎移植技术进入了更高的发展阶段。自 70 年代以来,随着胚胎移植技术的推广和应用,优良母畜的繁殖潜力也得到充分的发挥。一般情况下,一头优良成年母牛一年只能繁殖一头良种犊牛,而应用胚胎移植一年内可得到几头甚至几十头良种犊牛。因此,胚胎移植技术可显著提高优良母牛的繁殖力,加快奶牛良种化进程。

牛超数排卵的目的是最大限度地获得受精卵和可用胚胎。然而,在实际生产中牛的超排反应和胚胎质量差异性很大。卵巢反应的差异性受许多因素的影响,如促性腺激素种类(Elsden R P et al.,1978)、批号(Murphy B D et al.,1984)、处理时间(Lindsell C E et al., 1986)、剂量(Pawlyshyn V et al.,1986)、年龄(Hasler J F et al., 1981)、季节(Massey J M et al., 1984)、品种(Saumande J et al.,1978)、处理时的卵巢生理状态(Moor R M et al.,1984)、营养状况(Hendricks D M et al.,1986)和重复超排次数(Cognie Y et al.,1998)等。现在的超排技术程序正朝着越来越简化的方向发展。同期发情技术已经成为家畜繁殖管理中的一项重要技术,它可以使家畜配种方案更有计划地进行,降低劳动力成本,目前这项技术不但广泛应用于人工授精,同时也成为研究繁殖生理和胚胎移植的重要工具。

20 世纪 60 年代,以牛为主的胚胎移植技术发展迅速,从供体的超数排卵、胚胎采集和移植方法等关键技术环节都取得了令人鼓舞的成果。同时,近年来在胚胎移植中,管内解冻移植法在牛上也得到了相应的推广。在畜牧业发达国家,MOET 技术从 20 世纪 80 年代开始已用于奶牛和肉牛核心群的培育。美、法国等国近年参加后裔测定的青年公牛 80%是胚胎移植后代。北京安伯胚胎生物技术中心奶牛近 10 年总计对供体超数排卵 10 967 头次,头均获得可用胚胎 5.78 枚,生产体内胚胎 63 402 枚,胚胎移植 32 757 头次,移植妊娠率 50.88%。

1.7.2 技术研究进展

1. 主要技术内容

牛胚胎移植技术主要包括同期发情、超数排卵、人工授精、非手术胚胎采集和移植技术。同时,胚胎移植技术也是胚胎冷冻、胚胎分割、胚胎性别鉴定、活体采卵、体外受精、克隆及转基因等生物技术的基础,以上技术的发展进一步推动胚胎移植技术向高效率、低成本、高产出的方向发展。

本团队在奶牛胚胎移植方面主要开展了两项工作:①超数排卵(简称超排)、人工授精与体内胚胎移植:体内获取的牛囊胚玻璃化冷冻、管内解冻后直接移植,直肠妊检移植后第 60 天的妊娠率,并与新鲜胚胎移植妊娠率进行比较;②体外受精与体外胚胎移植:利用屠宰奶牛卵巢获得卵丘卵母细胞、体外受精后发育到囊胚经玻璃化冷冻、管内解冻后直接移植,移植后第 60 天的妊娠率,与体外受精新鲜胚胎移植妊娠率和超数排卵体内胚胎冻胚移植妊娠率进行比较。

2. 实施途径与措施

(1)供体牛的选择与饲养管理　供体牛品种优良、生产性能好。遗传性稳定、谱系清楚。体质健壮、繁殖机能正常,无遗传和传染性疾病。年龄在 15 月龄到 10 岁以内为宜。保持供体牛群饲养环境卫生、干燥、棚舍温度适宜。保持饲养环境稳定，避免应激应。制定合理的供体牛日粮配方，保证正常的营养状况和营养平衡。满足供体牛清洁饮水的需要。经产牛做供体时，产前 3 个月平均日增重保持在 0.40～0.75 kg/d，使产后体重与产前 3 个月体重持平。产后至超排冲胚时，平时日增重保持在 0.30～0.4 kg/d，使超排时总增重达个体体重的 5%以上；育成牛作供体时，一般在超排冲胚前 3 个月加强饲养，平时日增重为 0.30～0.4 kg/d，使超排时总增重达个体体重的 5%以上。

(2)供体牛的超数排卵及人工授精　在超排前 3 周给供体牛肌肉注射维生素 A、维生素 D、亚硒酸钠维生素 E 针剂。超数排卵方法：FSH-P 4 d 注射法：以母牛放 CIDR 之日作为 0 d，在第 6～9 天，每天早和晚间隔 12 h 注射 2 次 FSH-P，连续 4 d，递减注射，方法见表 1-5。在第 6、7 次注射 FSH-P 时，同时肌肉注射 PG。

表 1-5　超数排卵针剂注射方法

发情周期	早 7:00—8:00	剂量/mg	晚 19:00—20:00	剂量/mg
0	放 CIDR	—	—	—
5	FSH-P	2.0	FSHD-P	2.0
6	FSH-P	1.5	FSH-P	1.5
7	FSH-P	1.0	FSH-P	1.0
			PG	0.6
8	FSH-P	0.5	FSH-P	0.5
	PG	0.60		
	取出 CIDR			
9	发情	—	发情　人工授精	
			LH	200
10	人工授精	—		
16	冲胚	—		

注：以中国科学院动物研究所生产 FSH-P 总剂量 10 mg 为例。

供体牛发情鉴定：在第 7 次注射 FSH-P 之后，对超排供体牛，每隔 6 h 观察一次发情情况，每次 30 min 以上。以母牛站立接受其他牛爬跨作为发情的标准。

人工授精：对种公牛的要求为谱系清楚，检疫合格，遗传性能稳定生产性能优良，奶牛公牛要经过后裔测定。冷冻精液质量符合 GB 4143—84 的规定，每次输精有效精子不少于 12×10^6 精子数。输精次数不少于 2 次。上午 9:00 以前发情，第一次输精时间为同天下午，第二次输精时间为第二天上午9:00；中午 9:00—12:00 发情，第一次输精时间为同天晚上到第二天早，第二次输精时间为第二天中午12:00；下午 17:00 以后发情，第一次输精时间为第二天上午，第二次输精时间为第二天下午 6:00。超排母牛在发情后第 7 天用非手术法采集胚胎。

(3)牛非手术冲卵技术及胚胎质量鉴定　非手术冲卵：将供体牛保定在六柱栏中，用 2%利多卡因在荐椎和第一尾椎结合处或第二尾椎结合处实行尾椎膜外麻醉，直至尾部无知觉。利多卡因用量 5～10 mL/头。用扩宫棒扩张子宫颈，然后把带内芯的冲卵管慢慢插入子宫角，当冲卵管到达子宫角弯曲处，拔出内芯 5 cm 左右，再把冲卵管往子宫角前端送。当内芯再次到达子宫角弯曲处时，再向外拔出内芯 5～10 cm，直到冲卵管到达子宫角前端为止。给冲卵管气囊充气 8～12 mL。抽出冲卵管内芯。连接冲卵管与 50 mL 注射器之间的接口。将 8 个 50 mL 注射器编号 1～8，每个注射器吸取 50 mL 冲卵液，每次将一管冲卵液从冲卵管注入子宫角，然后将所有回收液吸回原注射器，每个子宫角反复 4 次，用 200 mL 冲卵液。用一个 50 mL 注射器吸取 50 mL 冲卵液，把 8 个冲胚用的 50 mL 注射器中的回收液在室温下(18～22℃)注入集卵漏斗中过滤，当集卵漏斗内剩下约 20 mL 回收液时，摇动集卵漏斗将其

倒入 ϕ90 mm 培养皿内。用 PBS 液冲洗集卵漏斗壁和底直至没有黏液为止。上述培养皿待镜检。

胚胎质量鉴定:①检卵:把盛有冲卵回收液的培养皿放在立体显微镜下,从左向右,从上到下地检查,不可遗漏,将检出的胚胎放入盛有保存液的 ϕ 35mm 培养皿中;②胚胎的质量鉴定超排后的供体牛在发情后第 7.0~7.5 天用非手术法采集胚胎,此时胚胎处于以下发育期:紧缩桑葚胚(M)、早期囊胚(EB)、囊胚(B)、扩张囊胚(EXB),按国际胚胎移植协会规定用形态学方法进行胚胎质量鉴定,将胚胎依次分为 1、2、3、4 四级。1 级(优秀胚):发育正常、胚龄与发育相吻合、卵裂球轮廓清楚、透明度适中、细胞密度大、卵裂均匀、无水疱样卵裂球、无变性的细胞、细胞变性率不超过 10%,但内细胞团发育良好的胚胎,可定为 1A 级;2 级(良好胚):发育基本符合预定胚龄、轮廓清楚、明暗适中或稍暗或稍浅、细胞密度较小或小型卵裂球过多,有小部分突出的细胞和水泡样细胞,细胞变性率为 10%~15%;3 级(一般胚):轮廓不清楚、色泽过暗或过淡、细胞密度小、突出细胞占一多半,细胞变性率为 30%~40%;4 级(不可用胚):为受精卵和变性胚。

(4)胚胎细管玻璃化冷冻和管内解冻　装管方法:在塑料细管中依次吸入约 7.5 cm 的 PBS-PVA 溶液,约 0.5 cm EFS35 溶液,约 0.5 cm EFS35(放入胚胎),各段液体之间以空气柱(0.5 cm)隔开。待胚胎导入 EFS35 节段后,再吸入一段 PBS-PVA 溶液,细管封口(图 1-12B),冷冻液与解冻液的比例为(1~1.5):(8.5~9.5)。

玻璃化冷冻:室温 25℃(±0.5℃)条件下,将胚胎移入预处理液(EG20)中 3 min,再移入预先配置好的 EFS35 液的细管(图 1-12B)中平衡 30 s,细管封口后直接投入液氮中冷冻。每支细管放入两枚囊胚(参考图 1-12A,1-12B)。

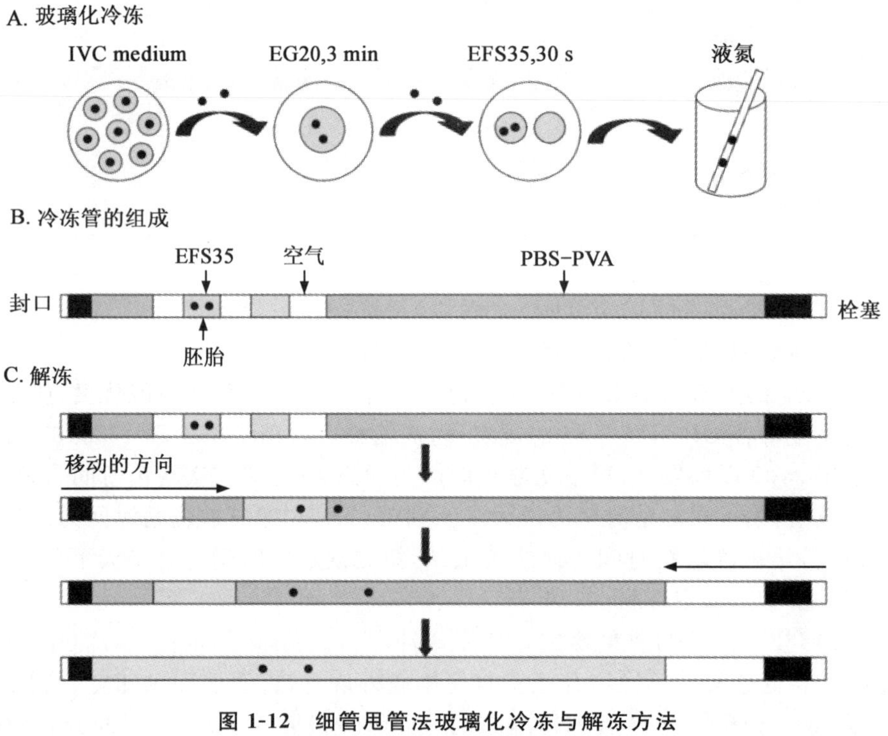

图 1-12　细管甩管法玻璃化冷冻与解冻方法

A:冷冻程序。B:细管装管方法。在塑料细管中依次吸入约 7.5 cm 的 PBS-PVA 溶液,约 0.5 cm EFS35 溶液,约 1 cm EFS35(放入胚胎),各段液体之间以空气柱(0.5 cm)隔开。待胚胎导入 EFS35 节段后,再吸入一段 PBS-PVA 溶液,细管封口。C:解冻时通过甩管法将 EFS35 和 PBS-PVA 溶液混匀。

解冻:室温 25℃(±0.5℃)条件下,将细管从液氮中取出,浸入 25℃(±0.5℃)水浴中平行晃动 10 s。待细管内的溶液融化后,取出细管,拭干表面水珠,而后按照图 12C 所述方法在管内混合冷冻液和解冻液，将细管来回甩 6 次。

(5)受体牛的选择及饲养管理　受体牛的选择：①拥有正常的发情周期，无繁殖机能疾病，经检疫无传染病，健康、膘情在七成以上；②年龄在 3～6 岁之间，经产牛分娩在 90 d 以上，产犊性能和哺乳能力良好，无流产史；③人工授精超过两次不孕的牛不能作为受体。

受体牛的饲养管理：①受体牛在移植前 6～8 周开始补饲，保持日增重 0.30～0.40 kg/d；②在移植前 6～8 周，注射维生素针剂，补充微量元素，如硒、锌等；③受体牛单独组群饲养，保持环境相对稳定，避免应激反应。

(6)牛胚胎非手术移植技术　受体牛同期发情处理方法：同期处理之前对受体牛进行直肠触摸，检查卵巢是否处于活动状态。处于活动状态的牛方可进行同期化发情处理。方法：CIDR-PG 法：放 CIDR(在任意一天)；注射 PG(在放 CIDR 后第 7～9 天)；取出 CIDR(在注射 PG 后的第 3 天)；取出 CIDR 后 24～48 h 观察发情。受体牛发情之日计为 0 d，6～8 d 内进行胚胎移植。

受体牛的发情鉴定：应对受体牛跟群观察，以受体牛稳定站立接受其他牛爬跨为发情标准。并准确记录开始站立接受爬跨的时间(以 h 为单位记录)。

胚胎发育期与受体移植时间的对应关系：致密桑葚胚(M)为 6.0 d→$6\frac{1}{2}$ d→7.0 d(发情之时为 0 h)；早期囊胚(EB)为 7.0 d→$7\frac{1}{4}$ d；囊胚(B)为 $7\frac{1}{4}$ d→$7\frac{1}{2}$ d；扩张囊胚(EXB)为 $7\frac{1}{2}$ d→8.0 d。

受体牛移植操作步骤：①受体牛在发情后 6～8 d 之间均可进行移植(发情之时定为 0 h)。移植前对受体进行直肠触摸，检查黄体是否合格，合格者用于移植；②受体牛实行 1～2 尾椎间硬膜外麻醉，擦拭外阴部；③对照供体牛采胚记录表和合格受体的发情记录，合理地搭配受体和胚胎；④将新鲜胚胎装入 0.25 mL 塑料细管，玻璃化冷冻细管胚胎直接将细管在 37℃水中解冻；⑤细管装入移植枪；⑥把装有细管的移植枪套上硬外套，用塑料环卡紧，再套上软外套；⑦将胚胎移植到受体有黄体一侧子宫角的上 1/3～1/2 处；⑧做好受体移植记录。

妊娠的受体牛的饲养管理：①在移植后 70～90 d 对受体牛进行妊娠检查，对已妊娠的受体要加强饲养管理，避免应激反应；②妊娠受体在产前 3 个月要补充足量的维生素、微量元素，适当限制能量摄入，既要保证胎儿的正常发育，又要避免难产；根据当地的疾病发生情况，有目的地注射一些疫苗，以防胎儿流产或传染病发生。

3. 效果

胚胎玻璃化冷冻保存的应用大大提高了牛胚胎移植的应用。对于畜牧产业来说，胚胎的冷冻保存有利于胚胎移植的产业化，便于运输，并减少了疾病的传播。在畜牧生产中，利用超数排卵技术可以获得较多的胚胎，而在同一时期可用的同期发情的母畜数量有限。如果将多余的胚胎冷冻保存起来，等有适宜的受体时再进行移植，这样就可以使胚胎移植不再受时间和空间的限制，大大降低了生产成本，促进了胚胎移植技术的应用于推广。胚胎冷冻保存还可以解决引种和种畜运输的难题，加速家畜优良品种的扩繁和改良的进程，同时也可以减少或防止疾病的传播。

本团队利用体内获取的牛囊胚经玻璃化冷冻、管内解冻后直接移植，移植后第 60 天的妊娠率为 56.5%(26/46)，与新鲜对照组(58.8%，30/51)相比无显著差异($P>0.05$)(表 1-6)。

表 1-6　冷冻保存和管内解冻对牛囊胚移植妊娠率的影响　个

组别	移植胚胎数	受体数	妊娠受体数	妊娠率
体内冷冻组	46	46	26	56.5%[a]
体内胚胎新鲜组	51	51	30	58.8%[a]

利用屠宰奶牛卵巢获得卵丘卵母细胞、体外受精后发育到囊胚经玻璃化冷冻、管内解冻后直接移植，

移植后第60天的妊娠率为32.6.5%(15/46),与体外受精新鲜胚胎移植妊娠率(34.8%,16/46)相比无显著差异($P>0.05$),但仍然显著低于超数排卵体内胚胎冻胚移植妊娠率(56.5%,26/46)(表1-7)。

表1-7 体外受精胚胎鲜胚、冻胚与超数排卵体内胚胎冻胚移植结果比较 个

组别	移植胚胎数	受体数	妊娠受体数	妊娠率
体外冷冻胚胎组	46	46	15	32.6%[a]
体外新鲜胚胎组	46	46	16	34.8%[a]
体内冷冻胚胎组	46	46	26	56.5%[b]

注:同列小写字母相同,表示差异不显著($P>0.05$);同列小写字母不同,表示差异显著($P<0.05$)。

1.7.3 存在的问题

(1)胚胎来源问题限制了胚胎移植的效率和实际应用。

(2)缺乏熟练操作胚胎移植的技术人员。

(3)胚胎移植费用高,人力和时间消费大,条件严格,这也制约了它的推广应用。

1.7.4 下一阶段的工作

(1)建立以褪黑素为辅助因子的高效同期发情、超数排卵技术。

(2)提高供体超数排卵、体内胚胎生产效率和胚胎移植妊娠率。

(3)利用高产淘汰牛的卵母细胞和高产母牛活体采卵的卵母细胞,提高体外受精胚胎(体外胚胎)移植效率,提升种用价值、降低胚胎生产成本,通过体外胚胎移植,最终加速奶牛品种改良步伐。

(刘国世团队)

1.8 利用褪黑素提高胚胎玻璃化冷冻效率

1.8.1 概述

体外成熟卵母细胞和体外发育胚胎在进一步用于研究前大多数需要冷冻,而冷冻过程将会产生过高的活性氧或其他有毒物质将导致卵母细胞和胚胎的损伤。体外生产的胚胎和体内胚胎有很大的差异。研究表明,培养条件会影响胚胎发育的速度,如果将在体外生产的牛受精卵移植入子宫内发育,将大大增加这些胚胎的抗冷冻能力,甚至能和体内生产的胚胎持平。受精后培养液中的血清含量将影响胚胎发育及所得囊胚的质量。因此,胚胎体外培养环境决定了胚胎的质量。

近年来,褪黑素也被广泛用于小鼠、牛和猪等体外胚胎发育的研究中。在小鼠中,褪黑素能促进新鲜及玻璃化冷冻的细胞胚胎的发育,这些促进作用包括提高囊胚率、孵化囊胚率和囊胚细胞数。褪黑素还能促进高氧条件下牛胚胎的体外发育和热应激牛卵母细胞的囊胚率。在其他物种中,褪黑素能促进猪孤雌发育和体外受精胚胎的卵裂率和囊胚细胞数,褪黑素还能显著改善绵羊体内外胚胎的质量以及存活率。近期有报道表明,褪黑素能显著提高附植前兔胚胎的发育和孵化囊胚率。通常认为超过50%卵裂球损伤的胚胎为死亡胚胎。体外生产的胚胎由于胚胎细胞数的减少以及内细胞分布的不均而比体内生产的胚胎更经不住冷冻的损害。囊胚抗冷冻能力经常被用作评估胚胎质量和发育能力的重要指标。因此,有必要进一步确定和评估褪黑素对体外生产胚胎质量的影响。

1.8.2　技术研究进展

1. 主要技术内容

采用了细管法对于胚胎进行存储。在塑料细管中依次吸入约 7.5 cm 的 PBS-PVA 溶液，约 0.5 cm EFS35 溶液，约 0.5 cm EFS35（放入胚胎），各段液体之间以空气柱（0.5 cm）隔开。待胚胎导入 EFS35 节段后，再吸入一段 PBS-PVA 溶液，细管封口。并对细管法存储的胚胎采取玻璃化冷冻。室温 25℃（±0.5℃）条件下，将胚胎移入预处理液（EG20）中 3 min，再移入预先配置好的 EFS35 液的细管中平衡，细管封口后直接投入液氮中冷冻，每支细管放入 1 枚桑葚胚或囊胚。采用的解冻方法是：室温 25℃（±0.5℃）条件下，将细管从液氮中取出，浸入 25℃（±0.5℃）水浴中平行晃动 10 s。待细管内的溶液融化后，取出细管，拭干表面水珠，而后按照图所述方法在管内混合冷冻液和解冻液。当胚胎在该混合液中停留约 30 s 后，将胚胎推至干净的培养皿中，在显微镜下收集胚胎后用 PBS-PVA 洗涤三次，然后在 38.5℃、5% CO_2 和饱和湿度的培养箱中继续培养 72 h。

2. 实施途径与措施

（1）褪黑素对牛胚胎体外发育的影响　共使用 235 枚胚胎研究了褪黑素（10^{-7} mol/L）对胚胎发育的潜在影响。褪黑素处理组（87.78%±1.02%）卵裂率显著高于对照组（82.50%±1.12%，$P<0.05$）（图 1-13A）。同样地，褪黑素处理组（84.45%±0.93%）8-细胞率也显著高于对照组（80.00%±1.29%，$P<0.05$）（图 1-13B）。此外，胚胎发育第 7 天，褪黑素处理组（38.33%±2.21%）囊胚率显著高于对照组（26.67%±1.05%，$P<0.05$）（图 1-13）。

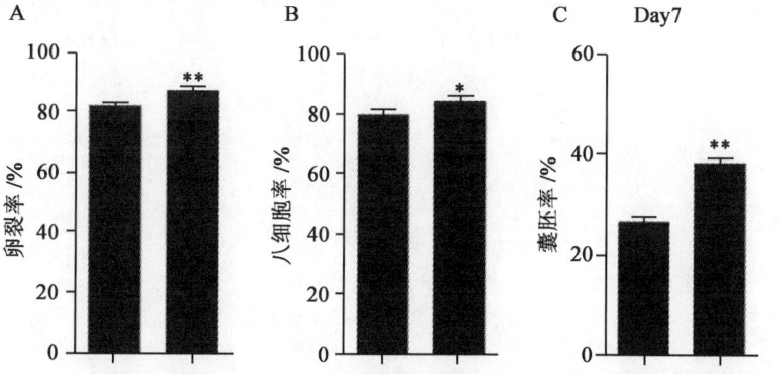

图 1-13　褪黑素对牛体外成熟卵母细胞受精后胚胎发育的影响

A：卵裂率。B：8-细胞率。C：受精后第 7 天的囊胚率。同列不同字母表示有统计学差异（$P<0.05$）。

（2）褪黑素对牛体外发育囊胚抗玻璃化冷冻能力的影响　将牛卵丘卵母细胞复合体（COCs）体外成熟 24 h 后进行体外受精，然后将体外受精胚胎培养在添加 10^{-7} mol/L 褪黑素的培养液中，7 d 时将早期囊胚进行玻璃化冷冻，解冻后在培养 24 h 统计囊胚孵化率，培养 48 h 和 72 h 统计囊胚死亡率。通过观察卵裂率、8-细胞率和囊胚率研究褪黑素对胚胎发育的影响；通过玻璃化冷冻解冻后囊胚死亡率、孵化率及发育相关基因的表达研究褪黑素对胚胎质量的影响。研究结果显示，褪黑素能显著提高体外生产牛胚胎的卵裂率和 8-细胞率和囊胚率。在胚胎发育的第 7 天将早期囊胚进行玻璃化冷冻，采用“甩管法”玻璃化冷冻解冻（图 1-12），解冻培养 24 h 后，10^{-7} mol/L 褪黑素组囊胚孵化率显著高于对照组，而囊胚冷冻解冻后 48～72 h，褪黑素组囊胚死亡率均显著低于对照组（图 1-14、图 1-15）。另外，RT-PCR 检测发现 MT 组囊胚冷冻解冻后 DNMT3A，OCC，CDH1 表达显著上调，AQP3 的表达显著下调。

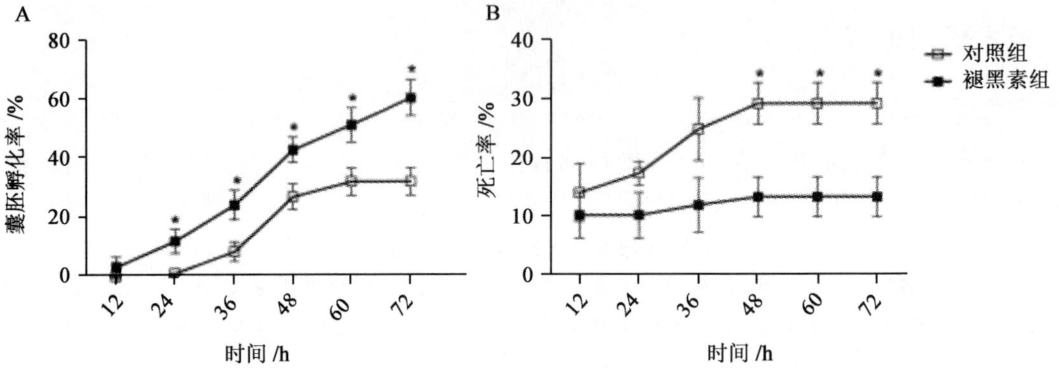

图 1-14　褪黑素对玻璃化冷冻解冻后囊胚孵化率及死亡率的影响

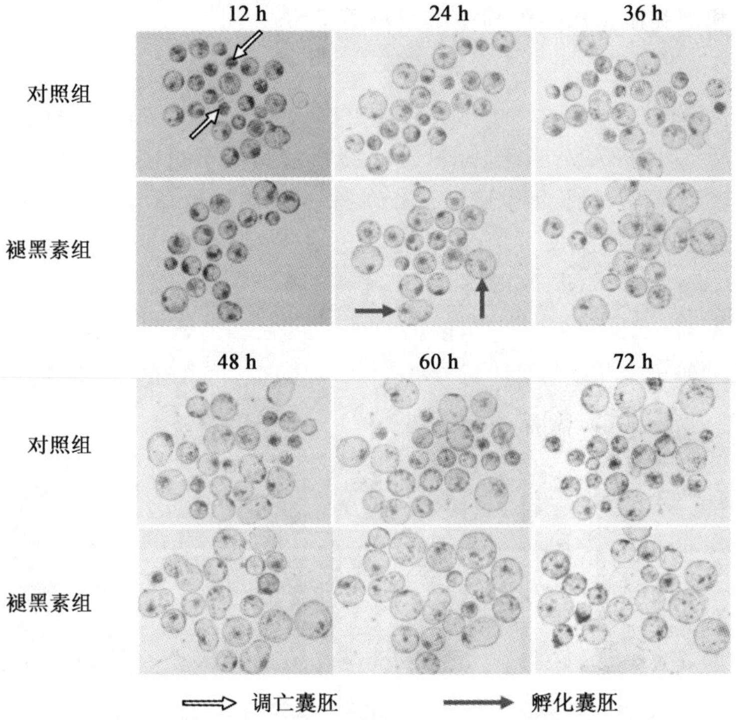

图 1-15　褪黑素对牛囊胚玻璃化冷冻-解冻后胚胎发育的影响

3. 效果与效益

本研究首次发现在体外培养液中添加褪黑素能提高囊胚的抗冷冻能力。褪黑素处理组囊胚冷冻解冻后 24 h,36 h,48 h,60 h 和 72 h 后的囊胚孵化率显著高于对照组。而有研究表明,囊胚质量提高能显著提高胚胎移植后的妊娠率,进而能生产更多的健康后代。

体外受精胚胎培养在添加 10^{-7} mol/L 褪黑素的培养液中,卵裂率、8-细胞率和囊胚率分别提高 6.4%、5.6%、43.7%;早期囊胚玻璃化冷冻后解冻培养 24 h,褪黑素组囊胚孵化率提高 11%,72 h 囊胚孵化率提高 28.3%,而 48 h 和 72 h 褪黑素组囊胚死亡率分别降低 7%、16.1%(图 1-14)。这充分说明了 MT 能够提高胚胎解冻后的发育效率和发育速度,还能通过提高抗玻璃化冷冻能力及影响 mRNA 水平提高体外发育胚胎的质量。褪黑素显著提高体外发育牛囊胚玻璃化冷冻解冻后的孵化率及显著降低死亡率,基因表达的变化再次证明了 MT 能够提高牛囊胚的抗冻能力。

以上结果说明褪黑素不仅促进牛胚胎体外发育能力，而且还通过提高抗冷冻能力及调控发育相关基因的表达而提高囊胚质量，为褪黑素在牛体外胚胎生产中广泛应用奠定基础，尤其是应用在性别鉴定或者冷冻胚胎的解冻复苏过程中。

1.8.3　存在的问题

本研究仅限于实验室内的操作，还没有将实验室内生产的胚胎进行胚胎移植，通过妊娠、产犊来进行验证。

1.8.4　下一阶段的工作

在实验室内生产大量的体外受精胚胎，然后用本研究的方案进行培养和冷冻，与规模化牛场合作，在牛场现场将冷冻胚胎进行解冻复苏和移植，通过统计胚胎移植的妊娠率、产犊率等相关指标进一步验证褪黑素对胚胎玻璃化冷冻的保护作用。

（刘国世团队）

1.9　褪黑素提高奶牛机体免疫能力降低体细胞数的应用技术

1.9.1　概述

乳房炎是奶牛群体中很常见的疾病。奶牛乳房炎主要包括临床和亚临床乳房炎。临床乳房炎体征表现为乳头与乳房肿胀发红或乳腺因感染而温度上升。然而，亚临床乳房炎的体征迹象不明显，因此很难被发现，其主要特点是在这些牛的牛奶体细胞数会增加、牛奶产量会因此下降。体细胞数（SCC）是指每毫升牛奶中所含体细胞的数量，其主要成分是白血细胞，占 99%，其余是少量乳腺上皮组织细胞；牛奶中体细胞数超过 2×10^5 个/mL，表明奶牛感染了乳房炎。奶牛从怀孕期到哺乳期的各种生化反应和活跃代谢产生的额外刺激持续形成大量的活性氧，过多的活性氧将导致生物氧化应激。氧化应激是一个影响宿主免疫和炎症反应的重要潜在因素，因此氧化应激不可避免地导致奶牛对各种各样的疾病的易感性增加，尤其是在高温期间。褪黑素（melatonin）是一种主要由松果体合成的胺类激素，会对多种生理过程产生影响。这些影响包括其可以作为昼夜节律的信号分子，调控与光周期相关的生殖信号分子，调控神经内分泌系统和心血管保护的信号分子。褪黑素是一种有效的自由基清除剂和抗氧化剂。它除了具有抗氧化功能外，其也能参与免疫反应的调节，它在不同的条件下可以作为一种免疫刺激性或者免疫抑制剂。

1.9.2　技术研究进展

我们的研究已经证实：

(1)荷斯坦奶牛血液中褪黑素浓度在 1 天之内变化明显，最高值出现在 4:00，为(8.30±1.46) ppb，最低值出现在 16:00，为(2.09±0.07) ppb。

(2)静脉和皮下注射褪黑素后，血液中的浓度迅速升高，分别在 0.5 h 和 1 h 后达到最高值。本研究证明了荷斯坦奶牛体内褪黑素分泌有明显的昼夜节律性，注射褪黑素可以迅速提高血液中褪黑素的浓度，血液中褪黑素的代谢速度与浓度密切相关，随着血液中褪黑素浓度的增加，代谢速度明显加快。

(3)连续 4 d 皮下注射 4.64 mg 褪黑素可以显著降低牛奶中体细胞数，对于体细胞数在 30 万～100 万/mL 的高产奶牛效果更明显。

(4)褪黑素可以降低血液中皮质醇的浓度，增加免疫球蛋白 IgG 和 IgM、白蛋白、丙氨酸氨基转移酶和血清乳酸脱氢酶浓度，以及白细胞、淋巴细胞和中性粒细胞数量。研究结果表明皮下注射褪黑素可以从体液和细胞免疫方面提高奶牛的机体免疫力，降低牛奶中的体细胞数量。

(5)褪黑素作为乳房炎辅助治疗药物，能够显著缩短乳房炎的治疗天数。

1. 实施途径与措施

本实验地点在北京的一个商业奶牛场，实验期间一共使用了 140 头奶牛，该场内每头奶牛每年的奶产量在 9 102～11 020 kg。奶牛每天挤奶三次，实验期间奶牛的平均年淘汰率为 29.5%；实验组每头奶牛上午 8:00 颈部皮下注射 4.64 mg 褪黑素，连续注射 4 d。在第一次上午 8:00 褪黑素注射之前，从每头奶牛尾骨的血管收集血样，之后在最后一次褪黑素注射后的第 1 天和第 3 天上午 8:00 采血。用来分析皮质醇，生理和生化指标 IgG，IgM，白蛋白，丙氨酸氨基转移酶，乳酸脱氢酶，以及血红细胞数，淋巴细胞数以及中性粒细胞数；奶样在褪黑素注射前连续采集 3 d，并在最后一次褪黑素注射之后 1～18 d 连续采集。奶样采集后用来分析牛奶体细胞数。

2. 效果与效益

(1)24 h 内荷斯坦奶牛血液中褪黑素浓度变化明显，呈明显的昼夜节律，即随着日落而降低，随着日出而升高。血液中褪黑素浓度最高值出现在清晨 4:00，为(8.30±1.46)ppb，浓度最低值出现在午后的 16:00，为(2.08±0.07) ppb，最高浓度约是最低浓度的 4 倍。褪黑素 24 h 内的平均变化速度为每小时(0.52±0.12)ppb，浓度最高值与最低值间差异显著($P<0.05$)(图 1-16)。

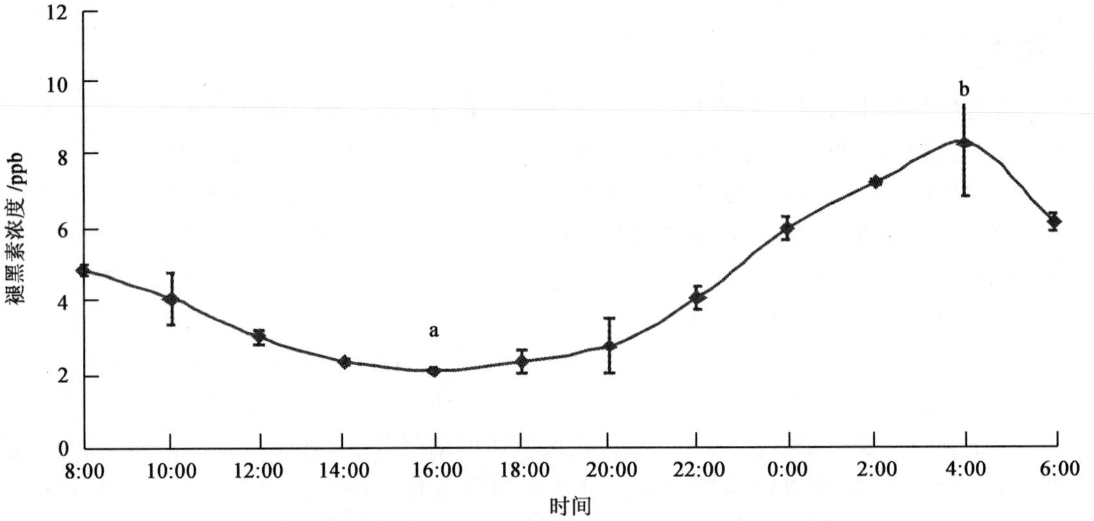

图 1-16　荷斯坦奶牛血液中褪黑素浓度 24 h 内变化曲线(样本数量为 7)

不同字母(a～b)表示有统计学差异($P<0.05$)。

(2)静脉和皮下注射褪黑素后，血液中的浓度迅速升高，分别在 0.5 h 和 1 h 后达到最高值。本研究证明了注射褪黑素可以迅速提高血液中褪黑素的浓度，血液中褪黑素的代谢速度与浓度密切相关，随着血液中褪黑素浓度的增加，代谢速度明显加快。

(3)连续 4 d 皮下注射 4.64 mg 褪黑素可以显著降低牛奶中体细胞数，对于体细胞数在 30 万～100 万/mL 的高产奶牛效果更明显(图 1-17)。

(4)褪黑素可以降低血液中皮质醇的浓度，增加免疫球蛋白 IgG 和 IgM、白蛋白、丙氨酸氨基转移酶和血清乳酸脱氢酶浓度，以及白细胞、淋巴细胞和中性粒细胞数量。研究结果表明皮下注射褪黑素可以从体液和细胞免疫方面提高奶牛的机体免疫力，降低牛奶中的体细胞数量。

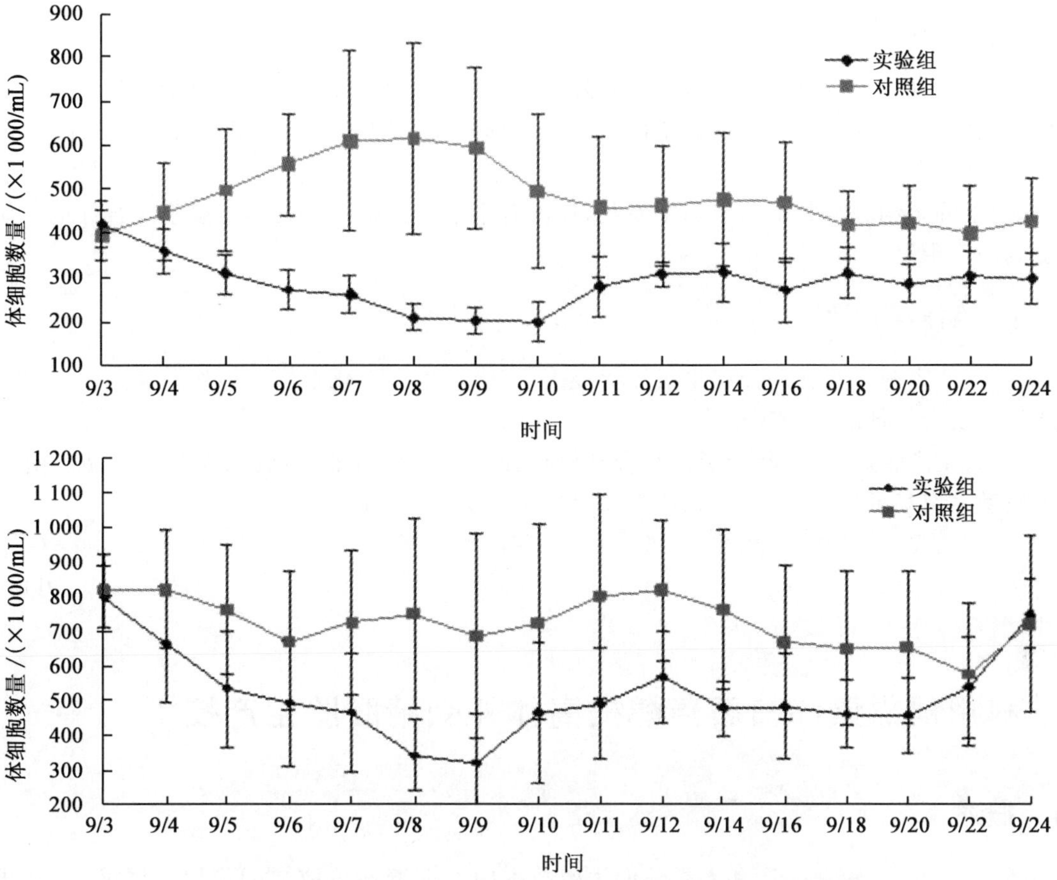

图 1-17　体细胞数在 30 万～100 万/mL 的奶牛注射褪黑素后体细胞数量变化曲线

(5)褪黑素作为乳房炎辅助治疗药物，能够显著缩短乳房炎的治疗天数(图 1-18)。

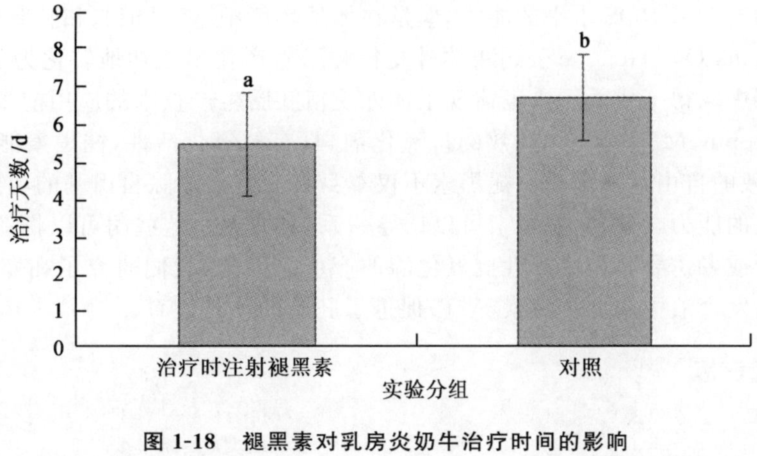

图 1-18　褪黑素对乳房炎奶牛治疗时间的影响

3. 创新点

本研究首次研究报道了皮下注射褪黑素对荷斯坦奶牛牛奶中体细胞数量的影响，并通过血液生理和生化指标变化，从体液和细胞免疫方面分析了作用机制。本研究可以为降低牛奶中体细胞数量提供一种有效、安全和快捷的方法，并为褪黑素在提高人类免疫能力方面的应用提供参考和理论依据。

1.9.3 存在的问题

(1)虽然本研究结果表明褪黑素可以显著降低牛奶体细胞数,并且证明其可能通过影响血液生化指标和其他免疫因子来发挥作用,但褪黑素调控体液和细胞免疫因子的途径和具体机制还需要更深入的研究。

(2)褪黑素降体细胞数针剂仅申请了专利,还没有申请兽药批号,因此,褪黑素复合针剂在奶牛养殖推广中受到一定限制。

1.9.4 下一阶段的工作

(1)进一步研究褪黑素在调控奶牛机体免疫因子,影响生理生化指标中的作用通路,完善理论基础,有利于褪黑素复合针剂的进一步推广。

(2)与激素生产企业合作,将褪黑素复合抗氧化针剂申请兽药批号,成果为正式产品。使该产品进一步在规模型养殖场推广,进一步研究褪黑素对奶牛产奶量的影响。

(刘国世团队)

1.10 利用褪黑素和白藜芦醇提高体外受精胚胎生产技术

1.10.1 概述

体外胚胎生产在畜牧业生产和人类辅助生殖技术中发挥着不可或缺的作用。据报道,全球生产的牛胚胎中 1/3 均采用体外方法生产,而在欧洲每年大约有 50 万人通过类似的方法治疗不孕不育。然而,在卵母细胞体外成熟和胚胎体外发育的过程中,过量的活性氧(ROS)对卵母细胞体外成熟和胚胎体外发育会造成不良影响,ROS 的增加主要是由于生理代谢和缺乏体内抗氧化酶机制所导致。在体内,卵母细胞和早期胚胎有调节 ROS 水平的能力,但是在体外环境中,卵母细胞和胚胎遭受的 ROS 远比体内高。其中,美国 Trans Ova Genetic 公司将体外受精胚胎生产技术成功地转化为了商业运营模式,并在全球范围内的市场中取得了成功。这也体现了体外受精胚胎生产技术的应用前景。

而褪黑素(melatonin,MT)是一种高效的抗氧化剂,具有抗氧化活性,褪黑素能通过多条途径降低氧化应激,是一种高效的自由基清除剂。褪黑素不仅本身具有直接清除自由基的功能,而且其代谢产物有进一步清除自由基的能力。此外,褪黑素可以诱导一系列的产生,这些酶可以将新陈代谢的产物转化为没有危害性的分子或者诱导其他内源性抗氧化酶的产生。因此,我们研究了在卵母细胞体外成熟培养液和体外受精胚胎发育液中添加褪黑素(MT)促进了胚胎的体外发育。

1.10.2 技术研究进展

1. 主要技术内容

体外生产的胚胎质量要远低于体内胚胎。在牛上,体外生产的胚胎在胚胎培养的第 7 天只有 30%～40%的囊胚率,可能的原因是相对于体内环境,体外发育的胚胎暴露于相对较高的氧气浓度下导致活性氧(ROS)的升高。ROS 的产生已被认为是体外胚胎生产效率低下的一个主要原因,它会导致线粒体功能改变、ATP 耗竭和细胞凋亡,从而阻滞胚胎发育,为此,我们探明了在胚胎体外生产过程中成熟液和发育液中添加 MT 对牛卵母细胞体外成熟以及体外受精胚胎发育潜力的影响,建立了一套牛体外受精胚胎生产优化的技术体系。

2. 实施途径与措施

(1)首先在牛卵泡液中检测出 MT 浓度约为 10^{-11} mol/L,因此在体外成熟液中分别添加一定浓度的外源褪黑素 MT(10^{-11},10^{-9},10^{-7},10^{-5},10^{-3} mol/L),结果表明:10^{-9} 和 10^{-7} mol/L 浓度能显著提高体外成熟牛卵母细胞受精后的卵裂率、囊胚发育率和囊胚细胞数(图 1-19);受体检测发现牛颗粒细胞、卵丘细胞以及卵母细胞上均表达褪黑素受体 MT1 和 MT2;添加褪黑素受体 MT1 和 MT2 抑制剂 Luzindole 能消除 MT 对牛卵母细胞成熟的促进作用,而添加受体激动剂 IIK7 可以模拟 MT 促进卵母细胞的作用,因此,可以推测 MT 对牛卵母细胞成熟的促进作用是通过受体介导的;定量 PCR 检测发现,添加 MT 可以显著上调卵母细胞成熟相关基因(GDF9,MARF1a 和 DNMT1a)和卵丘扩展基因(PTX3,HAS1/2)及 LHR1/2 和 EGFR 基因的表达水平。

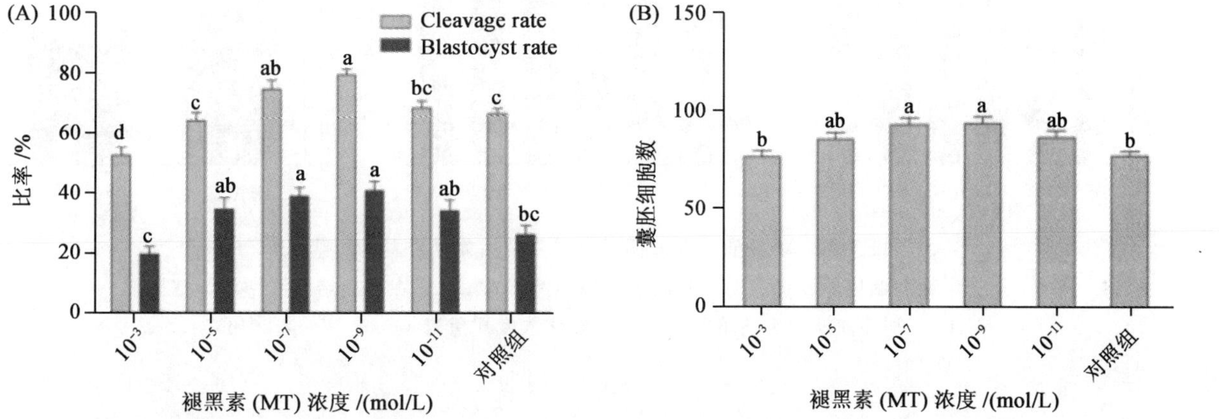

图 1-19　成熟液中添加不同浓度的 MT 对牛 COCs 成熟后体外受精胚胎发育的影响(XiuZhi Tian,2014)

(2)将牛体外受精胚胎培养在添加不同浓度 MT(10^{-11},10^{-9},10^{-7},10^{-5},10^{-3} mol/L)的培养液中表明,无论是在前期培养液(CR1aa+3 mg/mL BSA)还是后期培养液(CR1aa+6% FBS)中添加 10^{-11} 至 10^{-5} mol/L MT 都能显著促进胚胎发育,其最佳浓度分别为 10^{-7} 和 10^{-9} mol/L(图 1-20,图 1-21)。通过实时定量 PCR、免疫荧光和 western blot 检测发现在不同发育时期牛胚胎上均存在 MT1 和 MT2 受体。因为非选择性 MT1 和 MT2 受体拮抗剂能抑制 MT 对胚胎发育的促进作用,而选择性 MT2 受体拮抗剂 4-P-PDOT 则无此效果,因此可以推测 MT 对牛胚胎发育的促进作用是通过 MT1 受体介导的。定量 PCR 检测发现,MT 能上调牛胚胎发育过程中抗氧化抗凋亡基因(*GPX*4,*SOD*1 和 *BCL-*2)和发育相关重要基因(*SLC*2*A*1,*DNMT*1*A* 和 *DSC*2)的表达,同时下调促凋亡基因(*P*53,*Bax* 和 *Caspase-*3)的表达。

3. 效果与效益

通过研究发现在成熟液中添加 MT 能够使体体外受精胚胎的卵裂率、囊胚率和囊胚细胞数分别提高 13%、14.7%和 16.5%,在前后期以及全程培养液中分别添加 MT,囊胚率分别提高 9.8%、15.5%、16.5%。因此,MT 能够促进牛卵母细胞体外成熟及体外受精胚胎的发育,从而为科学研究提供充足的研究材料,节省大量的人力、物力。更主要的是能够为活体采卵体外受精技术(OPU)提供更高效率和质量的卵母细胞,降低体外受精胚胎生产成本。

4. 创新点

在 M-199 成熟液和 CR1aa 培养液中添加 MT 能够显著提高卵母细胞成熟质量,提高受精胚胎卵裂率及胚胎发育的囊胚率、孵化囊胚率和囊胚细胞数。MT 作为一种抗氧化剂,可以作为卵母细胞体外成

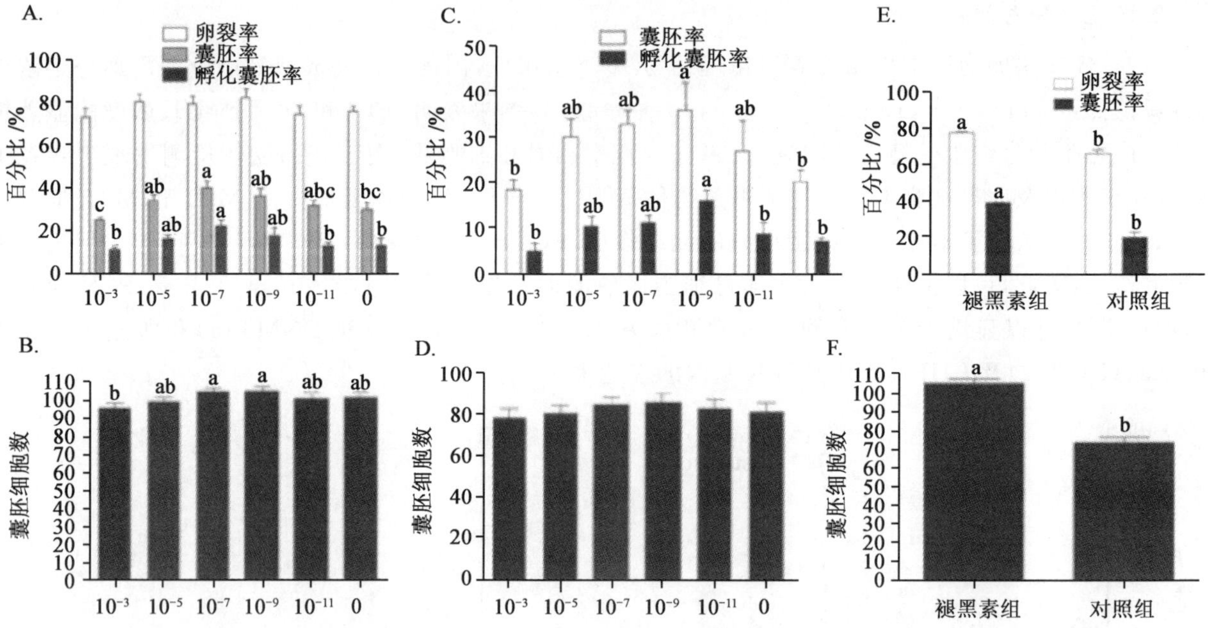

图 1-20 培养液中添加褪黑素对牛胚胎体外发育的影响

A、B：只在早期胚胎体外发育前期培养液中添加褪黑素；C、D：只在后期培养液中添加褪黑素

E、F：分别在前期和后期培养液中添加最佳浓度褪黑素（Feng Wang，2014）

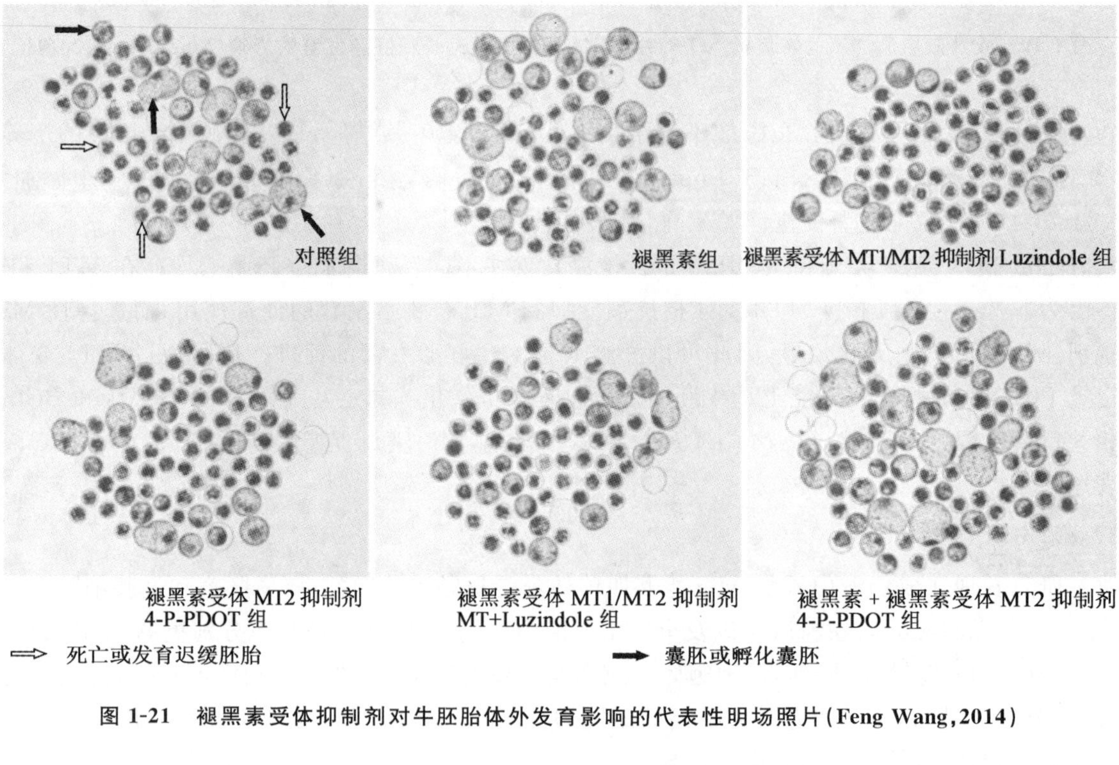

图 1-21 褪黑素受体抑制剂对牛胚胎体外发育影响的代表性明场照片（Feng Wang，2014）

熟和胚胎体外发育培养液的添加剂，且其抗氧化能力比维生素 C、维生素 E、谷胱甘肽等常用抗氧化剂的能力强很多。它不仅通过直接抗氧化途径作用于卵母细胞和胚胎，还通过受体途径发挥间接抗氧化、抗衰老作用，建议应用于生产实践中。

1.10.3　存在的问题

本研究仅限于实验室内的操作，还没有将实验室内生产的胚胎进行胚胎移植，通过妊娠、产仔来进行进一步验证。

1.10.4　下一阶段的工作

与规模化牛场合作，在现场收集淘汰牛卵巢，用本研究的方案进行牛 COCs 的培养和体外受精胚胎的生产，而后将囊胚进行胚胎移植，通过统计胚胎移植的妊娠率、产仔情况进一步验证 MT 对牛 COCs 和体外受精胚胎的体外发育具有促进作用，提高淘汰牛的利用效率，尤其是提高高产优秀品种牛活体采卵供体牛的繁殖效率，增加生产的经济效益。

（刘国世团队）

1.11　奶牛早期胚胎性别鉴定技术

1.11.1　概述

胚胎性别鉴定是一种进行奶牛性别控制的重要方式，在良种培育及畜牧经济生产中发挥了重要作用。迄今为止，已经开发出 LAMP、双重 PCR、巢式 PCR 等多种奶牛胚胎性别鉴定方法，取得了较理想的检测效果 PCR。在这些方法中，PCR 技术以其稳健的检测结果和低廉的成本而备受关注。胚胎性别鉴定技术推动了胚胎移植的产业化发展，加速了特别是乳畜品种的改良，对现代畜牧业的发展起到了积极的作用。性别鉴定后胚胎的质量由于取样等操作过程的影响而明显降低，尤其在胚胎冷冻后，其发育潜能会受到较大影响，导致胚胎移植的妊娠率大大降低。如何克服这一现象已经成为目前生殖生物学领域研究的热点问题之一。我们的研究表明，褪黑素(melatonin，MT)能够有效地降低切割和冷冻使胚胎受到的损伤。

1.11.2　技术研究进展

1. 主要技术内容

传统 PCR 扩增往往需要 2～2.5 h，较长的 PCR 扩增时间，增加了胚胎体外应激时间，影响了工作效率和移植效果。为此，对 PCR 反应的循环参数进行研究，将 PCR 扩增的三温度梯度减少为两温度梯度，而且将每一个梯度的时间减少为 1 s，建立了两温度梯度多重 PCR 方法，并且分别对牛基因组、成纤维细胞、胚胎样品进行了性别鉴定研究，建立了稳定、简便、快速的牛早期胚胎性别鉴别两温度梯度 PCR 法，时间减少到 50 min 左右(图 1-22)。然而，上述性别鉴定均采用两对 PCR 引物，较多的引物间互作增加了 PCR 结果的不确定性，为此，王栋团队对性别鉴定的基因进行了筛选，选择了在 X、Y 染色体上都存在但呈现长度多态的牙釉基因，根据该基因在 X 染色体上正常而 Y 染色体缺失的特点，设计引物使扩增产物跨越该 63 bp 缺失区段。利用这对引物进行 PCR 性别鉴定就可分别获得特异性的 X、Y 染色体差异产物，即雄性胚胎为两条条带，雌性个体为单条条带，无须再采用内参引物(图 1-23)。另外，王栋团队还采用建立的简单快速 PCR 检测体系进行了单精子快速 PCR 性别鉴定，所有单精子均获得了清晰可辨的特异条带。刘国世团队在性别鉴定胚胎冷冻解冻后的培养液中添加不同浓度褪黑素，尤其是 10^{-3} mol/L 褪黑素，能够显著提高切割取样性别鉴定囊胚的体外孵化率，表明褪黑素可以降低冷冻对早期胚胎造成的损伤。

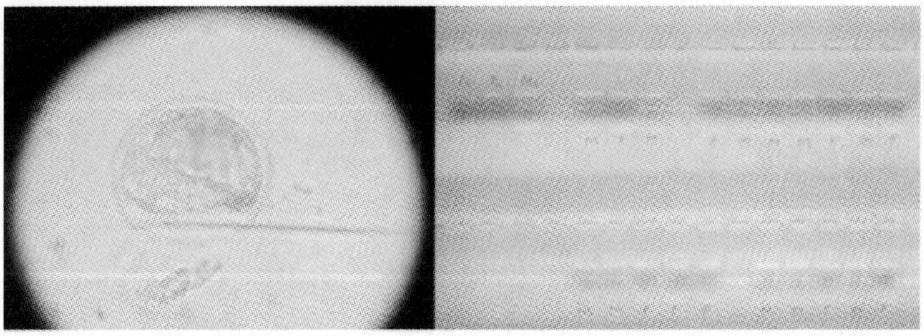

图 1-22　胚胎细胞切割和双重快速 PCR 性别鉴定结果

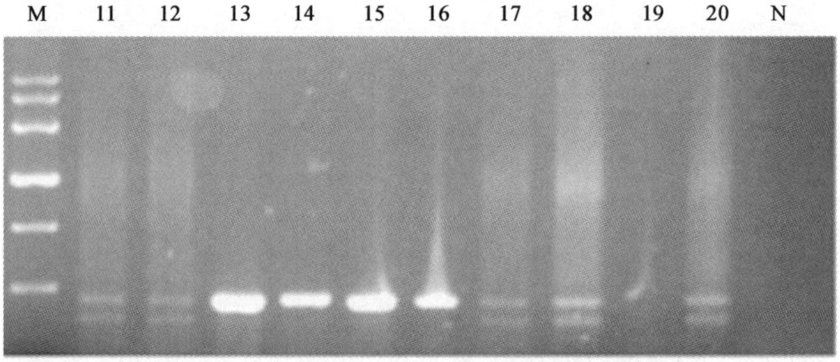

图 1-23　奶牛胚胎单重快速 PCR 性别鉴定结果

2. 实施途径与措施

将 PCR 扩增的三温度梯度减少为两温度梯度，而且将每一个梯度的时间减少为 1 s，建立了两温度梯度多重 PCR 方法；选择了在 X、Y 染色体上都存在但呈现长度多态的牙釉基因，根据该基因在 X 染色体上正常而 Y 染色体缺失的特点，设计引物使扩增产物跨越该 63 bp 缺失区段。将性别鉴定的冷冻胚胎解冻后分别培养于含褪黑素 10^{-3}、10^{-5}、10^{-7}、10^{-9}、0 mol/L 的 CR1aa 胚胎培养液中，3 h 观察并统计胚胎的孵化率，实验结果表明：10^{-3} mol/L MT 组胚胎的孵化率显著高于 10^{-5} mol/L MT 组(75.99% vs. 64.66%)，极显著高于 10^{-7}、10^{-9} mol/L MT 和对照组(75.99% vs. 57.44%，75.99% vs. 57.08%，75.99% vs. 54.44%)。因此，褪黑素影响切割取样的牛囊胚冷冻后解冻体外复苏发育，且 10^{-3} mol/L 褪黑素能显著改善切割取样的牛囊胚冷冻解冻后的体外发育能力。

3. 效果与效益

采用建立的两温度梯度 PCR 方法鉴别了 30 枚奶牛早期胚胎的性别，PCR 鉴别结果与妊娠结果完全相符，性别鉴别时间缩短到 1 h 左右；两温度梯度 PCR 法鉴定胚胎性别，缩短了检测时间，减少了胚胎体外应激时间，提高了反应的灵敏度，提高了工作效率，而且降低了检测成本。

对单重 PCR 快速胚胎性别鉴定体系进行了优化，优化了镁离子浓度、聚合酶浓度等参数，并研究了快速 PCR 的扩增能力，最后，为使其更方便于现场检测分析，将该反应体系物化为简单有效的试剂盒，简化了实验操作。对试剂盒的检测分析表明，该试剂盒具有较高的灵敏度，既节省了成本，又提高了效率，具有重要的生产应用价值，该检测方法对法医鉴定也具有较高的参考价值。

将性别鉴定胚胎解冻后的培养液中添加 10^{-3} mol/L 褪黑素复苏后孵化囊胚率提高 21.55 个百分点(75.99% vs. 54.44%)(图 1-24)，提高了胚胎的利用效率，节约大量成本。

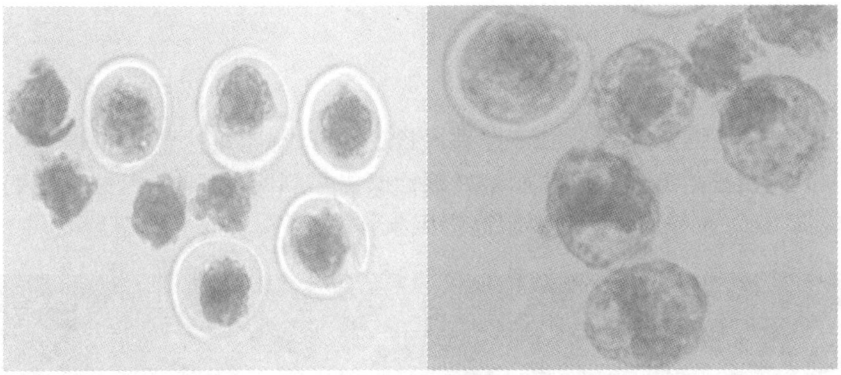

图 1-24　性别鉴定胚胎解冻后复苏发育 3 h 对照组(左)和 10^{-3} mol/L 褪黑素处理组的囊胚

4. 创新点

建立了两温度梯度 PCR 法鉴定胚胎性别，缩短了检测时间，减少了胚胎体外应激时间，提高了反应的灵敏度，提高了工作效率，而且降低了检测成本。

建立了足够灵敏度的单重 PCR 快速检测技术，即可进行胚胎性别鉴定也可进行单精子性别鉴定。

性别鉴定胚胎冷冻解冻后添加 10^{-3} mol/L MT 有助于囊胚的复苏及孵化，降低了性别鉴定时切割取样对胚胎造成的损伤。

1.11.3　存在的问题

性别鉴定试剂盒还没能在生产实践中广泛应用；褪黑素提高解冻性别鉴定胚胎复苏及孵化的具体机制还没有研究清楚。

1.11.4　下一阶段的工作

在生产实践中应用性别鉴定试剂盒，进一步鉴定试剂盒的灵敏度，以期规模化生产及应用，提高其经济效益和价值。通过检测解冻后培养 3 h 的胚胎内 ROS、抗氧化抗凋亡基因(*GPX*4，*SOD*1 和 *BCL*-2)、促凋亡基因(*P*53，*Bax* 和 *Caspase*-3)的表达，明确褪黑素提高解冻性别鉴定胚胎复苏及孵化是否是通过抗氧化途径；通过检测 *AQP*3 的表达，探索褪黑素是否是通过下调 *AQP*3 表达，增强了牛胚胎冷冻保存的抗冻能力。

(刘国世团队，王栋团队)

1.12　早期妊娠诊断技术

1.12.1　概述

以超声波诊断和妊娠因子检测等技术为基础集成的奶牛早期妊娠诊断技术，相比直肠检查，可有效缩短妊娠诊断周期，提高诊断效率，使奶牛在配种后 30 d 的妊娠诊断准确率达 99%以上，并可降低繁殖成本，减少无效饲养，便于牛场繁殖管理和规模化、标准化生产，是缩短胎间距最直接有效的技术手段之一。

1.12.2 技术研究进展与效果

1. 超声波诊断法

通过B超(图1-25),奶牛配种29～31 d能够确诊妊娠,准确率可达到99%以上,比直肠检查(45～60 d)提前14～31 d,应用兽用B超仪可使奶牛妊娠诊断提早到配种后30 d,减少了奶牛空怀率。但B超一次投入成本较高,且对操作人员经验要求高等因素,限制了其大范围推广。

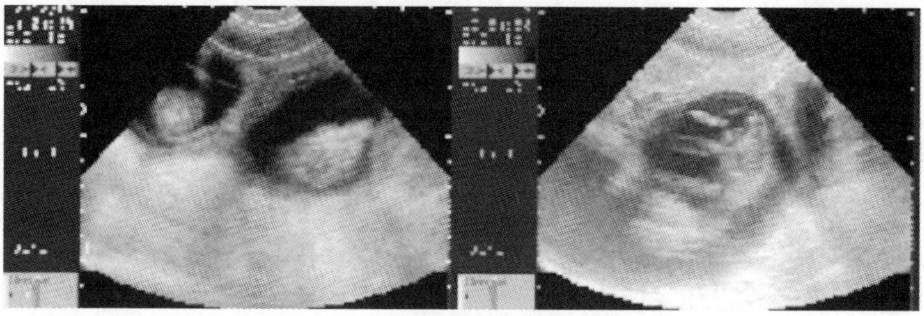

图1-25 奶牛妊娠阳性典型B超影像图

2. 试剂盒诊断法——可视孕检

通过对奶牛血清中妊娠相关糖蛋白(PAGs)的检测(图1-26),能够诊断配种后28 d奶牛的妊娠状态,准确率可达到99%以上,比直肠检查(45～60 d)提前17～32 d,减少奶牛空怀天数,进一步缩短胎间距(表1-8)。同时,针对此项技术还开展了不同冷冻保存时间的血清妊娠检测准确性试验,结果表明对冷冻保存1年以上血清的检测结果仍有效(表1-9)。

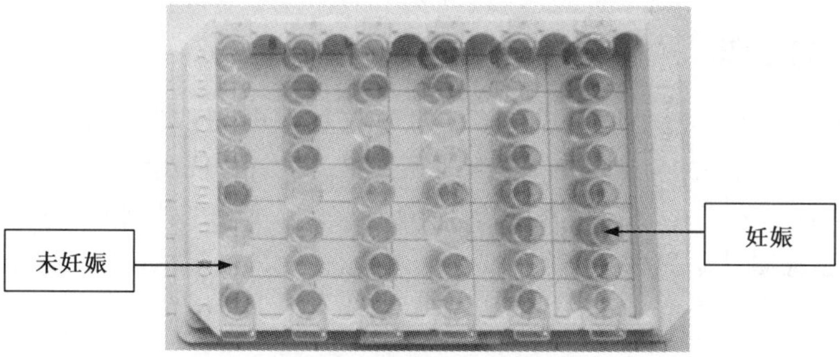

图1-26 奶牛妊娠诊断结果

本项技术对妊娠诊断进行了指标量化,适合集中检测,便于牛场繁殖管理和规模化、标准化生产,适合规模牛场或技术服务中心使用。

表1-8 不同奶牛孕检方法诊断准确率

检测方法	检测时间/d	检测数量/头	妊娠牛数量/头	未妊娠牛数量/头	妊娠牛诊断准确率/%	未妊娠牛诊断准确率/%
可视孕检	配后28～30	44	35	9	100	100
直肠检查	配后45～60	44	37	7	94.6	77.8

注:2014年度数据。

表 1-9　奶牛可视孕检诊断保存血清的准确率

检测方法	血清采集时间/d	血清保存时间	检测数量/头	妊娠牛数量/头	未妊娠牛数量/头	妊娠牛诊断准确率/%	未妊娠牛诊断准确率/%
可视孕检	配后 38～63	＞1 年	17	12	5	100	100

1.12.3　存在问题

超声波诊断法中 B 超价格比较高，需要培训和操作逐渐熟练。试剂盒诊断法中试剂盒操作比较复杂，如果操作不正确，会出现假阳性的现象。

1.12.4　下一步工作

进一步改进早期妊娠诊断方法，增加简便性，减小操作人员的技术难度要求。

（路永强团队，王栋团队）

第 2 章　规模化奶牛场繁殖技术规程的建立与推广

2.1　奶牛分娩管理技术操作规范的建立与应用

2.1.1　概述

奶牛分娩不当是造成难产、死产、产道损伤、胎衣不下、产后瘫痪、子宫炎等重要因素。因此，规范奶牛分娩管理，对减少奶牛繁殖障碍发生，提高奶牛场的生产效率具有重要意义。近几年来国内大型规模化牧场对分娩管理、产后健康监测和围产期保健才刚刚开始重视，而北京市郊区的大量中小型规模奶牛场对其还重视不够，甚至存在忽视、轻视的情况。

2.1.2　技术研究进展

本岗位这几年在北京市郊区 3 个中小型规模奶牛场试验示范和推广奶牛分娩管理技术，通过几年的示范推广，奶牛子宫内膜炎发病率明显减少，犊牛成活率显著提高。形成了一套适合于北京市郊区中小型奶牛场的奶牛分娩管理技术操作规程，主要技术要点：

(1)干奶期的饲养与管理技术。对干奶期奶牛单独分群管理。降低饲料精粗比，预防产后疾病。饲养要点：日粮营养要全面、均衡，不喂或少喂青绿多汁、青贮饲料。为了防止胎儿流产，不饲喂发霉变质饲料，冬季不饲喂结冰草料，饮用温水。

(2)科学助产技术。如果头水(尿囊膜)破裂 2 h 仍未分娩完，犊牛蹄露出 20 min 后没有继续分娩，或者倒产时犊牛舌头发紫时才进行人工助产。分娩后的母牛要喂温热麸皮、盐、红糖水汤，以补充分娩时体内水分、能量的损失。应及早驱使母牛站起，缓慢行走 15 min 左右。

(3)胎位不正的难产处理技术。在了解预产期、母牛年龄及初产后经产情况后，判断难产原因。确定为胎位不正难产时，利用抬高母牛后躯，通过助产、矫正胎位，使胎儿顺利产出。

2.1.3　存在问题与改进措施

中小规模的奶牛场技术力量薄弱，缺乏繁殖保健意识和保健技术，今后重点针对高产奶牛群的产后繁殖保健技术进行研究，进一步优化该技术规程。

（刘彦团队）

2.2　奶牛繁殖管理信息系统的建立与应用

2.2.1　概述

繁殖是奶牛生产中心环节，关系到胎产奶量、终生产奶量及后代数，如果繁殖环节出了问题，就会增加胎间距，降低产犊效率，增加奶牛非繁殖饲养期，影响终身产奶量。所以，其他因素不变情况下，繁殖效率是奶牛生产管理的核心，繁殖管理成为奶牛场生产效益提高的关键。然而，随着奶牛养殖规模不断增大，产业竞争日趋激烈，传统经验管理已力不从心，使用软件进行奶牛生产及繁殖管理成为大势所趋。2012 年，北京奶牛创新团队对奶牛场的繁殖技术调研发现，约 50%奶牛夜间发情，正常工作时间无法检测到；部分高产奶牛发情表现不明显（10%以上）或发情表现较为短暂（10%以上），常规的行为判断和直肠检查很难取得理想的发情鉴定效果。但是，母牛号、公牛号、配种时间等繁殖数据均需现场人工记录，然后再输入电脑（极少数仍采用纸质记录），随着养殖规模的逐渐扩大，养殖场繁殖数据收集压力越来越大。同时，受现场条件、工作人员责任心等影响较大，数据多残缺不全或不准确，有的甚至无法收集，没有基础数据就无法进行科学分析和合理、高效的繁殖管理。因此，自动化、智能化将是奶牛繁殖管理的产业发展目标。

2.2.2　技术研究进展

近年来，我国也研发了《乳牛之星》、《牧场专家》奶牛场管理系统软件 SQL 版、《乳业专家》奶牛场管理系统 2010 等众多奶牛管理软件，其中涵盖了繁殖管理内容，但终因不能自动采集数据，未得到规模化应用。而德国韦斯伐利亚公司 DPC21 智能管理系统、以色列阿菲牧软件及亚达－艾格威的 Dairy Comp 305 (DC305)等国外软件，虽然价格较高，却深受我国奶牛场欢迎，根本原因是这些软件实现了相关数据自动采集。以阿菲牧为例，该软件实现了活动量、产奶量、牛奶电导率、体重等数据自动采集，并依据奶牛活动量先随发情进程逐渐增加，然后又逐渐回落，产奶效率则随发情进程逐渐降低，然后逐渐回升的规律，实现了奶牛发情自动预测。然而，研究表明，活动量、体温、阴道角化细胞、阴道白细胞、阴道电阻、奶和血中的激素与相关蛋白等多项指标表现出发情周期规律性变化，这些指标的自动采集及规律揭示，为我国原创性地研发自动化、智能化奶牛繁殖管理技术，并实现本领域的追赶甚至超越，提供了重要的历史机遇。

从 2012 年起，北京奶牛团队繁育调控岗位专家路永强和王栋团队，基于 ZigBee 无线通信和机电传感技术，开始了奶牛体温和活动量自动采集技术研究，并同步进行了奶牛繁殖信息数据库和信息管理系统研发。经过 5 年苦心钻研，建立了奶牛体表温度和活动量自动采集技术、奶牛阴道温度和活动量自动采集技术，揭示了奶牛体温和活动量的性周期变化规律，并自主研发了发情鉴定、早期妊娠诊断等自动化繁殖新技术，为我国奶牛产业升级奠定了技术基础。研发的奶牛繁殖管理软件参考了国外软件的优点，增加了信息自动采集、发情与妊娠等自动预测功能，主要优点和进展如下：

1. 实现了数据的实时自动收集和快速传输

不同于国外软件，本软件的信息采集器分布在牛场牛舍中，可实时采集牛只的活动量和体温数据，并根据生产安排定时传输，系统根据采集的数据自动绘制曲线，显示发情、妊娠等预警信息（图 2-1）。可通过网络实现多方同步输入和查询，足不出户就能掌握奶牛的繁殖信息，为奶牛场繁殖管理及决策制定提供了方便快捷的工具。

2. 信息查询简单方便

可通过奶牛信息卡了解奶牛基本情况和各胎次配种、妊检和诊疗情况，便于用户通过历史资料了解奶牛繁殖状况,查询更方便、快捷,结果更直观、全面(图 2-2)。

图 2-1　本软件对牛只的活动量和体温数据库

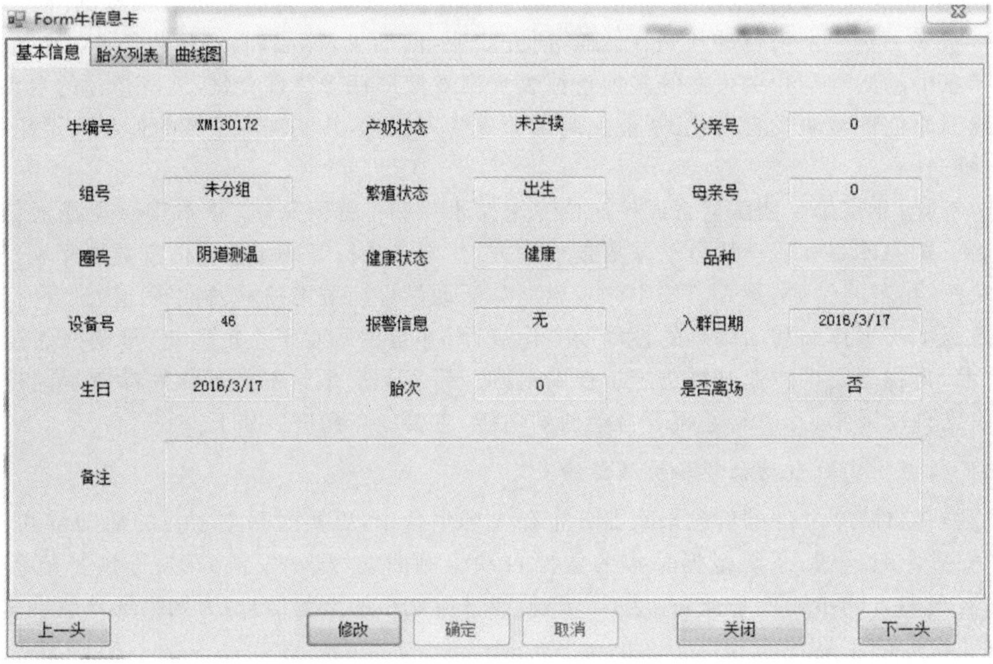

图 2-2　本软件中的奶牛信息卡

3. 实现了牛只健康状况和发情信息全天候实时监测

本软件采用发情监测设备实时记录奶牛活动量和体温信息，并以前十天同时间点数据平均值为参照进行实时发情监测，不但准确率高，降低了配种员劳动强度，而且，实现了 24 h 不间断自动监测，消除了工作时间以外的漏检事件（图 2-3）。同时，因为软件还可根据活动量和体温信息进行一些疾病预警，在一定程度上实现了母牛健康状况的全天候监测。

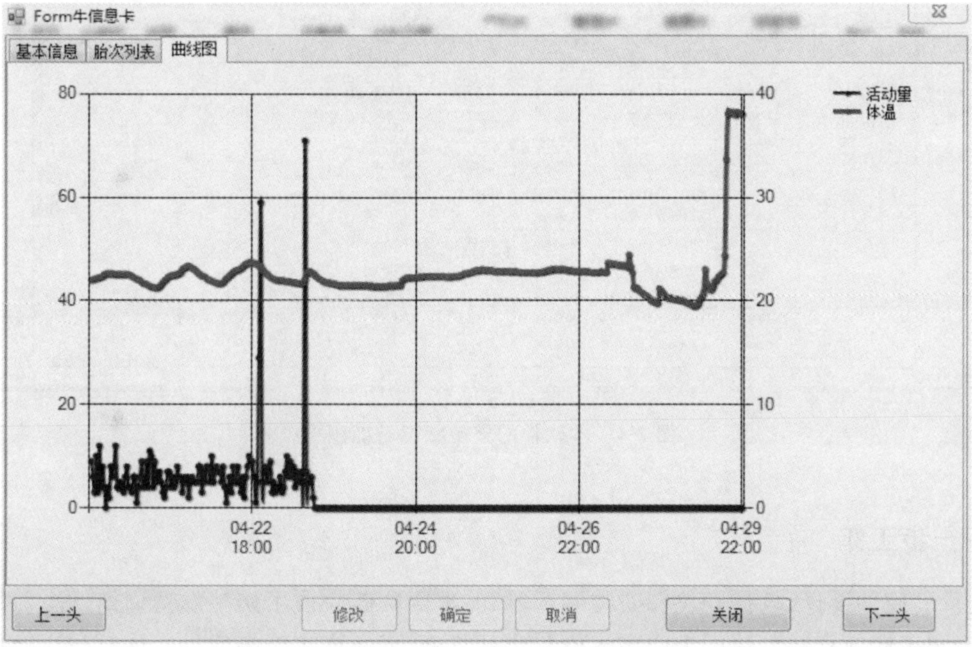

图 2-3 本软件中牛只的活动量和体温变化曲线

4. 智能预警及时高效

本系统可从多个环节进行智能预警，只要输入一个繁殖事件信息，系统即可对后续关联的繁殖事件自动生成预警信息，比如输入 1 个输精事件，系统就可提示何时妊检，输入妊检怀孕事件，系统就可提示何时干奶、何时预产（图 2-4）。

5. 可导出统计报告

系统设置了动物报告、繁殖报告和健康报告等，牛场管理者可根据生产需要输出相应的统计分析结果，或做出相关报告。

2.2.3 存在问题

本研究虽然实现了奶牛体征数据的自动采集和繁殖、疾病状况的自动监测和实时预警，但是，该软件还处于逐渐完善过程，尚有一些功能需要在实践中不断提高改善。首先，目前本软件只是开发了单机版本，仅能在场内使用，如果进行远距离监测与管理，还需与物联网技术接轨，进行网络版软件开发。其次，本软件的推广应用还需对用户进行专门的技术培训与指导。另外，该软件管理职能是在数据采集基础上实现的，而阴道数据采集将受到配种、分娩、产后子宫复旧等繁殖事件的影响，相关时期的繁殖监测将成为该软件的管理难点。最后，由该软件配套实施的奶牛繁殖管理前期投入较大，较大的前期投入成本将可能影响到本软件指导下的繁殖管理技术示范推广，该技术推广如能得到当地地方补贴及相关政策支持，将对当地奶业新技术推广具有重要推动作用。

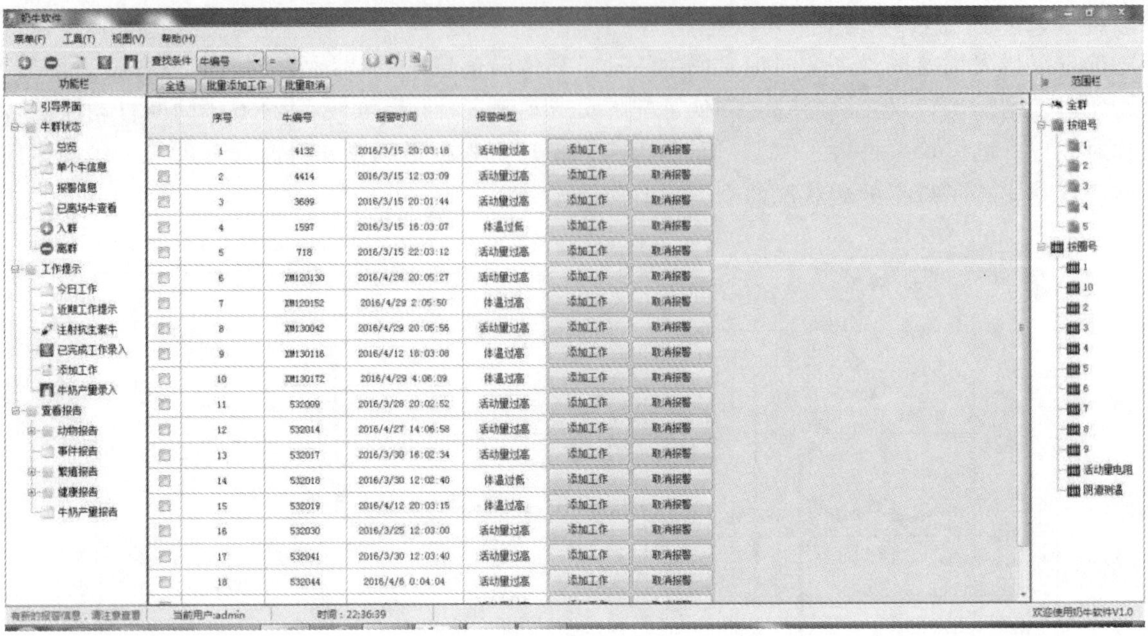

图 2-4　本软件的繁殖状况智能预警

2.2.4　下一步工作

通过大量的硬件设计、软件开发和安装调试，目前本团队已完成了奶牛发情周期体温与活动量变化规律研究，设定了两项指标发情行为监测阈值并实时监测，下一步将对配后母牛体温与活动量变化规律进行研究，以建立奶牛早期自动化妊娠诊断技术，及对奶牛围产期体温与活动量变化规律进行研究，以建立奶牛自动化分娩预警技术。同时，对于与体温和活动量指标相关的健康事件进行监测，以建立健康监测与预警技术。另外，为进一步拓展本软件的跨场、地区管理能力，积极进行相应的网络版软件开发，并进行一定规模的终端服务器构建，与此同时，积极进行手持终端数据检测与录入设备研发，拓展本软件繁殖管理的自动化与智能化功能。

（王栋团队）

第3章　优秀种公牛自主培育体系建立

3.1　育种核心群的构建与育种计划的制订

3.1.1　概述

“十五”和“十一五”国家奶牛重大科技专项的实施，为提升我国奶业的整体技术水平起到了推动作用。初步建立了我国奶业急需的良种繁育技术体系。尽管如此，我国奶牛良种繁育整体水平与世界发达国家相比，仍存在很大差距。特别是缺乏遗传素质高的优秀种公牛，而育种核心群的建立是培育优秀种公牛的根本之所在。

3.1.2　技术研究进展

自课题启动以来，利用示范牧场品种登记及DHI数据，课题组全面推广体型外貌全鉴定与缺陷鉴定工作，完成示范牛场各项育种记录，开展全群遗传评估，并利用开发的信息系统综合分析，每年提供体型分析与选配报告3～4期/场，对牛场选配工作进行全面指导，提升示范场种母牛整体遗传改良水平。以课题执行期末2015年7—12月数据统计（数据来源：中国奶业协会奶牛数据中心），课题示范牧场单产前25%的305 d产奶量分别达到12 705 kg、12 661 kg、12 581 kg、12 454 kg、12 289 kg、12 342 kg以上（表3-1），较2012年1月11 871 kg显著提升（表3-2），以2015年成母牛参测规模4.83万头计算，完成培育单产12 t成母牛1万头的任务指标。

表3-1　2015年12月课题示范牛场TOP 25%种母牛单产统计

分类		胎次	乳脂率/%	蛋白率/%	305 d产奶量/kg	高峰奶/kg
全群	前25%	2.4	3.9	3.33	12 342.74	52.9
	后25%	2.2	4.06	3.38	6 923.04	34.3
一胎	前25%	1	3.9	3.34	11 431.88	46.8
	后25%	1	4.07	3.39	6 947.61	32.9

表3-2　2012年1月课题示范牛场TOP 25%种母牛单产统计

分类		胎次	乳脂率/%	蛋白率/%	305 d产奶量/kg	高峰奶/kg
全群	前25%	2.5	3.72	3.24	11 871.77	52.8
	后25%	2.3	4.1	3.28	5 187.59	30.6
一胎	前25%	1	3.74	3.26	11 020.84	45.3
	后25%	1	4.13	3.26	5 160.2	27.9

3.1.3 下一步工作

继续扩大育种核心群的构建规模,进行品种登记及建立 DHI 数据库,继续推广体型外貌全鉴定与缺陷鉴定工作,完善示范牛场各项育种记录,做好育种计划。

(刘林团队)

3.2 奶牛基因组选择育种方案的研究与应用

3.2.1 概述

奶牛育种是奶业发展的基础和关键,基因组选择技术已成为奶牛育种乃至畜禽育种的一项新的革命性分子育种技术。针对我国奶牛育种实际情况,建立了中国荷斯坦牛基因组选择技术平台,取得了重要成果,并在全国推广应用。

3.2.2 技术研究进展

1. 提出基因组育种值的新方法

(1)提出了基因组育种值的一系列新方法(TA-BLUP、BayesTA、BayesTB 和 BayesTCπ),显著提高了基因组育种值估计的准确性,同时,为降低基因组选择的育种成本,提出了低密度芯片的设计和实施策略及基因型填充策略。丰富和完善了基因组选择的理论和方法,并为我国实施奶牛基因组选择提供了理论支撑。

(2)创建了我国第一个奶牛基因组选择参考群,由 6 000 头母牛和 400 头验证公牛组成,包括高密度 SNP 基因型数据和产奶、健康、体型、繁殖等 4 类 34 个性状的表型数据。为我国实施奶牛基因组选择奠定了基础。

(3)搭建了以集群为核心的高性能计算平台,开发了 SNP 芯片数据处理软件和基因组育种值计算程序,建立了中国荷斯坦牛基因组选择数据库。为中国荷斯坦牛基因组选择研究与实施提供了关键和必要的技术。

(4)根据我国奶牛育种的实际情况,首次提出了基因组信息和传统育种信息结合的基因组性能指数(GCPI),并制定了青年公牛基因组选择具体实施方案(图 3-1)。

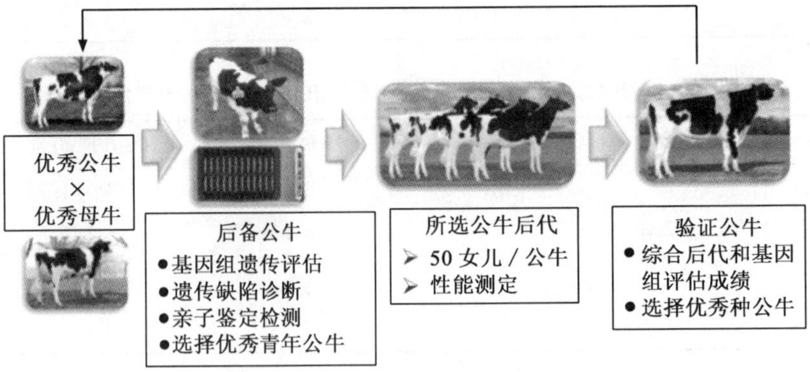

图 3-1 青年公牛基因组选择具体实施方案

2. 实施途径与措施

该成果建立的中国荷斯坦牛基因组选择技术，被农业部指定为我国公牛遗传评估唯一方法，从2012 年开始在全国推广应用，连续 4 年来对全国所有种公牛站的青年公牛进行基因组遗传评估。

3. 效果与效益

自 2012 年，连续三年累计为全国 26 个公牛站的 1 547 头青年公牛进行了基因组遗传评估，选出 724 头优秀青年公牛进入国家良种补贴项目，其冷冻精液已在全国范围内推广，促进了优良基因的快速传递，缩短了世代间隔，降低了育种成本，显著提高了中国荷斯坦牛的遗传改良速度，经济效益达 21.87 亿元，具有重要的社会和生态效益。总体上，该成果的技术水平已达到发达国家同类技术的先进水平，在部分领域达到国际领先水平。

3.2.3　存在问题

目前，在应用方面基因组选择技术重点在应用于青年公牛选择外，尚未扩展到母牛群体的选择，如对核心群母牛、公牛母亲的选择和供体母牛的选择等。

3.2.4　下一步工作

将进一步扩大基因组选择参考群体规模并在芯片标记信息基础上，加入具有显著遗传效应的基因信息，以进一步提高基因组选择的准确性。将基因组选择技术继续扩展到母牛群体的选择。

（孙东晓团队）

3.3　高产冻精种公牛培育技术的研究与应用

3.3.1　概述

提高单头公牛冷冻精液生产水平可显著提升优秀种公牛对群体的遗传改良效率，扩大优秀公牛在群体的影响，进而全面提升奶牛群体的遗传进展和生产水平，培育高产冻精种公牛途径主要有三个方面，一是从遗传方面选育高产冻精公牛个体，而是从饲养管理和采精技术上充分发挥种公牛冻精生产潜力，三是在冷冻精液生产技术上提高鲜精利用效率和产品数量。

3.3.2　技术研究进展

提高单头公牛冷冻精液生产水平可显著提升优秀种公牛对群体的遗传改良效率，扩大优秀公牛在群体的影响，进而全面提升奶牛群体的遗传进展和生产水平，培育高产冻精种公牛途径主要有三个方面，一是从遗传方面选育高产冻精公牛个体，而是从饲养管理和采精技术上充分发挥种公牛冻精生产潜力，三是在冷冻精液生产技术上提高鲜精利用效率和产品数量。

1. 高产冻精种公牛选育和遗传评估技术研究

本研究是第一次对中国荷斯坦公牛进行精液生产性状遗传评估数据来自全国 10 个省 11 个公牛站 2003—2013 年 1 450 头荷斯坦公牛的 335 005 条采精日记录，性状包括采精量、鲜精活率、鲜精密度、单次采精总精子数、单次采精总前进运动精子数等。采用多形状动物模型方法，利用 AI-REML 法求解混合模型方程组（MME）获得各性状的方差分估计值，根据精液性状数据结构特点，模型中考虑场次、采精员、采精月龄、采精季节、采精间隔等环境因素，使用 dmn 软件估计性状遗传参数和遗传评估，结果表明:我国荷斯坦公牛单次采精量为(7.22±3.41) mL,单次采精鲜精活率为67%±17%,单次采精鲜精密度为(11.36±4.74)亿/mL,五个采精性状均为中等偏低遗传力性状,其中,鲜精密度为中等偏高遗传力性状;各性状间存在不同程度的遗传相关。此项研究,基本摸清了种公牛精液生产性状的遗传据点,对选育高繁殖力的优秀种公牛提供重要理论依据,今儿进一步提升了我国种公牛冷冻精液生产水平。

2.提升种公牛精液生产水平应用研究

采用以下技术措施提高种公牛鲜精产量和品质:

(1)采用低蛋白公牛营养配方和调整饲喂模式,提高种公牛营养摄入量。

(2)强化种公牛环境卫生和牛体卫生,提升动物舒适度,及时修蹄护蹄,根据公牛体况采用定期休息方式提高精液质量。

(3)制定个性化采精,提高个体公牛精液质量。

(4)强化采精员和饲养员牛场的配合,提高采精正确性和准确性,避免精液浪费。

(5)对公牛进行早期选择,及时淘汰低产冻精公牛。

(6)利用红外成像技术,测定和公牛睾丸顶端与底端温度差,当温度差达4~6℃精液质量最佳。

3.取得的技术成果

通过采用个性化采精和红外成像技术测定公牛睾丸顶部和基部温度差等措施使成年公牛年冻精生产量提高到6万剂/头。

3.3.3 存在的问题

一是高产冻精公牛选育工作尚未展开,二是种公牛生殖生理研究不深入。

3.3.4 下一步工作

重点研究高产冻精种公牛选育评估方法,选育出具有高遗传素质的高产冻精公牛,开展高产冷冻公牛分子选育技术研究。

(韩广文团队,孙东晓团队)

3.4 奶牛遗传缺陷与亲子鉴定技术

3.4.1 概述

随着分子生物学技术的不断发展,奶牛遗传缺陷的发掘与检测、种牛亲子鉴定血统控制已经成奶牛育种行业的重要技术环节。2000年,丹麦研究发现了荷斯坦牛存在一种罕见"脊椎畸形综合征(complex vertebral malformation)"是由SLC35A3基因单碱基突变引起的,隐性基因纯合时可以造成妊娠早期流产、死胎或犊牛出生后很快死亡。尿苷酸合酶缺失症(DUMPS),是荷斯坦牛的一种导致胚胎早期死亡的遗传缺陷,属于常染色体单基因隐性突变,其主要症状为血液中乳清酸含量升高,尿素循环受阻引起乳清酸血症,从而导致犊牛在出生1周内死亡,或者母牛怀孕约40 d时流产。瓜氨酸血症(CN),又称精氨酸合成酶缺失症,属于常染色体单基因隐性突变,其主要症状为血液中瓜氨酸含量升高,尿素循环受阻引起高氨血症,导致出生1周内死亡。

3.4.2 技术研究进展

目前,许多国家都建立了奶牛育种中遗传缺陷基因的分子检测方法,如CVM、DUMPS、CN等隐性遗传缺陷基因的检测，并在种公牛系谱上进行明确标注隐性基因的携带情况，对保证种公牛的遗传优势和降低遗传缺陷基因传播风险都起到重要作用。同时，由于奶牛种公牛对群体改良影响巨大，因为亲子鉴定在奶牛种牛繁育体系中具有举足轻重的作用，奶牛种业发达国家均已经建立了基于微卫星标记的奶牛亲子鉴定与血缘追溯平台。

3.4.3　取得的技术成果

2012—2015 年期间，在北京市奶牛创新团队项目的支持下，团队重点围绕北京奶牛良种产业发展的实际需求，重点在奶牛遗传新缺陷的检测与排查技术、自主平台的亲子鉴定分子血缘追溯体系建设方面开展工作。在国内率先建立了 BS(牛短脊椎综合征)遗传缺陷基因分子检测方法，并首次证实 BS 遗传缺陷在我国荷斯坦牛群中存在。在前期研究工作的技术上，团队首先建立健全了奶牛 CVM、BLAD、DUMPS、RC、CN 五个遗传缺陷在内的检测技术平台并完成对北京地区奶牛群体的缺陷携带率进行调查。其次，在国内首次建立了牛短脊椎综合征(brachyspina syndrome，BS)遗传缺陷的检测办法，该遗传缺陷是由 21 号染色体上 FANCI 基因 3 个外显子缺失引起的，缺失长度 3.3 kb，导致一个移码突变和无义介导的 RNA 衰变。经过群体抽样检测，北京地区荷斯坦牛 BS 遗传缺陷基因的携带率估计在 6.8%左右。同时，自 2015 年起，北京首农畜牧发展有限公司奶牛中心种公牛站在用公牛全部对该遗传缺陷基因进行标识，为奶牛场的选配提供参考依据。

为保证北京地区种牛选育血统的准确控制，研发团队选择国际动物遗传学会(ISAG)推荐的 11 个微卫星标记，建立了适用于北京地区荷斯坦牛快速、准确、稳定的亲子鉴定检测平台(图 3-2)，对利用进口胚胎、自主培育等在内的后备种牛培育体系进行全程血统监控，为北京奶牛良种产业的可持续发展提供了准确血缘追溯的技术平台保障。

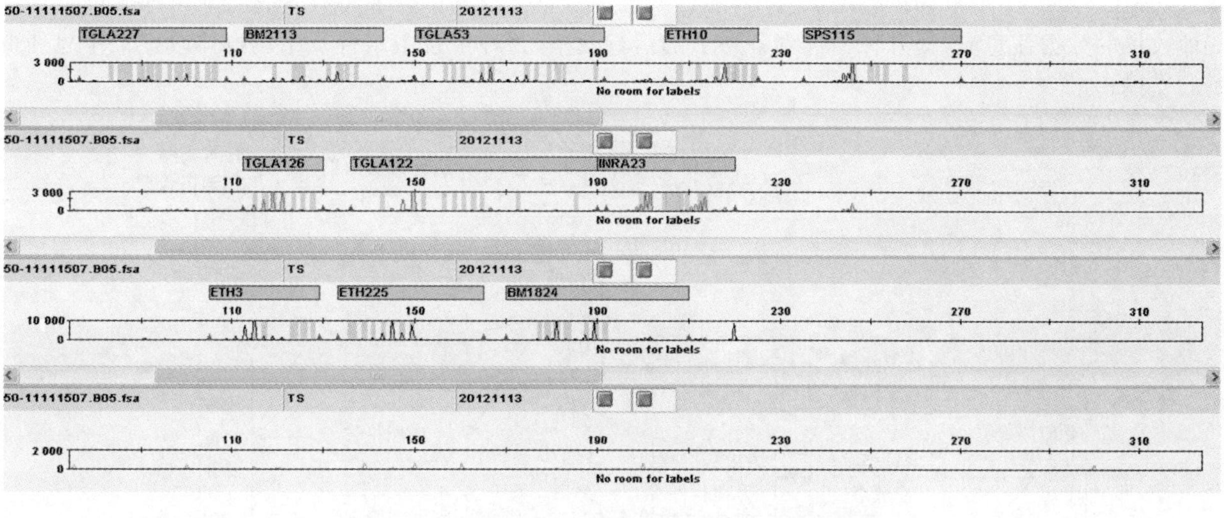

图 3-2　部分用于亲子鉴定的微卫星标记电泳图谱

3.4.4　下一步工作

进一步建立新的遗传缺陷基因分子检测方法，扩大遗传缺陷检测技术平台；完善基于微卫星标记的奶牛亲子鉴定与血缘追溯平台。

(刘林团队、孙东晓团队)

3.5 奶牛综合育种数据信息平台的建设

3.5.1 概述

奶业发达国家奶牛良种产业的发展历程来看,奶牛育种工作经历了从口口相传到文字记录,从计算机分析到网络数据平台的发展历程。目前,以美国、加拿大、德国等为代表的奶牛育种发达国家,都形成了包括种牛信息管理、跟踪、选配服务等在内的网络化数据管理平台,实现了一个数据中心纵览全国数据的高效运行模式。其中代表性的平台包括:美国荷斯坦协会数据平台、加拿大 CDN 数据平台,德国 VIT 数据平台等,以上平台对各牧场管理软件终端、DHI 数据中心、遗传评估中心等结构的相关数据进行了有效的整合,并搭建了标准化的数据接口,为以上奶牛种业发达国家的产业发展起到重要的支持作用。与此相比,我国奶牛综合育种数据信息平台的建设与发展尚处于起步阶段,还未形成拥有自主产权的平台系统,国外引进与国内开发的各类软件系统尚无法以标准接口进行互联互通,严重制约了我国奶牛育种行业的运行效率和发展潜力。

3.5.2 技术研究进展

从在北京奶牛创新团队项目的支持下,以首农畜牧技术团队为核心重点在奶牛综合育种信息平台的建设上开展技术攻关。截至目前,攻关团队已经完成奶牛体型数据采集与分析系统的开发,初步完成自主知识产权的标准化牛场管理软件开发,完成 DHI 数据采集与自动分析系统的开发,完成部分数据分析系统的开发工作(图 3-3)。以上软件或平台已经在北京首农畜牧发展有限公司所属牛场进行二期测试,并在区县 7 个示范场进行测试应用,平台的进一步整合与测试完成将有效整合北京地区以及合作育种牧场的数据信息流,提升种牛选育各环节的运行效率,为种牛自主培育及牛场群体改良工作起到重要的支撑。

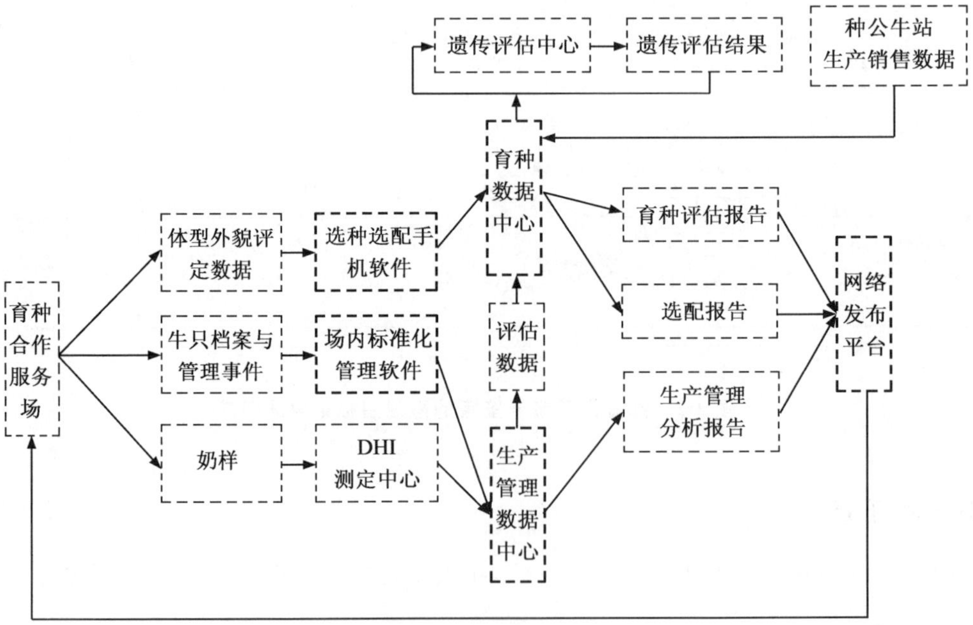

图 3-3 奶牛综合育种数据信息平台的建设框架

3.5.3　取得的技术成果

数据平台实现奶牛生产性能、体型外貌鉴定等数据的网络化汇聚于分析，有效提升了北京地区奶牛育种体系的工作效率，为良种自主选育各项工作运行提供数据保障。

3.5.4　存在问题

数据软件平台使用过程的规范性需要解决，北京市各示范牛场还需进一步培训，提高对奶牛综合育种数据信息平台，并积极参考。

3.5.5　下一步工作

通过“奶牛保姆行动”，对各示范场技术人员进行奶牛综合育种数据信息平台的培训，将数据软件及平台应用到北京市各示范牛场。

（刘林团队）

3.6　奶牛生产性能测定技术的示范与推广

3.6.1　概述

奶牛生产性能测定诞生于1907年，经过100多年的发展，已经逐渐发展演变为综合的牛场管理方案，旨在提供全面的牛场管理信息。1953年，美国、加拿大两国正式启动了“牛群遗传改良计划”，即奶牛生产性能测定。目前加拿大70%的牛群、美国50%的牛群都参加生产性能测定，奶牛单产水平最高的以色列参加生产性能测定的牛只占总存栏的90%以上。几十年的发展证实，美国、法国、荷兰等奶业发达国家通过应用奶牛生产性能测定这一先进技术体系为奶农提供指导服务，产生了巨大的经济效益。

3.6.2　技术研究进展

1. 主要技术内容

以提高规模奶牛场遗传改良水平为核心，集成品种登记、生产性能测定、选种选配、信息技术等，开发数据管理信息系统，形成规模化奶牛群体遗传改良关键技术，在全市奶牛场中示范应用。

2. 实施措施

（1）建立与完善工作机制　立足岗位优势，以服务基层奶农为宗旨，联合北京奶牛中心以及延庆、昌平、顺义、大兴、密云等综合试验站、区县技术推广站等部门，坚持将技术落脚点停留在郊区各牛场，在延庆、昌平、顺义、密云、房山、大兴、通州7个区县，进一步实施市级—区县级—养殖场三级奶牛DHI报告反馈工作机制，形成市级—区县级—乡镇级—养殖场四级奶牛DHI报告分析和解读机制。

（2）加强示范点建设　在延庆、昌平、顺义、大兴、密云等区60个牛场建立的生产性能测定示范点。针对示范点采样的问题，为密云浅山牛场、房山三力源牧业发展有限公司和中加永宏牛场、森茂种植养殖有限公司配置流量计90个，提高采样的准确性。以北京市大兴区宏兴成奶牛场为一对一选配示范基地，在对该牛场深入调研后，在生产性能分析、体型外貌评定、群体近交分析、遗传缺陷基因检测、公牛信息解读等工作基础上，为牛场制定了精细化的选配方案，开展个体选配。

（3）坚持遗传改良技术培训和技术指导　针对技术推广过程中存在的主要技术问题，坚持“集中培训和现场指导相结合"的原则,采取"集中培训、入场指导,典型示范与辐射带动"等多样化培训形式,开展有针对性的培训和指导工作,最大限度地促进技术培训能落到实处。累计举办培训班 27 期,培训 1 025 人次,现场指导 50 多次。

(4)开发奶牛品种登记和生产性能测定数据管理系统　针对奶牛场对遗传改良数据管理中存在的问题,开发数据采集软件和网络管理平台,实现遗传改良数据管理的网络化。

3. 实施效果

在 75 家奶牛场推广奶牛 DHI 测定和品种登记技术,增加了 27 个;测定和登记奶牛 5.00 万头,增加了 2.00 万头。通过报告解读和应用、结合选种选配和饲养管理等措施,参测奶牛群的 305 d 产奶量为 9 484.05 kg,比 2011 年增加了 447.36 kg;2012—2015 年间平均乳脂率 3.67%～3.77%,乳蛋白率 3.11%～3.20%,乳糖率 4.92%～4.97%,干物质含量 12.43%～12.59%。

4. 创新点

通过机制创新、科普宣传、示范点建设、DHI 报告解读等措施,推广以生产性能测定为重点,包括信息技术、品种登记、选种选配等技术为一体的遗传改良综合配套技术,奶牛遗传改良和生产水平大幅提高。

3.6.3　存在的问题

由于郊区县奶牛场技术力量不足、基层技术服务体系尚不健全,造成牛场 DHI 采样不准确、测定报告利用效率低、公牛选择不合理、近交系数增高、选配方案不合理等问题,造成群体遗传改良技术应用能力不足。

3.6.4　下一步工作

进一步熟化以生产性能测定为核心、包括品种登记、选种选配、外貌评定等技术在内的群体遗传改良综合配套技术,做好"点对点"服务,形成技术规程,在郊区示范牛场应用。

(肖炜团队)

3.7　奶牛体型鉴定技术示范与推广

3.7.1　概述

奶牛体型外貌线性鉴定技术是奶业发达国家开展奶牛育种的基础性工作,参照中国农业科技出版社 1999 年出版的《奶牛体型线性评定及其应用》一书,奶牛体型评定经历了传统的经验型评定、近代的描述性评定到现代的线性型评定。奶牛体型线性评定的概念最早由美国农业部和荷斯坦协会于 1976 年提出,经研究 1980 年提出了明确的奶牛体型线性平台方案。目前,以世界奶业发达国家各品种协会为主体,均相应发布奶牛体型外貌鉴定的技术标准。国际动物标准记录委员(ICAR)也在指导手册中明确给出相应的技术标准建议。从评分体系上划分,国际上存在以美国为代表的 50 分制和以加拿大为代表的 9 分制评价标准,我国受 1994 年启动的中加奶牛育种项目的影响,中国奶业协会育种专业委员面向全国发布以 9 分制为基础的建议体型外貌鉴定标准。

奶牛体型外貌线性鉴定是从生物学的角度对与奶牛生产性能和利用年限相关的体型性状进行科学、合理评分的鉴定方法,是针对单一性状从生物学角度的一个极端到另一个极端进行评分,以生物学变异范围而非是以理想型为基准进行的评分体系。以体型性状鉴定数据为基础的遗传评估结果，已经成为世界通用的优秀种牛选育和母牛群体选配的重要数据基础。

3.7.2　技术研究进展

北京地区通过中加奶牛育种项目，在我国首先培育一批具备专业鉴定技能的技术人员，并以种公牛后裔测定为主线，长期开展该项工作。2012—2015 年，在北京市奶牛创新团队项目的支持下，以中心育种技术团队为核心，针对现场数据采集与分析自动化程度低、数据管理系统复杂等为主线，以手机安卓系统为框架，开发了现代的奶牛体型数据采集客户端，并完成网络后台分析与数据管理系统的全面升级，相关成果获得软件著作权两项，系统展示如图 3-4 和图 3-5 所示。在创新团队项目支持下，中心加强人才队伍建设，新增培训中国奶业协会体型外貌注册鉴定员 4 名。2015 年全年累计鉴定牛头数超过 2 万头，鉴定牛场覆盖北京、内蒙古、山西、宁夏、河北多个牧场，充分体现技术优势，推动首都良种产业的外延发展。

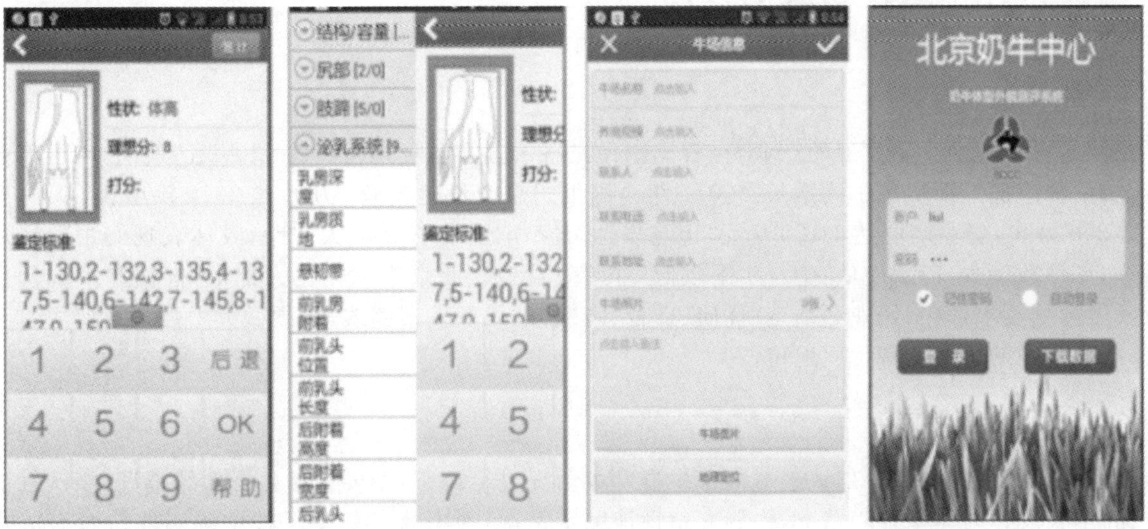

图 3-4　奶牛体型外貌鉴定数据采集客户端(安卓系统)界面示意图

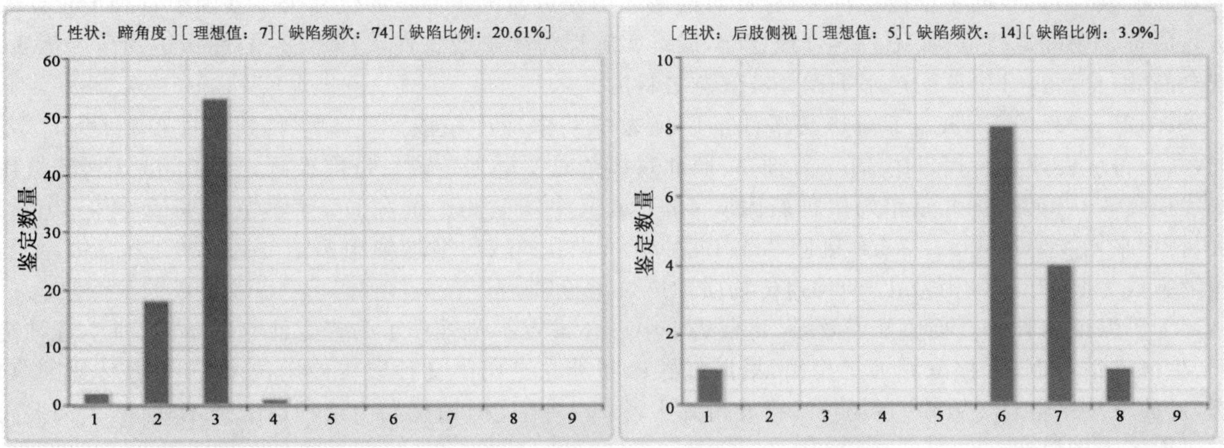

图 3-5　奶牛体型外貌鉴定数据分析系统示意图

3.7.3 取得的技术成果

奶牛体型外貌鉴定软件系统的开发与应用,极大地提高了工作效率和牛场数据分析的准确性,为生产、育种及决策提供数据支撑。

3.7.4 下一步工作

通过“奶牛保姆行动”,对各示范场技术人员进行奶牛体型外貌理论和数据软件系统培训,扩大奶牛体型外貌数据软件的示范范围。

(刘林团队)

3.8 优秀种牛遗传物质的推广

3.8.1 概述

奶业是畜牧业中突出发展的产业,在我国国民经济中占有重要地位。在“十一五”期间,我国奶业在数量、质量和产值上都实现了高增长。2010 年全国牛奶总产量达 3 575 万 t,比 2005 年增长 30%,奶牛存栏 1 260 万头,奶业产值达 1 120 亿元,但与发达国家相比,仍存在较大差距,具体表现奶牛整体遗传素质差,良种数量少,覆盖率低,生产水平较低,养殖效益差。北京市现代化大都市,根据北京现代都市农业发展规划要求,北京奶业必须走“优质、良种、高效”的奶业发展路线,必须做大做强北京奶牛良种产业,保持在全国的奶牛良种优质地位。

3.8.2 技术研究进展

首先北京奶牛中心和各郊区县对全市牛群基本情况进行调查,主要包括牛群血统情况、生产性能测定情况,生长发育与体型外貌情况,牛群繁殖性能测定情况,对有条件奶牛场按中国奶业协会有关规定开展了品种牛登记,然后确定育种目标和改良方案,主要是根据牛群调查和品种牛登记的结果,结合市场情况,找出牛群中主要经济性状和优缺点,确定下一步需要进一步改良提高的性状,使牛群改良目标进一步明确,最后根据牛群改良目标,有针对性地选用经后裔测定验证的优秀公牛基因组育种值评定的优秀后备公牛冷冻精液,实施科学合理选配,最终实施保持牛群改良性状,改良缺陷性状达到高产优质、安全高效、全面提升牛群生产水平和经济效益之目的。

2012—2015 年底,在北京郊区县累计推广优秀中共牛冷冻精液 82.1 万剂,其中性控精液 6.5 万剂,共获得优秀改良后代母牛 19.3 万剂,按照北京那个是牛群遗传改良进展推测,平均 305 d 泌乳量比亲代提高 350 kg,根据北京市奶牛创新团队 40 个示范牛场监测数据,2015 年示范牛场成母牛 10 952 头,全年平均产奶量达 8 007 kg,乳脂率 4.14%,乳蛋白量 3.21,平均细菌菌落数为 7.95 万/mL,平均体细胞数为 26 万~39 万/mL,两种遗传物质推广效果显著。

为了保证两种遗传物质推广效果,北京奶牛中心还重点示范推广了筛查隐性有害基因、科学选种选配、牛群发情控制、性控冻精人工授精、早期妊娠诊断等先进奶牛良种繁育使用技术,开展技术培训 44 次,发放个技术资料 5 万份,现场技术指导市郊牛场 103 个,同时研发奶牛选种选配技术软件,大大提高了奶牛场工作效率。

3.8.3 取得的主要成绩

(1)奶牛良种遗传无助推广成效显著,获得一大批优秀改良后代,生产性能比亲代有显著提升,每世代遗传进展达 350 kg。

(2)推广基因组选择优秀种公牛，使优秀公牛提早三年应用，选种准确性 75%以上，显著加速牛群遗传进展。

3.8.4　存在问题

(1)养殖场缺乏对奶牛良种繁育全面知识了解，影响优良种牛遗传物质推广。

(2)奶牛胚胎成本依然很高，影响胚胎移植技术推广。

3.8.5　下一步工作

应用智能化技术有效准确进行牛群选种选配，提升良种效果。开展优秀种母牛活体采卵体外受精技术示范，降低高产牛胚胎生产和胚胎移植的成本，加快顶级母牛遗传物质的推广。

（韩广文团队）

第 4 章　奶牛重要性状功能基因遗传标记的鉴定技术

4.1　奶牛繁殖性状、产奶性状和体型性状全基因组关联分析与候选基因遗传效应分析

4.1.1　概述

产奶性状是奶牛最重要的生产性状，随着平衡育种理念的提出和发展，繁殖性状、体型性状、健康性状和长寿性等功能性状也逐渐被重视并纳入育种规划中。鉴定产奶性状和功能性状主效基因或遗传标记并将之应用于奶牛标记辅助选择可望加快遗传进展。随着高密度 SNP 标记的高通量检测技术的发展，全基因组关联分析已成为鉴定畜禽重要经济性状基因的重要途径。

4.1.2　技术研究进展

研究表明，在 SNP 标记数据中加入目标性状的已知功能基因信息，可提高基因组育种值预测的准确性。但目前已报道的经过验证的影响奶牛重要性状的功能基因还很有限，仅有 DGAT1、GHR 等几个基因。鉴于全基因组关联分析（genome-wide association study，GWAS）凭借先进的高通量分析技术和高效的统计方法，已经逐步取代常规 QTL 定位方法成为鉴定畜禽数量性状基因最有效的策略。

1. 主要技术内容

该项研究构建了国内规模最大的中国荷斯坦牛参考群体，为奶牛重要性状主效功能基因鉴定及全基因组选择研究提供了高质量的试验群体，为研究工作提供了必需的高质量试验群体及个体表型、育种值、系谱、DNA 和 SNP 芯片数据。

基于上述参考群体，本团队在国内率先开展了中国荷斯坦牛产奶性状 GWAS，也是国际上首次开展的产奶性状 GWAS。我们采用牛 50 K 全基因组 SNP 芯片，利用家系传递不平衡、混合模型的回归分析、多位点分析三种统计方法对 5 个产奶性状进行了 GWAS，共检测到 105 个 SNP 位点与产奶量、乳脂量、乳蛋白量、乳脂率、乳蛋白率显著关联。进一步基于牛全基因组序列，利用生物信息学分析发现了 26 个新的重要功能基因。此外，针对 22 个乳脂肪酸含量性状、29 个体型性状、5 个公牛繁殖性状进行了 GWAS，分别检测到 83、59、21 个 SNP 位点分别与乳脂肪酸含量、体型、精液产量和品质显著关联，并进一步发现了 23 个影响这些性状的重要候选功能基因，其中 20 个基因为首次提出。同时，进一步基于 GWAS 研究进行了后续基因功能验证和遗传效应分析，发现了有育种价值的基因和突变位点。

2. 实施途径与措施

在技术成果推广应用过程中，充分发挥研究成果的转化作用，应用于我国奶牛基因组选择技术平台。

3. 效果与效益

这些基因的信息为提高我国奶牛基因组选择的准确性发挥了重要作用。结合中国荷斯坦牛基因组选择技术在全国推广应用而发挥作用。

4. 主要创新点

项目在国内率先开展了中国荷斯坦牛产奶性状 GWAS，也是国际上首次开展的产奶性状 GWAS，并将研究结果应用于我国奶牛基因组选择和种公牛自主培育。

4.1.3 下一步工作

基于全基因组关联分析和大群验证结果，针对遗传效应显著的关键基因和突变位点，进一步进行生物学功能验证。在芯片标记信息基础上，加入这些基因信息，以进一步提高基因组选择的准确性。

（孙东晓团队）

4.2 奶牛重要性状优势基因分子检测技术的建立

4.2.1 概述

分子育种技术是当今世界动物育种产业竞争的前沿和制高点。模拟研究证明实施标记辅助选择进行青年公牛预选，可减少后裔测定费用、增加选择差、缩短时代间隔，从而可提高遗传进展。

4.2.2 技术研究进展

为提高奶业生产效率，针对目前我国奶牛育种的产奶量和乳成分性状，构建并优化了优势基因分子检测技术。

1. 主要技术内容

基于本团队前期全基因组关联分析、转录组、基因定位研究鉴定得到候选功能基因，进一步进行了大群验证，分析了在我国荷斯坦牛群中对产奶性状的遗传效应。研究发现 EEF1D、FASN、DGAT1 和 GHR 这 4 个基因对中国荷斯坦牛产奶量、乳蛋白和乳脂性状具有显著遗传效应(加性效应和等位基因替代效应)。EEF1D 基因 5′调控区的 c.-845 G>A 对 305 d 乳脂率具有显著遗传效应，GG 基因型可提高乳脂量和乳脂率性状；FASN 基因的 6 个 SNP 位点均与 305 d 产奶量、乳蛋白量和乳脂量性状具有显著遗传效应且紧密连锁；DGAT1 基因的原因突变位点 K232A 对 305 d 产奶量、乳蛋白量和乳脂量具有显著遗传效应，KK 基因型可提高乳脂量但降低产奶量和乳蛋白量；GHR 基因的原因突变位点 F279Y 对 305 d 乳蛋白率，YY 基因型可提高乳蛋白率性状。根据上述遗传效应分析结果，本团队建立并优化了基于 PCR 技术的快速分子检测技术。这些基因的信息为提高我国奶牛基因组选择的准确性发挥了重要作用。

2. 实施途径与措施

在技术成果推广应用过程中，充分发挥研究成果的转化作用，应用于我国奶牛产奶性状标记辅助选择。

3. 效果

这些基因的信息为提高我国奶牛基因组选择的准确性发挥了重要作用。结合中国荷斯坦牛基因组选择技术在全国推广应用而发挥作用。

4.主要创新点

项目在国内率先鉴定并研究了这些基因对中国荷斯坦牛群体产奶性状的遗传效应,并研发了优势等位基因检测方法,可应用于我国奶牛基因组选择和种公牛自主培育。

4.2.3 下一步工作

进一步在本团队示范牛场以及全国大中型牛场,开展重要性状优势基因分子检测技术推广,扩大推广示范范围。

(孙东晓团队)

第5章　奶牛遗传与繁殖技术展望

奶业是现代农业和畜牧业的重要组成部分，良种是现代奶业发展的重要物质基础，通过奶牛群体遗传改良，可以提高奶牛生产性能和单产水平，加快奶牛良种化进程，促进奶业增长方式的转变。决定一个国家或地区奶牛业生产水平的因素，一是优质高产的奶牛群体，二是具备优质的饲料基础，三是具有良好的饲养管理条件，四是高效快速的奶牛疾病防疫治疗体系，通过综合配套的科学技术实施来实现奶牛产业的高产、优质、高效。以上四个方面相对应的科学技术因素分别是良种繁育技术、饲料营养技术、饲养管理技术和疫病防治技术，各种科学技术对奶牛业发展的贡献率中，良种繁育技术占比较大。由此可见，决定一个国家或地区奶牛业生产水平的首要因素是牛的遗传改良及相对应的繁殖水平。由于奶牛是一种世代间隔长（2.2～3年）、繁殖率低（每年1胎、每胎1头）的畜种，不可能像作物那样，不断地培育奶牛新品种，也不能像猪、禽等畜种建立杂交配套繁育体系。因此，奶牛群体的育种工作，只能通过对现有奶牛进行长期地、系统地实施科学的改良和选育，使奶牛群得到整体的遗传改良，从而提高奶牛群体的良种化水平。

数十年来，世界各国的奶牛育种科学家应用遗传学理论和方法，经过长期的实践，总结出一套奶牛群体遗传改良技术体系，主要包括四项工作：严格、系统、规范的奶牛个体生产性能测定；通过定期的良种登记，培育和选育高产奶牛育种核心群；通过公牛的后裔测定和相应的遗传评定技术选育优秀种公牛；利用人工授精技术，将优秀种公牛的优良遗传物质推广到整个牛群，以期改进全群的生产性能。奶牛遗传改良，就是通过品种登记、生产性能测定、个体遗传评定、青年公牛联合后裔测定、人工授精技术等手段，提升牛群遗传水平，改善奶牛健康状况，提高牛群产奶水平，增强综合生产能力。实施遗传改良对促进我国奶牛良种化水平和奶业产业化发展具有重大意义。但还存在以下问题：

（1）奶牛遗传改良认知不足，系统的遗传改良计划和育种目标缺乏。

无论是政府畜牧主管部门，还是畜牧科技推广单位、冻精生产单位、奶牛养殖企业都没有全面认识到奶牛遗传改良的重要意义，至今尚未制定系统的奶牛遗传改良计划；对使用经后裔测定的验证公牛冻精的重要性认识不足，大部分母牛都是随机使用非验证公牛冻精；不少的基层改良站点和奶牛养殖者对配种的目的认识模糊，普遍认为配种就是让母牛怀孕生犊，继续产奶，而很少考虑奶牛的遗传改良效果及后代品质的提高。公牛选择随意、配种改良随机，是造成遗传改良进展缓慢的根本原因。另外，奶牛品种登记、体型鉴定和遗传评估等工作还没有有效开展起来，影响了奶牛繁殖育种相关工作的推进。

（2）奶牛群体质量总体偏低，奶牛良种覆盖率和单产水平较低。

无论是与我国奶业平均水平相比，还是与世界平均水平相比，均存在不小的差距。奶牛单产低的根本原因是奶牛遗传改良进展缓慢，对优质奶牛选育重视不够，绝大部分农户出售具备优良遗传性状的犊牛或育成牛，而留下老母牛，造成遗传改良进展断代，奶牛群生产性能提高缓慢。同时产奶牛占牛群的比例偏少，空怀牛偏多和繁殖母牛产犊间隔时间偏长等原因，均造成奶牛群体生产水平低，养牛效益低下。

（3）DHI工作严重滞后。

我国奶牛生产性能测定处在起步阶段，参加测定的奶牛数量相对较少。大多数奶牛养殖场不能以生产性能测定为依据，进行科学的选种选配和饲养管理。奶牛良种繁育体系不健全，从业人员素质有待提高。冻精改良队伍组成有国家事业编制的乡镇畜牧技术人员，有农民身份的村级改良员，有的由村防疫员兼任改良员。因为多年未进行系统的专业技术培训,冻精人员虽然可以开展奶牛冻精改良,但缺乏奶牛遗传育种的基本知识,大多数人员看不懂公牛系谱,更不懂选种选配。此外,大部分地区尚未建立专门的生产性能测定(DHI)站、奶牛品种登记、体型鉴定、遗传评估机构。

《国务院关于促进奶业持续健康发展的意见》在提到促进奶业持续健康发展的主要任务和重点工作时,首先提出要加强良种繁育和推广,提高奶牛生产水平,到2020年,力争奶牛良种覆盖率达到60%,奶牛平均单产水平提高到5.5 t。由农业部组织、中国奶协育种专业委员会主任、中国农大教授张沅主持制定的《中国奶牛群体遗传改良计划(2008—2020年)》,明确提出我国奶牛群体改良的总体目标是:到2020年中国荷斯坦牛品种登记工作覆盖到全国,奶牛生产性能测定规模不断扩大,全国青年公牛联合后裔测定稳步推进,优秀种公牛冷冻精液全面普及和推广,奶业优势区域成母牛年平均产奶量达7 000 kg,其他地区奶牛每个世代的单产提高500 kg,奶牛遗传改良技术逐步与国际接轨,奠定奶业发展的优良种源基础。按照以上目标,根据国内外奶牛遗传改良及实现良种化目标的成功经验,结合各地区奶牛养殖实际,建议采取相关对策。

根据国家奶牛品种改良和育种规划,制定奶牛中长期品种改良及育种计划和切实可行的实施方案。依据中国荷斯坦牛标准,确定大理荷斯坦牛的改良和选育目标。针对大部分地区奶牛产奶量不高、乳脂率不高、乳蛋白率偏低,体型小、乳房结构差、乳房炎发病率较高等实际,遗传改良和选育目标应紧紧围绕四个方面的主要性状:一是生产性状,包括产奶量、乳脂率、乳蛋白率、干物质等;二是体型外貌性状,包括乳房、肢蹄等;三是长寿性状;四是健康和繁殖性状,包括体细胞数、产犊难易、受胎率等。到2020年的荷斯坦经产母牛各项指标建议确定为:产奶量6 000 kg,乳脂率3.4%,乳蛋白率2.9%。制定正确的可操作的奶牛群体遗传改良技术路线。群体遗传改良在群体、性状、基因三个层面上实现。可以引进国外优良荷斯坦品种对本地品种进行杂交改良,还可利用分子遗传育种技术改良奶牛的遗传性状。应实施长期、系统的科学选育技术,使奶牛群得到整体的遗传改良。包括优秀种公牛选种、优质冻精生产、验证公牛冻精使用、扩大冻精改良、优良母牛核心群建立、个体选种选配、生产性能测定等,制定切实可行的实施方案。各地政府和奶业协会应努力争取畜牧专业院校、科研单位的帮助指导,协调推广机构、加工企业、养殖场和奶农,按改良和育种计划,切实开展奶牛的遗传改良和选育工作。

继续实施国家奶牛良种补贴项目。实施奶牛良种补贴项目,可通过使用优质冻精,加快奶牛群体遗传改良,可以提高奶牛良种化水平和良种覆盖率,逐步适应现代奶业发展的需要,促进奶业增长方式的转变。在今后的奶牛良种补贴项目实施中,应加强对良补种公牛的选择,主要选择通过后裔测定与遗传评定,具有"中国奶牛性能指数(CPI)"的公牛,虽然它仅包括产奶量、乳脂率、乳蛋白率和体细胞数等4个性状,但可靠性优于系谱指数(TPPI)。规模奶牛场、奶牛养殖小区一律采用具有CPI成绩而且指数较高的公牛冻精,到2020年力争所有奶牛全部采用验证公牛冻精。

积极开展奶牛品种登记。优化奶牛群体的计算机管理系统,其中包括奶牛配种时自动查阅该头母牛的胎次与父母亲编号功能,从而避免近亲交配导致改良牛退化。完善能繁母牛基础资料,今后力争将全部奶牛资料纳入计算机管理系统。在规模奶牛场和奶牛合作社推行DHI。DHI工作是世界上普遍采用的管理奶牛生产的技术,开展DHI工作,能够改善奶牛饲养管理水平,加快奶牛遗传改良,提高奶牛育种水平,检测生乳质量水平,从源头上控制奶制品安全。

加快建立健全奶牛良种繁育体系。防疫、营养及繁殖是经营奶牛场的重要技术环节,其中繁殖更是奶牛场赖以生存和发展的基础。但由于集约化养殖中由于繁殖管理不当导致奶牛长期处于亚健康状态并患有繁殖疾病,这使得奶牛繁殖周期延长、繁殖率降低。奶牛业之所以能成为当今世界畜牧业的一大支柱产业而造福人类,不能不归功于繁殖技术的不断改进和提高。繁殖管理水平底下使我国奶业的整体水平十分落后,因此,运用科学的发展观,解决我国奶牛业长期稳定发展问题的关键就是要全面实施奶牛繁殖管理战略,使繁殖管理系统化和科学化,从而使牛群质量不断得到改进和提高。另外,从环境、资源和经济的角度来看,开展奶牛繁殖管理,提高奶牛繁殖率,缩短产犊间隔,减少繁殖障碍,既可减轻对环境的污染和破坏，同时又可减少资源的消耗，提高资源的利用率。加快家畜繁育指导站荷斯坦种公牛的引进、培育、更新，加强对优秀公牛的选择。坚持不懈地开展奶牛人工授精、冻精改良，努力提高良种覆盖率、受胎率、产犊成活率。传递优良基因、加快奶牛遗传改良进展最有效、最直接的方法就是广泛利用验证公牛冻精进行定时人工授精配种改良。奶牛群体的生产水平主要取决于公牛的遗传水平，在农业部奶牛良种补贴政策支持下，引进一部分国内外经验证的顶级优良种公牛冻精，解决各地区顶级良种奶牛冻精不足的问题，实现奶牛群体生产水平的大幅度提高。加强奶牛选种选配和选育。加强能繁母牛个体和群体的选种选配和选育，规模奶牛场、奶牛养殖小区必须做到个体选配；引导奶农选留具有优良遗传性状的母牛和后备牛，加大淘汰老弱病残和低生产性能奶牛的力度。适度开展优质胚胎移植、优质性控冻精改良技术推广。在经费允许的情况下，适当引进优质胚胎、优质性控冻精，扩大优质奶牛群体。

（繁育功能研究室）

参考文献

[1] Brusveen DJ,Cunha AP,et al. Altering the time of the second gonadotropin-releasing hormone injection and artifi cial insemination (AI)during ovsynch affects pregnancies per AI in lactating dairy cows. J Dairy Sci,2008,91,1044-1052.

[2] Giordano JO,Wiltbank MC,et al. Increased fertility in lactating dairy cows resynchronized with Double-Ovsynch compared with Ovsynch initiated 32 d after timed artificial insemination. J Dairy Sci,2012,95:639-653.

[3] Herlihy MM,Giordano JO et al. Presynchronization with Double-Ovsynch improves fertility at first postpartum artificial insemination in lactating dairy cows. J Dairy Sci,2012,95:7003-7014.

[4] Upham, W; Janowski, T; Lavee, R; Dairy herd health-care program。Edycyna Weterynaryjna ETERYNARYJNA,2005,61(1):14-18.

[5] 巩和秋,张学明,满达. 奶牛产后保健技术应用. 现代畜牧兽医,2016(3):32-34.

[6] 胡路锋,刘贤霞,等. 奶牛同期排卵定时输精技术的研究进展。草食家畜,2013,3:1-7.

[7] 喻光敏,白佳桦,刘彦,等. Ovsynch 技术在集约化奶牛场的推广应用效果。中国畜牧杂志,2013,49(17):26-29.

[8] 李兰东,王廷斌. 奶牛性控冻精的应用现状及发展前景. 现代化农业,2008,7:35-37.

[9] 李同豹,曲永利. 提高奶牛性控精液受胎率的措施研究[J]. 中国奶牛,2011(15):47-49.

[10] Chun,S.-Y.,H. Billig,J. Tilly,I. Furuta,A. Tsafriri and A. Hsueh. Gonadotropin suppression of apoptosis in cultured preovulatory follicles: mediatory role of endogenous insulin-like growth factor I. Endocrinology,1994,135(5): 1845-1853.

[11] Chun,Y. J.,M. Y. Kim and F. P. Guengerich Resveratrol is a selective human cytochromeP450 1A1 inhibitor. Biochemical and biophysical research communications,1999,262(1): 20-24.

[12] Collodel,G.,M. Federico,M. Geminiani,S. Martini,C. Bonechi,C. Rossi,N. Figura and E. Moretti. Effect of trans-resveratrol on induced oxidative stress in human sperm and in rat germinal cells. Reproductive Toxicology,2011,31(2): 239-246.

[13] Bowers,J. L.,V. V. Tyulmenkov,S. C. Jernigan and C. M. Klinge. Resveratrol Acts as a Mixed Agonist/Antagonist for Estrogen Receptors α and β 1. Endocrinology,2000,141(10): 3657-3667.

[14] Brunet,A.,L. B. Sweeney,J. F. Sturgill,K. F. Chua,P. L. Greer,Y. Lin,H. Tran,S. E. Ross,R. Mostoslavsky and H. Y. Cohen. Stress-dependent regulation of FOXO transcription factors by the SIRT1 deacetylase. Science,2004,303(5666): 2011-2015.

[15] Brydon,L.,L. Petit,P. de Coppet,P. Barrett,P. J. Morgan,A. D. Strosberg and R. Jockers. Polymorphism and signalling of melatonin receptors. Reproduction Nutrition Development,1999,39(3): 315-324.

[16] Casao,A.,J. Abecia,J. Cebrián Pérez,T. Muiño Blanco,M. Vázquez and F. Forcada. The effects of melatonin on in vitro oocyte competence and embryo development in sheep. Spanish

Journal of Agricultural Research,2010,8(1): 35-41.

[17] Cassone,V. M. and A. K. Natesan. Time and time again: the phylogeny of melatonin as atransducer of biological time. Journal of biological rhythms,1997,12(6): 489-497.

[18] Ceinos,R. ,M. Chansard,F. Revel,C. Calgari,J. Miguez and V. Simonneaux. Analysis of adrenergic regulation of melatonin synthesis in Siberian hamster pineal emphasizes the role of HIOMT. Neurosignals,2004,13(6): 308-317.

[19] Bernard,E. ,P. Britz-McKibbin and N. Gernigon. Resveratrol photoisomerization: an integrative guided-inquiry experiment. Journal of chemical education,2007,84(7): 1159.

[20] Bhat,K. P. ,D. Lantvit,K. Christov,R. G. Mehta,R. C. Moon and J. M. Pezzuto. "Estrogenic and antiestrogenic properties of resveratrol in mammary tumor models." Cancer Research, 2001,61(20): 7456-28.

[21] Billig,H. ,I. Furuta and A. Hsueh. Estrogens inhibit and androgens enhance ovarian granulosa cell apoptosis. Endocrinology,1993,133(5): 2204-2212.

[22] Boni,R. ,E. Tosti,S. Roviello and B. Dale. Intercellular communication in vivo-and in vitro-produced bovine embryos. Biology of reproduction,1999,61(4): 1050-1055.

[23] Bonilla,E. ,N. Valero,L. Chacín-Bonilla and S. Medina-Leendertz. Melatonin and viral infections. Journal of pineal research,2004,36(2): 73-79.

[24] Abeydeera,L. In vitro production of embryos in swine. Theriogenology,2002,57(1): 257-273.

[25] Adriaens,I. ,P. Jacquet,R. Cortvrindt,K. Janssen and J. Smitz. Melatonin has dose-dependent effects on folliculogenesis,oocyte maturation capacity and steroidogenesis. Toxicology,2006,228(2): 333-343.

[26] Aggarwal,B. B. and S. Shishodia. Prooxidant activity of resveratrol in the presence of copper ions: mutagenicity in plasmid DNA. Toxicology letters,2005,159(1): 1-12.

[27] Ahn,H. J. ,I. P. Sohn,H. C. Kwon,D. H. Jo,Y. D. Park and C. K. Min. Characteristics of the cell membrane fluidity,actin fibers,and mitochondrial dysfunctions of frozen-thawed two-cell mouse embryos. Molecular reproduction and development, 2002,61(4): 466-476.

[28] Bai,T. ,D. -S. Dong and L. Pei. Resveratrol mitigates isoflurane-induced neuroapoptosis by inhibiting the activation of the Akt-regulated mitochondrial apoptotic signaling pathway. International journal of molecular medicine,2013,32(4): 819-826.

[29] Balao da Silva,C. M. ,B. Macías-García,A. Miró-Morán,L. González-Fernández,A. Morillo-Rodriguez,C. Ortega-Ferrusola,J. M. Gallardo-Bolaños,G. Stilwell,J. A. Tapia and F. J. Peña. Melatonin reduces lipid peroxidation and apoptotic-like changes in stallionspermatozoa. Journal of pineal research, 2011,51(2): 172-179.

[30] Banerjee,J. ,D. Maitra,M. P. Diamond and H. M. Abu-Soud. Melatonin prevents hypochlorous acid-induced alterations in microtubule and chromosomal structure in metaphase-II mouse oocytes. Journal of pineal research, 2012,53(2): 122-128.

[31] Baydas,G. ,M. F. Gursu,S. Yilmaz,S. Canpolat,A. Yasar,G. Cikim and H. Canatan. Daily rhythm of glutathione peroxidase activity,lipid peroxidation and glutathione levels in tissues of pinealectomized rats. Neuroscience letters, 2002,323(3): 195-198.

[32] Benitez,D. A. ,E. Pozo-Guisado,A. Alvarez-Barrientos,P. M. Fernandez-Salguero and E. A. Castellón. Mechanisms Involved in Resveratrol-Induced Apoptosis and Cell Cycle Arrest in Prostate Cancer-Derived Cell Lines. Journal of andrology, 2007,28(2): 282-293.

[33] Berlinguer, F., G. G. Leoni, S. Succu, A. Spezzigu, M. Madeddu, V. Satta, D. Bebbere, I. Contreras-Solis, A. Gonzalez-Bulnes and S. Naitana. Exogenous melatonin positively influences follicular dynamics, oocyte developmental competence and blastocyst output in a goat model. Journal of pineal research, 2009, 46(4): 383-391.

[34] Dalvit, G., P. Cetica, L. Pintos and M. Beconi. Reactive oxygen species in bovine embryo in vitro production. Biocell, 2005, 29(2): 209-212.

[35] Das, D. K., S. Mukherjee and D. Ray. Erratum to: Resveratrol and red wine, healthy heart and longevity. Heart failure reviews, 2011, 16(4): 425-435.

[36] de Leon, P., V. Campos, C. Corcini, E. Santos, G. Rambo, T. Lucia Jr, J. Deschamps and T. Collares. Cryopreservation of immature equine oocytes, comparing a solid surface vitrification process with open pulled straws and the use of a synthetic ice blocker. Theriogenology, 2012, 77(1): 21-27.

[37] 苏建华. 奶牛场管理软件-乳牛之星在生产中的应用[J]. 动物科学与动物医学, 2001, 18(1): 58-60.

[38] 王晓岩. 奶牛繁殖管理软件的设计与开发[D]. 黑龙江：东北农业大学动物科学技术学院, 2007.

[39] 熊本海. 奶牛精细饲养与信息技术研究进展. 北京：畜禽饲料配方设计高新技术论坛, 2006: 159-166.

[40] 尹令、刘财兴, 等. 基于无线传感器网络的奶牛行为特征监测系统设计[J]. 农业工程学报, 2010, 26(3): 203-208.

[41] 杨勇. 奶牛发情计算机监测系统研究与开发[J]. 计算机与农业, 2002, 1: 12-14.

[42] 赵利军. 阿菲金——现代牧场管理的法宝[J]. 北方牧业：奶牛, 2007, 12: 55-55.

[43] Firk R, Stamer E, et al. Automation of oestrus detection in dairy cows: a review [J]. Livestock Production Science, 2002, 75: 219-232.

[44] Jonsson R, Blanke M, et al. Oestrus detection in dairy cows from activity and lying data using on-line individual models [J]. Computers and Electronics in Agriculture, 2011, 76: 6-15.

[45] 梁栋, 唐韶青, 杨湛澄, 等. 北京地区奶牛场选配技术应用现状调查报告. 中国奶牛, 2016.

[46] 杨宇泽, 冯涛, 肖炜, 等. 北京地区荷斯坦牛白细胞黏附缺陷症(BLAD)的检测分析. 中国乳业, 2014.

[47] 李乐义, 肖炜, 唐韶青, 等. 北京地区中小牛场 DHI 状况分析. 中国奶牛, 2015.

[48] 唐韶青, 梁若冰, 云鹏, 等. 北京地区荷斯坦母牛脊椎畸形综合征(CVM)遗传缺陷检测. 中国奶牛, 2014.

[49] Hayes, B. J., P. J. Bowman, A. J. Chamberlain, and M. E. Goddard. Invited review: genomic selection in dairy cattle: progress and challenges. J. Dairy Sci. 2009, 92(2): 433-443.

[50] Hayes, B. J. and M. E. Goddard. Technical note: prediction of breeding values using marker-derived relationship matrices. J. Anim. Sci. 2008, 86(9): 2089-2092.

[51] Hayes, B. J., P. M. Visscher, and M. E. Goddard. Increased accuracy of artificial selection by using the realized relationship matrix. Genet. Res. 2009, 91(1): 47-60.

[52] Meuwissen, T. Genomic selection: marker assisted selection on a genome wide scale. J. Anim. Breed. Genet. 2007, 214(6): 321-322.

[53] Meuwissen, T. H. Accuracy of breeding values of 'unrelated' individuals predicted by dense SNP genotyping. Genet. Sel. Evol. 2009, 41: 35.

[54] Meuwissen, T. H., T. R. Solberg, R. Shepherd, and J. A. Woolliams. A fast algorithm for

BayesB type of prediction of genome-wide estimates of genetic value. Genet. Sel. Evol. 2009, 41:2.

[55] Meuwissen, T. H. E., B. J. Hayes, and M. E. Goddard. Prediction of total genetic value using genome-wide dense marker maps. Genetics, 2001, 157(4): 1819-1829.

[56] Stoop WM, Schennink A, Visker MH, Mullaart E, van Arendonk JA, et al. Genome-wide scan for bovine milk-fat composition. I. Quantitative trait loci for short- and medium-chain fatty acids. J Dairy Sci, 2009, 92: 4664-4675.

[57] Schennink A, Stoop WM, Visker MH, van der Poel JJ, Bovenhuis H, et al. Short communication: Genome-wide scan for bovine milk-fat composition. II. Quantitative trait loci for long-chain fatty acids. J Dairy Sci, 2009, 92: 4676-4682.

[58] Klein RJ, Zeiss C, Chew EY, Tsai JY, Sackler RS, et al. Complement factor H polymorphism in age-related macular degeneration. Science, 2005, 308: 385-389.

[59] Schopen GC, Visker MH, Koks PD, Mullaart E, van Arendonk JA, et al. Whole-genome association study for milk protein composition in dairy cattle. J Dairy Sci, 2011, 94: 3148-3158.

[60] Cole JB, Wiggans GR, Ma L, Sonstegard TS, Lawlor TJ, Jr., et al. Genome-wide association analysis of thirty one production, health, reproduction and body conformation traits in contemporary U. S. Holstein cows. BMC Genomics, 2011, 12: 408.

[61] Bouwman AC, Bovenhuis H, Visker MH, van Arendonk JA Genome-wide association of milk fatty acids in Dutch dairy cattle. BMC Genet, 2011, 12: 43.

[62] 王鸿周，施巧婷，等. 奶牛性控冻精技术的使用要点. 中国牛业科学，2016，42(1)：65-68.

[63] Cseh, S., J. Corselli, S. Nehlsen-Cannarella, L. Bailey and A. Szalay. The effect ofquick-freezing in ethylene glycol on morphological survival and in vitro development of mouse embryos frozen at different preimplantation stages. Theriogenology, 1997, 48(1): 43-50.

[64] Cullen, J. J., C. Weydert, M. M. Hinkhouse, J. Ritchie, F. E. Domann, D. Spitz and L. W. Oberley. "The role of manganese superoxide dismutase in the growth of pancreatic adenocarcinoma." Cancer research, 2003, 63(6): 1297-1303.

[65] Dair, E. L., R. S. Simoes, M. J. Simões, L. R. G. Romeu, R. M. Oliveira-Filho, M. A. Haidar, E. C. Baracat and J. M. Soares Jr., Effects of melatonin on the endometrial morphology and embryo implantation in rats., Fertility and sterility, 2008, 89(5): 1299-1305.

[66] De Mouzon, J., B. Rossin-Amar, A. Bachelot, C. Renon and A. Devecchi (1997). FIVNAT. Influence of attempt rank in in vitro fertilization. Contraception, fertilite, sexualite, 1992, 26(7-8): 466-472.

[67] Denu, J. M., Fortifying the link between SIRT1, resveratrol, and mitochondrial function., Cell metabolism, 2012, 15(5): 566-567.

[68] Dercks, W. and L. Creasy. The significance of stilbene phytoalexins in the Plasmopara viticola-grapevine interaction. Physiological and molecular plant pathology, 1989, 34(3): 189-202.

[69] Crosier, A. E., P. W. Farin, M. J. Dykstra, J. E. Alexander and C. E. Farin. Ultrastructural morphometry of bovine blastocysts produced in vivo or in vitro., Biology of reproduction, 2001, 64(5): 1375-1385.

[70] Dubocovich M L, Delagrange P, Krause D N, Sugden D, Cardinali DP and Olcese J. International Union of Basic and Clinical Pharmacology. LXXV. Nomenclature, classification, and pharmacology of G protein-coupled melatonin receptors. Pharmacological reviews, 2010, 62(3): 343-380.

[71] Duby,R. ,J. Hill,D. O'Callaghan,E. Overstrom and M. Boland. Changes induced in the bovine zona pellucida by ovine and bovine oviducts. Theriogenology, 1996,47(1):332

[72] El-Raey,M. ,M. Geshi,T. Somfai,M. Kaneda,M. Hirako,A. E. Abdel-Ghaffar,G. A. Sosa, M. E. El-Roos and T. Nagai (2011). "Evidence of melatonin synthesis in the cumulus oocyte complexes and its role in enhancing oocyte maturation in vitro in cattle. " Molecular reproduction and development 78(4): 250-262.

[73] He CJ,Ma T,Shi JM,Zhang ZZ,Wang J,Zhu KF,Li Y,Yang MH,Song YK,Liu GS*. Melatonin and its receptor MT1 are involved in the downstream reaction to luteinizing hormone and participate in the regulation of luteinization in different species. J Pineal Res,2016,61(3):279-290.

[74] Wang F,Tian,XZ Zhou YH,Zhu SE,Liu GS* , et al. Melatonin improved the quality of in vitro produced (IVP)bovine embryos: implications for blastocyst development,cryotolerance,and relative transcript abundance. Plos One. 2014; 9(4):e93641.

[75] Tian XZ,Wang F,Liu GS et al. Beneficial Effects of Melatonin on bovine oocytes maturation: a mechanistic approach. J Pineal Res. 2014; 57(3):239-247.

[76] Wang F,Tian XZ,Liu GS et al. Beneficial Effects of Melatonin on in vitro Bovine Embryonic Development is Mediated by Melatonin Receptor 1 (MT1). J Pineal Res. 2014; 56:333-342.

附录　繁育功能研究室成果

成果一　已发表文章

1. 许晓玲，肖银霞，白佳桦，冯涛，刘彦等. 奶牛卵巢囊肿分布调查及形成原因分析. 中国畜牧兽医，2016，43(7)：200-205.

2. 肖银霞，许晓玲，白佳桦，冯涛，刘彦等. 奶牛卵巢囊肿发病机制及治疗研究进展. 黑龙江畜牧兽. 医 2015，27(9)：73-76.

3. 喻光敏，白佳桦，刘彦，等. 2013. Ovsynch 技术在集约化奶牛场的推广应用效果。中国畜牧杂志，49(17)：26-29.

4. Huabin Zhu，Bo Lin，Jun Chen，Haisheng Hao，Xueming Zhao，Shujing Li，Weihua Du，Tong Qin，Yan Liu and Dong Wang(2012). Study of a simple and rapid PCR sex identification of bovine embryo，Journal of Animal and Veterinary Advances，2012，11(11)：1847-1852.

5. Dong Wang(2011)，Huabin Zhu，Jiaming Guo，Bo Lin，Linbo Zhang，Haisheng Hao，Weihua Du and Xueming Zhao. A Study of a Method to Assess the Purity of Sorted Bovine Semen Using Rapid Single-Sperm Sexing PCR. Journal of Animal and Veterinary Advances，2011，10(6)：750-756.

6. Wang Dong(2011)，Lin Bo，Zhu Huabin，Hao Haisheng，Wu Chengjiang，Du Weihua and Zhao Xueming. Study of the Amplification Capacity of A Two-Temperature PCR and its Application in Bovine Sex Identification. Journal of Animal and Veterinary Advances，2011，10(6)：715-722.

7. 寇红祥，赵福平，任康，王振玲，陈龙，陈晓丽，路永强，王栋(2016). 奶牛体温与活动量检测及变化规律研究进展. 畜牧兽医学报，2016，9：111-117.

8. 李小俊，王振玲，陈晓丽，寇红祥，李秀岭，王艳，王栋. 奶牛体温变化规律及繁殖应用研究进展. 畜牧兽医学报. 2016，审稿中.

9. 蔡勇，赵福平，陈新，寇红祥，陈晓丽，路永强，王栋(2015). 牛体表温度测定及其与体内温度校正公式研究. 畜牧兽医学报，2015：46(12)：2199-2205.

10. 左海洋，朱化彬，陈晓丽，蔡勇，郝海生，秦彤，赵学明，路永强，王栋. 奶牛早期妊娠诊断技术研究进展，畜牧兽医学报，2014，45 (10)：1584-1591.

11. 王栋(2006)，程金华，朱化彬，郝海生，王宗礼，杨波，王振玲，刘永华，杜卫华，张营霞. 两温度梯度多重 PCR 鉴别牛早期胚胎性别的技术研究。遗传，2006，28(3)：334-338.

12. 朱化彬，王栋(2005)，程金华，郝海生，王宗礼，杨波，王振铃. 牛早期胚胎快速鉴别性别的研究. 畜牧兽医学报，2005，36(12)：1270-1274.

13. Ying Yu，Jianfeng Liu，Yachun Wang，Yuan Zhang，Shengli Zhang，Yuan Zhang and Qin Zhang. Accuracy of genomic prediction for milk production traits in Chinese Holstein population using a reference population consisting of cows. Journal of Dairy Science，2013，96，5315-5323.

14. Zhe Zhang，Jianfeng Liu(2010)，Xiangdong Ding，Piter Bijma，Dirk-Jan de Koning and Qin

Zhang. Best linear unbiased prediction of genomic breeding values using a trait-specific marker-derived relationship matrix. PLoS ONE,2010,5,e12648.

15. Cong Li,Dongxiao Sun,Shengli Zhang,Sheng Wang,Xiaoping Wu,Qin Zhang,Lin Liu,Yanhua Li,Lv Qiao. Genome wide association study identifies 20 novel promising genes associated with milk fatty acid traits in Chinese Holstein. PLoS ONE,2014,9(5):e96186.

16. Xie Yan,Yang Shaohua,Cui Xiaogang,Jiang Li,Zhang Shengli,Zhang Qin,Zhang Yuan,Sun Dongxiao. Identification and expression pattern of two novel alternative splicing variants of EEF1D gene of dairy cattle. Gene,2014,534(2):189-96.

17. Alim M. A. ,Wang Peng,Wu Xiaoping,Li Cong,Cui Xiaogang,Zhang Shengli,Zhang Qin,Zhang Yuan and Sun Dongxiao. Effect of FASN gene on milk yield and milk composition in the Chinese Holstein dairy population. Animal Genetics,2014,45(1):111-113.

18. Xiaoping Wu,Ming Fang,Lin Liu,Sheng Wang,Jianfeng Liu,Xiangdong Ding,Shengli Zhang,Qin Zhang,Yuan Zhang,Lv Qiao,Mogens Sandφ Lund,Guosheng Su and Dongxiao Sun. Genome wide association studies for body conformation traits in the Chinese Holstein cattle population. BMC Genomics,2013,14:897.

19. Li Jiang,Jianfeng Liu,Dongxiao Sun(2010),Peipei Ma,Xiangdong Ding and Qin Zhang. Genome wide association studies for milk production traits in Chinese Holstein Population. PLoS ONE,2010,5,e13661.

20. Wang F,Tian XZ,Zhang L,He CJ,Ji PY,Li Y,Tan DX,Liu GS,Beneficial effect of resveratrol on bovine oocyte maturation and subsequent embryonic development after in vitro fertilization,Fertility and Sterility,2014,101(2):577-586.

21. Wang F,Tian XZ,Zhou YH,Tan DX,Zhu SE,Dai YP,Liu GS,Melatonin Improves the Quality of In Vitro Produced (IVP)Bovine Embryos: Implications for Blastocyst Development,Cryotolerance,and Modifications of Relevant Gene Expression,PLos One,2014. 9(4):1-7.

22. Tian XZ,Wang F,He CJ,Zhang L,Tan DX,Reiter RJ,Xu J,Ji PY,Liu GS(*). Beneficial effects of melatonin on bovine oocytes maturation: a mechanistic approach,Journal of Pineal Research,2014,57(3):239-247.

23. Wang F,Tian XZ,Zhang L,Gao C,He CJ,Fu Y,Ji PY,Li Y,Li N,Liu GS. Beneficial effects of melatonin on in vitro bovine embryonic development are mediated by melatonin receptor 1. Journal of Pineal Research,2014,56(3):333-342.

24. He CJ,Ma T,Shi JM,Zhang ZZ,Wang J,Zhu KF,Li Y,Yang MH,Song YK,Liu GS. Melatonin and its receptor MT1 are involved in the downstream reaction to luteinizing hormone and participate in the regulation of luteinization in different species. J Pineal Res,2016,61(3):279-290.

25. 王彦平,韩广文,刘玉,王海浪,朱玉林,李艳华,乔绿. 降低牛冷冻精液单剂量直线运动精子数对情期受胎率影响的研究. 中国奶牛,2014(1):16-18.

26. 王彦平,韩广文,李艳华,杨超,刘玉. 无卵黄牛冷冻精液稀释液的研究进展. 中国奶牛,2014(8):16-19.

27. 王彦平,刘玉,李艳华,麻柱,韩广文. 关于降低牛冷冻精液单剂量前进运动精子数的探讨. 中国奶牛,2014(21):17-19.

28. 王彦平,韩广文,丛慧敏,刘玉,楚康康,张晓霞. 降低牛细管冷冻精液前进运动精子数对受胎率影响的初步研究.中国奶牛,2013(17):45-48.

29.武海玉,赵冬琴,王梁,任康,刘国世.奶牛卵巢机能障碍研究进展.黑龙江动物繁殖,2014,3(22):3-7.

成果二　软件

1.奶牛信息采集软件(简称 CICS)V1.0,证书号:软著登字第 0962988.

2.刘剑锋,蒋纪才,康慧敏,孙东晓,张勤:贝叶斯 $C\pi$＋基因组选择计算软件 V1.0. 2013SRBJ0777.

3.张哲,丁向东,张勤:基因组育种值最佳线性无偏预测软件 V1.0. 2010SRBJ5208.

4.北京市奶牛遗传改良数据管理系统软件 V1.0,软著登字第 0802524 号,2014.

5.奶牛生产性能管理信息系统 V1.0,软著登字第 0858611 号,2014.

成果三　专利

1.畜体生理状态检测系统及其防脱落体内检测器,实用新型专利,申请号:2016200370677.

2.畜体生理状态检测系统及其体内适配检测器,实用新型专利,授权号:ZL 2016200356294.

3.畜体生理状态检测系统及其高信号发射强度体内检测器,实用新型专利,授权号:ZL 2016200356059.

4.奶牛发情监测系统.国家发明专利,专利申请号:2015100810272.

5.一种牛体温的监测方法.国家发明专利,申请号:2015103828827.

6.一种通过牛体表温度计算牛体温的方法.国家发明专利,申请号:2015103831834.

7.一种牛体温的测量方法. 国家发明专利,申请号:201510383182X.

8.畜体生理状态体外检测器. 国家实用新型专利,授权号:ZL 2015208690325.(已授权)

9.奶牛体温监测系统,实用新型专利,授权号:ZL 201520108826X.

10.一种奶牛体征数据采集装置,实用新型专利,授权号:ZL2015201135114.

11.一种基于奶牛活动量变化的发情监测系统,实用新型专利,授权号:ZL 2015201094896.

12.张毅,劳兰兰,肖炜等,一种检测牛 APAF1 基因隐性致死突变的方法,申请号:201610394658.4.

13.张毅,劳兰兰,肖炜等,一种检测牛 SMC2 基因隐性致死突变的方法,申请号:201610393611.6.

14.丁向东,张勤,肖炜,高效单倍型推断和缺失基因型填充方法,201310741129.3,2013,申报中.

15.刘国世,史建民,路永强,何长久,王静,任康,王艳,姜小平,王天坤.一种提高奶牛受胎率的制剂及其制备方法与应用,中国发明专利,授权号:ZL 2015100850439.

16.刘国世等,单酶切载体的构建方法,2014. 9. 24-2034. 6. 5,中国发明专利,授权号:ZL 201410246859.0.

17.刘国世,朱士恩,田秀芝;史文清,张洪海。一种促进冷冻胚胎解冻后体外发育的培养液,授权日期:2012 年 8 月 15 日;中国发明专利,授权号:ZL 201110142477.X.

18.刘国世,李树静,田秀芝,高超,张洪海.一种促进切割取样胚胎冷冻解冻后体外发育的方法,中国发明专利,申请号:201110142918.6.

19.刘国世,史建民,贺平丽,路永强,郭江鹏,姬鹏云,宋玉坤,张珍珍,徐志远.一种降低家畜体细胞数的复合抗氧化制剂及其制备方法与应用,国家发明专利,申请号:201510085041.X;国际发明专利,申请号:PCT/CN2015/097907.

成果四　著作

1. 王栋(执行主编). 动物种业科技创新战略研究报告[M]. 科学出版社,2015.6.
2. 刘国世(副主编). 奶牛养殖主推技术. 中国农业科学技术出版社,21.9 万字,2013.
3. 刘国世(参编). 家畜繁殖学. 第六版(国家精品教材). 中国农业出版社,52.8 万字,2015
4. 张沅,张勤,孙东晓. 奶牛分子育种技术研究. 中国农业大学出版社,63 万字,2012.

第二篇　饲料与营养

研究背景

在现代奶牛养殖中，饲料成本占产品成本的70%左右，在养殖业中具有举足轻重的地位；营养供给量充足和均衡与奶牛生产性能、繁殖性能、健康状况，与产品质量和安全都密切相关。在奶牛遗传因素稳定的情况下，饲料与营养发挥着不可忽视的作用。

奶牛产业技术体系北京市创新团队启动近5年，在各级领导、首席专家、首席办的指导下，饲料与营养功能研究室4位岗位专家，紧紧围绕研究室五年规划，在奶牛粗饲料高效利用模式、优质玉米青贮制备技术、北京市奶牛配方专用饲料成分数据库、奶牛精准配方与精细饲养技术、犊牛和后备牛饲料配制技术以及奶牛瘤胃甲烷排放规律及减排技术上，开展了一系列接地气、有成效的研究、示范和推广工作。研究室专家的产品和技术得到了基层技术人员、养殖场户的认可。本篇将依照研究室五年规划中6个课题分别进行总结，为制定下一个五年计划打下基础。

第 6 章　奶牛粗饲料高效利用模式构建与示范

6.1　概述

玉米秸、小麦秸、稻秸是我国产量与存量最多的秸秆类型，但包括牛羊青贮饲料在内的秸秆饲用化的比例还不足总量的 30%。大量的基础研究证明，植物细胞壁中酚酸木质素的存在是限制反刍家畜采食量与消化率的重要抗营养因子；此外，由于秸秆本身地域分布广、密度小，1 t 秸秆的体积约为 8 m^3，导致储运与加工成本升高。秸秆若作为大宗粗饲料原料，传统的加工装备与技术尚无法满足集约化规模牛场的采购与储运要求，应用范围十分有限，还无法从根本上通过利用秸秆来解决奶牛养殖饲草料成本高企的现状，农作物秸秆的开发利用正是解决这一资源难题的重要突破口。而针对农作物秸秆处置和有效利用，选择一条因地制宜的结合途径，不仅需要适宜的设备和工艺技术，还需理顺农作物秸秆的细胞结构、降解途径、利用模式等综合的技术措施，才能最终达到“节约资源、保护环境”的目的。因此，选择低成本、高效率的农作物秸秆生态处理和应用技术，对于农作物秸秆消纳、环境治理和降低奶牛养殖饲养成本、固碳减排、促进农民增收等具有重要意义。

6.2　秸秆饲料营养质量的安全性评定

自主设计研制了具有记录精度高、设备造价成本低等特点的 32 通路 AGRS-Ⅰ与 64 通路 AGRS-Ⅲ型微生物发酵微量产气自动记录仪与监控软件；利用该装置（图 6-1），建立了霉菌毒素、三聚氰胺对瘤

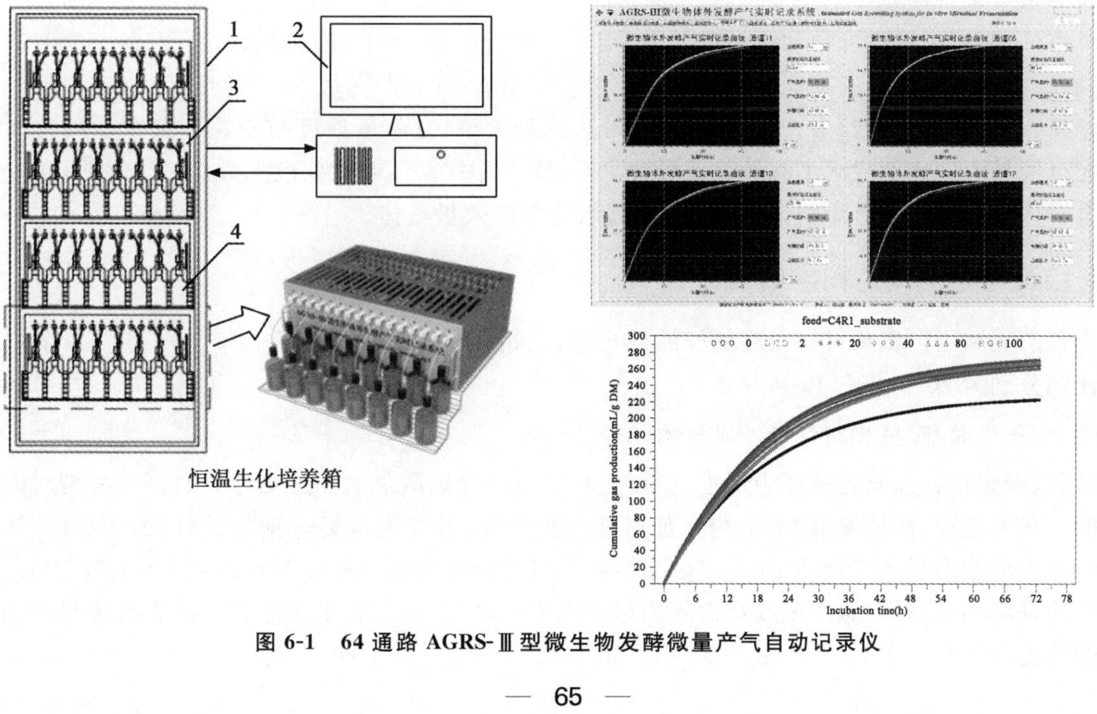

图 6-1　64 通路 AGRS-Ⅲ型微生物发酵微量产气自动记录仪

胃微生物消化代谢危害性的评价技术平台;利用该装置技术平台,完成了桑叶、棉籽副产物等反刍家畜非常规饲料营养价值评定。

6.3 科学配伍,提出秸秆营养优化的技术途径

通过对秸秆营养特性、细胞和亚细胞结构、瘤胃降解机制等的研究,既揭示了秸秆瘤胃的降解动力学,也为农作物秸秆的综合利用提供了技术途径,即通过营养优化实现秸秆的高效利用。

6.3.1 秸秆与优质粗饲料间的科学组合

秸秆与不同粗饲料之间组合,是优化秸秆利用率的重要技术途径。研究与示范推广表明,苜蓿和秸秆以 20∶80 的比例组合;玉米秸秆添补苜蓿的比例以占整个日粮总量的 40%为宜;花生藤与羊草 50∶50 时其组合效应效果较佳。

1. 秸秆与苜蓿草组合

通过监测产气量、甲烷产量、微生物蛋白产量和挥发性脂肪酸变化发现,体外培养 24 h 后各组合的产气参数(24 h 产气量、产气速率、甲烷产量、微生物蛋白产量、挥发性脂肪酸)均随着组合中苜蓿水平的增加而显著增加($P<0.05$)。各组合的产气量、产气速率和微生物蛋白均产生显著的正组合效应。当苜蓿比例为 20%时,产气量、产气速率、甲烷和总挥发性脂肪酸表现为最大的正组合效应,分别为 20.8%、26.5%、40.2%和 5.9%;当苜蓿水平为 40%时,微生物蛋白表现出最大的正组合效应 34.5%。综合各参数的组合效应表明,苜蓿和秸秆以 20∶80 的比例组合为宜。

2. 玉米秸秆与苜蓿草组合

玉米秸秆与苜蓿的组合(80∶20、60∶40、40∶60、20∶80),在产气量上在 24 h 达到最大值,24 h 后则随培养时间的延长而下降,但只有苜蓿 40%添补时,亦即当苜蓿添加比例占“玉米秸秆+苜蓿”组合的 40%时,达到显著水平($P<0.05$),且以此组下降较慢,在 48 h 仍达到显著水平($P<0.05$)。就单一的产气指标而言,玉米秸秆添补苜蓿的比例以占整个日粮总量的 40%为宜。

3. 花生藤与羊草组合

以羊草(50%)、玉米(30%)和豆粕(20%)为底物,精粗比为 1∶1,花生藤按 0%、25%、50%、75%和 100%与底物中的羊草组合。不同比例的花生藤组合羊草在 24 h 产气量、产气速度、氨态氮浓度上均没有显著差异($P>0.05$),但 24 h 产气量在 50%时达到最大值,且氨氮浓度随着花生藤含量的升高而升高。潜在产气量不同比例的水平有显著差异($P<0.05$),其中 50%时达到最大值。结果表明,花生藤与羊草组合对体外发酵无显著影响,但在 50%时其组合效应效果较佳。

6.3.2 秸秆与含氮间的科学组合

补充氨态氮和蛋白氮均可以提高秸秆的消化率,当精粗比为 60∶40,50∶50,40∶60 时,菜粕的适宜添加比例分别为 20%、30%和 40%。

1. 秸秆/氨化秸秆/碱化秸秆与不同氮源组合

以秸秆、碱化秸秆和氨化秸秆为纤维饲料代表,通过补充碳酸氢铵和酪蛋白研究氮源类型对组合效应的影响。研究发现,体外发酵 24 h,与未加氮处理组相比,补充氮源显著增加秸秆的产气量。NaOH 处理秸秆补充酪蛋白后产气量达 93 mL/g DM,而未处理秸秆在不加氮源时,仅为 48 mL/g DM。与不加氮源的秸秆组相比,补充氨态氮或蛋白氮均显著提高 NaOH 处理秸秆组的总挥发性脂肪酸、乙酸、丙酸及丁酸浓度($P<0.05$)。

2. 秸秆/氨化秸秆与菜粕组合

选择秸秆或氨化秸秆作为粗料，菜粕和玉米为精料，通过体外产气量研究秸秆日粮中不同精粗比以及添加不同比例菜粕的组合效应。研究发现：组合效应值随着精粗比和菜粕替代比例的变化而变化。当精粗比为 60∶40，50∶50，40∶60 时，菜粕比例分别在 20%，30%，40%时取得最大组合效应（$P<0.05$）。

（蒋林树团队）

第7章　优质玉米青贮制备技术研究与示范

7.1　概述

青贮饲料是反刍动物饲料的重要组成部分，近年来随着我国畜牧业发展水平的不断提高，我国青贮饲料产业得到了快速发展，青贮饲料的制作技术和青贮品质也不断提高。但是与畜牧业发达国家相比，我国青贮技术的发展速度仍然缓慢，特别是青贮饲料制作技术原始，收割和加工设备落后，青贮饲料质量差异较大，对混合青贮、青贮添加剂的研究仍处于起始阶段，独立自主研发的青贮添加剂产品数量较少，而且国内对于青贮饲料的研究大多来源于实验室，与生产实践联系较少。针对上述问题，奶牛产业技术体系北京市创新团队饲料与营养功能研究室的各位专家在提升全株玉米青贮饲料品质，筛选优质青贮添加剂和混合青贮技术等方面进行了深入研究，包括，青贮发酵中玉米秸秆品质及菌群构成的变化规律；青贮源乳酸菌的鉴定及培养工艺；微生物接种剂促进全株玉米青贮发酵品质；抑制二次发酵菌和酶制剂提高全株玉米青贮品质与有氧稳定性；乳酸菌组合菌株在全株玉米青贮过程中的消长特点及对其青贮品质的影响；接种不同乳酸菌的全株玉米青贮对奶牛生产性能的影响等，获得了一系列成果，并将这些成果应用于生产实践，进行推广和示范，取得了良好的效果。

7.2　青贮发酵中玉米秸秆品质及菌群构成的变化

屠焰团队利用实验室检测手段及 MiSeq 高通量测序技术相结合，探讨青贮发酵对玉米秸秆感官指标、发酵品质、营养成分以及门、纲、目、科和属五个水平细菌群落构成及丰度的影响。发现：①青贮发酵作用能够使玉米秸秆乳酸含量显著增加($P<0.05$)，中性洗涤纤维(NDF)及酸性洗涤纤维(ADF)含量有下降趋势($0.1<P<0.05$)；②玉米秸秆经过青贮发酵后，变形菌门(Proteobacteria)、γ-变形菌纲(Gammaproteobacteria)、肠杆菌目(Enterobacteriales)、肠杆菌科(*Enterobacteriaceae*)和魏斯氏菌属(*Weissella*)菌群数量显著降低($P<0.05$)；青贮发酵能够显著增加($P<0.05$)厚壁菌门(Firmicutes)、芽孢杆菌纲(Bacilli)、乳杆菌目(Lactobacillales)、乳杆菌科(Lactobacillaceae)、片球菌属(*Pediococcus*)和乳杆菌属(*Lactobacillus*)菌群数量；③青贮发酵改善玉米秸秆感官指标、发酵品质以及营养成分的同时，可以有效降低有害细菌的数量，增加有益菌的数量，从而可以降低致病菌对家畜健康存在的潜在风险。

7.3　青贮源乳酸菌的鉴定及培养工艺研究

微生物青贮接种剂通过微生物作用，可以改善青贮产品品质，有效延长青贮饲料的保存时间，具有重要的使用价值。近年来我国青贮饲料产业得到了快速发展，几乎所有的大、中、小型奶牛场所用的粗饲料都是以青贮饲料为主，但是我国自主研发的微生物青贮接种剂的种类和数量都很少，而且单位重量的活菌数量低，造成成本较高。

屠焰团队从青贮饲料中筛选得到 2 株乳酸菌，经 16Sr DNA 的方法对其进行分子生物学鉴定，两株乳酸菌分别为植物乳杆菌(GLP01)，GLP01 与 Gen Bank 中的 *Lactobacillus plantarum* strain KLDS (登录号：EU626013.1)相似度为 98%；发酵乳杆菌(BLF01)，BLF01 与 Gen Bank 中的 *Lactobacillus fermentum* strain 44197(登录号：DQ779203.1)相似度为 99%。通过单因素试验设计研究了培养基组成(碳源、氮源)和培养条件(温度、接种量、起始 pH 等)对 GLP01 和 BLF01 生长繁殖的影响，研究表明适合 GLP01 生长的培养基中，最佳碳源、氮源分别是果糖、酵母粉；适合 BLF01 生长的培养基中，最佳碳源是乳糖、最佳氮源是酵母粉；GLP01 的最佳培养条件为温度 35.3℃，起始 pH 为 5.47，接种量为 8.16%；BLF01 的最佳培养条件是温度 35℃，起始 pH 为 8.0 接种量为 1%。

7.4　微生物接种剂促进全株玉米青贮发酵品质

青贮质量的优劣取决于乳酸菌的作用，而乳酸是乳酸菌主要的代谢产物，因此，乳酸生成量是反映青贮质量的最重要指标，也是影响 pH 的最主要因素。屠焰团队以蜡熟期全株玉米为原料，分别添加植物乳杆菌、发酵乳杆菌以及植物乳杆菌＋布氏乳杆菌组，各菌的添加量为 10^5 CFU/g FM。上述微生物接种剂中，植物乳杆菌能够有效促进乳酸菌的生长繁殖，同时抑制真菌的活动，从而显著降低青贮饲料的 pH，同时增加乳酸与乙酸的生成比值，使得发酵进程向同型发酵转变；发酵乳杆菌也属于典型的同型发酵乳酸菌，而且产酸能力显著高于其他各组($P<0.05$)，其乳酸的生成量比其他组高出 13.2%～46.36%；在发酵过程中，该组的 pH 显著低于其他组。植物乳杆菌与布氏乳杆菌联合应用，能够促进乳酸菌的生长，显著降低全株玉米青贮的 pH，同时抑制真菌的生长繁殖活动。

7.5　抑制二次发酵菌和酶制剂提高全株玉米青贮品质及有氧稳定性

有氧稳定性是指青贮饲料在青贮窖中或饲槽中保持新鲜(不变质)的能力。装窖时空气的排出的程度对青贮品质影响很大，压实良好的青贮饲料 30 min 内可使环境氧低于 0.5%(体积比)。青贮微生物发酵过程要求的环境氧的最高不能超过 1%，高于这个数值厌氧环境就会被破坏，如果青贮物料处理不当就会使青贮饲料腐败。

玉米青贮开窖后，二次发酵是导致其品质降低、造成牛场经济损失的一个重要问题。屠焰团队为解决这一问题，提出了以微生物制剂和化学制剂协同作用的理念，并通过试验研究来确定二次发酵抑制剂最佳组方。采用植物乳酸杆菌(A)为主要微生物制剂，以国家饲料添加剂品种目录中许可使用的 2 种添加剂为化学制剂(B、C)，采用正交试验设计，设立 16 个处理组，进行最佳组方筛选试验。所有处理组以袋装方式青贮，60 d 后开袋，开袋后暴露在空气中 0、6、12、24、48 h 取样，测定不同时点青贮 pH、营养成分、有机酸和氨态氮动态变化，以及有氧稳定性。通过统计分析获得最佳组方为：A3B2C4。

7.6　乳酸菌组合在全株玉米青贮过程中的消长特点及对青贮品质的影响

微生物接种剂可以改善青贮饲料的青贮品质，目前在青贮饲料中研究较多的微生物接种剂有植物乳杆菌、干酪乳杆菌和戊糖乳杆菌、粪肠球菌、戊糖片球菌、抑制二次发酵菌等。研究报道，单菌株的接种效果不理想，所以在试验和生产实践中，人们更多利用两种或两种以上的乳酸菌共同进行青贮。

屠焰团队对抑制二次发酵菌、植物乳杆菌和粪肠球菌三个菌种组合效果进行比较，通过青贮试验筛选出合理的微生物组合。在三种菌株组合中，抑制二次发酵菌和植物乳杆菌组合在全株玉米青贮发酵过程中数量增值最快，二次发酵菌和粪肠球菌次之，植物乳杆菌和粪肠球菌最慢。在青贮 60 d 时玉米全株中的乳酸菌含量次序为抑制二次发酵菌和植物乳杆菌组合＜抑制二次发酵菌和粪肠球菌组合＜植物乳杆菌和粪肠球菌组合。菌种组合对青贮的酸度有显著的影响，抑制二次发酵菌和植物乳杆菌组合处理在全株玉米青贮中显示较低的 pH。菌种组合对玉米青贮的粗蛋白、粗脂肪和可溶性碳水化合物(WSC)的影响不明显，青贮 60 d 后对氨态氮和中性洗涤纤维(NDF)含量有显著影响，菌种组合对青贮饲料中的乳酸、乙酸和总酸有显著的影响。在三组菌株组合中，抑制二次发酵菌和植物乳杆菌组合，以其乳酸菌数量增殖快、产酸能力强、青贮料的 pH 低，WSC 含量、NDF 含量低的特点为菌株组合优选。

7.7 接种不同乳酸菌的全株玉米青贮对奶牛生产性能的影响

青贮饲料的实验室评定结果可以为动物生产提供一定的参考依据，但是实验室评定与生产实践毕竟存在一定的差异。生产青贮饲料的目的是饲喂家畜，满足其营养需要，提高动物生产性能，所以，从动物营养的角度出发对青贮饲料进行评价会十分有意义。屠焰团队以实验室评定为依据，筛选出青贮接种剂配方，分别作用于不同青贮窖，通过饲喂奶牛，观察其对产奶量、乳成分的影响，通过动物试验全面评价接种剂的作用效果。

试验中添加了布氏乳杆菌组的全株玉米青贮与对照组对泌乳牛的产奶量影响差异不显著，说明布氏乳杆菌处理全株玉米后，并不会影响青贮饲料的适口性。用添加了植物乳杆菌的全株青贮玉米饲喂奶牛，能够提高产奶量和乳脂率。用添加了布氏乳杆菌的全株玉米饲喂泌乳奶牛，也能够提高产奶量和乳脂率。

7.8 青贮添加剂对青贮饲料营养成分的影响

赵广永团队开展了全株玉米青贮添加康富清乳酸菌添加剂(鼎盛一场、华海云都一场)、农科院青贮添加剂(康源)的对比试验研究。青贮封窖两个月后分别取样进行实验室常规分析，分析指标为粗蛋白(CP)、粗脂肪(EE)、中性洗涤纤维(NDF)、酸性洗涤纤维(ADF)和粗灰分(CA)，对比各组营养物质含量，分析青贮添加剂对青贮品质的影响。结果证实了康富清乳酸菌添加剂和农科院青贮添加剂有助于降低青贮中性洗涤纤维含量，提高奶牛采食量；同时也会略微提高酸性洗涤纤维含量，可能会降低营养物质消化率；对其他营养物质含量影响不大。

7.9 筛选出优质乳酸菌，形成青贮专用酶菌复合制剂产品

中国农业科学院饲料研究所屠焰团队通过几年的研究，筛选出 2 株青贮优质乳酸菌，获得青贮专用酶菌复合制剂专利 1 项，形成青贮专用酶菌复合制剂产品 1 个。

在昌平、大兴、密云、顺义奶牛场采集玉米青贮(图 7-1)，初步分离出乳酸菌 22 株(图 7-2)，经过菌种鉴定，并且在不同条件下对其进行人工培养，测其生物学特性，筛选出 2 株青贮优质乳酸菌，为规模化生产新型微生物青贮接种剂提供了基础。

研究团队获得青贮专用酶菌复合制剂专利 1 项，并形成青贮专用酶菌复合制剂产品 1 个(图 7-3)。

(屠焰团队，赵广永团队)

图 7-1　采集青贮样品图

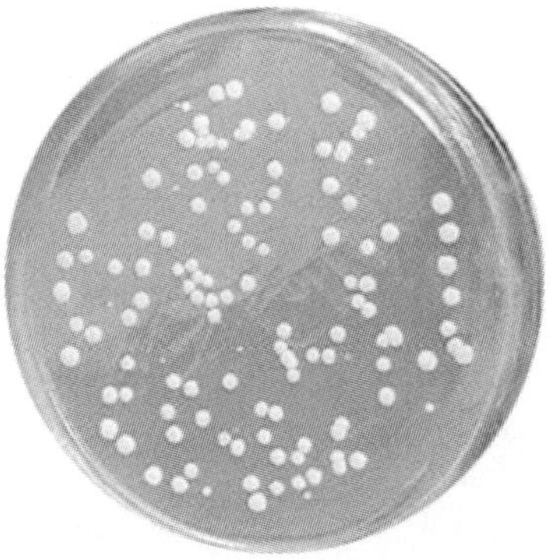

图 7-2　乳酸菌分离培养

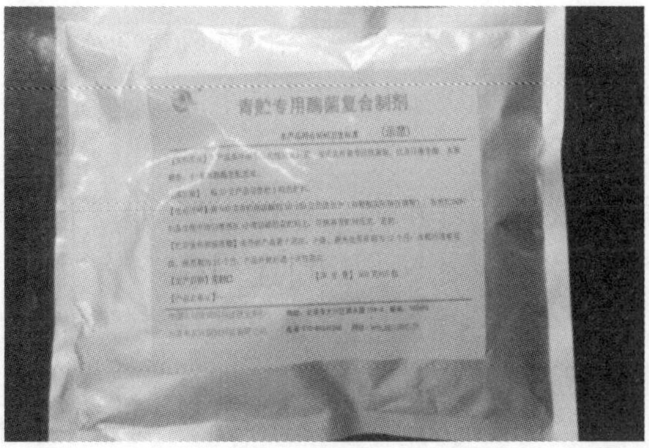

图 7-3　青贮专用酶菌复合制剂产品

第 8 章　北京市奶牛配方专用饲料成分数据库建立

8.1　概述

现代农业产业技术体系北京市奶牛创新团队于 2012 年 4 月成立并开始相关工作。作为该体系营养与饲料研究室的岗位专家，近 5 年来赵广永教授带领团队成员深入北京市郊区奶牛场、技术推广站及饲料生产加工企业进行了大量现场调查研究，掌握了北京市奶牛生产的基本情况，特别是奶牛饲料利用的情况。

北京市奶牛场规模化程度总体很高。北京市规模化奶牛场的营养与饲料技术水平基本达到了国际先进水平。不同区县的奶牛场规模化程度及技术水平存在较大差异。奶牛小区和个体养牛户数量少，技术水平比较粗放，低于国内先进水平。对于规模化奶牛场，应根据奶牛的营养需要，准确确定奶牛的营养物质供应量，加强奶牛精细饲养，实现数字化管理，掌握每头奶牛的营养物质采食量、产奶量、牛奶营养指标和卫生指标，并且对各种指标及时分析，确定或调整针对奶牛个体的饲养管理措施。对于奶牛小区和个体养牛户，应加强优质饲料原料供应和科学编制日粮配方，加强技术培训，逐步推广应用全混合日粮技术、带穗青贮玉米制作技术及散栏饲养技术。

8.2　典型奶牛场日粮营养水平评价报告

在全面调查奶牛生产基本情况的基础上，赵广永团队成员与县区综合试验站合作，采集了大量饲料样品，分析测定了饲料的营养成分，并对奶牛的营养水平进行了评定。以北京延照富民奶牛养殖中心奶牛日粮配合情况为例：高产奶牛和中产奶牛的干物质采食量分别为 22.57 kg/(头·d)和 18.56 kg/(头·d)，日粮的精料/粗料比例分别为 46.57%和 47.57%，日粮的粗蛋白含量分别为 $3.96/22.57\times100\%=17.55\%$和 $3.23/18.56\times100\%=17.40\%$。精料/粗料比例基本适当，粗蛋白质水平可由目前水平下调至 15.0%，以降低日粮的成本，减少氮元素排泄量。

青贮饲料营养价值评价。昌平区兴寿双铭奶牛场的青贮玉米原料是无穗青贮，收获时间较晚，而王庄奶牛场的青贮原料是带穗青贮，收获时间较早，前者粗蛋白质含量要低于后者 1 个百分点。

8.3　北京地区奶牛常见饲料的营养成分表及可利用氨基酸预测模型

赵广永团队建立起北京地区常见奶牛饲料的营养成分表，详见表 8-1、表 8-2、表 8-3，可用于指导奶牛场饲料配制过程，提高配方质量和饲料利用率。

表 8-1　北京地区奶牛场典型饲料的营养成分

样本	指标/DM%								
	NDF	ADF	Ash	Fat	CP	SCP	NPN	NDIP	ADIP
羊草(王庄 13.7)	78.56	39.13	5.43	0.85	9.05	2.87	1.96	2.45	0.41
羊草(富民)	72.13	35.03	5.40	2.15	11.95	3.18	2.26	3.27	0.56
羊草(王庄 13.10)	71.15	34.68	5.21	2.49	9.09	2.32	1.62	2.58	0.34
苜蓿(王庄 13.7)	38.66	24.92	7.99	2.58	20.74	5.30	2.68	4.05	0.92
苜蓿(王庄 13.10)	58.66	44.00	7.73	1.05	13.68	3.84	2.30	2.69	1.05
苜蓿(富民)	56.31	42.20	7.62	2.38	12.50	4.18	2.85	2.06	1.01
豆皮(王庄 13.7)	57.25	39.84	5.49	2.43	8.66	2.13	0.60	3.04	0.81
豆皮(王庄 13.10)	54.76	41.38	6.15	2.74	10.25	2.58	0.90	1.20	0.68
青贮(王庄 13.10)	46.03	28.11	4.79	3.37	8.01	4.12	3.82	0.62	0.28
青贮(兴寿双铭)	63.45	36.45	5.03	2.22	9.27	4.06	3.59	1.15	0.37
青贮(王庄 13.6)	52.51	28.61	5.52	2.86	9.28	6.26	5.40	0.50	0.41
青贮(富民)	66.30	37.87	11.42	3.43	7.26	2.70	1.90	1.18	0.48
棉籽(王庄 13.10)	53.88	38.31	4.26	15.22	23.94	6.06	1.32	2.30	1.68
棉籽(富民)	49.32	39.89	4.35	11.38	19.58	2.98	2.52	1.34	1.39
棉籽(王庄 13.7)	54.55	45.46	4.25	12.24	19.64	2.88	2.40	1.51	1.53
棉籽(阔达)	55.38	48.57	3.46	11.04	20.31	3.00	2.41	1.38	1.43
酒糟(佳奥)	51.12	37.11	13.25	1.57	16.36	9.19	8.04	2.03	1.33
豆粕(三石)	23.67	11.01	6.57	0.98	46.43	7.95	0.82	2.77	0.69
玉米(三石)	17.45	5.22	1.41	4.39	8.63	2.26	1.66	2.06	0.53
菜粕(三石)	51.36	35.19	8.56	1.03	42.41	3.78	3.68	23.78	12.91
花生粕(三石)	27.83	17.87	8.14	0.98	49.88	14.80	5.48	5.25	0.96

表 8-2　北京地区奶牛场典型饲料的 CNCPS 含氮化合物组分

样本	指标/DM%				
	PA	PB_1	PB_2	PB_3	PC
羊草(王庄 13.7)	1.96	0.91	3.73	2.04	0.41
羊草(富民)	2.26	0.92	5.51	2.71	0.56
羊草(王庄 13.10)	1.62	0.70	4.20	2.24	0.34
苜蓿(王庄 13.7)	2.68	2.62	11.38	3.14	0.92
苜蓿(王庄 13.10)	2.30	1.54	7.15	1.64	1.05
苜蓿(富民)	2.85	1.33	6.26	1.05	1.01
豆皮(王庄 13.7)	0.60	1.54	3.49	2.23	0.81
豆皮(王庄 13.10)	0.90	1.68	6.46	0.52	0.68
青贮(王庄 13.10)	3.82	0.30	3.27	0.34	0.28
青贮(兴寿)	3.59	0.47	4.06	0.78	0.37
青贮(王庄 13.6)	5.40	0.86	2.53	0.09	0.41

续表 8-2

样本	指标/DM%				
	PA	PB_1	PB_2	PB_3	PC
青贮(富民)	1.90	0.80	3.38	0.70	0.48
棉籽(王庄 13.10)	1.32	4.74	15.57	0.62	1.68
棉籽(富民)	2.52	0.45	14.49	0.72	1.39
棉籽(王庄 13.7)	2.40	0.48	14.62	0.60	1.53
棉籽(阔达)	2.41	0.58	15.16	0.72	1.43
酒糟(佳奥)	8.04	1.14	5.15	0.70	1.33
豆粕(三石)	0.82	7.13	35.71	2.08	0.69
玉米(三石)	1.66	0.61	4.30	1.53	0.53
菜粕(三石)	3.68	0.11	14.85	10.87	12.91
花生粕(三石)	5.48	9.31	29.83	4.29	0.96

在分析测定饲料的饲料氨基酸的基础上，利用 Zhao 和 Lebzien(2001)方法，估测出饲料的可利用氨基酸含量。并分析了奶牛常用饲料的 CNCPS 含氮化合物组分(PA、PB_1、PB_2、PB_3、PC，%DM)与可利用总氨基酸(uAA，%DM)、可利用蛋氨酸(uMet，%DM)、可利用赖氨酸(uLys，%DM)、可利用亮氨酸(uLeu，%DM)存在显著的相关关系：

$uAA=0.171PA+0.134PB_1+0.364PB_2+0.370PB_3+0.148PC+7.785, R^2=0.99, P<0.01$；

$uMet=0.019PA-0.031PB_1+0.024PB_2+0.078PB_3-0.004PC-0.071, R^2=0.93, P<0.01$；

$uLys=-0.045PA-0.020PB_1+0.072PB_2+0.038PB_3-0.011PC+0.780, R^2=0.92, P<0.01$；

$uLeu=0.071PA+0.033PB_1+0.093PB_2+0.189PB_3+0.003PC+0.006, R^2=0.94, P<0.01$。

本研究分析结果表明，根据 CNCPS 含氮化合物组分和所建立的方程，可以准确地预测奶牛饲料的 uAA、uMet、uLys 和 uLeu。

(赵广永团队)

表 8-3　北京地区奶牛场典型饲料的氨基酸含量

样本	指标/DM%																			
	Asn	Thr	Ser	Glu	Pro	Gly	Ala	Cys	Val	Met	Ile	Leu	Tyr	Phe	His	Lys	Arg	Typ	TAA	TEAA
羊草(王庄 13.7)	0.50	0.24	0.24	0.61	0.32	0.28	0.34	0.10	0.29	0.10	0.21	0.43	0.13	0.25	0.09	0.30	0.25	0.09	4.77	0.49
羊草(富民)	0.80	0.39	0.38	0.92	0.37	0.43	0.54	0.13	0.47	0.16	0.33	0.61	0.29	0.43	0.13	0.44	0.36	0.14	7.32	0.74
羊草(王庄 13.10)	0.56	0.28	0.26	0.64	0.29	0.33	0.38	0.11	0.35	0.11	0.23	0.56	0.10	0.56	0.12	0.32	0.31	0.10	5.61	0.53
苜蓿(王庄 13.7)	2.11	0.76	0.78	1.57	1.20	0.80	0.91	0.21	0.90	0.23	0.68	1.37	0.37	1.10	0.34	0.95	0.77	0.25	15.30	1.43
苜蓿(王庄 13.10)	1.65	0.44	0.49	0.94	0.52	0.45	0.57	0.14	0.53	0.13	0.41	0.72	0.24	0.47	0.21	0.61	0.40	0.65	9.57	1.39
苜蓿(富民)	1.52	0.53	0.58	1.14	0.73	0.56	0.66	0.15	0.63	0.16	0.49	0.88	0.31	0.56	0.23	0.70	0.50	0.15	10.48	1.01
豆皮(王庄 13.7)	0.78	0.29	0.46	0.93	0.38	0.63	0.36	0.16	0.36	0.08	0.27	0.52	0.21	0.49	0.26	0.46	0.39	0.11	7.14	0.65
豆皮(王庄 13.10)	0.68	0.25	0.41	0.74	0.35	0.64	0.31	0.14	0.32	0.05	0.23	0.47	0.20	0.52	0.21	0.44	0.31	0.10	6.37	0.59
青贮(王庄 13.10)	0.29	0.15	0.13	0.56	0.42	0.32	0.87	0.10	0.34	0.12	0.26	0.63	0.06	0.27	0.05	0.14	0.07	0.05	4.83	0.31
青贮(兴寿)	0.38	0.18	0.17	0.40	0.16	0.28	0.62	0.09	0.26	0.07	0.18	0.38	0.10	0.21	0.06	0.23	0.16	0.07	4.00	0.37
青贮(王庄 13.6)	0.28	0.22	0.17	0.56	0.35	0.27	0.67	0.10	0.32	0.10	0.21	0.62	0.03	0.63	0.09	0.17	0.11	0.06	4.96	0.33
青贮(富民)	0.44	0.27	0.20	0.57	0.24	0.32	0.68	0.10	0.38	0.10	0.25	0.49	0.13	0.32	0.10	0.27	0.17	0.07	5.10	0.44
棉籽(王庄 13.10)	1.63	0.54	0.74	3.48	0.63	0.71	0.74	0.12	0.76	0.07	0.53	1.00	0.43	0.92	0.50	0.81	2.01	0.08	15.70	0.96
棉籽(富民)	1.60	0.54	0.72	3.25	0.60	0.67	0.67	0.18	0.74	0.14	0.52	0.96	0.44	0.89	0.47	0.81	1.94	0.11	15.25	1.06
棉籽(王庄 13.7)	1.57	0.57	0.74	3.29	0.65	0.69	0.73	0.18	0.78	0.17	0.54	1.03	0.48	0.91	0.49	0.81	1.88	0.16	15.67	1.14
棉籽(阔达)	1.64	0.52	0.72	3.44	0.61	0.67	0.66	0.28	0.73	0.23	0.51	0.97	0.40	0.89	0.47	0.8	1.95	0.22	15.71	1.25
酒糟(佳奥)	0.86	0.39	0.42	1.45	0.61	0.53	0.73	0.20	0.56	0.13	0.35	0.82	0.05	0.94	0.28	0.29	0.23	0.04	8.88	0.46
豆粕(三石)	4.55	1.58	2.07	6.79	2.05	1.73	1.79	0.56	1.80	0.55	1.78	3.11	1.31	2.22	0.96	2.53	2.77	0.53	38.68	3.61
玉米(三石)	0.45	0.23	0.30	1.13	0.52	0.26	0.57	0.14	0.33	0.14	0.23	0.95	0.21	0.35	0.22	0.21	0.29	0.05	6.58	0.40
菜粕(三石)	2.21	1.52	1.48	5.93	2.29	1.77	1.60	0.75	1.75	0.71	1.36	2.61	0.85	1.33	0.92	1.13	1.77	0.43	30.41	2.27
花生粕(三石)	4.52	1.11	1.95	7.21	1.86	2.31	1.71	0.52	1.65	0.44	1.31	2.77	1.23	1.94	0.91	1.41	4.68	0.37	37.90	2.22

注：TAA 表示样品的 18 种氨基酸总量，TEAA 表示样品的三种必需氨基酸赖氨酸(Lys)、蛋氨酸(Met)、色氨酸(Typ)总量。

第9章　奶牛精准配方与精细饲养技术集成与示范推广

9.1　概述

近20多年来，反刍动物饲料质营养价值的评定主要集中在碳水化合物和蛋白质的组分含量、其在瘤胃降解规律和流通规律，以及到达后肠道的消化代谢。目前饲料营养价值评定体系主要包括Weende体系、VanSoest体系、CNCPS体系和NRC体系。其中Weende和Van Soest体系是碳水化合物和蛋白质体系评价发展的基础，但两者均是静态地研究饲料营养成分，不能反映反刍动物瘤胃动态降解的特征；NRC(2001)根据洗涤纤维系统分析方法，将饲料碳水化合物分为纤维性碳水化合物(FC)和非纤维性碳水化合物(NFC)，蛋白质分为非蛋白氮和迅速可溶蛋白质(A)、完全不消化蛋白质(C)和其他蛋白质(B)三部分，并根据其在瘤胃内的降解与流通的基本特性，分为瘤胃降解蛋白(RDP)和过瘤胃蛋白即非降解蛋白(RUP)。但各个部分的划分仍然比较粗略，不能精确地反映饲料营养价值；CNCPS体系将化学分析方法与反刍动物的消化利用综合起来，依据降解速率的不同将碳水化合物和蛋白质进行划分并不断细分，同时建立了各组分瘤胃动态降解的模型，使得饲料的营养价值评价更加精确。因此，熊本海团队对CNCPS中碳水化合物和蛋白质各组分的划分与变化以及各组分在瘤胃内及后肠道降解规律进行概述，以更系统地了解CNCPS饲料营养价值体系，更加精确地评价饲料营养价值，从而更好地优化反刍动物日粮配合。

9.2　CNCPS 6.1评价不同饲料原料碳水化合物和蛋白质结构特征

根据CNCPS 6.0饲料原料营养指标及计算公式，计算得到奶牛饲料中常用原料碳水化合物和蛋白质各个部分的含量(表9-1)。此表为奶牛养殖场合理配制日粮提供了基础依据。

9.3　碳水化合物和蛋白质组分在瘤胃及肠道内降解规律

1. 碳水化合物和蛋白质组分在瘤胃内的降解规律

表9-2为反刍动物常用饲料原料各组分的降解速率 K_d 的值。CA1为挥发性脂肪酸，是碳水化合物发酵的终产物不能被进一步降解，因此 K_d 为0/h。Molina(2002)采用产气法测定乳酸(CA2)和有机酸(CA3) K_d 分别为7.0%/h和5.0%/h。不同原料CA4的 K_d 在10.0%/h～40.0%/h之间变化，原因是其糖类组成存在差异，葡萄糖和蔗糖的 K_d 为40.0%/h，因此以葡萄糖和蔗糖为主的饲料中CA4部分的 K_d 值设为40.0%/h。青贮饲料糖类一般是阿拉伯糖以及果胶和半纤维素降解产物，微生物利用效率更低，K_d 为20.0%/h。CB1部分的降解速率随饲料种类变化而变化，从生整粒大豆3.3%/h至花生粕45.0%/h之间变化。CB2的 K_d 一般为20.0%/h～40.0%/h。CB3的 K_d 为2.0%/h～10.0%/h。蛋白质PB1、PB2和PB3的 K_d 分别为2.0%/h～30.0%/h，3.0%/h～16.0%/h，0.06%/h～3.45%/h。

表 9-1　常用饲料原料碳水化合物和蛋白质各组分含量

%DM

	饲料原料 Feedstuff	CHO	CA1	CA2	CA3	CA4	CB1	CB2	CB3	CC	CP	PA	PB1	PB2	PB3	PC
能量类原料 Energy Feedstuff	小麦麸 Wheat bran	72.70	—	—	—	4.74	21.80	5.05	32.66	8.45	17.00	2.09	4.88	7.14	2.21	0.68
	粉碎小麦 wheat ground	82.50	—	—	—	2.12	65.11	3.54	9.38	1.75	14.20	1.28	2.98	9.37	0.28	0.28
	玉米，蒸汽滚扎(15.4 kg)Corn Ground Steam Rolled(15.4 kg)	85.73	—	—	—	1.56	75.56	0.78	7.40	0.43	9.00	0.44	0.69	6.71	0.36	0.81
	玉米，22% 水分（粗） Corn High Moisture 22% Coarse	85.05	0.31	1.00	—	1.84	72.19	1.46	7.78	0.48	9.80	1.07	1.67	6.31	0.27	0.47
	玉米，整粒 Corn Grain Whole	85.17	—	1.00	—	2.13	73.76	0.18	7.62	0.48	9.00	0.67	1.04	6.39	0.45	0.45
	糖蜜(甜菜)Molasses Beet	79.50	—	4.00	4.00	70.00	—	1.50	—	—	8.50	4.25	4.25	—	—	—
	甜菜粕 Beet pulp	72.10	—	—	—	9.98	3.00	23.99	24.55	10.58	14.7	2.16	5.04	1.03	5.63	0.84
蛋白类原料 Protein Feedstuff	玉米酒精糟，浅色 Corn Dist Light Spirits	50.60	—	—	—	2.40	8.01	9.61	20.98	9.60	30.40	2.66	4.94	13.38	5.14	4.29
	花生粕，CP 48% Peanut Meal Solvent	38.60	—	—	—	13.41	11.03	5.36	5.44	3.36	52.00	2.06	15.10	29.64	4.68	0.52
	棉籽粕 CP 42% Cottonseed Meal	44.99	—	—	—	8.25	1.74	11.73	6.41	16.86	42.00	0.32	5.99	29.07	2.45	4.18
	棉籽仁 Cottonseed Delint	52.50	—	—	—	6.86	0.49	2.45	23.26	19.44	23.00	0.32	6.12	14.26	0.92	1.38
	全棉籽 Cottonseed Fuzzy	53.00	—	—	—	2.29	0.25	2.55	17.00	30.90	23.50	0.31	5.85	14.94	0.52	1.88
	膨化豆粕 Soybean Meal Extruded	35.11	—	—	—	8.10	2.70	8.49	8.31	7.52	43.70	0.70	5.15	34.44	2.24	1.16
	生整粒大豆 Soybean Whole Raw	32.40	—	—	—	12.31	3.30	6.37	9.94	0.48	42.80	2.26	16.57	21.39	1.72	0.86
	烘烤整大豆 Soybean Whole Roasted	32.60	—	—	—	13.73	3.68	7.11	7.60	0.48	42.80	0.31	2.26	35.31	3.45	1.47

续表 9-1

	饲料原料 Feedstuff	CHO	CA1	CA2	CA3	CA4	CB1	CB2	CB3	CC	CP	PA	PB1	PB2	PB3	PC
粗饲料 Roughage	新鲜禾本科牧草 Grass Pasture	72.50	—	—	4.00	7.74	0.41	8.23	42.88	9.24	16.00	0.15	3.05	9.92	2.37	0.51
	新鲜豆科牧草 Legume Pasture	61.78	—	—	6.00	14.70	0.61	9.31	18.56	12.60	24.00	0.16	7.04	12.96	3.36	0.48
	新鲜苜蓿，切碎 Alfalfa Green chop	70.50	—	—	8.00	10.11	1.58	11.90	18.28	20.64	17.00	2.04	3.06	7.82	2.72	1.36
	禾本科干草 Grass Hay	75.00	—	—	3.00	7.20	3.60	10.20	43.74	7.26	16.00	4.68	2.52	4.80	3.09	0.91
	苜蓿干草 Alfalfa Hay	70.50	—	—	2.00	8.75	1.56	18.93	18.62	20.64	17.00	2.38	3.57	7.31	2.38	1.36
	禾本科牧草青贮 Grass Silage	73.70	1.77	5.00	—	4.77	2.27	8.89	40.44	10.56	16.00	5.20	2.80	4.00	2.72	1.28
	苜蓿青贮 Alfalfa Silage	69.70	1.55	5.00	—	3.08	1.54	19.61	18.28	20.64	17.00	5.53	2.98	4.42	1.36	2.72
	青贮玉米(25%DM) Corn Silage(25%DM)	84.81	2.57	5.00	—	1.35	34.78	1.46	29.81	9.84	8.00	2.34	1.26	3.05	0.96	0.39

注：上表中“—”数值为 0.00%。Note：“—” in the above table means 0.00%。

表 9-2　常用饲料原料碳水化合物和蛋白质各组分瘤胃降解速率(K_d)

%/h

饲料原料 Feedstuff		CA4	CB1	CB2	CB3	PB1	PB2	PB3
能量类原料	小麦麸 Wheat Bran	40.00	40.00	40.00	5.00	25.00	12.00	0.35
Energy	粉碎小麦 Wheat Ground	40.00	40.00	40.00	5.00	30.00	12.00	0.35
Feedstuff	玉米，蒸汽滚扎(15.4 kg)Corn Ground Steam Rolled (15.4 kg)	40.00	15.00	20.00	5.00	13.50	4.00	0.08
	玉米，22%水分(粗)Corn High Moisture 22% Coarse	20.00	17.00	20.00	3.00	13.50	5.00	0.15
	玉米，整粒 Corn Grain Whole	40.00	5.00	20.00	2.00	5.00	4.00	0.08
	糖蜜(甜菜)Molasses Beet	20.00	30.00	30.00	5.00	30.00	11.00	0.25
	甜菜粕 Beet pulp	40.00	20.00	40.00	8.00	30.00	12.00	0.30
蛋白类原料	玉米酒精糟，浅色 Corn Dist Light Spirits	40.00	17.00	30.00	7.00	15.00	6.00	0.50
Protein	花生粕，CP 48% Peanut Meal Solvent	40.00	45.00	30.00	6.00	23.00	13.00	0.20
Feedstuff	棉籽粕 CP 42% Cottonseed Meal	40.00	35.00	30.00	8.00	17.50	8.00	0.25
	棉籽仁 Cottonseed Delint	40.00	30.00	30.00	4.00	17.50	8.00	0.25
	全棉籽 Cottonseed Fuzzy	40.00	30.00	30.00	6.00	17.50	8.00	0.25
	膨化豆粕 Soybean Meal Extruded	40.00	25.00	30.00	6.00	23.00	11.00	0.20
	生整粒大豆 Soybean Whole Raw	12.31	3.30	6.37	9.94	16.57	21.39	1.72
	烘烤整粒大豆 Soybean Whole Roasted	13.73	3.68	7.11	7.60	2.26	35.31	3.45
粗饲料	新鲜禾本科牧草 Grass Pasture	40.00	45.00	30.00	7.00	20.00	13.00	2.00
Roughage	新鲜豆科牧草 Legume Pasture	40.00	30.00	35.00	7.00	20.00	15.00	2.00
	新鲜苜蓿，切碎 Alfalfa Greenchop	40.00	30.00	35.00	7.00	15.00	10.00	1.25
	禾本科干草 Grass Hay	40.00	30.00	30.00	4.00	15.00	11.00	1.50
	苜蓿干草 Alfalfa Hay	40.00	30.00	35.00	6.50	15.00	9.00	1.25
	禾本科牧草青贮 Grass Silage	20.00	30.00	30.00	3.50	20.00	9.00	1.75
	苜蓿青贮 Alfalfa Silage	20.00	30.00	35.00	6.00	15.00	11.00	1.75
	青贮玉米(25%DM)Corn Silage	20.00	35.00	30.00	5.50	13.50	11.00	0.09

注：(1)以上所有原料的 CA1、CA2、CA3、CC、PA 和 PC 各组分的降解速率相同，且分别为 0%/h，7%/h，5%/h，0%/h，100%/h，0%/h。(2)此表数据来源于 CNCPS6.0。

2. 碳水化合物和蛋白质在肠道内的降解规律

碳水化合物中部分乳酸和有机酸能通过瘤胃进入小肠。CA1、CA2、CA3 和 CA4 的小肠消化率均为 100%,但不同原料的 CB1 及 CB2 小肠消化率存在差异,在 50%~97%的范围内变化。由于小肠内缺乏消化纤维素和半纤维素的酶,纤维素和半纤维的降解主要依靠纤维降解菌,因此 CB3 部分的小肠消化率仅为 20%。CC 不被降解利用,小肠消化率为 0。蛋白质 PA、PB1、PB2 和 PB3 的小肠消化率,前三部分均为 100%,第四部分为 80%。

9.4 北京地区奶牛用饲料营养价值的评价

准确的评定饲料成分及营养价值数据是制定奶牛日粮配方的基础。为提高北京地区制定奶牛饲料配方的准确性,熊本海课题组在北京市奶牛创新团队的支持下,旨在完成覆盖北京市本地饲料资源及调入主要饲料种类的饲料基本成分及营养价值成分表。2013—2015 年,主要采集北京地区奶牛常用粗饲料共计 73 种,其中比较典型的饲料的样品对其进行了保存与建库(图 9-1),并采集了样品的典型图谱。

图 9-1 采集饲料原样本

表 9-3 列出了北京奶牛创新团队岗位专家熊本海研究团队 2013—2014 年典型采集的 43 种饲料原料及奶牛全混合日粮的主要养分数据,基本能反映北京地区饲喂奶牛尤其是泌乳牛的饲料原料的品质数据,而表 9-4 是 2015 年度继续收集的大约 30 种原料、牛用饲料及其饲喂奶牛的剩余料的所含主要概略养分数据,为服务的典型奶牛养殖企业及时调整奶牛全混合日粮数据提供最主要的参考数据。

表 9-3 奶牛用精、粗饲料原料常规成分(饲喂状态)

编号	项目	采集地点	DM/%	CP/%	EE/%	CF/%	NDF/%	ADF/%	Ash/%	Ca/%	P/%
1	整粒玉米	顺义中地种畜牛场	87.6	7.2	3.29	1.65	10.3	2.6	1.98	0.04	0.24
2	整粒玉米	顺义中地种畜牛场	85.8	7.3	3.82	1.97	10.4	2.7	1.17	0.03	0.16
3	蒸汽压片玉米	顺义中地种畜牛场	89.7	7.5	4.03	1.97	9.1	2.9	2.03	0.12	0.23
4	蒸汽压片玉米	顺义中地种畜牛场	91.4	7.2	4.20	1.77	9.0	2.2	0.79	0.28	0.53
5	膨化大豆粕	顺义中地种畜牛场	89.9	43.4	2.51	7.16	16.7	7.6	5.79	0.19	0.58
6	膨化大豆粕	顺义中地种畜牛场	88.5	42.9	2.64	5.87	16.5	7.3	5.63	0.00	0.28
7	膨化大豆	顺义中地种畜牛场	91.4	37.0	5.66	4.74	11.7	10.4	4.70	0.14	0.56
8	小麦(新)	顺义中地种畜牛场	90.6	14.9	2.68	2.13	12.5	3.9	1.91	0.02	0.36
9	小麦	顺义中地种畜牛场	90.3	14.4	2.71	2.40	12.3	3.8	1.88	0.07	0.32
10	干玉米 DDGS	顺义中地种畜牛场	92.4	31.3	5.50	7.81	39.9	13.6	4.65	0.03	0.79
11	湿玉米 DDGS	昌平小王庄奶牛场	26.6	30.1	9.66	15.85	66.6	33.4	5.27	0.04	0.79
12	豆腐渣	房山示范养殖场	14.9	17.8	7.97	19.36	64.9	23.4	3.48	0.53	0.26
13	豆荚	房山示范养殖场	90.4	6.3	3.60	28.06	64.1	37.4	4.67	0.50	0.20
14	甜菜粕	房山示范养殖场	89.1	10.1	0.89	19.54	51.3	27.4	5.18	0.86	0.08
15	苹果渣	顺义中地种畜牛场	93.4	6.6	5.66	26.49	53.5	39.3	1.90	0.05	0.14
16	菜籽粕	顺义中地种畜牛场	89.7	37.2	0.93	16.66	54.8	29.8	9.17	0.61	1.08
17	菜籽粕	顺义中地种畜牛场	90.9	36.7	0.73	14.48	54.0	33.4	9.35	0.88	0.95
18	棉籽粕	顺义中地种畜牛场	89.9	34.4	0.25	15.73	57.6	27.7	7.44	0.28	0.87
19	全棉籽	房山示范养殖场	91.5	18.7	11.82	29.44	54.1	38.5	4.42	0.26	0.46
20	全棉籽	顺义中地种畜牛场	92.0	18.8	11.75	28.79	54.3	36.7	4.09	0.17	0.56
21	全棉籽	昌平诚远奶牛场	90.1	18.0	10.89	28.92	55.6	38.6	3.82	0.19	0.61

续表 9-3

编号	项目	采集地点	DM/%	CP/%	EE/%	CF/%	NDF/%	ADF/%	Ash/%	Ca/%	P/%
22	全棉籽	昌平小王庄奶牛场	92.4	19.0	12.95	27.41	56.2	36.5	3.71	0.17	0.59
23	进口苜蓿	昌平诚远奶牛场	92.2	15.9	2.45	25.72	53.4	35.9	8.23	1.71	0.22
24	进口苜蓿	昌平小王庄奶牛场	91.9	18.0	2.53	24.84	49.8	35.1	9.73	1.84	0.21
25	进口苜蓿	顺义中地种畜牛场	94.7	18.3	2.59	27.01	46.4	32.4	8.67	2.10	0.22
26	进口苜蓿	顺义中地种畜牛场	93.3	16.6	1.28	27.62	48.9	28.7	11.45	1.86	0.22
27	国产苜蓿	昌平小王庄奶牛场	93.4	14.8	1.95	36.03	54.6	44.8	7.62	1.73	0.22
28	国产苜蓿	延庆鑫运奶牛场	92.5	14.7	1.33	40.95	49.3	43.6	5.79	1.71	0.21
29	国产羊草	昌平诚远奶牛场	91.5	9.7	2.72	29.70	68.9	41.7	4.95	0.37	0.18
30	国产羊草	昌平小王庄奶牛场	92.0	8.9	2.01	29.61	64.5	38.9	6.50	0.36	0.17
31	国产羊草	延庆鑫运奶牛场	92.4	8.5	2.01	30.89	71.6	40.0	6.45	0.36	0.18
32	国产燕麦草	顺义中地种畜牛场	93.9	9.6	2.13	31.26	56.4	37.7	10.09	0.35	0.09
33	玉米秸秆	房山示范养殖场	21.1	2.3	1.88	24.15	55.2	28.6	10.07	0.60	0.11
34	全株玉米青贮	昌平诚远奶牛场	21.2	8.9	3.14	24.68	57.6	30.0	6.42	0.23	0.24
35	全株玉米青贮	昌平小王庄奶牛场	19.1	8.8	3.29	25.64	63.2	33.2	8.13	0.34	0.27
36	全株玉米青贮	顺义中地种畜牛场	21.4	8.2	3.12	25.09	61.7	30.3	5.41	0.21	0.23
37	全株玉米青贮	延庆鑫运奶牛场	16.8	4.1	2.18	31.58	81.6	40.7	11.28	0.66	0.34
38	全株玉米青贮	顺义中地种畜牛场	23.5	7.2	7.10	19.27	40.3	24.1	4.13	0.21	0.19
39	玉米秸秆青贮	房山示范养殖场	19.1	4.7	2.10	20.79	52.4	23.5	3.94	0.20	0.19
41	玉米带穗黄贮	顺义中地种畜牛场	21.9	6.5	3.87	28.44	59.9	37.5	8.92	0.24	0.17
42	全混合日粮-2	顺义中地种畜牛场	49.6	15.8	4.59	18.26	55.9	23.5	8.84	0.80	0.41
43	全混合日粮-1	顺义中地种畜牛场	47.9	15.9	4.93	19.31	44.8	24.4	7.93	0.75	0.38

表 9-4　部分饲料厂原料、TMR 日粮及其剩料营养成分的测定结果*

序号	名称	干物质 DM/%	粗蛋白 CP/%	粗脂肪 EE/%	粗灰分 Ash/%	钙 Ca/%	磷 P/%
1	大豆粕	91.8	48.4	1.99	6.92	0.19	0.40
2	玉米 1	89.1	9.7	3.87	1.25	0.01	0.19
3	玉米 2	90.5	10.1	3.81	1.16	0.01	0.19
4	玉米 3	90.3	9.0	3.79	1.20	0.02	0.21
5	蒸汽压片玉米 1	89.6	7.4	3.08	0.92	0.01	0.13
6	蒸汽压片玉米 2	90.5	7.3	4.12	4.41	0.20	0.38
7	犊牛料(加玉米)	89.7	14.4	3.48	4.34	0.65	0.37
8	育成牛料(加玉米)	90.8	15.1	3.58	5.18	0.80	0.36
9	米糠粕	91.3	13.8	15.34	8.10	0.07	0.39
10	小麦	90.3	14.5	2.71	1.88	0.09	0.38
11	犊牛料	90.1	20.6	4.53	7.81	1.23	0.41
12	育成牛料	91.4	18.0	5.16	7.62	1.27	0.41
13	干 DDGS	91.9	13.9	15.07	5.33	0.04	0.40
14	湿 DDGS	26.6	30.1	9.66	5.27	0.25	0.63
15	啤酒糟	93.1	37.6	10.62	3.59	0.27	0.37
16	苹果渣	93.4	6.6	5.66	1.9	0.05	0.14
17	棉籽粕	91.4	41.0	2.05	6.51	0.20	0.40
18	菜籽粕	91.9	39.2	1.97	7.02	0.14	0.41
19	大豆粕	89.2	43.1	2.58	5.71	0.10	0.43
20	羊草	92.5	9.9	2.50	4.67	0.29	0.08
21	进口苜蓿 1	92.4	18.9	2.37	10.11	1.56	0.20
22	进口苜蓿 2	93.0	17.2	2.21	9.52	1.59	0.19
23	青贮玉米	89.3	10.2	7.28	4.96	0.30	0.22
24	棉籽 1	94.0	25.5	15.65	4.31	0.17	0.39
25	棉籽 2	94.0	25.1	15.64	4.21	0.15	0.38
26	棉籽 3	94.0	24.7	2.90	4.14	0.14	0.38
26	诚远牛场 TMR	86.6	20.2	5.87	6.84	0.66	0.41
27	旧县牛场 TMR	86.5	18.3	5.98	7.63	1.04	0.40
28	旧县牛场 TMR 剩料	87.5	17.8	6.07	8.29	1.06	0.40
29	小王庄牛场 TMR	94.9	18.8	6.08	8.37	0.99	0.34
30	小王庄牛场剩料	88.5	16.2	5.00	6.87	0.67	0.38

* 表中数据除干物质含量外，其他均已换算为绝干状态下含量。

9.5　基于 CNCPS 体系的国产奶牛用精粗饲料的营养价值评价

表 9-5 至表 9-8 中是熊本海团队对 4 类 16 种饲料各项营养成分指标及其 CNCPS 体系指标的测定结果。

表 9-5 4 类 16 种饲料营养成分的分析测定结果(干物质基础)

饲料类别	饲料名称	DM /%	CP /(%DM)	Ash /(%DM)	EE /(%DM)	NDFIP /(%CP)	ADFIP /(%CP)	SCP /(%CP)	NPN /(%SCP)	NDF /(%DM)	ADF /(%DM)	ADL /(%NDF)	Starch /(%NSC)
秸秆类	油菜籽秸	93.7	7.1	4.8	1.2	26.1	5.2	22.8	73.1	77.8	53.4	12.1	92.5
	青莜麦	91.8	13.1	10.9	3.1	15.7	2.3	52.9	74.1	55.9	28.3	4.5	43.8
	豌豆秸	93.1	5.1	6.2	1.2	16.6	9.0	27.9	39.1	72.2	49.7	14.4	49.0
	小麦秸	94.4	5.2	5.8	1.7	11.9	10.9	58.2	54.4	76.5	41.9	6.6	79.5
	大豆秸	93.2	3.4	4.4	1.2	21.5	14.3	47.5	28.5	79.4	57.7	15.6	58.1
	玉米秸	93.0	3.9	5.3	1.1	32.2	9.3	59.8	65.3	83.4	48.5	3.9	87.5
青贮类	青贮玉米	16.7	6.6	7.8	4.7	33.9	9.3	63.3	67.4	59.2	41.2	4.8	26.3
豆科饲草	红豆草	19.5	14.3	7.1	1.9	21.3	9.5	48.6	59.4	50.6	27.2	7.5	44.8
	沙打旺	30.6	12.3	8.3	1.9	26.3	9.9	43.3	67.6	56.5	40.3	18.3	40.3
	紫花苜蓿	25.2	12.9	7.7	2.6	13.5	2.3	54.9	69.7	58.1	49.1	6.0	43.9
禾本科饲草	缘毛雀麦	31.8	12.8	8.0	3.0	17.5	4.3	20.4	91.4	62.0	41.3	1.7	83.7
	新麦草	30.9	13.5	7.0	1.9	25.3	4.8	47.0	80.7	69.1	37.6	6.6	90.4
	诺丹冰草	30.3	15.1	9.1	2.8	22.9	4.3	54.8	62.0	68.0	38.5	10.0	89.2
精料	小麦麸	88.8	18.9	5.4	3.0	45.9	3.2	49.9	62.7	37.4	10.6	6.8	93.8
	豆粕	89.2	47.8	6.7	2.2	8.0	6.2	15.8	21.5	14.9	9.3	2.0	46.3
	玉米	88.2	8.5	1.4	2.9	17.3	9.4	27.5	37.1	9.0	3.1	7.8	93.5

表 9-6　4 类 16 种饲料营养成分的分析测定结果(原样基础)

%

饲料类别	饲料原料	DM	CP	Ash	EE	NDFIP	ADFIP	SCP	NPN	NDF	ADF	ADL	Starch
秸秆类	油菜籽秸	93.7	6.7	4.5	1.1	1.74	0.35	1.52	1.11	72.9	50.0	8.8	9.5
	青莜麦	91.8	12.0	10.0	2.9	1.89	0.28	6.35	4.71	51.3	26.0	2.3	7.7
	豌豆秸	93.1	4.8	5.8	1.1	0.79	0.43	1.33	0.52	67.2	46.3	9.7	7.4
	小麦秸	94.4	4.9	5.5	1.6	0.58	0.53	2.83	1.54	72.2	39.5	4.8	8.6
	大豆秸	93.2	3.2	4.1	1.1	0.69	0.46	1.52	0.43	74.0	53.7	11.6	6.6
	玉米秸	93.0	3.7	4.9	1.0	1.18	0.34	2.19	1.43	77.5	45.1	3.0	6.2
青贮类	青贮玉米	16.7	1.1	1.3	0.8	0.37	0.10	0.70	0.47	9.9	6.9	0.5	1.1
豆科饲草	红豆草	19.5	2.8	1.4	0.4	0.59	0.26	1.35	0.80	9.8	5.3	0.7	2.5
	沙打旺	30.6	3.8	2.5	0.6	0.99	0.37	1.63	1.10	17.2	12.3	3.2	3.0
	紫花苜蓿	25.2	3.2	1.9	0.7	0.44	0.07	1.78	1.24	14.6	12.4	0.9	2.3
禾本科饲草	缘毛雀麦	31.8	4.1	2.5	1.0	0.71	0.17	0.83	0.76	19.7	13.2	0.3	4.4
	新麦草	30.9	4.2	2.2	0.6	1.06	0.20	1.96	1.58	21.4	11.6	1.4	3.3
	诺丹冰草	30.3	4.6	2.8	0.8	1.04	0.20	2.50	1.55	20.6	11.6	2.1	2.3
精料	小麦麸	88.8	16.8	4.8	2.7	7.71	0.54	8.38	5.25	33.2	9.4	2.3	36.6
	豆粕	89.2	42.6	5.9	1.9	3.41	2.65	6.72	1.45	13.3	8.3	0.3	13.4
	玉米	88.2	7.5	1.2	2.6	1.29	0.70	2.05	0.76	8.0	2.8	0.6	65.7

表 9-7　4 类 16 种饲料营养成分按 CNCPS 分析的结果(干物质基础)

饲料类别	饲料名称	CHO /(%DM)	CA /(%CHO)	CB1 /(%CHO)	CB2 /(%CHO)	CC /(%CHO)	NSC /(%CHO)	PA /(%CP)	PB1 /(%CP)	PB2 /(%CP)	PB3 /(%CP)	PC /(%CP)
秸秆类	油菜籽秸	86.94	0.96	11.7	61.46	25.88	12.66	16.67	6.14	51.15	20.81	5.24
	青莜麦	72.87	14.7	11.46	65.49	8.35	26.16	39.21	13.72	31.34	13.41	2.33
	豌豆秸	87.43	9.41	9.03	53.08	28.48	18.44	10.91	17	55.52	7.55	9.01
	小麦秸	87.36	2.7	10.48	72.91	13.91	13.18	31.65	26.54	29.88	1.03	10.91
	大豆秸	90.92	5.64	7.83	53.78	32.76	13.47	13.54	33.97	31	7.17	14.33
	玉米秸	89.73	1.06	7.42	82.79	8.72	8.48	39.03	20.73	8.01	22.95	9.29
青贮类	青贮玉米	80.93	21.88	7.8	61.99	8.33	29.68	42.65	20.6	2.83	24.6	9.31
豆科饲草	红豆草	76.69	20.97	17.01	50.15	11.87	37.98	28.83	19.73	30.16	11.84	9.45
	沙打旺	77.57	18.75	12.64	41.58	27.04	31.39	29.3	14.03	30.4	16.4	9.86
	紫花苜蓿	76.78	14.94	11.67	62.45	10.93	26.62	38.23	16.64	31.61	11.22	2.31
禾本科饲草	缘毛雀麦	76.18	3.52	18.03	75.07	3.38	21.56	18.62	1.75	62.16	13.2	4.28
	新麦草	77.63	1.48	13.93	72.85	11.73	15.41	37.93	9.05	27.72	20.53	4.77
	诺丹冰草	73.01	1.25	10.32	72.89	15.54	11.58	33.99	20.81	22.32	18.58	4.3
精料	小麦麸	72.61	3.72	56.77	31.05	8.45	60.5	31.23	18.62	4.29	42.67	3.19
	豆粕	43.4	40.05	34.52	23.77	1.65	74.58	3.39	12.38	76.22	1.79	6.22
	玉米	87.27	5.97	85.34	6.74	1.95	91.32	10.19	17.31	55.19	7.88	9.42

表 9-8　4 类 16 种饲料营养成分按 CNCPS 分析的结果(原样基础)　%

饲料类别	饲料名称	DM	CHO	CA	CB1	CB2	CC	NSC	PA	PB1	PB2	PB3	PC
秸秆类	油菜籽秸	93.7	81.46	0.78	9.53	50.07	21.08	10.31	1.11	0.41	3.42	1.39	0.35
	青莜麦	91.8	66.89	9.83	7.67	43.80	5.59	17.50	4.71	1.65	3.76	1.61	0.28
	豌豆秸	93.1	81.43	7.66	7.35	43.22	23.19	15.02	0.52	0.81	2.65	0.36	0.43
	小麦秸	94.4	82.44	2.23	8.64	60.11	11.47	10.87	1.54	1.29	1.45	0.05	0.53
	大豆秸	93.2	84.72	4.78	6.63	45.56	27.75	11.41	0.43	1.09	0.99	0.23	0.46
	玉米秸	93.0	83.43	0.88	6.19	69.08	7.28	7.08	1.43	0.76	0.29	0.84	0.34
青贮类	青贮玉米	16.7	13.50	2.95	1.05	8.37	1.12	4.01	0.47	0.23	0.03	0.27	0.10
豆科饲草	红豆草	19.5	14.92	3.13	2.54	7.48	1.77	5.67	0.80	0.55	0.84	0.33	0.26
	沙打旺	30.6	23.70	4.44	3.00	9.85	6.41	7.44	1.10	0.53	1.15	0.62	0.37
	紫花苜蓿	25.2	19.33	2.89	2.26	12.07	2.11	5.15	1.24	0.54	1.02	0.36	0.07
禾本科饲草	缘毛雀麦	31.8	24.25	0.85	4.37	18.20	0.82	5.23	0.76	0.07	2.53	0.54	0.17
	新麦草	30.9	24.02	0.36	3.35	17.50	2.82	3.70	1.58	0.38	1.16	0.86	0.20
	诺丹冰草	30.3	22.09	0.28	2.28	16.10	3.43	2.56	1.55	0.95	1.02	0.85	0.20
精料	小麦麸	88.8	64.51	2.40	36.62	20.03	5.45	39.03	5.25	3.13	0.72	7.17	0.54
	豆粕	89.2	38.72	15.51	13.37	9.20	0.64	28.88	1.45	5.28	32.49	0.76	2.65
	玉米	88.2	77.00	4.60	65.71	5.19	1.50	70.32	0.76	1.29	4.11	0.59	0.70

9.6 国产苜蓿、全株青贮玉米及羊草营养价值评价

熊本海团队总结了在西北地区种植的苜蓿甘农 3 号的不同茬次、不同花期的主要养分的评价结果(表 9-9),发现头茬及现蕾期或初花期的苜蓿的能量及蛋白质水平基本达到进口优质苜蓿的营养水平。表 9-10 则总结了不同样品状态下、大样品数下全株青贮玉米的主要养分数据。

表 9-9 国产苜蓿不同茬次的主要概略养分(干物质基础)[1,2]

饲料名称	样品说明	NEL /(MJ/kg)	CP /%	DCP /%	EE /%	NDF /%	ADF /%
苜蓿	西北地区,甘农 3 号,一茬,n=12	5.32±0.34	19.18±2.16	11.6±9.68	1.68±0.29	49.20±2.33	36.62±2.29
苜蓿	西北地区,甘农 3 号,二茬,n=12	5.15±0.39	16.80±1.93	11.4±16.61	1.87±0.24	51.01±3.96	37.84±2.82
苜蓿	西北地区,甘农 3 号,三茬,n=8	5.75±0.37	16.47±1.75	10.4±15.46	2.55±0.29	45.51±3.91	33.46±4.98
苜蓿	西北地区,甘农 3 号,现蕾期,n=8	5.65±0.40	19.50±1.75	12.4±16.37	2.21±0.35	47.44±3.76	33.53±3.78
苜蓿	西北地区,甘农 3 号,初花期,n=8	5.49±0.39	18.09±2.15	11.1±11.59	2.02±0.40	47.54±3.54	35.42±3.34
苜蓿	西北地区,甘农 3 号,开花期,n=8	5.23±0.37	17.06±2.09	10.9±13.39	1.91±0.47	49.04±4.15	36.94±2.40
苜蓿	西北地区,甘农 3 号,盛花期,n=8	5.06±0.37	15.80±1.63	10.5±10.98	1.73±0.46	51.93±3.20	39.47±2.66

[1]:NEL:泌乳净能,CP:粗蛋白;DCP:可消化粗蛋白;EE:粗脂肪;NDF:中性洗涤纤维; ADF:酸性洗涤纤维。

[2]:数据来源国家奶牛产业技术体系。

表 9-10 不同初水分对全株玉米青贮的营养成分的影响(干物质基础)[1,2]

样品说明	NEL /(MJ/kg)	CP /%	NDFIP /%	ADFIP /%	EE /%	NDF /%	ADF /%	Starch /%
初水分 70%～75%(干物质 25%～30%), n=285	6.18	8.5	2.03	0.44	3.18	58.8	30.7	16.7
鲜样,n=1 113	6.02	8.9	1.81	1.81	3.21	61.5	34.0	17.9
风干样,n=66	5.43	7.0	1.77	0.88	2.52	53.0	31.3	21.7
全国,n=1 209	5.64	8.8	1.78	0.94	3.15	60.2	33.5	21.7

[1]:NDFIP:中性洗涤不溶蛋白; ADFIP:酸性洗涤不溶蛋白;Starch:淀粉。

[2]:数据来源国家奶牛产业技术体系。

表 9-11 总结了 11 种粗饲料原料的 3 种成分(干物质、粗蛋白及中性洗涤纤维)尼龙袋降解参数:a 快速可溶部分;b 不溶但潜在可降解部分;c 为 b 部分的降解速率(%/h),而 NED 为各部分的有效降解率(假设瘤胃流通速率 kp=6%/h)。

表 9-11　不同粗饲料原料的尼龙袋降解参数

原料名称	干物质 DM 降解参数				粗蛋白 CP 降解参数				中性洗涤纤维 NDF 降解参数			
	a	b	C	NED	a	b	C	NED	a	b	C	NED
	%	%	%/h	%	%	%	%/h	%	%	%	%/h	%
美国一级苜蓿	26.1	49.0	7.2	60.9	31.7	58.6	8.9	75.2	0.4	56.3	4.9	34.9
国产苜蓿	23.3	49.8	6.0	56.2	22.8	64.5	5.7	64.6	1.4	58.4	4.2	35.0
10%杂草率的羊草	13.0	61.9	2.2	38.7	23.8	46.5	2.9	46.3	1.3	65.6	2.5	30.6
34%杂草率的羊草	10.4	55.7	2.9	37.3	5.8	53.4	3.8	35.2	0.3	61.6	2.4	27.2
全株玉米青贮	23.3	59.3	2.8	51.5	42.4	36.8	3.2	61.1	1.9	87.9	1.5	30.6
玉米秸秆青贮	16.2	63.4	2.7	45.7	38.8	38.7	3.2	58.5	0.8	83.9	1.9	32.6
玉米秸秆	13.2	66.2	2.1	40.0	21.4	37.6	4.1	43.0	1.3	67.3	2.0	27.6
肇东纯羊草	18.4	49.6	0.02	34.7	18.9	54.3	0.04	49.6	1.6	65.8	0.02	24.2
安达纯羊草	12.3	33.2	0.03	27.4	23.3	55.9	0.04	55.4	0.2	55.4	0.02	19.0
大庆纯羊草	14.5	49.7	0.02	31.9	25.7	52.3	0.04	56.1	0.9	76.4	0.01	20.8
齐齐哈尔纯羊草	16.3	47.8	0.02	32.9	16.5	54.5	0.04	46.6	1.2	66.8	0.01	22.4

数据来源:国家奶牛产业技术体系。

9.7　建立反刍动物精粗饲料养分数据表

表 9-12 及表 9-13 列出主要产自我国东北地区用于反刍动物,主要为饲喂奶牛的精、粗饲料的概略养分及主要 CNCPS 评定指标,用于数据的比较与参考。

9.8　建立京郊第一家物联网试验牛场

熊本海团队与北京农学院蒋林树团队合作,联合在昌平诚远盛隆养殖场建设物联网试验牛场(图 9-2),物联网技术覆盖从奶牛电子标识、TMR 饲喂与计量、挤奶自动计量与数据传输,牛场养殖环境的自动监测与数据的传输、环境控制设备的手动及自动远程控制,建设目标是实现从养殖环境、繁殖育种、饲养营养及挤奶出售的全过程的数字化管理。而主要的环节如环境控制、精准饲喂控制(图 9-3)及生鲜乳的品质监测等实现物联网的技术覆盖:包括数据的自动感知、数据的有线或无线传输及相关养殖设备的控制,实现关键环节的全过程及闭环控制。同时在实验室和手机实现对牛场的全程监控(图 9-4)。通过基地建设,实现了实验仪器、实验动物等的资源共享;实现了技术与产品在生产一线的实时转化。物联网奶牛场建设得到了媒体的广泛关注。农民日报、劳动午报、新京报等媒体以国内首个物联网试验牛场建成报道了团队 2015 年度重点建设的物联网试验牛场。中国畜牧网、凤凰资讯等 4 561 个网站对物联网牛场建设进行了报道。

(熊本海团队)

表 9-12 反刍动物常用精饲料原料概略养分及部分 CNCPS 指标(以干物质为基础) %

序号	饲料种类	干物质 DM	粗蛋白质 CP	粗脂肪 EE	粗灰分 (%Ash)	NDF	ADF	NDF (%CP)	ADFIP (%CP)	SCP (%CP)	NPN (%SP)	木质素 (%DM)	木质素 (%NDF)	淀粉	淀粉 (%NSC)
1	大庆豆粕	89.7	45.9	2.7	6.1	11.0	5.8	8.0	3.2	17.2	16.8	1.2	10.6	9.3	11.1
2	哈尔滨豆粕	89.3	45.1	0.3	8.6	13.2	9.6	8.8	2.9	19.2	23.3	1.4	10.5	11.7	14.7
3	双鸭山豆粕	87.5	46.0	1.1	6.6	12.2	8.1	10.5	2.6	17.0	15.6	1.9	15.2	4.2	5.0
4	牡丹江豆粕	88.9	46.0	0.6	6.6	11.9	9.1	9.9	4.8	16.5	15.3	1.6	13.5	9.3	11.0
5	佳木斯豆粕	88.1	43.6	0.5	8.3	13.1	9.7	10.0	3.4	14.9	18.5	2.7	20.8	14.2	17.3
6	鸡西豆粕	86.1	45.2	2.8	6.4	12.8	9.6	10.2	6.2	15.9	17.8	1.9	14.8	5.6	6.9
7	鹤岗豆粕	89.5	45.4	0.8	6.5	13.8	9.7	7.9	6.6	15.1	19.1	2.1	15.2	12.2	15.5
8	大庆麦麸	86.4	18.4	2.1	7.2	34.5	9.3	19.4	2.3	56.3	91.7	2.4	6.9	23.3	42.2
9	哈尔滨麦麸	89.8	17.9	4.1	4.9	41.0	9.3	19.5	3.8	50.5	90.3	2.6	6.3	22.2	47.0
10	哈尔滨米糠	88.7	17.7	0.6	11.9	42.4	25.0	19.7	5.2	66.6	69.2	7.7	18.2	17.6	39.9
11	双鸭山米糠	89.1	17.2	1.2	11.3	25.4	8.4	19.9	3.2	77.2	82.1	5.2	20.5	22.8	33.1
12	大庆米糠	88.6	17.1	9.9	13.7	19.8	10.8	14.7	4.2	69.8	80.4	0.8	4.1	20.3	28.6
13	哈尔滨玉米	86.2	11.0	1.5	1.6	13.2	3.3	7.8	4.6	24.6	70.4	0.9	6.4	46.9	54.8
14	佳木斯玉米	85.3	9.6	4.8	1.9	17.4	4.3	12.1	5.0	23.1	82.0	0.6	3.6	40.8	50.6
15	双鸭山玉米	84.6	11.0	1.3	1.1	7.6	2.2	10.4	2.5	22.9	90.1	1.1	13.8	66.7	72.0
16	大庆玉米	88.6	10.2	4.0	1.2	20.2	1.8	11.5	3.6	19.7	44.9	1.5	7.5	68.5	88.3
17	五常 DDGS	87.9	29.7	12.6	5.1	54.0	23.9	42.9	21.3	22.2	53.4	3.6	6.7	7.3	33.8
18	哈尔滨 DDGS	89.6	33.4	4.0	5.1	50.2	19.8	43.0	19.5	16.4	74.5	1.1	2.3	14.2	37.8
19	哈尔滨棉粕	87.9	46.9	0.6	7.1	30.7	19.8	6.5	2.5	26.2	25.2	9.6	31.2	15.0	38.3

注:表中未标识分母的,均为占 DM 的百分比。

表 9-13　粗饲料营养成分分析测定结果(干物质基础)

饲草类别	饲草名称	DM (%)	EE	CP	CF	NDF	ADF	Ash	CHO	NDFIP (%CP)	ADFIP (%CP)	SP (%CP)	NPN (%SCP)	ADL (%NDF)	Starch (%NSC)
青贮类	大庆青贮	20.3	2.4	7.4	33.7	63.6	41.5	5.5	84.8	19.4	8.9	55.0	94.0	7.2	37.8
	哈尔滨青贮	23.3	2.6	7.3	26.9	52.0	33.1	4.8	85.3	23.5	11.0	45.4	93.2	8.3	74.4
	八五三农场青贮	23.5	2.1	6.9	24.5	48.1	33.4	13.7	77.3	14.8	9.3	44.0	82.2	7.2	58.7
	红卫农场青贮	21.1	2.4	8.9	28.1	55.1	38.0	11.1	77.6	19.8	7.0	47.5	89.4	6.3	44.3
秸秆类	大庆玉米秸	90.4	0.9	5.3	31.9	65.7	39.2	5.1	88.7	20.8	13.7	44.9	92.5	7.7	68.7
	哈尔滨玉米秸	91.0	1.0	6.0	29.2	65.6	37.3	7.1	85.9	28.4	11.3	29.9	77.1	6.7	71.5
	八五三农场玉米秸	91.1	0.9	3.1	38.8	80.5	44.8	5.9	90.1	38.2	24.7	9.9	81.0	8.4	81.7
	红卫农场玉米秸	90.8	0.8	4.5	32.4	75.6	38.5	6.2	88.5	36.4	12.3	38.4	88.3	5.0	94.1
	高粱秸	91.7	1.1	4.7	37.8	70.0	44.8	5.0	89.2	36.7	13.0	27.4	83.4	13.1	50.5
	红卫农场豆秸	91.3	0.6	3.2	50.5	75.2	60.8	5.9	90.3	30.2	19.4	14.7	88.6	23.2	62.4
豆科牧料	大庆苜蓿	91.4	2.1	20.5	25.8	42.4	30.4	8.3	69.1	14.9	6.5	34.0	74.6	19.6	22.6
	青冈苜蓿	94.1	1.6	21.7	25.7	44.0	31.2	12.4	64.4	19.1	5.0	36.4	92.0	18.5	20.3
	八五三农场苜蓿	93.4	1.6	20.6	26.1	41.0	28.7	10.2	67.6	15.7	4.3	26.7	79.6	18.1	22.6
	红卫农场苜蓿	92.5	1.4	18.1	30.4	47.7	34.7	9.9	70.7	24.3	6.0	29.3	89.0	18.7	21.4
	秣食豆	91.3	7.8	22.2	33.9	52.0	39.3	4.7	65.4	10.7	9.2	24.4	90.8	21.7	41.7
	草木樨	90.7	1.7	17.7	27.5	39.7	33.6	8.3	72.4	12.0	7.4	34.3	84.4	18.3	19.6
禾本科牧草	大庆羊草	91.6	3.6	8.2	33.4	66.7	38.8	4.7	83.6	21.7	7.6	35.4	91.8	10.1	80.0
	哈尔滨羊草	91.2	2.0	6.8	32.9	69.2	38.6	10.3	80.9	27.1	10.5	32.0	89.4	8.9	92.9
	八五三农场小叶樟	91.8	0.8	5.9	34.0	71.8	44.4	8.3	84.9	48.9	14.8	16.2	86.2	7.8	79.7
	红卫农场小叶樟	91.8	0.7	6.1	35.9	74.0	48.9	9.8	83.5	27.6	16.2	31.2	73.5	8.1	79.0
	谷稗	91.2	1.2	8.7	29.0	65.5	38.0	6.6	83.5	40.6	10.5	36.4	76.4	8.0	50.1
	御谷	91.3	1.8	10.1	28.3	62.2	36.3	5.5	82.6	31.9	12.7	32.5	83.3	8.9	61.5
	高丹草	91.1	1.4	7.5	30.5	60.5	35.7	5.4	85.6	31.0	7.1	45.9	88.6	8.3	33.0
其他类	苦荬菜	91.1	2.7	11.6	27.9	42.2	32.1	7.1	78.5	21.2	5.7	38.4	94.7	16.4	22.7
	绿苋菜	91.2	1.1	13.6	19.6	40.7	24.4	16.3	69.1	29.4	7.5	37.9	98.8	8.7	35.4

注:CHO 为碳水化合物;NDFIP 为中性洗涤纤维不溶蛋白;ADFIP 为酸性洗涤纤维不溶蛋白;NPN 为非蛋白氮;SP 为可溶性蛋白;Starch 为淀粉;ADL 为酸性洗涤木质素。

图 9-2　京郊第一家互联网牛场

图 9-3　个体奶牛精细饲喂设备

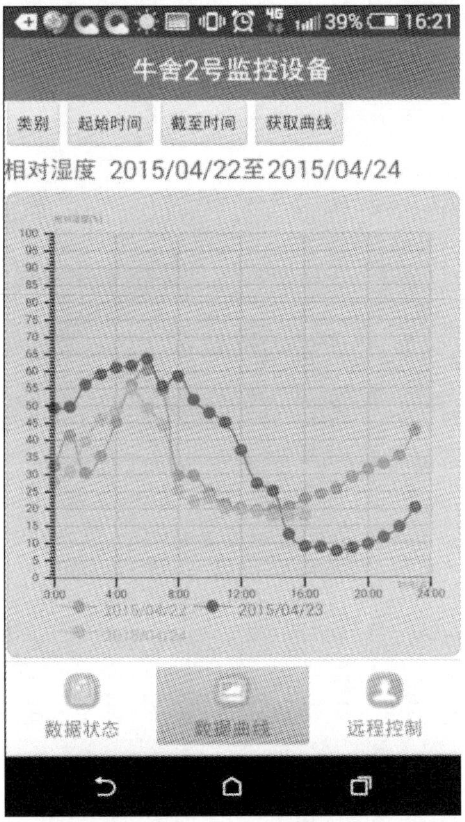

图 9-4　手机采集牛场环境参数

第 10 章　犊牛和后备牛饲料配制技术研究与示范

10.1　概述

俗话说“三岁看大，七岁看老”，奶牛后备牛从初生到初情、初配，跨度达到 14 个月以上，其生长发育速度较快，瘤胃和乳腺发育都有其独特性，这一阶段的营养供给会影响成年后的生产性能和繁殖性能，在奶牛一生中具有重要的地位，直接关系到成年后的生产性能和畜产品安全。目前对后备牛蛋白质、能量调控机制和技术方面的研究有所积累，但远远不能满足“三初”营养的需要，例如该阶段脂肪酸、氨基酸、维生素、微量元素的营养需求和效果，后备牛生理和营养调控对成年后机体健康、生产性能的影响程度等等，都缺乏充分的数据支持。后备牛“三初”营养是一个系统而繁杂的工程，需要结合传统动物营养学、动物遗传与繁育学、现代分子生物学等等技术就开展多方位的研究。

自 2012 年 4 月奶牛产业技术北京市创新团队启动以来，通过大范围、多层次的实地调研活动，奶牛生产管理过程中存在的关键问题逐渐凸显出来，主要体现在：①作为高产奶牛生产过程中最为基础和重要的一个环节，犊牛和后备牛培育过程中的先进技术规范和饲养标准还未形成；②犊牛培育过程中现代化的饲养模式还未探明；③后备牛培育过程中优质饲料的配制方式、饲料资源开发利用还未深入研究；④后备牛培育过程中先进经验和研究成果未得到有效推广和应用。因此，依照“占高端、提效率、降排放、保安全”的团队发展方向，本岗位针对奶牛生产管理过程中存在的突出问题，以优势区（县）为重点，以综合试验站和田间学校工作站为载体，通畅技术成果转化渠道，增强科技转化与运用能力，全方位促进北京市奶牛产业的技术发展。

10.2　北京后备牛各阶段生长参数

后备牛阶段的生长发育将直接影响成年后的生产性能。屠焰团队通过测量北京奶牛养殖场 460 余头犊牛体重和体尺，发现，在 10～30 d 的体高和体斜长生长速率显著高于30～60 d 阶段（表 10-1），61～180 日龄数据也显示出中国荷斯坦小母牛体重、体尺和乳头外观（表 10-2）随着日龄增长逐步提高的程度。

犊牛各项体尺指数随日龄变化而显著变化（表 10-3），并呈现出直线变化规律。从体型上看，随着日龄的增长，犊牛胸腔和腹腔逐步扩展，躯体的长度和宽度都有增长，但腿的长度和粗细程度的增长，相比起体高的增加来说逐步降低。

以体尺和体重的数据进行回归分析，得出估测中国荷斯坦 3～6 月龄断奶犊牛体重的模型（表 10-4）。仅以胸围来估测体重时，回归方程的 R^2 仅为 0.79 左右，而增加体斜长或体斜长＋体高参数后，回归方程的 R^2 提高到 0.91 左右。

表 10-1　2014 年北京市 23 家中型奶牛养殖场犊牛体尺平均数值($n=460$)

项目	体高			体斜长			胸围		
	10 d	30 d	60 d	10 d	30 d	60 d	10 d	30 d	60 d
头数	342	346	325	342	346	313	342	346	313
平均值/cm	77.5	84.0	92.6	71.7	80.6	91.9	83.3	91.7	103.5
标准误 SEM/cm	0.23	0.32	0.42	0.33	0.40	0.47	0.30	0.43	0.48
变异范围/cm	64～92	70～99	72～115	53～87	66～109	74～120	70～106	75～114	82～126
变异系数 CV/%	5.6	7.1	8.1	8.5	9.1	9.1	6.8	8.8	8.3
阶段/d	10～60	10～30	30～60	10～60	10～30	30～60	10～60	10～30	30～60
日均增长量/cm	0.30	0.31[a]	0.27[b]	0.41	0.43[a]	0.39[b]	0.41	0.41	0.40

注:同一指标同行数据肩标不同字母者差异显著($P<0.05$)。

表 10-2　2～6 月龄母犊牛生长性能指标($n=182$)

月龄	干物质采食量/kg	体重/kg	体长/cm	体高/cm	胸围/cm	腹围/cm	前乳头长度/cm	后乳头长度/cm
2～3	2.0±0.4	96.0±22.0	90.4±5.1	89.2±2.0	110.3±8.9	126.3±6.4	1.35	1.20
3～4	2.9±0.1	121.4±21.1	93.6±3.3	93.4±2.3	113.0±2.4	137.9±5.1	1.67	1.50
4～5	3.4±0.3	147.8±18.7	102.9±3.3	98.2±2.0	120.7±3.4	151.7±4.0	2.20	1.90
5～6	4.5±0.4	163.2±19.9	109.2±5.0	101.8±1.9	126.3±3.5	160.3±3.1	2.40	2.20
SEM	0.3	6.5	1.7	3.1	2.3	2.3	0.2	0.1

表 10-3　犊牛体尺指数的变化　　%

项目	日龄				SEM	P
	21 d	35 d	49 d	63 d		
肢长指数	64.4[a]	64.5[a]	61.9[b]	61.4[b]	0.33	<0.000 1[LC]
体长指数	96.3[b]	97.8[a]	98.3[a]	98.7[a]	0.58	0.009 2[L]
体躯指数	112.0[c]	110.6[c]	112.3[b]	116.3[a]	0.70	<0.000 1[LQ]
管围指数	15.7[a]	15.4[b]	15.4[b]	15.3[b]	0.13	0.023 8[L]
胸围指数	107.7[c]	108.0[bc]	110.5[b]	115.0[a]	0.67	<0.000 1[LQ]
腿围指数	57.8[b]	57.5[b]	59.8[a]	60.4[a]	0.63	<0.000 1[LC]

注:[L] 直线变化 Liner effect; [Q] 二次曲线变化 quadratic effect; [C] 三次曲线变化 cubic effect ($P<0.05$);
同行数据肩标不同小写字母者差异显著($P<0.05$)。

表 10-4　以体尺估测体重的回归方程($n=158$)

Y	X	回归方程(Regression equations)	P	R^2
体重/kg	胸围/cm	$Y=-263.967\ 97+3.383\ 47X$	<0.000 1	0.789 5
体重/kg	胸围/cm	$Y=127.885\ 8+0.027\ 52X^2-3.202\ 04X$	<0.000 1	0.794 9
体重/kg	体斜长(X_1)/cm 胸围(X_2)/cm	$Y=-184.040\ 99+3.329\ 03X_1-0.107\ 66X_2$	<0.000 1	0.913 7
体重/kg	体斜长(X_1)/cm 胸围(X_2)/cm 体高(X_3)/cm	$Y=-235.500\ 42+2.794\ 72X_1-0.455\ 18X_2+1.506\ 03X_3$	<0.000 1	0.919 2

10.3　建立后备牛培育饲养标准

针对目前我国犊牛培育过程中缺乏先进的技术规范和饲养标准，屠焰团队研究了不同生长阶段（3～6 月龄、7～10 月龄）犊牛的日粮能量推荐量，并系统考察了日粮不同能量水平对犊牛生长发育、血液指标、营养物质消化吸收、瘤胃发酵参数、瘤胃微生物多样性等指标的影响。屠焰团队研究发现，3～6 月龄犊牛日粮中产奶净能（NE_L）水平为 7.53 MJ/kg 时，能够满足犊牛生长需要和营养平衡，显著整体提升犊牛的生长发育、健康状况。7～10 月龄犊牛日粮中代谢能为 9.83 MJ/kg 时，能够实现该阶段育成牛的适宜日增重（0.8 kg/d 以上），促进整体生产性能、体型状况以及乳腺发育。

屠焰团队以可消化 CP 约 9.30%，产奶净能（NE_L）分别为 6.24、7.04、7.53 和 7.85 MJ/kg DM 的 4 种 TMR 饲喂 4～6 月龄荷斯坦母犊牛，发现日粮的能量水平增长影响了犊牛增重及瘤胃乙酸、丙酸比例和乙丙比，维持较高的消化代谢水平，显著改善饲料转化率，但对乳头长度没有影响；对瘤胃微生物多样性产生作用，对瘤胃原虫和部分纤维分解菌、栖瘤胃普雷沃氏菌和梭菌数量均无显著影响，但 NE_L 7.53 MJ/kg 日粮下犊牛瘤胃多毛毛螺菌有高于 7.85 MJ/kg 日粮组的趋势。相比之下，NE_L 7.53 MJ/kg、精粗比为 6∶4 的 TMR 既可保持犊牛较高 ADG（0.78 kg/d），又不会影响犊牛健康及体型、乳腺的正常发育（崔祥等，2014）。

屠焰团队在 NE_L 分别为 5.40（L）、5.90（M）和 6.40（H）MJ/kg 的日粮对 7～10 月龄后备牛影响的研究中发现，随日粮能量水平的提高，后备牛 ADG 从 0.69 kg/d 增长至 0.96 kg/d，血清中雌二醇含量下降，后乳头的长度受到了血清激素和 ADG 的双重调控也有所降低。瘤胃微生物多样性随日粮能量水平升高有降低的趋势，日粮碳水化合物含量及组成的变化导致 Firmicutes、Actinobacteria 门菌含量分别出现正、反效应，厚壁菌门/拟杆菌门的值迅速升高。Actinobacteria 门在目水平上 3 个优势菌中，*Bifidobacteriales* 含量随日粮能量水平的升高而呈降低的趋势，*Actinomycetales* 和 *Coriobacteriales* 菌含量却与之相反。Firmicutes 门菌在目水平上主要含有 *MBAO8*、*Erysipe lotrichales*、*Bacillales*、*Lactobacillales* 和 *Clostridiales*，其中 *Clostridiales* 菌占主要比例，约 80%及以上，日粮能量水平并未影响上述菌的比例。与 NE_L 为 5.40 和 6.40 MJ/kg 的日粮相比，当 NEL 为 5.90 MJ/kg 时，既可保持 7～10 月龄育成牛适宜的 ADG（0.8 kg/d），同时也利于对育成牛乳腺的发育、成年后的健康及体型，以及营养物质的消化吸收（曾书秦等，2015）。

10.4　完善犊牛培育现代化饲养模式

1. 犊牛断奶的评价指标研究

犊牛早期的生产性能受饲料组成和饲喂模式等多种因素的影响。犊牛饲喂饲料一般分为液体饲料和固体饲料，液体饲料主要包括鲜奶及代乳粉饲喂；固体饲料则包括颗粒料、牧草等。哺乳期犊牛的生理机能处于急剧变化阶段，瘤胃尚未发育，人们大多认为其在采食液体饲料时由条件发射引导食管沟闭合，使乳液避开前胃直接进入皱胃，形成凝块，经消化酶作用，使营养物质进入肠道吸收。液体饲料也会因食管沟闭合不全、皱胃回流等原因进入瘤胃，但对瘤胃产生的影响未做深入探究；而固体饲料则会通过其产生的挥发性脂肪酸直接刺激犊牛瘤胃发育。初乳及代乳粉等液体饲料能很好地满足犊牛生长及营养方面需要，但仅仅饲喂鲜奶或其他液体料，会延滞瘤胃的发育，而固体颗粒料对代乳粉的补充比例会对犊牛反刍行为产生影响，通过调整固体颗粒料的添加量可以获得与饲喂代乳粉相同的生长性能，并提高犊牛的健康状况；另外提高早期犊牛固体颗粒料采食量，有助于促进瘤胃发育，进而促进早期断奶，也有利于后期犊牛生长性能提高。我国犊牛一般在固体颗粒料采食量连续 3 d 达到 1.0 kg/d，或是在液体代乳粉饲喂至 56 日龄进行断奶，这种模式下产生的应激及营养需要供应不足往往会造成犊牛疾病及生长发育迟缓。

屠焰团队研究了不同断奶日龄、代乳品中液体饲料与固体开食料的不同饲喂比例对犊牛培育的影响。结果表明犊牛哺乳期间固体饲料采食量对其生产及健康有较大影响;适当提高固体饲料饲喂量,能够实现犊牛 42 日龄断奶,以节约饲养成本,提高盈利能力。本项研究建立了犊牛最宜断奶时间的评价指标,明确了不同饲养模式下犊牛最佳的生产性能和健康状况。

2. 奶公犊育肥技术研究

近年来我国奶牛养殖业发展较快,粗略估计每年奶公犊牛的数量可达三四百万头,但大部分奶公犊牛直接卖给药厂抽提血清或经简单喂养后宰杀卖肉,不能作为高档牛肉进入市场,既浪费了奶公犊牛资源,也降低了奶牛饲养的效益。

以奶牛养殖场(户)的奶公犊合理利用为目标,屠焰团队通过动物生长试验、消化代谢试验等经典营养学研究手段考察犊牛在 3 种饲养模式下(0～6 月龄犊牛专用代乳品、0～6 月龄犊牛专用代乳品+专用开食料、普通代乳品+普通开食料)生产性能、体尺状况、饲料转化效率、血液指标、屠宰性能、肌肉品质等特征。结果表明饲喂奶公犊专用代乳品+专用开食料能够提高综合生产性能、提高健康免疫水平,提高奶公犊育肥的效率(王永超等,2014)。本研究获得了相关代乳品和开食料的发明专利授权。

10.5 犊牛饲料添加剂研制

新生犊牛从出生到适应外界环境,再经历断奶,在短时间内遭受免疫学和代谢学等巨大的改变。同时,由于幼龄动物免疫和消化系统尚未发育成熟,易出现腹泻、呼吸道疾病,高水平氧化应激所造成的高发病率和死亡率一直是犊牛培育面临的最大挑战。益生菌与天然植物提取物作为新型饲料资源替代部分抗生素,已被众多学者和饲料行业所关注。屠焰团队研究在日粮中添加热带假丝酵母(5×10^9 CFU/d)与桑叶黄酮(3 g/d),发现,添加热带假丝酵母菌与桑叶提取物有助于提高断奶前犊牛日粮代谢能和氮的生物学价值,降低断奶后犊牛粪能和总氮的排出量,提高总能代谢率和氮的利用率;有助于提高断奶前后犊牛机体免疫力,降低腹泻发生率和严重程度,两者联合使用效果优于单一添加;有助于提高断奶后犊牛瘤胃总挥发性脂肪酸和丁酸浓度,降低丙酸浓度,改变了瘤胃发酵模式(杨春涛等,2016);有助于提高瘤胃乳头长度,增加瘤胃表面积(图 10-1)。

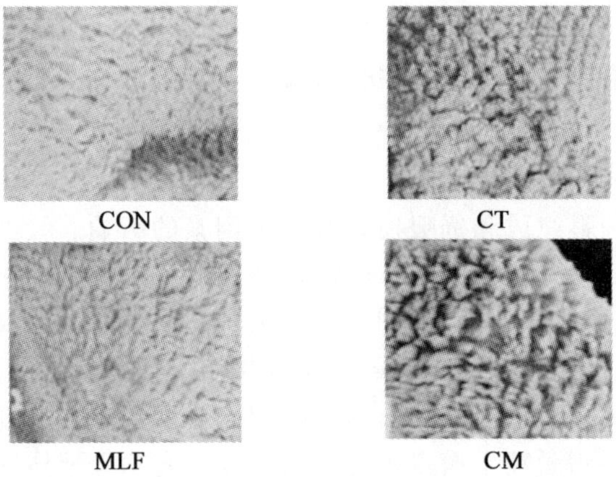

图 10-1 热带假丝酵母菌与桑叶黄酮对荷斯坦犊牛瘤胃发育的影响

(图中,CON=对照组,无额外添加物;CT=添加热带假丝酵母组;MLF=添加桑叶黄酮组;CM=添加热带假丝酵母+桑叶黄酮组)。

(屠焰团队)

第11章　奶牛瘤胃甲烷排放规律及减排技术研究与应用

11.1　概述

随着全球气候变暖形势的日益严峻和生态环境问题日益突出，人们越来越关注温室气体的排放问题，低碳养殖也被摆到了政府部门解决环境问题的议题中。在农业领域中，反刍动物排放的甲烷是温室气体的主要来源，估计全球家畜甲烷年排放量为8 000万t，其中牛的甲烷排放量约占73%。反刍动物甲烷的生成和排放是一个极其复杂的过程，同时也是一个无法避免的过程。反刍动物在消化利用营养物质的过程中不断地产生并向外界排放甲烷。反刍动物在能量代谢过程中因产生甲烷而消耗的饲料能量为2%～12%。反刍动物排放的甲烷气体是温室气体的主要来源之一，同时也是饲料能量损失的主要原因之一。因此，生产中若能减少甲烷排放不仅可以提高饲料转化率、提高效益，而且可以缓解环境压力、促进可持续发展。

11.2　瘤胃甲烷抑制剂研究

1. 延胡索酸降低奶牛甲烷产量

延胡索酸可提供能量，对动物无毒无害，在欧洲已经形成商品，并在养牛生产中得到应用。大部分研究证明延胡索酸能够减少瘤胃甲烷排放，同时，作为能量物质，应该有利于提高奶牛的产奶量和营养成分，但是目前尚无相关报道。赵广永团队研究了延胡索酸对奶牛产奶量、乳脂率、乳蛋白率以及瘤胃甲烷排放的影响，在奶牛日粮中添加中高浓度水平[70、140 g/(头·d)]延胡索酸降低了奶牛产奶量4.67%、7.71%，对乳脂率、乳蛋白率和乳糖率没有影响，可以显著降低甲烷产量12.30%、10.21%，单位DMI甲烷产量有下降的趋势，其中，35 g/d、70 g/d和140 g/d添加水平试验组较对照组分别降低了6.53%、12.36%、10.61%。

2. 延胡索酸二钠降低氨化稻草体外培养发酵甲烷及挥发性脂肪酸产量

赵广永团队研究了添加延胡索酸二钠对不同氨化水平稻草的体外培养发酵甲烷产量及挥发性脂肪酸(VFA)的影响。本试验选用了2头安装永久性瘤胃瘘管的成年西门塔尔牛作为瘤胃液供体，以0、4%、6%尿素水平处理的氨化稻草作为粗饲料，按照0、2、4、8、12 g/100 g稻草的比例在每个样品中分别添加5个水平的延胡索酸二钠。本试验应用Menke等(1979)的体外产气技术测定了不同处理的48 h总产气量，并应用气相色谱仪测定了不同处理的甲烷和挥发性脂肪酸(VFA)产量。研究结果表明，随着氨化水平的提高，稻草的48 h总产气量逐渐增加。添加12 g延胡索酸二钠/100 g稻草时，随着氨化水平的升高总产气量显著增加($P<0.05$)；4%氨化稻草水平下，添加12 g延胡索酸二钠/100 g稻草组的CH_4产量显著低于对照组($P<0.05$)；添加12 g延胡索酸二钠/100 g稻草时，4%和6%氨化稻草组的CH_4/VFA显著低于未氨化稻草组，且4%氨化稻草组显著低于6%氨化稻草组($P<0.05$)。

表明使用4%尿素对稻草进行氨化处理、延胡索酸二钠添加量为12 g/100 g稻草时,日粮的可消化性好,且甲烷产量显著降低。

3. 日粮中氨化稻草水平及精粗比对体外发酵产气量、甲烷和VFA产量的影响

赵广永团队研究了日粮中氨化稻草水平对体外培养48 h总产气量、甲烷和VFA产量的影响,阐明氨化稻草对日粮消化率和反刍动物甲烷排放的影响规律。选用2头安装有永久性瘤胃瘘管的西门塔尔牛作为瘤胃液供体,以未氨化、4%尿素氨化和6%尿素氨化稻草为粗饲料,分别与精料混合料以6种比例配合日粮,其中精料/粗料为:0∶100、20∶80、40∶60、60∶40、80∶20、100∶0。利用Menke等(1979)的体外培养发酵技术测定配合日粮在2 h、4 h、8 h、12 h、24 h、36 h、48 h的产气量。48 h甲烷和VFA产量用气相色谱仪进行测定。结果显示:

(1) 随着日粮精料比例增加,48 h总产气量显著增加($P<0.05$),并且精料/粗料为100∶0组极显著高于0∶100组($P<0.01$);日粮精料比例与48 h产气量之间存在显著的一元线性关系($P<0.001$);日粮精料/粗料为40∶60时,4%尿素氨化稻草组48 h总产气量显著高于未氨化稻草组($P<0.05$),并且高于6%尿素氨化稻草组。

(2)当日粮精料/粗料为40∶60时,4%尿素氨化稻草组和6%尿素氨化稻草组CH_4产量显著高于未氨化组($P<0.05$);随着日粮精料比例增加,48 h CH_4产量显著增加($P<0.05$),CH_4/总VFA逐渐降低,并且日粮精料比例与CH_4产量存在显著的一元线性关系($P<0.001$);CH_4/总产气量在各处理组间均差异不显著($P>0.05$)。

(3)日粮精料/粗料为0∶100时,4%尿素氨化稻草组和6%尿素氨化稻草组总VFA产量显著高于未氨化稻草组($P<0.05$);随着日粮精料比例增加,乙酸、丙酸和总VFA产量显著增加($P<0.05$),乙酸/丙酸显著下降($P<0.05$)。

(4)48 h产气量组合效应值最高的处理组为日粮精料/粗料40∶60的4%尿素氨化稻草组;各处理组48 h产气量均产生正组合效应。

研究结果表明,使用4%尿素对稻草进行氨化处理、日粮精料/粗料为40∶60时,日粮的瘤胃可消化性最好,组合效应值最高。

4. 稀土元素镧、铈、镨对体外瘤胃发酵、甲烷生成及微生物区系的作用研究

赵广永团队研究了三种稀土元素盐酸盐氯化镧、氯化铈、氯化镨对体外瘤胃发酵24 h总产气量、甲烷(CH_4)、二氧化碳(CO_2)、挥发性脂肪酸(VFA)产量以及瘤胃微生物区系的影响。试验一采用4×5二因子试验设计,因子一为四种不同NDF水平的底物(20.0%、31.0%、41.9%、52.7%),因子二为不同添加水平的氯化镧(0、0.4、0.6、0.8、1.0 mmol/kg DM),利用人工瘤胃技术研究氯化镧和底物NDF水平对24 h总产气量、CH_4、CO_2、VFA产量以及瘤胃微生物区系的影响。CH_4、CO_2、VFA用气相色谱仪测定,瘤胃微生物区系用荧光定量PCR测定。结果表明:氯化镧提高了24 h总产气量和CO_2产量($P<0.001$),降低了CH_4产量($P=0.001$)和CH_4/TVFA比值($P<0.001$)。氯化镧提高了丙酸摩尔比例($P=0.007$),降低了乙酸/丙酸比值($P=0.019$),并且有提高总挥发性脂肪酸(TVFA)含量的趋势($P=0.072$)。氯化镧降低了氨态氮(NH_3-N)的浓度($P<0.001$),提高了可利用粗蛋白(uCP)的含量($P<0.001$)。氯化镧降低了产甲烷菌和原虫的相对丰度,但是其对纤维分解菌的影响不一致,氯化镧提高了产琥珀酸丝状杆菌的相对丰度($P=0.0003$),降低了黄色瘤胃球菌的相对丰度($P<0.0001$),对白色瘤胃球菌、溶纤维丁酸弧菌和厌氧真菌无显著影响。氯化镧和NDF水平对24 h总产气量($P=0.030$)、CO_2产量($P=0.004$)、NH_3-N浓度($P<0.001$)、uCP含量($P=0.087$)有互作效应,对CH_4产量有互作效应的趋势($P=0.071$)。

试验二采用 4×5 二因子试验设计，因子一为四种不同 NDF 水平的底物(20.0%、31.0%、41.9%、52.7%)，因子二为不同添加水平的氯化铈(0、0.4、0.6、0.8、1.0 mmol/kg DM)，利用人工瘤胃技术研究氯化铈和底物 NDF 水平对 24 h 总产气量、CH_4、CO_2、VFA 产量以及瘤胃微生物区系的影响。CH_4、CO_2、VFA 用气相色谱仪测定，瘤胃微生物区系用荧光定量 PCR 测定。结果显示：氯化铈降低了 CH_4 产量($P=0.049$)，对 24 h 总产气量没有影响($P>0.05$)，但是有提高 CO_2 产量的趋势($P=0.055$)。氯化铈对 TVFA、乙酸和丙酸的摩尔比例、CH_4/TVFA、CO_2/TVFA 都无显著影响($P>0.05$)。氯化铈降低了 NH_3-N 浓度($P<0.001$)，对 uCP 含量无显著影响($P>0.05$)。氯化铈降低了产甲烷菌和原虫的相对丰度($P<0.0001$)，但是其对纤维分解菌的影响不一致，氯化铈增加了产琥珀酸丝状杆菌的相对丰度($P<0.0001$)，降低了黄色瘤胃球菌和溶纤维丁酸弧菌的相对丰度($P<0.0001$)，对白色瘤胃球菌和厌氧真菌无显著影响($P>0.05$)。氯化铈和 NDF 水平对 NH_3-N 浓度($P<0.001$)和干物质消失率($P=0.030$)有互作效应，对 24 h 总产气量($P=0.086$)和 CO_2 产量有互作效应的趋势($P=0.096$)。

试验三采用 4×5 二因子试验设计，因子一为四种不同 NDF 水平的底物(20.0%、31.0%、41.9%、52.7%)，因子二为不同添加水平的氯化镨(0、0.4、0.6、0.8、1.0 mmol/kg DM)，利用人工瘤胃技术研究氯化镨和底物 NDF 水平对 24 h 总产气量、CH_4、CO_2、VFA 产量以及瘤胃微生物区系的影响。CH_4、CO_2、VFA 用气相色谱仪测定，瘤胃微生物区系用荧光定量 PCR 测定。结果显示：氯化镨降低了 24 h 总产气量($P<0.001$)和 CH_4 产量($P=0.048$)，对 CO_2 产量没有显著影响。氯化镨降低了乙酸摩尔比例($P=0.006$)和乙酸/丙酸比例($P<0.001$)，提高了丙酸摩尔比例($P=0.027$)。氯化镨对 TVFA、CH_4/TVFA、CO_2/TVFA 都无显著影响($P>0.05$)。氯化镨降低了 NH_3-N 浓度($P<0.001$)，对 uCP 含量无显著影响($P>0.05$)。氯化镨降低了产甲烷菌、原虫的相对丰度($P<0.0001$)，对纤维分解菌的影响不一致，其提高了产琥珀酸丝状杆菌的相对丰度($P=0.008$)，降低了黄色瘤胃球菌($P=0.001$)和溶纤维丁酸弧菌的相对丰度($P=0.0004$)，对白色瘤胃球菌和厌氧真菌无显著影响。氯化镨和 NDF 水平对丙酸摩尔比例($P=0.067$)和乙酸/丙酸比值($P=0.069$)具有互作效应的趋势。

综上所述，稀土元素镧抑制了体外瘤胃发酵 CH_4 生成，提高了总产气量，有增加 TVFA 产量的趋势，同时降低了产甲烷菌、原虫、黄色瘤胃球菌的相对丰度，提高了产琥珀酸丝状杆菌的相对丰度。稀土元素铈同样抑制了 CH_4 生成，对总产气量和 TVFA 产量没有影响，降低了产甲烷菌、原虫、黄色瘤胃球菌、溶纤维丁酸弧菌的相对丰度，增加了产琥珀酸丝状杆菌的相对丰度。稀土元素镨抑制 CH_4 生成，降低了总产气量和乙酸/丙酸比值，对 TVFA 产量没有影响，同时降低了产甲烷菌、原虫、黄色瘤胃球菌、溶纤维丁酸弧菌的相对丰度，增加了产琥珀酸丝状杆菌的相对丰度。

11.3　瘤胃甲烷预测模型研究

人为因素导致温室气体甲烷(CH_4)和二氧化碳(CO_2)的排放量增加，这不仅造成了大气温室效应还加剧了全球气候变暖。反刍动物瘤胃微生物的厌氧发酵产物也是温室气体 CH_4 和 CO_2 的重要农业来源之一，造成了动物能量的损失和能量利用率的下降。准确预测反刍动物瘤胃发酵产生的温室气体是评估温室效应的基础。赵广永团队通过以下四个试验研究了瘤胃 CH_4、CO_2 和挥发性脂肪酸(VFA)产量与饲料营养成分之间的关系，分别建立了肉牛 CH_4 和 CO_2 的排放以及瘤胃发酵 VFA 产量的预测模型，同时对所建立模型的准确性进行了测试。通过比较传统回归模型和人工神经网络模型，阐明了用人工神经网络模型预测瘤胃 CH_4、CO_2 和 VFA 产量的可行性，并提出准确的预测模型。

试验一建立了 2 个牛典型混合饲料数据库，第 1 个数据库为建模集数据库，用于数据建模，配制了 45 种精粗比分别为 10∶90、20∶80、30∶70、40∶60 和 50∶50 的混合饲料(每个精粗比含 9 种混合饲料),第2个数据库为测试集数据库,配制了10种与建模集数据库相同精粗比例的混合饲料(每个精粗比含2种混合饲料)。用Menke和Steingass体外产气技术测定混合饲料体外发酵48 h的气体和VFA,并用气相色谱仪分析体外发酵的CH_4、CO_2和VFA产量。

试验二通过多元回归法分析了混合饲料CNCPS体系碳水化合物组分CA(糖)、CB_1(淀粉和果胶)和CB_2(可利用纤维)与人工瘤胃发酵的CH_4产量之间的相关关系,证明了用CNCPS体系碳水化合物组分预测瘤胃CH_4的可行性。本试验采用试验一的2个数据库,建模集数据库包括45种牛混合饲料的CH_4产量与CNCPS体系碳水化合物组分,用于多元回归方程的建立;测试集数据库包括10种混合饲料的CNCPS体系碳水化合物组分,用于多元回归方程的测试。结果表明,混合饲料CNSPS体系碳水化合物组分(g)如CA、CB_1和CB_2与混合饲料体外发酵的CH_4产量(mL)之间存在显著的多元线性关系:$CH_4=(89.16\pm4.93)CA+(124.10\pm13.90)CB_1+(30.58\pm11.72)CB_2+(3.28\pm7.19)$,$R^2=0.81$,$P<0.0001$,$n=45$。通过测试集日粮对该模型进行验证,结果表明,CNCPS体系碳水化合物组分CA、CB_1和CB_2是合适的日粮输入变量,能用于瘤胃发酵CH_4产量的准确预测。

试验三旨在研究用含有输入层、隐含层和输出层的三层反向传播(BP,back propagation)人工神经网络建模预测牛混合饲料体外发酵CH_4产量的可行性和准确性。本试验采用试验一的2个数据库,建模集数据库用于BP神经网络的训练,包括45种牛混合饲料体外发酵的CH_4、CO_2、总产气量以及混合饲料的CNCPS体系碳水化合物组分;测试集数据库用于神经网络的测试,包括10种混合饲料的CNCPS体系碳水化合物组分。通过比较由1~16个隐含层神经元节点和不同输出层变量构成的不同BP神经网络的预测性能,确定BP神经网络的最佳结构。经测试集数据库检验,结果发现,由BP神经网络预测的瘤胃CH_4、CO_2和总产气量与其实测值之间经配对t-检验分析差异不显著($P>0.05$)。一元线性相关分析结果显示其决定系数(R^2)分别为0.95、0.97和0.92,BP神经网络模型的均方根预测误差(RMSPE)分别为3.89%、2.95%和4.23%。与多元回归方程相比,BP神经网络模型在预测CO_2和总产气量时准确性均有提高,但在预测体外发酵CH_4产量方面准确性相似。结果表明,基于CNCPS体系碳水化合物组分用BP神经网络能够准确、可靠地预测肉牛混合饲料体外发酵的CH_4、CO_2和总产气量。

试验四是以CNCPS体系碳水化合物组分为基础建立预测瘤胃VFA产量的多元线性回归模型(MLR,Multiple linear regression)和三层BP神经网络模型(BP3,Three-layer Levenberg-Marquart back propagation),并比较两模型的预测性能。研究采用试验一的2个混合饲料数据库,其中建模集数据库包含精粗比分别为10∶90、20∶80、30∶70、40∶60和50∶50的45种牛典型混合饲料体外发酵的VFA产量以及CNCPS体系碳水化合物组分,用于数据建模;测试集数据库用于模型的测试,包含与建模集数据库相同精粗比的10种混合饲料的CNCPS体系碳水化合物组分。通过以下三种方式比较MLR和BP3模型的预测性能,包括配对t-检验、预测值和实测值之间的决定系数(R^2)及均方根预测误差(RMSPE)。统计分析结果表明,VFA产量(mmol)与混合饲料CNCPS体系碳水化合物组分(g)CA、CB_1和CB_2之间存在显著的多元线性关系。与MLR模型相比,BP3模型能更准确地预测瘤胃乙酸、丙酸和总VFA产量,但在预测丁酸产量方面二者结果相似。试验表明以混合饲料的CNCPS体系碳水化合物组分CA、CB_1和CB_2为日粮输入变量,用MLR和BP3模型均适合预测混合饲料体外发酵的VFA产量,但是BP3模型预测的准确性更高。

综上所述,通过一系列试验研究表明,CNCPS体系碳水化合物组分CA、CB_1和CB_2是合适的日粮输入变量,能准确用于瘤胃CH_4、CO_2和VFA产量的预测。MLR和BP3模型均适合预测混合饲料体外发酵的CH_4、CO_2和VFA产量,但是BP3模型预测的准确性更高。

11.4　瘤胃甲烷预测软件的研发

赵广永等研究开发了反刍动物瘤胃甲烷排放量预测软件，为准确预测奶牛甲烷释放量提供了可能性。软件截图如下(图 11-1)。

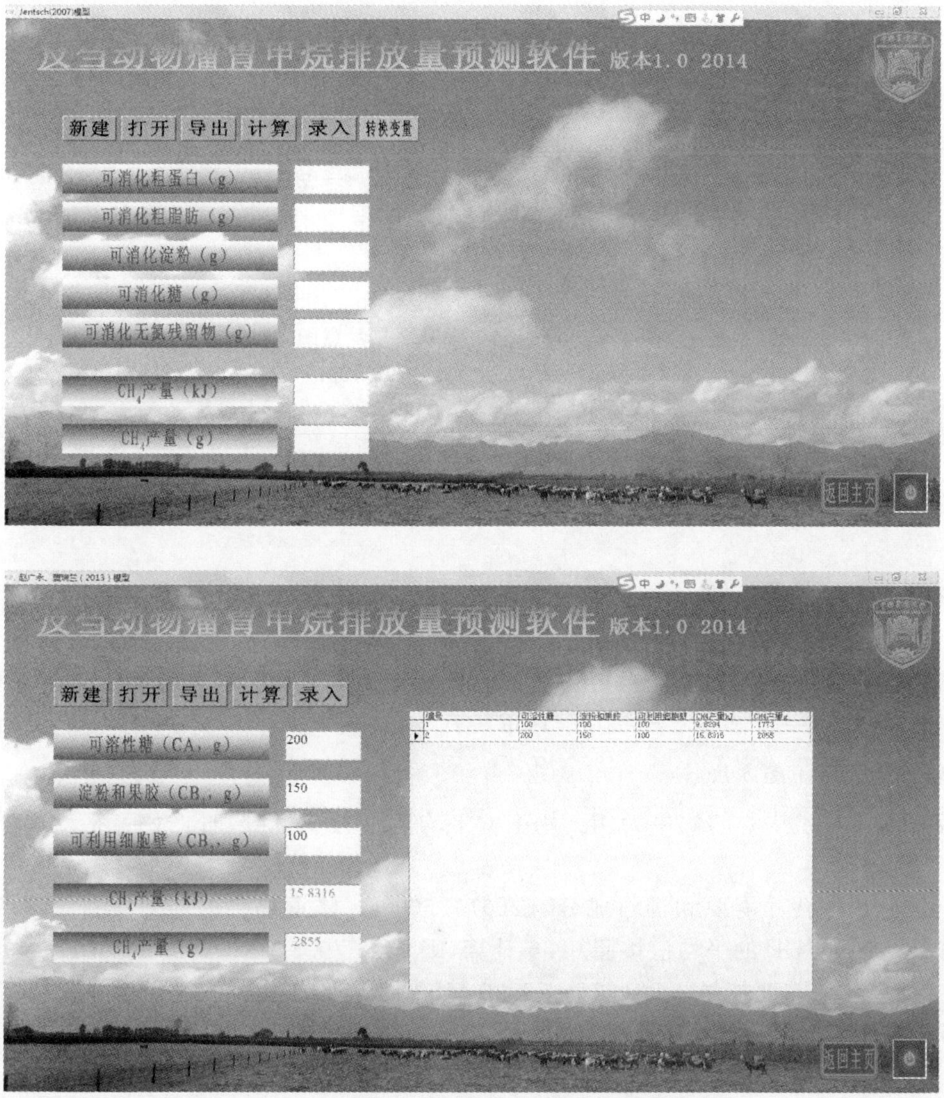

图 11-1　反刍动物瘤胃甲烷排放量预测软件截面

11.5　牛用新型呼吸面具的研发

该技术设备于 2014 年由赵广永研制成功。用于采集奶牛呼出的气体样品(包括从瘤胃中和肺中释放出的气体)。将气体样品带到实验室，应用气相色谱仪测定气体成分，包括甲烷、二氧化碳、氢气和氮气，能够计算出每头奶牛每天的甲烷排放量，是实现奶牛生产低碳减排的重要工具。该设备已在奶牛创新团队项目的实施中应用，有关试验数据正在分析中。呼吸面具如图 11-2 所示。

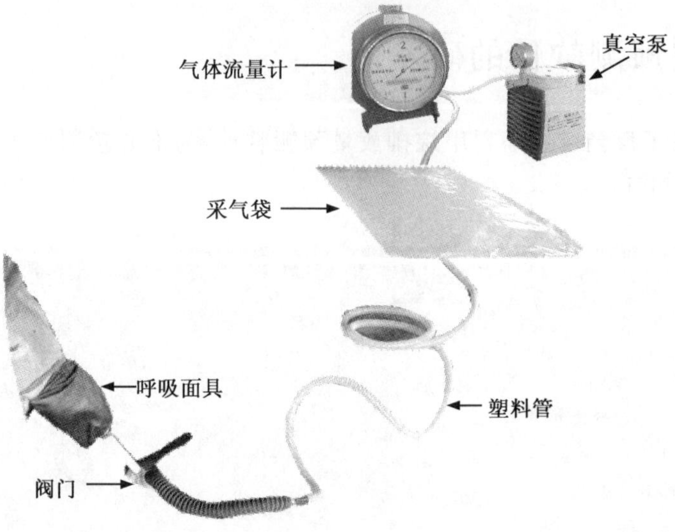

图 11-2 新型奶牛呼吸面具示意图

(中国农业大学赵广永实验室,2014)

11.6 典型奶牛场甲烷评定方法及甲烷排放评估报告

1.确定奶牛场甲烷评定依据

我国的《奶牛营养需要和饲料成分》(2007)采用了产奶净能体系,而产奶净能(NEL)评定的基础是可消化能(DE),饲料成分表中列有总能(GE)和DE,因此对奶牛的甲烷排放量的估测选用中国农业大学模型:甲烷能/DE(%)=17.343 7−0.108 6(DE/GE,%),$R=-0.936\ 3$,$n=8$。

2.明确奶牛场甲烷评定方法

以延照富民奶牛养殖中心的奶牛为例。奶牛的平均体重为600 kg、日产奶量平均为25 kg。计算过程如下:

(1)根据我国《奶牛营养需要和饲料成分》(2007),600 kg体重奶牛的能量维持需要为43.10 MJ NEL(产奶净能),NEL/DE的平均值按照0.56计算,则43.1 /0.56 = 76.96 MJ DE。

(2)每天产奶25 kg需要能量2.93×25=73.25 MJ NEL,则73.25/0.56 = 130.81 MJ DE,能量的总需要量为76.96+130.81=207.77 MJ DE/(头·d)。

(3)奶牛日粮的精料/粗料比例=50∶50,则DE /GE平均值为67.36%。则:

甲烷能/DE=17.343 7−0.108 6 × 67.36% =10.03%

甲烷能= 207.77 MJ DE/(头·d)×0.100 3=20.84 MJ /(头·d)

(4)1 L甲烷=39.75 kJ = 0.716 82 g,故甲烷排放量=20.84 MJ/(头·d)/0.039 75 MJ =524.26 L/(头·d)。

(5)甲烷排放量= 524.26 L/(头·d)× 0.000 716 82 kg =0.376 kg/(头·d)。

不同个体奶牛的甲烷排放量需要分别进行计算。

11.7 展望

近年来,因政策调整,环保压力,北京市奶牛养殖场出现外迁、转让、技术托管等现象,使团队开展研究基地和技术推广示范面临挑战。国内奶价降低，国际乳制品进口冲击，国内奶牛养殖效益降低，应针对北京市奶牛养殖发展规划，继续完善奶牛养殖技术，以食品安全、低碳高效为重点任务，从饲料安全、粗饲料高效利用、节能减排三个方向开展工作，应对国内外挑战。

饲料安全方面。从确保食品安全的角度出发，开展反刍动物饲料安全保障性基础工作。建立起饲料及饲料投入品预警机制，完善新型饲料和饲料投入品的安全性评价机制，避免养殖场盲目使用带来的不确定性和经济损失。

粗饲料高效利用。开发新型饲料资源，提高粗饲料利用率，促进饲料配制的合理和高效，降低饲养成本。青贮饲料的质量评定应从物理、化学和营养指标以及对动物的生产性能进行综合评价，而目前缺乏科学统一的评价体系，尤其对营养指标以及对动物的生产性能评价两个方面重视程度不够。青贮饲料的目的是饲喂家畜，满足其营养需要，提高动物生产性能，所以从动物营养角度出发对青贮牧草进行评价会十分有意义。而事实上，现今对于粗饲料、青贮饲料在家畜营养方面作用的研究尚不够深入，应进一步加强。

节能减排方面。促进精细化饲料配制技术的发展，一是完善饲料营养价值的评定及数据库的建设，依托岗位专家单位拥有的动物营养学国家重点实验室及奶牛营养学北京市重点实验室平台，建立北京市奶牛饲料原料实体库，如实记录保存北京奶牛不同发展阶段所选用的典型原料样本，一旦坚持下来，就如同记载发展史；采用大数据技术，建立北京奶牛饲料饲草大数据库平台，可开展包括奶牛品种、繁育、饲料与饲养、养殖环境、养殖方式及生乳品质的大数据关联分析，为制定北京市的奶业发展规划提供支撑服务；开展奶牛个性化的精准饲喂设备与智能管理技术的研究，基于信息感知技术，奶牛的生理、生长及生态的分类辨识模型，形成集约化养殖模式的奶牛的精准饲喂技术与饲喂设备，通过具有信息感知的设备技术的应用，提高奶牛的饲料转化效率、单产水平与生乳品质，促进奶牛养殖的健康与可持续发展。二是建立起非泌乳期牛精准饲养技术，确保奶牛从出生到高产的健康生长，降低因营养问题造成的终身缺憾，充分发挥遗传潜力，降低隐性经济和能量损失。三是针对反刍动物甲烷排放问题，继续研究和开发碳减排技术，实现奶牛生产高效、优质、环保的生产目标。

总之，建议在未来五年中，奶牛产业技术体系北京市创新团队更加关注食品安全、低碳高效，为北京反刍动物养殖业可持续发展提供有力的技术支撑。

（赵广永团队）

参考文献

[1] 陈艳,杨洁,李艳军,等.青贮饲料的生产制作技术规范[J].畜牧与饲料科学,2008,29(2):26-27.

[2] 南京农学院.饲料生产学[M].北京:农业出版社,1980.

[3] 东北农学院.家畜饲养学[M].北京:农业出版社,1979.

[4] 胡坚.动物营养学[M].修订4版.吉林:吉林科学技术出版社,1999.

[5] 赵义斌译.动物营养学[M].兰州:甘肃民族出版社,1992.

[6] 张子仪.中国饲料学[M].北京:中国农业出版社,2000.

[7] 郝力壮,崔占鸿,柴沙驼,等.青贮料的制备及应用技术[J].畜牧与饲料科学,2007,28(5):60-61.

[8] 吴景刚,冯源,黄庆辉.饲料青贮技术与设施[J].农机化研究,2006(7):44-45.

[9] 郭海燕,赵永秀,李树生.玉米青贮饲料制作工艺[J].内蒙古农业科技,2006(S1):150-150.

[10] 刘将军,胡源胜.优质青贮饲料制作技术[J].现代农业科技,2008(1):180-181.

[11] 宋红军,代凤,王广奎.青贮饲料制作的技术要点[J].养殖技术顾问,2009(1):45-45.

[12] 朱碧毅,张恒.青贮饲料制作技术要领[J].畜牧兽医杂志,2008,27(6):95-95.

[13] 王成章,陈桂荣.饲料生产学[M].郑州:河南科学技术出版社,1998.

[14] 王占赫,陈俊杰,蒋林树,等.郑州:奶牛饲养管理与疾病防治技术问答[M].中国农业出版社,2007.

[15] 蒋林树,陈俊杰,张良.奶牛粗饲料实用技术手册[M].北京:中国农业出版社,2014.

[16] 刁其玉.农作物秸秆养牛手册[M].北京:化学工业出版社,2013.

[17] 陶莲,刁其玉.青贮发酵对玉米秸秆品质及菌群构成的影响[J].动物营养学报,2016(1):198-207.

[18] 屠焰.奶牛饲料调制加工与配方集萃[M].北京:中国农业科学技术出版社,2012.

[19] Driehuis F,Elferink S J W H O,Spoelstra S F. Anaerobic lactic acid degradation during ensilage of whole crop maize inoculated with Lactobacillus buchneri inhibits yeast growth and improves aerobic stability[J]. Journal of Applied Microbiology,1999,87(4):583-594.

[20] Filya I. The effect of Lactobacillus buchneri and Lactobacillus plantarum on the fermentation, aerobic stability,and ruminal degradability of low dry matter corn and sorghum silages[J]. Journal of Dairy Science,2003,86(11):3575-3581.

[21] Filya I. The effect of Lactobacillus buchneri,with or without homofermentative lactic acid bacteria,on the fermentation,aerobic stability and ruminal degradability of wheat,sorghum and maize silages[J]. Journal of Applied Microbiology,2003,95(5):1080.

[22] Kleinschmit D H,Jr K L. A meta-analysis of the effects of Lactobacillus buchneri on the fermentation and aerobic stability of corn and grass and small-grain silages[J]. Journal of Dairy Science,2006,89(10):4005-4013.

[23] Kung,L. J,Stokes,M. R. 2001. Analyzing silages for fermentation end product [EB/OL]. http://ag. udel. edu/departments/anfs/faculty/kung/articles/analyzing_silages_for_fermentati. htm.

[24] Mcdonald P. The Biochemistry of Silage[J]. Ed Chalcombe Publ,1991.

[25] Weinberg Z G,Ashbell G,Hen Y,et al. Ensiling whole-crop wheat and corn in large containers with Lactobacillus plantarum and Lactobacillus buchneri[J]. Journal of Industrial Microbiology & Biotechnology,2002,28(1):7-11.

[26] Woolford M K. The detrimental effects of air on silage[J]. Journal of Applied Bacteriology, 1990,68(2):101.

[27] 包愈,胡聪,赵广永. 奶牛常用饲料康奈尔净碳水化合物-蛋白质体系中含氮化合物组分含量与可利用氨基酸含量之间的关系[J]. 动物营养学报,2016,28(12):3935-3942.

[28] Dong R,Zhao GY. Predicting in vitro rumen VFA production using CNCPS carbohydrate fractions with multiple linear models and artificial neural networks. PLoS ONE, 2014, 9(12): e116290. doi:10.1371/journal.pone.0116290.

[29] MORRISON F B. Feeds and Feeding [M]. 22th ed. Clinton I A: Morrison Publishing Co,1956.

[30] VAN SOEST,P J,ROBERTSON J B,LEWIS B A. Methods for dietary fiber,neutral detergent fiber,and nonstarch polysaccharides in relation to animal nutrition [J]. Journal of Dairy Science, 1991,74(10):3583-3597.

[31] FOX D G.,SNIFFEN C J,O'CONNOR J D,et al. A net carbohydrate and protein system for evaluating cattle diets. Ⅲ. Cattle requirements and diet adequacy [J]. Journal of Animal Science, 1992,70: 3578-3596.

[32] NRC. Nutrient Requirements of Dairy Cattle, 7th ed [M]. Washington: National Academy Press,2001.

[33] FOX D G.,SNIFFEN C J,O'CONNOR J D,et al. A net carbohydrate and protein system for evaluating cattle diets. Ⅲ. Cattle requirements and diet adequacy [J]. Journal of Animal Science, 1992,70: 3578-3596.

[34] RUSSELL J B,O'CONNOR J D,FOX D G,et al. A net carbohydrate and protein system for evaluating cattle diets. Ⅰ. Ruminal fermentation [J]. Journal of Animal Science,1992,70: 3551-3561.

[35] SNIFFEN C J,O'CONNOR J D,VAN SOEST,et al. A net carbohydrate and protein system for evaluating cattle diets. Ⅱ. Carbohydrate and protein availability [J]. Journal of Animal Science, 1992,70: 3562-3577.

[36] O'CONNOR J D,SNIFFEN C J,FOX D G,et al. A net carbohydrate and protein system for evaluating cattle diets. Ⅳ. Predicting amino acid adequacy [J]. Journal of Animal Science,1993, 71:1298-1311.

[37] TYLUTKI T P,FOX D G.,DURBAL V M,et al. Cornell Net Carbohydrate and Protein System: A model for precision feeding of dairy cattle. Animal Feed Science and Technology,2008, 143(1-4):174-202.

[38] Higgs,R.J. 2009. Nitrogen use efficiency and sustainable nitrogen management in high producing dairy farms [D]. Dept. of Animal Science. Cornell University,Ithaca,NY.

[39] VAN AMBURGH M E,CHASE L E,OVERTON T R,et al. Updates to the cornell net carbohydrate and protein system v6.1 and implications for ration formulation [C]. Syracuse NY: Cornell Nutrition Conference,2010:144-159.

[40] FOX D G. ,TEDESCHI L O,TYLUTKI T P,et al. The Cornell Net Carbohydrate and Protein System model for evaluating herd nutrition and nutrient excretion [J]. Animal Feed Science and Technology,2004,112:29-78.

[41] HALL M B. Challenges with nonfiber carbohydrate methods [J]. Journal of Animal Science, 2003,81:3226-3232.

[42] HALL M B,HEREJK C. Differences in yields of microbial crude protein from in vitro fermentation of carbohydrates [J]. Journal of Dairy Science,2001,84: 2486-2493.

[43] NOCEK J E,TAMMINGA S. Site of digestion of starch in the gastrointestinal-tract of dairy-cows and its effect on milk-yield and composition [J]. Journal of Dairy Science, 1991, 74: 3598-3629.

[44] DOANE P H. ,PELL A N,SCHOFIELD P. The effect of preservation method on the neutral detergent soluble fraction of forages [J]. Journal of Animal Science,1997,75:1140-1148.

[45] MOLINA D O. Prediction of intake of lactating cows in the tropics and the energy value of organic acids [D]. Ph. D. Dissertation. Ithaca: Cornell University,2002.

[46] FOX D G. ,TYLUTKI T P,TEDESCHI,L O,et al. 2003. The Net Carbohydrate and Protein System for Evaluating Herd Nutrition and Nutrient Excretion: Model Documentation. Mimeo No. 213,Animal Science Department,Cornell University,Ithaca,NY.

[47] LANZAS C, SNIFFEN C J, SEO S, et al. A revised CNCPS feed carbohydrate fractionation scheme for formulating rations for ruminants [J]. Animal Feed Science and Technology,2007, 136:167-190.

[48] VAN SOEST P J. Nutritional Ecology of the Ruminant [M]. Cornallis: O&B Books,1982.

[49] PICHARD D G. Forage nutritive value. Continuous and batch in vitro fermentations and nitrogen solubility [D]. Ph. D. Dissertation. Ithaca: Cornell University,1977.

[50] KRISHNAMOORTHY U C,MUSCATO T V,SNIFFEN C J,et al. Nitrogen fractions in selected feedstuffs [J]. Journal of Dairy Science,1982,65:217.

[51] WALDO D R,GOERING H K. Insolubility of proteins in ruminant feeds by four methods [J]. Journal of Animal Science,1979,49:1560.

[52] TYLUTKI T P,FOX D G. ,DURBAL V M,et al. Cornell Net Carbohydrate and Protein System: A model for precision feeding of dairy cattle. Animal Feed Science and Technology,2008, 143(1-4):174-202.

[53] AOAC,1990. Official Methods of Analysis,15th ed. Association of Official Analytical Chemist, Washington,DC,USA,69-88.

[54] LICITRA G. ,HERNANDEZ T M,VAN SOEST P J. Standardization of procedures for nitrogen fractionation of ruminant feeds [J]. Animal Feed Science and Technology,1996,57 (4),347-358.

[55] ROE M B,SNIFFEN C J,CHASE L E. Techniques for measuring protein fractions in feedstuffs [C]. Ithaca: Proceedings of the Cornell Nutrition Conference,1990,81-88.

[56] VAN SOEST P J,ROBERTSON J B,LEWIS B A. Methods for dietary fiber,neutral detergent fiber,and non-starch polysaccharides in relation to animal nutrition [J]. Journal of Dairy Science,1991,74: 3583-3597.

[57] FUSSELL R J,MCCALLEY D V. Determination of volatile fatty acid (C2-C5)and lactic acid in

silage by gas chromatography[J]. Analyst,1987,112:1213-1216.

[58] MCDONALD P,HENDERSON A R,HERON S J E. The Biochemistry of Silage,2nd ed [M]. Aberystwyth: Cambrian Printers Ltd,1991.

[59] MCCORMICK M E,REDFEARN D D,WARD J D,et al. Effect of protein source and soluble carbohydrate addition on rumen fermentation and lactation performance of holstein cows [J]. Journal of Dairy Science. 2001,84,1686-1697.

[60] ILLIUS A W,GORDON I J. Prediction of intake and digestion in ruminants by a model of rumen kinetics integrating animal size and plant characteristics [J]. Journal of Agricultural Science and Technology,1991,116: 145-157.

[61] LOPEZ S,HOVELL F D D,DIJKSTRA J,et al. Effects of volatile fatty acid supply on their absorption and on water kinetics in the rumen of sheep sustained by intragastric infusion [J]. Journal of Animal Science,2003,81:2609-2616.

[62] EUN J S,FELLNER V,GUMPERTZ,M L. Methane production by mixed ruminal cultures incubated in dual-flow fermentors [J]. Journal of Dairy Science,2004,87: 112-121.

[63] SEO S,TEDESCHI L O,SCHWAB C G,et al. Development and evaluation of empirical equations to predict feed passage rate in cattle [J]. Animal Feed Science and Technology. 2006,128: 67-83.

[64] Zhao G Y,Y Xue,Y X Li,et al. The estimation of duodenal utilizable true protein in sheep fed mixed rations using the nitrogenous fractions of the Cornell Net Carbohydrate and Protein System [J]. Small Ruminant Research,2008,76:190-194.

[65] 王燕,杨方,陈常栋,等. 康奈尔净碳水化合物-蛋白质体系预测小肠可消化粗蛋白含量[J]. 动物营养学报,2012,24(7):1274-1282.

[66] 马桢,汪春泉,莫放,等. 利用净碳水化合物-蛋白质体系组分估测肉牛日粮营养物质全消化道表观消化率研究[J]. 动物营养学报,2010,22(4): 929 - 933.

[67] TEDESCHI L O,CHALUPA W,JANCZEWSKI E,et al. Evaluation and application of the CPM dairy nutrition model [J]. Journal of Agricultural Science,2008,146:171-182.

[68] 熊本海. 国际反刍动物饲料成分及营养价值表[M]. 北京:中国农业科学技术出版社,2013.

[69] 熊本海,蒋林树. CNCPS 体系　演变　模型及饲料成分表[M]. 北京:中国农业科学技术出版社,2015.

[70] 牛文静,赵广永,张婷婷,等. 延胡索酸二钠对氨化稻草体外瘤胃发酵甲烷及挥发性脂肪酸产量的影响[J]. 动物营养学报,2014,26(1):245-251.

[71] 郑文思,赵广永,张婷婷,等. 应用体外发酵法研究高精料饲粮 NSC/NDF 与甲烷产量之间的关系[J]. 动物营养学报,2013,25(10):2315-2324.

[72] 赵广永. 反刍动物瘤胃甲烷产量预测模型[J]. 动物营养学报,2014,26(10):3135-3139.

[73] Dong R,Zhao G. The use of artificial neural network for modeling in vitro,rumen methane production using the CNCPS carbohydrate fractions as dietary variables[J]. Livestock Science,2014,162(1):159-167.

[74] Zhang T T,Zhao G Y,Zheng W S,et al. Effects of rare earth element lanthanum on rumen methane and volatile fatty acid production and microbial flora in vitro[M]// Journal of Animal Physiology and Animal Nutrition. 2014:442-448.

[75] 王永超,姜成钢,崔祥,等. 添加颗粒料对小牛肉用奶公犊牛生长性能、屠宰性能及组织器官发育的影响[J]. 动物营养学报,2013,25(5):1113-1122.
[76] 崔祥,刁其玉,屠焰. 奶用后备牛不同生理阶段乳腺发育特点及营养调控作用[J]. 中国奶牛,2014(Z1):5-9.
[77] 崔祥,刁其玉,张乃锋,等. 不同能量水平的饲粮对 3～6 月龄犊牛生长发育及血清指标的影响[J]. 动物营养学报,2014,26(4):947-961.
[78] 曾书秦,王俊,刁其玉,等. 日粮能量水平对奶牛后备牛生长发育的调控作用[J]. 中国畜牧杂志,2015,51(3):88-92.
[79] 曾书秦,刁其玉,王建芬,等. 不同能量水平饲粮对 7～10 月龄荷斯坦育成牛生长性能和血清指标的影响[J]. 动物营养学报,2015,27(2):606-615.
[80] 杨春涛,刁其玉,曲培滨,等. 热带假丝酵母菌与桑叶黄酮对犊牛营养物质代谢和瘤胃发酵的影响[J]. 动物营养学报,2016(1):224-234.
[81] 司丙文,王建芬,王天坤,等. 代乳粉对早期断奶犊牛生长发育及经济效益的影响[J]. 饲料工业,2015,36(11):48-50.

附录　饲料与营养功能研究室成果

成果一　已发表文章

1. 王永超，屠焰，等. 添加颗粒料对小牛肉用奶公犊牛生长性能、屠宰性能及组织器官发育的影响. 动物营养学报，2013.

2. 刘策，屠焰，等. 固态发酵技术在糟渣类副产品的应用研究进展. 粮食与饲料工业，2013.

3. 崔祥，屠焰，等. 奶用后备牛不同生理阶段乳腺发育特点及营养素调控作用. 中国奶牛，2013.

4. 崔祥，刁其玉，张乃锋，曾书秦，刘策，屠焰*. 不同能量水平的饲粮对3～6月龄犊牛生长发育及血清指标的影响. 动物营养学报，2014.

5. 刘策，曹清明，刁其玉，张乃锋，姜成钢，屠焰*. 固态发酵对杏仁皮产品营养成分及瘤胃降解率的影响. 中国畜牧杂志，2014.

6. 屠焰，邱国梁，周怿，云强，齐东，王家杰，刁其玉*. 液体饲料pH值对荷斯坦公犊血气指标的调控. 中国农业科学，2014.

7. 崔祥，刁其玉，屠焰*. 奶用后备牛不同生理阶段乳腺发育特点及营养调控作用. 中国奶牛，2014.

8. 屠焰，等. Effects of supplementary bee pollen and its polysaccharides on nutrient digestibility and serum biochemical parameters in Holstein calves. Animal Production Science，2015.

9. 马涛，屠焰，等. Effects of dietary yeast β-glucan on nutrient digestibility and serum profiles in pre-ruminant Holstein calves. Journal of Integrative Agriculture，2015.

10. 刘策，屠焰，等杏仁皮的苦杏仁苷含量测定及脱毒工艺探究. 食品研究与开发，2015.

11. 曾书秦，屠焰，等. 日粮能量水平对奶牛后备牛生长发育的调控作用. 中国畜牧杂志，2015.

12. 曾书秦，屠焰，等. 不同能量水平饲粮对7～10月龄荷斯坦育成牛生长性能和血清指标的影响. 动物营养学报，2015.

13. 杨春涛，屠焰，等. 挥发性脂肪酸在反刍动物瘤胃上皮吸收转运及调节作用，中国畜牧杂志，2015.

14. 杨春涛，屠焰，等. 热带假丝酵母与桑叶黄酮对犊牛营养物质代谢和瘤胃发酵的影响. 动物营养学报，2015.

15. 司丙文，屠焰，等. 代乳粉对早期断奶犊牛生长发育及经济效益的影响. 饲料工业，2015.

16. 杨春涛，屠焰，等. 复合特异性卵黄抗体对18～28日龄犊牛生长、腹泻和免疫力的影响. 动物营养学报，2016.

17. 马俊南，屠焰，等. 固液饲料饲喂模式对犊牛体型及代谢相关血清指标的影响. 中国畜牧杂志，2016.

18. 董利锋，屠焰，等 Feeding different dietary protein to energy ratios to Holstein heifers: effects on growth performance, blood metabolites and rumen fermentation parameters. Journal of Animal Physiology & Animal Nutrition，2016.

19. 张蓉，屠焰，等. Decreasing the pH of milk replacer containing soy flour affects nutrient digest-

ibility,digesta pH,and gastrointestinal development of preweaned calves[J]. Journal of Dairy Science, 2016.

20. 赵广永,等. 氨化稻草体外培养发酵甲烷、二氧化碳和挥肪酸的产生规律. 动物营养学报,2013,25:1872-1877.

21. 赵广永,等. 延胡索酸二钠对氨化稻草体外培养发酵甲烷及挥发性脂肪酸产量的影响. 动物营养学报,2013.

22. 赵广永,等. 日粮中氨化稻草水平对体外培养发酵甲烷和挥发性脂肪酸产量的影响. 动物营养学报,2013,25:1789-1798.

23. 赵广永,等. The rumen methane production of rice straw ammoniated with different levels of urea,evaluated using in vitro incubation technique. Advances in Animal Biosciences,2013,(4):296. Proceedings of the 5th Greenhouse gases and Animal Agriculture Conference, Dublin, Ireland (GGAA2013).

24. 赵广永,等. Effect of including different proportions of untreated versus ammoniated rice straw in mixed rations on rumen methane production in in vitro incubation. Advances in Animal Biosciences, 2013(4):297. Proceedings of the 5th Greenhouse gases and Animal Agriculture Conference,October 11-14,2013, (GGAA2013).

25. 赵广永,等. Effects of praseodymium chloride on microbial fermentation,methanogenesis and microbial flora in vitro. The 9th China-Korea-Japan Joint Symposium on Rumen Metabolism and Physiology,Changsha,China October 11-14,2013,Page 64.

26. 赵广永,等. Effects of lanthanum chloride on microbial fermentation,methanogenesis and microbial flora in vitro. The 9th China-Korea-Japan Joint Symposium on Rumen Metabolism and Physiology,Changsha,China October 11-14,2013,Page 91.

27. 赵广永,等. Effects of cerium chloride on microbial fermentation,methanogenesis and microbial flora in vitro. The 9th China-Korea-Japan Joint Symposium on Rumen Metabolism and Physiology, Changsha,China October 11-14,2013,Page 94.

28. 赵广永. Relationship between the concentrate percentage of feed mixtures and the in vitro rumen methane production. Animal Production in Australia,2014, (30):374.

29. 赵广永. Relationship between urea level for ammoniating rice straw and in vitro rumen methane production. Animal Production in Australia,2014(30):375.

30. 赵广永. 反刍动物瘤胃甲烷排放量预测模型研究进展. 第二届全国奶牛精细化管理高峰论坛暨"金宇保灵杯"奶牛养殖效益与牛奶品质安全提升学术研讨会,2014.

31. 赵广永. Effects of rare earth element lanthanum on rumen methane and volatile fatty acid production and microbial flora in vitro. Journal of Animal Physiology and Animal Nutrition,2014.

32. 赵广永. 反刍动物瘤胃甲烷产量预测模型. 动物营养学报,2014,26,3135-3139.

33. 赵广永. The use of artificial neural network for modeling in vitro rumen methane production using the CNCPS carbohydrate fractions as dietary variables. Livestock Science,2014(162):159-167.

34. 赵广永. 延胡索酸二钠对氨化稻草体外瘤胃发酵甲烷及挥发性脂肪酸产量的影响. 动物营养学报,2014,26(1):245-251.

35. 赵广永. Effects of supplementing rare earth element cerium on rumen fermentation,nutrient digestibility,nitrogen balance and plasma biochemical parameters in beef cattle. Journal of Animal Physiology and Animal Nutrition 99 (2015)1047-1055.

36. 赵广永. Comparison of the effects of lanthanum,cerium and praseodymium on rumen fermen-

tation,nutrient digestion and plasma biochemical parameters in beef cattle. Archives of Animal Nutrition,2015,Vol. 69,No. 1,46-56.

37. 赵广永. Effects of rare earth element lanthanum on rumen methane and volatile fatty acid production and microbial flora in vitro. Journal of Animal Physiology and Animal Nutrition,99 (2015): 442-44.

38. 熊本海,等. Effects of seasonal change and parity on raw milk composition and related indices in Chinese Holstein cows in northern China. J. Dairy Sci. ,2013.

39. 熊本海. 胎次和泌乳阶段对荷斯坦奶牛血液乳成分前体物及泌乳相关激素含量的影响. 动物营养学报,2015.

40. 熊本海. 规模化奶牛场数字化网络管理平台开发与应用. 中国农业科学,2015.

41. 熊本海. 中国饲料成分及营养价值表(2015 年第 26 版). 中国饲料,2015.

42. 杨亮,熊本海,等. Variation Regulation and Models of Raw Milk Composition of Chinese Holstein Cattle in Tianjin. Asian Agricultural Research,2013.

43. 易渺,熊本海,等. 反刍动物营养代谢调控的数学模型化. 动物营养学报,2013.

44. 扬琴,熊本海,等. 奶牛采食量调控理论与模型研究进展. 动物营养学报,2013.

45. 蒋林树,等. 大豆异黄酮对奶牛泌乳性能及乳腺主要免疫功能的影响. 北京农学院学报,2013.

46. 蒋林树. 不同粗饲料组合对奶牛原料乳风味物质的影响研究. 动物营养学报,2014.

47. 蒋林树. 不同粗饲料组合对原料牛乳脂肪酸组成和含量的影响. 中国农学通报,2014.

48. 蒋林树. Semi-rational Directed Evolution of Monoamine Oxidase for Kinetic Resolution of rac-Mexiletine. Appl Biochem Biotechnol,2015.

49. 蒋林树. Microbial release of ferulic and p-coumaric acids from forages and their digestibility in lactating cows fed total mixed rations with different forage combinations. J Sci Food Agric,2015.

50. 蒋林树. In situ ruminal degradation of phenolic acid,cellulose and hemicellulose in crop brans and husks differing in ferulic and p-coumaric acid patterns. Journal of Agricultural Science,2015.

51. 蒋林树. Activation of transcription factor AP-1 in response to thermal injury in rat small intestine and IEC-6 cells. BMC Gastroenterology,2015.

52. 蒋林树. Effect of urea fertilisation on biomass yield,chemical composition,in vitro rumen digestibility and fermentation characteristics of straw of highland barley planted in Tibet of China. Journal of Agricultural Science,2015.

53. 蒋林树. 葡萄籽原花青素生物学功能及其在畜禽生产上应用的研究进展. 中国农学通报,2015,31(11):5-8.

54. 蒋林树. 茶皂素的生物学活性及其在动物生产中的应用研究进展. 中国农学通报,2015,31(11):1-4.

55. 蒋林树. 茶皂素对反刍动物瘤胃发酵的影响研究进展. 中国农学通报,2015,31(5):20-24.

56. 蒋林树. 茶皂素对奶牛乳腺上皮细胞增殖及乳脂合成关键酶的影响. 动物营养学报,2015,27(4):1270-1277.

57. 蒋林树. 大豆异黄酮对奶牛泌乳性能、血液免疫及抗氧化指标的影响. 中国农学通报,2015,31(11):9-15.

成果二　软件

1. 畜群养殖环境监控系统(PC 版)V1.0,软著登字第 1004205 号.

2.畜群养殖环境监控系统(andriod 版)V1.0,软著登字第 1024102 号.

3.奶牛日粮配方优化系统(andriod 版)V1.0,软著登字第 1023276 号.

4.奶牛日粮配方应用计算程序软件 V1.0,软著登字第 0973862 号.

5.犊牛开食料配方设计应用程序软件 V1.0,软著登字第 0974006 号.

6.犊牛早期断奶日龄估测与指标系统建立的应用程序软件 V1.0,软著登字第 0975267 号.

7.犊牛代乳品中赖氨酸、蛋氨酸和苏氨酸模式的建立系统软件 V1.0,软著登字第 0975259 号.

犊牛代乳品植物蛋白最佳用量估测的应用程序软件 V1.0,软著登字第 0975176.

成果三 专利

1.实用新型专利,奶牛计步器 ZL 201420037330.3.熊本海等.

2.实用新型专利,一种半自动奶牛颈夹 ZL 201420488062.7.熊本海等.

3.实用新型专利,牲畜标签 ZL 201430283229.1.熊本海等.

4.实用新型专利,一种动物体温感知耳标 ZL 201420723794.X.熊本海等.

5.实用新型专利,一种解剖台 ZL 201520084581.1.熊本海等.

6.实用新型专利,一种奶牛卧床 ZL 201520431437.0.熊本海等.

7.发明专利,氯化镧在反刍动物饲料中抑制瘤胃甲烷排放的应用,ZL201410004928.7.赵广永等.

8.发明专利,一种 0~6 月龄犊牛用的复合微生物酶制剂及含其代乳品,ZL 201210366241.9.屠焰等.

9.发明专利,一种生产犊牛肉用的颗粒料,ZL 201210365866.3.屠焰等.

10.发明专利,一种以多菌种固态发酵生产的杏仁皮发酵饲料,ZL201310661404.0.屠焰等.

11.实用新型专利,一种可自动测温的量杯,ZL201520255435.0.屠焰等.

12.外观设计专利,奶牛饲喂料斗,201530333726.2. 蒋林树等.

成果四 著作

1.《奶牛饲料调制加工与配方集萃》.屠焰.中国农业科学技术出版社,2013.

2.《农作物秸秆养牛》.刁其玉等.化学工业出版社,2013.

3.《国际反刍动物饲料成分及营养价值表》.熊本海等.中国农业科学技术出版社,2013.

4.《犊牛早期断奶技术》. 屠焰,刁其玉等.中国农业科学技术出版社,2014.

5.《天然活性物质在畜禽生产中的应用》.蒋林树.中国农业出版社,2014.

6.《现代化奶牛饲养管理技术》.蒋林树.中国农业出版社,2014.

7.《奶牛全混合日粮加工与饲喂技术》.蒋林树.中国农业出版社,2014.

8.《奶牛常用粗饲料实用技术手册》.蒋林树.中国农业出版社,2014.

9.《2014 最新奶牛饲养管理实用技术手册》.蒋林树,2014.

10.《奶牛高效饲养模式》.蒋林树.中国农业出版社,2014.

11.《奶牛场、种猪场生产管理数字化网络平台》.熊本海.中国农业科学技术出版社,2014.

12.《国内外奶业精细化管理设施与设备手册》.熊本海.中国农业大学出版社,2014.

13.《CNCPS 体系演变 模型及饲料成分表》. 熊本海,蒋林树.中国农业科学技术出版社,2014.

14.《中国畜牧兽医学会信息技术分会第十届学术研讨会论文集北京 2015》.熊本海.中国农业大学出版社,2015.

成果五　获奖

1. 刁其玉，屠焰等. 犊牛羔羊生理营养与早期培育关键技术研究与应用，中华农业奖二等奖.

2. 刁其玉，屠焰等. 犊牛羔羊健康养殖营养生理调控技术与代乳品研制应用，中国产学研合作创新成果奖.

3. 刁其玉，屠焰等. 优秀论文奖，中国奶业协会.

4. 刁其玉，屠焰等. 一种0～6月龄犊牛用的复合微生物酶制剂及含其代乳品，中国专利奖 优秀奖.

5. 刁其玉，屠焰等. 农业部丰收奖.

6. 蒋林树. 规模化养殖场粪污安全化处理关键技术创新集成及产业化，中华农业科技奖一等奖.

7. 蒋林树. 农作物秸秆饲料化利用成套技术研发与产业化应用(KJ2015-2-02)，环境保护科学技术奖二等奖.

8. 蒋林树. 奶牛非常规粗饲料资源营养优化与高效利用关键技术及应用，中华农业科技奖三等奖.

9. 蒋林树. 青贮玉米育种体系的构建及新品种选育与推广，中华农业科技奖二等奖.

第三篇 疫病防治

研究背景

奶牛产业创新团队疫病防治研究室成立四年以来，在首席办的正确领导和各建设依托单位的大力支持下，在疫病研究室岗位专家王九峰、李永清、倪和民、李秀波、赵景义和冯小宇的共同努力下，立足北京奶牛疫病防控的现状，以牛病毒性腹泻、奶牛子宫内膜炎、乳房炎，布病，结核病和副结核为主要研究对象开展工作，积极进行相关疫病的基础与应用研究，成效显著。

基础研究有深度。疫病防治研究室专家对北京地区牛病毒性腹泻、奶牛子宫内膜炎、乳房炎、布鲁氏菌病、结核病和副结核等疾病进行系统全面的流行病学调查，掌握疫病在北京地区的流行趋势，调查范围覆盖全市，调查时间跨越四年，筛选具有代表性的病菌和毒株，建立全面翔实的数据库；王九峰团队进行连翘酯苷 A 防治 BVDV 的体外研究，结果证明连翘酯苷 A 能够调节 BVDV 侵染过程中的 CD28-4-1BB 信号通路的表达，调节机体的免疫水平；同时开展 BVDV 对 PI 牛 PBMCs 先天性免疫反应的研究，发现 PI 牛 PBMCs 的 IFN-α/β 受到病毒的抑制，揭示 BVDV 引起免疫抑制的部分机制。李永清团队证明紫玉米花色苷具有良好的抗牛传染性鼻气管炎病毒的作用，提示紫玉米可作为防制奶牛传染性鼻气管炎的饲料原料。针对鼠李糖乳杆菌减轻大肠杆菌导致的炎症和细胞损伤的机制展开研究结果证明在奶牛子宫内膜上皮细胞上预处理鼠李糖乳杆菌 GR-1 减少细胞凋亡的发生以及限制炎症反应。表明预处理鼠李糖乳杆菌 GR-1 有预防奶牛产后子宫疾病的潜能，能够最终减少抗生素的使用。疫病防治研究室积极进行基础研究，研究既集中于深度揭示各种疫病的致病机理，同时又前瞻性的开展益生菌以及各种提取物的治疗应用研究，都在为以后的防治打下坚实的理论基础。

应用研究有广度。疫病研究室积极开展应用研究，服务于生产实践。应用研究主要集中于诊断试剂(方法)研究和治疗药物(方法)研究。在诊断试剂(方法)研究中，王九峰团队制备 BVDV 单克隆和多克隆抗体，并进行双抗体夹心 ELISA 试剂盒的制备研究，同时建立了 BVDV RT-PCR 检测方法。建立 BVDV 双抗原夹心法胶体金检测试纸条。李永清团队制备了具有良免疫原性 BHV-1 gE 融合蛋白，为特异性诊断抗原奠定基础，并制备了 IBR 病毒 gD 蛋白的单克隆抗体，且正在制备特异性更强的单链抗体 SCFV，正在研究核酸适配体在 IBR 的新型诊断方法。冯小宇团队建立了 IBR 双抗原夹心法交替进检测试纸条和建立 BVDV 双抗原夹心法胶体金检测试纸条以及建立口蹄疫 A 型和 O 型的双重 RT-PCR 检测方法。在治疗药物(方法)研究中，刘秀波团队研发硫酸头孢喹肟乳房注入剂(泌乳期)，盐酸头孢噻呋乳房注入剂(干乳期)，硫酸头孢喹肟乳房注入剂(干乳期)，硫酸头孢喹肟子宫注入剂，目前 4 个兽药均已顺利通过农业部兽药评审中心的评审，荣获国家新兽药注册证书(农业部公告 2119 号、2303 号和 2328 号)。倪和民团队研究发现臭氧化橄榄油对治疗治疗卡他性、黏液性及早期脓性子宫内膜炎效果明显。疫病研究室应用研究符合目前北京地区疫病防治的需求，部分诊断试剂和药物具有很高的科技水平，紧跟国际发展趋势，填补国内技术空白，具有很高的应用价值。

疫病防治研究室自成立以来在科研上取得一定的进展与成果，展现出相当的应用和发展价值，但是也还有一些问题需要解决。科技成果研发效率较低,需要进一步提高,也可以加强同其他科研院所的合作和交流,促进科研成果的形成,以满足奶牛产业对于科技日益增长的需求。同时要进一步加强已经形成的科技成果的推广力度,扩大应用范围,惠及广大奶牛养殖户。疫病防治研究室的全体专家也必将在首席办的领导下,继续在首都奶业科技研发的沃土上积极耕耘,努力进行研发,扎实推进研发技术的落地推广,为奶牛疫病防治继续做出自己的贡献。

第12章　牛布鲁氏菌病综合防治技术集成与示范

12.1　概述

近年来，随着奶牛养殖业的快速发展和活畜跨省市、跨区域的流通，全国范围内布鲁氏菌病（以下简称"布病"）等重要人畜共患病广泛传播，出现了上升趋势，直接危害畜牧业健康发展和严重威胁人民生命安全，越来越引起社会各界的关注。布病的防控事关农业农村经济持续健康发展，事关公共卫生安全，事关社会和谐，做好家畜布病和结核病的防控工作已经是当前动物疫病防控工作的一项重要任务。

牛的布氏杆菌病通常是由牛种布氏杆菌生物型引起的。在某些国家，特别是南欧和西亚，牛与绵羊或山羊混合饲养，因此本病也可由羊种布氏杆菌引起（猪种布氏杆菌很少感染牛）。猪种布氏杆菌可能导致牛乳腺的慢性感染，但是未有报道该菌能够导致流产或者传染给其他动物。本病在未怀孕的母畜中通常无临床症状，但成年公牛可产生睾丸炎。牛种布氏杆菌或羊种布氏杆菌感染成年怀孕母牛后，引起胎盘炎，常导致怀孕5～9个月的母畜流产。即使不发生流产，在胎盘、胎液和阴道排泄物中也有大量病原。乳腺及有关淋巴结也可被感染，并经乳汁排菌，通常妊娠期满，并又重复感染子宫和乳房，妊娠产物和乳中病原菌数量减少。急性感染时，大多数体淋巴结都有细菌。成年公牛感染可能引起睾丸炎和附睾炎，从而导致不孕症。布氏杆菌病是引起不孕而需重配的一个原因。在某些热带国家，布氏杆菌病通常表现水囊瘤且常殃及腿关节，可能是感染的唯一明显标志，水囊瘤液经常染有布氏杆菌。人们已认识到一种关节病人（通常影响到股胫关节）就是用19株疫苗免疫牛后的一种少见的并发症。

世界卫生组织将布鲁氏菌定义为危险级三级。布氏杆菌病容易传播感染人，引起一种急性发热性疾病（牛种布氏杆菌：波浪热；羊种布氏杆菌：马耳他热），急性期后可以发展成慢性型，引起肌肉-骨骼系统、心血管和中枢神经系统的严重并发症。必须有足够的预防措施防止人类感染。职业性接触常致病，本病也可通过口腔、呼吸、结膜或擦伤的皮肤感染。食入感染的奶制品构成主要的公共卫生危害。兽医和养殖户在处理受感染的动物和流产的胎儿或胎盘都容易造成职业性感染。布鲁氏菌是在实验室里最容易感染的病原菌，所以当处理培养物和严重污染的样品例如流产物时必须严格遵守安全保护措施。对布鲁氏菌感染的材料必须有具体的生物安全预防措施。实验室操作活的培养物或动物的污染材料是很危险的，必须在严格的生物安全三级控制条件下进行。大规模布鲁氏菌的培养也要在生物安全三级控制条件下进行。

在妊娠后期牛流产，从第五个月份开始，应被视为疑似布鲁氏菌病并进行调查。尽管牛群的病史可能对诊断有所帮助，但临床表现不明显。布鲁氏菌感染的明确诊断只能通过布鲁氏菌的分离和鉴定进行，但在细菌学检查是不可行的情况下，诊断必须基于血清学方法。没有一个单一的试验能够鉴定布氏杆菌。通常需要结合生长特性、血清学、细菌学和/或分子生物学的方法。

12.2 牛布病流行病学调查

随着我国奶牛养殖业的发展，奶牛及相关制品的调运日趋频繁，致使奶牛布氏杆菌病疫情在一些地方有所抬头。2008—2013年，与中国农业大学合作，采用虎红平板凝集试验(RBT)初筛、竞争ELISA确认定方法，检测了北京、山东、河北、四川、东北、内蒙古等地规模化牛场7个，其中4个牛场布病竞争ELISA血清阳性率在5%以上，最严重的一个牛场血清阳性率达到20%同时结核PPD试验阳性率也在20%以上。发病牛场流产率升高至10%～20%，并且有人员感染情况出现，严重危害人畜健康。

布氏杆菌一般持续终身感染并通过繁殖道和乳腺分泌物扩散传染。由于其对动物健康的经济影响和对人群健康的威胁，大多数国家对布氏杆菌病实施控制计划。这些计划一般包括对青年或成年动物以19菌株进行免疫接种，以及根据常规血清学试验对感染动物进行宰杀。这些常规试验方法都不能区分疫苗免疫动物和自然感染动物，从而导致对一些免疫动物的误杀。唯一权威性诊断是对致病菌进行细菌培养，但是这一过程耗时而昂贵。

2013年我们在北京周边地区进行布病流行病学调查，涉及牛场5个，借以分析布病流行情况，并探索不同检测方法的有效性。

本次试验共采集5个牧场全群牛血清样本。尾静脉采血2 mL，分离血清后冻存备测。初次检疫共涉及奶牛3 393头；其中一个牛场淘汰部分阳性牛后进行疫苗免疫，5个月后再次检测，评价疫苗免疫的有效性。采用布氏杆菌抗体间接ELISA和竞争ELISA试剂盒进行检测，其中布氏杆菌抗体间接ELISA试剂盒购自美国IDEXX公司，布氏杆菌抗体竞争ELISA试剂盒购自瑞典SVANOVIR公司。

初次检疫及二次检疫阳性牛分布情况见表12-1。其中1、2、3号牧场初次检疫前已进行A19疫苗注射免疫；4号牧场初检时未进行免疫，淘汰部分阳性牛后进行A19疫苗注射免疫及口服猪2号苗免疫，5个月后留存147头牛进行二次检疫；5号牧场未进行任何布病免疫。

表12-1　各牛场布病抗体检测情况统计表

牛场编号	检测方法	检测头数	阳性牛数	阳性率/%	流产及免疫等情况备注
1	竞争ELISA	1 432	379	26.47	A19疫苗免疫牛场
2	竞争ELISA	747	486	65.06	A19疫苗免疫牛场
3	竞争ELISA	321	70	21.81	A19疫苗免疫牛场
4	间接ELISA	431	220	51.04	未免疫，流产率30%以上
	竞争ELISA	147	102	69.39	免疫5个月后
5	间接ELISA和竞争ELISA	462	6	1.3	未免疫，流产率基本正常，两种检测方法符合率100%

分析本次检疫结果表明，对于A19免疫牛场，仍然出现高野毒感染状态，这可能与采取免疫前未彻底清除阳性牛有关。并且其中一个牧场后备牛的阳性也较高，达到32.71%(70/214)，与布病自然流行病学规律不符(通常问题牛场的后备牛感染率在1%左右)。

布病传播迅速，而目前国产A19疫苗并不能有效控制布病的传播。其中一个5 000头牛场，2007年12月初次检测成母牛布病抗体阳性率3.69%，但未淘汰阳性牛，2008年8月采用A19疫苗进行免疫，2009年4月检疫时成母牛血清阳性率达到79.8%[均为竞争ELISA检测结果，可区分S19(A19)疫苗免疫与野毒感染]。这表明在不淘汰阳性牛的情况下，A19弱毒疫苗免疫并不能阻止布病的传播。本次检测4号场淘汰部分阳性牛后免疫，阳性率反而上升也证明了这一问题(其中口服疫苗无法区分也是阳性率高的原因之一)。

另一个大型牛场，4～6 月龄犊牛和 13 月龄育成牛两次免疫 A19 疫苗，抽检 20 月龄青年牛 RBT 血清阳性率仅为 15.69%，竞争 ELISA 阳性率 0%；而成母牛 RBT 血清阳性率 67.05%，竞争 ELISA 阳性率 23.94%，成母牛年流产率在 12%左右。这表明免疫后抗体持续时间短，不能对健康牛群起到足够的保护力。另一个牛场，RBT 在连续两个月检疫仅出现 2 头阳性牛的情况下，采用 A19 疫苗免疫，10 个月后竞争 ELISA 检测出现 100 头阳性牛。A19 疫苗的有效性有待考证。因此对 5 号牛场这种感染率不高的牛场，不建议立即免疫，在淘汰阳性牛的基础上，逐月检疫净化可能是最佳方案。

由于布病难以控制，很多国家的布病净化工作用了十几年的时间。因此我们仍需探索更多的工作。为此，在布病净化工作中我们必须思考两个问题：

一是检疫方法问题。缓冲布氏杆菌抗原试验(BBAT)、补体结合试验(CFT)、ELISA、荧光偏振四种检测方法是世界动物卫生组织(OIE)推荐的国际贸易诊断方法。CFT 准确性最高，但操作繁琐；其次是竞争 ELISA，在牛布病检测时灵敏性 98.0%，特异性 99.7%；荧光偏振的敏感性和特异性等同于竞争 ELISA，其优点是在试剂盒配套的情况下可能能区分野毒感染与猪 S2 疫苗免疫。全乳环状试验(MRT)、虎红平板凝集试验(RBT)、试管凝集试验(SAT)是目前我国基层单位主要采用的检测方法，其中试管凝集试验是目前布病确认的国标。但这几种方法特异性不高，且存在人为判定因素影响。从我们的对比试验看，与竞争 ELISA 相比，MRT、RBT、SAT 的特异性大约分别为：50%、80%～90%和 90%～95%。因此我们建议，对于未免疫牛场，用 RBT 初筛、ELISA 或荧光偏振确认，是比较好的方法。二是疫苗免疫问题。从欧美布病净化工作的经验来看，对于阳性率过高的牛场，应采用免疫加筛查的方法；在牛场阳性率<1%后，停止免疫，加强检疫，检疫扑杀阳性牛，最终达到净化的目的。从临床应用来看，现有的 A19 疫苗达不到预期的作用，S2 疫苗口服可能是更为有效的免疫方法。

12.3　免疫梳式布氏杆菌病检测方法的评价

缓冲布氏杆菌抗原试验(BBAT)、补体结合试验(CFT)和 ELISA 三种检测方法是世界动物卫生组织(OIE)规定的在国际贸易中指定的诊断方法。CFT 准确性最高，但操作繁琐，现在已经很少使用；其次是竞争 ELISA 和荧光偏振，但检测需要实验室操作及配套检测仪器；全乳环状试验(MRT)、虎红平板凝集试验(RBT)、试管凝集试验(SAT)是目前我国基层单位主要采用的检测方法，其中试管凝集试验是目前布病确认检测的国标，但这几种方法特异性不高，且存在人为判定因素影响。

如何快速准确的检测布病，已成为检疫净化过程中必须考虑的问题。免疫梳式检测是以色列拜奥高公司近几年开发出来的检测方法，基于固相免疫原理(固相 ELISA)，为一个外形似梳子的塑料卡，其上包被有纯化的流产布鲁氏菌抗原，可用于检测牛血浆、血清和牛奶中流产布鲁氏菌的 IgG 抗体滴度。由于不需要实验室仪器，可用于牛场布病的快速检疫。本试验的目的是，对比此种检测方法与常用的虎红平板凝集试验、试管凝集试验及竞争 ELISA 检测方法的敏感度及特异性，确定其在布病检疫上的适用范围及有效性。

试验 1：未免疫阴性牛场布病免疫梳式检测的特异性评价

2014 年 4 月，采集某牛场全群奶牛血清 200 头份，虎红检测均为阴性，分别使用竞争 ELISA(瑞典 SVANOVA 公司生产，C-ELISA)和 Immuno Comb® 牛布鲁氏菌抗体检测试剂盒进行确认检测。结果如下(表 12-2)。

表 12-2　检测结果

检测方法	阴性	阳性
C-ELISA	200	0
Immuno Comb®	200	0

对于未免疫牛场,C-ELISA 在牛布病检测时敏感性和特异性均较高,分别达到 98.0%和 99.7%,因此可将 C-ELISA 作为标准评估免疫梳的敏感性和特异性。结果表明,免疫梳式检测与 C-ELISA 的符合率为 100%,未出现假阳性结果。

试验 2:感染牛场布病免疫梳式检测及虎红平板凝集试验、C-ELISA 检测结果评价

2014 年 4 月,某牛场近 3 个月的月流产率升高到 17.9%,近一年未使用疫苗免疫(S2 和 A19 一年内均未使用,此前由于布病问题曾采用 A19 疫苗和 S2 疫苗免疫)。采集该牛场育成牛及成母牛血清 200 头份,用于对比不同检测方法的准确性。结果见表 2。若以 C-ELISA 检测结果为标准,免疫梳出现假阴性 6 头,假阳性 3 头;虎红出现假阴性 12 头,假阳性 1 头。结果表明,对于感染较为严重牛场(C-ELISA 阳性率 20%),虎红平板凝集试验的假阴性结果较高,易出现漏检的问题;免疫梳假阴性结果为虎红平板凝集试验的 50%,但也有假阳性结果出现,这与其结果判定时使用比色卡,不易区分临界点有关,大量操作时可采用配套读卡器读取结果,可降低误差。

试验 3:感染牛场布病免疫梳式检测及虎红平板凝集试验、试管凝集试验结果评价

2014 年 5 月,选取某牛场常规检疫时虎红平板凝集试验阳性牛血清 40 头,进行试管凝集试验与免疫梳检测进行对比。40 头份血清中,试管凝集确认 8 头可疑,5 头阴性;免疫梳检测 5 头阴性。试管凝集确认 8 头可疑牛中,3 头试管凝集可疑牛在免疫梳检测时判定为阴性,5 头判定为阳性;5 头试管凝集阴性牛免疫梳判定为 3 头阳性,2 头阴性。考虑到此前试验结果,试管凝集试验的准确率为 90%,免疫梳式检测的准确性高于试管凝集试验。

试验 4:感染牛场布病免疫梳式检测与虎红平板凝集试验、C-ELISA 检测结果评价

2014 年 5 月 10 日,选取某牛场常规检疫时虎红平板凝集试验阳性牛血清 86 头,进行虎红平板凝集试验、C-ELISA 检测及免疫梳检测。该牛场部分奶牛一年内曾免疫 A19 疫苗。本试验过程在牛场实验室进行,牛场实验员具体操作。本次检测中,免疫梳检测与 C-ELISA 共同阳性的牛 13 头,免疫梳检测阳性但 C-ELISA 阴性的牛 7 头,免疫梳检测阴性但 C-ELISA 阳性或可疑的牛 10 头,偏离度较高。其原因在于该牛场部分牛 1 年内接受过 A19 疫苗免疫,C-ELISA 检测能够区分野毒感染抗体和疫苗免疫抗体,而虎红平板凝集试验及免疫梳式检测无法区分野毒感染抗体和疫苗免疫抗体。因此对于一年内曾接受 A19 免疫的牛场,C-ELISA 可能是唯一可用于筛查布病野毒感染的检测方法,免疫梳式检测由于为间接 ELISA 原理,不能用于此类牛场的初筛及确认检测。

总体结论:考虑到牛场不同感染及免疫情、现有检测方法、检测人员熟练程度,本次评估共涉及 4 个试验。结果表明,对于未免疫牛场,免疫梳式检测的敏感性及特异性优于虎红平板凝集试验,且在检测过程中不需要使用仪器,检测准确性接近 C-ELISA,可作为布病检疫的方法有效补充。其最大的使用前景为小批量牛只的布病筛查(运输检疫、买卖牛只检疫)。

几种常用布病检测方法的优缺点及适用范围:

ⅰ)虎红平板凝集试验:4 min 出结果,可用于未免疫牛场布病初筛,准确率约为 80%;

ⅱ)试管凝集试验:20 h 出结果,可用于未免疫牛场布病确认,准确率 90%;

ⅲ)免疫梳式检测(固相 ELISA):40 min 出结果,可用于未免疫牛场布病初筛及确认,准确率 95%,无须仪器,血清、血浆、全血、牛奶样品均可直接检测,样品可滴加至采样卡上保存送检,可拆分,但每人一次只能做 10～20 个样品;

ⅳ)间接 ELISA:1.5 h 出结果,可用于未免疫牛场布病初筛及确认,准确率 99%,需实验室仪器,可拆分;

ⅴ)竞争 ELISA:1.5 h 出结果,可用于未免疫牛场及布病 A19 疫苗免疫牛场的布病初筛及确认,准确率 99%,需实验室仪器,不可拆分;

ⅵ)荧光偏振:15 min 出结果,可用于免疫牛场的布病初筛,敏感性及特异性等同于 C-ELISA,需实验室仪器。

12.4　布鲁氏菌病检测方法的对比和应用

布鲁氏菌病是由胞内寄生的布鲁氏菌引起的一种重要的动物源性人畜共患病，2012 年 5 月国务院办公厅颁布的《国家中长期动物疫病防治规划（2012—2020）》将布病列为 16 种优先防控的动物疫病之一。依据《布鲁氏菌病防治技术规范》的要求，现阶段我国对布鲁氏菌病非疫区以监测为主，稳定控制区以监测净化为主，控制区和疫区实行监测、扑杀和免疫相结合的综合防治措施。因此，选择高效、敏感、特异性高的监测方法，对布病的防控至关重要。

1. 血清样品检测方法对比

目前国内普遍采用虎红平板凝集试验初次筛选，结合试管凝集试验进行最终定性的检测方法；而国际上采用间接酶联免疫吸附试验（I-ELISA）和荧光偏振试验方法进行初筛。为了对比这四种方法在布鲁氏杆菌病检测中的特异性和敏感性，设计实施了本次试验。

收集 88 份奶牛血清样本，分别用 4 种检测方法进行检测，检测结果见表 12-3。

表 12-3　血清样品检测方法对比

样品编号	检测方法			
	虎红平板	试管凝集	荧光偏振	iELISA
四种检测方法结果相同样品				
阳性（+）	25 份	25 份	25 份	25 份
阴性（−）	55 份	55 份	55 份	55 份
四种检测方法结果不同样品				
1	+	可疑	可疑	+
2	+	−	−	−
3	+	−	−	+
4	+	可疑	+	+
5	+	可疑	−	−
6	+	−	−	+
7	+	可疑	可疑	+
8	+	可疑	+	+

目前国内外主要血清学检测方法包括虎红平板凝集试验、试管凝集试验、间接 ELISA（iELISA）、竞争 ELISA（cELISA）、荧光偏振、补体结合试验等检测布病。上述血清学检测方法主要针对脂多糖的抗体，由于布鲁氏菌和某些细菌如大肠杆菌 O157 的脂多糖有共同抗原，诊断中会因交叉反应而导致假阳性结果。所以在布病检测方法选择上，敏感性和特异性同样重要。

试验结果表明，四种方法中虎红平板凝集试验敏感性最高，特异性不强；试管凝集试验特异性高，但敏感性低于其他三种检测方法；荧光偏振和 iELISA 方法具有良好的特异性和敏感性。在实际临床应用中，尤其是大规模布病监测和净化过程中，选择监测方法，既要考虑检测方法敏感性、特异性；也要考虑检测方法操作的繁琐程度和成本等。综合评价，试管凝集由于敏感性低于其他三种方法，且操作繁琐、费时，不适宜做布病初筛；但由于其特异性高，可以用作最终定性检测方法。虎红平板凝集试验虽然特异性低于荧光偏振和 iELISA 方法，但是灵敏，操作简便，在不具备做荧光偏振或 iELISA 的地区可以用作大规模初筛。OIE 标准规定采用 ELISA 和荧光偏振作为布氏杆菌病的国际贸易初步诊断方法，试验结果表明荧光偏振和 iELISA 方法灵敏性和特异性高，考虑其操作简便，诊断快速，避免人为因素干扰，易标准化和质量控制的特点适宜用于大规模布病监测初筛。

2. 奶样布病 iELISA 试验

对三个免疫牛场，每场选 30 头奶牛同时采其血清及奶样进行布病的 IELISA 检测。

(1)在对奶牛进行布病的初筛试验中，M-I-ELISA 布病检出率及符合率要略高于虎红平板法和荧光偏振(FPA)试验，同血清 I-ELISA 基本一致，从而进一步验证了该方法具有较高的特异性和敏感性。

(2)对 20 份阳性奶样分别稀释、检测，稀释到 612～2 048 仍为阳性；即布病阳性牛其奶样在经过 612～2 048 倍的稀释后仍可以通过 M-I-ELISA 方法检测到抗体，这就使得大罐奶布病的监测变成了可能。

(3)根据以上结果制定了奶牛布病尤其是奶样监测方案。

①每年春秋季即 3～4 月及 9～10 月对 6 月龄以上奶牛采用逐头检测；

②每月 10 日及 25 日对大罐奶样采样监测，一旦出现阳性，对挤进这个奶罐的每头牛采血进行监测。出现阳性牛即为假定健康牛，每月一次进行净化，直到连续三次为阴性，方可转为健康场。自产牛奶需严格经过巴氏消毒后方可饲喂犊牛。

③对假定健康场每月开展一次检疫净化。

12.5 北京市动物布病基线调查

12.5.1 调查概述

1. 调查方式与内容

运用问卷调查和现场调查相结合的方式，于 2013 年开展本调查。采用两阶段抽样方法进行问卷调查；选择布病高发县(区)进行现场调查。了解了北京市动物疫病防控体系布病防控能力，牛羊饲养、流通、免疫、养殖场生物安全措施，布病在动物、人间分布以及防治措施实施状况。

2. 分析方法

运用统计学和空间流行病学方法进行布病的生产、流通、发病、防控状况分析和多病因探讨分析。数据录入和分析过程在 Epidata、Excel 和 ArcGis 上实现。

3. 样本点分布

调查了北京市的 8 个县(区)。随机抽取奶牛场、肉牛场和羊场，合计 449 个场(户)，获取有效问卷 412 份。调查场(户)的地理分布见图 12-1(图中所示的星形为布病阳性场)。

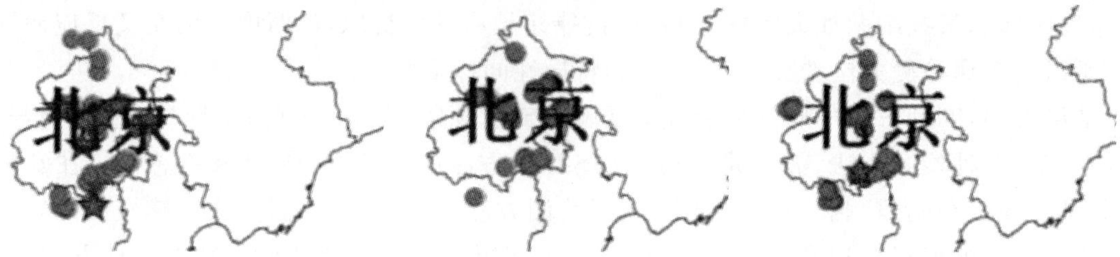

图 12-1 调查场(户)的分布

(由左到右依次为：奶牛场、肉牛场、羊场)

12.5.2　调查结果

1. 防疫能力

(1)人员构成　北京的县级防疫机构中实验室人员所占的百分比为 26.8%。县、乡、村各级防疫站中兽医专业人员和其他人员的比例为 5∶4,详见图 12-2。县、乡、村各级疫控机构人员总体男女比例为 2∶1,详见图 12-3。

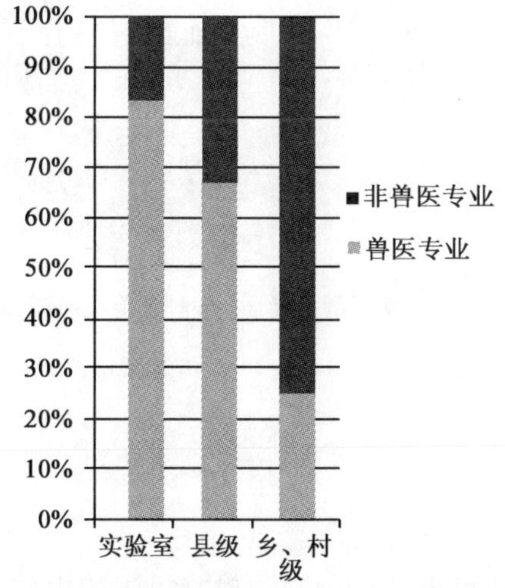

图 12-2　防疫人员专业构成

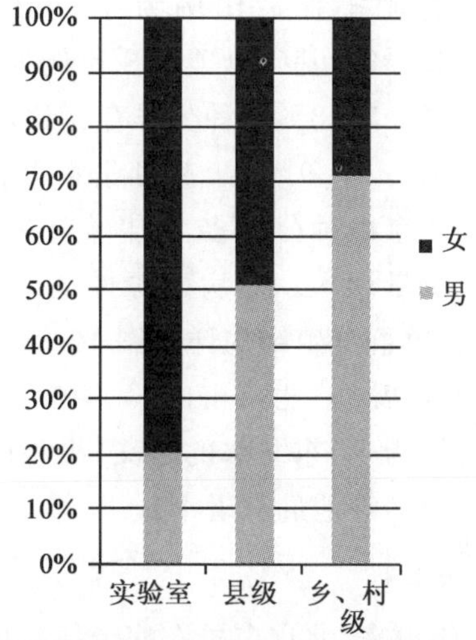

图 12-3　防疫人员性别构成

县级动物防疫机构实验室本科及以上学历技术人员占主体,约占 82.4%。县级防疫机构拥有本科及以上、大专和高中及以下学历人员的比例为 5∶3∶1。乡村级兽医和防疫站技术人员高中学历占主体,约占 64.3%。防疫人员学历构成详见图 12-4。

县级防疫机构中拥有高级、中级和初级职称的人员比例为 1∶14∶19。其中,实验室中拥有高级、中级和初级职称的人员比例为 1∶7∶5。详见图 12-5。

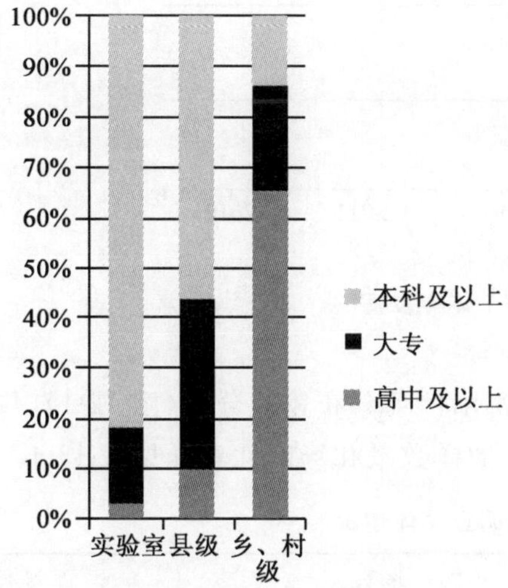

图 12-4　防疫人员学历构成

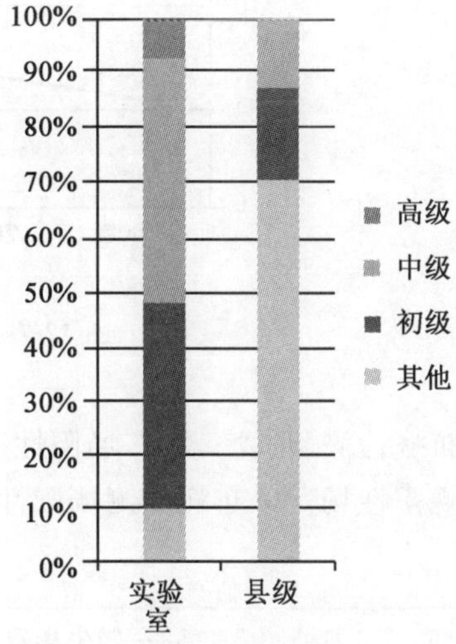

图 12-5　防疫人员职称级别构成

(2)实验室设备状况　北京的县级防疫机构中实验室的电脑占有台数平均为 5 台,联网率为 80%。

实验室均具备进行虎红平板凝集试验、试管凝集试验的条件,基本配备了移液器、普通及高速离心机、恒温箱、冰箱、水浴锅、生物安全柜等检测仪器,以及一次性真空采血管、手套、采样箱等采样仪器。基本具备了布病检测能力。

2. 饲养、流通情况

(1)饲养情况　2007 年以来,北京市每年的羊存栏构成比例相对稳定,表明养殖结构和养殖方式未发生明显变化。其中,育肥羊存栏比例为 43.4%(95%置信区间:42.2%~44.6%),基础母羊存栏比例为 49.5%(95%置信区间:47.2%~51.8%),种公羊存栏比例为 7.1%(95%置信区间:6.3%~7.9%)。表明北京羊群生产效率较低。调查表明,北京市种公羊多为自行选育,羊群自产自销为主,从外地少量调入。布病内源性风险较低,具有一定外源性风险。羊群养殖结构详见图 12-6。

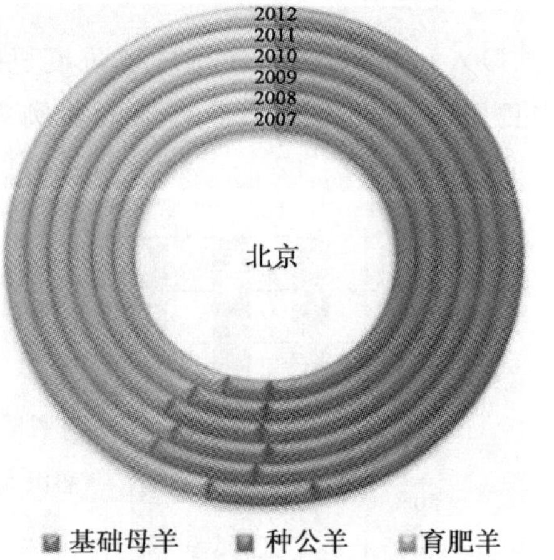

图 12-6　2007—2012 年北京市羊群构成情况

(2)调运情况　北京市的羊养殖数量较少,以自繁自养、自产自销为主,东北部的顺义、平谷区活羊主要调运至河北大厂、蓟县等地进行屠宰。

3. 布病现状

2007 年以来,北京市羊布病个体年发病率总体上呈上升趋势(图 12-7)。检测出来的阳性羊场集中在养殖密集地区(图 12-1),表明养殖密度高是布病发生的风险因素。

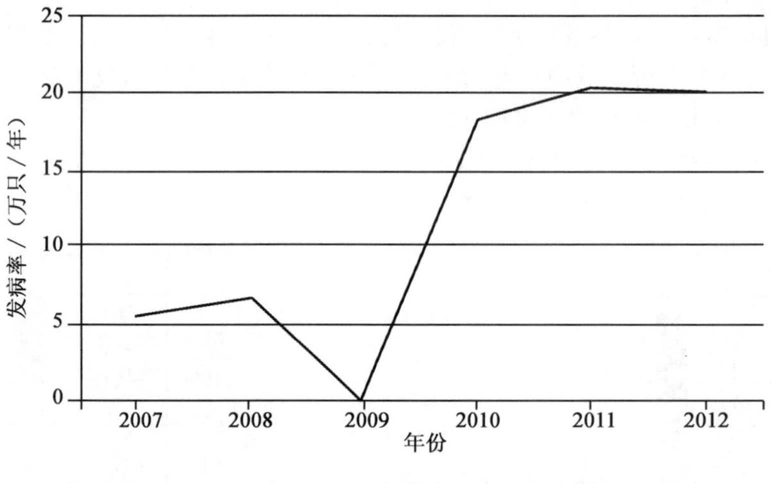

图 12-7　2007—2012 年羊布病个体年发病率

奶牛布病检测阳性率较高,场阳性率达到了 8.2%,奶牛阳性场分布较为分散(图 12-1)。肉牛布病检测未发现阳性场。羊布病检测场阳性率较低,为 0.4%。抽样数量和场阳性率详见表 12-4。

表 12-4　北京市牛羊布病抽样调查总体情况

县(区)数	奶牛场数(场阳性率)	肉牛场数(场阳性率)	羊场数(场阳性率)
8	73(8.2%)	65(0)	264(0.4%)

4. 防控措施实施状况

(1)免疫　北京市调查县(区)都实施了羊布病免疫措施,免疫制度以县(区)为单位制定实施。发病率高的县(区)免疫率相对较高,发病率低的县(区)免疫率较低,甚至不进行免疫(如:北京市的平谷区)。部分县(区)的奶牛场也实施免疫。

(2)检疫　北京市的产地检疫和屠宰检疫措施已经全面实施。羊布病血清学检测制度以县(区)为单位制定执行。现场调查结果表明,北京市的检测时间集中在 3 月份和 9 月份。

(3)监测　北京市已经实施监测措施,羊群的布病监测以人是否感染布病为依据。一旦发现人间布病病例,相关部门对周边羊场进行监测工作,监测范围依据实际情况决定。

(4)消毒　北京市羊场消毒方式以生石灰喷洒和甲醛、高锰酸钾熏蒸为主。消毒率和消毒频率详见表 12-5。

表 12-5　北京市羊场消毒情况

消毒率	95%置信区间	消毒频率/(次/月)	95%置信区间
92.4%	(70.0%,100%)	3.89	(3.61,4.18)

(5)扑杀　北京对检出的布病阳性羊均实施了扑杀和无害化处理措施。

(6)养殖场生物安全措施　北京市仅有约 10%的羊场能够获得兽医诊疗服务。养殖场内发生疫病时,村兽医是诊疗主体。兽医配备情况详见表 12-6。半数羊场/户主工作时佩戴防护用具,专业车辆使用和申报产地检疫情况区别较大。详见表 12-7。

表 12-6　北京市羊场获得兽医诊疗服务情况

获得兽医诊疗服务比率	(95%置信区间)	服务养殖场的兽医构成		
		村兽医	驻场	聘用
11.4%	(9.4%,13.4%)	86.2%	13.8%	0

表 12-7　北京市羊场佩戴防护用具和申报产地检疫情况

防护用具佩戴率	饲料购销车辆配备比率	产地检疫申报比率
44.9%	17%	40%

(7)对布病知晓程度　知晓意为了解人和牲畜患布病后症状以及如何防治布病。养殖场/户主对布病知晓情况详见表 12-8。

表 12-8　北京市养殖场(户)对布病知晓情况

知晓比率	完全不知晓比率
31.8%	34.7%

12.5.3　建议

1. 加强活羊调运限制,实施市场准入制度

活羊调运出发地是布病高发区,调运目的地是布病低发区。为减轻远距离传播造成布病感染范围扩大,应加快市场准入制度建设,建立、实施完善的活羊调运追溯、追踪体系,加快推进牲畜交易市场羊经纪人档案建立制度的制定和实施。

2.重视养殖场生物安全措施建设

人间布病感染主要群体为养殖人员和基层防疫人员，主要感染途径为接羔时感染和免疫时感染。产羔前后对产羔场地进行消毒是布病重要防治措施之一，如果实施有效的消毒措施，人群感染率将会下降一半。加强养殖人员健康教育，严格执行穿工作服、佩戴防护用具、接羔时佩戴橡胶手套等制度。强化产羔前后对产羔场地、特别是有流产现象时进行消毒的措施。

3.加强对中老年养殖人员的布病知识宣传教育

调查表明，40～50岁组的中年人为人间布病发病的主体。分析结果表明，养殖场主知晓布病是布病感染的保护因素，不知晓布病和知晓布病对于养殖场是否感染的相对风险度为2～6倍。因此加强布病的宣传教育，尤其是对养殖场内的中老年人这一高危人群进行布病症状和防治等知识的宣传和普及对于布病防控具有重要意义。

4.加强抽样监测与调运情况调研

为全面了解北京市的人间和动物的布病感染情况，需加强布病抽样监测工作。调查表明，布病监测以人间病例为指示，发现人间病例以后，即在周边地区羊群进行监测，并采取相应的防治措施。这种监测方式不利于在早期发现感染羊群，加强随机抽样监测工作非常必要。

活羊调运是布病传播的重要风险因素，当前对于调运数量、调运方向、调运活羊的感染情况不清楚，不利于布病防治工作。加强活羊长距离调运监管工作非常重要，特别是需要尽快建立活羊经纪人造册登记制度，加强活羊经纪人管理和健康教育。

12.6 奶牛布病防控技术推广示范

从20世纪80年代末开始，北京市对奶牛结核病防控逐步采取检疫净化措施。经过10余年的不懈努力，检疫阳性率持续下降。到2000年全市年平均奶牛结核病阳性率为0.01%～0.02%，达到了农业部颁布的奶牛结核病稳定控制标准。但是，进入21世纪后，北京市进一步加大了农业结构调整的力度，鼓励郊区发展牛、羊等草食家畜。在支农扶持政策的带动下，北京市大量引入外埠奶牛，奶牛存栏迅速增加，数量由1999年的6.6万头迅速上升到2003年的14.1万头，期间由于大量从外埠购进来源复杂、品质差、血缘不清、健康状况不明奶牛，使结核病感染率在北京市局部地区牛群中迅速上升。

近几年来，北京市尽管采取了严格的检疫净化措施，但由于该病一般呈现隐性感染和难以及时发现的特点，加之养殖户防疫观念薄弱，在人工授精、挤奶、接产、饲草饲料、运奶车辆等环节的防范措施不力以及奶牛的无序流调等因素，使北京市局部地区结核病阳性牛持续有检出。为了迅速遏制奶牛布病和结核病阳性持续升高的趋势，北京市进一步加大了布鲁氏菌病和结核病防控工作力度。从2010年开始，投入巨资启动实施了《北京市奶牛布鲁氏菌病和结核病控制与净化计划》。

奶牛产业技术体系奶牛创新团队成员积极响应市农业局要求，开展奶牛布病流行病学调查、诊断技术研究与对比试验、编写培训教材、逐级开展技术培训，在北京市建立了10个奶牛布病净化示范场，示范推广新型布病检测技术。在示范场的带动下，京津冀地区使用布病新型检测技术开展布病净化，覆盖规模超过10万头奶牛，其中北京市奶牛布病阳性率连续5年下降，已降至农业部规定的稳定控制标准以下。

为了切实巩固净化成果，今后还必须加强以下工作：

(1)切实做好阳性牛的处置，坚决及时扑杀染疫动物，防止疫病扩散。一是要及时核实每一头非免疫布病阳性牛，并组织实施扑杀。二是对免疫阳性牛实施隔离，严格限制其移动。三是坚决杜绝因基础信息不实、采样不规范和弄虚作假等原因导致阳性牛处置无法实施。

(2)加强奶牛的专项检疫监管。对存在布病阳性的奶牛养殖场户进行重点监控，定期或不定期的实施检查，核对存栏数量。根据《跨省调运乳用、种用动物产地检疫规程》修订《北京市跨省调运种禽、乳用动物管理暂行办法》并下发全市。

(3)加快布病免疫与奶牛专用标识的准备。一是确保布病疫苗的主渠道供应，通知布病疫苗生产厂家不得向北京市出售疫苗，杜绝奶牛养殖场户私自免疫。二是尽快完成奶牛专用电子耳标招标采购工作，确保在第二次布病监测工作完成后开展布病免疫和配标工作。三是根据第二次布病检测结果，重新调整布病免疫条件，对布病阳性率高于 1% 的奶牛养殖场和小区实施免疫审批，种场和散养户不实施免疫。

(4)落实扑杀补偿资金。及时有效落实阳性牛群扑杀政策和经费，避免只管防不管杀的情况出现，确保“两病”净化项目的顺利实施。

(5)完善工作机制。为保障项目后期的顺利开展，应尽快建立和完善系列工作机制。一是检测结果的反馈制度，经由集中反馈改变为随时反馈。二是建立检查和督导制度，定期或不定期对各区县的项目进展情况进行检查督导，提高区县执行力。三是建立通报制度，把区县工作进展和工作质量定期予以通报，督促区县按时、按要求、高质量完成各项工作。四是建立内部宣传机制，设计制作工作简报，定期或不定期向上级领导及区县通报两病净化工作开展情况，提高各级领导对于两病净化项目的思想认识和重视度。五是建立工作协同机制，建立由疫控机构和监督机构组成联合工作小组，提高工作的执行力。

(李永清、赵景义团队)

第13章 牛结核病综合防治技术集成与示范

13.1 概述

结核病(tuberculosis)是由结核分枝杆菌复合群(mycobacterium tuberculosis complex)中的细菌引起的一种人畜共患传染病。结核分枝杆菌复合群包括结核分枝杆菌、牛分枝杆菌、非洲分枝杆菌、微小分枝杆菌以及最新发现的 *M. canettii* 分枝杆菌。而牛结核病(*Bovine tuberculosis*)是由牛分枝杆菌(*Mycobacterium bovis*)引起的一种慢性、消耗性人兽共患传染病,被世界动物卫生组织(OIE)列为B类动物疫病。全球每年大约有5 000万头牛感染结核,造成经济损失可达30多亿美元。

该病呈世界性分布,在很多国家仍然是牛和其他家畜以及某些野生动物的主要传染病,而且能够传播给人类,给人类带来健康问题。该病常常通过空气传播,也可以通过摄食污染的饲料、饮水等而经消化道传播。感染后,形成结节状肉芽肿称为结核。特征性结核病变最常见于肺、咽喉、支气管、纵隔淋巴结,病变也常见于肠系膜淋巴结、肝、脾、浆膜及其他器官。

牛结核病通常根据在活体上出现迟发性过敏反应来诊断,临床症状的示病性不典型。感染前期,可能不出现临床症状。而在感染后期常出现特征性的临床表现,包括体弱、厌食、消瘦、呼吸困难、淋巴结肿大和咳嗽,但这些症状在其他病也可看到。死后则通过尸体剖检,病理组织学检查及细菌学技术诊断。也可以用DNA探针/多聚酶链反应(PCR技术),但这些技术尚不能代替传统的细菌学诊断技术。

病原鉴定细菌学检查包括:显微镜检查抗酸性杆菌;用选择培养基分离分枝杆菌,再通过培养和生化试验来鉴定,也可应用核酸探针和PCR;偶尔,因培养物污染或其他特殊原因,可经豚鼠接种,再按上述方法分离、鉴定来证实。

迟发性过敏反应试验本试验是测定牛结核病的标准方法。用结核菌素给牛皮内注射,3 d后测定注射部位的肿胀厚度。用牛和禽结核菌素作皮内注射比较试验,主要是为了区别由牛分枝杆菌感染的动物或是由其他分枝杆菌及有关属的感染而产生对结核菌素敏感的动物。

选择哪种试验方法一般取决于结核病的流行现状和环境中其他敏感病原体感染的水平。由于纯化蛋白衍生物(PPD)具有较高的特异性和更易于标化,PPD已经取代了热处理合成的介质结核菌素。用于牛的PPD推荐剂量至少为2 000 IU(国际单位),在比较试验中,其剂量每次应不低于2 000 IU。反应根据适宜的方案来判定。

血清学试验现在已有不少新的血清学诊断方法问世,如牛结核 γ 干扰素酶联免疫吸附试验(ELISA);可以检测细胞依赖性免疫反应的淋巴细胞增生试验和可以检测抗体反应的间接酶联免疫吸附试验(ELISA)。其敏感性和特异性需进一步证实,而材料准备和实验室操作可能是一种限制因素,而且需要大量在不同条件下与皮肤试验的对比试验。γ-干扰素试验是非常有效的试验方法。

13.2 屠宰场牛结核组织病理学调查

为了调查结核病牛的肉产品流向人群的情况,2014年,本研究团队对某大型屠宰牛场的1 576头屠宰牛进行为期2个月的持续采样,采样部位主要包括肺脏、肝脏、淋巴结等,期间记录各脏器的大体病变，之后对可疑样品制作常规石蜡组织切片，并进行显微镜观察。结果目前屠宰牛的肝脏和肺脏组织病变比率较高，占总屠宰量的比率分别达到 4.89%(77/1 576)和 12.5%(197/1 576)。该结果表明目前屠宰牛的肝脏和肺脏病变比例较高，肉用品质令人担忧，尤其是结核病的存在对公共卫生造成显著影响，对人类健康构成严重威胁。由于传统的牛结核病的诊断方法如细菌培养消耗时间长，结核菌素(PPD)皮试试验容易出现假阳性等缺点，因此，牛结核病的存在严重制约着人结核病的净化。所以，建立一种准确率高、耗时短的诊断方法显得尤为重要。根据国内外发表的相关序列，设计合成针对 9 段基因的引物，并对这 9 对引物的特异性、灵敏度进行验证，形成一套鉴定结核病原菌的完整的 PCR 方法：该 9 对引物可以快速、准确的检测出结核分枝杆菌，并能根据阳性条带的组合来鉴定 M. tuberculosis、M. Bovis、M. bovis BCG、M. Smegmatis、MOTT strains。

13.3　牛分枝杆菌致病机理研究

牛分枝杆菌是一种具有广泛宿主谱的致病因子，除了感染多种动物外，还可以通过呼吸道、消化道以及通过损伤的皮肤或黏膜引起人的结核病。牛分枝杆菌感染宿主后，主要定居于网状内皮细胞系统，尤其是巨噬细胞内。当机体感染结核分枝杆菌后，到底是宿主将细菌清除，还是细菌成功在巨噬细胞中存活并繁殖？这取决于宿主的免疫反应与细菌入侵的相互作用。结核分枝杆菌成功感染宿主需要多个阶段：①在巨噬细胞中成功繁殖；②结核分枝杆菌能够修饰宿主的免疫反应，使宿主能够控制但不能根除细菌；③能够在宿主中相对不活跃的持续存在，但仍然保留被激活的潜力。感染的不同阶段涉及变化的环境，因此细菌一定有一套系统调控多个基因的表达，使细菌能够适应不同的环境变化。研究表明，有毒力的分枝杆菌能够阻断吞噬体的成熟及其与溶酶体的融合，从而逃逸吞噬细胞的杀灭作用。究竟是哪些细菌成分能够引起结核分枝杆菌在巨噬细胞中的存活？其具体的机制又是什么？本实验室研究团队分别对结核分枝杆菌的菌体蛋白 Mb1684、Mce4A、Mce4E、PE-PGRS62、Rpf、Mb1NV，结核分枝杆菌分泌性蛋白 MPB83、MPB70 等进行了深入的研究。为了更好地研究复苏促进因子 Rpf C 与巨噬细胞的相互作用，我们成功构建了 Rpf C 复苏促进因子的原核表达质粒。在大肠杆菌 BL21 中获得高效表达。研究表明，Rpf C 重组蛋白对肺泡巨噬细胞活性具有明显的毒性作用。与单纯巨噬细胞对照组相比，肺泡巨噬细胞＋BCG＋Rpf C 组的 TNF-＋、IL-4、IL-10 表达量显著上调，IL-12 和 iNOS mRNA 表达量显著下调。Mb1514 基因编码牛分枝杆菌一种推定侵入蛋白(命名为 Mb1NV 蛋白)，但其确切功能并不清楚。因此，利用基因重组技术对该基因进行了克隆、原核表达、纯化和复性，首次成功获得了重组蛋白，并利用鼠巨噬细胞解析了该蛋白的生物功能。Western blotting 结果显示，重组 Mb1NV 蛋白质能够被兔抗牛分枝杆菌阳性血清特异性识别，说明该蛋白具有抗原性，提示该蛋白在诊断抗原的制备和亚单位疫苗的研发上具有潜在的应用价值。用不同浓度的重组 Mb1NV 蛋白刺激 RAW264.7，结果显示，该蛋白对 RAW264.7 的活性具有显著的抑制作用($P<0.05$)，且具有剂量依赖性。该蛋白还能导致 RAW264.7 的坏死，说明该蛋白具有毒性。通过细胞侵入抑制试验测定了 Mb1NV 的侵入功能，结果显示，Mb1NV 能抑制牛分枝杆菌的侵入，且呈剂量依赖关系，证明该蛋白自身具有细胞侵入功能。将 MB1684 蛋白加入 ANA-1 巨噬细胞后，细胞的增殖受到显著的抑制，并且随着浓度的升高抑制作用显著增强。本实验还检测了 ANA-1 巨噬细胞在受到 rMB1684 蛋白作用后 NF-κB 的激活情况，并且研究了细胞因子 IFN-γ 以及 IL-1β，IL-6，TNF-α 升高与 NF-κB 的激活之间的关系。结果表明，细胞在 rMB1684 处理以后这几种细胞因子的释放显著地升高，其 mRNA 的表达水平也显著升高，NF-κB 被激活。抑制 NF-κB 的激活可以显著地抑制 rMB1684 引发的细胞因子 mRNA 表达水平的上调，这说明 MB1684 引发的细胞因子的表达水平升高是由于 NF-κB 的激活造成的；另外，我们证明了 mce4A 和 mce4E 蛋白增强了重组菌摄取碳源供给自身代谢的能力；mce4A 和 mce4E 蛋白有助于重组菌胞内持留能力上升，mce4A 和 mce4E 蛋白影响重组菌感染的巨噬细胞 IL-1、iNOS 和 TNF-重组基因 mRNA 的表达。利用人体正常菌群中的 M. Smegmatis 作为牛分枝杆菌 PE-PGRS62 毒力基因载体，构建表达

牛分枝杆菌 PE-PGRS62 蛋白的重组耻垢分枝杆菌,对其与巨噬细胞的相互作用进行研究,发现该蛋白能抑制巨噬细胞的炎性反应,增强牛分枝杆菌在细胞内的存活能力,同时,该蛋白还能抑制吞噬体-溶酶体的融合。

另一方面,当结核分枝杆菌感染宿主巨噬细胞后,也有可能被巨噬细胞所清除,从而避免了疾病的发生,那么,巨噬细胞到底是通过何种途径控制了细胞内结核分枝杆菌的繁殖?这其中的机理又是什么呢?本实验室研究人员研究了牛分枝杆菌感染巨噬细胞后自噬的影响,牛分枝杆菌感染 THP-1 细胞后对细胞凋亡的影响,以及 AIM2 炎症复合体在牛分枝杆菌介导的分泌和细胞凋亡中的作用机制。结果表明,牛原代巨噬细胞 MDMs 在饥饿诱导后会产生自噬并对于细胞抵抗牛分枝杆菌有一定的帮助。为了研究 AIM2 炎症复合体在巨噬细胞产生 IL-1 的作用,我们用牛分枝杆菌以攻菌量 10∶1 感染小鼠巨噬细胞,感染 24 h 后收集细胞上清检测 IL-1。结果表明,与对照组 PBS 相比,牛分枝杆菌可促使原代小鼠骨髓源巨噬细胞及 J774a.1 细胞分泌 IL-1α,并且该过程具有 caspase-1 依赖性,因为 casapase-1 抑制剂可导致 IL-1 分泌的减少。另外,牛分枝杆菌还可促使巨噬细胞中 AIM2 和 ASC mRNA 表达量也显著升高,并且这种作用随着感染剂量的增加而增加。以上结果表明 AIM2 炎症复合体可能参与牛分枝杆菌引起巨噬细胞激活的过程中。进一步研究 AIM2 炎症复合体在参与牛分枝杆菌诱导的巨噬细胞产生 IL-1 体的过程中的作用,我们采用 siRNA 干扰技术,分别沉默 AIM2 和 ASC 基因表达。基因沉默后,用牛分枝杆菌刺激巨噬细胞,24 h 后取细胞上清进行 IL-1 上的 Western Blot 检测。结果显示,与对照组相比,干扰 AIM2 和 ASC 表达后,IL-1 的产生有显著下降。并且干扰 AIM2 以后,由 casapse-1 所介导的炎性坏死数量也有显著地减少。说明 AIM2 炎症复合体在牛分枝杆菌引起巨噬细胞 IL-1 产生过程中有一定的调控作用。此外,我们的研究还表明,牛分枝杆菌所引发的 AIM2 炎症复合体的激活机制。使用细胞外高钾离子浓度和细菌内吞作用的抑制剂细胞松弛素,可导致 IL-1 分泌的减少和 AIM2 mRNA 表达量的降低。说明 AIM2 炎症复合体的激活需要细胞内的钾离子和细胞吞噬作用,但与 ROS 无关。在感染后 24 h,通过透射电镜观察到牛分枝杆菌可从吞噬小体中转移到细胞质中,这也为牛分枝杆菌可激活 AIM2 炎症复合体提供了直观的依据。通过以上实验证明了牛分枝杆菌通过激活 AIM2 炎症复合体来引起小鼠巨噬细胞分泌 IL-1,并且这是由牛分枝杆菌有吞噬小体进入到细胞质中所引起的。我们之前的研究发现,不同感染状态的牛分离到的单核细胞转化成的巨噬细胞,在进行体外感染牛分枝杆菌时,存在反应差异。为了研究整个转录组的表达差异,我们应用基因芯片技术检测巨噬细胞在体外攻毒前后的基因表达变化。结果发现,结核阳性牛与结核阴性牛的巨噬细胞的表达谱之间有较小的差异,不如有些实验使用外周血单个核细胞表现出的差异那么大。而且,结核阴性牛的巨噬细胞在攻毒的时候,其基因变化的倍数普遍高于结核阳性牛的倍数,说明了结核阳性牛的巨噬细胞可能对体外感染牛结核分枝杆菌反应差。

近年来,多重耐药性结核病和广泛耐药性结核病的发生率呈增长趋势。为了更好地解决 TB 所引起的公共卫生安全问题,人们急需寻找新型的有效的抗结核治疗手段,其中就包括巨噬细胞内的天然抗菌分子(如防御素)。但是,尚未有关于牛中性粒细胞 β 引起防御素(BNBD)抗分枝杆菌作用的报道。我们构建了两个毕赤酵母真核表达重组载体 Mbnbd4-Ppic9k 和 Mbnbd5-Ppic9k,通过转化、筛选、诱导表达、纯化等获得重组蛋白 Mbnbd4 和 Mbnbd5。研究表明,Mbnbd4 和 Mbnbd5 对耻垢分枝杆菌和牛分枝杆菌均具有抗菌活性,其抗菌活性是通过影响牛分枝杆菌细胞壁的完整性来完成的。

虽然,科研工作者在结核的致病机理及防治方面做了大量工作,但是结核病仍然是世界范围内导致人类发病和死亡的重要传染病,并且每年都有新发生的结核病例出现,除此之外,随着多重耐药性分枝杆菌株和极其耐药性分枝杆菌株的出现,现有的大多数抗结核药物都对其失去了杀菌效力,因此,新型抗分枝杆菌药物的研发显得尤为重要。在牛结核的诊断方面,采用皮试或 ELISA 的方法总是避免不了其他分枝杆菌的干扰,这样就会造成结核病牛的假阳性或假阴性,从而造成错淘或者漏淘,导致不必要的经济损失或者净化不彻底。而且皮试反应也无法区分疫苗毒与自然感染毒,因此,研发一种可靠、准确、快捷的结核诊断方法也是重中之重。

13.4　牛结核病检测方法比对试验

1. 牛结核分枝杆菌皮内变态反应试验结果

皮内变态反应结果如下：来自怀柔地区皮试结果呈阳性反应的 23 头牛，来自武清地区皮试结果呈阳性反应的 83 头牛和呈可疑结果的 6 头牛，是当地进行牛结核病年度普查时筛查出来的。来自延庆地区两个牛场的 127 头牛，皮试结果全部为阴性。

2. 牛结核分枝杆菌 γ-干扰素检测试验结果

对上述 239 份牛血进行牛结核分枝杆菌 γ-干扰素检测，结果如下：来自怀柔地区的 23 份牛血，17 份为阳性，6 份呈阴性。来自武清地区牛场 1 的 50 份牛血，36 份为阳性，14 份为阴性；牛场 2 的 39 份牛血，34 份为阳性，5 份为阴性。延庆地区牛场 1 的 63 份牛血均为阴性结果；牛场 2 的 64 份牛血中有 1 份是阳性结果，其余 63 份是阴性(表 13-1)。

3. 牛结核分枝杆菌皮内变态反应试验与 γ-干扰素试验结果的比较

牛结核分枝杆菌 γ-干扰素试验结果显示，来自怀柔地区和武清地区的 106 头牛皮试试验呈阳性的牛血，γ-干扰素检测 82 份为阳性，24 份为阴性；来自武清地区的皮试反应为可疑结果的 6 份牛血，γ-干扰素检测 5 份为阳性，1 份为阴性。来自延庆地区 2 个农场的 127 头牛，皮试结果均为阴性，BOVIGAM® 试验 1 头牛为阳性。详见表 13-1。

表 13-1　γ-干扰素检测与皮试试验结果汇总表　　头

实验动物		实验结果						备注
		γ-干扰素检测			皮试试验			
区域	总头数	阳性	阴性	可疑	阳性	阴性	可疑	
怀柔	23	17	6	0	23	0	0	
武清 1	50	36	14	0	46	0	4	3 头牛皮试(±)，IFN(＋)；1 头牛皮试(±)，γ-IFN(－)；
武清 2	39	34	5	0	37	0	2	2 头牛皮试(±)，γ-IFN(＋)；
延庆 1	63	0	63	0	0	63	0	
延庆 2	64	1	63	0	0	64	0	1 头牛皮试(－)，γ-IFN(＋)；
合计	239	88	151	0	106	127	6	

4　讨论与结论

牛结核分枝杆菌皮内变态反应试验的原理是，机体受到结核杆菌刺激时，导致 T 淋巴细胞转变为淋巴母细胞，进而增殖分化为致敏淋巴细胞，使机体致敏；如再次接触结核杆菌(结核菌素)时，致敏淋巴细胞即释放出各种淋巴因子，发生迟发型变态反应，出现以单核细胞浸润，以及由于巨噬细胞释出溶酶体酶(水解酶)和淋巴细胞释出淋巴毒素所引起的组织坏死为特征的病理现象。皮内注射提纯结核菌素(PPD)于健康动物，不出现显著的局部炎症反应。如果将其注入曾感染结核病的动物，便发生迟发型超敏感性应答，注射几小时后注射局部出现红斑、水肿及肿胀硬固等炎性反应。注射后 24～72 h 反应程度最强，以后逐渐消退。

本实验中的牛结核分枝杆菌皮内变态反应试验是按照国标进行的，只进行了牛型 PPD 皮内变态反应试验，不能排除其中的 106 头皮试反应结果呈现阳性的牛有禽型结核分枝杆菌等引起的非特异性假阳性反应的可能;6 头皮内变态反应为可疑结果的牛,由于迟发型超敏反应在感染后 3～6 周才能产生,因此结核病早期感染的牛,皮内变态结果可能是阴性或可疑;而且,迟发型超敏反应的敏感性达不到 100%,对于具有严重病理学变化的慢性感染动物,结核菌素试验可能是无应答的。因此,上述 6 头牛或者其他 127 头阴性牛并不能完全排除处在早期感染或慢性感染的可能。由此推论,单靠结核菌素皮肤试验试验结果从畜群中根除结核病是不可能的。

γ-干扰素试验是 Wood 等于 1990 年建立的一种快速诊断牛结核病的检测方法,即在体外用禽型和牛型 PPD 刺激牛血,检测释放到牛血中的 IFN-γ 水平,显著提高了检测牛结核病的敏感性和特异性。1991 年澳大利亚动物健康委员会将该方法确定为检测牛结核病的正式方法。由于全血 IFN-γ 水平对结核分枝杆菌感染的检测具有高度的敏感性和特异性,该技术为结核病的早期诊断提供了新的方法。牛结核分枝杆菌 γ-干扰素试验的原理与皮内变态反应相似,都是评价细胞免疫功能的试验。肝素抗凝血用特异性抗原(即分支结核杆菌 PPD)刺激后,在 37℃、16～24 h 培养过程中致敏淋巴细胞释放 γ-干扰素,通过测定 γ-干扰素的水平来评价动物是否被结核杆菌感染。BOVIGAM® γ-干扰素检测试剂盒就是基于此原理开发的,通过基于单克隆抗体的夹心 ELISA 检测 γ-干扰素。此试剂盒同时用禽型和牛型 PPD 进行刺激,利用两种 PPD 刺激后产生的 γ-干扰素量的差异进行结果判定,排除了禽型分枝杆菌引起的非特异性反应。与皮内变态反应相比,BOVIGAM® IFN－γ 试验具有如下优势:①BOVIGAM® IFN－γ 是使用两种单抗的夹心 ELISA,提高了试验的特异性,克服了结核菌素皮内变态反应容易出现假阳性的不足;②皮内变态试验一般需要 72 h 之后才能观察结果,比较费时,劳动强度大,而该试验只需要保定一次动物,省时省力;③皮内变态反应结果判定人为因素影响较大,而该试验有商品化试剂盒提供,容易实现标准化、比较科学和客观;④皮内变态试验可能会弄虚作假,骗取政府补偿金;⑤BOVIGAM® IFN－γ 具有检测早期感染的能力,平行进行两种试验能够检测出更多数量的感染动物。

牛结核分枝杆菌 γ-干扰素试验结果显示,106 头皮试试验阳性牛血,82 份为阳性,24 份为阴性;皮试反应为可疑结果的 6 份牛血,5 份为阳性,1 份为阴性。两个试验同时检测的 127 头牛,皮试结果均为阴性,BOVIGAM® 试验有 1 头牛为阳性。产生这种差异的原因可归结为:①结核菌素皮内变态反应存在假阳性,导致变态反应的阳性结果总数大于 γ-干扰素试验阳性结果总数;②γ-干扰素试验具有检测结核病早期感染的能力,结核菌素皮内变态反应对早期感染或慢性感染动物可能无应答。

结核菌素皮内变态反应被 OIE 列为国际贸易指定使用的试验,也是我国国家标准规定的检测方法。鉴于该方法也有其局限性,单靠结核菌素试验结果不可能从畜群中完全根除结核病。目前 OIE 已经将 γ-干扰素试验列为国际贸易中结核病检测指定使用的替代方法,而且有商品化的试剂盒供应,如瑞士 Prionics 公司生产的 BOVIGAM® 牛结核分枝杆菌 γ-干扰素检测试剂盒。该试剂盒目前已经经过了澳大利亚、美国、爱尔兰、新西兰、意大利和西班牙的 13 000 头牛进行的田间试验,已获准用于欧盟、美国、新西兰、澳大利亚等国家的结核病控制计划。目前,尽管 γ-干扰素检测试验已是 OIE 规定的国际贸易指定使用的替代试验,但我国还没有此标准。本验证试验结果显示,BOVIGAM® IFN－γ 试验,可以作为普查牛结核病的平行试验,以最大限度地检出被感染动物,也可作为牛结核病普查的系列试验对皮内变态反应结果进行确诊,与 OIE 官方资料所述内容一致。建议我国尽快制定相应的国家标准,将其用于牛结核病的普查工作中。

13.5 奶牛结核病防控技术推广示范

皮内结核菌素试验在奶牛检疫中存在诸多问题,一是受人为因素和诊断试剂纯度的影响较大,很容易呈现假阳性反应(当感染副结核分枝杆菌等环境分枝杆菌时假阳性反应的概率更大)。二是由于只做牛型 PPD 皮肤试验,其试验结果不能排除其他分枝杆菌的非特异性干扰。三是试验结果判定需要进行三次，持续 72 h，劳动强度较大，容易出现工作懈怠和应付了事行为。为此，团队成员在以往工作的基层上，继续开展针对结核菌素皮内变态反应和牛结核分枝杆菌 γ-干扰素试验两种方法的对比验证试验，以便进一步完善我国牛结核检测标准体系。

通过对京津冀三个不同地区的奶牛场(户)奶牛同时进行 PPD 皮内变态反应试验和牛结核分枝杆菌 γ-干扰素试验的对比试验，分析验证试验结果得出，牛结核分枝杆菌 γ-干扰素试验不仅能检出早期感染结核杆菌的牛，而且可以最大限度地检出被感染动物，可作为皮内变态反应确诊试验的有效方法。

自 2012 年来，团队成员在北京、天津、河北等地开展牛结核流行病学调查，通过防控技术培训、示范场建设，利用示范场的带头作用带动周边养殖场户使用牛结核分枝杆菌 γ-干扰素试验检测牛结核病，技术推广覆盖牛群超过 10 万头，起到了很好的效果，北京已连续 5 年未检测到结核阳性牛。

（赵景义，李永清团队）

第 14 章　奶牛口蹄疫的风险评估体系研究与示范

14.1　概述

北京奶牛疫病防控水平位居全国前列，目前，奶牛结核和奶牛布病的检疫率达到 100%；奶牛口蹄疫免疫率达到 100%，免疫抗体监测覆盖率每年可达到 150%，A 型、Asia-1 型、O 型口蹄疫抗体水平都远高于农业部要求的群体免疫合格率。但是口蹄疫、布病、结核等重大动物疫病时有发生，其中口蹄疫在调研的养殖场（户）中近 5 年内有 31.7%的场（户）发生过口蹄疫，16.7%发生过布病，11.7%发生过结核，此三种重大疫病造成的经济损失占所有疾病损失的 22%以上，说明重大疫病仍然是北京市奶牛防控工作亟须解决的关键，也将是奶牛创新团队未来工作的重中之重。

风险评估是以科学为基础，对具有不确定性的事件或结果进行逻辑判断的一种过程，是将专家经验知识和现代数学方法相结合，建立风险评估指标体系，确定指标值和权重，建立综合评价模型，最后用合适的阈值来确定风险程度或根据风险因素的权重采取相应防控措施。气候、环境、主要易感家畜（牛、羊、猪等）的饲养数量和密度、人员、动物及其畜产品的流动、动物群体的免疫水平等均可影响口蹄疫疫情的发生和传播。因此，将环境、生态和社会人文活动等方面的各种相关因素综合，进行口蹄疫风险评估，确定疫情发生的风险程度，尽早做好预防工作的安排、部署和实施，可有效地提高整体防控效率，减少重大经济损失。目前我国有针对禽流感、蓝舌病、牛海绵状脑病等流行病风险评估体系的报道，但对特定环境下规模化奶牛养殖场口蹄疫风险评估的模型国内尚未见相关报道，因此，拟建立北京地区规模化牛场的生态系统和饲养环境建立口蹄疫疫情发生风险定量评估体系，以弥补定性分析的不足，实现对口蹄疫发生的风险度进行科学评价，促进其及时采取措施预防、控制口蹄疫的发生，并将此体系在 5 个以上规模化奶牛场示范应用。

14.2　口蹄疫风险评估体系研究

14.2.1　建立口蹄疫发生风险评估体系的基本原则

研究口蹄疫的发生风险，首先必须考虑其发生风险的各因素，为了使这些因素能够科学、客观地反映口蹄疫发生的风险程度，且这些因素指标的采集具有稳定性、独立性和可操作性，在确立口蹄疫发生风险因素时，应遵循以下基本原则。

1. 科学性原则

由于口蹄疫的传播具有一定的季节性、周期性、传播多样性等流行病学特点，在确定口蹄疫发生风险因素时应以其流行病学特点为基础，这将关系到后续风险评估的质量。

2. 重要性原则

影响口蹄疫发生和传播的因素很多，如果面面俱到，必然在分析过程中冲淡一些决定因素的作用，造成分析过程的复杂性。因此，研究中必须选取在口蹄疫传播中起决定性作用的因素进行评价。

3. 稳定性原则

对口蹄疫发生风险进行评估时，某些影响其发生和传播的自然因素和社会因素具有很大的变动性和不确定性，且难以搜集，会影响到整个评估体系。因此，研究中应选取相对稳定的因素进行评估。

4. 独立性原则

如果选择的因素在内涵上有交叉，则在分析评价时就会难于评价和比较，并会加重或削弱该因素的权重，影响评价结果的准确性和可靠性。

5. 可行性原则

风险评估指标的选择应具有可采集性、可量化和易于评价的特点，每项指标都要有资料来源，可从相关部门的统计资料中获得，也可经实地调查获得，并能够进行有效的衡量或统计。

14.2.2　口蹄疫发生风险评估指标体系的建立

1. 风险评估指标的确定

全面合理的评估指标体系是保证评估结果科学准确的前提。本项目通过搜集、整理相关的流行病学资料，采取现场调查、问卷调查、专家咨询等方式，结合北京市实际情况以及现有对口蹄疫发生风险指标的研究，确定口蹄疫发生风险评估指标体系。根据确定风险因素的基本原则，经分析论证初步确定的口蹄疫发生的风险因素，包括 5 个方面的风险因素(B1～B5)，16 个子风险因素(C1～C16)，具体见表 14-1。

表 14-1　口蹄疫传播风险因素

	B 风险因素	C 子风险因素
A 口蹄疫传播风险因素	B1 疫情和病原	C1 本区县以前疫情情况
		C2 周边省份或区县与其他省份或区县疫情情况
		C3 相邻国家(地区)与其他国家(地区)疫情情况
		C4 病毒血清型、变异性和毒力
	B2 免疫和监测	C5 免疫密度
		C6 抗体合格率
		C7 监测方式与频率
	B3 饲养管理因素	C8 养殖密度
		C9 规模化程度
		C10 养殖者防控意识
		C11 粪便处理方式
	B4 动物流通	C12 动物流通的规模、数量与频密程度
		C13 动物流通市场的检疫力度
		C14 动物流通工具的卫生状况与消毒情况
	B5 地理气候因素	C15 气候环境
		C16 地理因素

2.确定各风险评估指标的权重

对总评价目标(口蹄疫发生风险)进行连续性分解以得到不同层次的评价目标,在同一层,依据各个评价目标对总评价目标作用价值的大小,给各评价目标赋予一定的权数(相对权重),再根据相对权重分别计算各项风险因子的组合权重系数(绝对权重)。运用层次分析法计算被比较指标的相对权重和绝对权重并做一致性检验。具体见表 14-2。

表 14-2 口蹄疫风险指标权重

	一级指标	一级指标相对权重	二级指标	二级指标相对权重	绝对权重
口蹄疫风险指标相对权重与绝对权重	疫情和病原	0.255	本区县疫情情况	0.558	0.142
			周边省份或区县与其他省份或区县疫情情况	0.122	0.031
			相邻国家(地区)与其他国家(地区)疫情情况	0.057	0.015
			病毒血清型、变异性和毒力	0.263	0.067
	免疫和监测	0.373	免疫密度	0.429	0.160
			抗体合格率	0.429	0.160
			监测方式与频率	0.143	0.053
	饲养管理因素	0.188	养殖密度	0.303	0.057
			规模化程度	0.429	0.081
			养殖者防控意识	0.170	0.032
			动物粪便处理方式	0.098	0.018
	动物流通	0.105	动物流通的规模、数量与频密程度	0.525	0.055
			动物流通市场的检疫力度	0.334	0.035
			动物流通工具的卫生状况与消毒情况	0.142	0.015
	地理气候因素	0.079	气候因素	0.500	0.040
			地理因素	0.500	0.040

3.综合评分方法

动物疫情发生风险评估的本质是一个定量分析的过程,即用数字去反映可能发生重大动物疫情的概率,因此需要对风险指标进行分级量化,分为高风险、较高风险、中度风险、较低风险与低风险 5 个风险等级,每级分别赋值为 1、0.7、0.4、0.2、0(具体见表 14-3)。

多指标综合评分方法,是将多个内容、量纲、评价方法和评价标准均不统一的指标进行标准化处理,使各指标的评价结果或得分值具有可比性,再通过一定的数学模型或算法将多个评估指标值计算为一个整体性的综合评估值。每个指标的标准分值与其权重进行加权平均,就得到风险评价的总分值,综合评价函数为:

$$Y=\sum_{i=1}^{n}R_iX_i$$

式中:Y 为口蹄疫发生风险的概率;X_i 为子风险因素赋值结果;R_i 为子风险指标的绝对权值;n 为子风险因素的数量。

根据风险评估概率获得的结果来进行风险评估(表 14-4)。

表 14-3　口蹄疫评价指标赋值标准

评价指标	赋值				
	1	0.7	0.4	0.2	0
本区县疫情情况	1～2 年内本区县本季度发生过疫情	1～2 年内本区县其他季度发生过疫情	3～5 年内本区县发生过疫情	5 年以上本区县发生过疫情	本区县未发生过疫情
周边省份或区县与其他省份或区县疫情情况	周边省份或区县1～2 年内本季度发生过疫情	周边省份或区县1～2 年内其他季度发生过疫情	其他省份 1～2 年内本季度发生过疫情	其他省份 1～2 年内发生过疫情	周边省份或区县和其他省份或区县未发生过疫情
相邻国家(地区)与其他国家(地区)疫情情况	相邻国家 1～2 年内本季度发生过疫情	相邻国家 1～2 年内其他季度发生过疫情	其他国家 1～2 年内本季度发生过疫情	其他国家 1～2 年内发生过疫情	周边国家和其他国家未发生过疫情
病毒血清型、变异性和毒力	有不同的血清型，或毒株易变易，或不同毒株之间毒力不同				只有一个血清型，且毒株不易变异，且不同毒株毒力相同
免疫密度	免疫率≤20%	20%<免疫率≤60%	60%<免疫率≤80%	80%<免疫率≤95%	95%<免疫率≤100%
抗体合格率	抗体合格率≤50%	50%<抗体合格率≤70%	70%<抗体合格率≤80%	80%<抗体合格率≤90%	抗体合格率≥90%
监测方式与频率	无病原学和抗体监测方法	一年监测一次病原和抗体	半年监测一次病原和抗体	一季度监测一次病原和抗体	每月监测一次病原和抗体
养殖密度	猪场分布密度>14.4 个/km^2	10.8 个/km^2<猪场分布密度≤14.4 个/km^2	7.2 个/km^2<猪场分布密度≤10.8 个/km^2	3.6 个/km^2<猪场分布密度≤7.2 个/km^2	猪场分布密度≤3.6 个/km^2
规模化程度	养殖小区为主	散养为主	规模化养殖程度一般	规模化养殖程度高	规模化养殖程度较高
养殖者防控意识	防控意识极差	防控意识较差	防控意识差	防控意识好	防控意识较好
动物粪便处理方式	清理粪便间隔时间较长	不定期清理粪便	定期清理粪便	及时清理粪便	无害化处理
动物流通的规模、数量与频密程度	调入量大且频次多	调入量小但频次多	调入量大但频次少	调入量小且频次少	无活禽调入
动物流通市场的检疫力度	无检疫环节	检疫程度较低，漏检数量较多	检疫程度低，漏检数量多	较好的检疫程度，但有漏检现象	严格的检疫环节，严禁病禽进入流通市场
动物流通工具的卫生状况与消毒情况	卫生极差且不消毒	卫生差，偶尔消毒	卫生状况一般且按规定消毒	卫生状况较好且按规定消毒	极好且按规定消毒
气候环境	日照时间短，6℃≤气温≤16℃	日照时间短，−6℃≤气温≤6℃	日照时间短，16℃≤气温≤25℃	日照时间稍长，25℃≤气温≤30℃	日照时间长，气温≥30℃
地理因素	天然屏障较少，经过运输车辆很多	天然屏障较少，经过运输车辆较多	天然屏障少，经过运输车辆多	天然屏障多，经过运输车辆少	天然屏障较多，经过运输车辆较少

表 14-4　口蹄疫风险评估概率表

二级指标	绝对权重(R)	赋值(X)	R×X	赋值依据
本区县疫情情况	0.142			
周边省份或区县与其他省份或区县疫情情况	0.031			
相邻国家(地区)与其他国家(地区)疫情情况	0.015			
病毒血清型、变异性和毒力	0.067			
免疫密度	0.160			
抗体合格率	0.160			
监测方式与频率	0.053			
养殖密度	0.057			
规模化程度	0.081			
养殖者防控意识	0.032			
动物粪便处理方式	0.018			
动物流通的规模、数量与频密程度	0.055			
动物流通市场的检疫力度	0.035			
动物流通工具的卫生状况与消毒情况	0.015			
气候因素	0.040			
地理因素	0.040			
	风险概率值(Y)			

4.风险等级

通过专家会议,按概率划分出五个风险等级1～0.8、0.8～0.6、0.6～0.4、0.4～0.2和0.2～0,分别为高风险、较高风险、中度风险、低风险与极低5个风险等级,以红、橙、黄、蓝、绿色表示(结果见表14-5)。

表 14-5　风险指标等级

风险等级	极高风险	高风险	中度风险	低风险	极低风险
风险概率	1～0.8	0.8～0.6	0.6～0.4	0.4～0.2	0.2～0
预警级别	红色	橙色	黄色	蓝色	绿色
风险描述	几乎是肯定会发生	可能会经常发生	可能会定期发生	发生可能性小	极少发生

14.3　口蹄疫风险评估体系的示范

2013年至今,对大兴、昌平两地的5个规模化奶牛养殖场进行口蹄疫风险评估体系的实施运用,通过定期进行监测、收集体系内每个影响因子的参数,每3个月根据饲养管理、监测、免疫、疫病流行状况等因素来评估示范场口蹄疫的风险现状,并形成了相应的风险评估报告,以某奶牛场的风险评估数据为例进行分析(表14-6)。

表 14-6　某牛场风险评估概率表

二级指标	绝对权重(R)	赋值(X)	赋值依据	$R\times X$
本区县疫情情况	0.142	0.2	5 年以上发生过	0.028 4
周边省份或区县与其他省份或区县疫情情况	0.031	1	周边省份或区县 1～2 年内本季度发生过疫情	0.031
相邻国家(地区)与其他国家(地区)疫情情况	0.015	1	相邻国家 1～2 年内本季度发生过疫情	0.015
病毒血清型、变异性和毒力	0.067	1	有不同血清型	0.067
免疫密度	0.160	0.2	90%<免疫密度≤95%	0.032
抗体合格率	0.160	0.2	三种血清型合格率>80%	0.032
监测方式与频率	0.053	0	每月监测一次	0
养殖密度	0.057	0	0.02 个/km^2	0
规模化程度	0.081	0.4	规模化程度一般	0.032 4
养殖者防控意识	0.032	0.4	防控意识薄弱	0.012 8
动物粪便处理方式	0.018	0.7	不定期清理	0.012 6
动物流通的规模、数量与频密程度	0.055	1	调入量大且频次多	0.055
动物流通市场的检疫力度	0.035	0.7	漏检数量较多	0.024 5
动物流通工具的卫生状况与消毒情况	0.015	0.4	卫生状况一般	0.006
气候因素	0.040	0.7	日照时间短－6℃<气温<6℃	0.028
地理因素	0.040	0.2	经过运输车辆较少	0.008
风险概率值(Y)				0.384 7

根据赋值标准对照表对该场的 5 个一级指标下的 16 个二级指标进行一一赋值，然后再用确定的绝对权重值与赋值相乘，最后得到了风险概率值，再将该值按照风险指标等级表(表 14-7)的等级进行划分，最终确定该奶牛养殖场的口蹄疫发生的风险等级。

表 14-7　风险指标等级

风险等级	极高风险	高风险	中度风险	低风险	极低风险
风险概率	1～0.8	0.8～0.6	0.6～0.4	0.4～0.2	0.2～0
预警级别	红色	橙色	黄色	蓝色	绿色
风险描述	几乎是肯定会发生	可能会经常发生	可能会定期发生	发生可能性小	极少发生

该奶牛养殖场的本次风险评估的风险概率值是 0.384 7，根据之前建立的风险指标等级评定该养殖场的口蹄疫发生的风险为低风险，预警级别为蓝色，发生可能性较小。

风险概率数值的大小不是风险评估的最终目的，重要的是明确不同风险因素的权重值，即确定不同风险的优先次序或等级，对于风险级别高的因素如：口蹄疫病毒感染抗体检测结果为阳性，应优先考虑防制措施。

通过3年的示范应用,该评估体系可对规模化奶牛场场口蹄疫的发生风险进行科学评估和预警预报,帮助牛场及时对各项风险因素进行改进,并及时采取其他相关防控措施,如通过规范饲养管理,完善生产记录、建立健全养殖场生物安全体系、筛选并优化了免疫程序、制定并完善监测方案并实施监测等措施,示范应用后不仅大大提高了实施群体的口蹄疫抗体合格率,改善了口蹄疫免疫保护效果,有效防止了口蹄疫的发生,同时也有效降低了其他重大动物疫病发生率,提高了牛群整体生产性能。

(冯小宇团队)

第 15 章　奶牛乳房炎的综合防治技术研究与示范

15.1　概述

奶牛乳房炎是对奶业生产造成损失的第一大疾病，严重影响世界奶牛业发展。在畜牧、兽医、食品等领域一直受到广泛关注。乳房炎能导致产奶量减少，牛奶的废弃，奶牛过早淘汰，兽医服务和劳动力的消耗，进一步引起更大的损失，据统计奶牛业大约 80％的损失由乳房炎造成[1]。乳房炎，通常定义为乳腺的炎症，是一种花费巨大且与多变的病原、严重程度相关的复杂疾病，其转归取决于环境的好坏、病原体的强弱和宿主免疫力的强弱[2]。乳房炎多数情况下是细菌感染引起的乳房炎症，但又不局限于细菌感染，乳房炎以白细胞和血清蛋白从血液进入感染部位为特征。奶牛患乳房炎以后，所产的乳汁中含有大量的炎性因子、病原微生物及其产生的毒素，可危害消费者的身体健康。乳房炎还使奶产量的减少，品质降低，治疗费用、废弃奶、牛死亡和淘汰的增加以及使用寿命减短等。

Benda 在 1993 年首次提出了牛乳腺免疫学的概念，并指出牛乳腺免疫学的研究内容包括乳腺的免疫防御机制、免疫调节作用、被动免疫转运功能及乳腺免疫学研究方法 4 个方面。奶牛乳腺炎的发生率有赖于接触病原微生物、乳腺的防御机能和环境致病因子三方面的因素。乳腺天然具有的防御机制对保护乳腺的健康起着重要作用。到目前为止，抗生素疗法仍是治疗奶牛乳房炎最常见的方法。抗生素治疗存在诸多弊端，比如耐药性的产生及牛奶中药物残留等，因此研制出新型抗菌疗法（无抗疗法）迫在眉睫。其中益生菌是控制病原感染的一种新选择。未感染牛的乳头表面、乳池、乳导管可栖息有包括益生菌在内的多种微生物群落。然而，益生菌应用于乳房炎治疗还存在许多局限。首先，益生菌经过肠道，在肠道生态系统中其影响能凌驾于病原菌的影响之上，以此来发挥免疫调节作用。口服益生菌对乳腺健康有许多其他有益作用，但是在肠道环境之外发挥对乳腺作用的深层机制在很大程度上仍然是未知的。其次，我们之前的研究表明，用高剂量的鼠李糖乳杆菌预处理会抵消它的免疫调节作用。因此，为改善奶牛乳房炎直接饲喂细菌的剂量效应（给药方案）需要更细致的研究。第三，奶牛日常增补益生菌的给药途径（口服胶囊还是混于饲料中）尚需深入研究。

在临床和亚临床感染中，引起奶牛乳房炎的主要致病菌为金黄色葡萄球菌。潘虎等在《我国部分地区奶牛乳房炎的病因及发病情况调查》中指出：金黄色葡萄球菌引起的隐性乳房炎和临床乳房炎发病比例分别为 17.44％和 18.39％，高建等在《北京地区奶牛乳房炎的流行状况调查》一文中，该比例则分别达到 37.8％和 33.3％。北京市目前奶牛存栏约 13 万头，据此推算，北京市每年因金葡菌型乳房炎所导致的经济损失保守估计超过 2 000 万元。由于金黄色葡萄球菌引起的奶牛乳房炎疫情不易控制且菌株分布广泛，因此有必要对北京地区奶牛乳房炎中分离到的金黄色葡萄球菌进行全基因测序和分型，从而为建立北京市金黄色葡萄球菌数据库和分析菌株的传播机制奠定基础。

参考美国国家乳房炎委员会（NMC）的标准，按照乳汁及乳房是否能够依靠肉眼分辨出差异，乳房炎可以分成三个大类，分别是慢性乳房炎、亚临床型乳房炎（隐性乳房炎）和临床型乳房炎。国际奶牛联合会通过对奶牛的乳房炎进行数据统计，结果显示奶牛患临床型乳房炎的概率比较低，其在全世界范围的发病率仅为 2％左右，而隐性乳房炎，即亚临床型乳房炎发病率较高，其在全世界范围的发病率高达

50%，这对经济造成的损失也最为严重。但就我国奶牛的情况来说，目前我国奶牛患临床型乳房炎的平均概率是 34.13%左右，而亚临床型乳房炎(隐性乳房炎)的发病率在 28%～79%[3-7]。奶牛患乳房疾病的时候不仅会导致奶牛的产奶量大幅度下降，还会导致牛奶质量的下降，同时还可能由于奶牛出现红肿热痛等临床型乳房炎的症状，进而出现奶牛饮食衰退，并逐步出现全身性机能降低等不良反应。在这种情况下，农民往往需要增加对奶牛的治疗费用，并淘汰不良奶牛数量，以确保奶牛质量保持在较佳水平，但同时也降低了农民的收入水平，进而引起一系列的经济损失。据统计，全世界每年因该病造成的牛奶生产损失高达 380 万 t，经济损失超过 350 亿美元。正因为其在奶牛中较高的发病率和治疗的复杂性，使得乳房炎严重制约了奶业的发展。然而，现阶段常用的治疗方法并没有取得理想的效果，而且常用的抗生素疗法对于食品安全也会产生影响。因此，近年来，随着基因工程和分子育种技术的发展，对奶牛乳房炎抗性/易感性基因的研究逐渐成为热点，通过选育携带乳房炎抗性/易感性基因的奶牛，有望使长期困扰、制约奶牛养殖业发展的这一难题从根本上得到解决。

15.2　奶牛乳房炎防治专用新兽药创制

李秀波团队在奶牛常见病的防治方面做了大量的调研、筛查工作，连续 3 年对我国奶牛乳房炎的主要致病菌及其耐药情况进行监测调查，建立奶牛乳房炎病原菌基础数据库 1 个，库容量达 50 000 余株；研制成功了一系列奶牛乳房炎防治专用新兽药：硫酸头孢喹肟乳房注入剂(泌乳期)，盐酸头孢噻呋乳房注入剂(干乳期)，硫酸头孢喹肟乳房注入剂(干乳期)，目前 3 个兽药均已顺利通过农业部兽药评审中心的评审，荣获国家新兽药注册证书(农业部公告 2119 号、2303 号和 2328 号)。

1.硫酸头孢喹肟乳房注入剂(泌乳期)

硫酸头孢喹肟为第四代头孢菌素类动物专用抗生素，有高效、低毒、低残留的特点，能治疗由金黄色葡萄球菌、停乳链球菌和乳房链球菌引起的泌乳期奶牛临床型乳房炎。新兽药申报时，美国先灵葆雅公司有硫酸头孢喹肟乳房注入剂(泌乳期)产品上市，但未在中国注册销售，国内尚无厂家注册生产。该产品选择硫酸头孢喹肟与缓释剂、助悬剂等制成无菌、长效的混悬液，制备工艺为国内外首创，且成本低于国外同类产品，已申报国家发明专利(201310664982.X)，硫酸头孢喹肟乳房注入剂(泌乳期)的研制填补了国内空白。北京 12 个奶牛场试验示范，奶牛乳房炎的治愈率 85%以上，经济前景广阔。2014 年，产品已通过农业部评审，并获得国家新兽药证书[(2014)新兽药证字 53 号](图 15-1)。

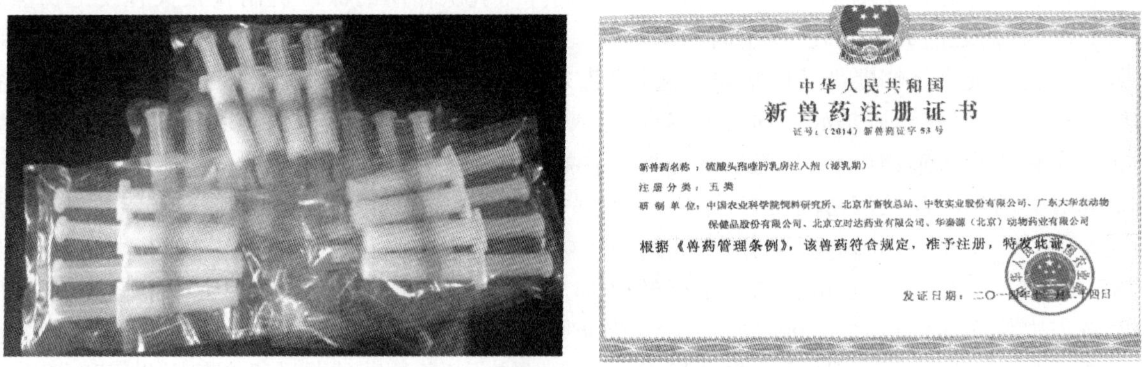

图 15-1　硫酸头孢喹肟乳房注入剂(泌乳期)与注册证书

2.盐酸头孢噻呋乳房注入剂(干乳期)

盐酸头孢噻呋为第三代头孢菌素类动物专用抗生素，具有高效、低毒、低残留的特点，能预防和治疗由金黄色葡萄球菌、停乳链球菌、大肠杆菌和乳房链球菌等引起的干乳期奶牛亚临床乳房炎。

新兽药申报时，美国辉瑞公司有盐酸头孢噻呋注入剂(干乳期)产品上市，但未在中国注册销售，国内尚无厂家注册生产。该产品选择头孢噻呋与缓释剂、助悬剂等制成无菌、长效的混悬液，成本低于国外同类产品，制备工艺为国内外首创，已申报国家发明专利（201310665166.O)，盐酸头孢噻呋乳房注入剂(干乳期)的研制填补了国内空白，2014 年，在北京 30 多个奶牛场试验示范，奶牛乳房炎发病率降低 8.0%以上。2015 年，产品已通过农业部评审，并获得国家新兽药证书［(2015)新兽药证字 40 号］(图 15-2)。

图 15-2　盐酸头孢噻呋乳房注入剂(干乳期)及注册证书

3. 硫酸头孢喹肟乳房注入剂(干乳期)

硫酸头孢喹肟为第四代头孢菌素类动物专用抗生素，具有高效、低毒、低残留的特点，能预防和治疗由金黄色葡萄球菌、停乳链球菌和乳房链球菌等引起的干乳期奶牛临床型乳房炎。新兽药申报时，美国先灵葆雅公司有硫酸头孢喹肟乳房注入剂(干乳期)产品上市，但未在中国注册销售，国内尚无厂家注册生产。该产品选择硫酸头孢喹肟与缓释剂、助悬剂等制成无菌、长效的混悬液，制备工艺为国内外首创，且成本低于国外同类产品，北京十多个奶牛场试验示范，奶牛乳房炎的发病率降低 10.0%以上，经济前景广阔。2015 年，产品已通过农业部评审，产品证号：(2015)新兽药证字 62 号(图 15-3)。

图 15-3　硫酸头孢喹肟乳房注入剂(干乳期)及注册证书

本研究将新技术、新产品推广到昌平、延庆、密云、大兴、房山等区县，2014—2016 年全年免费发放给基层奶牛场盐酸头孢噻呋乳房注入剂(干乳期)、硫酸头孢喹肟乳房注入剂(干乳期)、硫酸头孢喹肟乳房注入剂(泌乳期)共 15 万多支，奶牛乳房炎发病率降低 8%，奶牛乳房炎治愈率达 85%以上，作用效果显著。

15.3 奶牛乳房炎病原菌分离鉴定和基因测序

王九峰团队采集了北京市3个奶牛场73头患临床型乳房炎并经过全身及局部用药仍未痊愈不同治疗阶段的荷斯坦泌乳牛81个乳区乳样或组织样,并取不同阶段11个健康乳区乳样进行对照实验,探究了临床型乳房炎发病率与年龄、胎次、泌乳阶段等条件的关系;细菌构成与分离率、细菌耐药性、毒力基因的流行率和奶牛乳区健康程度、年龄、胎次、泌乳阶段、治疗时间、病程长短的关系;肠致病性大肠杆菌对乳腺上皮细胞的细胞病变、黏附力和侵袭力;乳房炎病变组织的组织病理学变化。结果表明:①经过治疗的乳房炎病例所分离的细菌主要为易产生耐药的细菌,以大肠杆菌与金黄色葡萄球菌为主,大肠杆菌随着年龄与胎次的推移有先高后低的趋势,而金黄色葡萄球菌逐渐增长。随着治疗时间的推移金黄色葡萄球菌分离率超过了大肠杆菌,肺炎克雷伯氏菌分离率有稳步上升的趋势;②所分离细菌对牛场常用药耐药性明显且流行率高,而对非常用药基本无耐药;③所研究大肠杆菌毒力基因的存在与健康与否、泌乳阶段、治疗时间、病程长短无明显关系;④EPEC靠黏附与注入毒力蛋白致病;⑤乳房炎组织病理变化表现为嗜中性粒细胞浸润、上皮细胞坏死脱落、结缔组织增生。开展了相关研究工作。

冯小宇团队利用Illumina Miseq测序平台对2012—2013年北京地区从乳房炎奶样中分离到的12株葡萄球菌进行基因测序和分型,获得了金黄色葡萄球菌的基因数据库。经初步分析显示,这12株葡萄球菌主要分为三类,分别为金黄色酿脓葡萄球菌、溶血性葡萄球菌和伪中间型葡萄球菌。此次葡萄球菌的高通量测序掌握了12株葡萄球菌的基因信息,为进一步的基因分析奠定基础,同时也为北京市监测奶牛乳房炎的感染情况提供技术支持。

15.4 益生菌作用于乳房炎的机制研究

王九峰团队针对鼠李糖乳杆菌减轻大肠杆菌导致的炎症和细胞损伤的机制展开研究,通过给3 h前预先和LGR-1共同培养过的原代牛乳腺上皮细胞(BMECs)攻大肠杆菌,探索了鼠李糖乳杆菌LGR-1对大肠杆菌感染的影响。试验证明,在体外培养的原代奶牛乳腺上皮细胞中接种剂量107 CFU/mL鼠李糖乳杆菌(*L. rhamnosus* GR-1)能显著降低大肠杆菌感染的奶牛乳房炎体外模型的形态学损伤。根据我们的实验结果显示:*L. rhamnosus* GR-1能活菌预处理使大肠杆菌黏附率减少至49%,*L. rhamnosus* GR-1能通过与E. coli竞争黏附位点来降低E. coli在牛乳腺上皮细胞的黏附,并减少*E. coli*引起的牛乳腺上皮细胞超微结构的损伤。基因水平检测显示*L. rhamnosus* GR-1能降低由*E. coli*引起的牛乳腺上皮细胞TLRs和NOD的mRNA的表达。免疫荧光实验结果:*L. rhamnosus* GR-1能降低由*E. coli*引起的牛乳腺上皮细胞NLRP3的蛋白表达。蛋白水平检测表明,*L. rhamnosus* GR-1能降低由*E. coli*引起的牛乳腺上皮细胞NLRP3炎性体(受体蛋白NLRP3;接头分子ASC;效应蛋白Caspase-1)的蛋白表达,降低炎症反应,并且能降低由*E. coli*引起的牛乳腺上皮细胞促炎因子(IL-1β、IL-18、IL-8,IL-6、TNF-α)mRNA表达;提高抗炎因子(IL-10)的mRNA表达。因此*L. rhamnosus* GR-1作为益生菌制剂广泛用于奶牛,从整体调整机体机能,防治奶牛乳房炎和子宫内膜炎,不但有利于提高经济效益,而且在人类健康上也有重要意义,是应用在奶业高效养殖技术模式的重要工作之一。

15.5 TBX21基因与产奶性状及体细胞数的关联分析

倪和民团队为鉴定与奶牛产奶性状和乳房炎抗性相关的遗传标记,以383头中国荷斯坦母牛(均为2胎牛)为研究对象,利用直接测序法及飞行时间质谱法首次寻找TBX21基因5′和3′侧翼区的SNP位点,进而对这些多态性位点与中国荷斯坦牛4个泌乳性状(305 d产奶量、乳脂率、乳蛋白率、乳糖率)

和体细胞数进行关联分析。结果表明：在 TBX21 基因 5′和 3′侧翼区存在 2 个 SNP 位点，一个是在 3′侧翼区 1 091 bp 处 A→G 的突变，一个是 3′侧翼区 654 bp 处 A→C 的突变；这 2 个位点均处于哈代-温伯格(Hardy-Weinberg)平衡状态。关联分析结果表明，rs207725545 位点 AA 基因型个体的 4 种泌乳性状和体细胞数均高于 CC 型个体($P>0.05$)；rs110420592 位点 GG 基因型个体的产奶量和乳糖率高于 AA 型个体($P>0.05$)，AA 基因型个体的乳脂率和乳蛋白率高于 GG 型个体($P>0.05$)，而 GA 基因型个体的体细胞数略高于其他 2 种基因型个体($P>0.05$)因此，在本试验群体中，TBX21 基因的 rs110420592 和 rs207725545 两个位点与产奶性状和体细胞数无显著关联，后续需要扩大群体对 TBX21 基因的其他位点进行遗传效应分析。

（李秀波、王九峰、倪和民团队）

第16章 奶牛子宫内膜炎的综合防治技术研究与示范

16.1 概述

奶牛子宫(内膜)炎是奶牛养殖业中常见的多发病,多集中在产后2周内,一般发病率为20%～35%,通常是子宫黏膜的黏液性或脓性炎症。由于炎症所产生的有毒物质可致死精子和胚胎而成为奶牛不孕的常见原因之一,我国奶牛子宫(内膜)炎型不孕症占成年母牛不孕症的17%以上。子宫(内膜)炎不仅能够影响奶牛的发情与妊娠,降低奶牛产奶量,诱发乳房炎等疾病,严重时还会造成奶牛繁殖能力的丧失,有的急性病牛还可引起败血症而导致死亡。因此,该病对奶牛业的危害相当严重,可造成较大的经济损失。据国外统计,开始配种前就因子宫内膜炎而淘汰的奶牛达10%,四胎以内淘汰的可高达40%(邹莉萝等,2007)。1986年Bartlett的调查认为,每头感染子宫内膜炎的奶牛在泌乳期可损失106美元(贾杏林等,2005);1987年Bretzlaff报道,奶牛产后患子宫内膜炎,其产犊间隔可增加80～110 d不等,估计每天的经济损失为2～2.25美元(Bretzlaff K,1987);1994年Guard报道,每头奶牛产后患子宫疾病的经济损失可达285美元。据资料报道,在美国每年有12.19%的奶牛因为患不孕症或繁殖疾病而被淘汰,占淘汰母牛的52.23%,经济损失可高达2.7亿美元。在俄罗斯,患不孕症奶牛占适龄母牛的10%,而在不孕症中所占比例最大的为子宫内膜炎(李世宏等,2007)。我国的奶牛不孕率有15%～20%,个别地区可高达30%～50%及以上(邹莉萝等,2007),中国每年因不孕而淘汰的奶牛占淘汰总数的60%～70%(宋振威等,2009)。此外,奶牛的子宫内膜炎还是引发奶牛乳房炎的主要元凶之一。

子宫内膜炎危害性主要表现在以下几方面:一是影响母牛产犊间隔(Bretzlaff K N, et al., 1987)。子宫内病原菌产生的毒素或者病原菌自身感染所引起的炎症反应可抑制脑垂体分泌黄体生成素,干扰产后卵泡生长及功能,影响卵巢正常的排卵周期(张维军等,2006),据研究学者推算,奶牛产犊间隔每延长1个月,其产奶量将递减2.5%。随着产犊间隔的拉长,损失将越加明显,在间隔时间超过20个月时,比间隔12个月年经济效益低1 660余元(赵红霞等,2008);二是母畜的子宫内膜炎会使公畜精子活力降低,阻碍受精及胚胎着床,从而使得奶牛屡配不孕(张维军等,2006);三是子宫内膜炎系引起母牛真胃变位的重要诱因(张士泉等,2009)。此外,子宫内膜炎还可导致奶牛产奶量下降以及治疗期间牛奶的废弃,不仅增加了养殖成本,也造成了巨大的损失和浪费。

由此可见,子宫内膜炎的发病率因地域不同,饲养管理方式的不同,发病率呈现地域差异性。虽然经过多年的疫病防控和研究,子宫内膜炎的发病率依然没有得到有效的遏制,因此,开展新的奶牛子宫内膜炎疫病防控关键技术研究迫在眉睫。最终达到降低奶牛淘汰率、增加繁殖力、减少治疗费用、增加产奶量,减轻奶农养殖负担的目标,进而保证我国的奶牛养殖业的健康发展。

16.2　奶牛子宫内膜炎防治专用新兽药创制

头孢喹肟(Cefquinome)，又称为头孢喹咪或头孢喹诺，是动物专用的第四代头孢菌素类抗生素。头孢喹肟通过抑制细胞壁的合成达到杀菌效果，其抗菌谱广、抗菌活性强，对大多数 G＋菌和 G－菌均显示出良好的抗菌活性，尤其对金黄色葡萄球菌、链球菌、绿脓杆菌和大肠杆菌属的成员都有较低的抑菌浓度，另外对耐青霉素的葡萄球菌和肠球菌也有活性。头孢喹肟对 β-内酰胺酶高度稳定。头孢喹肟已在我国注册，主要用于治疗多杀性巴氏杆菌或胸膜肺炎放线杆菌引起的猪呼吸道疾病。现有的硫酸头孢喹肟注射剂、粉针剂主要通过肌肉注射给药，很难达到子宫内部，不如子宫局部用药效果好。因此，开发一种适用于奶牛使用的头孢喹肟子宫注入制剂具有重要的现实意义。

李秀波团队在奶牛常见病的防治方面做了大量的调研、筛查工作，连续 3 年对我国奶牛子宫内膜炎的主要致病菌及其耐药情况进行监测调查，建立奶牛子宫内膜炎病原菌基础数据库 1 个，库容量达 50 000 余株；研制成功了奶牛子宫内膜炎防治专用新兽药：硫酸头孢喹肟子宫注入剂，目前该兽药已顺利通过农业部兽药评审中心的评审，荣获国家新兽药注册证书(农业部公告 2328 号)(图 16-1)。

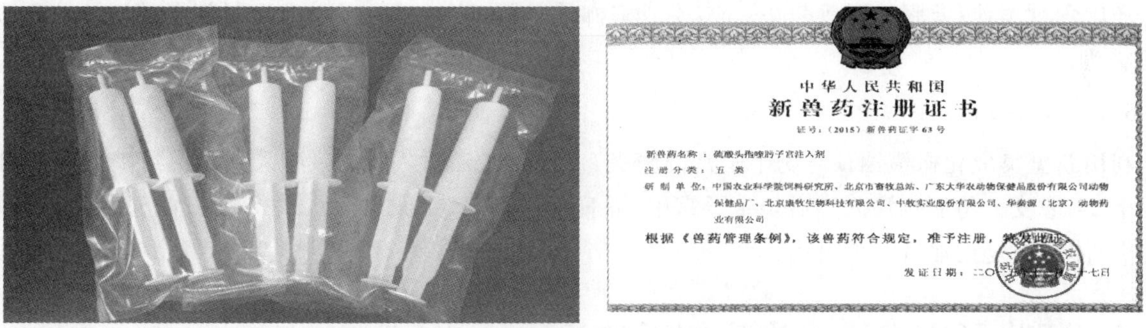

图 16-1　硫酸头孢喹肟子宫注入剂及注册证书

硫酸头孢喹肟为第四代头孢菌素类动物专用抗生素，具有高效、低毒、低残留的特点，硫酸头孢喹肟子宫注入剂能够有效治疗由对头孢喹肟敏感的大肠杆菌、葡萄球菌、化脓棒状杆菌、梭菌属细菌等引起的奶牛产后子宫内膜炎。新兽药申报时，Intervet 公司有硫酸头孢喹肟子宫注入剂产品上市，但未在中国注册销售，国内尚无厂家注册生产。该产品选择硫酸头孢喹肟与缓释剂、助悬剂等制成无菌、长效的混悬液，制备工艺为国内外首创，且成本低于国外同类产品，硫酸头孢喹肟子宫注入剂的研制填补了国内空白。北京 10 多个奶牛场试验示范。

本研究将新技术、新产品推广到昌平、延庆、密云、大兴、房山等区县，2014—2016 年全年免费发放给基层奶牛场硫酸头孢喹肟子宫注入剂共 5 万多支，奶牛子宫内膜炎的治愈率 80％以上，作用效果显著，经济前景广阔。

16.3　奶牛子宫内膜炎预防体系的建立

1. 人工输精

人工输精时，输精枪要进行严格消毒，最好用灭菌好的一次性输精套，输精时输精枪应缓慢穿过子宫颈皱褶。当子宫颈受阻时不要强行越过，以免损伤子宫颈或子宫黏膜，精液输到子宫颈内口 1 cm 左右即可,并非越深受胎率越高。

2. 产前

做好产房卫生工作,产房要进行严格消毒,铺垫清洁的干草,提供清洁的环境。强化疫病预防工作,防止诸如结核病、布氏杆菌病、牛传染性鼻气管炎、牛黏膜病、沙门氏杆菌病的发生。发现难产、产道损伤、子宫脱出、产后乳腺炎、酮病、胎衣不下的病例要及时采取措施。助产时做好消毒工作,防止产道损伤并保护组织。

3. 产后

保证子宫收缩,催产素 20～40 IU,4 h 后重复使用;为预防胎衣不下的发生,可在产后立即肌肉注射 100 IU 催产素。

4. 产后 1～3 d

防牛发生瘫痪、酮病:及时给产后牛饮麸皮糖盐水 20～25 kg,可促进其恢复体力。对产后虚弱的牛静脉注射 5%的碳酸氢钠 500 mL,25%葡萄糖 500～1 000 mL,10%葡萄糖酸钙 500～800 mL。保证饲料营养充分,一胎、二胎牛采取饲料补钙。

产后食欲不佳:灌服健胃散 250～300 g 或槟榔健胃散 150～200 g;肌肉注射新斯的明 20 mL 促进胃肠蠕动。

5. 产后 4～8 d

利用新型臭氧化橄榄油预防奶牛子宫内膜炎:倪和民老师团队将臭氧溶入到橄榄油中做成制剂,药物规格 24 g/支。将制剂注入产后奶牛子宫中,隔日 1 次,每次 1 只,连用 4～7 次。直至胎盘恶露等全部排出、体况恢复正常后停止用药。

16.4 奶牛子宫内膜炎治疗体系的建立

1. 奶牛子宫内膜炎细菌分离与鉴定

倪和民老师团队在北京郊区 10 个牛场共采集 300 份子宫内膜炎病料,分 15 次进行了细菌的分离、培养和鉴定。300 份样品中,除 36 份样品没有分离到细菌外,其余样品均分离到不同品种的细菌。根据每份样品中分离到的细菌种类数可知,分离出了 1 种细菌的样品有 36 份,占总数的 53%,其余分离出 2 种、3 种、4 种,及 6 种细菌的样品,分别占总数的 16%、9%、7%、3%。由此可见,在北京周边地区奶牛场,子宫内膜炎的发生的主要形式为单一细菌感染。

根据分离鉴定结果,从奶牛子宫内容物中共分离出 11 种细菌,共 180 株,其中革兰氏阳性菌 83 株,占 46.1%;革兰氏阴性菌有 100 株,占 53.9%。根据形态学分类可知 180 株细菌中球菌有 27 株,球杆菌有 7 株,杆菌有 146 株,分别占总数的 15%、3.9%、81.1%。说明革兰氏阴性菌杆菌为目前北京地区子宫内膜炎的主要致病菌。

根据分离细菌的生化鉴定结果。除 36 份未分离出细菌的样品外,其余样品分离出蜡样芽孢杆菌的样品 64 份,占总数的 35.6%;分离出奥斯陆莫拉菌 31 份,占总数的 17.2%;大肠埃希菌 14 份,占总数的 7.8%;链球菌(包括乳房链球菌及停乳链球菌)分离出 18 份,占样品总数的 10%;苏云金芽孢杆菌共分离出 11 份,占样品总数的 6.1%;浅黄金色单胞菌共分离出 13 份,占样品总数的 7.2%;产吲哚金黄杆菌共分离出 11 份,占样品总数的 6.1%;表皮葡萄球菌 8 份、占样品总数的 4.4%;食酸代尔夫特菌分离出 5 份,占 2.8%;耶尔森菌属共分离出 5 份,占样品总数的 2.7%。综上所述，蜡样芽孢杆菌、奥斯陆莫拉菌、大肠埃希菌，以及链球菌为北京周边地区奶牛子宫内膜炎的主要致病菌。

2.筛选出治疗子宫内膜炎新药剂，并提出有针对性的治疗方案

在3个示范牛场进行子宫内膜炎新剂型药品治疗试验，使子宫内膜炎的治愈率提高8%～10%。

在致病菌分离鉴定及药敏试验中已证明其对醋酸氯己定、盐酸多西环素、氟苯尼考这三种药物表现为敏感。在实际应用中，为了减少使用抗生素类药物后引起的弃奶现象，还需要进行临床药物治疗试验，针对不同类型子宫内膜炎，对比含抗生素类药物与不含抗生素药物的治疗效果。根据大量文献及实际应用数据可知，臭氧化橄榄油对于各类致病菌有良好的杀灭作用，对创面修复有良好的促进作用，而在治疗奶牛子宫内膜炎中的应用上史无前例。因此本试验根据所得药敏实验结果，分别研究两种含抗生素类药物：氟苯尼考、盐酸多西环素，以及两种不含抗生素类药物：醋酸氯己定、臭氧化橄榄油，对治疗卡他性、黏性、脓性子宫内膜炎的疗效。通过比较四种药物对于各类型奶牛子宫内膜炎的有效率及治愈率，判断药物的特异性及使用效果，为药物的推广应用提供有力证据。

将每种子宫内膜炎的病牛随机分为4组，分别使用氟苯尼考、醋酸氯己定、盐酸多西环素、臭氧化橄榄油。每组灌注1支药剂，连续用药一疗程。

在对卡他性奶牛子宫内膜炎的治疗过程中，使用1个疗程治疗后，应用醋酸氯己定对奶牛子宫内膜炎治疗的有效率最高，可以达到73.3%；其次是氟苯尼考和盐酸多西环素，有效率均为54.8%；臭氧化橄榄油偏低，为48.4%。同时，醋酸氯己定对奶牛子宫内膜炎治愈率最高，达到53.3%；氟苯尼考的治愈率分别为45.2%。盐酸多西环素组和臭氧化橄榄油的治愈率略低，为41.9%。本试验认为，在对卡他性子宫内膜炎用药选择上，子宫灌注醋酸氯己定效果最佳，其余药物可以轮换使用。

在对黏性奶牛子宫内膜炎的治疗过程中，使用1个疗程治疗后，应用氟苯尼考对奶牛子宫内膜炎治疗的有效率最高，可以达到67.6%；其次是醋酸氯己定和盐酸多西环素，有效率分别为44.1%和50.0%；臭氧化橄榄油对黏性子宫内膜炎的有效率为29.4%，在其余三种药品中效果最低。使用氟苯尼考对奶牛子宫内膜炎治愈率最高，达到58.8%；其次是醋酸氯己定和臭氧化橄榄油，有效率均为38.2%；盐酸多西环素对黏性子宫内膜炎的治愈率为32.4%。所以，在黏性子宫内膜炎的用药选择上，子宫灌注氟苯尼考效果最佳；其次是醋酸氯己定和盐酸多西环素。

在对脓性奶牛子宫内膜炎的治疗过程中，使用1个疗程治疗后，应用醋酸氯己定对奶牛子宫内膜炎治疗的有效率最高，可以达到59.3%；其次是氟苯尼考和盐酸多西环素，有效率分别为37.0%和40.7%；臭氧化橄榄油对黏液性子宫内膜炎的有效率为25.9%，在四种药品中有效率最低(表16-1)。使用氟苯尼考对奶牛子宫内膜炎治愈率最高，达到51.9%；其次是醋酸氯己定和盐酸多西环素，有效率分别为22.2%和18.5%；臭氧化橄榄油对黏性子宫内膜炎的治愈率为11.1%。所以，在脓性子宫内膜炎的用药选择上，子宫灌注氟苯尼考效果最佳。

表16-1　各药剂治疗不同类型子宫内膜炎的有效率比较　　%

炎症类别	醋酸氯己定	氟苯尼考	盐酸多西环素	臭氧化橄榄油
卡他性子宫内膜炎	73.3	54.8	54.8	48.4
黏液性子宫内膜炎	44.1	67.6	50.0	29.4
脓性子宫内膜炎	59.3	37.0	40.7	25.9

从图 16-2 中可以看出，各药剂治疗不同类型子宫内膜炎的有效率有一定差异。醋酸氯己定治疗卡他性子宫内膜炎的有效率(73.3%)高于黏液性子宫内膜炎(44.1%)和脓性子宫内膜炎(59.3%)；氟苯尼考在治疗黏性子宫内膜炎时的有效率为 67.6%高于其余两类炎症；而盐酸多西环素和臭氧化橄榄油在治疗各种子宫内膜炎时的有效率相当，在 25%～55%之间。可以看出，各抗生素类药物对于各炎症的作用较平均，且有效率均高于臭氧化橄榄油这种非抗生素类药物，但臭氧化橄榄油仍体现出一定的抗炎效果；臭氧化橄榄油在治疗卡他性子宫内膜炎时相比其他炎症有较高的有效率。

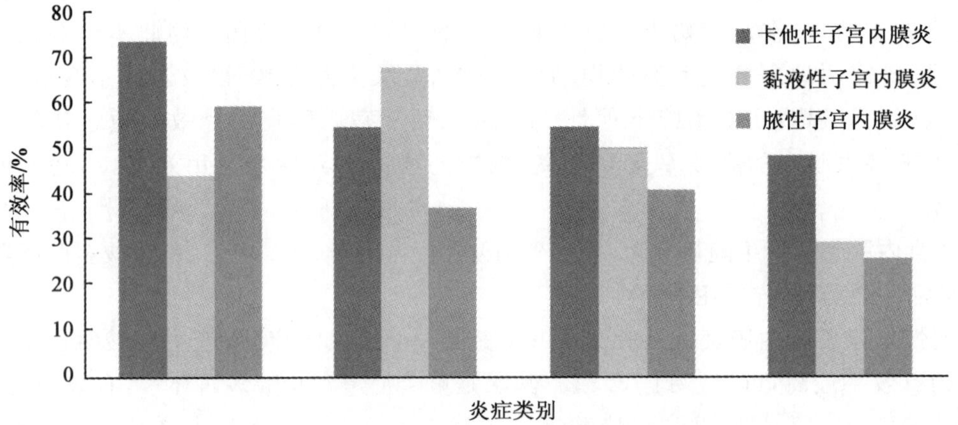

图 16-2　各药剂治疗不同类型子宫内膜炎的有效率比较

从表 16-2 及图 16-3 中可以看出，各药剂治疗不同类型子宫内膜炎的治愈率与有效率有一定相似之处。醋酸氯己定治疗卡他性子宫内膜炎(53.3%)和脓性子宫内膜炎(51.9%)的治愈率高于黏性子宫内膜炎(38.2%)；氟苯尼考在治疗黏性子宫内膜炎时的治愈率(58.8%)高于卡他性子宫内膜炎(45.2%)和脓性子宫内膜炎(22.2%)；盐酸多西环素在卡他性子宫内膜炎的治愈率(41.9%)高于黏性子宫内膜炎(32.4%)和脓性子宫内膜炎(22.2%)；而臭氧化橄榄油在治疗任何一种子宫内膜炎时的治愈率分别为 41.9%、38.2%和 11.1%。在图中还可以看出，各抗生素类药物对于各炎症的作用间有差异。氟苯尼考对于黏性子宫内膜炎的治愈率远高于其他类型子宫内膜炎；醋酸氯己定的治愈率最高，而氟苯尼考、盐酸多西环素及臭氧化橄榄油的治愈率偏低。抗生素类药物对于炎症的抵抗均高于臭氧化橄榄油这种非抗生素类药物，臭氧化橄榄油对于卡他性、黏性子宫内膜炎的治疗效果较好，对脓性子宫内膜炎的效果偏低。

表 16-2　各药剂对不同类型子宫内膜炎的治愈率比较　　%

炎症类别	醋酸氯己定	氟苯尼考	盐酸多西环素	臭氧化橄榄油
卡他性子宫内膜炎	53.3	45.2	41.9	41.9
黏性子宫内膜炎	38.2	58.8	32.4	38.2
脓性子宫内膜炎	51.9	22.2	18.5	11.1

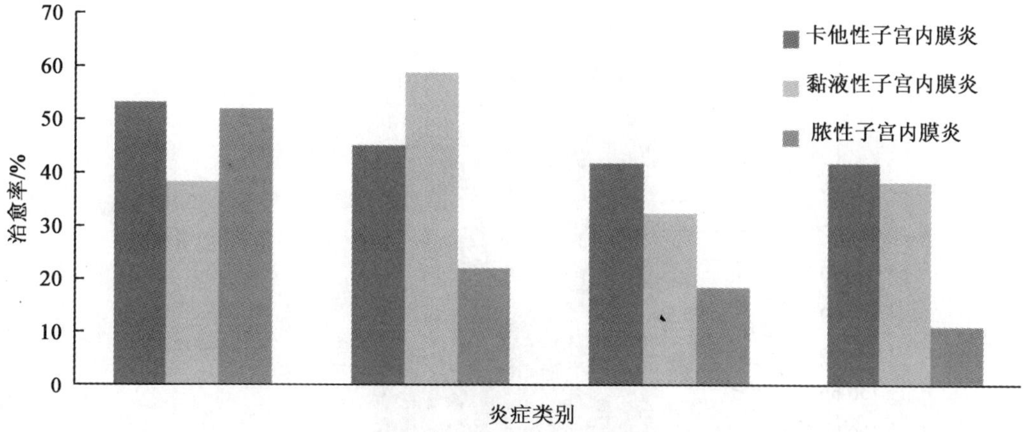

图 16-3　各药剂对不同类型子宫内膜炎的治愈率的比较

16.5　抑制素的原核表达及其多克隆抗体的制备与应用

随着养牛业的不断发展,集约化、规模化养殖已成为一种主流,然而目前普遍凸显的问题是奶牛产后 60～80 d 不发情现象增多。奶牛的妊娠期在 282～285 d,持续时间较长,在生产过程中,奶牛产后不发情现象比较常见,多数牛场产犊间隔超过 400 d,造成了严重的经济损失(常迪等, 2013)。分析奶牛产后不发情的主要原因为卵巢功能损坏,下丘脑与垂体释放的 FSH 与 LH 激素较少,卵泡闭锁导致奶牛不能进入正常发情周期(孟玲玲等, 2013)。抑制素对卵泡发育有着重要的生理作用,可以参与优势卵泡的选择,调节卵泡的发育,抑制素抗体可以中和内源性抑制素增加雌二醇、卵泡刺激激素、促黄体生成素的分泌(张成云等, 2008)。

家畜繁殖技术是畜牧业发展的核心(陈宏等, 2015),目前常见的动物繁殖技术主要包括同期发情技术(蒋长炜等, 2010)、超数排卵技术(王新蕾等, 2007)与胚胎移植技术(杨炜峰等, 2007)。其中超数排卵技术是畜牧业繁殖技术中的关键环节,超数排卵技术简称超排,是在雌性哺乳动物发情周期的某个阶段,通过外源性激素药物的刺激诱导卵巢上多个卵泡的发育,排出优质、具有受精能力的可用卵子的方法(田亚丽等, 2004)。在动物体内注入外源性激素,使血液中促性腺激素释放激素增加,降低闭锁卵泡的发生,最终达到排卵数增加的目的(Kelller D S et al., 1990)。通过超排技术,可以充分挖掘母畜的繁殖潜力,提高优良种畜的种群数量,提升经济效益。超数排卵和胚胎移植技术为加速奶牛产量的提高做出了巨大贡献。然而,超排效果的不稳定性是制约胚胎移植程序的重要因素(Braileanu G T et al., 1998; Driancourt M A et al., 2001; Mapletoft R J et al., 2002; 周晓龙等, 2013)。

目前在超排中常用的激素分为两种:一种是卵泡刺激激素(FSH)(付树滨等, 2013)、一种是孕马血清(PMSG)(Ryan D P et al., 1991)。国外进口 FSH 药物价格比较昂贵,而国内生产的 FSH 则因其生产批号的不同,易出现药效不稳定等问题。由于 PMSG 成分中含有较高含量的神经氨酸分子,在家畜中半衰期维持维持周期长(唐胜球等, 2013)。因此,长时间注射 PMSG 会引发卵巢黄体早期退化,卵巢囊肿,出现大量不排卵泡等问题,对超排效果造成一定的影响,同时,长时期注射外源性激素导致牛奶中激素含量超标,对奶制品安全造成一定的影响。抑制素可以通过激发动物自身激素水平来调控 FSH (Kingsley D M et al., 1994),因此具有天然性、无副作用等优点。利用抑制素抗体免疫动物提高超排效果被视为一种新型的超排方法。

1. 团队成功构建 Inhibin PMD19T-mat peptide 表达载体

通过 BamH Ⅰ 和 Xhol Ⅰ 的双酶切鉴定反应表明已成功构建出 TA 克隆载体 Inhibin PMD19T-mat peptide(图 16-4)。

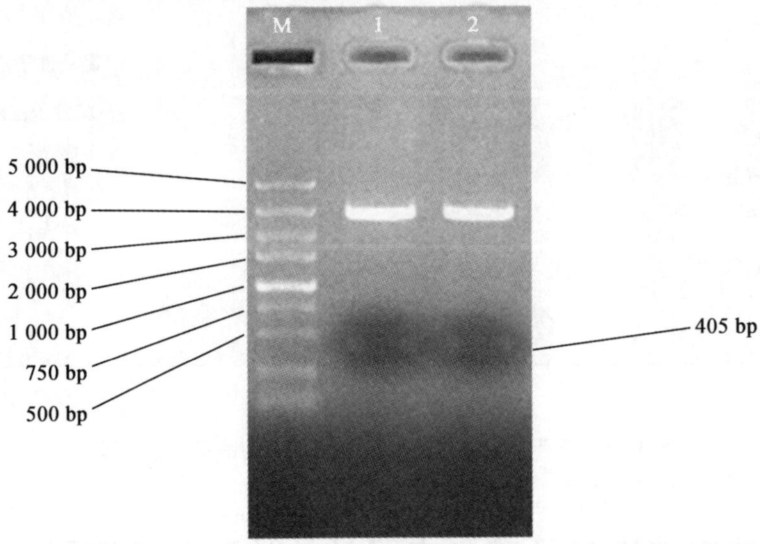

图 16-4　Inhibin pMD19T-mat peptide 重组质粒双酶切鉴定

注：M：DL5000 标准 DNA marker；1～2 质粒双酶切后线性化条带

2. 成功构建出 Inhibin pET32a-matpeptide 表达载体

通过 BgⅢ与 Pvul 的双酶切鉴定反应表明已成功构建出表达克隆载体 Inhibin PET32a mat peptide (图 16-5)。

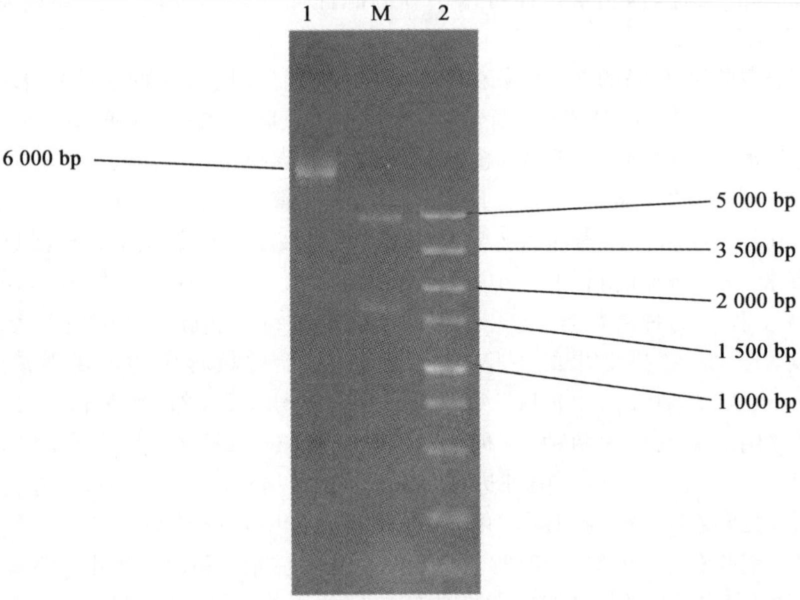

图 16-5　重组质粒 Inhibin pET32a-mat peptide 的双酶切鉴定结果

注：M：DL5000 标准 DNA marker；1：重组质粒 Inhibin pET32a-matpeptide 电泳图；2：BgⅢ与 Pvul 双酶切后条带

3. 成功纯化出免疫原性较好、纯度较高的单一抑制素 α 亚基蛋白条带

分别将诱导、未诱导的 Inhibin pET32a-matpeptide 转化菌裂解物以及空载体 pET32a(＋)转化菌裂解物进行 SDS-PAGE 分析。结果如图 16-6 所示，在 29 ku 处有一条目的蛋白条带，与预期大小相符。

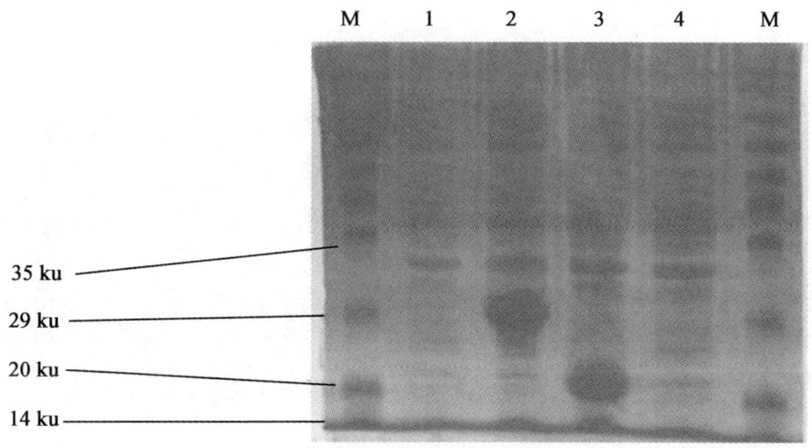

图 16-6　重组蛋白的 SDS-PAGE 分析

注：M：蛋白质分子量标准；1、4：未诱导的 Inhibin pET32a-mat peptide 转化菌裂解物；2：诱导后的 Inhibin pET32a-mat peptide 转化菌裂解物；3：诱导后的空载体 pET32a(＋)转化菌裂解物

将诱导的 Inhibin pET32a-mat peptide 转化菌裂解物超声波冰浴破碎，功率调到 30 W，超声破碎仪工作运行时间 5 s，间隔 10 s，重复 60 次，将离心管放置于 4℃离心机中离心，分离出上清与沉淀，将上清与沉淀分别等比例混合 2×SDS 上样缓冲液后进行 SDS-PAGE，结果显示，Inhibin pET32a-mat peptide 重组蛋白以可溶性蛋白的形式表达(图 16-7)。

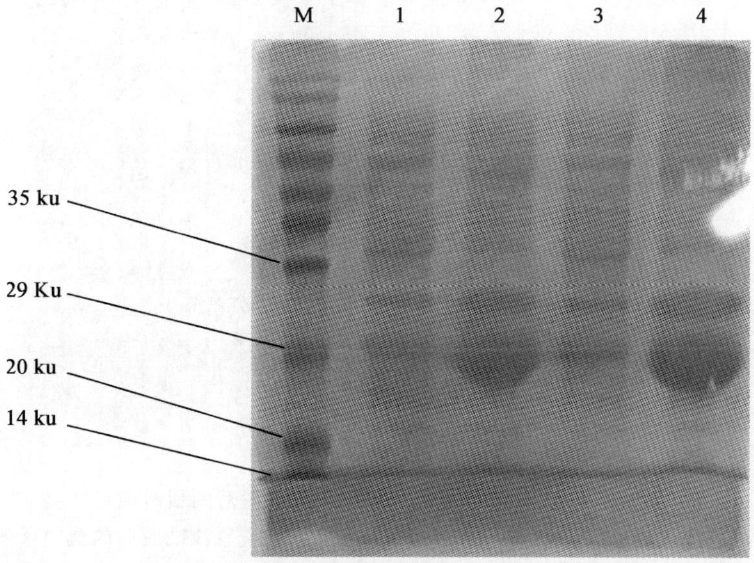

图 16-7　重组蛋白可溶性分析

注：M：蛋白质分子量标准；1、3：破碎后的 Inhibin pET32a-mat peptide 重组菌的沉淀；2：破碎后的 Inhibin pET32a-mat peptide 重组菌的上清

用可溶性纯化方法大量纯化 250 mL Inhibin pET32a-mat peptide 重组蛋白并进行 SDS-PAGE 分析，结果如图 16-8、图 16-9 所示，蛋白经 300 mmol 咪唑洗脱液洗脱后纯化效果最佳，得到了较纯的单一条带。

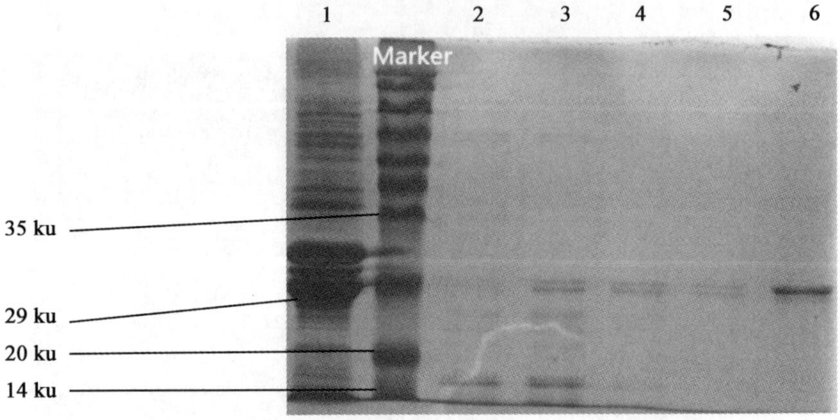

图 16-8 使用 Ni SepharoseTM6 Fast Flow 柱大量纯化后的蛋白条带

注:M:蛋白质分子量标准;1:诱导后的 Inhibin pET32a-mat peptide 重组菌;2:50 mmol/L 咪唑洗脱液洗脱后的蛋白条带;3:100 mmol/L 咪唑洗脱液洗脱后的蛋白条带;4:150 mmol/L 咪唑洗脱液洗脱后的蛋白条带;5:200 mmol/L 咪唑洗脱液洗脱后的蛋白条带;6:300 mmol/L 咪唑洗脱液洗脱后的蛋白条带。

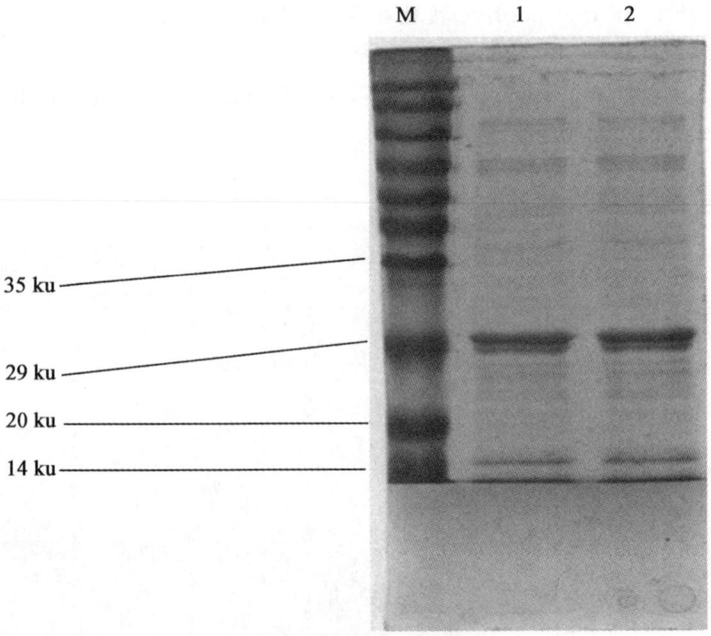

图 16-9 经 300 mmol/L 咪唑洗脱液洗脱后的蛋白条带

注:M:蛋白质分子量标准;1、2:300 mmol/L 咪唑洗脱液洗脱后的蛋白条带

将纯化后的 Inhibin pET32a-mat peptide 蛋白做 Western blot 分析,加入对应的一抗二抗,显色分析(图 16-10),说明纯化后的 Inhibin pET32a-mat peptide 重组蛋白能与兔源抑制素 α 亚基多克隆抗体反应,说明该重组蛋白具有较好的反应原性。

4. 纯化后的重组蛋白免疫兔子获得较高效价的抗抑制素抗体

用已纯化的 Inhibin pET32a-mat peptide 重组蛋白作为包被抗原,使用间接 ELISA 方法对免疫兔子的血清进行检测,用 PBS 将血清从 1 : 50 倍比稀释至 1 : 25 600 作为一抗,在间接 ELISA 检测中,选用未免疫的正常兔血清作为阴性对照,最后测得抗体效价为 1 : 25 600。

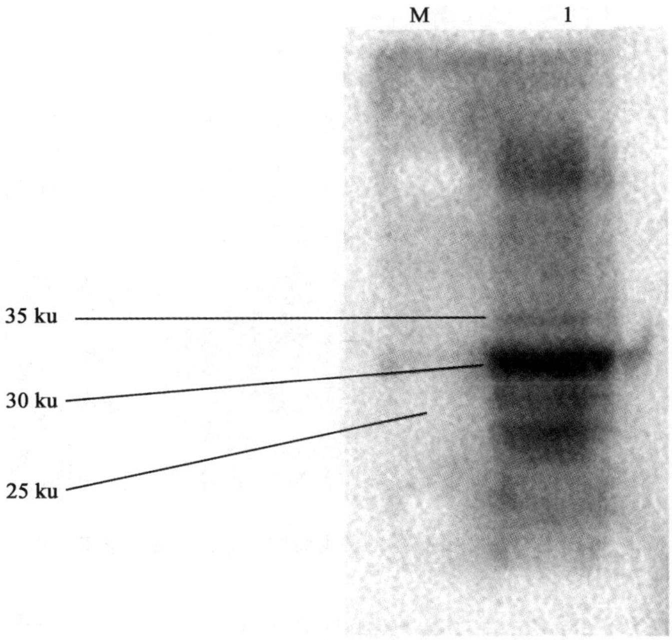

图 16-10　Inhibin pET32a mat peptide 纯化蛋白 Western 分析

注:M:蛋白质分子质量标准;1:纯化后的 Inhibin pET32a-mat peptide 蛋白与抗体特异性反应条带

与阴性对照组血清进行对比,分别做 3 个平行。以 $P/N \geqslant 2.1$ 为阳性,$P/N < 2.1$ 为阴性的判断标准,结果发现抗体效价可达 1∶25 600。

5. 体外抗抑制素抗体应用试验具有较好的超排效果

本次试验动物选择的是北京顺义沃德尔羊场的雌性苏尼特羊,苏尼特羊也称戈壁羊,具有抗旱、耐寒与生命力强等特点。

本次试验共同期发情处理 16 只苏尼特羊,试情结果表明有 16 只羊发情,发情率为 100%。在黄体数方面:抗抑制素 α 亚基抗体中剂量组相比于对照组差异极显著($P < 0.01$),抗抑制素 α 亚基抗体高剂量组相比于对照组差异显著($0.01 < P < 0.05$),而低剂量组相比于对照组略有升高,但差异不显著($P > 0.05$)。表明抗抑制素 α 亚基抗体中剂量组(1.5 mg)与 FSH 外源性激素联合注射后可获得较多的黄体数,排卵效果较好。见图 16-11、图 16-12。

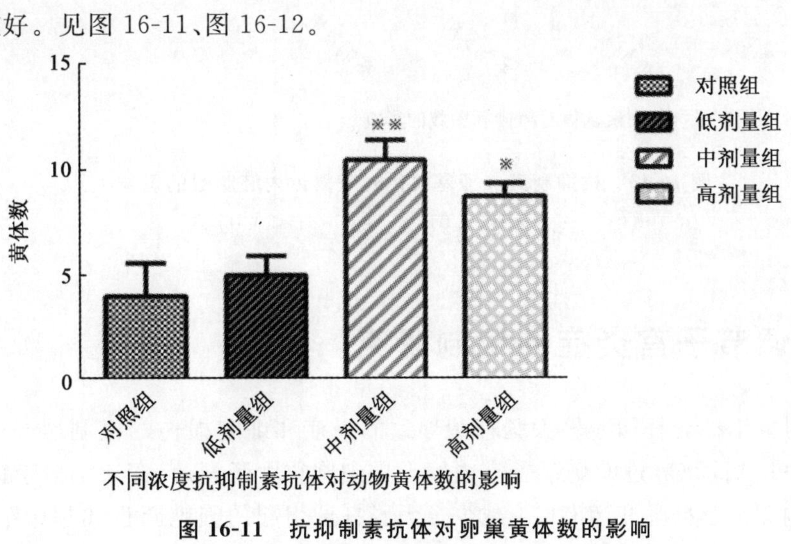

图 16-11　抗抑制素抗体对卵巢黄体数的影响

注:※※:$P < 0.01$、※:$0.01 < P < 0.05$

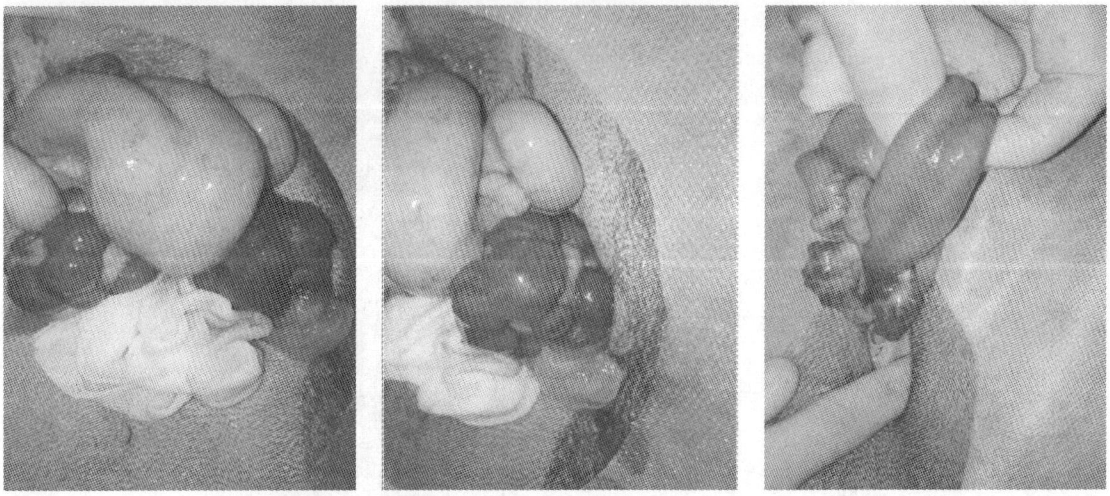

图 16-12 手术过程中拍摄的苏尼特羊卵巢中剂量组发育照片

对羊卵巢进行冲胚获得体内胚胎,试验表明:抗抑制素 α 亚基抗体中剂量组相对于对照组获得体内胚胎数差异极显著($P<0.01$),抗抑制素 α 亚基抗体高剂量组相比于对照组差异显著($0.01<P<0.05$),而低剂量组相比于对照组略有升高,但差异不显著($P>0.05$)。中剂量组平均获得胚胎数为 6 枚,如图 16-13 所示。

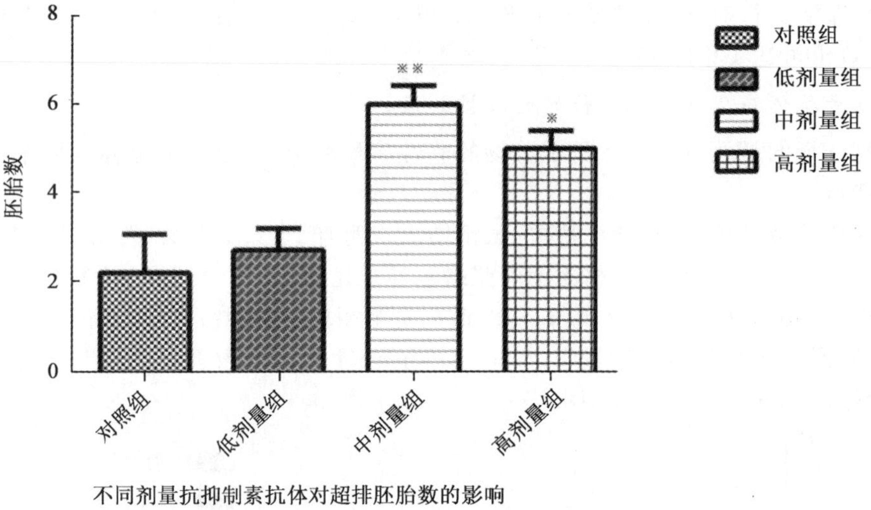

图 16-13 抗抑制素 α 亚基抗体对获得体内胚胎数的影响

注:※※:$P<0.01$、※:$0.01<P<0.05$

16.6 益生菌调节子宫炎症的机制研究

王九峰团队针对鼠李糖乳杆菌减轻大肠杆菌导致的炎症和细胞损伤的机制展开研究,通过给预先和鼠李糖乳杆菌 GR-1 共同培养过的奶牛子宫内膜上皮细胞攻大肠杆菌,探索了鼠李糖乳杆菌 GR-1 对大肠杆菌感染的影响。鼠李糖乳杆菌 GR-1 减少了大肠杆菌引起的细胞凋亡和超微结构的改变。细胞攻毒大肠杆菌,导致了模式识别受体(TLR2,TLR4,NOD1 和 NOD2),炎性体(NLRP3,ASC 和

Caspase-1)，TLR4 下游衔接分子(MyD88，TICAM2)，NF-κB，细胞炎症因子(肿瘤坏死因子 α，白介素-1β，6，8，10，18)和干扰素 β 等免疫反应分子 mRNA 表达水平的增加。然而，预处理鼠李糖乳杆菌 GR-1 缓解了免疫反应分子表达水平的增加。结果证明在奶牛子宫内膜上皮细胞上预处理鼠李糖乳杆菌 GR-1 通过衰减 MyD88 依赖和非依赖途径能够改善由于大肠杆菌导致的细胞超微结构的破坏，减少细胞凋亡的发生以及限制炎症反应。本研究表明预处理鼠李糖乳杆菌 GR-1 有预防奶牛产后子宫疾病的潜能，能够最终减少抗生素的使用。然而，采用进一步的试验研究确定鼠李糖乳杆菌 GR-1 的这种潜能仍然十分必要。

(李秀波、王九峰团队)

第17章 牛传染性鼻气管炎监测技术研究与示范

17.1 概述

牛传染性鼻气管炎(bovine infectious rhinotracheitis,IBR),又名“坏死性鼻炎”或“红鼻病”,是由牛传染性鼻气管炎病毒(infectious bovine rhinotracheitis virus,IBRV)即牛疱疹病毒1型(bovine herpes-virus 1,BHV-1)引起牛的一种接触性传染病。该病能够延缓育肥牛生长、奶牛产奶量下降、生殖力下降、流产等,牛群淘汰率和死亡率增加,给养牛业带来巨大经济损失。我国于1980年从新西兰进口牛中检测到该病毒的抗体,随后在我国的奶牛、黄牛甚至水牛群内广泛存在。由于BHV-1能够潜伏和持续感染,因此病牛长期乃至终身带毒,并成为传染源,持续向外界环境排毒,使无IBR的健康牛受感染,给控制和消灭本病带来极大困难。该病被世界动物卫生组织(OIE)列为B类动物传染病,我国将其列为二类动物传染病。

2011年以来,现代农业产业体系北京市奶牛创新团队的调查结果表明,牛疱疹病毒1型感染目前在本地区奶牛群中非常严重(图17-1),尤其是那些不断引进新牛的规模化牛场,甚至导致2%的淘汰率。为此,本实验室代表北京市奶牛创新团队对养殖规模大于300头的规模化奶牛场以IDEXX试剂盒进行了长期的血清学调查,结果显示,这些牛场IBR抗体阳性率在10.5%~87.7%之间,其中昌平23.6%(245/1 037),房山100%(50/50),延庆50.63%(202/399),顺义60%(9/15),通州30.03%(164/546),密云43.46(232/535),总阳性率为34.93%(902/2 582)。而这些奶牛场均未进行过疫苗免疫,说明该地区也存在着牛传染性鼻气管炎暴发的风险,应尽快采取相应的措施,而清除BHV-1血清反应阳性牛已成为一些经济发达国家消灭和根除本病的主要措施之一。因此建立针对BHV-1的血清抗体的检测方法成为当前的研究热点。

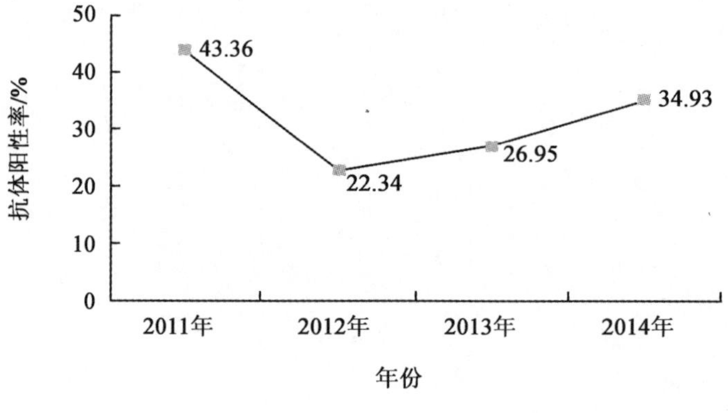

图17-1 北京地区近年来IBR流行趋势

虽然VN被OIE推荐为检测的金标准,但其敏感性相对较低,更重要的是需要增殖活病毒的细胞培养设施，这样既不利于生物安全，而且基层或者小实验室是做不到的，而建立在 ELISA 基础上的血清学检测方法具有敏感、特异、快速和易于标准化等特点，非常适于大规模的血清样品检测，为广大的基层用户接受。目前，IDEXX 等国外公司已有商品化的 IBR 阻断 ELISA 试剂盒销售到我国市场，但其昂贵的价格令奶牛场很难承受，促使国内学者不断研制具有自主知识产权的 ELISA 试剂盒。基于此，本实验室在现代农业产业技术体系北京市奶牛创新团队岗位专家工作经费的资助下开展了如下工作。

17.2　利用杆状病毒表达系统制备了 BHV-1 的 gE 蛋白

采用 PCR 方法从 BHV-1 感染的牛肾细胞全基因组中扩增出约 1.7 kb 的 gE 基因，再将 1 176 bp 的 gE 胞外区基因片段克隆到新型杆状病毒载体 pFastBac-LIC-Bse 中，构建重组转移质粒 pFB-gE。将 pFB-gE 转化到杆状病毒基因组的 DH10Bac 感受态细胞中，制备重组杆粒 rBacmid-gE。将该重组杆粒的 DNA 转染昆虫细胞 Sf9，获得与 gE 基因发生重组的杆状病毒（图 17-2，图 17-13）。Western-blot 分析结果表明，本研究所获得的 gE 融合蛋白不仅与抗 6×His 标签抗体结合，而且还与鼠抗 BHV-1 血清发生特异性反应，说明其具有良好的反应原性。而且 IFA 试验结果显示，抗 BHV-1 抗体能够使重组杆状病毒感染的 Sf9 细胞发生特异性免疫荧光，表明重组杆状病毒表达了具有良好免疫反应性的目的蛋白。由于昆虫细胞与牛的远缘属性，其蛋白将不会与牛血清发生交叉反应，这样将建立鉴别诊断 ELISA 方法提供高特异性的抗原。

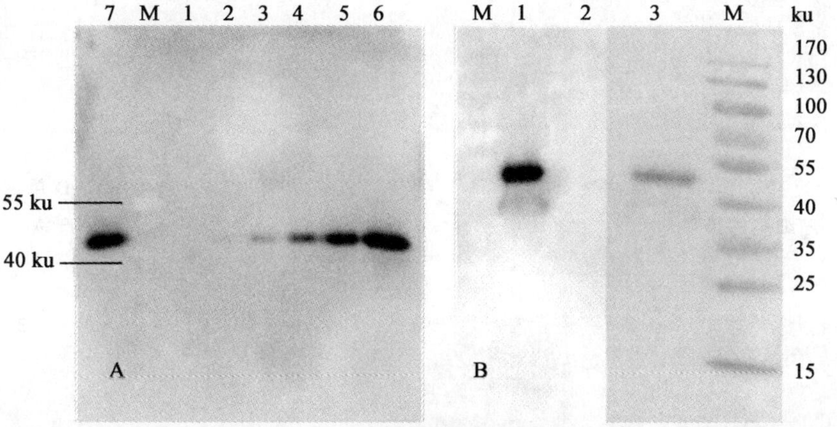

图 17-2　Western blot 分析 gE 蛋白在 Sf9 昆虫细胞中的表达结果

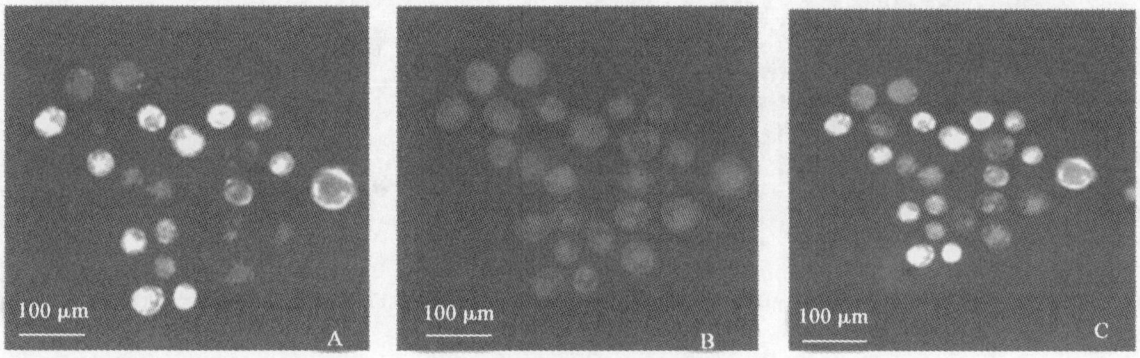

图 17-3　重组蛋白的 IFA 检测与共聚焦显微镜观察结果

17.3 制备了 IBR 病毒 gD 蛋白的单克隆抗体

利用蔗糖密度梯度纯化 IBR 病毒免疫 Balb/C 小鼠,取 3 次强化免疫后的小鼠脾细胞与骨髓瘤细胞 SP2/0 进行融合,然后经 3 次筛选获得抗 IBRV 单抗的杂交瘤细胞,所获单抗进一步经 gC、gD、gE 等抗原鉴定为抗 gD 囊膜蛋白的单抗,进一步鉴定该单抗亚型为 IgG2α,能够与 IBR 病毒在 MDBK 细胞上结合并发生中和反应。利用秋水仙素分裂细胞核并染色计数,结果显示分泌单抗的杂交瘤细胞染色体数平均为(104.9±5.4)条。

结果参见图 17-4 至图 17-7。

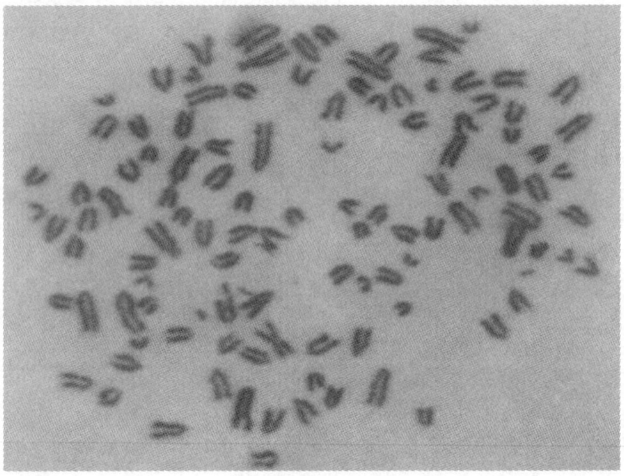

图 17-4 分泌抗 IBRV gD 单抗杂交瘤细胞的染色体

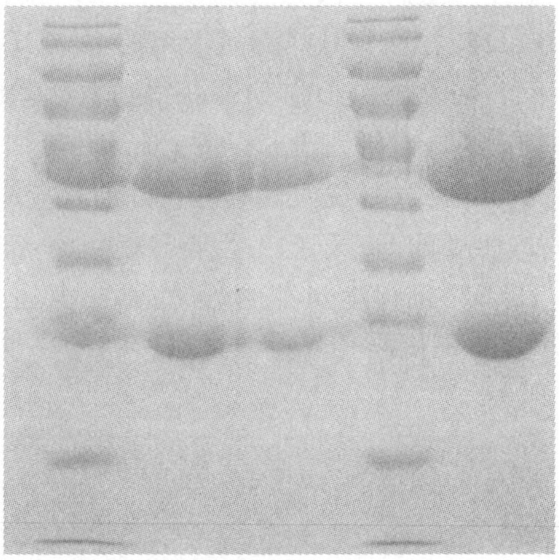

图 17-5 抗 IBRV gD 单抗的小鼠腹水纯化产物

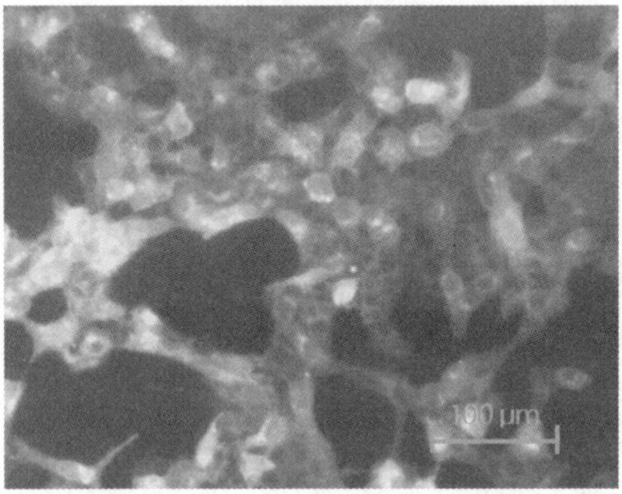

图 17-6 间接免疫荧光分析 gD 单抗与 IBRV 结合活性

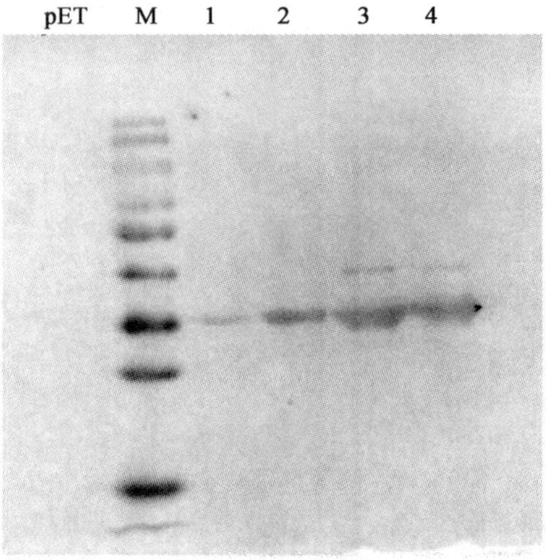

图 17-7 Western-blot 分析单抗与 gD 蛋白的结合

17.4　建立了检测抗牛传染性鼻气管炎病毒抗体的 agD-ELISA 方法

利用抗牛传染性鼻气管炎病毒 gD 蛋白的单克隆抗体，在酶联板捕获受感染的牛肾细胞(MDBK)裂解物中的牛传染性鼻气管炎病毒，通过方阵滴定法确定了单克隆抗体和病毒抗原的最佳包被浓度。进一步优化出 ELISA 的反应条件，包括最佳封闭液和封闭时间，血清和辣根过氧化物酶标二级抗体的稀释液和作用时间，底物反应时间以及阴、阳性血清临界值等。特异性试验结果表明，IBRV 阳性血清被检为阳性，BVDV、牛白血病病毒、副结核病病毒阳性血清均被检为阴性。敏感性试验结果表明，IDEXX 试剂盒中的标准阳性血清 1∶640 倍稀释时仍能检出阳性抗体。与中和试验相比，特异性为 100%(23/23)，敏感性为 82.76%(24/29)。批内和批间重复性试验的变异系数均小于 10%，与 IDEXX 试剂盒相比，阳性符合率为 87.7%(228/260)，阴性符合率为 98%(196/200)。该方法可用于牛传染性鼻气管炎病毒血清抗体的检测，其优点是，利用单克隆抗体与病毒特异性结合，克服常规的以密度梯度离心法制备的抗原纯度问题，从而极大地提高了抗体检测的敏感性。

1. agD-ELISA 特异性试验

利用已建立的 agD-ELISA 检测抗不同病原的牛血清，结果表明：除 IBRV 阳性牛血清检测为阳性外，IBRV 阴性牛血清以及牛病毒性腹泻病毒(BVDV)、牛副结核病毒和牛白血病病毒阳性血清均检测为阴性，说明方法具有良好的特异性(表 17-1)。

表 17-1　agD-ELISA 特异性试验结果

IBRV 阳性血清	IBRV 阴性血清	BVDV 阳性血清	牛副结核阳性血清	牛白血病阳性血清	牛布氏杆菌病阳性血清
1.206	0.141	0.185	0.209	0.166	0.18
1.199	0.136	0.193	0.196	0.157	0.179
1.145	0.133	0.186	0.204	0.146	0.181
1.18	0.145	0.191	0.205	0.167	0.184

2. agD-ELISA 敏感性试验

对标准阳性血清进行倍比连续稀释后，以建立的 agD-ELISA 进行检测，结果 1∶640 倍稀释时，$OD_{450\ nm}$=0.365>0.240(临界值)，且 P/N=4.148>2.1 成立。即标准阳性血清 1∶640 稀释时，仍能检出阳性抗体(表 17-2)。

表 17-2　敏感性试验结果

项目	血清稀释倍数							
	1∶80	1∶160	1∶320	1∶640	1∶1 280	1∶2 560	1∶5 120	1∶10 240
P	1.047	0.801	0.568	0.365	0.238	0.172	0.109	0.103
N	0.137	0.115	0.092	0.088	0.082	0.078	0.074	0.071
P/N	7.642	6.965	6.174	4.148	2.902	2.205	1.473	1.451

3. agD-ELISA 重复性试验

分别对 3 份阳性样品及 3 份阴性样品进行 30 个重复的 agD-ELISA 检测，计算出每份样品的平均值($\overline{X}$)和标准差(SD)，求出变异系数，变异系数(CV)=标准差(SD)/平均值($\overline{X}$)×100%。结果批内重复性试验的变异系数最大5.4%;批间重复性试验的变异系数最大6.7%,说明该ELISA方法无论是批间还是批内均具有较好的重复性(表17-3)。

表17-3 重复性试验结果

编号	批内重复(板内)		批间重复(板间)	
	$\overline{X}$±SD	CV/%	$\overline{X}$±SD	CV/%
1	0.449±0.014	3.1	0.459±0.022	4.8
2	0.749±0.028	3.7	0.753±0.023	3.1
3	0.934±0.041	4.4	0.941±0.041	4.3
4	0.169±0.004	2.4	0.165±0.004	2.8
5	0.129±0.007	5.4	0.130±0.008	5.9
6	0.125±0.003	2.7	0.124±0.008	6.7

(1)agD-ELISA与IDEXX试剂盒对比试验

用建立的agD-ELISA方法检测经IDEXX试剂盒检测过的阳性牛血清为260份,阴性血清200份。结果460份牛血清中阳性为228份,阴性样品为196份。与IDEXX试剂盒的相比,阳性符合率为87.7%,阴性符合率为98%,总符合率92.2%(表17-4)。

表17-4 agD-ELISA与IDEXX试剂盒符合率比较结果

项目	IDEXX试剂盒	agD-ELISA		与IDEXX试剂盒符合率		
	检测血清数	阳性检出数	阴性检出数	阳性检出数	阴性检出数	总符合率
阳性血清	260	228	32	87.7%	98%	92.2%
阴性血清	200	4	196	(228/260)	(196/200)	(424/460)

(2)agD-ELISA与中和试验符合性试验

随机选取52份牛血清临床样品,分别以agD-ELISA、IDEXX的gB抗体检测试剂盒以及中和试验进行检测,结果IDEXX试剂盒检测为26份阳性、26份阴性,agD-ELISA检出24份阳性,28份阴性,中和试验检出29份阳性,23份阴性。建立的ELISA方法与中和试验相比,敏感性82.76%;特异性100%,符合率90.38%。而IDEXX试剂盒敏感性82.76%;特异性91.30%,符合率86.53%(表17-5)。

表17-5 agD-ELISA与中和试验对比试验

项 目		中和试验		符合率	敏感性	特异性
		阳性数	阴性数			
间接ELISA	阳性数	24	0	90.38%	82.76%	100%
	阴性数	5	23	(47/52)	(24/29)	(23/23)
IDEXX试剂盒	阳性数	26	0	86.53%	82.76%	91.30%
	阴性数	3	23	(45/52)	(24/29)	(21/23)

4.检测抗牛传染性鼻气管炎病毒抗体的agD-ELISA试剂盒组装和应用

通过标准化上述agD-ELISA的各项核心试剂的浓度,作用时间,我们首先确定了该试剂盒临床应用的操作规程;然后试验证实了其稳定性为:批内和批间重复性试验的变异系数均小于10%;所有材料在 4℃条件下的保存期为 6 个月。符合注册《新兽药证书》的基本要求，然后我们按照不同要求对各元件进行了包装(酶标板进行了真空包装，酶标抗体及底物进行避光分装)，进一步组装成试剂盒(图 17-8)。然后利用该试剂盒检测了来自延庆、密云、顺义、昌平和房山 10 个牛场 2 582 份血清样品。被检血清中共有 902 份表现为 IBRV 抗体阳性，每个地区牛群均有不同程度的 IBRV 感染，表明北京地区奶牛场具有较高的 IBRV 感染风险，应及时采取相应的措施，以防止 IBR 的暴发和流行。

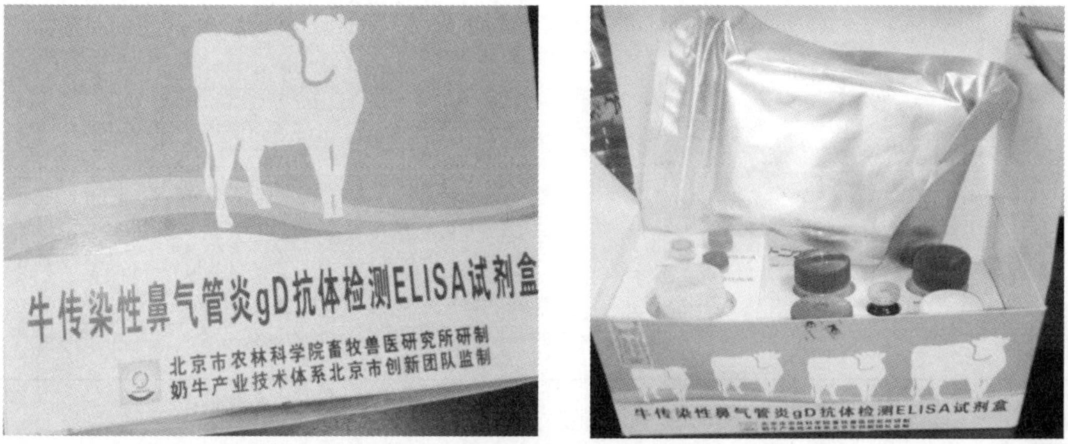

图 17-8　牛传染性鼻气管炎 gD 抗体检测 ELISA 试剂盒

5. 检测 IBR 病毒的 PCR 方法的建立和应用

利用 IBR 病毒 gB 基因为模板设计一对扩增长度为 583 bp 的引物，然后以不同滴度的病毒进行了特异性和敏感确定，建立了检测 IBR 病毒的 PCR 方法，该方法不仅用于昌平和房山牛场的犊牛呼吸性疾病的诊断，而且成功用于 2015 年 1 月 22 日，北京顺义某奶牛场妊娠 8 个多月的奶牛突然暴发大面积的流产(流产率达到近 40%)的确诊(图 17-9，表 17-6)。

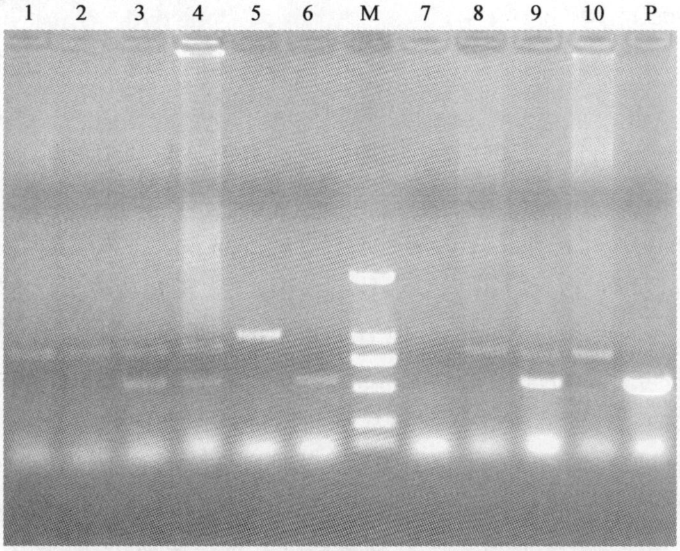

以IBRV gB基因的引物，对流产奶牛的子宫黏液进行PCR检测结果。
泳道代表的牛号：1:222092; 2:1008; 3:13625; 4:1609; 5:1039; 6:13313; 7:1027; 8:12032; 9:3130; 10:8803; M:DNA分子质量标准 DL2000; P:病毒阳性对照。

图 17-9　流产奶牛的子宫黏液进行 IBRV gB-PCR 检测结果

表 17-6　不同检测方法对流产奶牛病料的检测结果

牛号	布病 ELISA 抗体	IBR agD-ELISA 抗体	IBR gB PCR	BVDv-ELISA 抗原	BVDv-ELISA 抗体
22092	—	—	—	—	—
1008	—	+	—	—	+
13625	—	+	+	—	
1069	—	+	+	—	+
1039	—	+	?	—	
13313	—	+	+	—	
1027	—	+	—	—	
12032	—	—	—	—	
3130	—	+	+	—	+
8803	—	—	—	—	

注:+/—表示阳性和阴性,? 表示可疑。

6. 结论

利用抗牛传染性鼻气管炎病毒 gD 蛋白的单克隆抗体在酶联免疫板孔中捕获 IBRV 抗原的原理,成功建立了适用于临床牛血清样品检测抗体的 agD-ELISA。然后该方法已组装成具有自主知识产权的试剂盒,并检测了延庆、密云、顺义、昌平和房山 10 个牛场 2 582 份样品。检测结果证实,它可用于 IBRV 感染的监测,并替代目前市场上昂贵的 IBR 进口检测试剂盒。同时,我们还建立了直接检测 IBR 病毒 DNA 的 PCR 方法,该方法不仅成功应用于奶牛场突发性大面积流产的诊断,还进一步验证了检测抗体的 agD-ELISA。

7. 意义(包括推广示范)

酶联免疫吸附试验(ELISA)是目前应用最广泛的病毒抗体的检测技术。它具有敏感、特异、快速等特点,且需要的设备和技术条件不高,非常适用于目前的生产实际。现已被广泛应用于 IBR 的检测,是国际贸易指定检测方法之一。目前,IDEXX 等国外公司已有商品化的 IBR 阻断 ELISA 试剂盒销售到我国市场,但其昂贵的价格令奶牛场很难承受,促使国内学者不断研制具有自主知识产权的 ELISA 方法。然而,常规的 ELISA 中所用抗原是要么是通过密度梯度离心法将浓缩的 IBRV 纯化和灭活后得到的,要么将 IBR 病毒的外膜糖蛋白(如 gB, gC, gD, gE 等)在大肠杆菌中表达,然后将纯化的表达产物作为包被抗原,以此建立不同形式的 ELISA。但 IBR 病毒的外膜糖蛋白基因的原核表达产物为不可溶蛋白,需要进行变性、复性才能获得纯化产物,而表达产物在变性、复性后,空间结构往往会发生一定程度的改变,致使检测方法的敏感性降低。本试剂盒是利用抗牛传染性鼻气管炎病毒 gD 蛋白的单克隆抗体与 IBRV 特异性结合的原理,首先将抗 IBRV gD 单抗固定在酶联板孔,然后固相化的单抗捕获受感染的牛肾细胞(MDBK)裂解物中的牛传染性鼻气管炎病毒,直接获得高纯度的检测抗原,以此建立双夹心 ELISA 方法。该方法可用于牛传染性鼻气管炎病毒血清抗体的检测,其优点是,克服了常规的以密度梯度离心法制备的抗原纯度问题,从而极大地提高了抗体检测的敏感性。此外,该方法还有抗原制备工艺简单、成本低廉、易于生产等特点。该方法已组装成试剂盒,并检测了延庆、密云、顺义、昌平和房山 10 个牛场 2 582 份样品(表 17-7)。检测结果证实,它可用于 IBRV 感染的监测,并替代目前市场上昂贵的 IBR 进口检测试剂盒。

表 17-7　应用 agD-ELISA 对北京地区奶牛场的 IBR 血清学调查结果

样品来源	检测样品数(份)	阳性数(份)	阳性率(%)
昌平	1 037	245	23.60
房山	50	50	100.00
延庆	399	202	50.63
顺义	15	9	60.00
大兴	546	164	30.03
密云	535	232	43.46
合计	2 582	902	34.93

上述监测技术不仅具有我国自主知识产权(专利已申报)，而且已成功用于奶牛场生产实践中的流行病学调查和临床诊断，具有重要的应用价值。

(李永清、冯小宇团队)

第18章　牛病毒腹泻病毒监测技术研究与示范

18.1　概述

BVD呈世界性分布，在许多养牛发达国家，如美国、新西兰、加拿大等尤其严重，加拿大牛群抗体阳性率为38.1%、巴西62%、秘鲁43%、比利时47.4%、瑞典32%、斯洛伐克70%、韩国58%。此病感染动物包括牛、羊、猪、骆驼、鹿等。目前随着我国养牛业的快速发展，也在我国新疆、内蒙古、宁夏、甘肃、青海、黑龙江、河南、河北、山东、辽宁、陕西、山西、广西、四川、江苏、安徽等20多个省市自治区检出此病。菅复春等2012年对河南省的11个牛场的181份牛奶样品和395份血清样品进行BVDV抗体的检测，结果显示阳性率为5.0%～93.3%，平均为58.6%。张改文等于2013年对太原地区460头奶牛的血清样品进行BVD抗体检测，平均抗体阳性率为63.5%。2013年，李栋梁和张俊杰等分别对北京地区的665份和546份血清样品进行了BVDV抗体ELISA检测，抗体阳性率结果分别为70.98%和94.1%，这种高感染率可能与北京地区的集约化养殖模式有关。牛对BVDV感染率最高，约70%的2岁以上牛有BVDV抗体，0.5%～1%的牛具有持续性病毒血症。

目前防疫部门几乎将所有的精力集中于口蹄疫、布病和结核三大疫病。然而其他常见奶牛疫病没有得到足够的重视，牛病毒性腹泻即是代表。牛病毒性腹泻病毒在临床上造成的影响包括繁殖性能降低，产奶量降低，乳质下降；成长缓慢，先天缺陷，发育不良；免疫抑制，使牛只更易感染其他疾病，如肺炎和牛呼吸道疾病。该病没有特征性的临床症状，往往以持续性感染的形式存在，并且持续性感染牛不能建立免疫反应而终身带毒、排毒。由于以上这些症状在临床上没有典型性，加上BVDV往往与其他病原混合感染或导致继发感染，因而没有引起足够的重视。然而事实上牛病毒性腹泻对奶牛养殖业造成的隐形损失是非常巨大的，调查显示BVD是世界上代价最高的牛类疾病之一，奶牛和肉牛生产者均要对此为每头牛承担高达30美元的损失。我国目前已有20多个省市自治区存在该病，其中北京市部分牛场的流行病学调查显示牛群中抗体阳性率高达94.1%。牛病毒性腹泻的广泛流行，严重影响奶牛养殖业的健康发展。北京地区作为我国奶牛养殖业的优势区域，养殖模式以规模化为主，饲养水平处于全国前列。但是在BVD等疾病防控方面较为欠缺，对BVD的重视程度不够，目前为止还没有全面的BVDV流行病学调查数据。因此在本部分研究中我们旨在弄清北京地区牛场BVDV的流行情况，并在此基础上筛查持续性感染牛，确定流行毒株的生物型及基因型特点，为下一步制定区域防治计划提供参考。

18.2　BVDV的流行病学调查和基因分型

2010—2015年之间，王九峰团队对北京地区7 527头奶牛血清或组织样本进行了BVDV的流行病学调查，利用IDEXX公司BVDV抗体ELISA检测试剂盒与BVDV E^{rns}抗原捕获ELISA试剂盒进行检测，使用IDEXX BVDV Total Ab Test Kit测定血清里BVDV抗体，根据S/P值判定结果，若S/P大于0.30则认为抗体阳性；使用IDEXX BVDV Antigen/SerumPlus Test Kit检测血清中E^{rns}蛋白，若COD值大于0.30则认为抗原阳性；发现32份样本为抗原阳性，抗原阳性率为0.42%，其中12头奶牛确诊为PI牛，然后对32份阳性样本进行了病毒分离，提取病毒RNA，反转录成DNA，然后针对病毒的5′-UTR和N^{pro}基因片段进行了PCR克隆测序，进化树分析结果表明32份毒株分别为1 m(6株)、

1a(9 株)、1 d(10 株)、1q(3 株)和 1b(4 株)。并且利用鼠源 BVDV NS3 蛋白单抗对病毒的细胞培养物进行了免疫荧光技术鉴定(图 18-1)。现阶段仍在大量收集奶牛血清,进行 BVDV 分离。

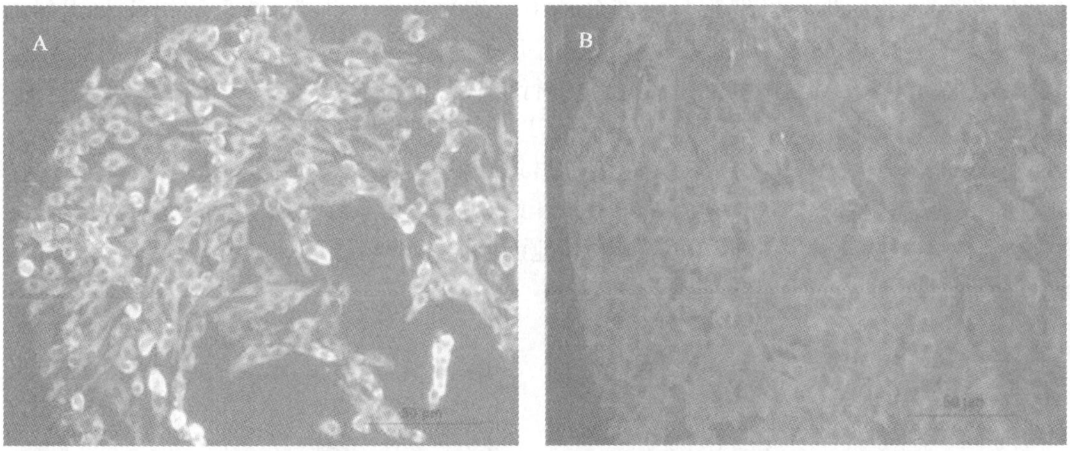

图 18-1　阳性样品接种 MDBK 后免疫荧光检测(A 为阳性样品,B 为阴性对照)

从研究结果可以看出,北京地区的 BVDV 感染情况与全国其他地区的情况类似,表现为抗体阳性率高、毒株基因型多样化的特点。下一步的工作重点是筛查和淘汰 PI 牛,持续净化牛群。然而,由于其他很多省区缺乏全面的流行病学调查数据,对 BVDV 的流行情况和病原特点不了解,不能够制定有效的防治策略,再加上牲畜流通中缺乏有效的监测和检疫,使得北京地区的 BVD 防控压力较大。因此,也有必要制定地区间的整体防控措施,减少地区间牲畜流通带来的 BVD 流行。

18.3　持续性感染牛 PBMCs 先天性免疫反应的研究

BVDV 分为非致细胞病变型(NCP)和致细胞病变型(CP)两种生物型,其中 NCP 型的一个重要特点是能够导致宿主的持续性感染(Persistent infection,PI)。病毒在胎儿适应性免疫系统建立前发生感染,机体的 B 细胞和 T 细胞将病毒当作自身的一部分,从而逃避适应性免疫反应。虽然病毒能够逃避适应性免疫系统的监测,但是在感染的初期还必须面对先天性免疫反应,先天性免疫反应不具有特异性,因而病毒不能够采取逃逸适应性免疫反应相似的策略。Ⅰ型干扰素(以 IFN-α/β 为主)是机体各种细胞先天性免疫反应中抵抗病毒感染的最重要的组成部分。细胞合成的干扰素被分泌出去后会与被感染的或未被感染的自身细胞或其他细胞表面的Ⅰ型干扰素受体结合,然后通过细胞信号网络诱发抗病毒反应。IFN-α/β 能够诱导超过 100 种的细胞蛋白表达。其中最重要的包括 Mx 蛋白及蛋白激酶 PKR 等,它们能够在细胞内产生抗病毒反应。病毒在同宿主长久的作用过程中进化出来了多种逃避宿主先天性免疫反应的策略,其中又以逃逸细胞的 IFN-α/β 反应为主。一些病毒能够阻止细胞合成 IFN-α/β,一些病毒抵抗细胞分泌的 IFN-α/β 发挥效应,另外一些病毒抑制 IFN-α/β 与受体结合后的信号传导,甚至还有一些病毒能够直接抑制 IFN-α/β 所诱导抗病毒蛋白发挥作用。我们现在已经了解 NCP 型 BVDV 能够通过抑制 IFN-α/β 的产生来逃避宿主细胞的先天性免疫反应。具体来说,一方面,BVDV 的囊膜蛋白 E^{rns} 是一种 RNA 酶,E^{rns} 能够分解病毒复制过程中产生的过量 dsRNA,从而防止 TLR-3,RIG-I 和 MDA5 识别 dsRNA,从信号传导的最上游抑制 IFN-α/β 的表达;另外一方面,病毒的非结构蛋白 N^{pro} 具有泛素化功能,可以降解细胞表达的 IRF-3。此外,N^{pro} 还能够阻止 IRF-3 与 DNA 的结合而抑制其转录功能。但是,也有研究表明在活体感染的情况下,机体的某些细胞能够产生Ⅰ型干扰素。这就暗示在持续性感染个体上,Ⅰ型干扰素的反应必定较离体试验所得结论复杂。因此本研究通过检测Ⅰ型干扰素信号通路各个因子的变化来探讨持续性感染牛 PBMCs 的Ⅰ型干扰素反应在持续性感染形成过程中的作用。

颈静脉采集牛外周血(包括 PI 牛和健康牛),使用 10 mL EDTA 抗凝管收集后轻柔的上下颠倒 8 次,常温送至实验室,利用牛淋巴细胞分离液分离牛外周血单个核细胞,然后利用 Trizol 裂解液提取 PBMCs RNA,然后进行反转录,利用实时荧光定量 PCR 技术检测患牛各项指标的变化。基于基因水平的变化,利用 Western blot 对蛋白水平的变化进行再次验证。通过对 PI 牛 PBMCs 先天性免疫反应的研究,发现 PI 牛与健康牛相比,其 PBMCs 中的 TLR-7、IFN-α 和 IFN-β 的 mRNA 表达量显著降低(图 18-2、图 18-3),IRF-3、IRF-7 的蛋白表达量也出现降低(图 18-4)。说明 IRF-7 的降低在 BVDV 逃避Ⅰ型干扰素反应的过程中发生作用,而 ISG-15 和 Mx1 的转录水平升高预示着血液中有外源性干扰素产生,这些外源性干扰素可能为 PBMCs 抵抗其他病原的感染起着重要作用。

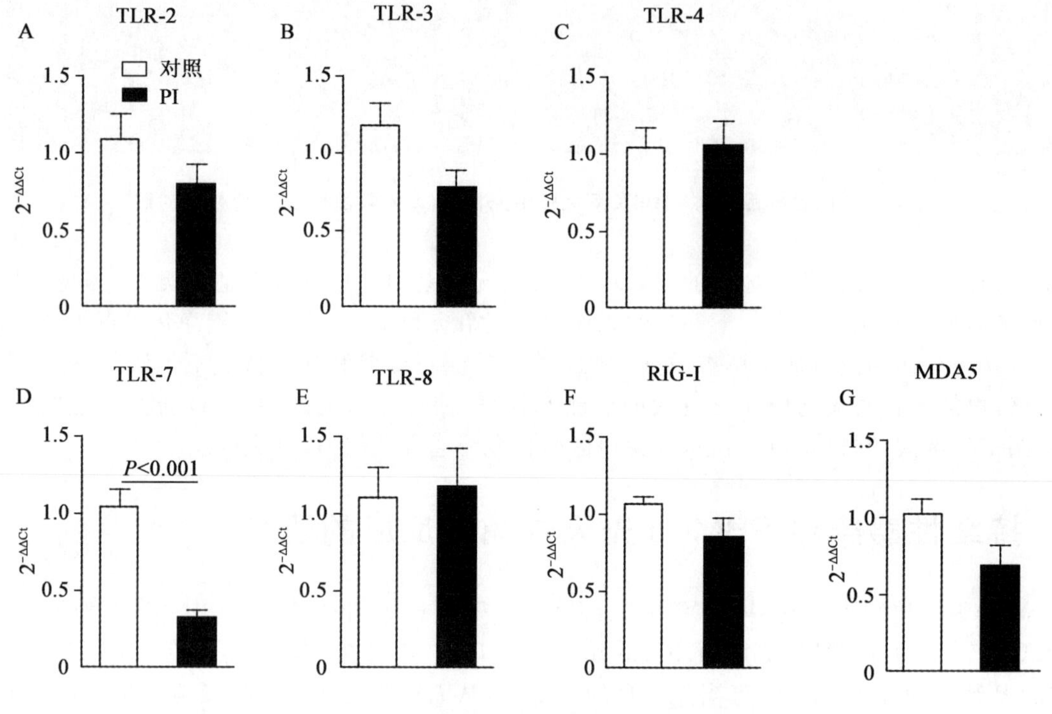

图 18-2　TLR-2 (A), TLR-3 (B), TLR-4 (C), TLR-7 (D), TLR-8 (E), RIG-I (F)及 MDA5(G)在健康牛及 PI 牛 PBMCs 中的 mRNA 表达

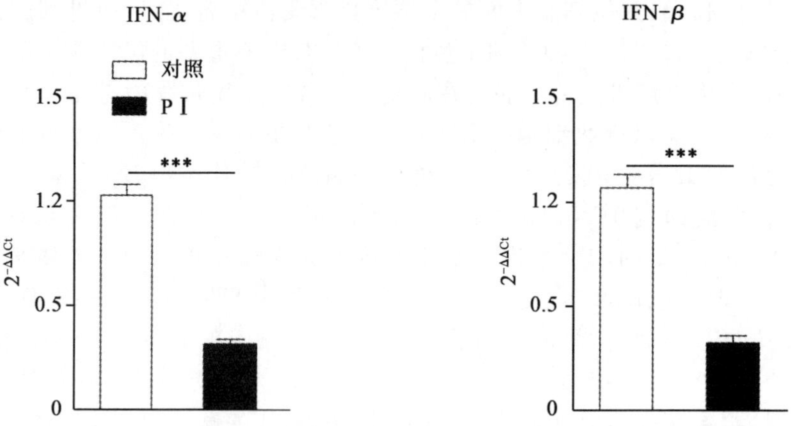

图 18-3　IFN-α 及 IFN-β 在健康牛及 PI 牛 PBMCs 中 mRNA 的表达

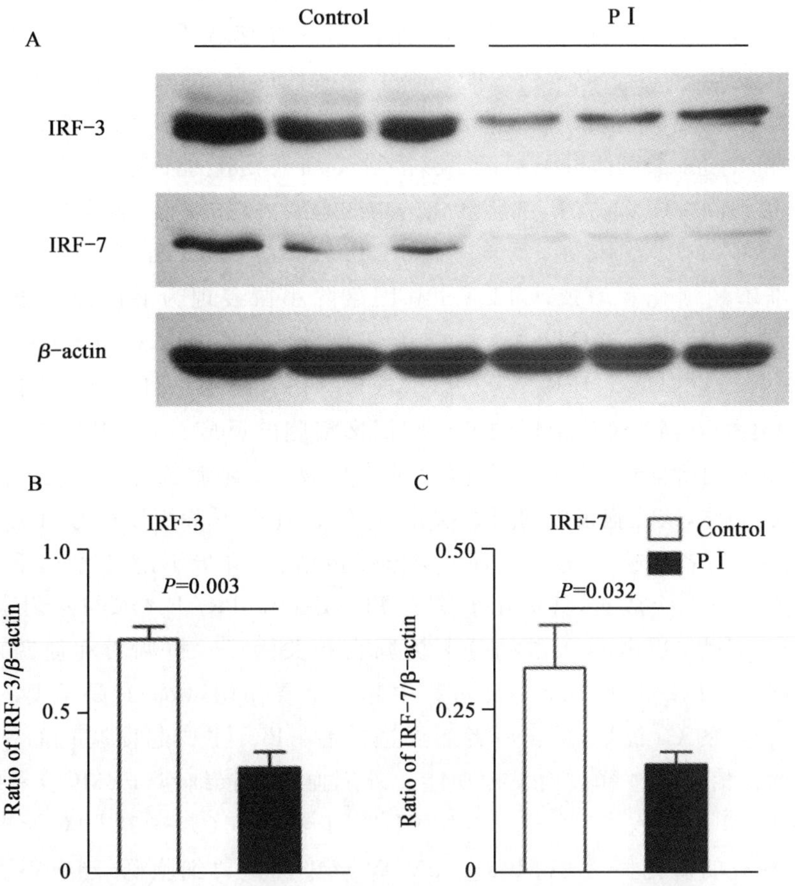

图 18-4　IRF-3 及 IRF-7 在健康牛及 PI 牛 PBMCs 中的表达

注：Control 为健康对照牛；PI 为持续性感染牛；IRF-3 及 IRF-7 均为干扰素调节因子；β-actin 为细胞骨架蛋白作为内参蛋白。

从我们的研究可知，NCP 型 BVDV 所导致的持续性感染除了建立在逃逸适应性免疫反应的基础上外，病毒对细胞的Ⅰ型干扰素反应的调控也是必不可少的。尽管病毒的结构蛋白 E^{rns} 在此过程中起到一定的作用，但是这种调控方式的核心是 TLR-7 和 IRF-7。其中病毒降低 TLR-7 mRNA 表达水平可能是下游干扰素产生降低的原因，因为机体中还存在非 TLR-7 依赖性的 IRF-7 激活途径。我们的试验结果显示 NCP 型 BVDV 感染过程中 IRF-7 的表达量也降低了，这说明病毒感染不仅仅影响 TLR-7，而且会同时影响转录因子的表达水平，这种同时调控的方式能够严格控制 PBMCs 中的大部分细胞产生 IFN-α/β，成为维持持续性感染的关键。

总之，本部分研究结果发现了 TLR-7-IRF-7 途径在持续性感染牛的产生机制中发挥了作用，下一步工作需要确定 pDCs 在受到 NCP 型 BVDV 感染后产生 IFN-α/β 的详细机制，以及病毒怎样抑制 TLR-7 及 IRF-7 的表达。

18.4　连翘酯苷 A (FTA)对 BVDV 感染牛 PBMCs 共刺激信号的影响

目前，疫苗免疫是防控 BVD 的重要措施之一，但是目前的疫苗，尤其是灭活疫苗不能够诱发理想的 T 细胞免疫和稳固的免疫记忆，因此找到一种免疫佐剂或免疫调节剂能够提高灭活疫苗的免疫效果非常必要。连翘是常用中药中的一味重要药材,除了具有清热解毒,消痈散结的功能之外,现在的研究也发现连翘提取物具有抗菌、抗氧化和抗病毒的功能。连翘酯苷 A(Forsythoside A, FTA)是连翘果实中的一种苯乙醇苷类物质,是连翘发挥药效的主要生物活性成分之一。我们的研究发现 FTA 能够抑制 BVDV 在 PBMCs 上的复制。当 T 细胞受到病毒的感染和激活后,T 细胞需要共刺激分子的参与才能达到完全的活化和增殖。共刺激分子不仅能够控制 T 细胞反应的强度和持久度,还能决定 T 细胞的分化方向和形成记忆细胞。CD28 在 T 细胞活化的初期起到关键的调节作用,CD28 基因缺失小鼠在感染流感病毒后表现为 $CD8^+$ T 细胞功能严重失调。CTLA-4 与 CD28 结构相似,是 CD28 的竞争性抑制物,能够负调控 T 细胞的活化和增殖,CTLA-4 基因敲除小鼠表现为淋巴细胞异常增殖和淋巴组织 $CD4^+$ T 细胞浸润。除了 CD28 和 CTLA-4 调控 T 细胞活化之外,OX40 和 4-1BB 也是 T 细胞活化和维持免疫反应所必需的,它们是 TNFR 家族的代表成员。研究显示它们不仅在维持 T 细胞长时间反应性上发挥功能,而且还可以调节免疫记忆的形成和记忆细胞的反应。4-1BB 能够在无 CD28 的条件下为 $CD8^+$ T 细胞提供共刺激信号。同样,OX40 是维持 $CD4^+$ T 细胞长时间免疫反应所必需的。OX40 和 4-1BB 都为细胞膜受体,缺乏胞浆内的死亡决定区,它们在向下游传导信号时需要募集肿瘤坏死因子相关受体(TRAFs),后者能够直接与 TNFR 家族成员结合,介导下游 T 细胞活化和增殖。目前已经发现有 TRAFs 至少有七个成员,其中在小鼠上 TRAF-1 和 TRAF-2 参与共刺激信号的传导,在人上 TRAF-3 也参与该过程,TRAFs 下游的分子为凋亡相关因子。抗凋亡和促凋亡相关因子是上游共刺激信号的执行分子,Bcl-xL 和 Bim 在此过程中起着重要作用,Bcl-xL 是重要的抗凋亡基因,它能够区分促凋亡和抗凋亡的 Ca 信号,阻止后者而促进前者。Bim 主要起促凋亡的作用,它结合于细胞骨架蛋白,在遇到凋亡信号后被释放而发挥功能。外周血单个核细胞(PBMCs)是外周免疫系统的重要组成部分,牛的 PBMCs 中有 25%～35%的 $CD4^+$ T 细胞,10%～22% $CD8^+$ T 细胞和 28%～35%B 的细胞等。现有的研究显示 PBMCs 是 BVDV 感染的重要细胞群,已有很多研究使用 PBMCs 作为模型来探讨病毒感染后机体的具体免疫反应。因此,本部分的目的是研究 FTA 对 CD28, CTLA-4, 4-1BB, OX40 及下游相关接头分子和凋亡分子的影响,评价 FTA 是否能够调节共刺激分子信号而提高 PBMCs 抵抗 BVDV 感染,以及 FTA 是否能够被用作 BVDV 疫苗佐剂或免疫调节剂。

本实验室应用流式细胞技术、荧光定量 PCR、Western blot 以及 ELISA 等技术研究和评价中药有效成分连翘酯苷,我们发现 FTA 能够调节受 BVDV 感染牛 PBMCs 的 4-1BB 和 OX40 共刺激分子信号,表现在 FTA 不仅促进 OX40, 4-1BB 及 4-1BBL 的转录(图 18-5),还能上调其接头分子 TRAF-2 及抗凋亡基因 Bcl-xL 的转录水平(图 18-6)。另外,FTA 能够抑制 PBMCs 过度的 IFN-γ 反应(图 18-7),同时 FTA 不会抑制抗体的型别转换。说明 FTA 具有调节受 BVDV 感染牛 PBMCs 共刺激信号通路的功能,FTA 具有潜在的适应性免疫反应调节作用。

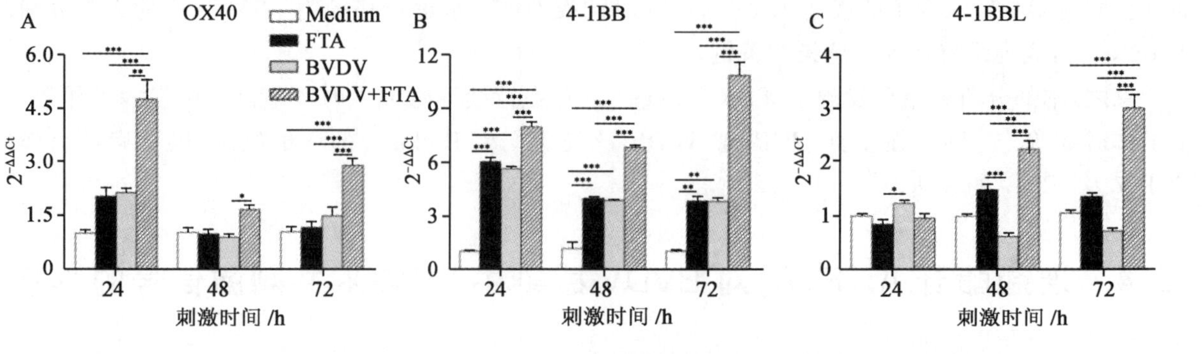

图 18-5 OX40 (A), 4-1BB (B), 及 4-1BBL (C)在不同处理的牛 PBMCs 中 mRNA 的表达

注:OX40、4-1BB 均为肿瘤坏死因子受体超家族成员;4-1BBL 为 4-1BB 配体。

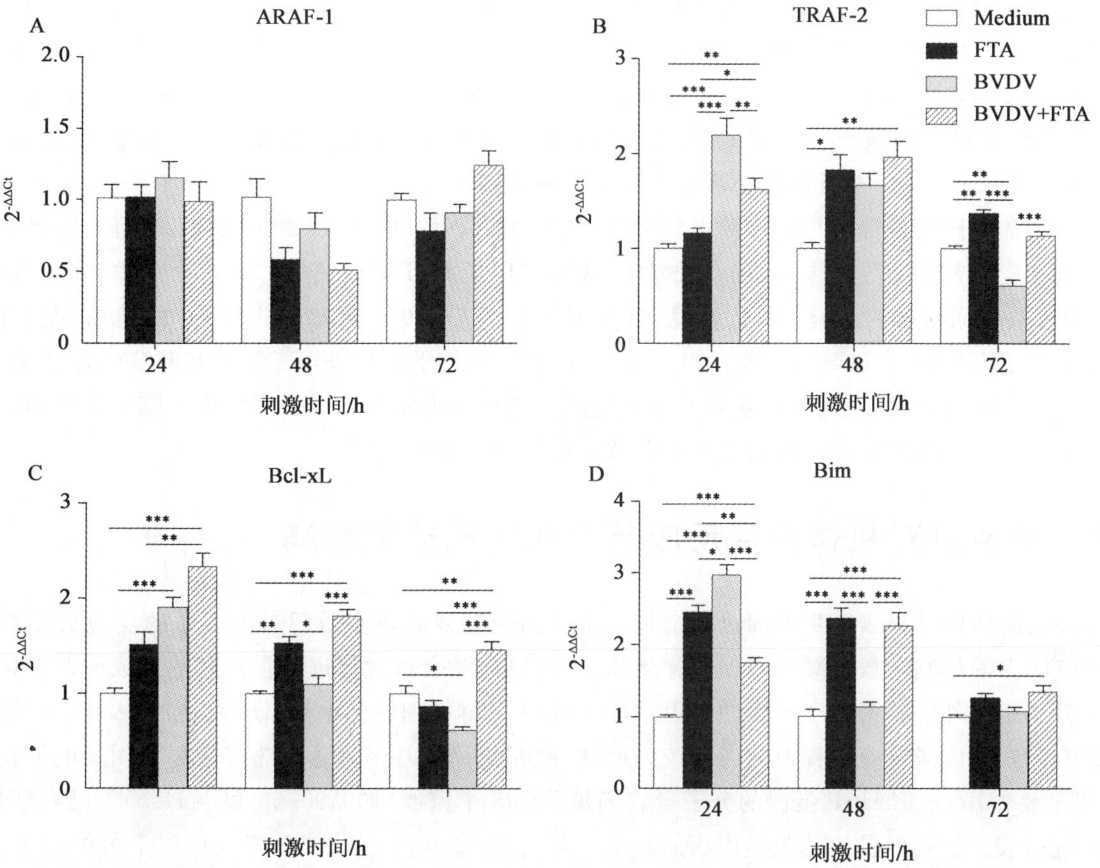

图 18-6　TRAF-1 (A)，TRAF-2 (B)，Bcl-xL (C)及 Bim (D)在不同处理的牛 PBMCs 中 mRNA 的表达

注：TRAF-1，TRAF-2 均为肿瘤坏死因子受体相关因子；Bcl-xL 为抗凋亡基因；Bim 为促凋亡基因。

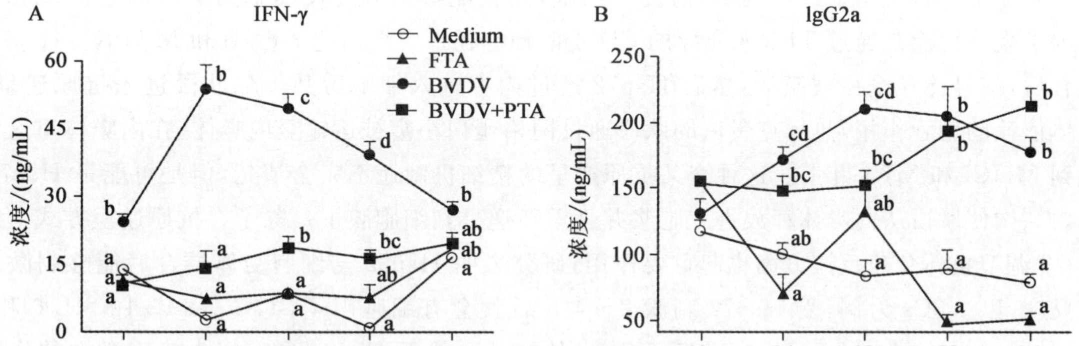

图 18-7　各组细胞培养上清中 IFN-γ (A)和 IgG2a (B)的浓度变化

注：IFN-γ 为 γ-干扰素；IgG2a 为免疫球蛋白 G2a 亚型。

IFN-γ 是一个重要的 Th1 型细胞因子，它能够促进 CTL 免疫反应，同时它也能够抑制 $CD8^+$ T 细胞向 Th2 方向分化，这个过程是通过 IL-4-STAT6 信号通路实现的。然而，过量的 IFN-γ 分泌也是机体免疫损失的重要原因，而且过量的 IFN-γ 也会通过提高细胞 Fc 受体表达而利于某些病毒的感染。在本研究中我们发现 BVDV 感染会导致 PBMCs 产生过量的 IFN-γ，而 FTA 的加入能够抑制病毒诱导的这种过强免疫反应。另外,我们也检测了细胞上清中IgG2a的分泌情况,IFN-γ能够促进抗原特异性B细胞的抗体发生型别转换,产生大量的IgG2a。因此,我们通常将IFN-γ和IgG2a联合起来作为评价机体细胞免疫反应的指标。本部分研究中我们通过ELISA检测了B细胞产生IgG2a的情况,结果表明FTA不会抑制B细胞产生IgG2a。因此,FTA具有调节牛PBMCs细胞免疫的功能,一方面它限制IFN-γ的过量表达,另一方面它不显著抑制IgG2a的型别转换。

很多中药的酚类成分表现出多种生物活性,包括调节NF-κB、AP-1和MAPK等信号通路。但是,这种调节功能的初始信号还未知,在本研究中,我们应用了BVDV疫苗株C24V研究了FTA对病毒感染PBMCs共刺激信号的影响。我们发现FTA不仅上调OX40、4-1BB和4-1BBL的转录,而且促进它们的接头分子TRAF-2和下游抗凋亡因子Bcl-xL的转录水平。另外,FTA能够调节病毒感染细胞后IFN-γ和IgG2a的分泌,表现为抑制IFN-γ的过高表达而未抑制IgG2a型别转换。综上所述,我们的研究将为FTA作为BVDV疫苗佐剂或免疫调节剂提供理论参考。

18.5 热应激对机体免疫反应及BVDV感染的影响

体外实验研究结果表明牛外周血单个核细胞受到短暂或高热应激后对丝裂原的反应会变弱,并且具有反应活力的细胞个数会减少。在实验动物上,高热应激会通过促进氧自由基的形成引起氧化应激,有研究者利用体外实验证明了产生的自由基能够抑制T淋巴细胞的增殖(DNA复制)及IL-2基因的表达。细胞针对热应激反应过程中的因子较为保守,此时机体的基因表达受热应激调控因子的调控,其中HSP起重要作用,根据HSP蛋白的分子量它们被分为5个家族(100,90,60和小Hsp)。已有证据表明Hsp的过高表达能够保护机体免热应激的影响。外源性Hsp蛋白(如Hsp70)有利于机体的先天性免疫系统发挥功能。Hsp蛋白的保护作用通常与它们作为分子伴侣的功能密切相关,它们能够结合失活的蛋白质并且防止它们发生不可逆的聚集。在奶牛上Hsp72无应激情况下不表达或少量表达,这也与其他Hsp家族成员不同。目前有很多证据表明Hsp72能够调节机体的先天性免疫反应,外源性的Hsp72能够激活单核细胞、巨噬细胞和树突状细胞,并且能够上调促炎细胞因子的表达。Hsp72诱导的细胞因子表达可能是通过TLR-4介导的CD14依赖途径来实现活化NF-κB和MAPK。Hsp72与其受体结合后,信号传导途径被激活,然后Hsp72通过内吞进入细胞后其伴侣肽段进入抗原递呈途径。通过受体依赖的胞吞作用,热休克蛋白的肽段通过网格蛋白小窝被运输至内噬体,在内噬体里这些肽段被装载到MHCI和MHCⅡ上。这种交叉抗原递呈的精细机制还不完全清楚,但是可能是Hsp72通过多种胞内结构使肽段从内噬体释放进入胞浆并且重新递呈到细胞膜上。除了在抗原递呈方式上的特点外,Hsp72调节机体免疫反应方面也起重要作用,研究表明Hsp72与细胞受体结合后能够刺激长时间的免疫反应,以APCs为例,受Hsp72刺激2～4 h后就会有细胞因子(TNF-α, IL-1β, IL-6和IL-12等)和趋化因子(MIP-1, MCP-1和RANTES等)的表达。然而Hsp蛋白在奶牛热应激上的作用以及热应激对BVDV感染细胞先天性免疫反应的影响还未被研究。

热应激作为影响奶牛生产性能的重要刺激因素也会对奶牛的免疫系统产生影响,我们在体外成功建立了MDBK体外热应激模型,应用荧光定量PCR、Western blot等技术探索热应激条件下BVDV感染对宿主细胞的影响。结果显示与37℃对照组相比,热应激条件下未感染组与病毒感染组的Hsp72的转录水平都升高了60倍以上(图18-8),但BVDV感染不会影响MDBK在热应激条件下的Hsp72的表达,而热应激会上调BVDV感染细胞的TLR-7, IFN-α及IFN-β的表达(图18-9),这可能有利于提高细胞的抗病毒反应。

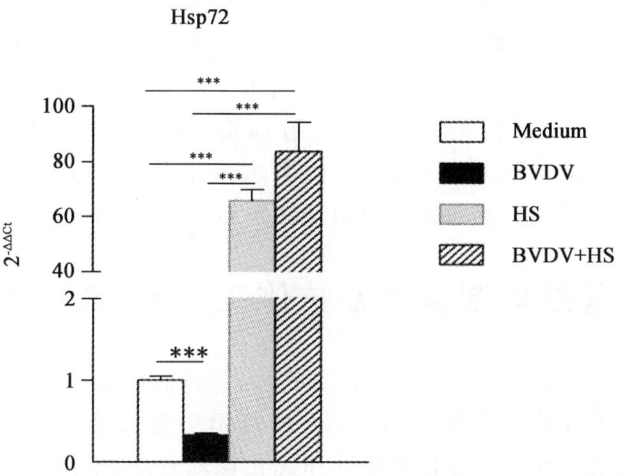

图 18-8　热应激条件下病毒感染对 Hsp72 mRNA 表达的影响

注：注：Medium 为空白对照组；BVDV 为病毒感染组；HS 为热应激处理组；BVDV＋HS 为热应激处理同时病毒感染组；Hsp72 为热休克蛋白的一种。

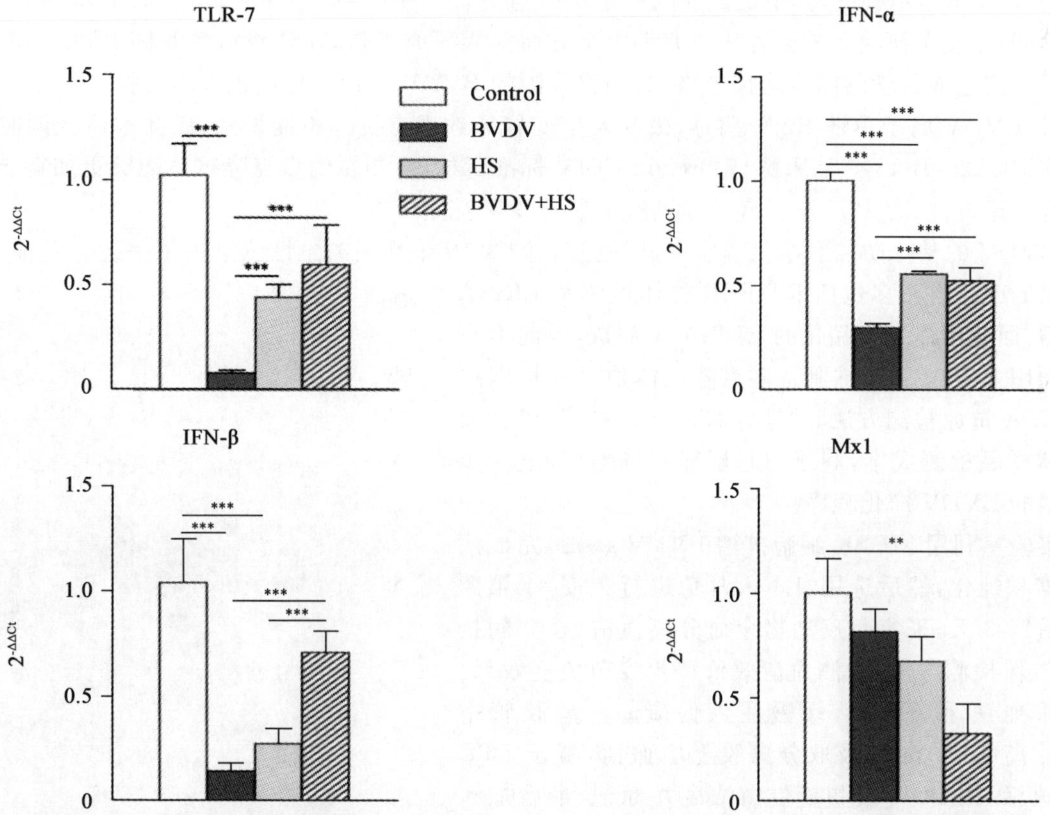

图 18-9　热应激对病毒感染 MDBK 细胞 TLR-7，IFN-α，IFN-β 及 Mx1 mRNA 表达的影响

注：TLR-7 为模式识别受体 Toll 样受体 7；IFN-α 及 IFN-β 均为干扰素因子；Mx1 为黏病毒抵抗蛋白 1。

MDBK 依靠 IFN-α/β 为主的先天性免疫反应来对抗 BVDV 的感染。为了研究热应激情况下病毒感染后细胞 IFN-α/β 反应的特点，我们检测了 IFN-α/β 及其上下游相关受体及效应分子的转录水平，我们发现热应激情况下 TLR-7，IFN-α 及 IFN-β 的转录水平显著高于未受热应激的 BVDV 感染细胞。这种现象暗示细胞在受到热应激后会通过上调 TLR-7 的表达提高识别病毒的能力，另外 TLR-7 的表达升高也促进了下游 IFN-α/β 的转录,从而增强细胞的先天性免疫反应。

已有研究表明热休克蛋白与细胞凋亡密切相关,热休克蛋白能够维持细胞的存活,而这种功能与其对 Caspase 蛋白的抑制作用有关,而更多的研究发现热休克蛋白也能够通过其他方式抑制凋亡,包括从内源性和外源性途径发挥作用。热休克蛋白能够抑制 BCL-2 家族促凋亡因子的活性。此外,参与调节凋亡的一系列信号通路分子也会受到热休克蛋白的影响。本研究我们发现热应激未影响受病毒感染 MDBK 细胞 Bcl-xL 和 Bim 的转录,然而在热应激条件下 BVDV 感染会显著地上调 Bim 转录水平。

18.6 BVDV 多克隆抗体制备与双抗体夹心 ELISA 检测方法的建立

BVDV 是一种在全世界牛群中广泛流行的传染病,可导致急性感染、持续感染、流产、胎儿畸形、黏膜病等一系列病理症状,严重影响产奶量及产犊率,给奶牛畜牧业带来巨大的经济损失。通过对 BVDV 病原及病理的深入研究有助于更好的指导和优化诊断程序,根据动物年龄及感染阶段的不同,需要采用不同的诊断方法和检测手段,选择高精确度与低成本相结合的检测方案,比如采用 qRT-PCR 与抗体检测 ELISA 相结合来对牛群群体及个体的情况进行评估。在获得较为全面的流行病学调查的基础上,筛查和清除持续性感染牛成为了该病防治的关键和难点,因此,预防和控制 BVD,仅仅依靠有效的 BVDV 疫苗是不够的,其中最重要的一个关键点是淘汰 PI 牛以净化牛群,同时需从病原学研究、流行病学调查、疫苗研制和检测方法研究等多个方面深入研究工作,在调查清楚我国 BVD 的流行情况的前提下制定全面科学的综合防控策略,为加强我国的 BVDV 防治工作提供有力支撑。

同时,BVDV 属于单链 RNA 病毒,极易发生变异导致现有抗体不能识别,因此本研究同时采用北京地区的 BJ1120、BJ1305 临床株与 Oregon C24V 标准毒株,所制备的多克隆抗体能够更加特异性地识别并结合临床毒株,为 BVDV 的免疫学研究和临床诊断奠定了技术基础。

在 BVDV 的整个防控和净化程序中,严格筛查淘汰 PI 牛和隔离急性感染牛是关键。目前,发达国家所采用的净化方案多包括 RT-PCR 群体检测和 ELISA 个体检测,而我国尚无商品化的 ELISA 试剂盒,因此本研究通过利用 BVDV 临床株制备多克隆抗体建立一种双抗夹心 ELISA 抗原检测方法,并结合 RT-PCR 技术,可大大降低群体样品检测成本,利于向基层养殖场推广,进一步优化我国的 BVDV 净化程序。

本实验室利用 MDBK 细胞扩增 BVDV 病毒,完成病毒的浓缩和纯化,然后选用日本大耳兔进行免疫,于第四次免疫后第 3 天,采集免疫动物全血分离血清,建立间接 ELISA 抗体检测方法,检测血清效价评价疫苗免疫效果。用心脏采血法采集血清,缓慢注入促凝。分离胶管中 3 000×g 离心 10 min,吸取分离胶上层血清,置于 56℃ 30 min 灭活,用 BCA 法测量蛋白浓度并标记,最后加入 0.01%硫柳汞于－80℃冻存。成功制备高免血清。然后利用蛋白 G 琼脂糖亲和层析凝胶试剂盒(ProteinIsoTM Protein G Resin)进行 IgG 的分离和纯化。通过十二烷基硫酸钠聚丙烯酰胺凝胶电泳(sodium dodecyl sulfate polyacrylamide gel electrophoresis, SDS-PAGE)和考马斯亮蓝染色,根据全血清和纯化的 IgG 的蛋白质条带分子质量评价抗体纯化效果(图 18-10)。成功制备多克隆抗

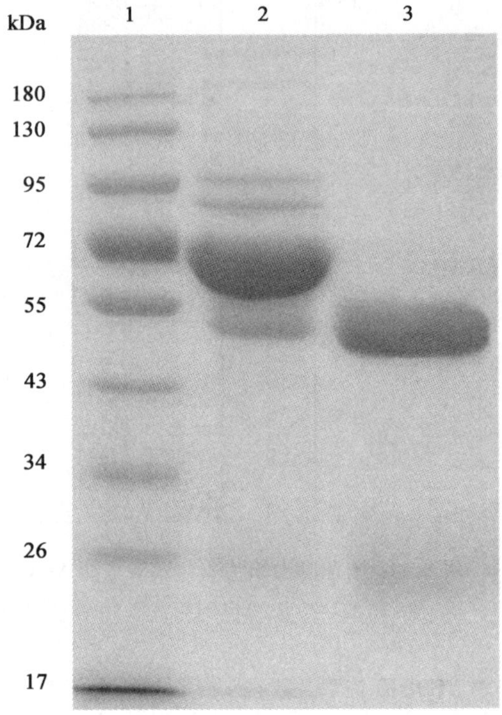

图 18-10 抗体纯化前后 SDS-PAGE 凝胶电泳图

注:1 为 maker;2 为全血清;3 为纯化后的抗体。

体。然后利用我们制备的多克隆抗体制备 ELISA 诊断试剂盒，主要流程为：酶标反应板均一性的测定（表 18-1），血清最佳稀释度和一抗最佳工作浓度的确定（表 18-2），最佳封闭液的确定（表 18-3），酶标二抗最佳工作浓度的确定（表 18-4），临界值的确定（表 18-5）。结果显示纯化的多克隆抗体纯度较高。最后，经过一系列的优化程序，最终确定 ELISA 最佳反应条件：兔 IgG 包被浓度为 0.43 mg/mL，4℃ 过夜，封闭液为 5 % 猪血清，血清稀释度为 1∶160，小鼠 IgG（一抗）稀释度为 1∶160，酶标二抗稀释度为 1∶10 000，显色时间为 10 min，以 8 份经过 IDEXX 试剂盒 BVDV 抗原检测为阴性的健康牛血清为待检样品，结果如表 18-5 所示，每份样品重复 3 孔，采用 SPSS 17.0 进行数据处理，样品 $OD_{450\ nm}$ 值符合正态分布。这 8 份样品平均值为 0.236，标准差为 0.147，根据临界值计算公式为阴性平均值＋3 倍标准差，临界值为 0.677，即当检测血清的 $OD_{450\ nm} \geqslant 0.677$ 时结果判定为阳性。故 $OD_{450\ nm}$ 判定临界值为 0.677。现在着手制备 BVDV E2 的单克隆抗体。

表 18-1　酶标反应板均一性的测定

编号	$OD_{450\ nm}$							
A	2.541	2.512	2.449	2.417	2.489	2.391	2.333	2.305
B	2.464	2.461	2.416	2.344	2.410	2.367	2.324	2.324
C	2.491	2.509	2.429	2.334	2.394	2.361	2.304	2.290
D	2.491	2.403	2.440	2.389	2.437	2.380	2.278	2.281

表 18-2　方阵法确定最佳包被抗体稀释度

P/N 血清稀释度	包被抗体稀释度			
	1∶10	1∶40	1∶160	1∶640
1∶10	0.57	0.72	1.92	1.13
1∶40	0.32	0.81	5.79	1.00
1∶160	31.00	6.22	0.86	5.52
1∶640	0.78	8.33	0.91	0.73

注：P/IV 为阳性/阴性的值，下同。

表 18-3　根据不同封闭液下的 P/N 值测定确定最佳封闭液

封闭液	5%脱脂乳	5%猪血清	5%山羊血清	5%牛血清	5%马血清	0.5%BSA	0.5%明胶
P/N	0.33	1.20	0.88	0.80	0.52	0.08	1.09

表 18-4　根据酶标二抗不同工作浓度下的 P/N 值测定确定酶标二抗最佳稀释度

二抗稀释度	1∶1 000	1∶2 000	1∶4 000	1∶8 000	1∶10 000
P/N	3.40	8.45	12.88	15.56	17.92

表 18-5　阴性血清的 $OD_{450\ nm}$ 值测定

阴性样本编号	1	2	3	4	5	6	7	8
$OD_{450\ nm}$ 平均值	0.008 4	0.316	0.383	0.456	0.05	0.049	0.267	0.286

18.7 BVDV 核酸疫苗的制备研究

随着科技的进步，制备和优化 DNA 疫苗的方法越来越多，并越来越先进，但是都要对所制备疫苗的免疫效果及保护作用进行评价。而影响免疫效果的因素中，除了疫苗的免疫原性，还有佐剂的种类及免疫方式。我们已经成功制备体外能够表达的 BVDV E2 真核载体，需要与合适的佐剂进行乳化混合，验证其免疫原性及刺激机体的免疫保护效果。小鼠作为目前研究最为广泛，生理指标研究最为清楚的模式动物被广泛的应用，已经证明 BVDV 可以感染小鼠，而且已经证明用编码截短分泌形式的 BVDV E2 蛋白的质粒 DNA 进行免疫在小鼠中引起强烈的体液和细胞免疫应答。我们选用的 ISA 61 佐剂也已经在生产和科学研究中广泛使用，具有低毒和易于乳化等优点。所以在本研究中我们采用 ISA61 作为疫苗佐剂，分别利用制备的真核表达载体和原核表达蛋白制备 DNA 疫苗和亚单位疫苗，利用 prime-boost 的免疫策略免疫小鼠，检测免疫小鼠及 BVDV 攻毒感染之后的免疫保护作用，包括血液指标变化、抗体滴度以及 TNF 含量等，对所制备的 DNA 疫苗的免疫效果及 prime boost 的免疫策略进行评价，为 DNA 疫苗的实际应用提供理论依据。

为评价制备的 DNA 疫苗及 Prime-boost 免疫策略对小鼠体液免疫水平的影响，采用间接 ELISA 方法检测三次免疫后的抗体水平，包被 BVDV E2 原核表达蛋白，血清稀释度为 1：4 000 时抗体检测 OD 值如图 18-11。结果显示，首次免疫后，各个组抗体水平无显著差异(图 18-11A)。第二次免疫后抗体水平相比第一次出现明显的升高趋势(图 18-11B)。单独免疫 DNA 组、单独免疫亚单位疫苗组以及同时免疫 DNA 和蛋白组的抗体水平显著高于对照组($P<0.0001$，$P=0.001$ 和 $P<0.001$)。同时免疫 DNA 组和免疫 DNA 和蛋白组的抗体水平也高于免疫空载体组($P<0.001$)。同时免疫 DNA 疫苗和蛋白组抗体水平高于单独免疫蛋白组($P<0.001$)。第三次免疫后抗体水平进一步提高(图 18-11C)。单独免疫 DNA 组、单独免疫亚单位疫苗组以及同时免疫 DNA 和蛋白组的抗体水平显著高于对照组($P<0.001$)。同时免疫 DNA 组和免疫 DNA 和蛋白组的抗体水平也高于免疫空载体组($P<0.001$)。同时免疫 DNA 疫苗和蛋白组抗体水平高于单独 DNA 组($P<0.001$)。而第三次免疫后单独免疫蛋白组的抗体水平已经高于单独免疫 DNA 组($P<0.001$)。

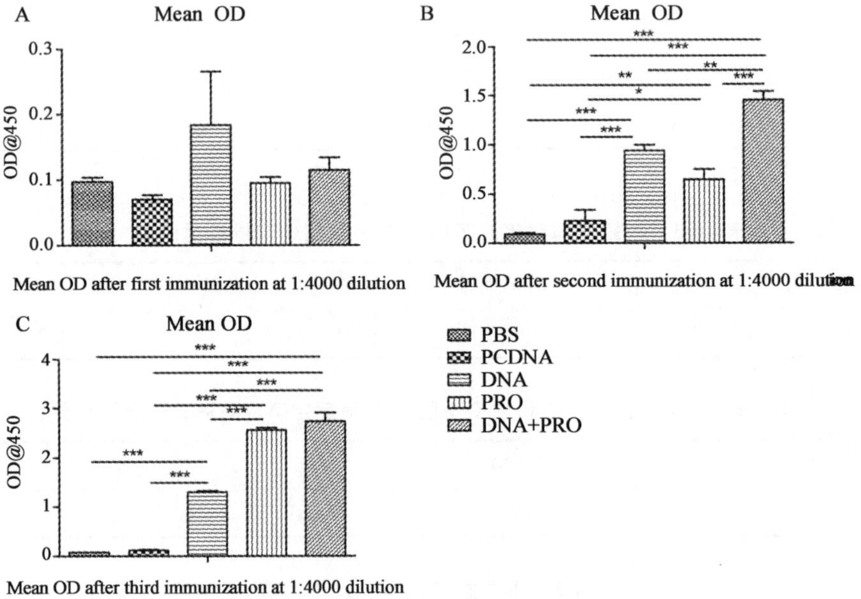

图 18-11　免疫之后以 1:4000 稀释度检测抗体水平

注：(A)第一次免疫 (B) 第二次免疫、(C) 第三次免疫。数据表示为 means±SEM，试验重复三次。* $P<0.05$，** $P<0.01$，*** $P<0.001$。(PBS) PBS 对照组，(PCDNA)质粒对照组，(DNA)单独免疫 DNA 疫苗组，(PRO) 单独免疫蛋白组，(DNA+PRO) 同时免疫 DNA 疫苗和蛋白疫苗组。

为检测疫苗免疫之后是否能够产生免疫记忆，我们分离脾脏淋巴细胞，使用 BVDV E2 蛋白进行刺激，并使用 PHA 作为阳性刺激剂，评价淋巴细胞增殖程度(图 18-12)。结果显示，单独免疫 DNA 组和同时免疫 DNA 和亚单位疫苗组能够产生较为明显的增殖。其中单独免疫 DNA 组增殖更为明显。

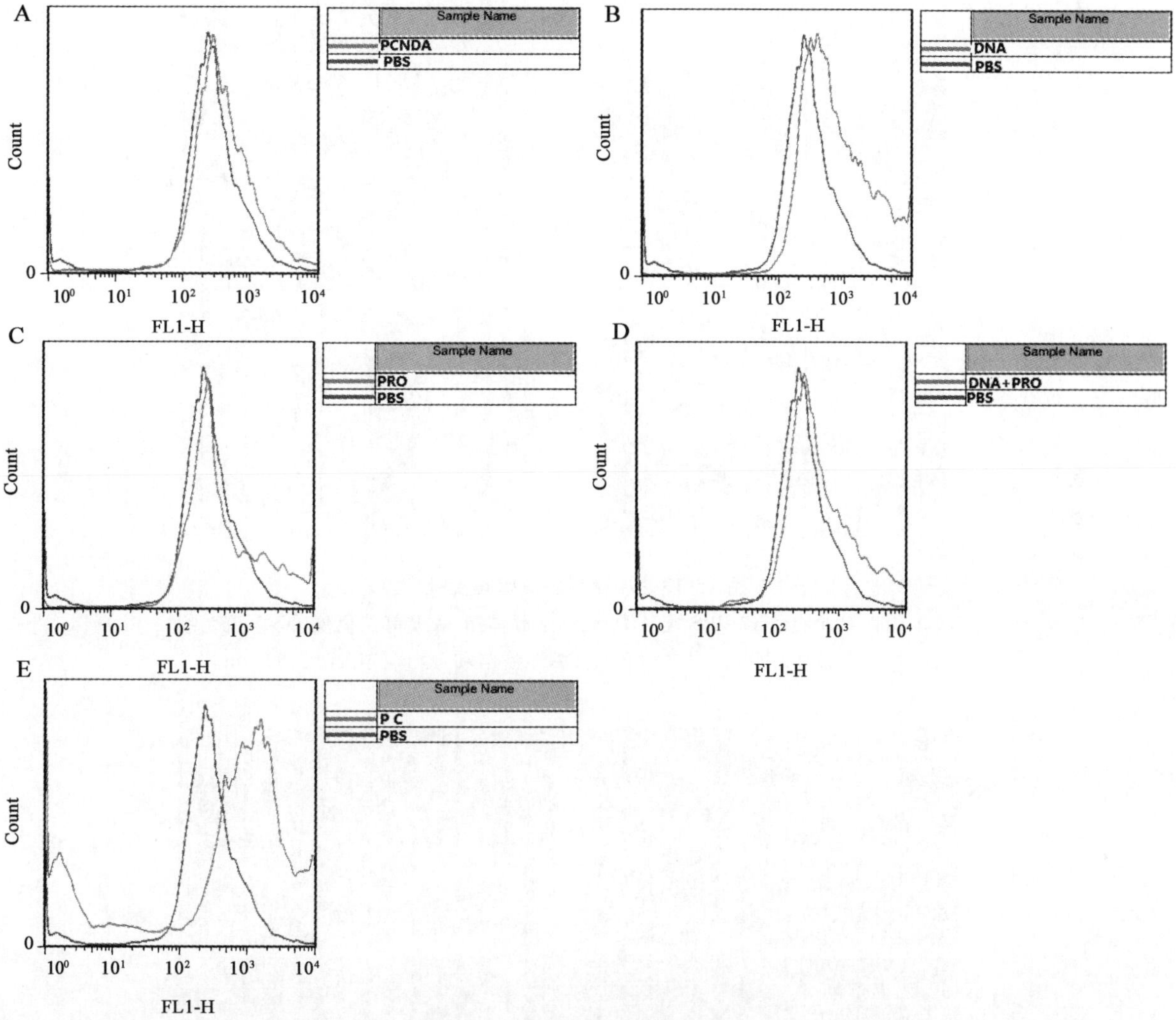

图 18-12　免疫之后淋巴细胞增殖

注:(A) 免疫空载体组 (B) 单独免疫 DNA 疫苗组 (C) 单独免疫蛋白组 (D) 同时免疫 DNA 疫苗和蛋白疫苗 (E) 阳性对照组

为衡量 BVDV 攻毒后小鼠主要组织器官的病理变化及疫苗的免疫保护作用，我们分别对健康阴性对照小鼠以及五组处理的小鼠的肺脏、脾脏进行病理分析。

攻毒后肺脏变化如图图 18-13 所示。结果显示攻毒之后肺脏出现较为明显的病变，肺泡腔中出现少量粘液，也有淋巴细胞浸润，肺泡出现轻度扩张，有部分红细胞和巨噬细胞浸润。免疫空载体组虽然未出现较为严重的病变依然有支气管扩张等病理现象。单独免疫亚单位组粘液较多。单独免疫 DNA 组和联合免疫组，肺泡结构相对完整，无明显病理变化。

攻毒后脾脏变化如图图 18-14 所示。攻毒后脾脏发生病变包括巨噬细胞增多，发生淋巴细胞坏死等病理现象。空载体组和单独免疫 DNA 组出现明显的吞噬巨细胞。而联合免疫组和单独免疫亚单位疫苗组尽管产生保护作用，未出现类似病理变化，仍然部分出现淋巴结排空等现象。

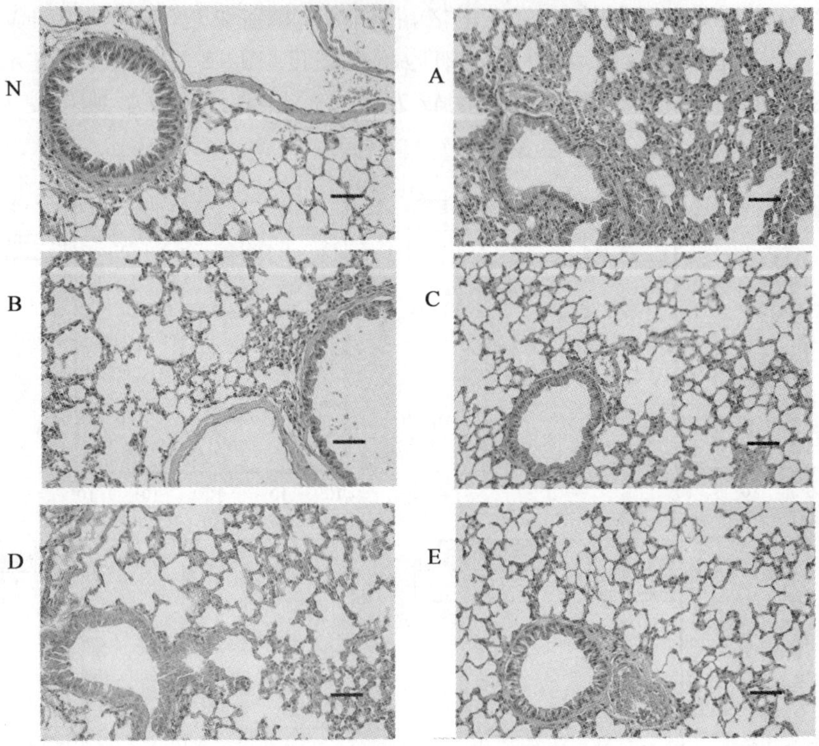

图 18-13　攻毒后肺脏病理变化

注:(N) 阴性对照组 (A) PBS 组 (B) 免疫空载体组 (C) 单独免疫 DNA 疫苗组 (D) 单独免疫蛋白组 (E) 同时免疫 DNA 疫苗和蛋白疫苗 标尺,50 μm。

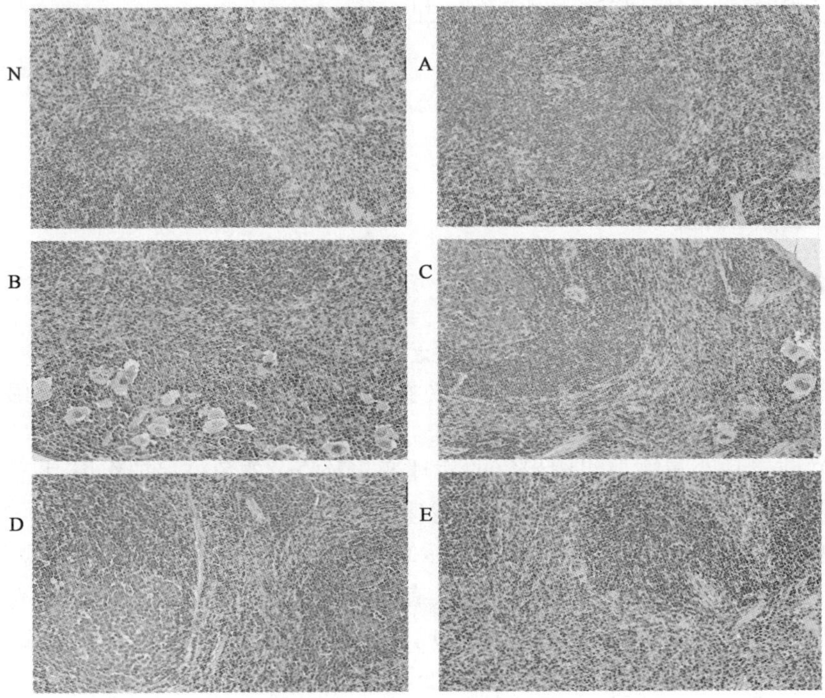

图 18-14　攻毒后脾脏病理变化

注:(N) 阴性对照组 (A) PBS 组 (B) 免疫空载体组 (C) 单独免疫 DNA 疫苗组 (D) 单独免疫蛋白组 (E) 同时免疫 DNA 疫苗和蛋白疫苗 标尺,50 μm。

为了评估 BVDV 攻毒实验效果和疫苗的免疫保护作用，使用免疫小鼠的白细胞和 MDBK 共同培养，分离病毒，并使用 MDBK 攻毒作为阳性对照(图 18-15)。结果显示，从每个组中均分离到 BVDV，但联合免疫组中的病毒含量低于其他处理组。

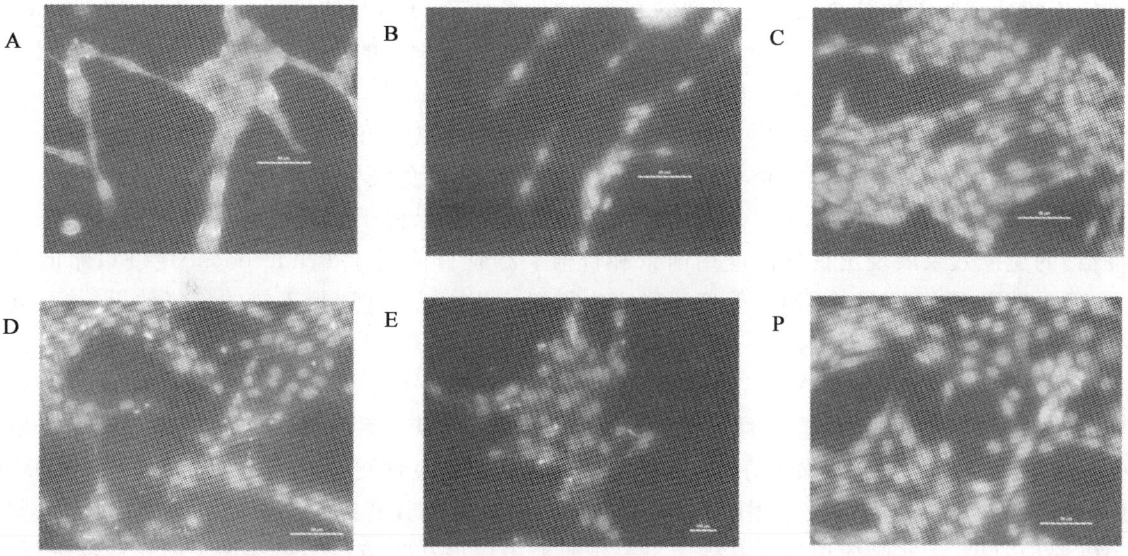

图 18-15　病毒分离

注：(A) PBS 组 (B) 免疫空载体组 (C) 单独免疫 DNA 疫苗组 (D) 单独免疫蛋白组 (E) 同时免疫 DNA 疫苗和蛋白疫苗 (P) 阳性性对照 标尺，50 μm。

牛病毒性腹泻目前在世界上广泛存在，因为其症状的多样和引起的免疫抑制，造成奶牛养殖业每年遭受重大损失。由于 BVDV 毒株多样而且交叉反应性低，加之目前的疫苗缺乏对于胎儿的足够保护，因此疫苗实际应用效果并不理想。正如前文所述，目前弱毒苗和灭活苗等存在不同的应用局限，需要对 DNA 疫苗等新型疫苗及其佐剂和免疫方式等进行探索，达到群体预防的效果，降低牛病毒性腹泻的损失。针对 BVDV 新型疫苗的研究，国际上也进行了很多探索。有研究制备新型二氧化硅囊泡作为新一代抗原载体和佐剂。纳米级别的二氧化硅囊泡具有很高负载能力和控制释放的 E2 蛋白的能力，BVDV 的主要免疫原性决定因素，相比常规佐剂能够诱发较强的体液免疫和细胞免疫反应。证明其可以用作下一代纳米载体和佐剂，用于增强兽药疫苗的注射免疫。另有研究构建了表达 BVDV E2 基因不同区域的重组卡介苗(rBCG)疫苗。将重组质粒转化为 BCG，体外表达并免疫小鼠。表明诱发表达 BVDV E2 特异性抗体以及 $CD4^+$，$CD8^+$ 和 IL-12 表达脾淋巴细胞具备很高的免疫原性。

评价疫苗的免疫效果，主要评价其诱导的体液免疫和细胞免疫水平。为评价体液免疫水平，我们用体外表达的 E2 蛋白进行包被酶标板使用间接 ELISA 方法进行检测。根据我们的实验结果，加强免疫是十分必要的，首次免疫后并未产生明显的免疫的效果，而随着二免以及三免的持续进行，免疫组抗体显著提升，第三次免疫后的抗体水平也明显高于第二次免疫之后的抗体水平。第三次免疫后采用联合免疫的方式，先免疫 DNA 疫苗后免疫亚单位疫苗的 prime-boost 免疫方式刺激产生的抗体水平显著高于三次均使用 DNA 疫苗组的抗体水平，充分说明使用 prime boost 策略能够有效的激发机体体液免疫水平。先前已经有研究证明制备的 BVDV E2DNA 疫苗(pMASIA-tPAsDE2)，采用 prime boost 策略进行免疫接种引发的小牛 E2 特异性抗体滴度显著高于单独免疫 DNA 或者亚单位疫苗。而且对于犊牛感染 BVDV 产生了明显的免疫保护作用，病毒排泄和淋巴细胞减少等方面的表现均优于单独免疫 DNA 或者蛋白。另有研究发现使用表达 BVDV E2 糖蛋白和复制子颗粒疫苗采用的 prime boost 的免疫策略可以有效的诱导交叉中和滴度，减少病毒感染后白细胞降低，并减轻犊牛的临床症状。因此制备的DNA疫苗和亚单位疫苗能够刺激机体产生体液免疫反应,而prime boost的免疫策略对疫苗发挥作用起到良好的促进作用。

同时对免疫之后产生的抗体亚型进行检测,结果显示主要抗体亚型为IgG1、IgG2b和IgG2a。可以启动抗体依赖性细胞毒性和杀死流感感染的细胞,说明免疫充分引起体液免疫,而且采用prime boost策略进行免疫相比单独的DNA疫苗免疫能够刺激IgG1和IgG2b的产生,说明prime boost能够激发更为强烈的体液免疫反应,对免疫小鼠攻毒后产生明显的保护作用。而单独免疫DNA疫苗和亚单位疫苗倾向提高IgG1的水平。在使用APC靶向的BVDV亚单位疫苗研究中发现能够提高IgG1水平。

本研究中采用prime boost免疫策略免疫小鼠,产生良好的免疫体液免疫以及Th1和Th2细胞免疫反应,能够有效的抵抗BVDV对小鼠的损伤作用,其免疫效果优于单独使用一种疫苗(DNA或者亚单位疫苗)的免疫效果展现出良好的应用前景和价值。尽管目前对于Prime boost免疫策略的研究尚不深入,但是其已经在HIV、LCMV等疾病研究中得以应用[192,193]并取得不错的免疫效果,并显著增强中和抗体反应的效力和广度,值得进一步研究。

在本研究中,将制备的DNA疫苗和亚单位进行免疫效果评价。结果显示制备的疫苗能够有效激发机体的体液免疫和细胞免疫。而且采用prime boost策略,即首免使用DNA疫苗,再使用亚单位疫苗加强免疫的免疫方式免疫效果更好,抗体水平更高,CTL反应性更强,能够更好的抵抗BVDV的侵染。因此制备的DNA疫苗以及采用的prime boost的免疫策略具有进一步研究的必要,以优化制备技术和免疫保护效果,为实际应用打下基础。下一步研究中应该在疫苗在牛等动物为模式动物进行研究,并对疫苗的大量和规模化制备技术开展研究。

本研究中以小鼠为模式动物探究所制备DNA疫苗和亚单位疫苗的免疫效果,通过抗体水平测定和细胞因子测定等试验,表明DNA疫苗和亚单位疫苗采用prime boost的策略免疫小鼠,能够产生较高水平的中和抗体,而且主要亚型为IgG1、IgG2b和IgG2a。同时能够激发有效的CTL以及Th1和Th2细胞免疫反应,促进IL-4和TNF-α的分泌,同时能够减轻BVDV侵染引起的组织损伤,具备进一步研究和应用的价值。

(王九峰团队)

第19章　奶牛热应激及分娩应激监测技术研究与示范

19.1　概述

做好夏季防暑降温工作以有效减缓奶牛热应激是奶牛生产中的一项重要工作，对提升养殖效益意义重大。荷斯坦牛具有耐寒不耐热的生理特性，在北京地区的夏季，荷斯坦牛热应激的发生率高达100%，夏季热应激对奶牛业生产造成的经济损失巨大。热应激可使奶牛的泌乳性能下降25.6%～33.5%。在夏季炎热的日子里，每头牛的日均产奶量减少0.5～2.5 kg。热应激除对奶牛产奶性能有显著影响外，还会对奶牛的发情、受胎率、免疫力、生理代谢等造成一系列不良影响。吹风、喷淋是奶牛生产上较为常见的两种抗热应激物理性措施，这两项措施对缓解奶牛热应激、减少奶牛热应激所造成的经济损失具有很好的作用。但目前在中小型奶牛养殖场，此项防暑降温措施仍然没有获得全面推广应用。

2012—2016年侯引绪专家团队对吹风、喷淋这两种抗热应激物理性措施的应用效果进行了进一步研究，力求以具体可信的应用性研究数据进一步加深人们对吹风、喷淋这两种措施的认识，以促进此项技术的全面应用。

19.2　奶牛热应激量化监测研究

数据是管理的基础，量化监测是做好奶牛热应激综合防控的基础，在奶牛热应激综合防控方面，如果缺少奶牛热应激程度量化监测手段，奶牛热应激防控只会停留在粗浅的层面。为了解决生产一线缺乏奶牛热应激程度的量化监测技术这一实际问题，侯引绪团队研发形成了奶牛热应激量化监测技术。借助一个干湿球温度计，测出牛舍或奶牛生活环境中的相对湿度，再利用奶牛热应激量化监测速查表就可以现场读出奶牛的热应激程度，从而实现了奶牛夏季热应激的量化监测，给奶牛养殖者提供一种学得会、用得来的“傻瓜式”奶牛热应激量化监测技术，可及时对奶牛热应激程度做出量化测定，为量化抗热应激效果、为及时采取相应防控措施提供了量化手段。具体使用方法：

第1步：利用干湿球温度计分别测出牛舍内的干球温度和湿球温度。

第2步：利用干湿球温度/湿度换算表查出相对湿度。

第3步：利用奶牛热应激程度速查表（THI）查出相应的热应激量化数值。

1.奶牛变频吹风、喷淋调控研究

为了进一步提高奶牛抗热应激技术水平，侯引绪团队还研发、示范推广了用于奶牛喷淋与吹风的调控装（专利号：ZL201120513080.2），为根据不同的热应激程度选用不同的吹风和喷淋组合提供了手段，从而最大限度地提高了物理性降温措施效果，降低了热应激对奶牛生产的不良影响。本装置可实现6种喷淋、吹风随机转换（图19-1）。

2.奶牛抗热应激预混剂研究试验

开展了奶牛抗热应激饲料预混剂（中试产品）临床研究试验（图19-2），通过向饲料中添加一定量的功能性添加剂，提高奶牛对高热的耐受性，从而降低了奶牛热应激敏感性，降低了暑期与热应激相关的疾病发病率，可使奶牛夏季的热应激损失下降 11.3%。

图 19-1 奶牛变频吹风、喷淋调控研究

图 19-2 奶牛抗热应激饲料预混剂

3. 主要物理性抗热应激措施效果对比研究

在对不同热应激程度对奶牛血液生化指标、呼吸、心率、体温影响研究的基础上，侯引绪团队对主要物理性抗热应激效果进行了对比研究，为喷淋、吹风设施在奶牛场防暑降温过程中的推广起到了很好促进作用。喷淋、吹风效果对比研究数据结果如下：

(1)单一持续喷淋的抗热应激效果：采用单一的持续喷淋措施，可使牛舍内温度比舍外(露天)降低 2℃；热应激指数比舍外下降 2.2；相对湿度比舍外升高 2.5%。

(2)持续吹风＋持续喷淋的抗热应激效果：采用持续吹风＋持续喷淋措施，可使牛舍内温度比舍外(露天)下降 7.5℃；热应激指数比舍外下降 6.0；相对湿度比舍外升高 31.5%。

(3)持续吹风＋持续喷淋与单一持续喷淋的抗热应激效果：采用持续吹风＋持续喷淋措施比采用单一的持续喷淋措施牛舍内温度下降 5.5℃；热应激指数下降 3.8；相对湿度比舍外升高 29.0%。

上述技术组合在一起就形成了系列化奶牛热应激量化监测与综合防控系列新技术。

4. 奶牛产后灌服保健及疾病防控研究试验

奶牛围产后期(分娩后 0～21 d)是奶牛饲养管理的重要时期，这一时期奶牛经历了一个最严重的生理性应激，其所导致的奶牛产后食欲下降、生理功能紊乱、产后爬卧不起、产后猝死等代谢病问题给乳业生产造成了巨大的经济损失。另外，围产后期是奶牛产奶量急剧上升的阶段，如果此阶段饲养管理科学，对胎次产奶量具有决定性意义，研究表明最高产奶日产奶量每次增加 1 kg，其胎次产奶量将提升 200 kg。为了提升奶牛围产期饲养管理及保健水平，最大限度地发挥奶牛泌乳能力，主要试验研究内容包括：

(1)产后灌服丙二醇与钙磷镁合剂及复方口服补液盐对奶牛血液生化指标的影响试验研究；

(2)奶牛产后灌服丙二醇与钙镁磷合剂对泌乳性能的影响研究；

(3)奶牛产后灌服丙二醇与钙镁磷合剂对其乳质及 SCC 的影响试验研究；

(4)新型奶牛灌药器临床应用研究试验研究；

(5)利用灌服制剂治疗奶牛隐性酮病的临床试验研究；

(6)奶牛产后灌服技术临床研究试验。

19.3　奶牛产后分娩应激缓解技术综合研究

19.3.1　注射氟尼辛葡甲胺(福安达)缓解奶牛分娩应激对血液生化指标的影响

1. 实验动物

按照自然分娩日期，随机、交叉选定分娩过程正常，胎次为 2～4 胎，临床观察健康的中国荷斯坦奶牛 65 头分为 3 组，实验 1 组 15 头，实验 2 组 25 头，对照组 25 头。

2. 实验方法

实验 1 组：于分娩第 1 天(分娩当天)、胎衣排出后，肌肉注射氟尼辛葡甲胺 2 mg/kg(体重)，然后于分娩后第 7 天采血，测定血钙、血磷、血糖和血酮(β-羟丁酸)含量。

实验 2 组：于分娩第 1 天(分娩当天)、第 2 天、第 3 天分别肌肉注射氟尼辛葡甲胺 2 mg/kg(体重)，分娩第 1 天注射氟尼辛葡甲胺的时间点也为胎衣排出后，然后于分娩后第 7 天采血，测定血钙、血磷、血糖和血酮(β-羟丁酸)含量。

对照组：对照组饲养管理完全与实验 1 组、实验 2 组完全相同，分娩后不注射氟尼辛葡甲胺，于产后第 7 天采血，测定血钙、磷、糖和血酮(β-羟丁酸)含量。

3. 实验结果

实验 1 组与对照组的血钙、血磷、血糖、血酮测定结果均无显著差异($P>0.05$)；实验 1 组与对照组血糖含量差异极显著($P<0.01$)，具体结果见表 19-1。

表 19-1　实验 1 组与对照组血钙、血磷、血糖、血酮测定结果

组别	牛数量/头	Ca/(mg/100 mL)	P/(mg/100 mL)	GLU/(mg/100 mL)	β-羟丁酸/(mmol/L)
实验 1 组	15	9.59±0.39	5.68±0.37	44.40±2.91	1.56±0.57
对照组	25	8.88±0.19	4.94±0.17	27.28±2.69	1.51±0.21
P		$P>0.05$	$P>0.05$	$P<0.01$	$P>0.05$

实验 2 组与对照组的血钙、血糖、血磷、血酮测定结果差异不显著($P>0.05$)；实验 2 组与对照组血糖含量差异极显著($P<0.01$)，具体结果见表 19-2。

表 19-2　实验 2 组与对照组组血钙、血磷、血糖、血酮测定结果

组别	牛数量/头	Ca/(mg/100 mL)	P/(mg/100 mL)	GLU/(mg/100 mL)	β-羟丁酸/(mmol/L)
实验 2 组	25	9.17±0.14	4.45±0.23	40.96±1.74	1.21±0.15
对照组	25	8.88±0.19	4.94±0.17	27.28±2.69	1.51±0.21
P		$P>0.05$	$P>0.05$	$P<0.01$	$P>0.05$

4. 小结与分析

实验 1 组、实验 2 组产后第 7 天血钙、血磷、血酮含量与对照组产后第 7 天的血钙、血磷、血酮测定结果差异不显著($P>0.05$)。实验 1 组、实验 2 组产后第 7 天血糖含量均与对照组产后第 7 天的血糖测定结果差异极显著($P<0.01$)。此结果表明，产后肌肉注射氟尼辛葡甲胺可有效缓解奶牛分娩后的

疼痛、不适,是预防奶牛产后低血糖、缓解能量代谢负平衡的一个有效方法;奶牛产后注射氟尼辛葡甲胺对提升奶牛产后健康、预防产后代谢性病及泌乳性能提高有实际意义。

本实验结果表明,奶牛产后 1 次注射氟尼辛葡甲胺与产后 3 次注射氟尼辛葡甲胺对奶牛产后第 7 天血钙、血磷、血糖 血酮含量影响作用相同,一次注射氟尼辛葡甲胺与产后 3 次注射在奶牛分娩应激缓解效果差异不显著。建议在采用氟尼辛葡甲胺缓解奶牛产后分娩应激时,一次注射氟尼辛葡甲胺更方便、经济。

19.3.2 奶牛分娩后注射氟尼辛葡甲胺对泌乳性能及 SCC 的效果研究

1. 实验动物

按照自然分娩日期,随机、交叉选定分娩过程正常,胎次为 2～4 胎,临床观察健康的中国荷斯坦奶牛 50 头,随机的分为对照组和实验组。

2. 实验方法

实验组:于分娩后当天、胎衣排出后,连续 3 d,每天肌肉注射氟尼辛葡甲胺 2 mg/kg(体重);记录产后第 1～90 天的产奶量数据和相关情况。并于分娩后第 7 天,采取中班乳样测定其中的体细胞数。

对照组:对照组饲养管理完全与实验组完全相同,分娩后不注射氟尼辛葡甲胺;记录产后第 1～90 天的产奶量数据和相关情况。并于分娩后第 7 天,采取中班乳样测定其中的体细胞数。

数据总结分析:对实验组和对照组奶牛产后 1～21 d 的产奶量、日平均产奶量;产后第 7 天的 SCC;产后第 1～90 天的日平均产奶量、最高产奶日产量、最高产奶日天数进行统计学对比、分析。

3. 实验结果

(1)实验组与对照组奶牛产后 1～21 d 日平均产奶量、SCC 统计与测定结果(表 19-3)。

表 19-3 产后 1～21 d 日平均产奶量、SCC 统计与测定结果

组别	牛数量/头	日均产奶量/kg	SCC/(万/mL)
实验组	25	31.86±0.88[a]	38.44±10.48[a]
对照组	24	29.46±1.12[a]	49.21±14.70[a]

注:同列肩标小写字母相同为差异不显著,$P>0.05$;对照组有 1 头奶牛于产后第 7 天因病被淘汰,所以未计算在其中。

由实验结果可见,实验组与对照组奶牛产后 1～21 d 的日平均产奶量差异不显著($P>0.05$);但实验组奶牛产后 1～21 d 的日平均产奶量比对照组高 2.4 kg。实验组产后第 7 天乳汁体细胞数据(SCC)为 38.44 万/mL ,对照组产后第 7 天乳汁体细胞数据(SCC)为 49.21 万/mL ,实验组比对照组低 10.77 万/mL ,但 2 组间 SCC 差异不显著($P>0.05$)。

(2)实验组与对照组奶牛产后 1～90 d 日平均产奶量、最高产奶日产奶量、日平均产奶量、最高产奶日天数分析结果(表 19-4).

表 19-4 1～90 d 日平均产奶量、最高产奶日奶量、最高产奶日平均天数分析结果

组别	牛数量/头	日均产奶量/kg	最高产奶日奶量/kg	最高产奶日平均天数/d
实验组	25	38.59±1.07[a]	47.35±1.27[a]	62.80±3.29[a]
对照组	23	36.41±1.94[a]	47.24±1.96[a]	62.48±4.58[a]

注:同列肩标小写字母相同为差异不显著,$P>0.05$;在实验过程中,对照组有 1 头奶牛于产后第 7 天因病被淘汰,1 头奶牛于产后 35 d 因乳房炎被淘汰,这 2 头奶牛未被计算在内;对照组另有 1 头奶牛于产后第 48 天因病被淘汰,这 1 头奶牛被计算在内。

由实验结果可见,实验组和对照组之间的日均产奶量、最高产奶日奶量、最高产奶日平均天数均无显著差异($P>0.05$)。但实验组 1～90 d 日平均产奶量比对照组提高 2.18 kg，最高产奶日奶量比对照组提高 0.11 kg。

(3)实验组和对照组奶牛产后 1～90 d 实际产奶量统计结果见表 19-5。

实验组 25 头奶牛产后 1～90 d 的实际产奶 86 806.90 kg；而对照组产后 1～90 d 的实验过程中，先后有 3 头奶牛因病淘汰，对照组 25 头奶牛在产后 1～90 d 内实际产奶量为 74 625.90 kg，在整个实验阶段实验组 25 头奶牛比对照组的 25 头奶牛多产鲜奶 12 181.00 kg。

表 19-5　实验组和对照组奶牛产后 1～90 d 实际产奶量

组别	牛数量/头	1～90 d 实际产奶量/kg	实验组增加的奶量/kg
实 验 组	25	86 806.90	12 181.00
对 照 组	25	74 625.90	

4. 讨论与结论

(1)本实验表明，产后给奶牛注射非甾体类解热、镇痛、抗炎药物氟尼辛葡甲胺，在促进奶牛产后生理功能恢复、泌乳性能提升、免疫力提升方面作用确实。将产后注射氟尼辛葡甲胺作为奶牛生产过程中的一种分娩应激缓解和产后保健技术措施具有科学性，其提升泌乳性能的趋势明显，此项技术具有良好的推广应用价值。实验组奶牛产后 1～21 d 的日平均产奶量比对照组提高 2.4 kg；实验组 1～90 d 日平均产奶量比对照组提高 2.18 kg，最高产奶日产奶量比对照组提高 0.11 kg；实验组产后第 7 天乳汁体细胞数据(SCC)比对照组降低 10.77 万/mL。

(2)实验组 25 头奶牛在产后 1～90 d 没有淘汰 1 头；但对照组的 25 头奶牛在产后 1～90 d 先后有 3 头奶牛因病淘汰，其淘汰率达为 12%，2 组差别很大。

实验组 25 头奶牛产后 1～90 d 的实际产奶 86 806.90 kg；而对照组产后 1～90 d 的实际产奶量为 74 625.90 kg；在整个实验阶段，实验组 25 头奶牛比对照组的 25 头奶牛多产鲜奶 12 181.00 kg，差别明显。

从这一点也间接说明产后给奶牛注射氟尼辛葡甲胺对奶牛有良好的保健作用。当然，由于本实验样本数量不够多，此结果还有待进一步研究、验证。

(3)氟尼辛葡甲胺是产后奶牛镇痛、解热、抗炎最重要的新药之一，但并不是防百病和提升泌乳量的“神药”，要科学理解。本实验证明了氟尼辛葡甲胺在缓解奶牛产后分娩应激上的确实作用，对提升产奶量、提高最高产奶日产奶量、降低 SCC 效果确实，但实验组和对照组之间的差异未达到统计学上的差异显著程度。

19.3.3　奶牛分娩后注射氟尼辛葡甲胺防控产后代谢病效果研究

1. 实验动物

按照自然分娩日期，随机、交叉选定分娩过程正常，胎次为 2～4 胎，临床观察健康的中国荷斯坦奶牛 64 头分为 2 组，实验组 39 头，对照组 25 头。

2. 实验方法

实验组：于分娩第 1 天（分娩当天）、胎衣排出后，肌肉注射氟尼辛葡甲胺 2 mg/kg(体重)，然后于分娩后第 7 天采血，测定血钙、血磷、血糖和血酮(β-羟丁酸)含量。

对照组：对照组饲养管理完全与实验组完全相同，分娩后不注射氟尼辛葡甲胺，于产后第 7 天采血，测定血钙、磷、糖和血酮(β-羟丁酸)含量。

3. 实验结果

测定结果见表 19-6。

表 19-6　实验组与对照组组血钙、血磷、血糖、血酮测定结果

组别	牛数量/头	Ca (mg/100 mL)	P (mg/100 mL)	GLUM (mg/100 mL)	β-羟丁酸 (mmol/L)
实验组	39	9.19±0.10[a]	4.80±0.19[a]	41.62±1.44[B]	1.20±0.15[a]
对照组	25	8.88±0.19[a]	4.94±0.17[a]	27.28±2.69[A]	1.50±0.21[a]

备注:同列肩标小写字母相同为差异不显著,$P>0.05$;同列肩标大写字母不同为差异极其显著,$P\leqslant 0.01$。

由测定结果可见,实验组血糖测定结果极显著地高于对照组;血钙、血磷、血酮测定结果,实验组与对照组差异不显著(表 19-7)。

表 19-7　实验组与对照组患低血钙症、低血磷症、低血糖症、酮病(高血酮)牛头数

组别	牛头数	低血钙牛头数	低血磷牛头数	低血糖牛头数	高血酮牛头数
实验组	39	0(0.00%)[a]	11(28.21%)[a]	38(97.44%)[a]	15(38.46%)[a]
对照组	25	4(16.00%)[b]	3(12.00%)[a]	25(100.00%)[a]	12(48.00%)[a]

注:同列肩标小写字母不同为差异显著,$0.01<P\leqslant 0.05$;同列肩标小写字母相同为差异不显著,$P>0.05$。

由测定结果可见,对照组低血钙牛头数显著地高于实验组,低血磷牛头数、低血糖牛头数、高血酮牛头数,实验组与对照组差异不显著。

4. 小结与讨论

(1)分娩当天、胎衣排出后,给奶牛肌肉注射氟尼辛葡甲胺 2 mg/kg(体重),产后第 7 天时,实验组血糖测定结果极显著地高于对照组($P<0.01$);但血钙、血磷、血酮测定结果,实验组与对照组差异不显著。

此结果表明,产后肌肉注射氟尼辛葡甲胺对促进奶牛血糖提升有实际意义。产后肌肉注射氟尼辛葡甲胺可有效缓解奶牛分娩后的疼痛、不舒,是预防奶牛产后低血糖、缓解能量代谢负平衡的一个有效方法;奶牛产后注射氟尼辛葡甲胺对提升奶牛产后健康水平、预防产后代谢性病及泌乳性能提高有实际意义。

(2)分娩当天、胎衣排出后,给奶牛肌肉注射氟尼辛葡甲胺 2 mg/kg(体重),产后第 7 天时,对照组低血钙牛头数显著地高于实验组($0.01<P\leqslant 0.05$);低血磷牛头数、低血糖牛头数、高血酮牛头数,实验组与对照组差异不显著。

此结果表明,产后肌肉注射氟尼辛葡甲胺可降低奶牛低血钙症的发病率。产后给奶牛肌肉注射氟尼辛葡甲胺,通过氟尼辛葡甲胺的解热、镇痛、抗炎、清除细菌内毒素的一系列作用,促进了奶牛的采食、消化、吸收能力的恢复和提升,从而缓解了产后钙代谢平衡,起到了有效降低了产后低血钙症的发病率。

(3)氟尼辛葡甲胺是产后奶牛镇痛、解热、抗炎的重要新药之一,使用氟尼辛葡甲胺防控奶牛产后疼痛应激,可以改善奶牛饮水和采食,有助于维护免疫系统正常功能,减少感染概率,从而间接地起到促进产奶量提升和提升繁殖效率的作用。在美国几乎所有减肥牛分娩后都要连续使用氟尼辛葡甲胺 3 d,凡分娩后使用过氟尼辛葡甲胺的奶牛其随后的产奶表现和健康状况均正常。

通过侯引绪专家的"奶牛分娩后注射氟尼辛葡甲胺防控产后代谢病效果研究"试验,证明了分娩后肌肉注射氟尼辛葡甲胺对促进奶牛血糖提升有实际意义,还可有效降低产后低血钙症的发病率,为使用氟尼辛葡甲胺缓解奶牛产后分娩应激提供了具体的科研数据支持。

19.3.4　用氟尼辛葡甲胺缓解奶牛分娩应激的临床研究

1. 实验动物

按照自然分娩日期,随机、交叉选定分娩过程正常,胎次为 2～4 胎,临床观察健康的中国荷斯坦奶牛 40 头分为 2 组,实验 1 组 15 头、实验 2 组 25 头。

2. 实验方法

实验 1 组：实验 1 组奶牛于分娩第 1 天（分娩当天）胎衣排出后，肌肉注射氟尼辛葡甲胺 2 mg/kg（体重），然后于分娩后第 7 天采血，测定血清钙、磷、糖和血酮（β-羟丁酸）含量。

实验 2 组：实验 2 组奶牛于分娩第 1 天（分娩当天）、第 2 天、第 3 天分别肌肉注射氟尼辛葡甲胺 2 mg/kg（体重），分娩第 1 天注射氟尼辛葡甲胺的时间点为胎衣排出后，然后于分娩后第 7 天采血，测定血清钙、磷、糖和血酮（β-羟丁酸）含量。

3. 实验结果

（1）实验 1 组与实验 2 组的血钙、血糖、血酮测定结果均无显著差异（$P>0.05$）；实验 1 组与实验 2 组的血磷含量差异显著（$P<0.05$）（表 19-8）。

表 19-8　实验 1 组与实验 2 组血钙、血磷、血糖、血酮测定结果

组别	牛数量/头	Ca/ (mg/100 mL)	P/ (mg/100 mL)	GLUM/ (mg/100 mL)	β-羟丁酸/ (mmol/L)
实验 1 组	15	9.59±0.39	5.68±0.37	44.40±2.91	1.56±0.57
实验 2 组	25	9.17±0.14	4.45±0.23	27.28±1.47	1.21±0.15
P		$P>0.05$	$P<0.05$	$P>0.05$	$P>0.05$

（2）实验 1 组和实验 2 组低血钙奶牛数差异不显著；实验 1 组和实验 2 组低血磷奶牛数差异不显著；实验 1 组和实验 2 组低血糖奶牛数差异不显著；实验 1 组和实验 2 组高血酮奶牛头数差异不显著。

4. 小结与分析

（1）实验 1 组与实验 2 组的产后第 7 天的血钙、血糖、血酮测定结果均无显著差异（$P>0.05$），血磷含量差异显著（$P<0.05$）。

实验 1 组和实验 2 组低血钙奶牛数、低血磷奶牛数、低血糖奶牛数、高血酮奶牛头数均差异不显著。

给奶牛产后肌肉注射 1 次氟尼辛葡甲胺[2 mg/kg（体重）]与 3 次注射（1 d 1 次）对缓解奶牛产后分娩应激的效果无显著差异；而且，1 次注射在缓解奶牛产后低血磷症上的作用优于产后 3 d 连续注射。另外，1 次注射比 3 次注射不但节约成本，简单省事，而且具有不低于 3 次注射的缓解效果。建议在分娩后用氟尼辛葡甲胺缓解奶牛分娩应激时，应该选用 1 次注射，不必采用 3 次注射。

（2）氟尼辛葡甲胺的解热、镇痛、抗炎作用，是侯引绪团队利用此药来缓解奶牛分娩应激（产后疼痛、不舒）的重要依据。产后肌肉注射 1 次氟尼辛葡甲胺[2 mg/kg（体重）]与 3 次注射（1 d 1 次），在缓解奶牛产后分娩应激上所起的效果不存在显著差异。这说明奶牛在分娩过程中产生的分娩应激属于正常的生理性应激，如果在分娩过程中奶牛不出现产道撕裂、坐骨神经损伤等非正常性损害，对健康的奶牛而言，分娩所导致的产后疼痛、不适可以在产后 30 h 内得到显著缓解，这是牛在长期的优胜劣汰生存竞争过程中形成的一个生存能力。这一分析解释可能就是奶牛产后 1 次注射氟尼辛葡甲胺与连续 3 次注射效果相同或相近的生理原因。

（3）用氟尼辛葡甲胺缓解奶牛分娩应激，缓解的是母牛在胎儿产出后的一段时间内的疼痛、内分泌变化、炎症等引起的生理应激。氟尼辛葡甲胺有良好的解热镇疼作用，分娩过程中出现一定程度的疼痛、不舒属于一个正常的分娩生理现象，分娩过程中的疼痛也是促进胎儿出的一个因素。所以，利用氟尼辛葡甲胺缓解奶牛分娩应激时为了防止其镇痛等作用对正常的分娩过程造成不良干扰，注射时间应该选择在分娩当天、胎衣排出后这一时间点。

前列腺素是疼痛诱发因子，并具有促进子宫收缩作用；氟尼辛葡甲胺的镇痛、抗炎是通过抑制环氧酶、阻止前列腺素合成，减少炎性介质产生来实现的。在胎衣尚未排出前，注射氟尼辛葡甲胺会影响胎衣排出,用氟尼辛葡甲胺缓解奶牛分娩应激的注射时间就应该是胎衣出后。奶牛胎衣一般在产后 5 h 内排出,奶牛产后 5 h 可以作为一个时间计算点或参照点。

19.3.5 产后一次注射氟尼辛葡甲胺与产后连续 3 次注射效果研究

给奶牛产后肌肉注射 1 次氟尼辛葡甲胺[2 mg/kg(体重)]与 3 次注射(1 d 1 次)缓解奶牛产后分娩应激的效果无显著差异;1 次注射比 3 次注射不但节约成本,简单省事,而且具有不低于 3 次注射的缓解效果。建议在分娩后用氟尼辛葡甲胺缓解奶牛分娩应激时,应该选用 1 次注射,不必采用 3 次注射。

19.3.6 开展了“利用功能性添加剂量防控 SCC 的临床试验”研究

通过在 4 个牛场的临床应用验证研究,结果表明:应用“康美克”一个疗程防控奶牛 SCC,可使牛群 SCC 下降 40.3%(验证牛群 SCC 平均为 70 万/mL)。

通过此技术可奶牛每次头每天产奶损失减少约 0.7 kg。可使奶牛一个泌乳周期产奶量提高 210 kg。

发表论文 1 篇:“康美克”对奶牛体细胞数的影响.第四届中国奶业大会论文集体,2014,6。

试验研究方法及过程:

第 1 步:利用奶牛乳汁体细胞测定仪,先测定未应用此技术前牛群混奶样的 SCC,连续测 3 d,以 3 d 所测数据的平均值为基础数据。

第 2 步:按每头牛 100～130 g 的用量,均匀搅拌在奶牛日粮或精饲料中,让奶牛自由食入,连续喂 3 d,连续饲喂 3 d 后的第 10～15 天,采集牛群混合奶样测定 SCC,每天测定 1 次,连续测定 3 d,以 3 次测定的平均值为标准作为效果评定依据。

第 3 步:以后,每月按每头牛 100～130 g 的用量每月喂服“康美克”1 次(连续 3 d),每次按上述的 SCC 测定方法,测定记录 SCC。

第 4 步:在防控过程中,当 SCC 测定结果稳定在 40 万/mL 以下时,可做好监测工作,也可以隔月全群喂服“康美克”。

第 5 步:分析利用“康美克”控制奶牛体细胞的具体效果(表 19-9)。

表 19-9 北京房禧奶牛场控制 SCC 的效果

月份	使用“康美克”前 SCC/(万/mL)	使用“康美克”后 SCC/(万/mL)
2	69.02	
3		54.00
4		47.90
5		44.7
6		35.5
7		44.6
8		47.8
9		38.00
10		39.70
11		30.40
12		28.60
平均值	69.02	41.19

注:所测数据为奶牛场连续 3 d 混合奶样的 SCC 平均值。

针对奶牛养殖者所面对的共性技术需求或技术难是进行应用技术研究发，所形成的一系列技术，为奶牛养殖者提供了及时的全天候技术支撑保障。

在推广过程中，指导推广与用服务相结合，在服务中推广、在推广中服务。在推广形式上，项目组把集中培训和单个教授相结合，把现场示范指导和住场指导相结合，让奶牛养殖者 100% 的掌握使用方法及注意事项，电话 24 h 牛场开通，全天候开展咨询服务，获得了良好的社会效益。

健康的牛才能产健康的奶，通过系列的奶牛疾病保健和防控技术推广，减少了牛病发生，通过推广相应的牛病诊断技术提高了科学用药水平，减少了不安全用药对生态造成的不良影响 。通过 SCC 技术成果推广，帮助牛场提升了生鲜乳质量，用科技提升了奶源质量安全，为乳业生产优势乳品提供了保障和支持，也促进了生态效益的进一步提升。

（侯引绪团队）

第20章 展 望

疫病防治研究室成立自成立以来，在科技研发方面取得一些成绩，也存在不足之处，在下一阶段的工作中，疫病研究室全体岗位专家将在首席办的正确带领下，立足北京奶牛疫病的防控现状和发展趋势，根据各位岗位专家的研究方向，加强科技创新力度，进一步提高现有研究的深度和应用广度，并加强前瞻性的研究进度，加快科技成果的形成速度，促进科技成果的落地转化与推广，扩大北京奶牛产业创新团队在全国的影响力。疫病防治研究室在以后的科研中要以生产需要为研究导向，以科技创新为主要方式，以成果应用为最终目的。

以生产需要为研究导向。北京奶牛产业创新团队疫病防治研究室的研究一定要扎根于北京奶业的沃土中，将研究方向同奶牛养殖场户的需求联系起来，这样的研究才能接地气，更好地服务于首都奶业。目前影响首都奶业的疾病有以乳房炎和子宫内膜炎为代表的普通病也有以布病、结核、牛病毒性腹泻和传染性鼻气管炎为代表的传染性疾病，因此疫病防治研究室的各位专家，一定要加强目前研究深度。作为普通的养殖场户对于诊断试剂和治疗药物的需求是最为迫切的。例如：目前我国尚缺乏商业化有效的牛病毒性腹泻和传染性鼻气管炎诊断试剂盒，国外试剂盒价格昂贵，因此疫病研究室要加强对这两种疾病的诊断试剂和试剂条的研发，对于此病的诊断和防控有很大的意义，同时具有很高的市场应用价值。同时由于抗原多样等原因，目前牛病毒性腹泻、传染性鼻气管炎等也缺乏有效的国产疫苗，而部分牛场对于这两种疫苗也有着迫切的需要，因此加强疫苗研制也有重要的意义。继续开展奶牛相关疾病快速诊断技术的研究和推广，让奶牛场用上能自行使用的检测技术，解决诊断难、治病难的问题；开展牛传染性鼻气管炎和病毒性腹泻抗原快速检测技术的研究，为现场检测传染性鼻气管炎和病毒性腹泻病原提供养殖场户能自行使用的手边技术等。

以科技创新为主要方式。疫病研究室各位岗位专家目前正紧跟国内外发展趋势，在各自研究领域进行着创新，发表了很多SCI文章，申请并获得了一系列专利以及兽药证书。但是目前来看，我们的创新力度尚不足以满足首都奶业日益增长的科技需求。因此我们在接下来研究工作中，不仅仅是紧跟国内外发展趋势，更要做到思想创新，方法创新，这样才能获得前瞻性的科研成果，才能更好地为奶业服务。在奶牛养殖业迅速发展的同时，许多养殖场过分追求牛群的扩展速度，使得母牛在生产后没能接受良好的产后护理，导致奶牛子宫内膜炎的发生。为减少奶牛子宫内膜炎的发生，首先在对奶牛进行人工输精时做好器械、药品和人员的全方位消毒，同时注意保护组织，减少人为创伤；其次满足奶牛的产后的营养需要，加强饲养管理，适当调整奶牛的运动空间，提高奶牛自身体质。在临床上，对于已发病的奶牛，抗生素是我国大多数奶牛养殖场治疗奶牛子宫内膜炎、乳房炎的首选药物。然而，由于一些奶牛场常年使用同一种抗生素以及奶牛子宫内膜炎的致病菌复杂多样等因素的作用下，不但导致奶牛子宫内膜炎的致病菌产生了耐药性，而且还迫使一些奶牛场通过加大用药剂量的方法来治疗疾病，从而引发了一系列由于抗生素残留而发生的弃奶现象。至今为止，奶牛养殖过程中对于奶牛疾病的防治和牛奶中抗生素的残留问题仍没有找到合适的解决方案。因此，为了使奶牛能够生出健康犊牛，生产出不含药物残留的安全牛奶，不仅需要对母牛进行更全面的产后管理，预防子宫内膜炎的发生，而且还需要减少抗生素类药物的使用或找到最理想的抗生素替代药物。李永清团队使用核酸适配体检测 IBRV，使用新型的表达载体表达病毒蛋白，获得更好的抗原；倪和民团队开始无抗治疗奶牛子宫内膜炎的研究，王九峰团队也开始探索益生菌制剂对乳房炎和子宫内膜炎的治疗效果。李永清团队根据 IBRV gB 基因序列设计引物，建立了IBRV的PCR检测方法，并成功用于奶牛大面积流产的诊断。然而，常规的PCR由于需要凝胶电泳成像而不适合大批量检测样品，以至于在IBR普查中并不适用，因此适合大规模检测IBR病毒的高通量方法如荧光PCR、数字化免疫胶体金试纸条技术、基于IBRV的核酸适配体的ELAA以及基因芯片技术将是我们未来研究的方向。无论基础研究还是应用研究，都要重视创新的力量，才能取得更好的科研成果服务于奶业。

以成果应用为最终目的。科研成果只有应用才能展现出最大的生命力和推动力。疫病研究室在进行理论研究的同时，同时高度重视应用研究，也取得一些成果，比如李秀波团队研发的四类中兽药，未来对已经取得的四个国家新兽药成果进行北京乃至全国的推广应用，扩大北京奶牛团队在全国的影响力。此外进一步积累京津冀地区奶牛乳房炎与子宫内膜炎主要致病菌数据，摸清其流行病学规律，建设京津冀地区奶牛源病原菌耐药性数据库；进一步提高研究深度，从病原菌耐药入手，筛选并完成奶牛常见病抗耐药新兽药的研发与创制，为奶牛常见病的防治提供有效的选择手段，打破国外垄断，填补国内空白。冯小宇团队研发的BVDV，IBR胶体金试纸条等，都在生产中进行了应用和推广，但是推广力度还需要进一步加强。因此疫病防治研究在以后的研究中，不仅重视研究，而且要以应用成果转化应用为最终目的。考虑与疫苗生产企业合作，形成一套完整的奶牛疫苗免疫配合相应诊断技术的体系，做到疫苗免疫效价能追踪，感染病毒能检测从研发之初就考虑到应用问题，研究过程中解决影响成果转化应用的问题，成果形成后大力推广应用，让科研成果以最快的速度真正转化为一线的生产力，促进奶业生产与发展。

疫病防治研究室在过去的研究中，以牛常见的普通病和传染性疾病为主要研究对象，积极进行基础研究和应用研究，在科学研究和技术应用都取得一定的成绩。疫病研究室将会继续立足现有的研究基础，未来以奶牛常见病防治为己任，加速科技成果的落地和转化，研究深度和广度都将有所提高，研究范围将从北京地区扩大到京津冀地区，并和一线生产养殖场户保持密切的联系，紧密联系首都奶业疫病防控与发展情况，与时俱进，积极创新，为奶牛养殖场户服务，为奶业发展做出自己的贡献。总之，疫病研究室会立足北京牛场疫病的需求，不局限于目前的研究领域，以生产需要为自己的研究导向，将科学研究同生产实践紧密相连，研究成果为生产实践保驾护航。

（疫病防治功能研究室）

参考文献

[1] 朱远茂，王海燕，薛飞，等. 牛传染性鼻气管炎间接 ELISA 诊断方法的建立[J]. 中国兽医科技，2005，12：959-963.

[2] 李伟，孟日增，石建平，等. 牛传染性鼻气管炎病毒截短 gB 基因原核表达与间接 ELISA 诊断方法建立[J]. 中国畜牧兽医，2010，02：83-86.

[3] 颜邦芬. 牛传染性鼻气管炎病毒抗体间接 ELISA 的建立及其在流行病学研究中的应用[D]. 华中农业大学，2007.

[4] 王海燕，朱远茂，薛飞，等. 牛传染性鼻气管炎病毒重组 gE 蛋白间接 ELISA 诊断方法的建立. 中国生物工程杂志，2005，12：29-33.

[5] 邓碧华. 牛传染性鼻气管炎病毒套式 PCR 和荧光 PCR 检测方法的建立[D]. 南京农业大学，2006.

[6] 孙志明，周伟光，陈玉惠，等. 牛传染性鼻气管炎病毒 gE 基因 SYBR Green Ⅰ荧光定量 PCR 检测方法的建立[J]. 内蒙古农业大学学报(自然科学版)，2012，03：5-8.

[7] 王武军，徐淑菲，孔繁德，等. 牛传染性鼻气管炎抗体的纳米胶体金斑点免疫渗滤法检测[J]. 中国兽医科学，2012，08：831-836.

[8] 姚远，张波. 核酸适配体及其应用研究进展[J]. 国际检验医学杂志，2014，08：1011-1013.

[9] 董海燕，王杰，张婷，马季，韩龙宇，涂小煌，贾力. 适配体及其在生物医药和诊断分析方面的应用[J]. 药物分析杂志，2016，03：369-376.

[10] 巴哈的汗，吾那别克·阿思木汗，古丽巴合提·叶金汗. 2015. 奶牛子宫内膜炎的调查和诊治[J]. 疫病控制，(2)：102.

[11] 常迪，孔令博，倪和民. 2013. 奶牛产后不发情疾病的研究进展[J]. 北京农业，09：131-133.

[12] 陈宏，张博文，周扬，等. 2015. 中国肉牛繁殖技术的演变[J]. 中国牛业科学，06：1-5.

[13] 陈松，杨建辉，张爱民，等. 2010. 奶牛子宫内膜炎的辩证疗法[J]. 今日畜牧兽医：奶牛，(5)：74-75.

[14] 陈卫霞，滕国良，毛丽娟. 2009. 奶牛子宫内膜炎的诊断及治疗[J]. 畜牧兽医科技信息，(11)：37-38.

[15] 付树滨. 2013. PMSG 剂量对中国荷斯坦奶牛繁殖性能的影响以及抗 PMSG 抗体制备和应用研究[D]. 湖北：华中农业大学.

[16] 高平. 2009. 不同药物治疗奶牛子宫内膜炎的临床观察[J]. 畜牧市场，(12)：37-39.

[17] 黄其国，执笔张宝良. 2009. 奶牛慢性子宫内膜炎的诊治[J]. 中国畜禽种业，(12)：87.

[18] 贾杏林，齐长明. 2005. 奶牛子宫内膜炎研究进展[J]. 中国兽医杂志，41(2)：34-36.

[19] 蒋长炜，冯国献. 2010. 绵羊同期发情技术概述[J]. 畜牧与饲料科学，10：109-110.

[20] 李鹏，徐海涛，杜绍范. 2006. 浅谈奶牛子宫内膜炎[J]. 饲料工业，27(11)：53-55.

[21] 李世宏，杨国林，杨锐乐，等. 2007. 奶牛子宫内膜炎研究进展[J]. 中国奶牛，(1)：34-38.

[22] 梁书文，郭洪丽. 2009. 奶牛子宫内膜炎防治实用技术[J]. 现代畜牧兽医，(10)：53-56.

[23] 梁巍，张晔. 2010. 奶牛子宫内膜炎的防治措施[J]. 当代畜禽养殖业，(5)：16-17.

[24] 刘忠琛，杜民古. 2003. 奶牛子宫内膜炎的发病原因与防治办法[J]. 山东饲料，(1)：33.

[25] 孟玲玲，王丽娟. 2013. 浅析宁夏奶牛产后不发情原因及防治措施[J]. 畜牧兽医科技信息，03：51-52.

[26] 牛建荣，杨国林. 1998. 母牛不孕症的病因概述[J]. 中兽医医药杂志，17(4)：15-17.

[27] 祁生旺，刘俊平，麻生福，等. 1998. 内蒙古部分地区奶牛不孕症的调查[J]. 内蒙古畜牧科学，(1)：40-42.

[28] 瞿自明，熊三友，宋富源，等. 1989. 清官液治疗奶牛子宫内膜炎性不孕症的研究报告[J]. 中兽医医药杂志，(6)：1-6.

[29] 宋振威，周学章. 2009. 奶牛子宫内膜炎病因和诊治的研究进展[J]. 中国乳业，(5)：64-68.

[30] 覃庆玉，毕芳芳，张朝胜，等. 2009. 南宁市郊奶牛子宫内膜炎病原菌的分离鉴定[J]. 广西畜牧兽医，(2).

[31] 唐胜球，董小英，邹晓庭. 2003. 卵泡抑制素在家禽养殖中的研究应用[J]. 中国家禽，08：33-35.

[32] 田亚丽，赵成平. 2004. 牛超数排卵的方法及其影响因素[J]. 当代畜牧，03：32-33.

[33] 汪海阔，王正良，2009. 奶牛隐性子宫内膜炎的治疗[J]. 中国畜牧兽医文摘，(6)：29.

[34] 王良娟，李跃民，马勋，等. 1996. 产后健康母牛与子宫炎牛子宫内细菌分离与鉴定[J]. 甘肃畜牧兽医，26(2)：11-12.

[35] 王爽，和柳翼，刘文，等. 2008. 黑龙江地区奶牛子宫内膜炎病原菌的分离鉴定与药物敏感性试验[J]. 中国兽药杂志，42(5)：33-35.

[36] 王新蕾，邵义祥，王鹏. 2007. 动物超数排卵技术研究进展[J]. 实验动物与比较医学，04：280-284.

[37] 王永生，吴艳丽. 2010. 奶牛子宫内膜炎诊疗与防治[J]. 中国牛业科学，(1)：103.

[38] 王永生. 2011. 奶牛子宫内膜炎真菌病原 ncst PCR-DGGE 检测方法建立及临床应用效果研究[D]. 吉林大学.

[39] 闫宝琪，董书伟，王东升，等. 2016. 奶牛隐性子宫内膜炎诊断技术研究进展[J]. 中国畜牧兽医，43(3)：683-688.

[40] 杨炜峰，徐小明，高志敏，等. 2002. 胚胎移植技术的现状与展望[J]. 乳业科学与技术，01：29-33.

[41] 岳春旺，孙茂红，段刚，等. 2004. 奶牛子宫内膜炎综述[J]. 中国草食动物，24(2)：44-46.

[42] 张成云，曾宪垠. 2008. 抑制素免疫在家畜繁殖中的应用[J]. 畜牧兽医杂志，02：35-37.

[43] 张士泉，张坷，等. 2009. 延长产犊间隔将影响奶牛产奶量[J]. 北方牧业，(5)：20-23.

[44] 张维军. 2006. 奶牛子宫内膜炎病原菌的分离鉴定及其快速诊断方法的研究[D]. 山东：山东农业大学.

[45] 章孝荣. 2011. 兽医产科学[M]. 北京：中国农业大学出版社.

[46] 赵红霞. 2008. 奶牛子宫内膜炎致病性大肠杆菌的分离鉴定及耐药研究[D]. 呼和浩特：内蒙古农业大学.

[47] 赵俊. 1999. 中药制剂“露得净”对子宫内膜炎临床应用的疗效观察[J]. 中兽医学杂志，95 (2)：32.

[48] 周晓龙. 2013. FS 调控小鼠卵泡闭锁及卵泡颗粒细胞 Cyp1b 基因表达机制[D]. 南京：南京农业大学.

[49] 邹莉萝，段成云，郑宏亮，等. 2007. 重庆市奶牛子宫内膜炎发病的主要原因及用稀碘液治疗的效果[J]. 中国奶牛，(12)：28-29. 张俊杰，凌宗帅，黄凯，等. 北京地区规模化奶牛场牛病毒性腹泻病血清学调查. 中国奶牛，2010，(10)：41-42.

[50] 李佑民. 牛病毒性腹泻-黏膜病病毒株(长春 184)的分离和鉴定. 中国人民解放军兽医大学学报，1983，3(2)：113-121.

[51] 张俊杰. 北京地区规模化奶牛场牛病毒性腹泻病血清学调查. 中国奶牛，2010，(10)：41-42.

[52] 李栋梁. 北京地区奶牛场牛传染性鼻气管炎，牛病毒性腹泻病风险评估及流行情况分析. 中国奶

牛，2013.(11):31-33.
[53] 张兴娟.同时检测和区分猪瘟野毒株和兔化弱毒疫苗株及牛病毒性腹泻病毒1型的三重荧光定量RT-PCR方法的建立:[硕士学位论文].扬州:扬州大学，2010.
[54] 张宁.牛病毒性腹泻-黏膜病最新研究进展.上海畜牧兽医通讯,2011.6.
[55] 蒋禄峰.牛病毒性腹泻病毒EO基因重组乳酸菌的制备及其免疫效果检测:[硕士学位论文].保定:河北农业大学,2013.
[56] 钟发刚.牛病毒性腹泻病毒单克隆抗体捕获ELISA方法的建立.中国兽医学报,2008.28(9)。
[57] 李庆超.牛病毒性腹泻病毒研究进展.动物医学进展，2009，30(5):68-72。
[58] 杨俊兴.牛病毒性腹泻病毒双单克隆抗体夹心ELISA检测方法的建立及初步应用.动物医学进展.2013.34(5):11-16。叶刚,纯中药透皮制剂"乳炎克"的研制及初步药效学实验研究:[硕士学位论文].成都:四川农业大学,2006.
[59] 郑红星.六茜素制剂的制备及其质量标准的建立:[硕士学位论文].甘肃:甘肃农业大学，2009.
[60] 寨鸿瑞,田甜,朱伟,等.奶牛乳房炎研究进展.贵州农业科学,2009,37(8).
[61] 马裴裴,俞英,张沅,等.中国荷斯坦牛SCC变化规律及其与产奶性状之间的关系.畜牧兽医学报,2010,41(12):1529-1535.
[62] 郎咸政,荷斯坦母牛乳房炎相关基因多态性研究及其与体细胞评分的相关性分析:[硕士学位论文].咸阳:西北农林科技大学，2011.
[63]李静,王靖飞,吴春艳,等.高致病性禽流感发生风险评估框架的建立[J].中国农业科学,2006,39,(10):2114-2117.
[64] 孙菊英,吕钢进,宋雪花,等.高致病性禽流感风险预警评估体系研究[J].中国家禽,2006,28(12),28:23-25.
[65] Andriamanga S, et al. 1985. Vet Bull, 55(5):30-58.
[66] Bartlett P C, Kirk J H, Wilke M A, et al. 1986. Metritis complex in Michigan Holstein-Friesian cattle:incidence,descriptive epidemiology and estimated economic impact[J]. Pre Vet Med, 4:235-248.
[67] Braileanu G T, Albanese C, Card C, et al. 1988. FSH bioactivity in commercial preparations of gonadotropins[J]. Theriogenology, 49:1031-1037.
[68] Bretzlaff K N. 1987. Rationale for treatment of endometritis in the dairy cow[J]. Vet Clin North Am, (3):593-607.
[69] Bretzlaff K. 1987. Rationale for treatment of endometretis in the dairy cow[J]. Vet clin north and food anim pract. 3(3).
[70] Cai T Q, Weston P G, Lund L A B, et al. 1994. Association between neutrophil functions and periparturient disorders in cows[J]. Am J Vet Res, 55:934.
[71] Driancourt M A. 2001. Regulation of ovarian follicular dynamics in farm animals. Implications for manipulation of reproduction[J]. Theriogenology, 55:1211-1239.
[72] Gilbert R O. 1992. Bovine endometritis:the burden of proof[J]. Cornell Vet, 82:11-14.
[73] Gustafsson R K. 1984. Therapeutic strategies involving antimicrobial treatment of the uterus in large animals[J]. J Am Vet Med Assoc, 185:1194-1198.
[74] Kasimanickam R, Duffield TF, Foster RA, et al. 2004. Endometrial cytology and ultrasonography for the detection of subclinical endometritis in postpartum dairy cows[J]. Theriogenology, 62:9-23.

[75] Kelller D S, Teepker G. 1990. Effect of variability in response to superovulation on donor cow selection differentials in nucleus breeding schemes[J]. J Dairy Sci, 73:549-554.

[76] Kingsley D M. 1994. The TGF-beta superfamily: new members, new receptors and new genetic tests of function in different organisms[J]. Genes Dev, 8:133-146.

[77] M. P. Boland, 郭年藩. 1991. 奶牛超排激素的种类及其效果[J]. 国外畜牧科技, 05:7-10.

[78] Mapletoft R J, Steward K B, Adams G P. 2002. Recent advances in the superovulation in cattle [J]. Reprod Nutr Dev, 42:601-611.

[79] Mohamed G, Abedel H S, Sayed S, et al. 2002. Factors Leading to Endometritis in Dairy Cows in Egypt with Special Reference to Reproductive Performance[J]. J Reprod Develop, 48(4):371-375.

[80] Ryan D P, et al. 1991. Pregnancy rates in dairy cows following the administration of a GnRH analogue at the time of artificial insemination or at mid-cycle post insemination[J]. Theriogenology. Sep; 36(3):367-77.

[81] Sheldon I M, LeBlanc S, et al. 2006. Defining postpartumuterine disease in cattle[J]. Theriogenology, 65:1516-1530.

[82] Dernfalk J, Persson Waller K and Johannisson A. The xMAP technique can be used for detection of the inflammatory cytokines IL-1beta, IL-6 and TNF-alpha in bovine samples. Vet Immunol Immunopathol, 2007, 118:40-49.

[83] Oliveira C S, Hogeveen H, Botelho A M, et al. Cow-specific risk factors for clinical mastitis in Brazilian dairy cattle. Prev Vet Med, 2015, 121:297-305.

[84] Seegers H, Fourichon C, Beaudeau F. Production effects related to mastitis and mastitis economicsin dairy cattle herds. Veterinary Resource, 2003, 34:475-491.

[85] Halasa T, Huijps K, Osteras O. et al. Economic effects of bovine mastitis and mastitis management. The Veterinary Quarterly, 2007, 29:18-31. David C, Bolton, Hsien-Jue Chu, et al. Evaluation of the critical parameters of a sensitive ELISA test using purified infectious bovine rhinotracheitis virus antigens[J]. Vet Microbiol. 1981, 6(4):265-279.

[86] Van Oirschot J T, Kaashoet MJ, Maris-Veldhuis MA, et al. An enzyme-linked immunosorbent assay to detect antibodies against glycoprotein gE of bovine herpesvirus 1 allows differtiation between infected and vaccinated cattle. J. Virol. Meth, 1997, 67:23-34.

[87] Florent G, Wiseman A. An IgM specific ELISA for the serodiagnosis of viral bovine respiratory infections[J]. Comp Immunol Microbiol Infect Dis. 1990, 13(4):203-208.

[88] Galeota J A, Flores E F, Kit S, Kit M, Osorio F A, A quantitative study of the efficacy of a deletion mutant bovine herpesvirus 1 differential vaccine in reducing the establishment of latency by wildtype virus[J]. Vaccine, 1997, 15:123-128.

[89] Masri S A, Olson W, Prins S, Deregt D. Rapid detection of bovine herpesvirus 1 in the semen of infected bulls by a nested polymerase chain reaction assay. Canandian Journal of Veterianry Research, 1996, 60:100-107.

[90] Fu Ping, Sun Zhenhong, Yu Ziqiang, Zhang Yuewei, Shen Junjun, Zhang Haiyan, Xu Wei, Jiang Fei, Chen Huiling, Wu Wenxue. Enzyme linked aptamer assay: based on a competition format for sensitive detection of antibodies to Mycoplasma bovis in serum. [J]. Analytical chemistry, 2014,

86(3):1701-1709.

[91] Sutmoller P, Wrathall A E. A quantitative assessment of the risk of transmission of foot-and-mouth disease, bluetongue and vesicularstomatitis by embryo transfer in cattle[J]. Preventive-Veterinary Medicine,1997,32:111-132.

[92] Schudel A A,Carrillo B J,Weber E L, et al. Risk assessmentand surveillance for bovine spongiform encephalopathy(BSE) in Argentina[J]. Preventive Veterinary Medicine,1996,25(3-4):271-284.

[93] ALTON GG, JONES LM, ANGUS RD & VERGER JM. Techniques for the Brucellosis Laboratory. Institut National de la Recherche Agronomique, Paris, France. 1988.

[94] ANGUS RD & BARTON CE. The production and evaluation of a buffered plate antigen for use in a presumptive test for brucellosis[J]. Dev. Biol. Stand. 1984, 56, 349.

[95] BRACEWELL CD & CORBEL MJ. An association between arthritis and persistent serological reactions to B. abortus in cattle from apparently brucellosis-free herds[J]. Vet. Rec. 1980, 106, 99.

[96] BRICKER BJ & HALLING SM. Enhancement of the Brucella AMOS PCR assay for differentiation of Brucella abortus vaccine strains S19 and RB51 [J]. J. Clin. Microbiol. 1995, 33, 1640-1642.

[97] CORBEL MJ, BRACEWELL CD, THOMAS EL & GILL KPW. Techniques in the identification of Brucella species. In:Identification Methods for Microbiologists, Second Edition. Skinner F. A. & Lovelock D. W. , eds. Academic Press, London, UK and New York, USA, 1979, 86-89.

[98] CORBEL MJ & HENDRY DMFD. Methods for the identification of Brucella. Booklet 2085. Ministry of Agriculture, Fisheries and Food, Lion House, Alnwick, Northumberland, UK. 1983.

[99] CORBEL MJ, STUART FA, BREWER RA, JEFFREY M & BRADLEY R. Arthropathy associated with Brucella abortus Strain 19 vaccination in cattle. 1. Examination of field cases. Br. Vet. J. 1989, 145, 337.

[100] EWALT DR & BRICKER BJ. Validation of the abbreviated Brucella AMOS PCR as a rapid screening method for differentiation of Brucella abortus field strain isolates and the vaccine strains, 19 and RB51[J]. J. Clin. Microbiol. 2000, 38, 3085-3086.

[101] FARRELL ID. The development of new selective medium for the Isolation of Brucella abortus from Contaminated Sources[J]. Res. Vet. Sci. 1974, 16, 280-286.

[102] HENDRY DMFD, CORBEL MJ, BELL RA & STACK JA. Brucella antigen production and standardisation. Booklet 2499. Ministry of Agriculture, Fisheries and Food, Lion House, Alnwick, Northumberland, UK. 1985.

[103] LORD VR, SCHURIG GG, CHERWONOGRODSKY JW, MARCANO MJ & MELENDEZ GE. Vaccination of cattle with Brucella abortus strain RB51 and 19:A field study under high and low disease prevalence. Am. J. Vet. Res. 1998, 59, 1016-1020.

[104] MACMILLAN AP, GREISER-WILKE I, MOENNIG V & MATHIAS LA. A competition enzyme immunoassay for brucellosis diagnosis. Dtsch Tierarztl. Wochenschr. 1990, 97, 83-85.

[105] MORGAN WJB, MACKINNON DJ, LAWSON JR & CULLEN G. A. The rose bengal plate agglutination test in the diagnosis of brucellosis[J]. Vet. Rec. 1969, 85, 636(641).

[106] NICOLETTI P. An evaluation of serologic tests used to diagnose brucellosis in buffaloes (Bubalus bubalis). Trop. Anim. Health Prod. , 1992, 24, 40-44.

[107] NIELSEN K, GALL D, JOLLEY M, LEISHMAN G, BALSEVICIUS S, SMITH P, NICOLETTI P & THOMAS F. A homogenous fluorescence polarisation assay for detection of antibody to Brucella abortus[J]. J. Immunol. Methods. 1996, 195, 161-168.

[108] NIELSEN K, KELLY L, GALL D, BALSEVICIUS S, BOSSE J, NICOLETTI P & KELLY W. Comparison of enzyme immunoassays for the diagnosis of bovine brucellosis[J]. Prev. Vet. Med. 1996, 26, 17-32.

[109] NIELSEN K, KELLY L, GALL D, NICOLETTI P & KELLY W. Improved competitive enzyme immunoassay for the diagnosis of bovine brucellosis[J]. Vet. Immunol. Immunopathol. 1995, 46, 285-291.

[110] PALMER MV, OLSEN SC & CHEVILLE NF. Safety and immunogenicity of Brucella abortus strain RB51 vaccine in pregnant cattle. Am. J. Vet. Res. 1997, 58, 472-477.

[111] POUILLOT R, GARIN-BASTUJI B, GERBIER G, COCHE Y, CAU C, DUFOUR B & MOUTOU F. The brucellin skin test as a tool to differentiate false positive serological reactions in bovine brucellosis[J]. Vet. Res. 1997, 28, 365-374.

[112] Report of the Scientific Committee on Animal Health and Animal Welfare. The modification of technical annexes of Council Directive 64/432/EEC to take account of Scientific Developments regarding Tuberculosis, Brucellosis and Enzootic Bovine Leucosis. Sanco/B3/R10, 11 October. 1999.

[113] ROMERO C & LOPEZ-GONI L. Improved method for purification of bacterial DNA from bovine milk for detection of Brucella spp. By PCR. Appl. Environ[J]. Microbiol. 1999, 65, 3735-7373.

[114] ROOP II, RM, PRESTON-MOORE D, BAGCHI T & SCHURIG GG. Rapid Identification of smooth Brucella species with a monoclonal antibody [J]. J. Clin. Microbiol. 1987, 25, 2090-2093.

[115] ROSS H, FOSTER G, JAHANS K & MACMILLAN A. Isolation of Brucella from seals and small cetaceans[J]. Vet. Rec. 1996, 138,587-589.

[116] SAERGERMAN C, Vo T-KO, DE WAELE L, GILSON D, BASTIN A, DUBRAY G, FLANAGAN P, LIMET JN, LETESSON JJ & GODFROID J. Diagnosis of bovine brucellosis by skin test:conditions for the test and evaluation of its performance[J]. Vet. Rec. 1999, 145, 214-218.

[117] SANGARI FJ, GARCIA-LOBO JM & AGUERO J. The Brucella abortus vaccine strain B19 carries a deletion in the erythritol catabolic genes [J]. FEMS Microbiol. Lett. 1994, 121, 337-342.

[118] SCHURIG GG, ROOP RM, BUHRMAN D, BOYLE S, BAGCHI T & SRIRANGANATHAN N. Biological Properties of RB51, a stable, O-chain deficient mutant of Brucella abortus[J]. Vet. Microbiol. 1991, 28, 171-188.

[119] STACK JA, PERRETT LL, BREW SD, MACMILLAN AP. cELISA for bovine brucellosis suitable for testing poor quality samples[J]. Vet. Record. 1999, 145, 735-736.

[120] STEVENS MG, HENNAGER SG, OLSEN SC & CHEVILLE NF. Serologic responses in diagnostic tests for brucellosis in cattle vaccinated with Brucella abortus 19 or RB51[J]. J. Clin. Microbiol. 1994, 32, 1065-1066.

[121] THORNTON DH & MUSKETT JC. The use of laboratory animals in the potency test of Brucella abortus S19 vaccine[J]. J. Comp. Pathol. 1972, 82, 201-208.

[122] VEMULAPALLI R, MCQUISTON JR, SCHURIG GG, SRIRANGANATHAN N, HALLING SM & BOYLE SM. Identification of an IS711 element interrupting the wboA gene of Brucella abortus vaccine strain RB51 and a PCR assay to distinguish strain RB51 from other Brucella species and strains[J]. Clin. Diagn. Lab. Immunol. 1999, 6, 760-764.

[123] World Health Organization (WHO). Report 1970. WHO Expert Committee on Biological Standardisation. Annex 2. Requirements for Brucella abortus strain 19 vaccine (Live - for veterinary use). (Requirements for biological substances No. 20) [J]. WHO Technical Report Series, No. 464, 58. 1970.

[124] WRIGHT PF, NILSSON E, VAN ROOIJ EMA, LELENTA M & JEGGO MH. Standardisation and validation of enzyme-linked immunosorbent assay techniques for the detection of antibody in infectious disease diagnosis[J]. Rev. sci. tech. Off. int. Epiz. 1993, 12, 435-450.

[125] WRIGHT PF, TOUNKARA K, LELENTA M & JEGGO MH. International reference Standards: antibody standards for the indirect enzyme-linked immunosorbent assay[J]. Rev Sci Tech. 1997, 16(3):824-832.

[126] Hilton L, Moganeradj K, Zhang G, et al. The N^{pro} product of bovine viral diarrhea virus inhibits DNA binding by interferon regulatory factor 3 and targets it for proteasomal degradation. J Virol, 2006. 80 (23):11723-11732.

[127] Brackenbury L, Carr B, Stamataki Z, et al. Identification of a cell population that produces alpha/beta interferon in vitro and *in vivo in* response to noncytopathic bovine viral diarrhea virus. J Virol, 2005. 79 (12):7738-7744.

[128] Data on file at IDEXX Laboratories, Inc. Westbrook, Maine USA.

[129] Gonzalez-Navajas JM, Lee J, David M, et al. Immunomodulatory functions of type I interferons. Nat Rev Immunol, 2012. 12 (2):125-135.

[130] Randall RE, Goodbourn S. Interferons and viruses: an interplay between induction, signalling, antiviral responses and virus countermeasures. J Gen Virol, 2008. 89 (1):1-47.

[131] Bonjardim CA. Interferons (IFNs) are key cytokines in both innate and adaptive antiviral immune responses-and viruses counteract IFN action. Microbes Infect, 2005. 7 (3):569-578.

[132] Samuel CE. Antiviral actions of interferons. Clin Microbiol Rev, 2001. 14 (4):778-809.

[133] Schweizer M, Peterhans E. Noncytopathic bovine viral diarrhea virus inhibits double-stranded RNA-induced apoptosis and interferon synthesis. J Virol, 2001. 75 (10):4692-4698.

[134] Iqbal M, Poole E, Goodbourn S, et al. Role for bovine viral diarrhea virus E^{rns} glycoprotein in the control of activation of beta interferon by double-stranded RNA. J Virol, 2004,78 (1):136-145.

[135] Nishibe S, Okabe K, Tsukamoto H, et al. Studies on the Chinese crude drug "Forsythiae Fructus." VI. The structure and antibacterial activity of suspensaside isolated from Forsythia sus-

pensa. Chem Pharm Bull (Tokyo), 1982. 30 (12):4548-4553.

[136] Miura M, Ohta S, Kamogawa A, et al. Basic study of assay method of choleretic effect and the screening of crude drugs. Yakugaku Zasshi, 1987. 107 (12):992-1000.

[137] Ma YY ZZ, Li HW, Sun JH, Xu CY. Effects of forsythoside A on the Expression of IFN-a and Mx1. Sci Agr Sin, 2010. (43):3237-3243.

[138] Chen L, Flies DB. Molecular mechanisms of T cell co-stimulation and co-inhibition. Nat Rev Immunol, 2013. 13 (4):227-242.

[139] Alegre ML, Frauwirth KA, Thompson CB. T-cell regulation by CD28 and CTLA-4. Nat Rev Immunol, 2001. 1 (3):220-228.

[140] Bukczynski J, Wen T, Watts TH. Costimulation of human CD28- T cells by 4-1BB ligand. Eur J Immunol, 2003. 33 (2):446-454.

[141] Dawicki W, Bertram EM, Sharpe AH, et al. 4-1BB and OX40 act independently to facilitate robust CD8 and CD4 recall responses. J Immunol, 2004. 173 (10):5944-5951.

[142] Watts TH. TNF/TNFR family members in costimulation of T cell responses. Annu Rev Immunol, 2005. 23:23-68.

[143] Smith-Garvin JE, Koretzky GA, Jordan MS. T cell activation. Annu Rev Immunol, 2009. 27: 591-619.

附录　疫病防治功能研究室成果

成果一　已发表文章

1. 王林，梅力，韦海涛，宋彦军，周德刚，冯小宇，雷琪莉，李刚. 北京地区奶牛隐性乳房炎金黄色葡萄球菌的分离鉴定及药敏试验[J]. 动物医学进展，2015，04：124-127.

2. 闫星，刘义明，路永强，张道康，刘茂林，张宁，王天坤，郭江鹏，李秀波. 硫酸头孢喹肟乳房注入剂对泌乳期奶牛的安全性研究[J]. 中国畜牧兽医，2014，11：278-282.

3. 张道康，刘义明，路永强，徐飞，王天坤，杨宇泽，李秀波. 硫酸头孢喹肟子宫注入剂对奶牛的安全性研究[J]. 中国农业科学，2015，22：4597-4602.

4. 黄慧丽，徐飞，刘义明，李秀波. 利福昔明的药理作用及其在奶牛疾病防治中应用的研究进展[J]. 中国畜牧兽医，2015，12：3358-3363.

5. 孟洪，吴迪，韩广文，齐晓龙，倪和民. SNP 技术在预防奶牛乳房炎中的应用[J]. 北京农业，2014，30：26-29.

6. 吴迪，齐晓龙，孟洪，倪和民. 抑制素的研究与临床应用进展[J]. 中国奶牛，2015，01：23-26.

7. 孟洪，赵凤，盛熙晖，齐晓龙，常迪，邢书涵，刘林，李俊雅，郭勇，倪和民. 中国荷斯坦奶牛 TBX21 基因与产奶性状及体细胞数的遗传效应分析[J]. 中国农学通报，2015，26：26-30.

8. 常迪，孔令博，倪和民. 奶牛产后不发情疾病的研究进展[J]. 北京农业，2013，09：131-133.

9. 李有文，刘孝杰，陶大勇. 奶牛子宫内膜炎病原菌分离鉴定及药敏试验[J]. 畜牧与兽医，2011，01：16-19.

10. 吴迪，邢书涵，齐晓龙，刘云海，郭勇，倪和民. 牛抑制素 α 亚基基因克隆及表达载体的构建[J]. 中国农学通报，2015，35：8-12.

11. 王天坤，李永清，黄骅，等. 北京市昌平区某奶牛场体细胞数超标的诊断报告. 中国乳业，2015，9：48-49.

12. 李永清，王天坤，姚学军，等. 北京市昌平区奶牛呼吸性疾病发生情况调查与分析. 中国乳业，2015，5：53-56.

13. 姜良，黄秀芬，王天坤，刘杉杉，李永清. 牛疱疹病毒 1 型 gE 蛋白胞外区的杆状病毒表达及免疫反应性鉴定. 中国兽医科学，2014，44(9)：915-920.

14. 姜良，黄秀芬，刘杉杉，闫敏鑫，赵晓燕，张林波，李永清. 紫玉米花色苷抑制牛传染性鼻气管炎病毒在牛肾细胞中增殖. 中国畜牧兽医，2014，41(8)：127-130.

15. 徐福洲，王天坤，孙宝山，姚学军，黄秀芬，李永清. 北京奶牛场暴发冬痢的诊治报告. 黑龙江畜牧兽医，2016(07 下)：排版中. [1]赵海明，温富勇，侯引绪. 初乳检测及犊牛灌服技术在密云奶牛场的示范与应用[J]. 当代畜牧，2016，(24)：10-11.

16. 侯引绪. 奶牛妊娠毒血症临床诊疗研究总结[J]. 中国奶牛，2016，(07)：38-40.

17. 侯引绪，魏朝利. 对我国“健康养殖”的研究分析[J]. 当代畜牧，2015，(36)：68-70.

18. 侯引绪，郭欣怡，孙健，王炎，刘德占，葛长城，王艳. 奶牛分娩后注射氟尼辛葡甲胺对产后代谢病的防控效果[J]. 黑龙江畜牧兽医,2015,(22):82-83.

19. 孙健,段素云,侯引绪,韩博. 奶牛产后注射氟尼辛葡甲胺对血液生化指标及乳质成分的影响[J]. 黑龙江畜牧兽医,2015,(16):136-137.

20. 侯引绪,葛长城,王艳. 奶牛疾病临床防治用药原则与注意事项解析[J]. 中国奶牛,2015,(Z2):23-26.

21. 侯引绪,葛长城,刘德占,孙健. 奶牛尾椎变形与产后低血钙症临床研究试验[J]. 中国奶牛,2015,(01):35-37.

22. 严宝英,侯引绪,曾光祥,魏朝利,王海丽,段素云,刘德占. 产后灌服丙二醇与钙磷镁合剂及复方口服补液盐对奶牛血液生化指标的影响[J]. 中国奶牛,2014,(16):23-25.

23. 侯引绪,王海丽,魏朝利,刘小明. 一起犊牛坏死性喉炎的诊治与分析[J]. 中国奶牛,2014,(13):56-57.

24. 张凡建,岳园,翟丛丛,侯引绪,王九峰. 奶牛外周血单个核细胞增殖反应最优条件的筛选[J]. 中国兽医杂志,2014,(05):37-39.

25. 蔡泽川,于童,关文怡,侯引绪. 北京地区奶牛新孢子虫和梨形虫的调查与分析[J]. 黑龙江畜牧兽医,2014,(10):57-58.

26. 张凡建,翟丛丛,王明利,刘瑜瑜,侯引绪,王九峰. 日粮添加有机铬对奶牛生产的影响[J]. 中国奶牛,2014,(07):9-12.

27. 侯引绪,魏朝利. 夏季热应激对牛奶成分的影响与应对措施[J]. 中国奶牛,2014,(Z1):10-12.

28. 侯引绪,魏朝利,王艳. 荷斯坦奶牛分娩过程中产道检查时机及难产判定技术[J]. 当代畜牧,2013,(36):45-47.

29. 侯引绪,魏朝利,张凡建,张永东. 奶牛干奶期乳房炎精细化防控技术措施[J]. 中国奶牛,2013,(13):53-54.

30. 蔡泽川,于童,关文怡,姜小平,侯引绪. 北京地区奶牛粪样寄生虫调查报告[J]. 当代畜牧,2013,(12):26-28.

31. 张永东,侯引绪,关文怡,李志,付静涛,齐军喆,李桂伶. "乳炎消搽剂"治疗临床型乳房炎的疗效观察[J]. 黑龙江畜牧兽医,2013,(06):103-104.

32. 侯引绪,魏朝利,王振玲,刘小明. 利用子宫栓剂防治奶牛胎衣不下的临床试验报告[J]. 中国奶牛,2013,(02):63-64.

33. 侯引绪,魏朝利. 奶牛生产性能测定技术及应用[J]. 当代畜牧,2012,(10):6-8.

34. 侯引绪,魏朝利. 对生鲜乳质量检测中存在问题的看法与建议[J]. 中国奶牛,2012,(16):2-4.

35. 侯引绪. 暴雨灾害过后奶牛场生产自救的重点技术措施[J]. 中国奶牛,2012,(15):44-46.

36. 张凡建,关文怡,岳圆,侯引绪,王九峰. 物理性降温措施缓解奶牛热应激的研究进展[J]. 中国畜牧兽医,2012,(06):236-239.

37. 侯引绪,邓志峰. 分析奶牛合作社的科技服务问题与对策研究[J]. 黑龙江畜牧兽医,2012,(12):17-19.

38. 侯引绪,魏朝利. DHI 技术体系与应用[J]. 中国奶牛,2012,(10):42-45.

39. 侯引绪,张凡建,魏朝利,蔡泽川. 热应激对泌乳牛呼吸频率、心率及体温的影响[J]. 中国奶牛,2012,(07):52-53.

40. 侯引绪,魏朝利. 一起群发性奶牛支原体肺炎的诊疗总结[J]. 中国奶牛,2012,(06):35-37.

41. 张凡建,王九峰,侯引绪,李玉冰,杨久仙. 奶牛热应激评价指标研究进展[J]. 中国兽医杂志,2012,(02):62-64.

42. 侯引绪,张凡建,魏朝利,蔡泽川,李桂伶. 奶牛抗热应激物理性措施应用效果研究[J]. 中国奶牛,2012,(01):42-43.

43. 杨俊,吴琼,王九峰,刘光男. 经久不愈奶牛临床型乳房炎病例的病原菌分离鉴定[J]. 中国兽医杂志,2016,05:87-88+91.

44. Wu Q, Liu M C, Yang J, et al. Lactobacillus rhamnosus GR-1 Ameliorates Escherichia coli-Induced Inflammation and Cell Damage via Attenuation of ASC-Independent NLRP3 Inflammasome, Appl. Environ. Microbiol. 2016, 82(4):1173-1182.

[45. Weng X G, Song Q J, Wu Q, et al. Genetic characterization of bovine viral diarrhea virus strains in Beijing, China and innate immune responses of peripheral blood mononuclear cells in persistently infected dairy cattle. Journal of Veterinary Science, 2015, 16(4):491-500.

46. Zhang Fanjian, et al. Effects of heat stress and chromium supplementation on antioxidant function, Hsp72 and cytokines in dairy cows, Journal of Animal Science, 2014, 29(7):3026-3034.

[47. Liu Mingchao, et al. Lactobacillus rhamnosus GR-1 limits Escherichia coli-induced excessive inflammatory responses via attenuating MyD88-dependent and -independent pathway activation in bovine endometrial epithelial cells, Inflammation, 2015.

48. Song Quanjiang et al. Forsythoside A Inhibits BVDV Replication via TRAF2-Dependent CD28-4-1BB Signaling in Bovine PBMCs ,PloS one, 2015, (Revision).

49. Cai Dongjie, et al. Complete genome analysis of bovine viral diarrhea viruses of Beijing isolates and implications thereof, Virus Gene, 2015, (Revision).

50. Xu F, Rosier U, Zhao A F M B J, et al. First Findings on the Prevalence of Extended-Spectrum [5-Lactamases Producing Escherichia coli (ESBL-producing E. coli) and Risk Factors in Dairy [J].

成果二　申报专利

1.《牛病毒性腹泻病毒特异性单克隆抗体细胞株及其应用》(申报号 2016102259683)

2.《牛传染性鼻气管炎病毒 gD 蛋白及其应用》(申请号 2016102254764)

3.《一种牛抑制素 α 亚基成熟肽基因及重组表达蛋白质的方法》(申请号 201510779410.5)

4.《一种动物子宫内膜细胞采样器》(专利号 ZL201620368640.2)

5. 新型奶牛灌药器示范、推广应用(专利号:ZL2011 2 0513080.2)

6. 一种用于奶牛喷淋与吹风的调控装(专利号:ZL201120513080.2)

7. 奶牛子宫栓剂投放器(专利号:ZL 2009 2 0107875.6)

8. 一种便携式兽医腰包(专利号 ZL201120521228.7)

9. 一种缓解奶牛夏季热应激的功能性添加剂(申请号 CN104839475A)

成果三　专著

1. 倪和民. 2015.《奶牛疾病防治手册》,中国农业出版社;

2. 倪和民. 2016.《奶牛常见疾病防治手册》,中国农业出版社;

3. 黄功俊,侯引绪. 2015.《奶牛繁殖新编》,中国农业科技出版社,2015、8(并列第 1 作者);

4. 鲁琳,侯引绪. 2015.《奶牛环境与疾病》,中国农业大学出版社,2014、8(并列第 1 作者);

5. 侯引绪,曹金元,王振玲. 2015.《健康养殖 100 问》,中国农业出版社。

成果四　新兽药研制

1.硫酸头孢喹肟乳房注入剂(干乳期)获得国家新兽药证书(2015)新兽药证字 62 号。

2.盐酸头孢噻呋乳房注入剂(干乳期)申报国家发明专利（201310665166.O)并获得国家新兽药证书［(2015)新兽药证字 40 号］。

3.硫酸头孢喹肟乳房注入剂(泌乳期)申报国家发明专利(201310664982.X）并获得国家新兽药证书［(2014)新兽药证字 53 号］。

4.硫酸头孢喹肟子宫注入剂获得国家新兽药注册证书(农业部公告 2328 号)。

成果五　获奖

a.2015 年,侯引绪获第三届北京三农新闻人物称号；

b.侯引绪获“北京农村经济发展十佳科技工作者”称号；

c.侯引绪获 2013 年“首都市民学习之星” 荣誉称号；

d.侯引绪主持的“奶牛健康养殖技术创新与集成推广”获北京市农业技术推广三等奖。

第四篇　环境控制与健康养殖

研究背景

在规模化奶牛养殖过程中，环境控制、健康养殖和粪污资源化利用是影响奶牛生产性能、健康和食品安全的重要因素。

奶牛产业技术体系北京市创新团队启动近5年，环境控制和健康养殖功能研究室4位岗位专家，紧紧围绕研究室五年规划，在奶牛高效饲养工艺、福利养牛技术、环境控制综合调控技术和粪污资源化处理技术等方面，在大兴、昌平、密云、房山、延庆和北京农业职业学院等综合试验站的帮助下，针对奶牛养殖福利、高效和安全的需求，其中的重点是与奶牛健康养殖与环境控制密切相关的奶牛生产工艺、环境应激及控制、粪便污水无害化处理和资源化利用等先进理论和技术的研究、集成与示范，并在此基础上，通过饲养工艺、畜舍设施设备、环境调控等技术手段为奶牛营造适宜小气候，以期解决北京地区高低温等环境应激和奶牛场粪污合理利用的问题，有效提高奶牛标准化养殖生产水平和劳动效率，开展了一系列研究、示范和推广工作。

第21章　健康养殖与奶牛福利技术研究进展

21.1　概述

随着北京经济的稳步发展和人们生活水平的不断提高，越来越多的人重视膳食的营养结构，喝奶的意识在加强，喝奶的人在逐渐增多，由此也促进了奶业的生产和消费。但是，北京郊区可用于发展奶牛的土地资源、水资源越来越少，资源与环境对奶牛养殖业的制约作用日益凸显。如何在有限的资源供给条件下，提高奶牛养殖效率，提升牛奶品质，确保北京奶牛产业的高端发展呢？显然，依靠科学技术，推进健康养殖和奶牛福利，加快生产方式转变是当务之策。因此，自2012年奶牛产业技术体系北京市创新团队成立以来，健康养殖与环境控制功能研究室在健康养殖与奶牛福利方面开展了大量卓有成效的工作，涵盖奶牛企业健康养殖现状与牛场环境调控状况调研、环境控制与福利养殖技术研究、奶牛保姆技术培训、主推技术研发与推广等方面。

21.2　奶牛企业奶牛健康养殖现状和牛场环境调控状况调研

1. 奶牛健康养殖现状调研

团队成立之初，为了摸清北京市奶牛健康养殖现状，积极跟随团队全程参加集中调研活动，并不定期自发到不同规模奶牛场开展实地专项调研29次。对调研结果进行充分分析后，撰写了《北京市奶牛产业健康养殖与环境控制现状调研及其需求分析》调研报告，调研发现：

(1)饲料成本较高、奶价低是影响奶牛产业养殖效益的首要因素，也是制约奶牛养殖企业或养殖户改善养殖环境、加大粪污处理投入的重要限制因素。

(2)养殖企业或养殖户养殖环境和粪污处理现状不容乐观。

(3)养殖企业或养殖户对奶牛健康管理、防未病的意识有待提高。

对此，提出了如下建议与对策：

(1)以主管部门或行业协会或龙头企业的名义与粮食主产区建立长期的战略合作关系，实现大宗饲料原料直销机制，有效平抑牛场饲养成本。

(2)要从源头上解决奶牛疾病频发的问题，必须通过改善饲养环境和精细管理来减少集约化饲养条件下奶牛的应激反应强度，增强奶牛的体质和自身的健康水平，提高奶牛对环境的适应能力和抗病能力，也就是，要采取“养”重于“防”，“防”重于“治”的策略，从奶牛场废弃物处理到牛舍环境控制设备等硬件以及从养殖场的选址、场区布局、绿化、舍内外卫生防疫制度实施、饲养密度调整、牛群健康观察、环境控制设备的使用与维护、营养知识和饲喂技能的掌握、饲养员对待动物的态度和细心程度等软件两方面狠下功夫，加大奶牛场实用环境控制设备研制和应用的投入，加强养殖场生产一线员工的养殖技能培训，以龙头企业+农户+行业协会为主线，以产业技术体系为载体将养殖企业、养殖户与科研院校的科研人员、行业推广部门的技术人员紧密地结合起来，提高科研成果转化成应用技术的效率，缩短技术辐射到产业的路径，真正建立起以产业需求为导向的技术传输链条，实现北京市奶牛产业高效、优质、健康、可持续发展。

2. 牛场环境调控状况和牛群健康与舒适状态专项调研

为了考察奶牛场环境调控能力和牛群健康与舒适状态，在各区县综合试验站温富勇、王艳、王天坤、王建芬、姜小平五位站长及其辖区内的农民田间学校工作站站长和养殖场(户)、北京昭阳牧场吴守科场长、中地种畜北京畜牧科技有限公司章玉涛技术场长等的大力支持和配合下，面向全北京市规模化奶牛场，开展了北京市规模化奶牛场健康养殖与环境控制的专项调查，通过实地走访、当面交谈、数据查阅、问卷调查、电话核实等方式，共收集了来自密云、大兴、昌平、延庆、顺义、房山 6 个区县的 62 家存栏量在 100 头以上的规模化奶牛场数据，涉及的存栏奶牛为 3.62 万头，成乳牛为 2.21 万头，总产奶量为 19.42 万 t，分别占北京市 2014 年度奶牛总存栏量、成乳牛总存栏量、总产奶量的 24.1%、29.5%、31.6%。在调研的牛场中，泌乳牛平均年产奶量为 8 052 kg，比 2013 年北京市泌乳牛平均年产奶量高 19.5%(路永强，2014)。

对调研的奶牛场泌乳牛年平均产奶量采用单因素方差分析和 Duncan 氏多重比较进行了析因分析，涉及的因素包括区县、养殖规模、牛舍类型、卧床地面类型、卧床垫料类型、运动场地面类型、运动空间大小、饮水器清洁频率、冷热应激程度与防暑防寒措施、临床乳房炎不同发生率、牛体表缺损状况以及有无福利设施(卧床、运动场、牛体刷、牛舍到挤奶厅铺设橡胶过道、挤奶厅地面防滑设计等)。结果表明：

(1)调研的牛场平均年产奶量 8 052 kg，随着牛场存栏规模增加而增加，500～999 头、1 000 头以上存栏规模的牛场平均年产奶量比 100～499 头存栏规模的牛场分别提高 12.3%和 39.1%。从区县看，奶牛养殖水平差距较大，顺义牛场平均年产奶量为 9 347 kg，最高，比最低的区县大兴高 22.7%。

(2)成乳牛舍、青年牛舍、育成牛舍以开放式和半开放式牛舍为主，这样的牛场占比高达 90%；规模越大，配有新生犊牛保育舍、犊牛岛、专用产犊区的牛场比例越高，最高达到 100%配置。

(3)哺乳期犊牛以单栏或单圈方式饲养为主，且随着养殖规模的增大而增至 100%；断奶期犊牛均以无床位大圈大群饲养为主，占比为 80%。

(4)配有卧床的牛场有 40 家，占 64.5%；在有卧床的牛场中，卧床地面为沙土的占 70%，但这些牛场泌乳牛年平均产奶量低于配有水泥地面卧床的牛场 7.1%。卧床垫料以沙子及其混合物为主，占 82.5%，但铺设橡胶垫及其组合的牛场泌乳牛平均年产奶量显著高于使用沙子及其混合物作为卧床垫料的牛场 14.3%。大多数卧床干净，没有粪便，大小适宜，休息时能躺卧的牛达到 90%以上。但个别牛场卧床设计不合理，奶牛起身时颈部撞到卧床栏杆。在 100～499 头规模牛场中，有卧床的牛场平均产乳量要显著大于无卧床的牛场。

(5)育成牛、青年牛、泌乳牛拥有运动场的牛场均在 90%以上。泌乳牛运动场的地面以红砖/废旧石板及组合以及三合土、泥土、沙土为主，占比为 85.7%，其中拥有红砖/废旧石板及组合的运动场地面的牛场奶牛年平均产奶量高于其他地面的牛场 7.5%～11.7%。运动空间的实际需要以每头泌乳牛 10～20 m^2 空间最为经济。

(6)安装牛体刷的牛场在调研的牛场中仅占 21.0%，其年产奶量比没有安装牛体刷的牛场提高了 8.3%。

(7)从牛舍到挤奶厅铺设橡胶过道、对挤奶厅地面进行防滑设计的牛场分别占 29.0%、71.0%，与没有铺设橡胶过道、没有进行防滑设计的牛场比，年平均产奶量分别提高了 6.7%、1.0%。

(8)95%以上牛场饮水使用水槽，83.9%的牛场饮水时奶牛无排队现象，表明这些牛场饮水设施充足。每 1～3 d 清洁饮水设施 1 次、饮水槽中不长绿藻、寒冷季节备有饮水加热装置的牛场分别占比 51.6%、88.7%、82.3%，相比不定期清洁饮水设施、饮水槽中长绿藻、寒冷季节没有饮水加热装置的牛场，年平均产奶量分别提高 16.7%、5.4%、13.7%，表明注重饮水卫生和冬季饮水温度的牛场奶牛年平均产奶量有较大幅度提升。

(9)在北京地区夏季，在调研的牛场中日产奶量下降 3 kg 以上的有 23 家，占 37.1%，表明热应激反应较为严重。对泌乳牛采用喷淋、风扇、遮阳棚防暑降温的牛场分别占调研牛场的 43.5%、80.6%、56.5%，与不用喷淋、风扇、遮阳棚防暑降温的牛场比，泌乳牛年平均产奶量分别提高 12.8%、3.7%、8.3%，可见用喷淋、遮阳棚这两种防暑降温措施相比风扇更能减少夏季热应激对奶牛产奶量的影响。调研还发现，喷淋可以使中到重度热应激的出现大幅减少，且随着养殖规模的增大，泌乳牛舍拥有喷淋的占比越高，但对于规模大、产奶量高的牛群，即使采取喷淋等降温措施，也容易造成夏季产奶量的大幅下降。

(10)在北京地区冬季，没有冷应激或受到轻度冷应激的牛场占调研牛场的 98.4%，因此冬季奶牛受到的冷应激相比夏季受到的热应激要小得多。然而，在泌乳牛舍采取防风措施的牛场比没有采取防风措施的牛场，其平均年产奶量高 5.2%，效果明显。对于犊牛，加铺垫草、提供热水用得比较普遍，分别有 72.6%、53.2%的调研牛场使用，而牛舍加热、套穿马甲用得较少，分别只有 14.5%、9.7%的调研牛场使用。

(11)认为夏季临床乳房炎高发的牛场占比为 77.4%，高于其他季节 4 倍以上。因此，夏季是临床乳房炎高发季节。临床乳房炎发生率高于 5%的牛场年平均产奶量低于临床乳房炎发生率低于 5%的牛场 1.4%。可见，乳房炎发生率高对产奶量有一定影响。

(12)体表有缺毛的斑、关节破损和肿胀、运动时发生跛行的比例少于一成的牛场分别占 98.4%、85.5%和 85.5%，相比发生比例大于一成的牛场，其年平均产奶量依次提高 5.7%、3.8%和 1.9%。

由此得到结论：

(1)配置奶牛福利设施、加强冷热应激条件下的环境调控措施管理和饮水福利管理，能较大幅度提升奶牛的产奶量，提高奶牛场的经济效益。

(2)养殖规模越大，牛场环境调控能力和牛群健康与舒适状态越好，但还有提升的空间，且养殖规模越小的牛场，这方面需要提升的空间越大。

21.3　环境控制与福利养殖技术研究进展

2012 年以来，在奶牛产业技术体系北京市创新团队建设项目的资助下，开展了泌乳阶段和产奶季节对初产奶牛牛乳体细胞数的影响、奶牛生理因素对乳区温度的影响、奶牛乳区温度与乳中体细胞数的关系、奶牛舍内外温湿环境变化规律及其与乳中体细胞数的关系、泌乳牛舍春季温热环境和空气质量变化规律、奶牛温热环境卡制作及应用、奶牛场声音环境及其影响因素、音乐对犊牛福利水平的影响等 10 项研发工作。下面简单地介绍主要研发工作的一些规律性结果。

1. 泌乳阶段和产奶季节对初产奶牛牛乳体细胞数的影响

选用某大型规模化牛场 2 126 头初产奶牛 13 168 条完整的 DHI 测定记录，分析了泌乳阶段和产奶季节及其交互作用对初产奶牛牛乳体细胞数(SCC)变化规律的影响。研究结果表明，初产奶牛泌乳早期(1、2、3 泌乳月)牛乳 SCC 较高，随着泌乳月龄的增加，SCC 逐渐降低，且基本保持稳定(图 21-1)；初产奶牛冬季牛乳中 SCC 最高，春季次之，秋季最低(图 21-2)。泌乳阶段和产奶季节及其交互作用对体细胞数评分(SCS)具有极显著影响($P<0.000\,1$)(图 21-3)。泌乳前期牛乳 SCS 比泌乳中期和泌乳末期 SCS 显著升高($P<0.05$)；冬春季牛乳 SCS 比夏秋季 SCS 显著升高($P<0.05$)。试验结果表明，产奶季节对初产奶牛 SCC 的影响较大，产奶季节对 SCC 的影响主要反映了温度和湿度因素对奶牛的影响。由此可以得出结论，在奶牛生产管理过程中，既要做好夏季牛舍的防暑降温，又要做好冬季牛舍的防寒保暖工作，这样才能保证牛乳体细胞数维持在正常水平，改善乳品质。

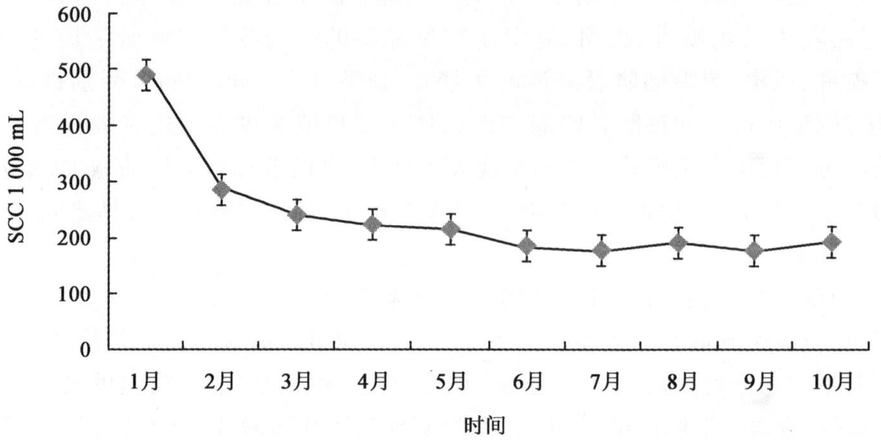

图 21-1 初产奶牛牛乳 SCC 在整个泌乳期内的变化趋势

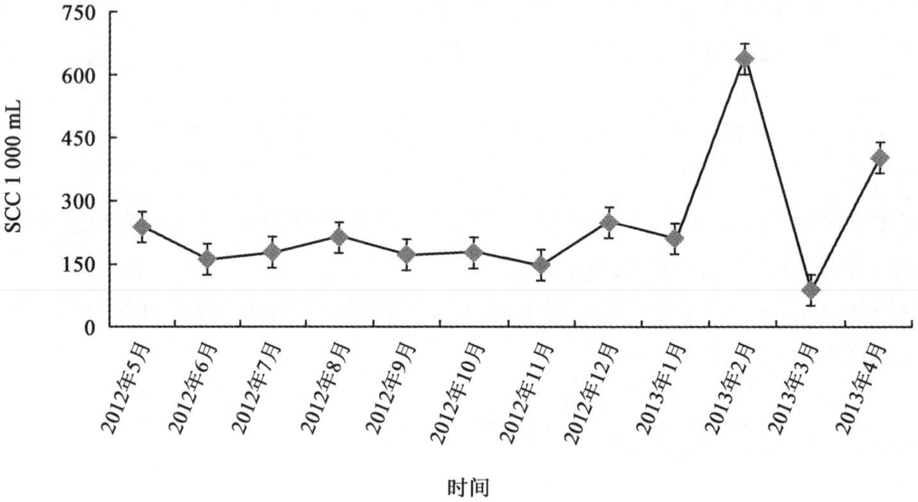

图 21-2 初产奶牛牛乳 SCC 在全年中的变化趋势

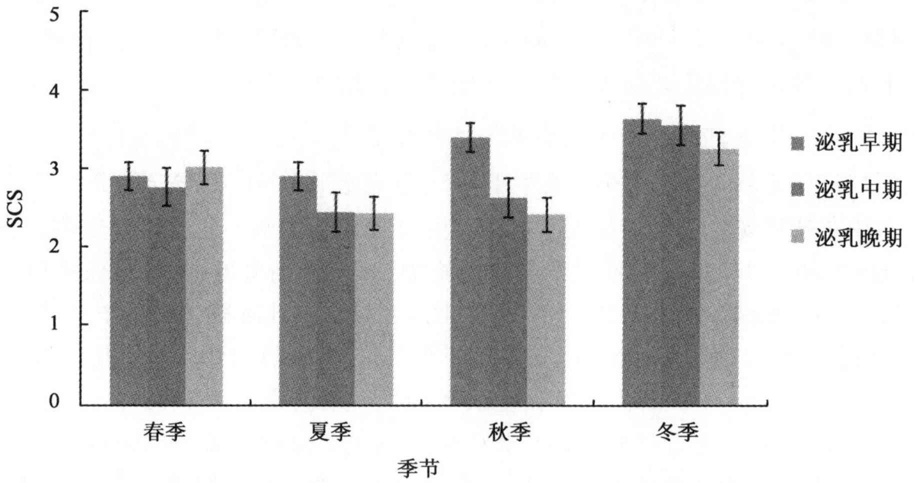

图 21-3 泌乳阶段和产奶季节对 SCS 的互作效应

2. 奶牛生理因素对乳区温度的影响

采用非接触、无抓捕应激的红外热像技术(图 21-4)测量不同产奶量、不同泌乳期、不同胎次奶牛乳区温度，测量奶牛总计 616 头数。结果发现，健康奶牛左后乳区和右后乳区温度差异不显著，具有对称性；低、中、高产奶量对乳区温度无显著影响，泌乳期、胎次对奶牛乳区温度影响显著，泌乳后期奶牛后乳区最大温度均值显著高于泌乳前期、泌乳中期，一胎次奶牛后乳区最大温度均值显著高于二胎次、三胎次奶牛(表 21-1、表 21-2、表 21-3)。提示，以乳区温度变化判别其是否发生乳房炎时应剖分出泌乳期和胎次对乳区温度的影响。

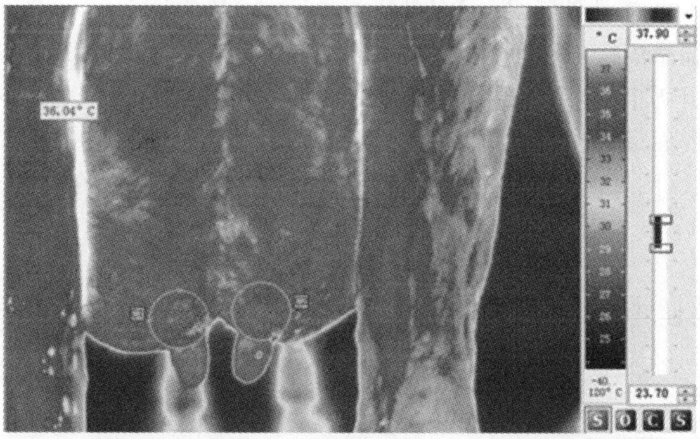

图 21-4　红外热像技术测量奶牛乳区温度

表 21-1　产奶量对奶牛乳区皮肤温度的影响　　℃

指标	上午单次产奶量/kg			P 值
	0～5	5～10	10～15	
左后乳区温度	34.80±0.16^{Aa}	35.34±0.16^{Aa}	35.24±0.15^{Aa}	0.307 7
右后乳区温度	34.97±0.14^{Aa}	35.06±0.20^{Aa}	34.83±0.20^{Aa}	0.694 3
P 值	0.432 1	0.277 2	0.106 6	

注：大写字母表示同行比较，小写字母表示同列比较，$P<0.05$ 为差异显著。

表 21-2　泌乳期对奶牛乳区皮肤温度的影响　　℃

指标	泌乳期			P 值
	前期	中期	后期	
左后乳区温度	35.48±0.12^{Ba}	35.44±0.12^{Ba}	36.35±0.17^{Aa}	<0.000 1
右后乳区温度	35.22±0.16^{Ba}	35.35±0.13^{Ba}	36.37±0.16^{Aa}	<0.000 1
P 值	0.200 2	0.630 2	0.918 9	

注：大写字母表示同行比较，小写字母表示同列比较，$P<0.05$ 为差异显著。

表 21-3　胎次对奶牛乳区皮肤温度的影响

指标	胎次			P 值
	1 胎次	2 胎次	3 胎次	
左后乳区温度	36.51±0.15[Ba]	35.28±0.14[Ba]	35.51±0.08[Aa]	<0.000 1
右后乳区温度	36.28±0.16[Ba]	35.00±0.15[Ba]	35.69±0.08[Aa]	<0.000 1
P 值	0.320 2	0.431 2	0.518 3	

注：大写字母表示同行比较，小写字母表示同列比较，$P<0.05$ 为差异显著。

3. 奶牛乳区温度与乳中体细胞数的关系

乳房炎可以引起乳腺感染区域温度升高，导致健康侧和患侧皮肤表面温度分布模式发生变化。随机选取 587 头中国荷斯坦奶牛，使用红外热像仪采集奶牛左后和右后两个乳区的红外热图像，并用图像分析软件计算乳区皮肤表面最大温度。结果表明，奶牛左后和右后乳区皮肤表面最大温度呈正态分布，左右乳区温度具有对称性(图 21-5、图 21-6)。但随着奶牛左右乳区温差的增加，牛乳平均体细胞数具有升高的趋势。奶牛左后和右后乳区皮肤表面最大温度温差超过 1.5℃时，牛乳平均体细胞数为 $(298\pm110)\times10^3$ 个/mL，且左右乳区温度差异显著($P<0.05$)(表 21-4)。由此得出，若以体细胞数大于 30 万个/mL 为判断隐性乳房炎的标准，左右乳区最大温度温差超过 1.5℃，可以初步判断温度升高一侧奶牛乳腺发生隐性乳房炎，故奶牛左后和右后两个对称乳区最大温度温差具有作为奶牛隐性乳房炎检测指标的可能性。

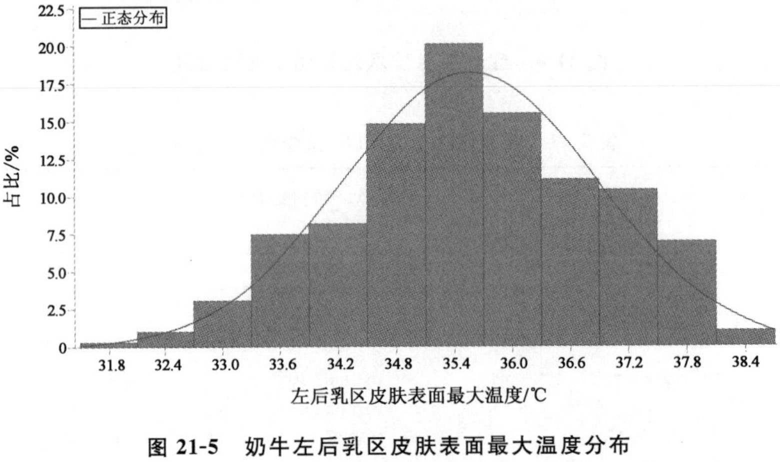

图 21-5　奶牛左后乳区皮肤表面最大温度分布

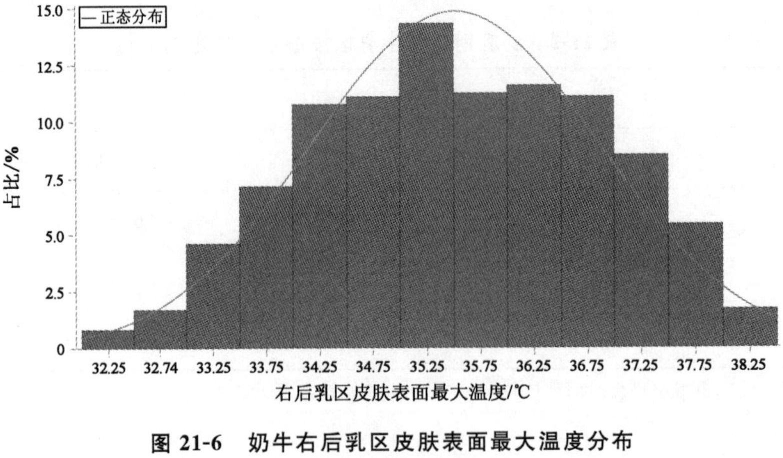

图 21-6　奶牛右后乳区皮肤表面最大温度分布

表 21-4　奶牛左后和右后乳区皮肤表面最大温度温差范围　℃

左右乳温差范围	样本值	指标	平均值	标准误差	最小值	最大值
0～0.5	176	左乳区皮肤最大温度	35.74a	0.10	32.46	38.57
		右乳区皮肤最大温度	35.49a	0.10	32.36	38.44
		体细胞数 SCC 10^3	105	24	11	184
		左右乳区温度差值	0.24	0.01	0	0.5
0.5～1.0	100	左乳区皮肤最大温度	35.84a	0.13	33.02	38.63
		右乳区皮肤最大温度	35.11a	0.13	32.24	37.89
		体细胞数 SCC 10^3	209	72	14	680
		左右乳区温度差值	0.74	0.01	0.51	1.0
1.0～1.5	35	左乳区皮肤最大温度	35.81a	0.17	34.11	37.93
		右乳区皮肤最大温度	34.61a	0.17	33.01	36.82
		体细胞数 SCC 10^3	218	40	4	665
		左右乳区温度差值	1.20	0.02	1.01	1.45
1.5～2.0	7	左乳区皮肤最大温度	36.05a	0.21	35.11	36.92
		右乳区皮肤最大温度	34.34b	0.20	33.61	35.29
		体细胞数 SCC 10^3	282	89	11	1 200
		左右乳区温度差值	1.70	0.05	1.5	1.88
−0.5～0	152	左乳区皮肤最大温度	35.43a	0.11	32.22	38.08
		右乳区皮肤最大温度	35.66a	0.11	32.29	38.22
		体细胞数 SCC 10^3	122	40	24	283
		左右乳区温度差值	−0.24	0.01	−0.5	−0.01
−1～−0.5	80	左乳区皮肤最大温度	35.24a	0.15	31.86	37.95
		右乳区皮肤最大温度	35.94a	0.15	32.52	38.46
		体细胞数 SCC 10^3	221	45	9	620
		左右乳区温度差值	−0.70	0.02	−1	−0.51
−1.5～−1	30	左乳区皮肤最大温度	35.01a	0.18	32.84	36.81
		右乳区皮肤最大温度	36.19b	0.18	33.91	37.88
		体细胞数 SCC 10^3	225	57	11	700
		左右乳区温度差值	−1.18	0.02	−1.42	−1.02
−2～−1.5	7	左乳区皮肤最大温度	34.65a	0.41	32.90	35.84
		右乳区皮肤最大温度	36.44b	0.48	34.55	37.85
		体细胞数 SCC 10^3	390	212	8	1 100
		左右乳区温度差值	−1.79	0.09	−2.15	−1.57

4. 奶牛舍内外温湿环境变化规律及其与乳中体细胞数的关系

在典型牛舍内外固定位置长期放置自动温湿度记录仪，每隔一定时间转存一次数据，以了解牛舍内外一年四季温湿环境的变化规律。通过分析夏季奶牛舍的温湿度和温湿指数数据，结果发现夏季6月份大部分时间奶牛舍温度低于25℃，温湿指数小于78，奶牛处于轻度热应激状态；7月份和8月份大部分时间奶牛舍温度大于25℃，温湿指数介于78～89之间，奶牛处于中度热应激状态，此期乳中体细胞数明显升高，因此夏季7、8月份尤其要做好奶牛的防暑降温工作。

5. 泌乳牛舍春季温热环境和空气质量变化规律

对泌乳牛舍春季温热环境和空气质量连续测量后发现，从8:00、10:00、14:00、16:00到18:00，泌乳牛舍内呈现温度先升后降、湿度先降后升的变化，白天风速、辐射强度均大于早晚时段，粉尘浓度在10:00和14:00相对较高，而氨气和二氧化碳浓度在晚上明显高于其他时段；与舍外比，泌乳牛舍内风速极显著降低($P<0.01$)，二氧化碳浓度极显著升高($P<0.01$)；从舍内分布看，向阳面的风速大于饲喂通道和向阴面，向阴面的氨气浓度大于饲喂通道和向阳面($P<0.01$)。可见，泌乳牛舍内温热环境、空气质量具有时空变化规律。

6. 奶牛温热环境卡制作及应用

对北京市近五年的气温、气湿、风速和太阳辐射的时变规律进行系统研究后，利用最新的温湿指数校正模型进行重新计算，同时结合利用热环境下奶牛行为观察建立了简单、快速判定奶牛热应激新办法，并研制了主推技术喘息评分判定奶牛热应激程度第二代卡(图21-7)，发放给规模化牛场示范应用(图21-8)，根据奶牛自身的行为表现，准确判断其热应激程度，适时启动、关闭喷淋降温措施，减少能耗和水耗，既可达到节水目标，又可减少奶牛因热应激造成的产奶量下降，取得良好效果。

通过喘息评分判定奶牛热应激

喘息评分	呼吸频率	流口水	腹部起伏	张口	舌头	颈部	头部	胸廓
0	正常	否	不明显	否	不伸展	正常	正常	不明显
1	提升	否	明显	否	不伸展	正常	正常	不明显
2	快速	出现少量的	明显	否	不伸展	正常	正常	不明显
2.5	快速	出现少量的	明显	偶见	不伸展	正常	正常	不明显
3	快速	明显的	明显	是	不伸展	前伸	头扬起	不明显
3.5	快速	明显的	明显	是	轻微伸展	前伸	头扬起	不明显
4	快速	过量的	明显	是	充分伸展	前伸	头扬起	不明显
4.5	快速	停止	明显	是	充分伸展	前伸	头低垂	显著振动

评分法：1. 观察时间　可以于以下时间段观察。早6:00～8:00、下午12:00～15:00、夜间20:00～22:00

2. 观察量　牛群少于50头，全部观察；牛群50～100头，每隔一头观察一头牛；牛群多于100头，每隔3～5头观察一个

3. 评分法　将观察到的评分进行平均处理。平均分超过1分的要进行通风降温；平均分超过1.5分的要进行“通风＋喷淋”降温

点数法：检视牛群，10头牛有2头以上出现2分需要进行通风降温；10头牛有2头以上出现25分以上的要进行“通风＋喷淋”降温

图21-7　主推技术奶牛温热环境判别卡

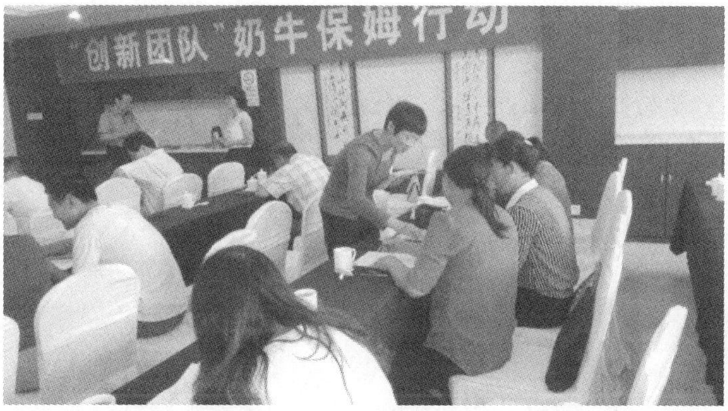

图 21-8 给规模化牛场发放温热环境判别卡进行示范应用

7. 奶牛场声音环境及其影响因素

对奶牛场各个区域声音环境及其影响因素测量后研究发现，奶牛场饲料加工区、挤奶区、粪污处理区平均声贝值高于国家标准 60 dB，TMR 车通过成乳牛舍时、挤奶机工作时产生的噪声是重要的噪声源，奶牛头背向声源和抬头观望行为增多，距离 100 m 后可消减到标准值以下。因此，应特别注意防范声贝值超出标准的区域和作业。

8. 音乐对犊牛福利水平的影响

以 50～60 dB 音量给 6～16 日龄犊牛播放《寂静山林》，每天上、下午各 5 h，连续 30 d，能显著提高犊牛开食料平均日采食量（$P<0.01$）、平均日增重和体高（$P<0.05$），显著降低犊牛试验全期的皮肤温度、试验中期的唾液溶菌酶含量和试验后期的唾液皮质醇含量（$P<0.05$），舍外站立或游走、卧息行为显著增多（$P<0.05$），从而改善了犊牛的行为，提高了犊牛的健康和福利状况。

（顾宪红团队）

第 22 章　环境控制及粪污资源化处理技术研究与示范

22.1　概述

随着全球性气候变暖和高产奶牛的大量选育，热应激成为温热带地区夏季影响奶牛健康和奶产量质量的重要因素。据报道，奶牛热应激可以导致奶牛产奶量明显下降，乳蛋白和乳脂率降低，奶牛的繁殖性能降低，奶牛免疫力下降等，直接或间接影响到生产效益。奶牛热应激成为世界范围内的热门研究问题。为了帮助奶牛摆脱夏季高温高湿天气带来的种种困扰，本岗位就奶牛热应激综合防控技术进行了研究和示范推广。同时，奶牛场粪污处理也越来越受到政府和当地居民的重视，环境控制岗位就粪污资源化利用技术也进行了研究和示范推广。

22.2　采用 USR-AF 工艺对牛粪进行厌氧处理的试验研究

为推进养殖场粪污的能源化和资源化利用，为养殖场新能源利用模式和节能减排工作提供技术支撑，发展高效新型沼气厌氧反应器。鲁琳团队以 USR-AF 反应器为主要研究对象，研究其内部填充的纤维载体对 USR 反应器处理牛粪粪污性能的改善及其影响因素。结果表明：USR-AF 反应器能够更加充分的利用可再生能源，有着较好的抗温度冲击的性能和产气水平，而且还具有较好的减排能力等优点，所以在 USR 沼气工程的使用中应优先选择 USR-AF 反应器。

研究表明厌氧反应器的设计影响着厌氧处理的效率，传统的 USR 反应器内存在物料分层、消化不均匀、与微生物接触不均匀等现象。国内外对 USR 厌氧反应器的工艺和设备进行了很多研究，但是就其添加生物填料对厌氧消化过程和厌氧反应器运行效果的影响涉及较少。本研究的 USR-AF 反应器是在 USR 反应器中内安装了微生物附着材料，该材料是仿照牛瘤胃生物学特性设计的，安装该材料目的是加大反应器的表面积，增加参与厌氧发酵的微生物（如产酸菌、产甲烷菌）的增值附着空间，从而提高发酵原料有机质的消耗率。为此本研究与工程紧密结合，采用 USR 和 USR-AF 反应器进行处理牛粪的沼气工程的比较研究，目的是通过试验数据为示范工程工艺参数设计提供理论依据，并且为有关管理部门及企业采用厌氧处理工艺解决畜禽养殖粪污染问题提供技术支撑。

本试验共修建了 USR 反应器与 USR-AF 反应器两个厌氧发酵装置，如图 22-1 所示，发酵罐高度为 4 m，容积均为 50 m^3，有效容积为 43 m^3，罐底直径 4 m，发酵原料设计滞留期为 15 d，每日进料 1～2 次。厌氧发酵罐主体采用钢筋混凝土结构设计，并进行了防腐和防渗处理。两个反应器内均设一台搅拌机，出料与搅拌时间错开，每日搅拌 3 次，每次 10 min。罐底设排渣系统，定期将罐底惰性污泥排出。反应器上部设置堰槽，出水溢流进入下一个处理单元。厌氧反应器设计为中温，为了保证厌氧反应器发酵温度维持在中温发酵，对整个反应器整体保温措施，同时还需对厌氧消化罐进水进行了增温处理。整体保温包括管道、阀门保温及配料池、厌氧消化罐的保温（采用聚氨酯材料进行现场喷涂）。进水增温处理采用太阳能集热系统及气煤两用锅炉产生的热水作为热源。产生的沼气采用化学脱硫的方法进行处理，气体在净化室经过水封器、脱水器和脱硫塔净化后，进入储存在储气柜以备利用。沼气用于锅炉燃烧使用，储气柜为单层结构，容积为 40 m^3。在储气柜与输气管道之间应设置管道增压泵，用于保证输气管道的系统压力，输配过程中使用的主要管材是钢管和聚乙烯管。

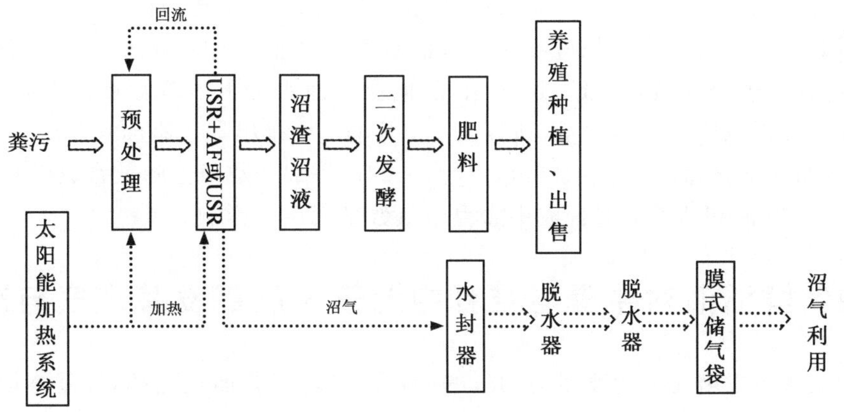

图 22-1　养殖场牛粪厌氧发酵工艺流程

以控制进料量、进料体积、pH 和 VFA 为主要控制指标，用来控制厌氧反应器系统的稳定运行。USR-AF 反应器相对于 USR 反应器处理牛场废水具有进料含固量(TS)去除率高、降解有机物能力强、产气量大、甲烷含量高等特点，有着更加的优越性，加设的生物填料(AF)在 USR 反应器中起到了积极的作用。USR-AF 反应器在治理我国畜禽污染方面有着广阔的应用前景。

22.3　奶牛热应激环境控制技术研究

鲁琳和侯引绪团队通过临床试验评价了物理性降温措施缓解奶牛热应激的效果。在 A 栋牛舍中只安装喷淋设施进行持续喷淋降温；在 B 栋牛舍中同时安装吹风设施(电风扇)和喷淋设施，采用持续吹风＋持续喷淋的方式进行降温。在同样的饲养状况和天气状况下，测定采用不同抗热应激设施的 2 栋牛舍及舍外(露天)的温度、湿度、热应激指数(THI)，然后通过数据分析，研究比较这两种物理性抗热应激措施的具体效果。结果表明，单一的持续喷淋措施，可使牛舍内温度比舍外(露天)降低 2℃，热应激指数比舍外下降 2.2；采用持续吹风 ＋ 持续喷淋措施，可使牛舍内温度比舍外下降 7.5℃，热应激指数比舍外下降 6.0。持续吹风 ＋ 持续喷淋措施与单一的持续喷淋措施相比，可使舍内温度多下降 5.5℃；热应激指数下降 3.8。此外，还通过日粮中添加有机铬微量元素来评价其缓解奶牛热应激的效果。结果显示，夏季炎热环境下泌乳奶牛日粮添加铬发挥了一定的抗炎作用，其机制可能是通过促进 Hsp72 的胞外释放，抑制核转录因子抑制因子 α 的降解，调控促炎性因子的产生。

22.4　桉叶油和茴香油对育成牛高温下瘤胃发酵、甲烷产量及瘤胃原虫的影响

选用体重为(64.45±8.56)kg 的头健康育成痿管牛，随机分为 3 组，每组 2 个重复。试验牛单笼饲养，每天饲喂 2 次，分别于早 8:00 和晚 6:00 饲喂试验日粮，自由采食，记录每顿的喂料量和剩料量，保持每顿的剩料量占喂料量的 5%左右。试验期间所有牛只自由饮水，植物精油饲喂量为 0.5 g/(头・d)。

试验分为 3 个处理，每个处理 2 只牛，分别为对照组(基础日粮，不添加精油)、桉叶油组[基础日粮＋0.5 g 桉叶油/(头・d)]、茴香油组[基础日粮＋0.5 g 茴香油/(头・d)]。采用 3×3 拉丁方设计，开

展3期试验,每期22 d,其中预饲期14 d,取样期7 d。其中第15~18天进行4 d的消化代谢试验,在消化代谢试验前,让试验牛提前2 d进入消化代谢笼适应环境;第19~21天进行甲烷测定,其中的第19天让试验牛适应呼吸测试室,第20~21天测定甲烷含量;第22天取瘤胃液。

结果表明,添加0.5 g/(头·d)桉叶油和茴香油对育成牛瘤胃pH和总VFA无显著影响。与对照组相比,添加桉叶油显著提高瘤胃NH_3-N的浓度,而添加茴香油无显著影响。添加0.5 g/(头·d)桉叶油和茴香油显著降低尿中尿囊素含量,在数值上降低总PD排出量。添加0.5 g/(头·d)桉叶油对育成牛CH4日排放量无显著影响,但添加0.5 g/(头·d)茴香油在数值上降低育成牛CH_4日排放量。添加0.5 g/(头·d)桉叶油和茴香油对育成牛瘤胃原虫数量无显著影响。

22.5 接种新鲜沼液对牛粪与秸秆中温干法厌氧发酵产气与造肥的影响

畜禽粪便干式厌氧发酵是相对于目前沼气的“湿法”发酵工艺而提出的,其基本原理就是畜禽粪便在发酵前不用添加大量的水,而是在固态状态下装入密闭的容器中进行厌氧发酵。发酵过程不断产生的沼气被收集并储存在储气罐里,生产过程没有沼液产生,最后得到的沼渣便是固态的有机肥,可对其进行进一步加工形成优质有机肥。沼气和有机肥生产合成在一个流程里“一气呵成”,具有水资源消耗少、资源化利用程度高、基本做到零排放、有机肥熟化程度好等优点。干式发酵相较于湿法发酵具有原料利用范围广、有机负荷高、污水处理量少、能耗低、工程占地少、投资费用低等优势。

鲁琳团队以牛粪为原料,秸秆为辅料的中温干法厌氧发酵体系中,以不同比例的新鲜沼液作为接种物,研究了不同接种量对牛粪与秸秆中温干法厌氧发酵产气与造肥的影响。结果表明:以新鲜沼液作为接种物,可以促进发酵启动速度,日产气高峰值提高,产气的周期延长;发酵前期产气效率提高,甲烷含量增加。干法厌氧发酵处理后的沼渣具有良好的造肥潜力。本试验条件下,接种量30%是牛粪和秸秆中温干法厌氧发酵的最佳产气与造肥条件。

研究表明,以新鲜沼液作为接种物,可以促进牛粪和秸秆中温干法厌氧发酵过程启动,日产气高峰值提高,产气的周期延长;发酵前期产气效率提高,甲烷含量增加。本试验条件下,物料的接种量不同,产气速度和产气质量存在明显差异。接种量为50%时,产气量最多,但产气高峰期甲烷含量较低。接种量30%时,虽然总产气量较接种量50%少,但在产气高峰期甲烷含量较高,更为适合工业生产;干法厌氧发酵处理后的沼渣具有良好的造肥潜力。沼渣对生物没有毒害,并且总养分含量符合有机肥农业标准(NY 525—2012);综合发酵过程的启动速度、日产气量、总产气量、甲烷含量和沼渣的种子发芽指数、养分含量等多个指标,同时考虑到提高处理效率和降低应用成本,推荐接种新鲜沼液30%是牛粪和秸秆中温干法厌氧发酵的最佳产气与造肥条件。

(鲁琳团队)

第23章 展　　望

根据北京市畜牧业“十三五”发展规划，奶牛养殖面临成本提高、资源受限和环境保护压力，以奶牛健康、奶质安全、节水生态为重点任务，从健康养殖、环境控制和粪污资源化利用三个方面开展工作。

粪污资源化处理方面：目前北京市奶牛养殖场（小区）的粪污收集方式仍以人工为主，特别是存栏数500头以下的养殖场；铲车和刮粪板等机械化清粪方式在规模较大牛场中应用较多。粪污处理方式，67％的牛场采用单一还田模式，即通过直接或堆肥发酵后还田方式，利用自有、租用或者周围农户的耕地对粪污进行消纳；16％的奶牛养殖场采用工业化处理模式（沼气、干湿分离、生产有机肥）；17％的奶牛场采用综合处理模式（还田＋沼气、还田＋干湿分离、沼气＋干湿分离等）。北京市99％的奶牛场（小区）做到对污水进行专门处理。规模化奶牛养殖场（小区）的污水处理方式主要以污水池存放和沉淀池存放为主，部分牛场开始使用氧化塘。奶牛团队专项调研显示，北京地区调研样本中仅有6.0％的奶牛养殖场表示目前自己的奶牛场粪污处理没有困难，94.0％的反映存在一定困难，其中资金、技术、饲料地不足及意识落后等因素是导致牛场粪污处理发展较为落后的主要原因。主要表现为，①配套耕地短缺严重制约粪污低成本处理模式发展；②高投入低效率制约工业化处理模式发展。畜禽粪污处理具有公共物品特征，对奶牛养殖场（小区）而言只有社会效益和生态效益，没有经济效益，多数奶牛养殖场对粪污处理缺乏投资动力。③粪污处理技术亟待提高。粪污处理设施研发、低温发酵菌筛选、沼气设施全年高效运行保障技术等都亟待提高。针对上述问题，未来五年奶牛产业技术体系北京市创新团队环境控制和健康养殖功能研究室要更加关注粪污资源化处理技术的集成和示范，为北京甚至京津冀奶牛养殖业可持续发展提供有力的保障。

健康养殖和环境控制方面：继续研究和优化奶牛健康养殖与环境控制密切相关的奶牛生产工艺、环境应激及综合调控和福利养殖技术，更加注重环境与疾病、奶牛福利与奶品安全，为人类提供安全优质牛奶做出应有的贡献。

（健康养殖与环境控制研究室）

参考文献

[1] Appleby M C, Sandoe P. 2002. Philosophical debate on the nature of well-being:Implications for animal welfare[J]. Animal Welfare,(11):283-294.

[2] Wagner-StorchA M, Palmer R W, Kammel D W. 2003. Factors affecting stall use for different free stall bases[J]. Journal of Dairy Science, 86:2253-2266.

[3] Verrier D, Ray F, Albagnac G. Two-pHase methanization of solid vegetable wastes[J]. Biol Wastes, 1987,22:163-177.

[4] Lissens G, Vandevivere P, De Baere L, Biey EM, Verstrae W. Solid waste digesters: process performance and practice for municipal solid waste digestion[J]. Water Sci Technol,2001,44:91-102.

[5] William PB, David CS. The use of the anaerobic baffled reactor(ABR) for wastewater treatment:a review[J]. Water Res,1999,33:1559-1578.

[6] Zhang FJ., Weng X. G., Wang J. F., et al. Effects of temperature-humidity index and chromium supplementation on antioxidant capacity, heat shock protein 72, and cytokine responses of lactating cows. Journal of animal science, 2014,92(7):3026-3034.

[7] 顾宪红. 2014. 奶牛福利与健康养殖[J]. 北京奶业,(2):2-6.

[8] 路永强. 2014. 北京都市型奶业发展现状[J]. 中国乳业, 151(7):10-11.

[9] 孟祥坤, 曹兵海, 庄宏, 等. 2010. 慢性冷应激对西门塔尔杂交犊牛免疫相关指标的影响[J]. 中国农业大学学报, 15(6):65-70.

[10] 农业部办公厅. 奶牛标准化规模养殖生产技术规范(试行)(农办牧〔2008〕3号)[S]. http://www.gov.cn/gzdt/2008-02/21/content_896506.htm.

[11] 师宏伟, 李国林, 杨杜录, 等. 2012. 不同卧床垫料对奶牛产奶性能的影响[J]. 中国奶牛, 16:26-27.

[12] 孙建萍. 2012. 规模化奶牛场奶牛福利的探讨[J]. 饲料博览,(2):31-33.

[13] 杨春合,刘云祥,申磊,章玉涛,顾宪红. 2014. 泌乳阶段和产奶季节对初产奶牛牛乳体细胞数的影响[J]. 家畜生态学报,35(1):39-43.

[14] 赵靖. 2012. 寒区温室型犊牛舍的设计与冬季应用效果的研究[D]. 哈尔滨:东北农业大学.

[15] 杨朝飞. 全国规模化畜禽养殖业污染情况调查及防治对策[M]. 北京:中国环境科学出版社,2002.

[16] 李民. 规模化畜禽养殖场粪污污染与防治措施[J]. 农业科技通讯,2001:10:22-23.

[17] 邱士可,周文宗. 畜禽养殖粪污资源化利用现状与趋势[J]. 创新科技,2009,12:26-27.

[18] 吴兴利,边连全,计成,等. 论动物营养学与生态学的基本关系[J]. 动物营养学报,2005,17(4):6-9.

[19] 王凯军. 畜禽养殖污染物防治技术与政策[M]. 化学工业出版社,2004.

[20] 徐谦,朱桂珍,向俐云. 北京市规模化畜禽养殖场污染调查与防治对策研究[J]. 农村生态环境,2002,18(2):24-28.

[21] 刘燕辉,焦瑞莲. 发展沼气是治理养殖场畜禽粪便污染的有效途径[J]. 当代畜牧,2009,05(52):

210-214.
[22] 张无敌.沼气发酵残留物利用基础[M].昆明:云南科技出版社,2002.
[23] 卞有生,金冬霞.规模化畜禽养殖场污染防治技术研究[J].中国工程科学,2004,6(3):53-57.
[24] 张凡建,徐聪,翁晓刚,等.不同程度热应激对泌乳中期奶牛产奶量和乳成分的影响.中国兽医学报,2014,34(10):1686-1688.
[25] 侯引绪,张京和,张凡建,等.奶牛热应激量化监测技术. 中国奶牛,2011,23:31-33.
[26] 侯引绪,张凡建,魏朝利,奶牛抗热应激物理性措施应用效果研究.中国奶牛,2012, 1:42-43.

附录　健康养殖与环境控制研究室成果

成果一　发表的文章

1. 王真，鲁琳，等. 2015. In vitro evaluation of six chemical agents on smooth Brucella melitensis strain. Annals of Clinical Microbiology and Antimicrobials.

2. 王真，鲁琳，等. 2014. Evaluation of a Brucella melitensis mutant deficient in O-polysaccharide export system ATP-binding protein as a rough vaccine candidate. Microbes and Infection.

3. 张俊辉，顾宪红. 2013. 奶牛健康监测与评价. 中国奶牛，(20)：39-43.

4. 杨春合，刘云祥，申磊，章玉涛，顾宪红. 2014. 泌乳阶段和产奶季节对初产奶牛牛乳体细胞数的影响. 家畜生态学报，35(1)：39-43.

5. 杨春合，顾宪红，刘云祥，申磊，章玉涛. 2014. 奶牛左右乳区皮肤温度及其温差的变化规律研究. 第二届全国奶牛精细化管理高峰论坛暨“金宇保灵杯”奶牛养殖效益与牛奶品质安全提升学术研讨会论文集，331-337.

6. 顾宪红. 2014. 奶牛福利与健康养殖. 北京奶业，(2)：2-6.

7. 杨春合，顾宪红，曹正辉，张校军，郝月，刘云祥，申磊，章玉涛. 2015. 奶牛左右乳区温度温差作为隐性乳房炎检测指标的可行性研究. 畜牧兽医学报，46(9)：1663-1670.

8. 杨春合. 2015. 奶牛乳区温度影响因素及与乳房炎的关系研究. 北京：中国农业科学院.

9. 张校军，顾宪红. 2016. 音乐对动物福利水平的影响. 家畜生态学报，(3)：78-81.

10. 彭丹丹，陈健，赵越，韩丽，李淦，杨春合，郝月，顾宪红. 2016. 脏污程度对奶牛乳区温度分布规律的研究. 畜牧兽医学报，47(4)：844-851.

11. 顾宪红，陈健，何祥波，李淦，彭丹丹. 2016. 北京市奶牛福利与健康养殖调研报告 1. 调研牛场的存栏量、年产奶量、牛舍类型、犊牛饲养设施与饲养方式. 中国奶牛(待发表).

12. 顾宪红，陈健，何祥波，李淦. 2016. 北京市奶牛福利与健康养殖调研报告 2. 卧床、运动场及运动空间. 中国奶牛(待发表).

13. 顾宪红，陈健，何祥波，李淦，陈丝宇. 2016. 北京市奶牛福利与健康养殖调研报告 3. 奶牛场冷热应激及调控. 中国奶牛(待发表).

14. 顾宪红，陈健，何祥波，陈丝宇，李淦. 2016. 北京市奶牛福利与健康养殖调研报告 4. 福利设施、饮水情况与奶牛健康. 中国奶牛(待发表).

15. 贾淼，李艳玲，等. 2015. 植物提取物对反刍动物瘤胃发酵和甲烷产量的影响. 中国草食动物科学.

16. 李艳玲，等. 2015. 外源性复合酶制剂对体外瘤胃发酵及奶牛产奶性能的影响. 动物营养学报.

17. 陈秀云，鲁琳，等. 2014. 采用 USR-AF 工艺对牛粪进行厌氧处理的试验研究. 中国奶牛.

18. 王顺利，刘克锋，鲁琳，等. 2016. 接种新鲜沼液对牛粪与秸秆中温干法厌氧发酵产气与造肥的影响. 中国畜牧兽医(待发表).

成果二　授权专利

发明专利，保温节能饮水器，ZL201410176267.6.鲁琳等.

成果三　出版的著作

1.顾宪红参编.2014.动物福利概论（本科教材）（贾幼陵主编）.北京：中国农业出版社，（顾宪红编写第一章动物福利概念及意义，2.5万字，待出版）.

2.顾宪红主译.2014.提高动物福利——有效的实践方法（Temple Grandin 主编）.北京：中国农业大学出版社.

3.顾宪红主译.2016.动物福利（第二版）（Michael C. Appleby，Joy A. Mench，I. Anna S. Olsson 和 Barry O. Hughes 编著）.北京：中国农业出版社.

4.鲁琳编著.2014.奶牛环境与疾病.北京：中国农业大学出版社.

5.鲁琳主编.2013.奶牛健康养殖与疾病防治.北京：中国农业出版社.

6.鲁琳副主编.2014.畜禽福利与畜产品品质安全.北京：中国农业大学出版社.

第五篇　乳品加工篇

研究背景

干酪被誉为“奶黄金”，富含钙、蛋白、脂肪以及易于消化吸收的小分子等营养成分，还可有效缓解乳糖不耐症。随着消费者对健康饮食的关注，低脂干酪的需求也逐渐增大。但是，目前原干酪存在蛋白质回收率低，低脂干酪易产生质地粗糙、口感差以及熔化性差等问题。因此，亟须研发提高干酪得率的关键技术和在风味、口感、质地方面能替代脂肪的脂肪替代品，以改善低脂乳制品的品质。另外，乳清是干酪加工的副产物，具有良好的营养价值和功能特性，研发乳清相关产品关键工艺参数和控制点，可以提高乳清附加值和利用率，促进其乳清综合利用。

益生菌具有改善胃肠道疾病和代谢综合征的作用，开发益生菌产品具有巨大的社会意义和经济价值。但由于我国对益生菌的相关研究起步较晚，缺乏自主知识产权的益生菌菌株产业化生产技术和应用，因此目前国内市场上所使用的益生菌株几乎全部依赖进口，严重制约了我国益生菌产业的健康发展。因此，亟须开发具有自主知识产权的益生菌菌株，实现其产业化应用，以提升我国益生菌产业水平。

在乳制品加工中采用酸碱处理清洗生产设备和管道，这些废液直接排放会污染环境，目前多采用中和的方法进行常规处理，即先中和再排入污水处理系统，不仅浪费酸碱，而且污水处理系统基建费用高。因此需要研制出用于废酸碱液净化回收的专业设备，实现废酸碱的循环使用和零排放，降低对环境的污染。

本篇针对以上问题开展的工作进行了详述，具体工作如下：

掌握了开发适合国内消费者嗜好的干酪产品关键技术；充分利用干酪加工中产生的大量乳清，提高其综合利用率，开发了系列低脂乳制品；开展了益生菌的筛选、功能评价及产业化应用工作，并用于酸性益生乳制品生产；研发出中试型和生产型的可净化回收 CIP 废酸碱液的专业设备，并在企业生产应用中取得良好的效果。

第 24 章　干酪加工关键技术研究与示范

24.1　概述

目前，干酪已成为发达国家的膳食主体，提供膳食钙的 70%，蛋白质的 25%，占发达国家全部乳制品的 60%，是乳品工业的核心产品，也是乳品科学研究的热点。但是，目前原干酪存在蛋白质回收率低，新鲜干酪种类较少等问题。因此，赵亮团队针对原干酪存在的问题，开展了一系列研究攻克技术难题，具体工作如下。

24.2　创新地利用谷胱甘肽提高了 TG 酶的活性，使干酪得率提高了 12%

蛋白质回收率影响干酪生产成本，凝乳工艺能够将液态牛奶转变为蛋白质包裹脂肪的凝胶体系，是决定干酪品质的关键工艺；大部分干酪主要依靠酶凝作用完成凝乳工艺，因此研究谷氨酰胺转氨酶(TG)对酶凝作用的影响能够为其在干酪中的应用提供理论基础。已有研究表明 TG 酶增加干酪水分含量、提高干酪得率、改善干酪品质，作为目前唯一商业化生产的具有交联作用的酶制剂，TG 酶展现了巨大潜力和应用前景。但目前关于 TG 酶在低脂干酪中的应用鲜见报道。

研究着眼于 TG 酶的交联与凝乳酶凝乳之间的相互作用、对乳凝胶特性和低脂干酪品质的影响，通过流变学及物理学指标分析对凝乳时间、凝胶强度、离心后凝块得率等指标的影响，并在分子水平研究酪蛋白巨肽的释放过程。旨在通过研究整个凝乳过程，获得对 TG 酶交联作用与凝乳酶凝乳之间相互作用的新见解。在研究 TG 酶对凝乳过程影响的基础上，将其应用于低脂 Cheddar 干酪生产，通过测定成品干酪产量、蛋白和脂肪回收率等指标，以及监测成熟过程中干酪理化、功能指标的变化以及蛋白水解情况，研究 TG 酶改善低脂 Cheddar 干酪品质的效果，为 TG 酶在干酪工业化生产中的应用提供理论依据。

结果表明，TG 酶对凝乳的第一和第二阶段都有影响(表 24-1)。在添加凝乳酶前添加 TG 酶在一定程度上对酪蛋白胶束进行改性，影响凝乳过程。随着 TG 酶添加量的增加，交联作用对凝乳过程的抑制作用增强，能够提高凝乳三维凝胶网络结构的持水能力。采用 TG 酶协同技术，促进了酪蛋白糖巨肽的交联，蛋白质回收率提高了 6.1%，产率提高了 14.4%。

表 24-1　TG 酶的添加量对凝块得率及蛋白、水分回收率的影响　　%

指标	0 U/g 蛋白	0.5 U/g 蛋白	1.0 U/g 蛋白	1.5 U/g 蛋白	3.0 U/g 蛋白	5.0 U/g 蛋白
得率	11.4±0.4^{e}	14.4±1.6^{d}	16.7±0.7^{cd}	17.9±1.0^{bc}	20.4±1.4^{b}	25.8±1.1^{a}
蛋白回收率	74.04±1.2^{b}	78.1±1.6^{a}	79.6±1.0^{a}	80.0±1.1^{a}	80.7±1.6^{a}	81.0±0.8^{a}
水分回收率	9.7±0.1^{f}	11.9±0.4^{e}	14.6±0.1^{d}	15.8±0.5^{c}	18.2±0.5^{b}	24.7±0.4^{a}

a～f 不同字母表示同行之间差异显著 $P<0.05$。

24.3 阐明乳蛋白凝胶网络形成机制,开发新鲜干酪

新鲜干酪营养价值高且易消化,食用方便快捷,应用范围广,消费量持续增长。酸酶共促凝乳是新鲜干酪的关键生产工艺之一,其凝乳好坏直接关系到新鲜干酪的品质与经济效益。然而,由于酸酶共促凝乳过程中涉及导致酪蛋白胶束聚集的两个因素——酸化与酶解,使得凝乳过程与凝块性质的影响因素更为复杂,在此过程中,酸化与酶解持续伴随进行而无法得到量化控制,酸化与酶解作用各自对酸酶共促凝乳的贡献难以区分,对酸酶共促型新鲜干酪的生产缺乏理论指导。

本研究首先通过构建可以量化的酸与凝乳酶作用的理想模型,控制酸化与凝乳酶的作用程度,比较了不同酸化与酶解程度下牛乳流变学与结构学性质,进一步明确酸化与凝乳酶作用对凝乳形成的贡献。通过测定酪蛋白胶束物化特性随酸化与酶解程度的变化,明确了酸化与酶解作用对酪蛋白胶束的影响,结果如图 24-1 和图 24-2 所示。探讨了酸化与酶解作用各自对凝乳的贡献,将酸酶共促凝乳分为酸凝型凝胶、酶凝型凝胶及酸破坏型酶凝胶三类。测定了不同酸化与酶解作用下酪蛋白胶束本身物化特性的变化,并分析了酸酶共促对酪蛋白胶束稳定性的影响,探讨了酸化与凝乳酶作用对酪蛋白胶束之间相互作用的影响,为酸酶共促型新鲜干酪的开发奠定理论基础。

在阐明酸酶共促凝乳机制的基础上,进一步研究了农家干酪的加工工艺参数。农家干酪呈颗粒状,风味清淡,发酵后具有双乙酰风味,能满足中国消费者对干酪风味"淡而不平"的需求。此外,农家干酪是以脱脂乳为原料制作的,脂肪含量较低,满足消费者健康营养的需求。但目前我国市场上的农家干酪以进口产品为主,而且颗粒分布不均,易碎,硬度较大,口感较差。

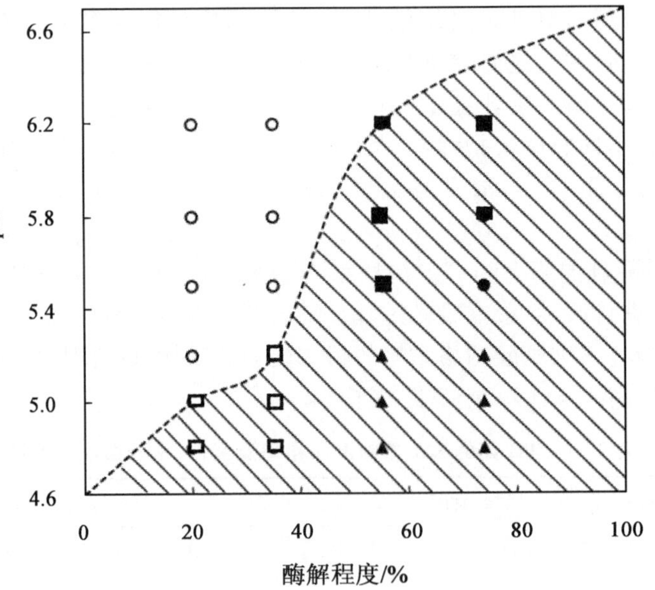

图 24-1 不同酸化与酶解度牛乳的凝胶分解图

○,液体牛乳;虚线部分近似于均一凝乳;□,弹性模量较小,●,弹性模量较大;

▲,絮集牛乳,阴影部分为絮凝

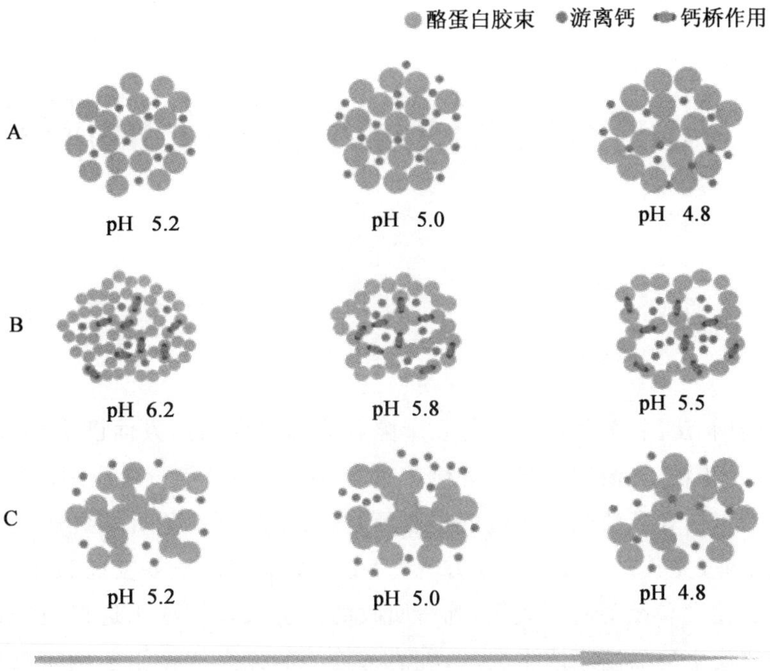

图 24-2　酸酶共促凝乳示意图

A,酸凝型凝胶;B,酶凝型凝胶;C,酸化破坏型酶凝胶

针对农家干酪关键凝乳工艺(发酵剂添加量和切割 pH)对干酪颗粒分布和硬度的影响进行研究。结果表明,当发酵剂添加量为 0.02%(w/v)时,切割时弹性模量为 60 Pa 时,干酪产率最高,颗粒大小分布均匀,硬度最小,制作出质地适宜的农家干酪。研究确定了具获得最佳硬度农家干酪的工艺参数,调节和改善农家干酪的质地特征,为指导酸酶共促凝乳型新鲜干酪的生产提供依据。

(冷小京、毛学英团队)

第 25 章　乳清综合利用技术及低脂产品开发

25.1　概述

西方发达国家如美国、法国、荷兰和瑞士等在干酪乳清的综合利用方面已取得长足发展，主要将乳清加工成浓缩物、脱盐乳清粉、乳清浓缩蛋白等供养殖、食品、保健品等行业应用。其中脱盐乳清粉是婴幼儿配方乳粉中调节酪蛋白和乳清蛋白比例的主要原料，由干酪副产物乳清经脱盐工艺制得。脱盐技术成为乳清粉在食品工业(尤其是在婴幼儿配方乳粉)中广泛应用的重要支持技术。目前，国内对干酪及其副产物乳清的加工技术和设备尚不成熟，乳清回收的设备大多依赖于进口，价格昂贵，使乳清没有得到综合回收利用而致使干酪的生产成本较高，乳清粉等产品完全依赖于美国、新西兰等国外进口，乳清等产品的定价权受制于国外企业。因此，建立适应我国干酪企业生产条件的脱盐乳清粉加工技术和设备是亟欲解决的问题。

随着人们对健康饮食意识的提高，对低脂产品的需求与日俱增，但油脂在食品中可提高食品风味，增加食品感官和色泽。因此，开发既能减少热量摄入又能在风味、口感和质地等方面能替代脂肪的脂肪替代品迫在眉睫。目前脂肪替代品分为碳水化合物、脂肪和蛋白质型三种，其中乳清的凝胶性、保水性、风味物质结合和脂肪酸模拟特性等使作为脂肪替代品备受关注。目前，乳清蛋白单独或结合其他物质如黄原胶、木薯淀粉等物质作为脂肪替代品，可应用于香肠、冰淇淋、酸奶和干酪中。乳清蛋白经适度水解后具有更好的模拟脂肪能力，可用于低脂冰淇淋和低脂色拉等生产。此外，多糖类物质可通过改变蛋白之间的电荷影响蛋白的聚集度，通过吸附水分提供塑性、光滑性和融化等脂肪模拟特性。乳清蛋白和多糖共同作用作为脂肪替代品，不仅可以提高产品的感官特性，而且产品更加自然健康。

25.2　乳清综合利用关键技术

在国内吕加平研究员团队首次针对干酪加工副产物乳清处理难的问题，系统研究了多级膜分离、回收、浓缩、脱盐等系列梯次利用技术，并通过技术的优化组合和集成应用于不同生产规模及制备出不同类别、档次的乳清蛋白浓缩物、脱盐乳清粉、乳糖等附加值较高的产品，提高了乳清的综合利用率，降低了干酪的生产成本，实现了乳清的梯次利用，为干酪加工业发展提供多方位的技术支撑。

1. 干酪乳清化学组成分析

分别对切达干酪和卡门贝尔干酪的乳清组成成分和主要蛋白质组分进行了分析，结果如表 25-1、表 25-2 所示。切达干酪乳清中水分占 93.6%，卡门贝尔干酪乳清中水分占 93.5%；切达干酪乳清中总固形物占 6.4%，卡门贝尔干酪乳清总固形物占 6.5%，固形物主要包括乳糖、蛋白质和矿物元素。乳清中主要蛋白质是 β-乳球蛋白、α-乳白蛋白和免疫球蛋白。乳清蛋白 SDS-PAGE 电泳如图 25-1 所示，干酪乳清如图 25-2 所示。

表 25-1　乳清组成成分　%

组分	切达干酪	卡门贝尔干酪
总固形物	6.4	6.5
水	93.6	93.5
乳糖	4.8	4.9
脂肪	0.05	0.04
真蛋白	0.55	0.55
非蛋白氮	0.18	0.18
矿物质	0.5	0.8
钙	0.09	0.12
磷	0.04	0.07
钾	0.16	0.16
钠	0.05	0.05
氯	0.11	0.11

表 25-2　乳清蛋白组成及含量　g/L

蛋白组成	含量	蛋白组成	含量
β-乳球蛋白	3.0	免疫球蛋白-G	0.7
α-乳白蛋白	1.2	朊蛋白胨	0.6
乳白蛋白	0.4	其他蛋白	0.3

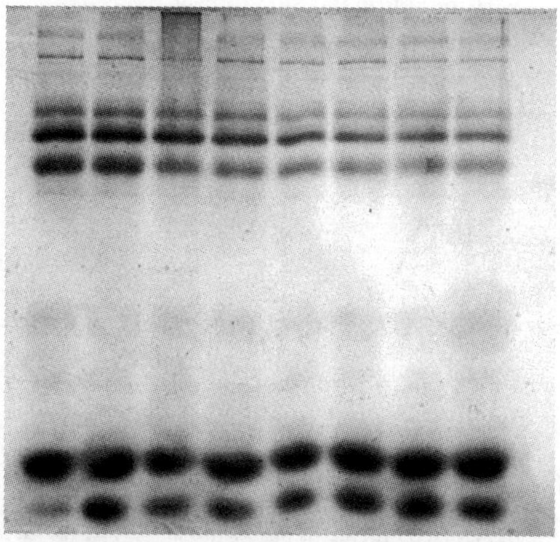

图 25-1　乳清蛋白 SDS-PAGE 电泳

图 25-2　干酪乳清

2. 超滤法生产乳清浓缩蛋白(WPC)或乳清分离蛋白(WPI)加工技术

乳清蛋白具有良好的营养和功能性。乳清粉中乳清蛋白浓度比例低(仅占 12%)，极大地限制了乳清蛋白在各种产品中的应用，膜技术的发展为更好地回收和浓缩乳清蛋白提供了便利。WPC 是由乳清超滤后经过喷雾干燥得到的粉末产品，干粉中蛋白质含量在 34%～90%范围的系列产品，若干粉中蛋白质含量超过 90%,称之为 WPI。WPC 和 WPI 可因其蛋白含量即蛋白占总固形物的百分比大小来区分等级。

如图 25-3 所示,先将干酪乳清经离心进行除杂净化,以除去干酪乳清液中残留的酪蛋白颗粒、脂肪和其他杂质;除杂乳清液经微滤除菌得到无菌乳清液;无菌乳清液经超滤/洗滤、蒸发浓缩和喷雾干燥得到 WPC 或 WPI;超滤/洗滤过程中可得到大量无菌渗透液,渗透液仅含乳糖、矿物质和水,几乎不含蛋白质,是结晶法生产乳糖的适宜料液,渗透液可经纳滤、蒸发浓缩和结晶生产制备乳糖;纳滤所得渗透液仅含有矿物质和水,经反渗透不仅可制备乳钙浓缩液,所得反渗透水还可循环地添加到乳清液的洗滤过程中;由此可见,上述工艺不仅成功制备了 WPC 或 WPI,还成功实现了对乳清超滤渗透液中乳糖、矿物质和水的分级分离与回收,整个生产工艺达到了低碳、绿色、循环、经济的要求。

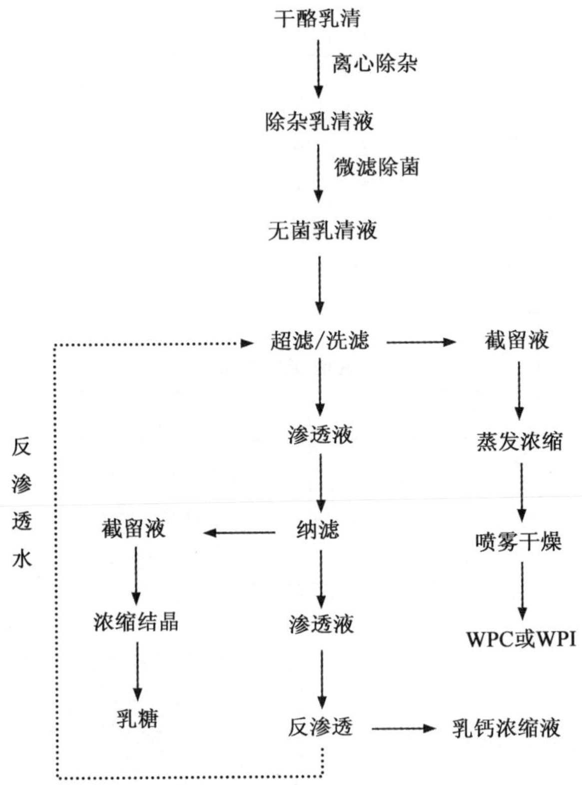

图 25-3 WPC 或 WPI 生产工艺流程图

整个生产工艺过程中的关键控制参数主要有:①离心除杂过程中,离心机转速应在 15 000 r/mim 左右,此时除杂乳清液中脂肪含量能控制在 0.08%以下,否则,脂肪含量过高易造成膜孔堵塞和污染。②微滤除菌过程中,TMP 40~65 kPa,料液温度 50℃左右,错流速率 3~5 m/s,错流速率过低,膜表面易产生浓差极化引起膜的污染,造成膜通量下降,错流速率过高料液缸内会产生泡沫,有泡沫溢出。③超滤和洗滤的次数直接决定着终产品中蛋白质的含量,若直接对乳清液进行超滤浓缩,截留液经蒸发浓缩和喷雾干燥可制备 WPC60;若对乳清液进行超滤和一次洗滤,截留液经蒸发浓缩和喷雾干燥可制备 WPC75;若对乳清液进行超滤和两次洗滤,截留液经蒸发浓缩和喷雾干燥可制备 WPC80;若对乳清液进行超滤和三次洗滤,截留液经蒸发浓缩和喷雾干燥可制备 WPI。④洗滤用水必须保证为无菌,且水中 Fe、Mg、Al 和 Si 等成分的浓度应该不超过 0.05 mg/L,因此,通常选用反渗透软化水或去离子水。⑤乳清超滤渗透液纳滤过程中,TMP 13~17 bar,料液温度 50~55℃,错流速率不低于 5 m/s,所得纳滤截留液固形物含量应控制在 20%以下,否则,膜污染严重,膜通量下降,膜分离效率降低。⑥纳滤截留液蒸发浓缩过程中,需采用多效降膜蒸发器,其中各效温度应均低于 70℃,以避免乳糖发生焦化,末效温度应不低于 50℃，以防止乳糖发生自然结晶。⑦反渗透过程中，膜材料的选择十分关键，所选膜材料对盐分的截留系数需在 0.95 以上，否则，出水电导率过高，不能循环地添加到乳清的洗滤过程中。

3. 乳清脱盐关键技术

（1）纳滤脱盐技术　采用有机膜截留液全循环、连续错流的纳滤操作，通过流量控制阀调节进出口压力，在初始温度 25℃、跨膜压力 0.36 MPa、出口压力 0.32 MPa 条件下，进行错流过滤，每间隔 5 min 测量渗透液通量和温度的变化；有机膜采用进口压力 0.6 MPa，出口压力维持在 0.5 MPa，其他条件相同。一次投料量为 40 L，1.5～3 倍浓缩，纳滤结束后测量截留液和渗透液蛋白质、乳糖、盐分含量，并计算其截留率和回收率。纳滤脱盐的试验结果表明：在 VCR＝1.5 左右一次加水透析的方式有助于离子的脱除，纳滤浓缩液经喷雾干燥后，所得乳清粉灰分为 4.76％，相比原料乳清粉的灰分降低了 45.28％。多功能膜分离设备如图 25-4 所示。

A. 陶瓷膜设备

B. 有机膜设备

图 25-4　多功能膜分离设备

（2）离子交换脱盐技术　对不同的阴阳离子树脂进行筛选，选定最佳脱盐树脂组合。将预先处理好的乳清液体，先过阳离子树脂柱，再过阴离子树脂柱，然后用 150 mL 去离子水冲洗阳离子柱和阴离子柱，合并洗脱液与过柱液。测定过柱前后灰分脱除率、蛋白质吸附率和干物质吸附率，选定合适的脱盐树脂组合及操作参数。离子交换脱盐试验结果表明：阴、阳离子交换树脂组合，乳清基本脱盐率可以达到 D90 的标准。综合考虑交换容量、再生容易度、蛋白吸附率和干物质吸附率，阳离子树脂选用 001＊7，阴树脂选用 701。乳清经阴、阳离子交换柱吸附后，总灰分脱除率达 96.96％，总干物质回收率为 84.4％，总蛋白回收率为 79.01％。

4. 乳清分级分离及相关制品加工关键技术

利用国产化膜分离设备系统研究三种不同膜材料（不锈钢膜、陶瓷膜、有机膜）（图 25-5）对乳清超滤、纳滤、反渗透等操作工艺及性能评价，得到这三种膜的性能参数、处理工艺参数及清洗维护方法，为进一步开发膜技术在乳品中的应用奠定基础。

以乳清为试验材料，先采用离心或孔径约为 1 μm 微滤处理净化乳清，滤过大多数蛋白质而截留了脂肪球、微生物、体细胞以及酪蛋白胶粒，从而降低了乳清液中大颗粒物质的含量和液体黏度；然后在对膜处理前后液体中蛋白质含量及组分、乳脂含量、乳糖含量、导电率等指标分析的基础上，比较不同材质和孔径的超滤膜的超滤分离性能，分析其膜过滤方式、浓缩比、过膜压力、温度等工艺参数对通量、滤过液和截留液成分的影响，确立最佳的膜分级分离及浓缩工艺，通过喷雾干燥制备出达到国外同类产品品质指标的乳清浓缩物（WPC）等产品。

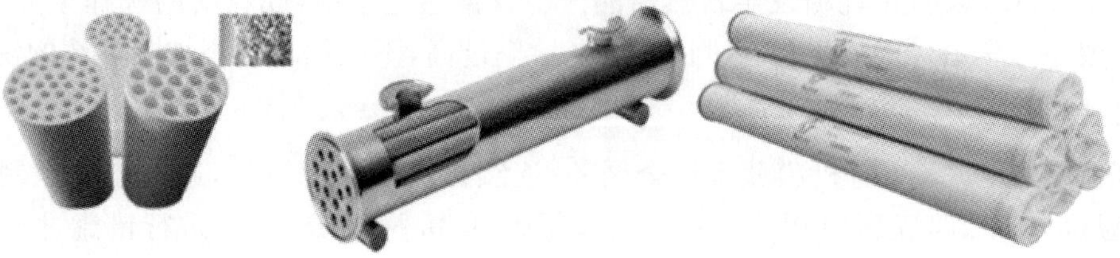

陶瓷膜　　不锈钢膜　　有机膜

图 25-5　不同材质的膜芯

结果显示:不锈钢膜和陶瓷膜的平均通量分别为 37.98 L/(cm^2·h)(升每平方米每小时)和 20.1 L/(cm^2·h);有机膜在过膜压力 0.4 MPa,温度为 45℃时,平均通量为 21.33 L/(cm^2·h),蛋白质的截留率高达 98%。虽然有机膜的通量比另外两种膜的平均通量低,但超滤前后浓缩液的蛋白组分含量没有变化,蛋白质回收率高,适合于 WPC 各级产品的浓缩;陶瓷膜适合于乳清蛋白的分离蛋白制备,可制备高 α-乳白蛋白含量的乳清蛋白浓缩粉(图 25-6)、高含量乳糖粉。WPC 或 WPI 的典型组成成分见表 25-3。

表 25-3　WPC 或 WPI 的典型组成成分　%

成分	WPC34	WPC50	WPC60	WPC75	WPC80	WPI
蛋白质	34.0～36.0	50.0～52.0	60.0～62.0	75.0～78.0	80.0～82.0	90.0～92.0
乳糖	48.0～52.0	33.0～37.0	25.0～30.0	10.0～15.0	4.0～8.0	0.5～1.0
脂肪	3.0～4.5	5.0～6.0	1.0～7.0	4.0～9.0	4.0～8.0	0.5～1.0
灰分	6.5～8.0	4.5～5.5	4.0～6.0	4.0～6.0	3.0～4.0	2.0～3.0
水分	3.0～4.5	3.5～4.5	3.0～5.0	3.0～5.0	3.5～4.5	4.5

WPC34　　WPC60　　WPC80　　D90

图 25-6　乳清蛋白产品

25.3　脂肪替代品制备及低脂乳制品研发

为了提高乳清综合利用价值,使用酶改性方法制备酶解乳清蛋白产品,毛学英教授团队研究了酶解乳清蛋白凝胶特性以及成胶机理,并通过添加酶解乳清蛋白、酶解乳清蛋白-多糖复合物、菊粉、卡拉胶以及调整乳蛋白中乳清蛋白与酪蛋白比例实现对低脂酸乳和低脂干酪口感质地的改善。获得了酶解乳清蛋白、酶解乳清蛋白-多糖复合物、菊粉以及卡拉胶作为脂肪替代品制备的低脂干酪和低脂酸乳。

1. 酶解乳清蛋白凝胶特性的变化及其机理

酶解可以改变乳清蛋白的凝胶形成条件和凝胶性质。研究了不同酶与底物浓度比、蛋白浓度、水解时间、水解 pH 和水解温度对酶解乳清蛋白凝胶特性的影响。通过水解度测定及聚丙烯酰胺凝胶电泳分析各种蛋白水解前后的变化。通过流变、粒径、保水性等分析不同酶解时间乳清蛋白成胶特性的差异,解析了酶解乳清蛋白成胶特性改善的原因。

研究结果表明当乳清蛋白浓度为 25%,pH 为 7.0 时水解后形成的凝胶光滑细腻,硬度较高,成胶性最佳。当水解温度为 50℃和 55℃时,乳清蛋白水解后所形成的胶体光滑细腻,具有较好的感官特性。其中 50℃水解得到的蛋白凝胶与脂肪质构指标相近,水解时间为 70～110 min 的乳清蛋白凝胶可以满足脂肪替代品的要求,如图 25-7 所示。不同酶解时间对乳清蛋白凝胶过程中弹性模量(G′)和黏性模量(G″)的影响如图 25-8 所示,酶解可以提高乳清蛋白的凝胶特性,在酶解 70 min 时凝胶的 G′和 G″值最大,说明成胶特性最好。粒径分布和透射电镜(图 25-9)结果表明,在最佳凝胶条件下,酶解乳清蛋白胶体中各种颗粒的粒径主要集中在 10～50 μm 范围内,且酶解乳清蛋白凝胶呈较为松散的网状结构,无明显的颗粒聚集。因此,酶解乳清蛋白形成的凝胶有细腻柔滑的感官特性、较为理想的粒径分布,松散的网状结构和较强的持水力,有利于其成为低脂产品中理想的脂肪替代品。

A　　　　B

图 25-7　酶解乳清蛋白凝胶的效果图

A. 未水解的乳清蛋白凝胶　B. 酶解乳清蛋白凝胶,样品从上到下从左到右的顺序依次为:水解时间 30、50、70、90、110 min

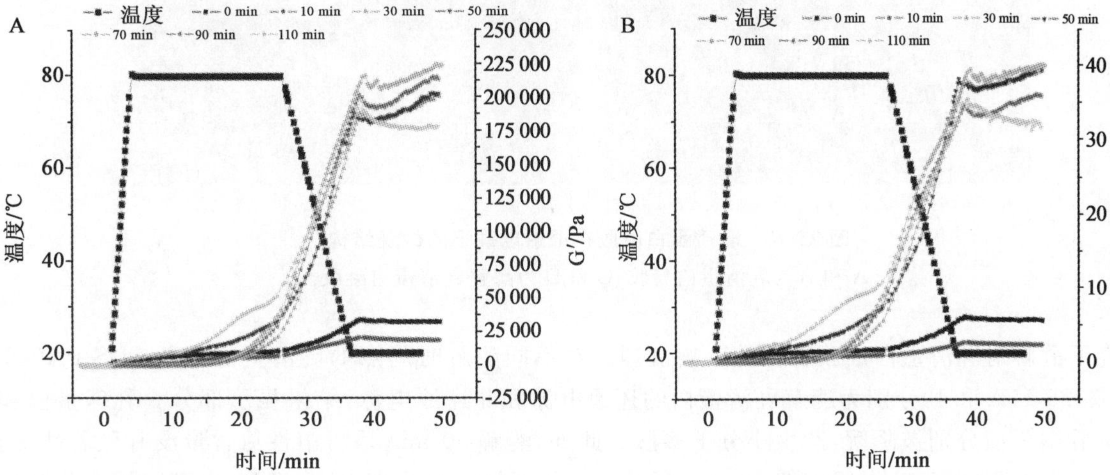

图 25-8　不同酶解时间乳清蛋白凝胶过程中 G′和 G″变化

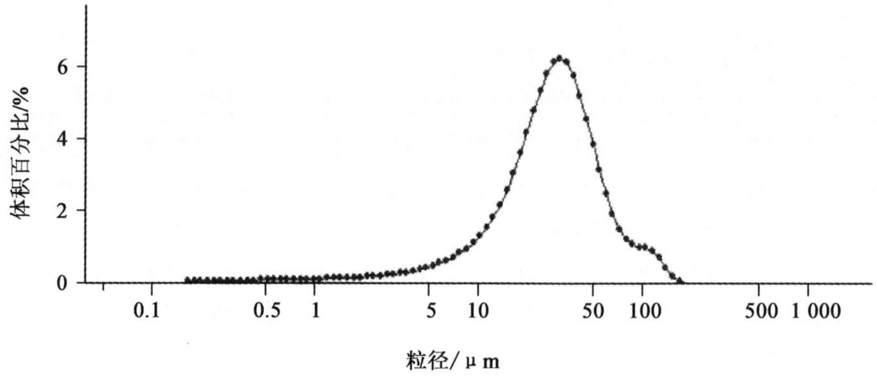

图 25-9 酶解乳清蛋白凝胶的粒径分布

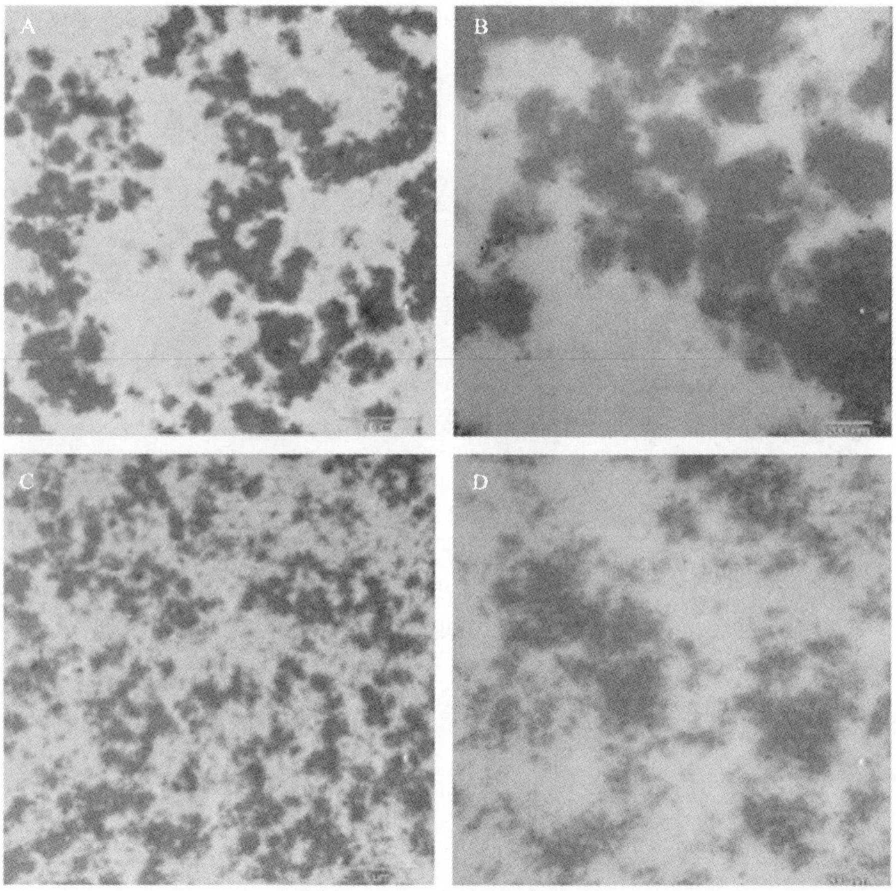

图 25-10 乳清蛋白凝胶在透射电镜下的微观结构

A 和 B 为乳清蛋白凝胶;C 和 D 为酶解乳清蛋白凝胶。

研究了酶解对乳清蛋白成胶特性的影响机理。对不同酶解时间点的乳清蛋白进行 SDS-PAGE 电泳分析,图 25-11A 和 B 分别为酶解乳清蛋白的还原电泳和非还原电泳,结果显示部分 β-乳球蛋白和大部分的 α-乳白蛋白分别被降解,产生小分子多肽。此外,酶解 50 min 后可溶性氮含量没有显著性变化,但是水解度仍在不断提高,说明酶解 50 min 后水解度的增加主要是由 12% TCA 中可溶的多肽被酶解成更小的分子引起的。酶解后保水性下降,说明延长酶解时间使部分 β-乳球蛋白和 α-乳白蛋白被酶解

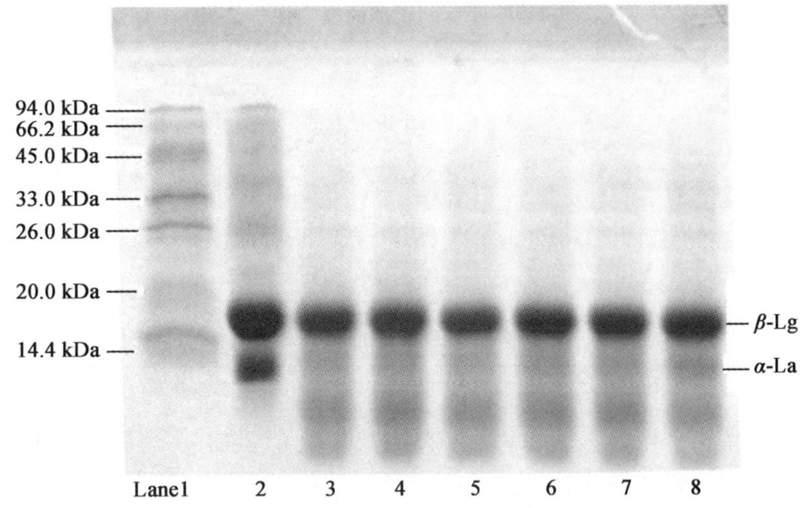

A

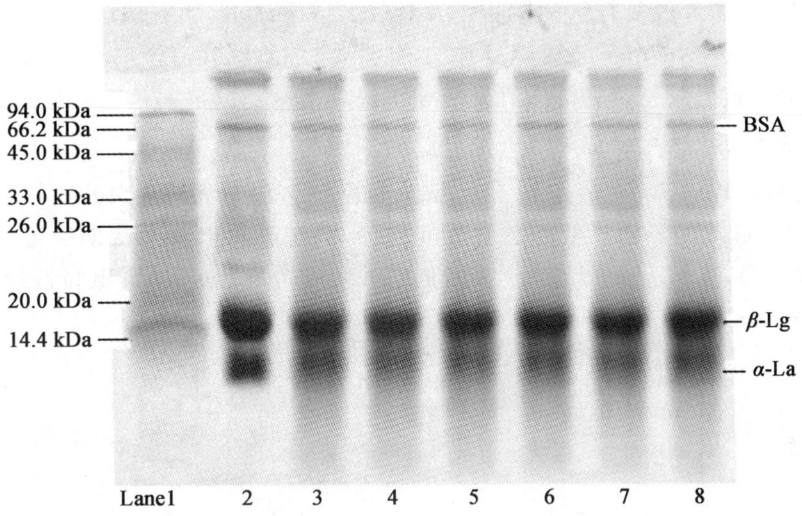

B

图 25-11　不同酶解时间乳清蛋白 SDS-PAGE 还原电泳图(A)和非还原电泳图(B)

成小分子肽，没能使凝胶的结构向线性转变，造成质构变得粗糙致使保水能力下降。

2. 酶解乳清蛋白-多糖凝胶的制备及其作为脂肪替代品用于低脂干酪和低脂酸乳的生产

乳清蛋白和多糖共同作用使凝胶表现出较好的脂肪模拟特性，可以用来制备脂肪替代品。研究了黄原胶浓度、氯化钙浓度、蛋白质浓度和 pH 对酶解乳清蛋白成胶特性的影响，从而优化酶解乳清蛋白与黄原胶复合物的成胶条件，确定乳清蛋白与黄原胶复合物制备的关键工艺。得到最佳成胶条件为黄原胶浓度为 0.1%，氯化钙浓度为 2 mg/mL，蛋白浓度为 20%，pH 为 7。

将制备的酶解乳清蛋白-黄原胶混合凝胶作为脂肪替代品替代部分脂肪，用于再制干酪的生产。结果显示，低替代比的低脂再制干酪样品(25%和 50%替代)的质构指标与全脂再制干酪样品无显著差异。这表明低脂干酪中的酶解乳清蛋白-多糖凝胶的网络结构能够为干酪的质构提供一定的硬度，因此这种酶解乳清蛋白-多糖凝胶能够模拟脂肪应用于低脂再制干酪的生产。对 5 种不同替代比的再制干酪分别在颜色、质地、风味和口感接受度上进行综合感官评价，结果见表 25-4。不同替代比的再制干酪样品与全脂再制干酪样品在颜色和风味上没有显著差异；而质地和口感接受度上，替代比为 50%时的

表 25-4 不同再制干酪的感官评价结果

再制干酪样品	颜色	质地	风味	口感接受度
全脂	9.6±0.5a	8.8±0.42a	8.8±0.63a	8.2±0.79a
替代 25%黄油	9.1±0.7a	8.5±0.7lab	8.7±0.67a	8.0±0.47a
替代 50%黄油	9.0±0.8a	8.6±0.52ab	8.9±0.57a	8.3±0.67a
替代 75%黄油	9.2±0.6a	8.1±0.74b	88±0.63a	8.3±0.48a
替代 100%黄油	9.0±0.8a	7.2±0.79c	8.9±0.57a	6.0+0.94b

注:表中数值为样品三个平行的平均值±标准偏差,同一列中不同字母表示存在显著性差异($P<0.05$)。

干酪样品与全脂干酪样品感官接近。所以,以 50%的酶解乳清蛋白-多糖凝胶为基质的脂肪替代品能够在一定程度上模拟脂肪的感官特性。

将酶解乳清蛋白/黄原胶复合物按替代比为 0、25%、50%、75%和 100%替代酸奶中的乳脂肪制备低脂酸乳,以添加 WPC/黄原胶复合物的样品作为对照。结果显示,随着酶解乳清蛋白/黄原胶复合物替代酸奶中脂肪比例的升高,酸乳的发酵速度加快;此外,添加酶解乳清蛋白/黄原胶复合物的低脂酸乳发酵速率比添加 WPC/黄原胶复合物的酸乳发酵速率快。

3. 酪蛋白与乳清蛋白比例对低脂酸乳产品特性的影响

以乳清蛋白浓缩物(WPC80)和脱脂乳粉为原料,调配酪蛋白与乳清蛋白的比例分别为 4∶1,3∶1,2∶1 和 1∶1,分析 WPC80 的添加对低脂酸乳流变特性,微观结构以及贮藏期稳定性的影响。结果表明(图 25-12 和图 25-13),比例为 2∶1 和 1∶1 时低脂酸乳质构特性最佳,贮藏特性最稳定,有效防止了后酸化的发生(Zhao et al.,2016)。

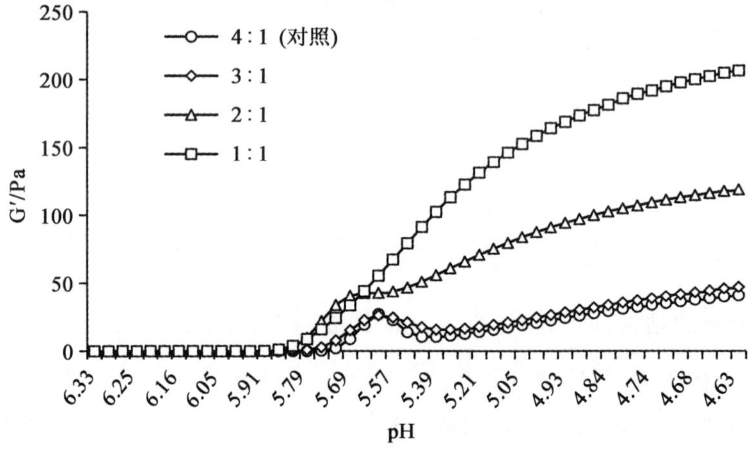

图 25-12 酪蛋白与乳清蛋白的比例对低脂酸乳弹性模量 G′的影响

4. 卡拉胶对酪蛋白胶束结构及低脂干酪品质的影响机制研究

随着消费者对健康关注度的增加,低脂肪高蛋白含量的低脂干酪受到热捧,但是由于市售低脂干酪的品质较差,低脂干酪的发展面临挑战。酪蛋白胶束是乳中的重要组分,经过酶凝过程形成网状结构,是干酪基质的基础。任何影响酪蛋白胶束结构的物质都会影响酶凝过程,进而影响干酪的品质。卡拉胶是乳品行业中应用广泛的物质,已有研究表明卡拉胶能够影响酪蛋白胶束的结构,但二者间的作用方式始终存在争议。

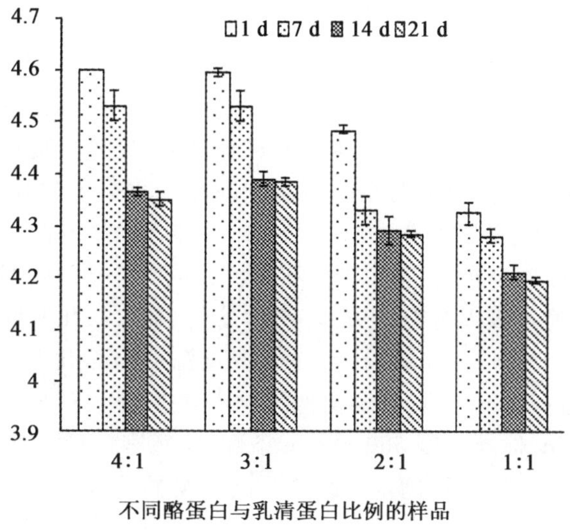

图 25-13　WPC80 的添加对低脂酸乳贮藏期 pH 和滴定酸度的影响

本部分通过研究卡拉胶对酪蛋白胶束结构的影响，研究卡拉胶对酶凝过程中酪蛋白胶束空间位置变化、胶束聚集等的影响，在此基础上，将卡拉胶加入低脂 Colby 干酪，研究卡拉胶对干酪的理化组分、蛋白质水解、水分分布、质构指标及流变性指标的影响，全面评价卡拉胶对低脂干酪品质的影响，探究其影响机制。结果表明双螺旋结构的 κ-卡拉胶、ι-卡拉胶分别以“尾式”、“环式”方式吸附于酪蛋白胶束表面，杂环结构的 λ-卡拉胶以“卧式”方式吸附于酪蛋白胶束表面；卡拉胶通过与酪蛋白胶束的结合抑制了糖巨肽的释放，同时赋予重组酪蛋白静电和空间斥力，影响凝胶网络的构成；卡拉胶能显著性增加 Colby 干酪酪蛋白的回收率，0.03% ι-卡拉胶、λ-卡拉胶能增加干酪中的可冻结水和结合水含量，降低干酪的硬度(图 25-14)、弹性、内聚性，加速成熟过程中蛋白酶的活性，改善成熟过程中的质构指标和流变性，从而改善低脂 Colby 干酪的质地特征，达到与全脂干酪相同的水平，为低脂干酪的开发奠定了理论基础。

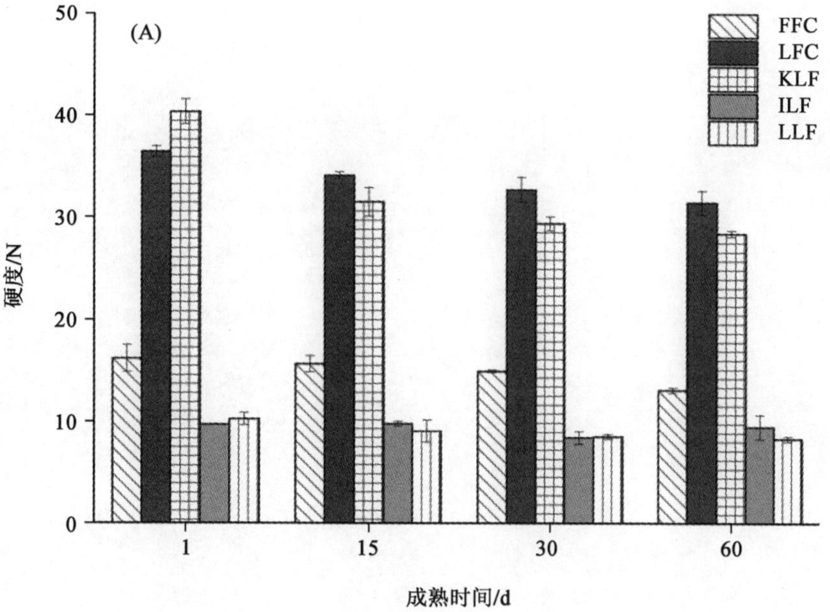

图 25-14　Colby 干酪成熟过程中硬度的变化

5. 菊粉作为脂肪替代物的减脂再制干酪工艺研究

相比天然干酪,再制干酪具有风味柔和等优势,是符合我国消费者需求的干酪制品之一。研究了菊粉的种类(不同聚合度)和添加量对减脂再制干酪硬度、弹性、内聚性、熔化性、流变性、微观结构以及感官评价的影响。结果表明,菊粉的种类和添加量对减脂再制干酪的质构与熔化性有显著影响。添加10%低聚合度菊粉的减脂再制干酪具有与全脂再制干酪相同水平的质构性质,且感官评分较高。因此选择低聚合度菊粉、添加量10%为最佳配方。

研究了熔化温度、熔化时间与搅拌速度对于菊粉减脂再制干酪的硬度、弹性、内聚性、熔化性以及感官评分的影响。结果表明,通过极差分析与方差分析,熔化温度、熔化时间均对于产品的质构、熔化性与感官评分有着显著影响($P<0.05$)。在试验范围内,熔化温度与熔化时间为主要影响因素。搅拌速度对硬度与感官品质影响显著($P<0.05$),对熔化性影响不显著($P>0.05$),为次要影响因素。产品在熔化温度80℃、熔化时间5 min、搅拌速度550 r/min条件下,感官评价与功能性质最佳。

研究优化了菊粉的种类及添加量,确定了减脂再制干酪的关键工艺,为减脂再制干酪的开发与生产提供了依据。

(品加平、冷小京、毛学英团队)

第 26 章　优良益生菌菌株开发及产业化应用

26.1　概述

随着社会经济的发展，生活节奏加快，生活压力加大，引发代谢综合征、慢性胃肠道疾病等多种慢性疾病持续高发。慢性疾病的高发不仅影响我国公众健康，也成为国计民生发展的重大障碍。实施针对慢性病改善的营养战略已经刻不容缓。从 1907 年开始，人们逐步认识到益生菌、肠道菌群与人体健康密切相关。动物实验和临床实验结果均表明益生菌可以通过在肠道中的定殖作用、营养作用、增强免疫作用以及改善肠道微环境等途径达到改善肠道健康状况的效果；同时通过改善肠道屏障，抑制脂多糖等进入血液，降低机体炎症反应，调节机体碳水化合物、脂肪代谢，达到改善代谢综合征的作用。近 5 年来我国益生菌产业得到长足发展，每年平均增长率达到 25%左右，产业前景广阔。但我国对于益生菌的相关研究起步较晚，缺乏自主知识产权的益生菌菌株产业化应用，因而目前国内市场上所使用的益生菌株几乎全部依赖进口；同时缺乏成熟的益生菌菌株的商业化生产技术，造成市场上益生菌产品价格高，难以大规模推广，严重制约我国益生菌产业健康发展。因此，亟须开发具有自主知识产权的益生菌菌株；亟须实现自主知识产权菌株的产业化应用，以提升我国益生菌产业水平。

食品真菌污染是一个严重的问题。霉菌和酵母可以在谷物、水果、蔬菜、坚果、乳制品等大多数食品生长。联合国粮农组织估算全世界每年有 6%～8%的粮油作物由于真菌毒素的污染而不能食用，按其中 2%因污染严重而失去营养和经济价值的比例计算，直接经济损失 0.1 亿 t。在我国，每年因真菌毒素污染造成的农产品直接经济损失达到 240 多亿元。真菌毒素对农产品和加工食品的污染在 2002 年已经被世界卫生组织列为食源性疾病的一个重要根源。应用化学防腐剂是目前防治食品真菌污染的主要方法，但化学防腐剂对人和动物的潜在毒性以及因频繁应用所导致污染真菌的抗药性等问题使化学防腐剂的应用面临越来越大的压力。从安全及健康角度考虑，利用具有抗真菌的微生物及其代谢产物控制食品中污染酵母和霉菌的生长及产毒已逐渐成为食品科学领域的主要课题。乳酸菌作为一种国际公认的安全微生物，在食品的生物防腐中具有重要的地位。在乳酸菌抗真菌的过程中，乳酸菌通过什么物质、什么途径作用于霉菌，对哪一类型的霉菌最有效，它是如何影响霉菌的生长、繁育，作用位点是哪里，影响的因素是什么？这些科学问题的回答为未来抗霉菌乳酸菌及其代谢产物的应用形式和方式提供科学依据和数据支撑，对拓展抗霉菌乳酸菌发酵剂在食品防霉保藏、提高产品品质和安全等方面的应用有重要的科学价值。

26.2　功能益生菌的筛选

赵亮团队在国家科技部“十二五”、“863”计划课题，以及北京市教育委员会重大成果转化项目资助下，经过多年技术攻关，先后从健康人群肠道、传统发酵制品中分离筛选乳酸菌 10 000 余株，初步建立了益生菌资源库；获得长双歧杆菌 BBMN68、青春双歧杆菌 BBMN23、动物双歧杆菌 A6、干酪乳杆菌 L9、唾液乳杆菌 FDB86 等 10 余株具有优良生理功能的菌株；利用体外模型、动物实验、临床实验评价了菌株耐受性、改善肠道、免疫调节、抑制肠炎、抑制肿瘤、延缓衰老、改善肥胖、调节血脂、改善糖尿病等生理功能；基于基因组学、比较基因组学、转录组学、蛋白质组学等技术手段，解析菌株环境耐受、抑制肿瘤、肠道适应、延缓衰老等功能的分子机制。同时，针对性开展优良菌株的高密度发酵剂技术、冷冻保护技术、微胶囊化技术、活性保持技术等产业化应用技术，解决了自主知识产权益生菌产业化的关键技术，为菌株的产业化应用做出了充足的技术储备。

1. 优良益生菌筛选

缺乏自主知识产权优良益生菌是制约我国益生菌产业的关键因素。建立多样性的益生菌菌种库，从大量菌株资源中筛选具有良好性能的益生菌，是开发优良益生菌菌株的必要手段。基于菌种库的菌株资源，开展菌株特性、功能性、安全性的相关基础研究，是开发适合中国人群或特定人群益生菌菌株的必要途径。

针对我国缺乏自主知识产权优良益生菌菌株的问题，从 20 世纪 90 年代起，持续开展大规模样本收集及优良益生菌分离、筛选、鉴定工作，初步建立了益生菌资源库。在此基础上，开展对云南传统发酵食品情况的系统调查，采集云南家庭自制或作坊式工厂加工的自然发酵或传统发酵剂发酵的乳、肉、豆制品、果蔬、茶等食品以及生产环境样本（图 26-1）（如奶厂排水沟污水），从中分离、筛选、鉴定、整理菌株 10 100 余株，包括乳杆菌、链球菌、乳球菌、双歧杆菌、芽孢杆菌、酵母菌等分类，对菌株产酸、产气初步特性进行研究，观察菌落形态、菌体形态，保藏菌株（图 26-2）。赵亮团队建立了含 14 100 余株益生菌的资源库，并建立了完善的菌株三级保藏管理制度，为优良益生菌开发提供坚实保障。

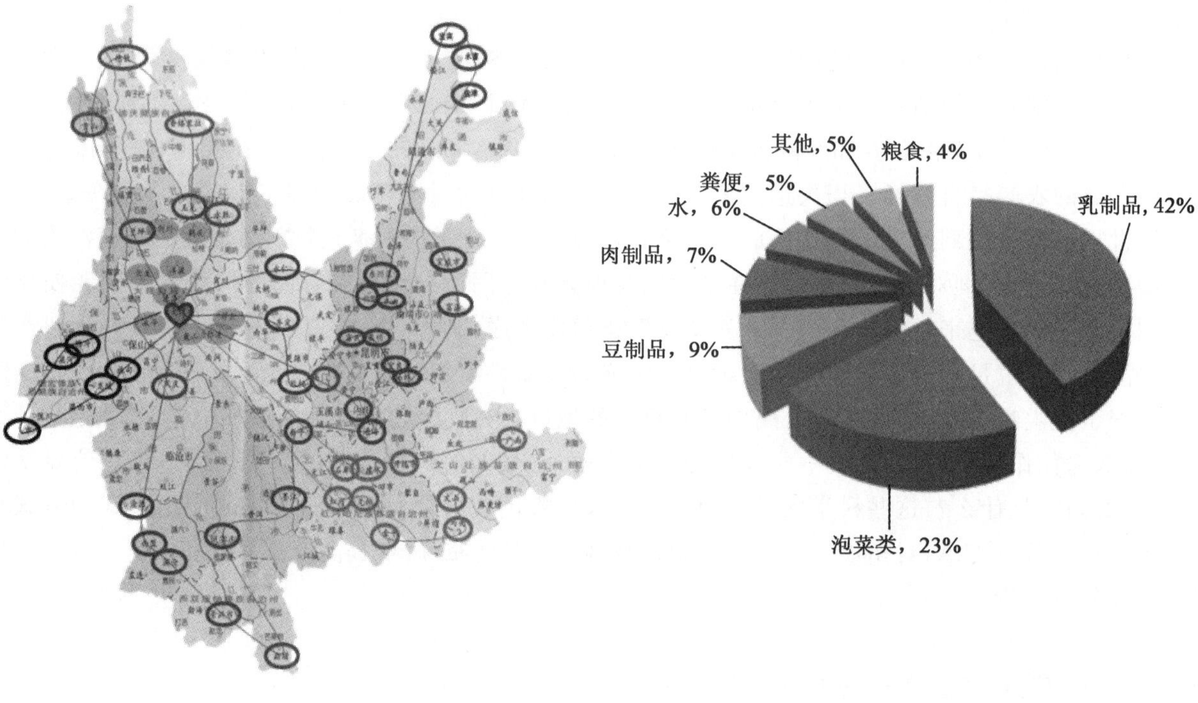

图 26-1　采样地点及样品量

2. 益生菌功能研究的分子基础

针对我国现有益生菌遗传背景不清晰、功能机制不明确的问题，团队针对自主优良益生菌菌株开展全基因组测序工作，并利用比较基因组学手段，明确了菌株的遗传背景，结合功能基因组学研究，分析菌株功能的基因组学基础。为菌株的功能评价提供了指导。

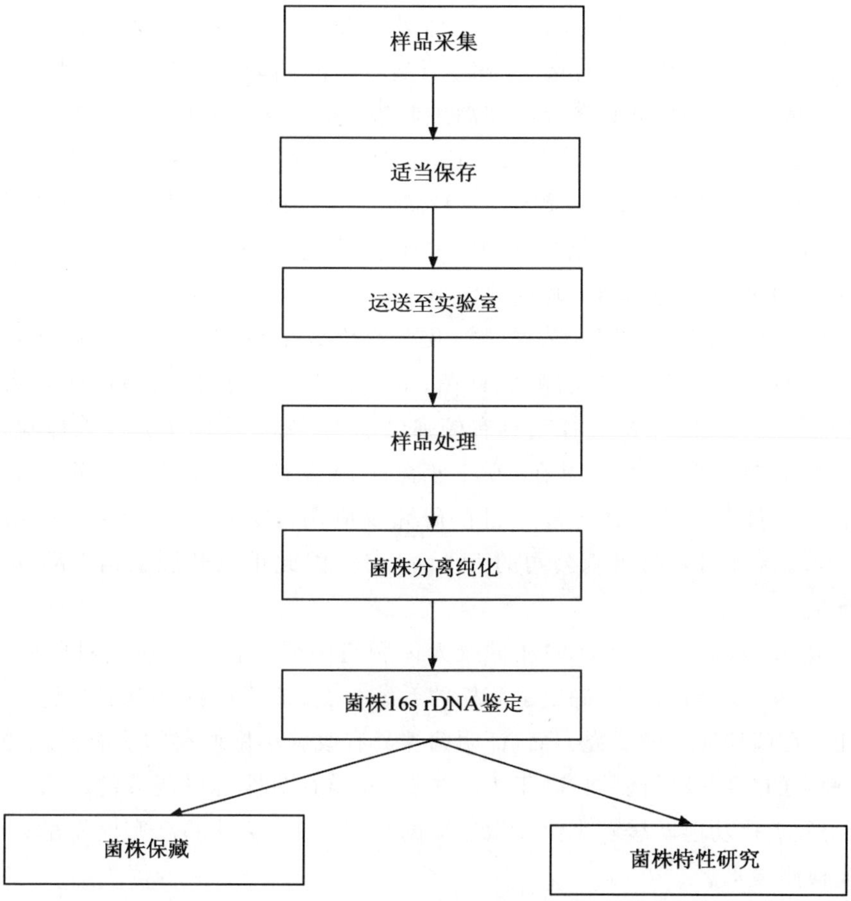

图 26-2　菌株分离鉴定流程

项目已完成乳双歧杆菌 A6 基因组测序及分析，揭示 A6 耐酸机制，为克服双歧杆菌生产过程中酸性条件引起菌数及菌株活力损失问题提供理论支持；完成唾液乳杆菌 FDB86 的全基因组测序及分析，初步揭示 FDB86 预防癌症发生的机制，对益生菌功能提供了有效证据；完成青春双歧杆菌 BBMN23 的全基因组测序及分析，初步揭示了 BBMN23 对肠道环境的适应机制，为开发适合中国人肠道的益生菌开辟的新的思路；完成副干酪乳杆菌 L9 全测序及其高产酸突变株的重测序，为乳酸菌高产酸机制的研究提供了理想的模型及有效的数据。

唾液乳杆菌 FDB86 能够通过特异的表面蛋白和肠道上皮细胞结合，促进其在肠道的定植。通过比较基因组学和蛋白组学方法揭示了长双歧杆菌 BBMN68 在肠道生存的关键是其完整的淀粉代谢途径；利用转录组学的方法研究了长双歧杆菌 BBMN68 酸耐受全面响应的机制。这些研究为提高菌株在肠道的生存能力提供了参考。

3.益生菌功能

针对益生菌功能不明确、缺乏应用基础的问题,利用体外模型、动物实验评价了菌株耐受性、改善肠道、免疫调节、缓解过敏、抑制肠炎、抑制肿瘤、延缓衰老、改善肥胖、调节血脂、改善糖尿病等生理功能;利用人群实验,研究了益生菌菌株在体内存活规律、调节肠道菌群功能、缓解便秘等功能,为菌株功能研究提供了直接证据。

(1)几株具优良益生菌的生理功能评价　体外模型、动物模型以及人群实验表明长双歧杆菌BBMN68、动物双歧杆菌A6、唾液乳杆菌FDB86具有良好的功能。灌胃动物双歧杆菌A6可提高糖尿病模型大鼠血清中胰岛素水平,并显著提高胰岛细胞数量,减轻胰腺损伤。长双歧杆菌BBMN68可增加肠道上皮绒毛高度,增加隐窝深度,增强吸收功能,提高黏膜免疫,并提高巨噬细胞吞噬能力,增强先天性免疫。长双歧杆菌BBMN68、唾液乳杆菌FDB86显著延长线虫平均寿命,延缓衰老。唾液乳杆菌FDB86能够降解致癌物质硝基杂环化合物(4NQO),其代谢产物通过抑制AKT—CyclinD1信号抑制肿瘤细胞增殖,起到预防口腔癌和结直肠癌的作用。

(2)重点开展了副干酪乳杆菌L9菌株功能及产业化应用研究　干酪乳杆菌是目前研究最为深入与应用最为广泛的益生菌之一,与嗜酸乳杆菌、双歧杆菌一同被认为是目前最为经典的三种益生菌。与其他两种益生菌相比,干酪乳杆菌具有较强的加工性能,并且在调节人体免疫系统,及调节人体肠道环境方面具有突出的功能。早在2001年副干酪乳杆菌就被列入《可被用于食品的菌种名单》,其功能性和安全具有广泛的认可度。目前研究及应用最为广泛的干酪乳杆菌包括日本养乐多公司的*L. casei* Shirota和丹麦科汉森公司的*L. casei* 01。因此重点开展了副干酪乳杆菌L9菌株功能及产业化应用研究。

副干酪乳杆菌(*L. paracasei* L9,L9)从健康人体肠道中分离得到。通过对菌株进行了16S rDNA鉴定、耐酸及胆盐实验、安全性评价,确定了菌株的系统分类、证明菌株具有通过胃肠道的能力、初步证明菌株的安全性。在菌株功能的研究方面,证明菌株具有改善小鼠便秘的功能,其功能优于菌株*L. casi* 01;菌株发酵过程中的酸度及活菌数目高于*L. casei* Shirota;菌株可以调节健康人肠道菌群、改善肠道环境;具有增强小鼠免疫功能及缓解小鼠过敏反应的功能;完成菌株的高密度发酵;并且开发了菌株发酵过程中的在线检测技术。

①完成了菌株鉴定认证工作　菌株鉴定由国家食品药品监督局指定单位中国科学院微生物研究所完成。根据细胞形态、生理生化特征、16S rRNA基因序列、pheS基因序列、rpoA基因序列等试验数据综合分析,菌株鉴定为*Lactobacillus paracasei*(2013微检字第238号)。

②完成了菌株安全性评价,为菌株应用奠定基础　体外实验评价了L9的抗生素抗敏感性和生物胺的生成;体内实验评价了L9的经口毒性、正常状况下的易位风险及腹腔注射模拟的极端情况下的易位风险。结果表明,菌株L9不存在种属特有耐性以外的抗生素耐受性,不存在抗生素转移的风险;在脱羧酶培养基中培养未发现生物胺的产生;灌胃10^8、10^9、10^{10}CFU/小鼠28 d,小鼠未发生不良反应,未发生向血液、肝脏、脾脏和肾脏的易位;腹腔注射10^9 CFU/鼠发生易位现象,但未发生菌血症并且易位不会造成疾病或导致死亡,同时易位状况随时间有所缓解,表现为较高的易位安全性。实验结果未发现副干酪乳杆菌L9的不安全因素。

③评价了菌株对健康人群肠道健康的影响　研究了L9在公共假期期间对健康人群肠道菌群的调节和肠道健康改善作用。饮用干酪乳杆菌L9后,粪便形状(bristol form scale,BS分数)变软,有益于缓解便秘;肠道潜在致病菌Escherichia coli数量降低,有益菌Lactobacillus、Bifidobacterium的数量显著升高。结果表明L9具有调节肠道菌群,改善肠道健康的作用(图26-3)。

④评价了菌株的免疫调节功能　以健康 SPF 级 Balb/c 小鼠为模型，研究 L9 对小鼠先天性免疫和获得性免疫功能的影响。本研究采用滴片法测定巨噬细胞对鸡红细胞（CRBC）的吞噬率、乳酸脱氢酶（LDH）法测定 NK 细胞活性、改良 MTT 法测定脾淋巴细胞增殖率及 ELISA 法测定脾淋巴上清中 IFN-γ 和血清中 IgG 水平。实验结果表明，L9 能显著提高小鼠腹腔巨噬细胞吞噬能力、脾淋巴细胞增殖能力和血清 IgG 水平，对 NK 细胞活性和脾淋巴细胞产 IFN-γ 的能力无显著影响。研究表明副干酪乳杆菌 L9 能显著增强小鼠先天性免疫和获得性免疫功能，具有免疫调节能力。

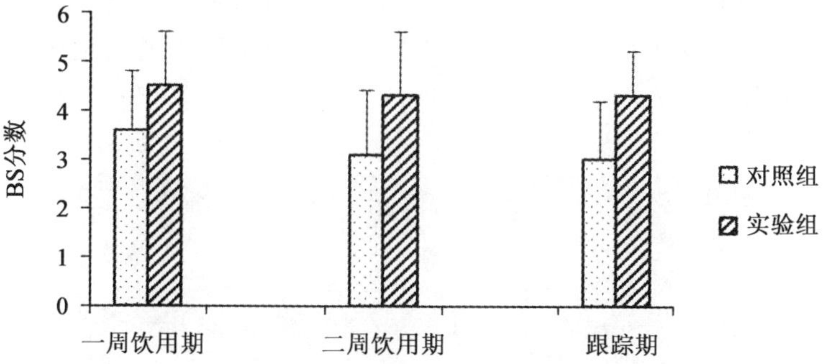

图 26-3　每周排便分数的变化

⑤评价了菌株抗过敏能力　研究了 L9 对牛乳 β-乳球蛋白（BLG）过敏小鼠淋巴细胞 Th1/Th2 平衡的影响，探讨其缓解过敏反应的机制。通过构建 BLG 过敏小鼠模型，利用 ELISA 方法和流式细胞术分析 L9 对过敏小鼠原代淋巴细胞和骨髓源树突状细胞（BM-DCs）细胞因子分泌及调节性 T 细胞（Foxp3＋Treg）数量的影响。发现不同剂量的活/热致死 L9 均可显著提高过敏小鼠淋巴细胞上清中 IFN-γ 水平，显著降低 IL-4 含量，降低了 BLG 特异性抗体的产生（$P<0.05$）；显著促进 BM-DCs 细胞上清中调节性细胞因子 IL-10、TGF-β 的分泌（$P<0.05$），提高过敏小鼠 CD4＋T 淋巴细胞中 Foxp3＋Treg 细胞比例，并且活菌与热致死菌的调节效果相似。结果表明 L9 能够调节过敏小鼠淋巴细胞的 Thl/Th2 失衡，可能与树突状细胞和 Foxp3＋Treg 介导的免疫抑制有关。

⑥评价了菌株的产酸性能，为发酵乳饮料开发提供基础数据　通过低 pH 和高氧浓度胁迫对 L9 进行耐酸耐氧适应性驯化，获得高耐酸耐氧菌株。结果显示：驯化后菌株的凝乳时间为 13 h，比原始菌株缩短 14 h；7 d 发酵后，驯化菌株发酵终点酸度达到(227.2±0.8)°T，比原始菌株高(52.0±3.1)°T，驯化菌株活菌数达到(7.9±0.7) log CFU/mL。发酵乳贮藏实验显示，驯化菌株的滴定酸度在 4℃贮藏中无显著变化，4℃贮藏 15 d 活菌数保持稳定。驯化菌株的 β-半乳糖苷酶活性显著高于驯化前菌株，并与酶基因表达量结果一致。副干酪乳杆菌 L9 经驯化后菌株 β-半乳糖苷酶的基因表达量高，酶活性强，菌株产酸能力强，产酸速度快，贮藏期具有良好的稳定性，具有良好的产业化潜力。

26.3　抗真菌和防止发酵乳后酸化功能性益生菌的选育

吕加平研究员团队针对当前发酵乳产品中普遍存在的霉菌污染及后酸化现象，筛选出的具有抗真菌特性及高自溶度活性的乳酸菌作为辅助发酵剂，通过添加该发酵剂菌株而实现改善或抑制发酵乳中霉菌污染和后酸化现象的发生，达到了提升发酵乳品质的目的。

1. 抗真菌乳酸菌的筛选

从传统乳酸菌发酵食品中分离纯化出一株具有良好抗真菌特性的乳酸菌，鉴定并命名—干酪乳杆菌（*Lactobacillus casei*）AST18。

研究发现，发酵液中除乳酸外，存在大量其他分子质量小于 1 000 kDa 的小分子抑真菌物质，主要抑真菌物质组分为有机酸、含氮类小分子化合物及小分子酯类等。乳酸菌抗真菌作用由这些物质协同作用共同起到抑菌效果;通过不同时间发酵液抑菌效果及结合核磁共振代谢足迹分析,在发酵液前期抑菌效果增长主要是由于乳酸的大量产生;在稳定期之后,抑菌效果的增长主要是由于小分子含氮类物质及其他有机酸等次级代谢产物的产生所造成的。通过液质代谢组学分析结合已有报道,确认发酵液中存在并为主要差异代谢物的抑真菌物质为:肉桂酸及其衍生物、L-3-苯乳酸、水杨酸、3-香豆酸、4-羟基苯甲酸、甲羟戊酸、cyclo(L-Leu-L-Pro)及其他长链脂肪酸等(Li et al.,2014)。

该菌株在发酵乳制品如酸奶、干酪中能够抑制各种腐败真菌的生长,延长货架期,并显著提高乳制品中乳酸菌活菌数。同时该菌株可应用在青贮饲料中也显示出了巨大的应用潜力。该菌株在发酵乳制品中具有良好防腐保鲜效果及巨大的实用价值(Zhao et al.,2014)(图 26-4 至图 26-7)。

Lactobacillus casei AST18 活菌及发酵液对霉菌均有抑制作用,且活菌可引起菌体生长异常。

图 26-4 干酪乳杆菌(*Lactobacillus casei*)AST18

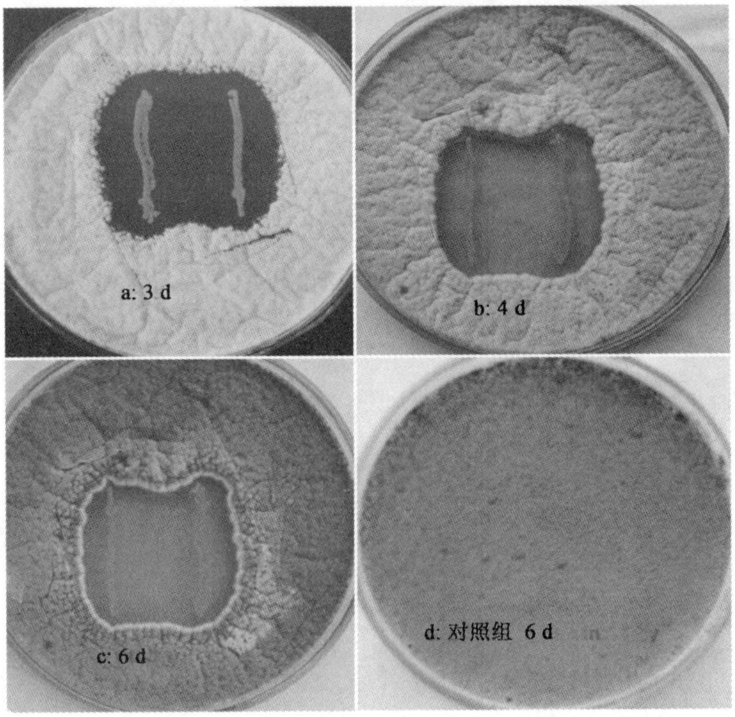

图 26-5 *Lactobacillus casei* AST18 活菌及发酵液对霉菌均有抑制作用

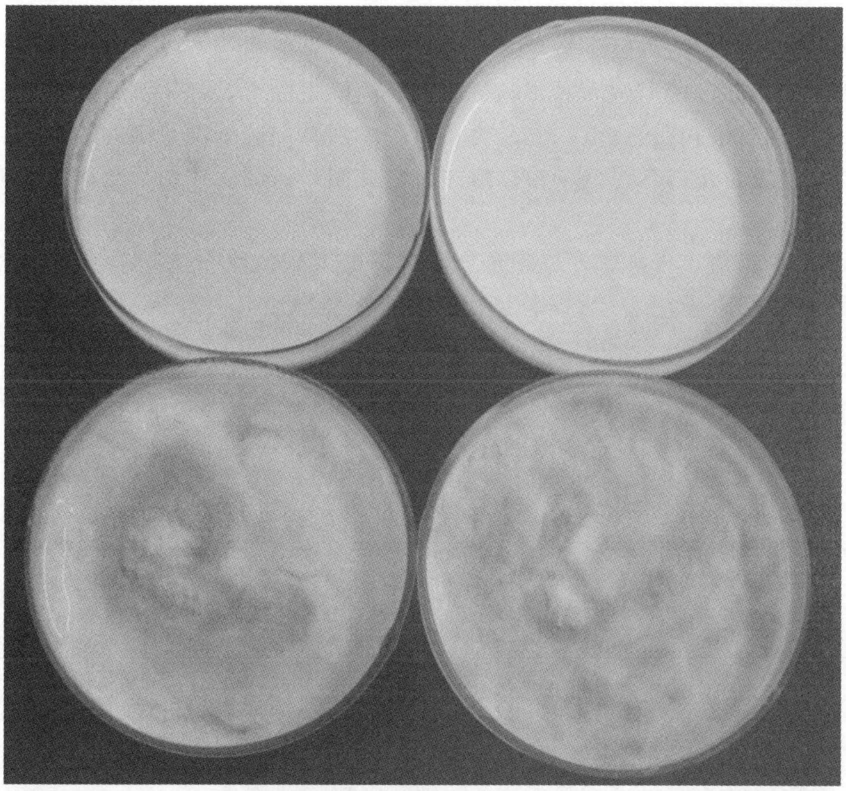

图 26-6　*Lactobacillus casei* AST18 作为辅助发酵剂在酸奶中的添加可明显抑制货架期中出现中霉菌污染，使酸奶和干酪保持较好品质

图 26-7　AST18 可添加到玉米及青贮饲料中，作为防霉保鲜菌种应用

2. 自溶特性乳酸菌菌种选育及机理研究

乳酸菌在高密度发酵时，如果菌体密度过大，通常会发生菌体破裂，表现出溶菌的现象，称为乳酸菌的自溶。在乳制品生产过程中，不同的生产应用对乳酸菌菌体自溶特性的要求也不同。在干酪的生产中，乳酸菌自溶释放的胞内蛋白酶、肽酶和脂肪酶，可以加快干酪的成熟和特征风味的形成，且优于添加促熟酶的促熟效果。以切达干酪为例，在采用不易发生自溶的菌株 *L. lactis* subsp. *cremoris* HP 制备干酪时会产生苦味,而采用自溶快的发酵菌株 *L. lactis* subsp. *cremoris* LW1484 时则不会产生苦味。如果菌体自溶速率过快时,可能导致干酪发酵产酸过低及残留乳糖过多等问题。在酸奶及益生菌制剂生产中,自溶则不利于乳酸菌的增殖和对胃肠道极端环境的耐受力,同时乳酸菌的自溶限制了高浓度乳酸菌发酵剂培菌技术的发展,直接影响到乳品生产所用的发酵剂的浓度。因此,揭示乳酸菌自溶的发生机理,并根据需要对其进行定向选育或调控已成为目前乳制品发酵工业亟待解决的关键问题,具有重要的理论和实际意义。

本研究筛选得到高自溶度保加利亚乳杆菌和低自溶度干酪乳杆菌各 1 株(孙洁等,2014)(图 26-8)。

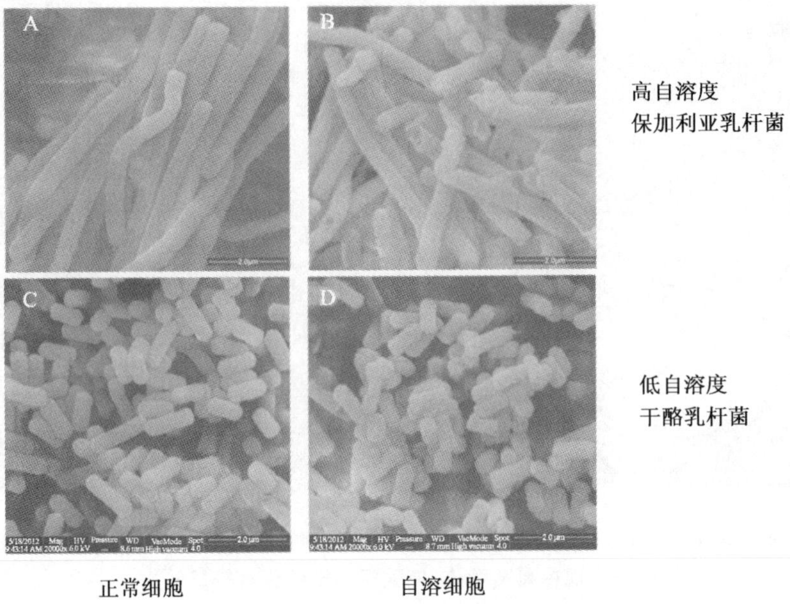

图 26-8 不同自溶度乳酸菌菌株

研究明确了乳酸菌自溶过程可以由多种自溶酶作用产生并存在着关键性自溶酶,不同乳酸菌菌株中的关键性自溶酶存在较大的差异,关键性自溶酶可以用于有效调控自溶发生的速度和程度,但不能完全抑制自溶的产生;环境条件可以通过影响自溶酶的表达量和活性来影响自溶的发生,并可以通过利用环境条件的变化实现对乳酸菌自溶的调控;乳酸菌中自溶酶不仅影响着乳酸菌的自溶而且在菌体细胞增殖过程中的细胞分裂时发挥着分裂细胞壁,实现母代子代细胞分离的作用影响着菌体的形态和生长速率,生物量和产酸能力。

高自溶菌株以附属发酵剂形式添加至干酪生产中能够加速干酪成熟,增加干酪中风味物质的含量,改善干酪风味,缩短产品生产周期。低自溶菌株则具有较高的增值水平,可以作为发酵剂、微生态制剂等的出发菌株。

26.4 益生菌的产业化应用

针对缺乏益生菌产业化应用技术的问题,赵亮团队建立的高标准的复合 GMP 要求的益生菌生产中试基地,先后开展优良菌株的高密度发酵技术、冷冻保护技术、微囊化技术、活性保持技术等研究,针对不同菌株、不同应用终端开发了特异性冻干发酵剂、深冷发酵剂、微胶囊化制剂的生产技术;同时开发了在线活菌数检测技术、菌株纯度快速检测技术、菌株活力快速分析技术、液氮深冷造粒技术等品质保障技术,提升了发酵剂产品的品质;开发了益生菌发酵剂、冲剂、咀嚼片、发酵乳、乳饮料等产品,实现了菌株的多途径的产品应用。赵亮团队研究解决了菌株产业化应用从实验室向工厂的衔接,为菌株的产业化应用提供了直接的指导。

1. 建立了益生菌发酵剂小试平台

升级已有小型生产设备，建立包括配料罐、50 L 小型发酵罐、菌体离心机、液氮冷阱、冷冻干燥机、在内的益生菌直投式发酵剂小试平台。分别研究了长双歧杆菌 BBMN68、唾液乳杆菌 FDB86、副干酪乳杆菌 L9、动物双歧杆菌 A6 的生长特性，据此优化生长培养基，并进行 50 L 发酵罐小试试验，获得最佳小试工艺参数，实现 4 种益生菌的高密度发酵（图 26-9）。

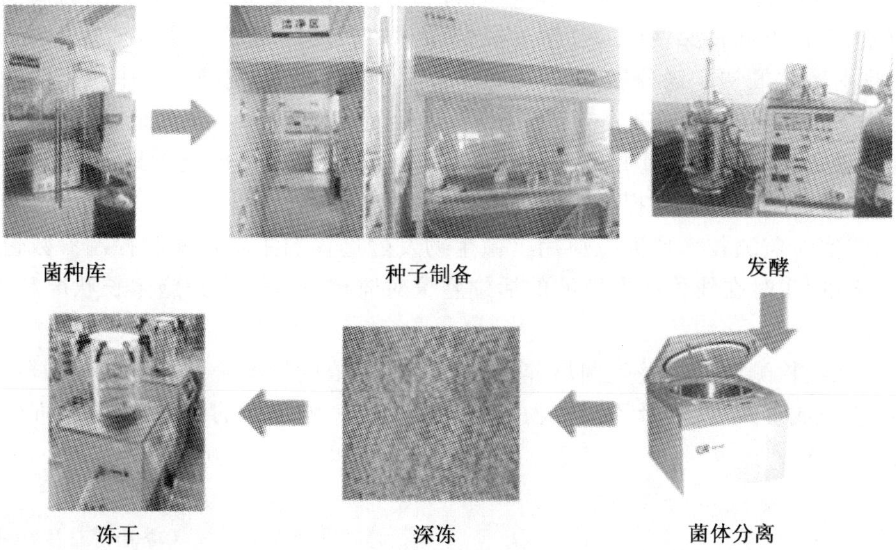

图 26-9　小试生产线示意图

通过单因素实验确定菌体保护效果显著的保护剂种类，随后通过正交试验确定最佳保护剂含量，并对菌体与保护剂配比进行优化。得到保障益生菌冷冻后的高存活率和高活力。

2. 建立了益生菌发酵剂通用中试生产平台

（1）中试参数优化　对长双歧杆菌 BBMN68、副干酪乳杆菌 L9、双歧杆菌 A6 的高密度发酵小试工艺进行放大试验，得到中试工艺参数，确保中试条件实现与小试条件同等水平的高密度发酵。对副干酪乳杆菌 L9、动物双歧杆菌 A6 的冷冻小试工艺进行放大试验，验证经小试工艺研究得到的保护剂能够应用于中试，保证副干酪乳杆 L9、动物双歧杆菌 A6 经过冷冻干燥工艺的处理后还能达到一个较高的菌体存活率，且副干酪乳杆 L9 具有良好的产酸性能。

（2）中试生产线建设　经过多次实地调研、设备选型，确定了技术参数，之后采用公开招标的方式采购主要生产设备，组建了中试平台。

针对目前国内益生菌生产中产品易污染，杂菌难控制、菌粉含水量高活性差等问题，项目组采用多台小机组并列方式，实现了不同分区间的温度湿度独立控制，并实现商业无菌万级净化标准，有效保证生产过程中环境洁净程度及空气低含水量（≤30%）；采购新型全自动全封闭式连续流菌体分离机，保证菌体在全封闭管路中进行分离。在 150 L 规模的设备中试实验结果显示，分离后双歧杆菌存活率≥90%，杂菌（非乳酸菌细菌总数、大肠杆菌、霉菌酵母含量）均含量低于 1 log CFU/g，极大降低生产中污染风险，为高品质益生菌发酵剂生产提供了保证。

3. 开发并应用了菌株活力、纯度快速检测技术，提升了益生菌产品品质

（1）菌株活力快速检测技术研究及应用　发酵终点菌体的活力对菌株的生产及消费过程的性能具有重大的影响。通过检测发酵过程中 ATP 含量，可表征菌体发酵活性。利用 ATP 测试剂盒结合化学

发光酶标仪检测菌体 ATP 水平、菌液 D600 值及单位量菌体产 ATP 水平(ATP/OD600),建立单位菌体 ATP 水平与菌体产酸能力,耐冷冻能力的关系,实现在 5 min 内完成检测过程,成功解决了菌体活力的快速检测问题。

(2)菌株纯度的快速检测技术研究及应用　高分辨率熔解曲线(HRM,high resolution melting)是在实时荧光 PCR 基础上发展起来的一种实时定量新技术,测定实验数据具有较高的灵敏性,可获得较为精准的熔解曲线及熔解温度,具有较为广阔的开发前景。不同细菌的 16srDNA 高变区存在一定的差异,借助特异性引物可进行 16srDNA 高变区的特异性扩增,从而获得特异性的高变区片段。采用 HRM-PCR 技术,获得不同特异性的高变区片段的熔解曲线及熔解温度 T_m,使得不同细菌对应唯一的 T_m 值,从而实现对菌体的初步区分鉴定,并可进一步将此技术用于发酵生产中染菌的检测。

通过测定 16S rDNA V1 及 V2 高变区三个高变区 T_m 值,借助 PCA 分析,绘制不同菌种分布图,可较好的将不同菌种定位。将 HRM-PCR 技术用于发酵中杂菌检测,可极大地缩短检测时间,提高检测准确性,为工业化生产中杂菌检测提供更简便有效的方法。

(3)活菌在线实时监测技术研究及应用　微生物发酵过程的主要检测和控制参数包括温度、pH、溶氧(DO)和活细胞量,实时在线检测发酵液的活细胞量对监控发酵罐中细胞生长状况和判断发酵终点起至关重要的作用。

采用活细胞在线检测器监控益生菌培养过程中活细胞浓度的准确测量。该检测器应用电容原理研制成,具有受细胞组成形式、气泡及不溶性物质等外界因素影响较小的特点,是一种准确、可靠的在线监控活细胞浓度的设备。

(冷小京、吕加平、毛学英团队)

第 27 章　CIP 废酸碱液净化回收设备研制及应用

27.1　概述

乳品生产中采用原位清洗(cleaning in place,CIP)。CIP 酸碱液被用来清洗加工设备、管路及奶车等设备,消耗量大,重复使用时间短。CIP 清洗后的废酸碱液常常直接排放或多次使用后(通常为 15 d)排放入污水处理池中,环境污染严重、污水处理成本高。

微滤是一种压力推动的膜分离过程,它以分子大小及形状不同为基础在压力作用下来进行溶液中组分的分离。在微滤膜的一侧对溶液施加压力的情况下,溶剂及分子量较小的溶质穿透膜出来,成为滤出液;而分子量较大的溶质被膜截流,回收为浓缩液。

吕加平研究员团队与上海凯鑫分离技术有限公司技术人员经过近两年多时间的联合攻关,成功研制出了用于乳品加工厂原位清洗的废酸、碱液净化回收设备,是基于微滤技术研制的一种陶瓷膜分离设备。陶瓷膜的最大特点是抗污染能力强、对酸碱具有较强的耐受性,使用寿命是有机膜的 2～5 倍,因此可以大大降低运行维修费用。

通过该设备可对 CIP 废酸、碱液进行净化处理,净化后的酸、碱液可重复使用,当酸碱液达不到实际清洗的需要时,可以少量添加酸、碱制剂以达到有效浓度。不仅可以节约大量酸、碱用量,节约成本,而且可大幅减少排放,显著降低环保处理费用,并能够在 1 年内收回设备投资。

27.2　中试型 CIP 净化回收设备的设计制造及工艺流程

1. CIP 净化回收设备的设计制造

CIP 废酸碱液净化回收设备,包括压力泵、换热器、膜组件、储料罐,还包括压力表、温度计及流量计。

该 CIP 废酸碱液净化回收设备是通过下述方式实现净化回收目标:将 CIP 清洗产生的废碱液或废酸液加入到储料罐中,压力泵将废碱液或废酸液通过换热器进入膜组件,料液在压力泵驱动下,净化液从膜组件滤过液出口流出,浓缩液重新回流到储料罐反复循环净化(图 27-1)。为了达到最佳的净化效果,通常需要对废酸、碱液进行加热,通过换热器进口注入热水,热水从换热器出口流出,热水可反复循环利用。

运行参数:膜孔径为 7～8 nm,膜的进口压力控制在 0.0～0.4 MPa;膜的运行温度控制在 0～100℃;设备的膜面流速需控制在 1.0～4.0 L/min 之间。运行过程中膜的进口压力高于 0.4 MPa 时需停机检查阀门开度或位置是否正常、泵是否正常等情况。

该 CIP 废酸碱液净化回收设备(图 27-2)具有以下优点:①该设备所使用的膜组件为陶瓷膜,耐酸碱、耐高温、抗污染能力强,具有较强的使用寿命。②该设备使用范围广,可应用于乳制品加工、饮料加工、肉类加工、果蔬加工等企业。③该设备结构紧凑,操作简便,成本低,易于推广转化。

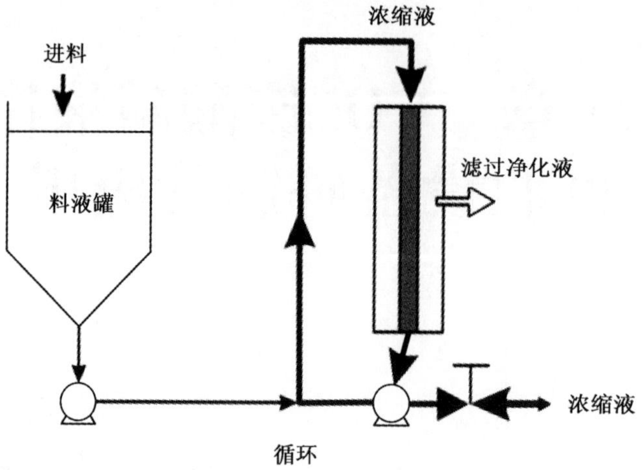

图 27-1 净化回收过程

图 27-2 处理量为 200 L/h 中试型净化回收设备

2. 净化回收效果

(1)碱液净化回收 使用该设备对清洗杀菌机的纯碱液进行净化回收，清洗设备产生的碱液 394 L，得到净化滤液 389 L，浓缩液 5 L，过滤时间为 110 min，膜面积 0.7 m^2。通过多次试验，采用该套膜设备对清洗杀菌机纯碱液的回收平均流速为 3.54 L/min，回收率高达 98.6%。见表 27-1。碱液净化回收前后主要指标对比见表 27-1。效果见图 27-3。

表 27-1 碱液净化回收前后主要指标对比

项目	原样	滤液	浓缩液
NaOH 浓度/%	2.25	2.24	2.05
pH	13.10	13.10	13.05

图 27-3　CIP 碱液净化效果

注:从左到右依次为清洗废碱原液、净化液、浓缩液

(2)酸液净化回收　多次试验结果表明,该设备对清洗设备的废酸液具有较好的回收效果,回收率可以达到 90%以上(表 27-2,图 27-4)。

表 27-2　酸液净化回收前后主要指标对比

项目	原样	滤液	浓缩液
硝酸浓度/%	0.68	0.65	0.65
pH	1.01	0.96	0.95

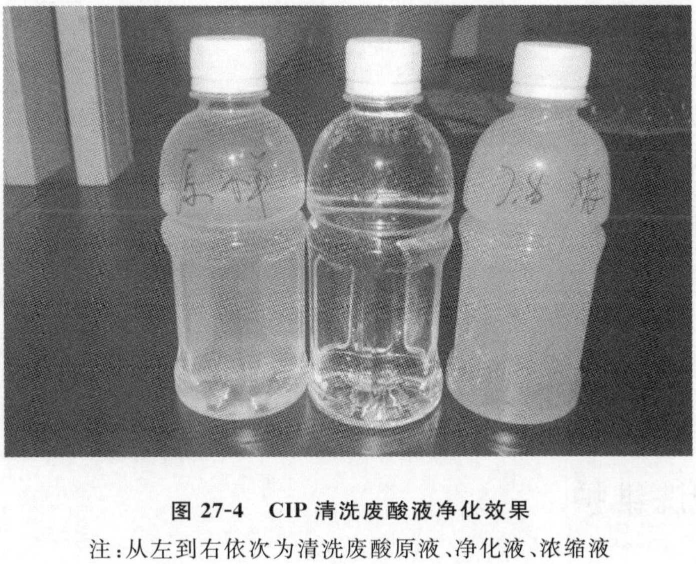

图 27-4　CIP 清洗废酸液净化效果

注:从左到右依次为清洗废酸原液、净化液、浓缩液

27.3　生产型 CIP 废酸碱液净化回收设备的设计制造

2014 年 9 月,在中试设备的基础上,试制了处理量为 1 t/h 的生产型设备,并且在光明乳业和君乐

宝乳业进行了推广示范,在节能减排方面效果显著。该成果获得了2015年度北京市科技进步三等奖(图27-5,图27-6)。下一步拟开展降低乳品企业清洗用水方面的研究示范工作。

图 27-5 生产型设备样机

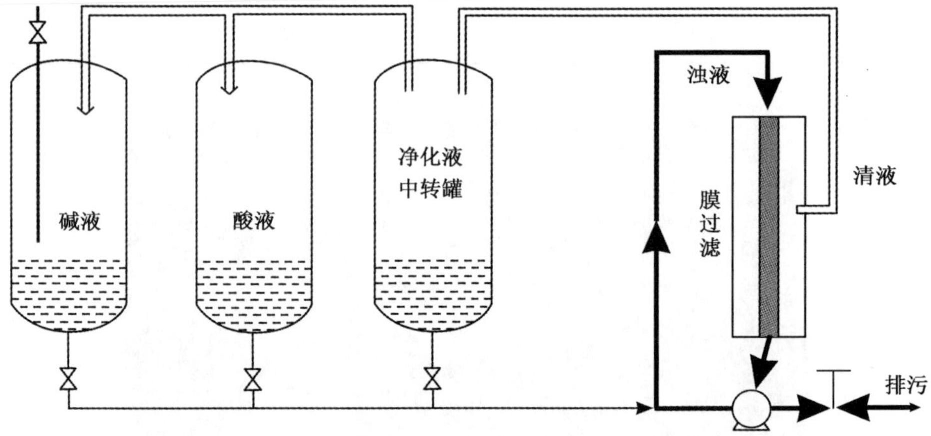

图 27-6 CIP 设备运行示意图

27.4 设备的清洗维护

该设备关键组件膜的污染是导致通量下降的主要原因,当该陶瓷膜设备的通量降低至要求处理通量的2/3时,需对设备进行清洗维护。清洗的一般原则是高流速、低压力下进行,关闭滤出液出口阀门。清洗的步骤为漂洗-碱洗-漂洗-酸洗-水洗。清洗后检查膜设备的通量是否恢复到起始通量(图27-7)。

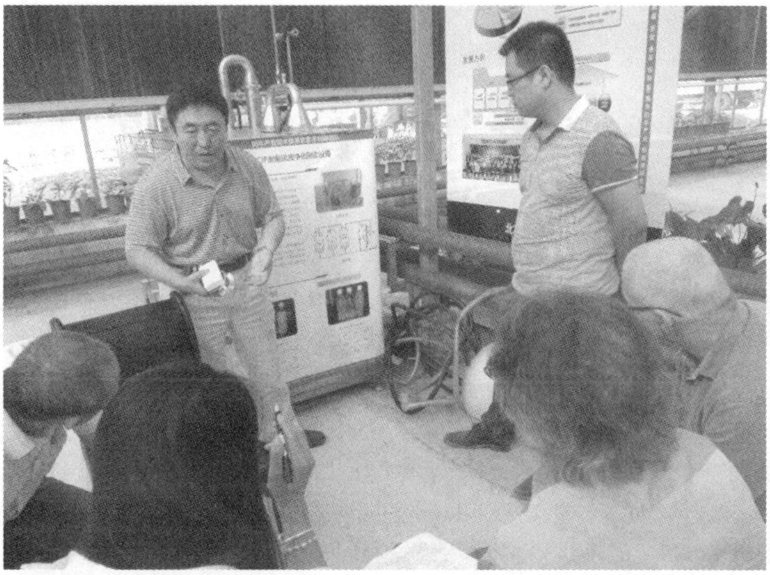

图 27-7　吕加平研究员向意大利专家介绍 CIP 清洗设备

（吕加平团队）

第28章　展　　望

2012—2016期间在相应领域都取得了显著成绩，掌握了制备我国特色干酪的关键技术；提高了干酪副产物乳清的利用价值，研制和开发出模拟脂肪特性的食品基料和低脂乳制品；筛选出具有抗真菌活性、高低自溶性等各种活性的功能性乳酸菌；用CIP技术实现对废酸碱液的回收。但在各自领域仍需继续研发。

针对优良益生菌菌株的开发和应用，团队计划进一步对自然菌株进行分离鉴定，完善益生菌资源库；针对不同菌株具备的不同功能特性，开发不同益生功能的保健产品，实现菌株更广泛的应用。

针对低脂产品的开发，进一步研究改善乳清凝胶特性的关键技术，以研制种类更多且更接近脂肪特性的食品基料，开发出更受消费者欢迎的低脂干酪和低脂酸乳，同时还需推广乳清变性凝胶技术在其他低脂产品中的应用。针对乳清相关产品的开发，进一步加强产品的营养功能特性，充分提高干酪副产物乳清的利用价值。

针对CIP原位清洗在产业中的推广应用，还需进一步加强与生产线相结合的示范工作。针对清洗过程中膜组件污染影响污水处理效率的问题，还需进一步试验制定出合理的清洗膜组件方案，实现对污水快速且高通量处理，在大规模产业链中得到应用。

（乳品加工岗位）

参考文献

[1] Lily Zhao, Shuwen Zhang et al. Effect of ultrasound pretreatment on rennet-induced coagulation properties of goat's milk. Food Chemistry, 2014,165:67-174.

[2] Hongjuan Li, Shuwen Zhang et al. Antifungal activities and effect of *Lactobacillus casei* AST18 on the mycelia morphology and ultrastructure of *Penicillium chrysogenum*. Food Control, 2014, 43:57-64.

[3] 孙洁，王希卓，等. 酸乳高自溶度复合发酵剂配方优化[J]. 农业工程学报，2014，30(8):272-279.

附录　乳品加工功能研究室成果

成果一　已发表文章

1. Hankie Uluko, Lu Liu, Jiaping Lv*. Functional characteristics of milk protein concentrates and their modification. Critical Reviews in Food Science and Nutrition, 2016, 56(7):1193-1208.

2. Hongjuan Li, Shuwen Zhang, Jing Lu, Lu Liu, Hankie Uluko, Xiaoyang Pang, Yanjun Sun, Haixiao Xue, Lili Zhao, Fanhua Kong, Jiaping Lv*. Antifungal activities and effect of Lactobacillus casei AST18 on the mycelia morphology and ultrastructure of Penicillium chrysogenum. Food Control, 2014, 43:57-64.

3. Lu Liu, Wenming Cui, Shuwen Zhang, Fanhua Kong, Jiaping Lv*. Effect of glucose tolerance factor (GTF) from high chromium yeast on glucose metabolism in insulin-resistant 3T3-L1 adipocytes. RSC Advances, 2015, 5(5):3482-3490.

4. Lili Zhao, Xinlu Wang, Qian Tian, Xueying Mao*. Effect of casein to whey protein ratios on the processing and rheological properties of low-fat yoghurt. Journal of Dairy Science, 2016, 99(10), 7768-7775.

5. Lily Zhao, Shuwen Zhang, Hankie Uluko, Lu Liu, Jing Lu, Haixiao Xue, Fanhua Kong, Jiaping Lv*. Effect of ultrasound pretreatment on rennet-induced coagulation properties of goat's milk. Food Chemistry, 2014, 165:67-174.

6. Shuwen Zhang, Hongjuan Li, Hankie Uluko, Jiaping Lv*. Investigation of Protease Production by Pseudomonas fluorescens BJ-10 and Degradation on Milk Proteins. Journal of Food Processing and Preservation, 2015, 39(6):2466-2472.

7. Shuwen Zhang, Lu Liu, Xiaoyang Pang, Jiaping Lv*. Use of microfiltration to improve quality and shelf life of ultra-high temperature milk. Journal of Food Processing and Preservation, 2015, doi: 10.1111/jfpp.12651.

8. Jiajia Song, Qian Wang, Min Du, Tiange Li, Bin Chen, Xueying Mao*. Casein glycomacropeptide-derived peptide IPPKKNQDKTE ameliorates high glucose-induced insulin resistance in HepG2 cells via activation of AMPK signaling, 2016, doi:10.1002/mnfr.201600301.

9. Tingting Wang, Ziwei Guo, Zepeng Liu, Qingyan Feng, Xinlu Wang, Qian Tiana, Fazheng Ren, Xueying Mao*. The aggregation behavior and interactions of yak milk protein under thermal. Journal of Dairy Science, 2016, doi:10.1002/mnfr.201600301.

10. Qian Tian, Tingting Wang, Xi Tang, Mingzhao Han, Xiaojing Leng, Xueying Mao*. Developing a potential prebiotic of yogurt: Growth of Bifidobacterium and yogurt cultures with addition of glycomacropeptide hydrolysate. International Journal of Food Science & Technology, 2015, 50(1):

120-127.

11. 吕加平，张书文，刘鹭. 巴氏杀菌奶加工技术及质量控制现状[J]. 食品科学技术学报，2016，01:9-15.

12. 刘佳，张书文，宋广巍. 五种不同来源果胶类多糖的提取及其蛋白质稳定性测定[J]. 2016，5：157-163.

13. 刘洁，张书文，逄晓阳. 剪切速率、温度及盐离子浓度对稀奶油流变学特性的影响[J]. 中国乳品工业，2015，43(6):4-6.

14. 梁霄，刘鹭，张书文，孙琦，吕加平. 不同品种原料乳理化特性分析[J]. 食品科学，2013，34(5):50-54.

15. 芦晶，刘鹭，张书文，吕加平. 过滤器辅助样品前处理法测定乳脂肪球膜蛋白质的研究[J]. 中国畜牧兽医，2013，40(S1):93-100.

16. 芦晶，刘鹭，张书文，吕加平. 蛋白质组学技术在乳品研究中的应用[J]. 生物技术进展，2013，3(6):385-388.

17. 宋慧敏，芦晶，吕加平. 基于电子鼻和电子舌对牛奶加热程度及风味变化的评价[J]. 中国乳品工业，2016，44(2):12-15.

18. 孙洁，王希卓，刘鹭. 酸乳高自溶度复合发酵剂配方优化[J]. 农业工程学报，2014，30(8):272-279.

19. 王辉，孙琦，刘鹭，张书文，段玉权，吕加平. UHT 乳货架期预测模型的建立及检验[J]. 中国农业科学，2012，46(3):586-594.

20. 许嫚，韩烨，吕加平. 细菌产蓝紫色素的化学结构解析及理化特性研究[J]. 核农学报，2016，30(3):533-540.

21. 赵丽丽，张书文，刘鹭. 钙磷盐含量及 pH 对山羊乳酶凝胶特性的影响[J]. 中国食品学报，2015(9):61-68.

22. 张燚，张书文，刘鹭. Ca^{2+} 对牛乳酶凝特性以及凝块得率的影响[J]. 中国乳品工业，2014，42(7):12-15.

23. 张书文，刘鹭，孙洁. 影响原料乳品质的纤溶酶活性的因素分析[J]. 农业工程学报，2014，30(13):286-292.

24. 张书文，刘鹭，李红娟，崔文明，孙琦，陈建行，吕加平. 应用浊度法快速鉴别原料乳，巴氏乳和 UHT 乳[J]. 中国畜牧兽医，2013，40(S1):100-104.

25. 刘泽朋，祝缘，王婷婷，赵丽丽，毛学英. 酪蛋白磷酸肽-钙络合物对酸乳发酵特性及微观结构的影响. 中国乳品工业，2016，44(9)，1-6.

26. 纪小敏，王婷婷，王宗继，李进国，毛学英. 壳寡糖对酸乳后酸化及贮藏稳定性的影响. 中国乳品工业，2016，44(6)，1-6.

27. 刘泽朋，王欣璐，王婷婷，祝缘，毛学英. α-乳白蛋白酶解物-钙络合物对酸乳发酵特性及流变特性的影响. 中国奶牛，2016.(已接收)

成果二　专利

1. 刘松玲，任发政，蒋菁莉，刘爱萍，赵亮，张明，杨海莺，田寒友. 一种双歧杆菌深层冷冻直投发酵剂及其复合冷冻保护剂（ZL200910136515.3）

2. 吕加平，刘鹭，孙卓，孙洁. 一株高自溶度乳酸菌及其在干酪中的应用（ZL 201110089685.8）

3. 吕加平，李红娟，刘鹭，张书文，孙洁，孔凡丕，孙卓. 一株乳酸菌及其应用 ZL 201010568459.3

4. 吕加平，陈建行，张书文，刘鹭，孙颜君，苏燕玲，崔文明，孔凡丕. 酪蛋白粉及其制备方法（ZL201310206502.2）

5. 吕加平，张书文，刘鹭，李红娟，崔文明，孔凡丕，陈建行. 鉴别原料乳、巴氏乳和 UHT 乳的方法（ZL201310183189.8）

6. 吕加平，褚中秋，任星环，崔园园. 一种干酪及其生产方法（ZL200710099650.6）

7. 吕加平，孔凡丕，刘鹭，张书文，崔文明，李红娟. 一种低热乳粉的制备方法（ZL201110116530.9）

8. 毛学英，陈耿华，王磊. 一种利用连续型酶膜反应器制备的乳清蛋白降血压肽及其专用装置（ZL200910243343.X）

9. 毛学英，谷俊男，任发政. 一种用于低脂食品生产的酶改性乳清蛋白凝胶的制备方法（ZL200910078033.7）

10. 毛学英，杨抒. 一种微囊化蛋白多肽及其制备方法（ZL201110087864.8）

11. 毛学英，许成才，王磊，徐世平，任发政. 一种酶解乳蛋白亚铁络合物微胶囊补铁剂及其制备方法（ZL200810240344.4）

12. 毛学英，王磊，成雪，陈耿华. 一种乳清蛋白降血压肽及其制备方法与应用（ZL201010033759.1）

13. 毛学英，王婷婷. 银杏蛋白肽发酵乳及银杏蛋白肽发酵乳饮料的制备方法（201510903158.4）

14. 毛学英，纪晓敏. 一种微囊化壳寡糖及其制备方法和应用(201610214463.7)

15. 孙晶，任发政，郭慧媛，赵亮. 干酪乳杆菌及其应用以及功能食品组合物(201410399837.8)

16. 田寒友，任发政，蒋菁莉，刘爱萍，杨海莺，赵亮，张丁丁，刘松玲. 一种适合工业化生产双歧杆菌的培养基及其配置方法（ZL200910136516.8）

17. 赵亮，任发政，乔雪微. 检测菌体活细胞的方法及其应用以及引物与试剂盒（ZL201210199850.X）

成果三　奖励

1. 冷小京(9/10)，毛学英(10/10). 国家科学技术进步二等奖，“干酪制造与副产物综合利用技术集成创新与产业化应用”，国家科技部，2013 年

2. 冷小京. 中国食品产业产学研科研成就奖三等奖，“可降解可食用包装膜的研制，北京食品科学研究院”，2013 年

3. 冷小京(3/20)，毛学英(4/20). 功能乳品与益生菌创新团队，中华人民共和国农业部，科技进步，优秀创新团队奖(等同于科研成果一等奖)，2015 年

4. 毛学英(5/10)，冷小京(10/10). 新型乳制品加工关键技术研究与产业化应用，北京市人民政府，北京市科学技术奖，二等奖，2012 年

5. 毛学英. 中国食品产业产学研创新发展高峰论坛杰出科研人才奖，2012 年

6. 吕加平(1/10). “酵母源葡萄糖耐量因子(GTF)结构解析与功能评价”获得北京市科技进步二等奖，2012 年

7. 吕加平(1/10). “干酪加工与乳清回收清洁生产关键技术与设备的研发及产业化”，北京科技进步三等奖，2015 年

8. 吕加平(3/10).“高品质特色奶酪及酸乳的产业化开发与关键技术” 获得上海市科技进步三等奖,2012 年

9. 吕加平(3/10).“益生菌及其发酵乳加工关键技术与产业化”获得中华农业科技奖科学研究成果二等奖,2013 年

10. 吕加平.“GIF 高效发酵工艺及制备技术”获年第二届中国食品产业产学研创新发展高峰论坛优秀科研成果二等奖，2012 年

第六篇　生鲜乳安全

研究背景

生鲜乳安全既关系到公共健康，又与养殖业发展密切相关。兽药残留、毒素与外来化合物是威胁生鲜乳安全的主要因素，建立牛奶中兽药及有害化合物的仪器检测方法和快速筛选方法，建立原料乳乳蛋白特定的“指纹”图谱库，形成原料乳的质量评价标准，有效地对原料乳中的掺假物质进行判定是监控牛奶质量安全的必要手段；其次，探索常用兽药在乳房炎牛上的代谢消除规律是确保牛奶中兽药残留限量达标的重要方式；同时开展牛奶中蜡样芽孢杆菌的安全性评价与耐药情况调查及奶牛乳房炎耐药菌的调查与分析，是保障生鲜乳安全和人们健康的有效手段。

第 29 章　牛奶中兽药残留检测方法的建立

29.1　概述

长期以来，在奶牛养殖过程中抗生素经常被用来预防和治疗奶牛的各种感染性疾病，而抗生素可以通过奶牛体循环残留于牛奶中。人们饮用含有抗生素残留的牛奶及其制品后，可能会影响人体的正常机能不利于人体健康。同时食品中抗生素残留对儿童发育也会产生不良影响(王宏博等，2010)。

目前造成牛奶中抗生素残留的原因包括以下几个方面：①对泌乳期奶牛用药不当是造成牛乳中抗生素残留的重要原因；②非法将抗生素作为奶牛饲料添加剂使用；③给患病奶牛使用过的挤奶工具和贮奶设备，未经彻底清洗和消毒就用于其他健康牛只造成牛奶中抗生素的污染；④有的奶牛场在高温季节在牛奶中掺杂各种抗生素防止牛奶酸败。

抗生素对人类疾病的预防和治疗以及兽医临床中发挥了巨大的作用，但牛奶中残留的抗生素对人体具有潜在的危害。主要表现在：①牛奶中残留的抗生素可能会诱导人体内产生耐药性菌株。②造成人体内的菌群失调，使人的免疫力降低，严重时可危及病人生命。③牛奶中残留的抗生素会影响奶制品品质，降低产量和质量，给生产者造成经济损失；同时一些性质稳定的抗生素被排泄到环境中会造成环境污染破坏生态平衡。④抗生素本身也有一定的毒副作用。

目前牛奶中抗生素残留的检测方法主要包括微生物检测法，理化检测法和免疫分析检测法。生物检测法是应用最早的方法，其测定原理是根据抗生素对微生物的生理机能、代谢的抑制作用，来定性或定量确定样品中抗微生物药物残留，如纸片法(PD)、TTC 法、拭子法(STOP)等。传统的微生物学检测方法有标准平板计数法(standard plate count，SPC)和显微镜直接观察法(DMC)，但都存在检测周期长、操作繁琐等缺点。近年来，一些新型的微生物学筛选方法不断涌现，大大缩短了检测的时间，提高了检测的效率(Pikkemaat，2009，Pikkemaat，et al.，2008)。理化检测方法是根据抗生素分子理化性质对其进行分离和检测的方法，分离部分应用较多的包括色谱和电泳技术，检测部分包括紫外、荧光、质谱和化学发光等技术。随着新技术的不断出现，理化检测技术的分离效率和检测灵敏度不断提高，而且结果稳定、重复性好、精确可靠，是目前牛奶中抗生素残留法定的确证检测方法。免疫分析法的基本原理是以抗原或半抗原和抗体特异性结合为抗原-抗体复合物的免疫反应为基础的生化测试技术。免疫分析法主要有放射免疫分析(RIA)、酶免疫分析(EIA)、荧光免疫分析(FIA)和酶联免疫吸附法(ELISA)。与常规的理化分析技术相比，免疫分析技术最突出的优点是操作简单、速度快、分析成本低。以使用微量滴板的 ELISA 为例，其取样量小、前处理简单、容量大、仪器化程度低，可方便地达到 ng/g 至 pg/g 级，分析效率为 HPLC 或 GC 的几十倍以上。

29.2 牛奶中林可霉素残留的免疫层析检测方法研究

免疫层析起源于20世纪80年代初期,免疫层析技术将层析技术和抗原抗体特异性免疫反应结合。这种分析技术操作简单快速、分析结果易于判断且无须仪器(或只需简单仪器)(Anfossi, et al.,2013, Dzantiev, et al.,2014, Posthuma-Trumpie, et al.,2009)。因此,非常适用于环境、动物疾病初诊(Adams and Thompson 2008, Suri, et al.,2009),家庭或个人在诊断、保健、体检(Karakus and Salih 2013)等方面的运用。

免疫层析技术是以硝酸纤维素膜(NC膜)材料为固相,待检样品为流动相。通过毛细层析作用使得待检物与膜上针对待检物的受体发生特异性反应。层析过程中样品溶液待检物被富集或截留在NC膜的检测线,通过检测或肉眼观看标记标记物的情况来确定试验结果。

常见的免疫层析技术中的标记物包括胶体金(Liu, et al.,2014)、量子点(Taranova, et al.,2015)、镧系元素(Zhang, et al.,2014)、纳米磁性材料(Chen, et al.,2014)等。胶体金免疫层析技术作为最经典的免疫层析技术之一。胶体金粒径在10～150 nm之间,颜色为橘色到紫红色。对于大分子抗原的快速检测可以应用夹心模式,如人绒毛膜促性腺激素(hCG)的检测。而对于小分子化合物(如药物、毒素、添加剂)因其本身是小分子化合物属于半抗原,一般采用间接竞争的模式。1990年,Beggs等最先建立了检测α-HCG的试纸条,为早孕试纸条奠定了基础。

荧光微球作为一种有荧光的功能微球,具有稳定形态结构和高效发光效率等优点,越来越受到广大科研工作者的重视。2013年,Quan-Yuan等(Xie, et al.,2014)做了胶体金与荧光微球免疫层析的比较性研究,本试验是将标记物与大肠杆菌O157:H7单克隆抗体结合。得到荧光微球的灵敏度为胶体金的8倍,并且在抗体用量和变异系数均优于胶体金。目前,荧光微球广泛用于高新技术领域,如标记、示踪、检测、标准、固定化酶、免疫医学、高通量药物筛选、基因研究等。

林可霉素(Lincomycin,LIN)是由链霉菌发酵液中提取的一种林可胺类碱性抗生素,临床上主要用于治疗革兰氏阳性菌特别是耐青霉素的革兰氏阳性菌所引起的各种感染(Tsakos and Kokotos 2014)。临床中对于治疗奶牛乳房炎和子宫内膜炎有良好的效果,过量或滥用LIN,可导致动物不良反应。动物体内LIN可经乳房代谢,导致牛奶中LIN的残留,人食用后,机体易发生变态反应(潘瑞云,2001;常立萍,2005)、胃肠道反应(Canzi, et al.,1985, Chiu, et al.,2009)和低钾性麻痹(马启明,2004;郭美华,2008)等症状,危害人类健康。目前,免疫层析方法以其简单、快速、成本低等优势,在兽药残留检测领域中占有的地位越来越重要。本研究旨在建立牛奶样品中LIN的免疫层析方法,为LIN残留监控提供了快速筛查方法。

建立了检测牛奶中LIN残留的胶体金免疫层析方法。本方法采用间接竞争模式,选取粒径为40 nm的胶体金颗粒,采用方阵法系统的研究了金标记抗体时pH和抗体浓度对试纸条性能的影响。确定反应体系为1 mL的胶体金溶液中7 μL 0.1 mol/L K_2CO_3和32 μg的抗体。包被抗原按1∶160稀释。该方法牛奶中LIN的Cutoff值为10 ng/mL,目测15 min内完成,具有良好的稳定性和特异性(图29-1)。

建立了检测牛奶中LIN的荧光微球免疫层析方法。本方法采用粒径为200 nm的红色荧光微球。确定EDC/NHS=2.4 mg/3.2 mg为最优。确定荧光微球标记抗体时的抗体用量为1.6 μg。肉眼观察牛奶Cutoff值分别为24 ng/mL。通过荧光信号读数仪的检测可得到半定量检测结果,检测范围为1.35～3.57 ng/mL,检测限为0.69 ng/mL,IC50为2.20 ng/mL。与克林霉素有4.4%的交叉反应率,其他药物可以忽略的交叉反应。添加回收试验,通过三个不同浓度LIN添加到样品中,其回收率为

86.21%～111.30%，变异系数小于 17.35%。此方法灵敏度高，节约抗体，并且可以达到半定量的检测结果（图 29-2，表 29-1，表 29-2）。

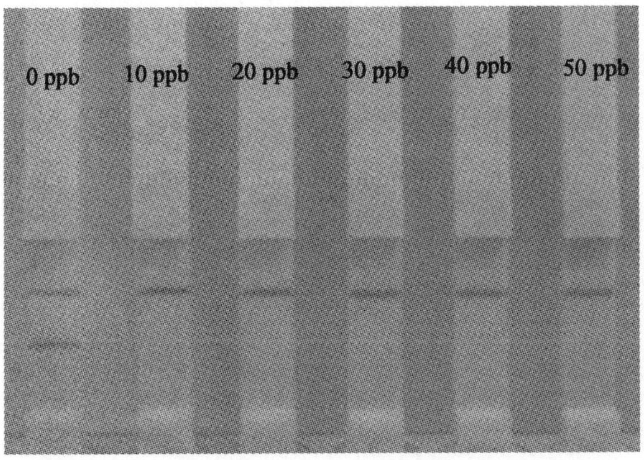

图 29-1　胶体金免疫层析检测牛奶中 LIN 结果

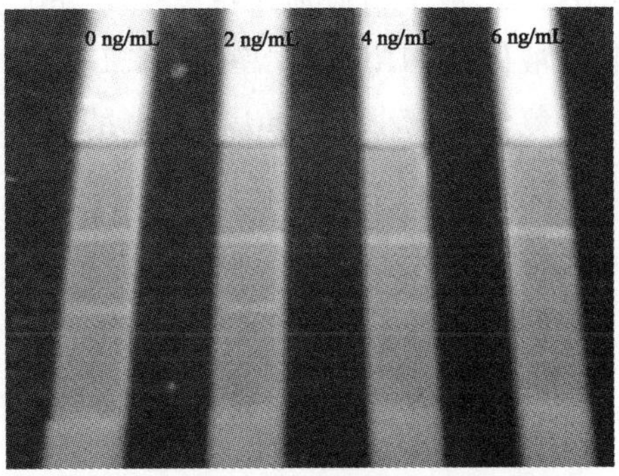

图 29-2　荧光微球免疫层析定性检测结果

表 29-1　荧光微球免疫层析半定量检测结果

项目	PBST
拟合方程	Logistic
LOD	0.69
IC_{50}	2.20
IC_{20}～IC_{80}	1.35～3.75
R^2	0.998 7

表 29-2　荧光微球免疫层析检测牛奶中 LIN 的回收率

添加量/(ng/mL)	检测值/(ng/mL)	回收率/%	变异系数/%
4	3.44 ± 0.07	86.21	8.14
12	13.36 ± 0.35	111.30	10.48
20	18.44 ± 0.80	92.27	17.35

本研究建立的胶体金免疫层析和荧光微球免疫层析方法，操作简单，节约时间，成本低，结果可靠，适用于基层临床的初步检测，对于初步筛查牛奶中 LIN 提供了方法。

29.3　牛奶中美洛培南与厄他培南残留的 UPLC-MS/MS 检测方法研究

美洛培南和厄他培南属于碳青霉烯类抗生素（Papp-Wallace, et al.，2011），是由青霉素结构改造合成的一类新型 β-内酰胺类抗生素，问世于 20 世纪 80 年代。构型特殊的基团使这两种抗生素具有超广的抗菌谱，极强的抗菌活性及对 β-内酰胺酶高度稳定性的优点（Moellering, et al.，1989）。同时因其毒性低，交叉耐药性小，所以已经成为临床上治疗严重细菌感染最主要的抗菌药物之一。然而奶牛临床上这两种抗生素的大量使用，不仅容易引起耐药性的产生，而且对牛奶的安全造成了威胁。本试验中，以牛奶为主要基质，建立了牛奶中美罗培南和厄他培南的 UPLC-MS/MS 检测方法，该方法快速、准确、操作简单和灵敏度高，能够满足残留检测的要求。

前处理方法：2 g 牛奶，加入 10 mL MOPS (pH=6.8)，涡动 3 min，超声 15 min，4℃，10 000 r/min 离心 10 min，取上清液加入正己烷 10 mL。手动摇匀 20 次，4℃ 10 000 r/min 离心 5 min，弃上层正己烷，剩余液体过 HLB 柱。净化：HLB(3CC 60 mg)，3 mL 甲醇 3 mL 水活化，上样。2 mL 60%甲醇洗脱，35℃氮气吹至小于 1 mL，0.1%的甲酸水定容至 1 mL，过 0.22 μm 滤膜，上 UPLC-MS/MS 检测。

1. 液相色谱方法(表 29-3)

色谱柱：ACQUITY UPLC BEH C18 1.7 μm

洗脱条件：梯度洗脱

柱温：35℃

进样量：10 μL

表 29-3　UPLC 方法

时间/min	流速/(mL/min)	0.1%甲酸水/%	0.1%甲酸乙腈/%
0.0	0.3	98	2
0.7	0.3	98	2
1.8	0.3	40	60
3.0	0.3	98	2

2. 质谱方法(表 29-4)

离子源：电喷雾离子源(ESI)

扫描方式：正离子扫描

检测方式：多反应监测(MRM)

表 29-4　MS/MS 方法

药物	母离子/(m/z)	子离子/(m/z)	锥孔电压/V	碰撞能量/eV
美洛培南	384.2	141.4*	25	18
		254.0		15
厄他培南	476.2	431.7*	18	9
		346.0		15

* 定量离子。

本研究中，牛奶中美罗培南的定量限可以达到 5 ppb，厄他培南的定量限为 17 ppb，回收率可以到达 80%以上。该方法稳定可靠，回收率和灵敏度都优于现有的文献报道，可以快速准确的检测出牛奶中美罗培南和厄他培南的残留量，从而保证牛奶的食用安全(图 29-3，图 29-4)。

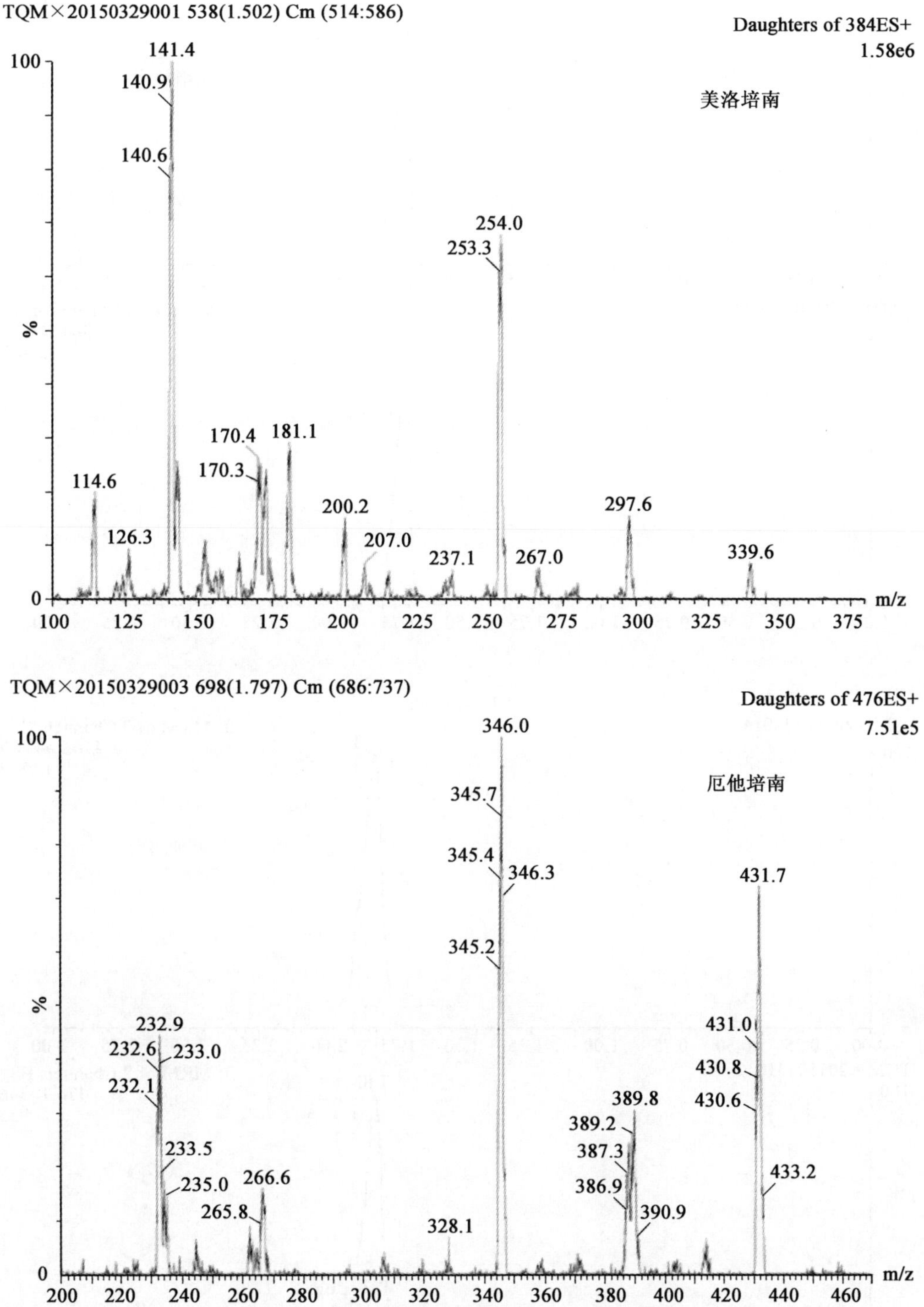

图 29-3　美洛培南和厄他培南子离子扫描质谱图

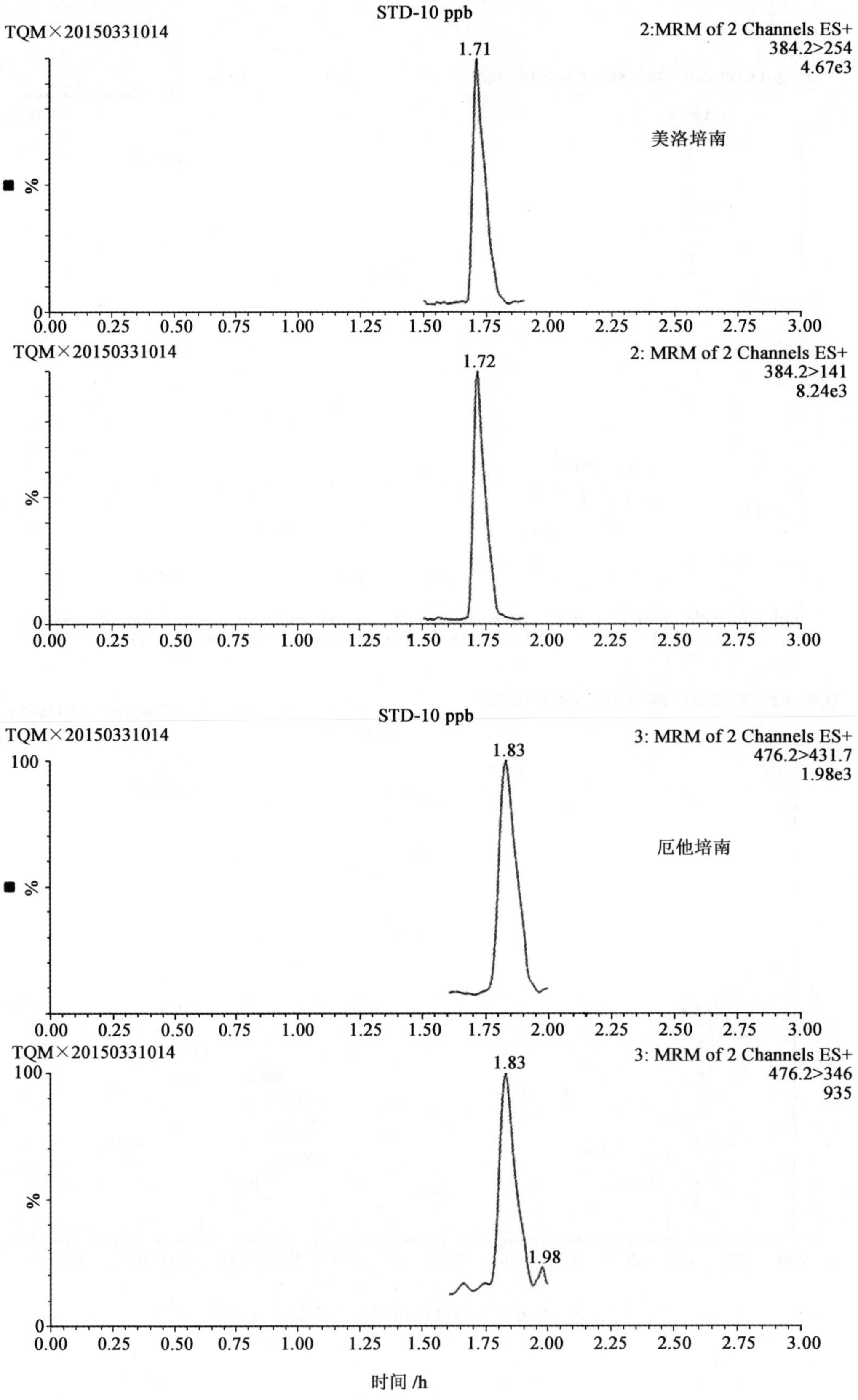

图 29-4 美洛培南和厄他培南标准品色谱图(10 μg/L)

29.4　牛奶中阿莫西林、克拉维酸和泼尼松龙的多残留检测方法的建立

样品前处理方法，5 mL 牛奶，加入乙腈：水(9：1)20 mL 沉淀蛋白后，取出上清液 N_2 吹至<1 mL。用 0.1%的甲酸水定容。净化后，供 UPLC-MS/MS 分析。流动相为 0.1%甲酸水和 0.1%的甲酸乙腈，梯度洗脱，经 Acquity UPLC ® BEH RP C18 Column (50 mm × 2.1 mm, 1.7 μm) 色谱柱分离，采用电喷雾电离，多反应监测正离子模式对阿莫西林和泼尼松龙进行定量分析，负离子模式对克拉维酸进行定量分析。结果表明，阿莫西林在 2～1 000 ng/mL，克拉维酸在 20～1 000 ng/mL，泼尼松龙在 2～1 000 ng/mL 范围呈良好线性，线性相关系数均大于 0.99；样品检出限为 0.5～10 μg/kg (S/N ≥3)，定量限为 1～20 μg/kg (S/N≥10)；对牛奶进行 3 个水平的加标回收实验 (n=6)，这三种药物的平均回收率为 84.2%～107.0%，日内相对标准偏差为 3.1%～8.7%，日间相对标准偏差为 4.6%～11.9%。该方法可用于牛奶中阿莫西林、克拉维酸和泼尼松龙残留的分析检测。此项成果已作为会议论文在第二届全国奶牛精细化管理高峰论坛发表并获得三等奖(图 29-5)。

图 29-5　成果获奖

29.5　牛奶中土霉素残留检测方法改进

几十年以来，四环素类抗生素因其广谱的抗菌特性和较低的成本，已经被广泛用于治疗人类和动物的各类感染性疾病。早在 2002 年，英国环境署就发表了有关环境中的兽药残留情况的综述，文章中表明，在 1999 年和 2000 年，四环素类抗生素作为兽药或者促生长剂是英国使用量最大的一类抗生素(Boxall, et al., 2003)。此外，四环素类还可以作为饲料添加剂被添加在饲料中，促进动物生长。最初，研究人员发现生产四环素类抗生素剩余的链霉菌固体发酵物可以促进植物的生长，也可以作为动物饲料促进动物生长，大大增加了经济收益，这一发现使得抗生素作为饲料添加剂的做法流行起来，例如，日本人 TAKAGI HIROFUMI 等在 1983 年发明的专利中，将四环素、泰乐菌素、氯霉素等抗生素组合在一起，形成具有协同作用混合物，在此基础上制成了具有抗疟原虫特性的促生长剂。土霉素作为广谱抗生素在牛场的应用非常广泛，无论是治疗肉牛疾病还是奶牛疾病。2009 年有人对加拿大的 203 所牛场使用抗生素情况进行了综述，结果表明至少用过一次土霉素的牛场有 123 所，占到 61%，在所有抗生素中是最高的，尤其是奶牛场产后奶牛疾病的治疗中，一直在用土霉素的有 105 所，占到了 52%。

然而四环素类抗生素与蛋白质的结合能力较强,在动物体内的组织分布广泛,因此无论是药源性还是食物源性,此类抗生素都可以在动物源性食品中形成残留。人类食用有四环素类残留的动物源性食品或者服用此类抗生素后,产生的危害主要有:四环素类抗生素是 2 价和 3 价离子的螯合剂,在人体内大量蓄积,会和人体内的金属离子产生螯合作用,尤其是四环素容易在骨骼和牙齿中沉积,导致成长中牙齿持久染色,形成“四环素牙”(Cohlan. 1977, Compton 2002),与骨骼中钙的结合可以影响骨骼的生长发育,在骨髓引起溶血性贫血(Mazza 和 Kryda,1980),免疫抑制等,所以怀孕中或者哺乳期的妇女以及儿童不可以使用四环素;在肝组织中大量富集时,可以造成肝损害,严重时出现脂肪肝(Burette, et al.,1984);主要经过肾脏排泄,其在肾脏内的蓄积可以引起肾功能障碍,严重时有生命危险(Appel and Neu,1977);在高敏感人群引起过敏反应光敏感(Hasan, et al.,1985)产生毒性作用;经胃肠道时,此类药物可以引起肠道内菌群失调,出现恶心、呕吐、肠鼓气、腹泻等症状,同时对胃肠道的黏膜也有损伤。

另一方面,四环素类抗生素对环境产生的影响一样不容小觑。四环素类抗生素用药后,70%以上的药物以活性的形式通过尿液、粪便等排泄到人或动物体外,其在环境中的消除也比较缓慢(Gao, et al.,2012)。尤其在畜牧场这种大规模开放性的环境中,此类抗生素的广泛使用,导致地表水,土壤和沉积物等自然环境的大幅度污染,长期处在低剂量暴露的情况下,不但对周围生物的生长产生毒副作用,更引发了人们的担忧:这些抗生素可以有选择地使环境中的细菌产生耐药性。2001 年,Butaye、Devriese 和 Haesebrouck 等研究表明,来自牧场动物的肠球菌发生细菌获得性四环素耐药的频率很高(Butaye 和 Devriese,2001)。2011 年,美国科罗拉多大学的博士在肉牛饲养场的研究表明,在诸多研究的抗生素中,仅四环素类的肠道外暴露与细菌的四环素类耐药有明确关系。

综上所述,四环素类药物的广泛使用容易在动物源性食品中形成残留,直接危害消费者身体健康;同时四环素类几乎全部以原型被排到动物体外,最终是要在自然环境中降解消失的,在这个过程中对环境造成的伤害更可怕。因此,我国以及世界上很多国家或组织都对动物源性食品中的四环素类药物制定了最高残留限量标准,并对其中动物源性食品中的残留实施例行监控。所以,建立快速准确的方法检测动物源性食品中四环素类抗生素残留显得尤为重要。

目前我国已有国标规定了牛奶中四种四环素类抗生素的液相色谱-紫外检测方法,可以用于土霉素的检测,但我们发现此方法检测土霉素单个药物的成本高,且容易堵塞仪器通路,有一些方面需要改进。

本方法主要以《GB/T 22990—2008 牛奶和奶粉中土霉素、四环素、金霉素、强力霉素残留量的测定,液相色谱-紫外检测法》为基础,对牛奶中的土霉素残留检测方法进行了改进。样品前处理过程中,我们选取 0.1 mol/L 的 Na_2EDTA-Mcllvaine 缓冲溶液提取牛奶中的土霉素,正己烷除脂以及 HLB 固相萃取柱净化浓缩。色谱分离条件:采用 Symmetry Shield RP-C18 (250 mm×4.6 mm,5 μm)反相色谱柱,以乙腈和 0.048%的磷酸溶液(pH 2.5)为流动相,采用梯度洗脱的方式对样品进行分析。方法改进后,土霉素的出峰时间为 6.5 min,峰形尖锐,与样品中的杂质峰分离良好。土霉素标准溶液在 5~2 000 μg/kg 范围内,标准曲线的 R^2>0.999 9;牛奶中土霉素在 10、20、100 μg/kg 三组浓度点的加标回收率分别为 87.9%、90.5%、87.8%,批内变异系数范围为 2.2%~5.8%,批间变异系数范围为4.0%~5.1%。土霉素在牛奶中的检出限为 5 μg/kg,定量限为 10 μg/kg,适于研究土霉素在牛奶中的残留消除规律。具体结果如图 29-6,图 29-7 所示,牛奶中土霉素检测方法的回收率与变异系数见表 29-5。

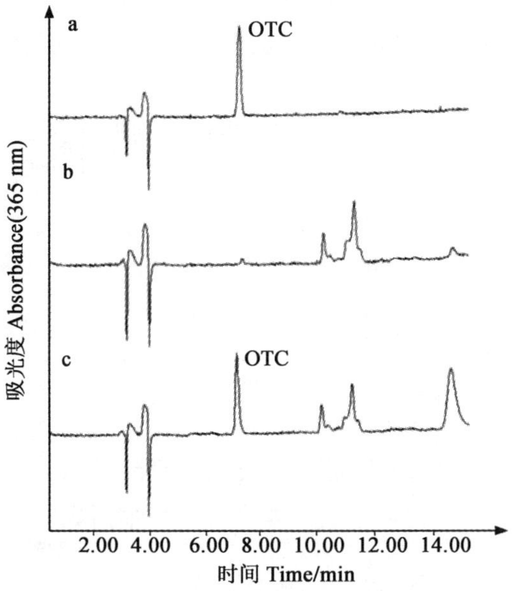

图 29-6　(a) 土霉素标准溶液色谱图 (100 μg/kg); (b) 空白牛奶色谱图; (c) 土霉素基质添加色谱图 (100 μg/kg)

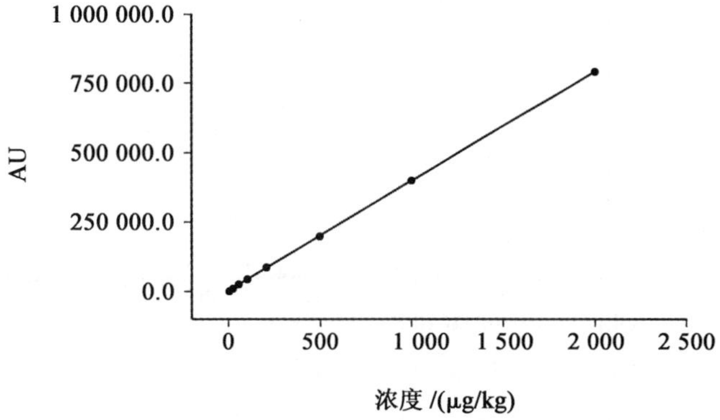

图 29-7　土霉素在 5～2 000 μg/kg 浓度范围内的标准曲线

表 29-5　牛奶中土霉素检测方法的回收率与变异系数

添加浓度/(μg/kg)	平均回收率/%	日内变异系数/%	日间变异系数/%
10	87.9	5.8	5.1
20	90.5	3.2	4.1
100	87.8	2.2	4.0

29.6　牛场粪污中多黏菌素 E 含量检测方法的建立及其与可转移多黏菌素耐药基因 *mcr*-1 丰度相关性的初步探究

多黏菌素 E(colistin)是一种多肽类抗生素，在畜禽养殖中广泛应用，主要用于疾病治疗和促生长。近年来，随着临床上 β-内酰胺类，特别是碳青霉烯类药物耐药菌株的大量出现，多黏菌素 E 作为治疗这些多重耐药菌引起感染的有效药物，引起了人们的广泛关注。本实验室前期发现了首个可转移的多黏菌素耐药基因 *mcr*-1，引起了全世界学术界的高度关注。目前还没有针对多黏菌素 E 在粪便的残留检测方法，粪污中多黏菌素 E 的含量和 *mcr*-1 基因丰度的关联性研究也未见报道。本研究建立了粪污中多黏菌素 E 含量的超高效液相色谱-串联质谱检测方法，用于检测粪便和堆肥中多黏菌素 E 的含量，同时利用荧光定量聚合酶链式反应检测养殖场粪便、堆肥和土壤样品中 *mcr*-1 基因的丰度，并对两者相关性进行初步探究。

所建立的粪污中多黏菌素 E 含量的超高效液相色谱-串联质谱法如下，采用 10%三氯乙酸：乙腈(*v*：*v*=7：3)溶液提取样品中的多黏菌素 E，WCX 固相萃取柱净化浓缩。样品的色谱分离条件：采用 Acquity UPLC BEH C18 色谱柱(50 mm×2.1 mm，1.7 μm)反相色谱柱，以 0.5%甲酸水和 0.1%的甲酸/乙腈为流动相梯度洗脱。在 50、200 和 1 000 μg/kg 三个浓度添加水平下，平均回收率在 73.11%～92.10%之间，日内变异系数小于 12.61%，日间变异系数小于 13.81%。多黏菌素 E1 的检测限为 20 μg/kg，定量限为 50 μg/kg；多黏菌素 E2 的检测限为 20 μg/kg，定量限为 50 μg/kg。在实际样本检测时发现堆肥中多黏菌素 E 的含量远高于粪便。

本研究利用 BIO-SOIL 试剂盒提取土壤、堆肥和粪便中的 DNA,利用荧光定量聚合酶链式反应检测,以 16S rRNA 拷贝数为参照,检测样品中可转移多黏菌素耐药基因 *mcr*-1 的丰度。结果发现粪便中 *mcr*-1 的基因丰度远高于堆肥和土壤(图 29-8,图 29-9,表 29-6)。

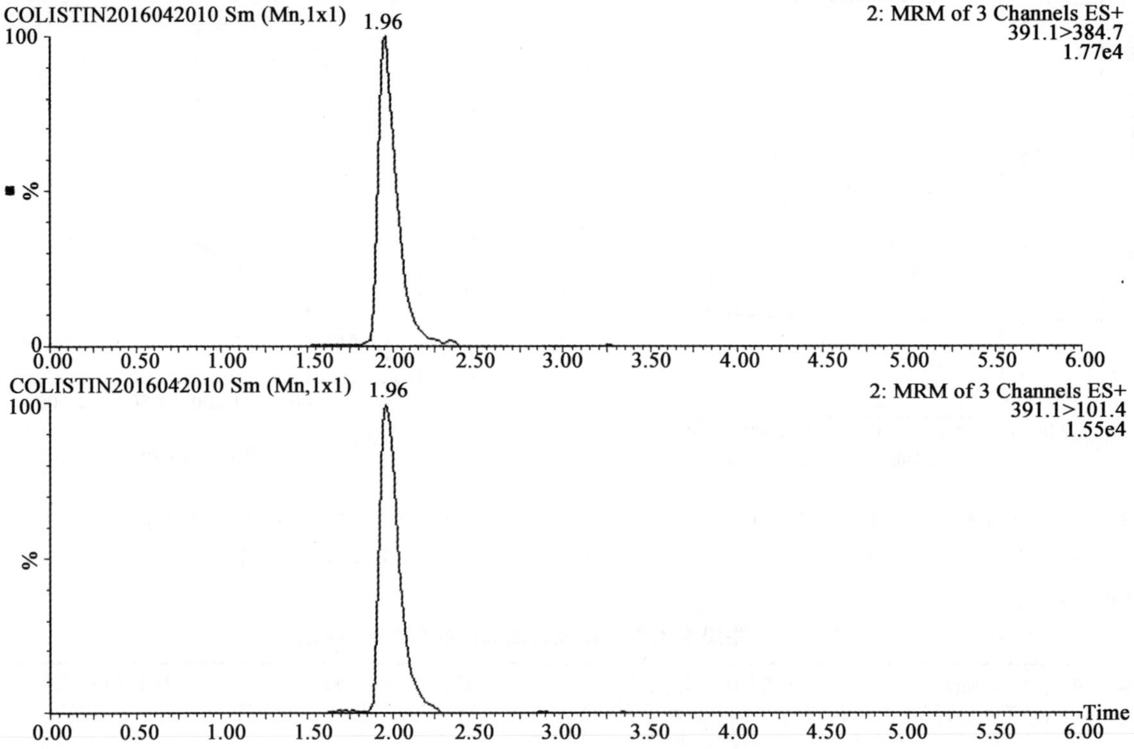

图 29-8　CLS-A 基质添加标准溶液离子色谱图

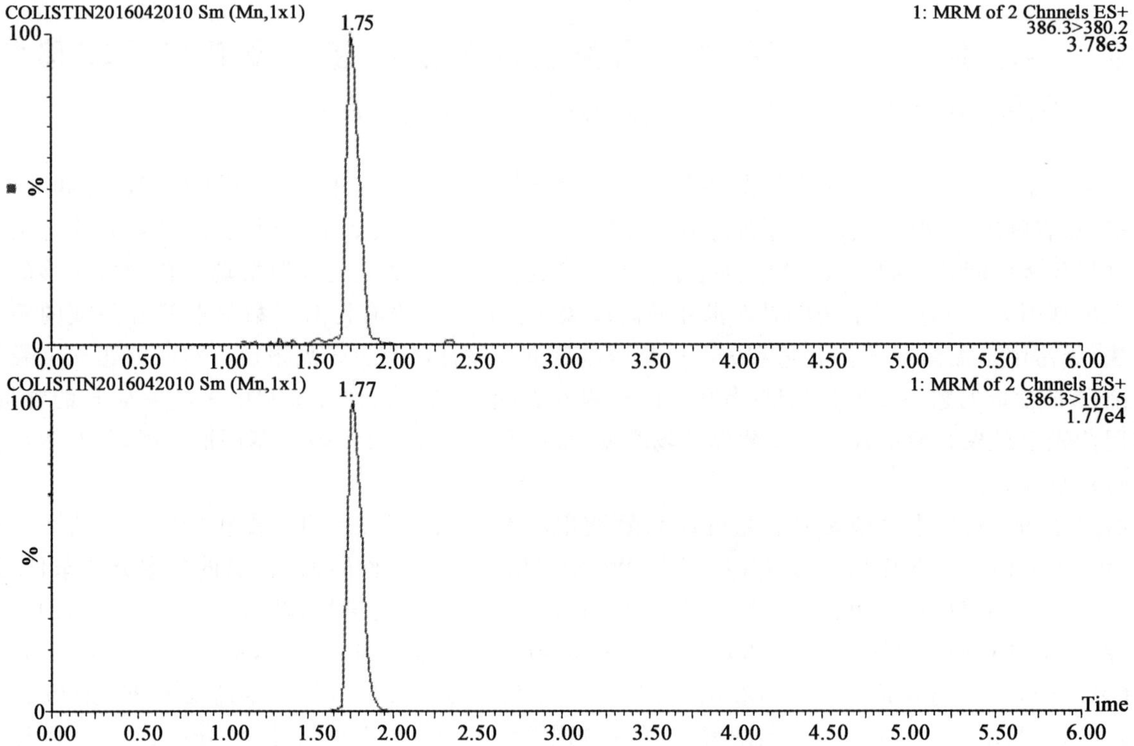

图 29-9　CLS-B 基质添加标准溶液离子色谱图

表 29-6　样品中基因丰度与药物含量

样品种类		相对拷贝数 (n=3)	CLS-A 含量/ (μg/kg)	CLS-B 含量/ (μg/kg)
场 1	土壤 1	0.000 3	—	—
	土壤 2	0.000 9	—	—
	粪便 1	0.034 8	1 552.90	440.82
	粪便 2	0.124 3	337.88	123.19
	粪便 3	0.447 9	133.11	83.33
	粪便 4	0.493 1	392.49	132.85
场 2	土壤 3	0.001 1	—	—
	土壤 4	0.002 6	—	—
	土壤 5	0.000 5	—	—
	粪便 5	0.265 2	173.54	494.44
	粪便 6	0.273 3	373.04	710.85
	堆肥 1	0.000 2	2 197.02	6 265.93
场 3	粪便 7	0.238 4	UD	UD
	粪便 8	0.580 7	UD	UD
场 4	粪便 9	0.002	UD	UD
	粪便 10	0.003	UD	UD
	堆肥 2	0.002	UD	UD

综上所述，本研究建立了粪污中多黏菌素 E 含量的超高效液相色谱-串联质谱检测法，利用荧光定量聚合酶链式反应检测养殖场中粪便、堆肥和土壤样品中可转移多黏菌素耐药基因 *mcr*-1 的丰度，利用仪器方法测定粪便和堆肥中的多黏菌素 E 含量。发现粪便中 *mcr*-1 基因丰度与粪便中多黏菌素 E 的含量可能有一定关联性，堆肥中 *mcr*-1 基因丰度与其中多黏菌素 E 的含量并无明显关系。

（丁双阳团队）

第 30 章　牛场常用兽药的药代动力学研究

30.1　概述

动力学(kinetics)是一种与速度有关的理论，主要研究物质的量随时间变化而变化的规律。相应地，药代动力学(pharmacokinetics)则是动力学理论在药物体内研究中的应用，是研究各种途径给药后生物体内的药量或药物浓度随时间变化而变化的规律，采用数学处理的方法定量地研究药物在体内的吸收(absorption)、分布(distribution)、生物转化(biotransformation)和排泄(excretion)诸过程动态变化规律的一门科学。

药代动力学是一门多学科交叉的科学，其研究对药物的研发、制剂的形成和临床的合理使用都具有重要的科学价值。目前，该项研究的意义主要包括以下几个方面：①揭示药物的化学结构对其体内过程的影响，从而为新药的设计提供理论指导。以往的新药研究通常是在大量的化合物或化合物组合库中筛选出具有一定生物活性的分子作为先导化合物，然后对先导化合物进行结构修饰和优化，通过药理模型筛选出最佳化合物作为候选新药；进而对候选新药进行药代动力学、药效学和药理学研究，最后获得生物活性强、毒副作用小的新药。但是，近年来的统计发现，大约有 40％的先导化合物因为存在体内药代动力学问题而在最后阶段被淘汰，居各位淘汰因素的首位，造成大量的人力、物力和时间的浪费。鉴于药代动力学研究在药物化学和新药研究中的重要作用，目前，已将药物动力学研究放在新药研发的前期，它能显著提高新药研究的成功率。②评价制剂的剂型因素和处方工艺因素对药物体内过程以及临床疗效的影响，为药物剂型的合理选择、处方工艺的设计及优化提供了实验依据。③推测药物的药理效应及维持时间。大多数药物的药理效应取决于病灶部位的药物浓度。通过药代动力学及残留消除规律研究可以很好反映病灶组织及其他组织药物浓度的变化情况，从而预测出药物的药理效应以及毒副作用情况。④为临床提供最佳的给药方案，包括选择合适的给药剂量，确定合理的给药间隔时间；探讨联合用药的合理性以及相应的给药方案调整措施；预测药物在体内的蓄积情况，并对治疗药物进行必要的临床监测；探讨种族、基因多态性、年龄、肝肾功能等生理和病理因素对药物动力学的影响，设计合理的个体化给药方案。因此，药代动力学研究不仅为新药的临床评价和应用提供了试验数据，而且能够保证药物临床应用的安全性、有效性和经济合理性。

30.2　阿莫西林、克拉维酸和泼尼松龙在奶牛乳区内的药代动力学研究

弃奶期(withdrawal period for milk)指奶牛从停止给药到它们所产的奶许可上市的间隔时间。弃奶期随着药物的种类、制剂形式、用药剂量、给药途径及奶牛的生理状况等不同而有所差异。合理有效

的弃奶期对于减少牛奶中兽药残留，保障食品安全具有重要意义。在实际生产中，兽药的弃奶期制定主要以健康动物作为试验动物，而兽药却是给患病动物使用。那么就可能发生兽药在健康和患病动物上的药代动力学有所差异的现象。本试验通过研究阿莫西林、克拉维酸和泼尼松龙在健康奶牛和患乳房炎奶牛乳区的药代动力学行为差异，旨在为临床奶牛安全合理使用兽药提供理论指导。

本试验在北京市延庆县鑫运奶牛场进行。根据临床特征和体细胞数(SCC)选取 6 头健康奶牛和 6 头患乳房炎奶牛。其中健康泌乳奶牛四个乳区发育匀称，不出现红、肿、热、痛等炎性症状。乳房在挤奶前异常膨大且富有弹性。挤奶后明显缩小且很柔软，形成许多皱褶。乳汁呈呈乳白色或稍带黄色的均匀胶态流体，无沉淀、无凝块、无杂质，具有新鲜牛奶固有的香味。且体细胞数(SCC)小于 20 万个/mL。患乳房炎奶牛的主要表现为：病牛患病乳区增大，出现红、肿、热、痛等炎性症状，触诊乳房硬度增加、奶牛反应强烈，乳汁呈水样或乳汁中出现凝乳、带血或带脓性分泌物，且给药前采集奶样的体细胞数(SCC)须大于 50 万个/mL。受试药物为速诺® LC(Synulox LC)。购自美国辉瑞法玛西亚-普强公司。规格为 3 g∶0.2 g 阿莫西林、50 mg 克拉维酸和 10 mg 泼尼松龙。6 头健康泌乳奶牛和 6 头患乳房炎奶牛，每头牛给药前采集 30～40 mL 的奶样。早上挤完奶后，每头牛随机选择 1 个乳区，挤去乳汁，用消毒液浸洗乳头后注入 1 支(3 g)复方阿莫西林乳房注入剂，每隔 12 h 给药 1 次，连续给药 3 次。第三次给药后，分别于 3 h、6 h、9 h、12 h、24 h、30 h、36 h、48 h、54 h、60 h、72 h、78 h 和 84 h 采集奶样 30～40 mL，置于 50 mL 的聚丙烯专用塑料瓶中，密封，－20℃速冻保存待测。采用预先建立的UPLC-MS/MS 法检测乳中阿莫西林、克拉维酸和泼尼松龙的浓度。结果表明，阿莫西林在患乳房炎奶牛和健康奶牛的弃奶期分别为 84 h 和 60 h，克拉维酸在患乳房炎奶牛和健康奶牛的弃奶期都为 30 h，泼尼松龙在患乳房炎奶牛和健康奶牛的弃奶期分别为 54 h 和 30 h。

由此可见，奶牛的疾病状态会在一定程度上影响兽药在乳区内的消除。对于乳区内消除较快的药物影响不明显。而对于乳区内消除较慢的药物影响比较明显，会降低兽药在乳区内的消除速率，从而延长弃奶期。所以在实际生产过程中，可以考虑延长兽药在牛奶中的弃奶期 1～2 d，这样有利于减少兽药在牛奶中残留，保障食品安全。

30.3　牛奶中土霉素临床消除规律探究

奶牛场产后奶牛疾病的治疗中，使用土霉素进行治疗的占到了 52%，此外奶牛场发病情况的统计表明，发病最多的就是子宫炎。临床上现存在土霉素注射液违规使用的现象，即对奶牛子宫灌注土霉素治疗产后奶牛子宫内膜炎，此种情况下土霉素在奶牛中的残留消除情况还未曾有文献报道过，且缺乏相关临床数据。本试验选取了 29 头产后患有子宫疾病奶牛，分成 4 个不同剂量组，2 g、3 g、4 g、5 g，通过子宫内灌注土霉素的方式进行治疗，然后采用优化后的方法检测牛奶中残留的土霉素。结果发现，随着给药剂量的增加，牛奶中土霉素的残留浓度会相应升高(图 30-1)。4 g 及以下剂量组给药 72 h 后，牛奶中的土霉素可以消除至残留限量以下；而当给药剂量达到 5 g 时，8 头牛中有 3 头牛给药 72 h 后，牛奶中的土霉素未消除至残留限量以下，其中尤其是伴随多次给药的情况下，部分奶牛牛奶中土霉素的残留水平会长时间超过最高限量，甚至超过了 102 h，因此不建议采用 5 g 及以上剂量灌注病牛子宫。

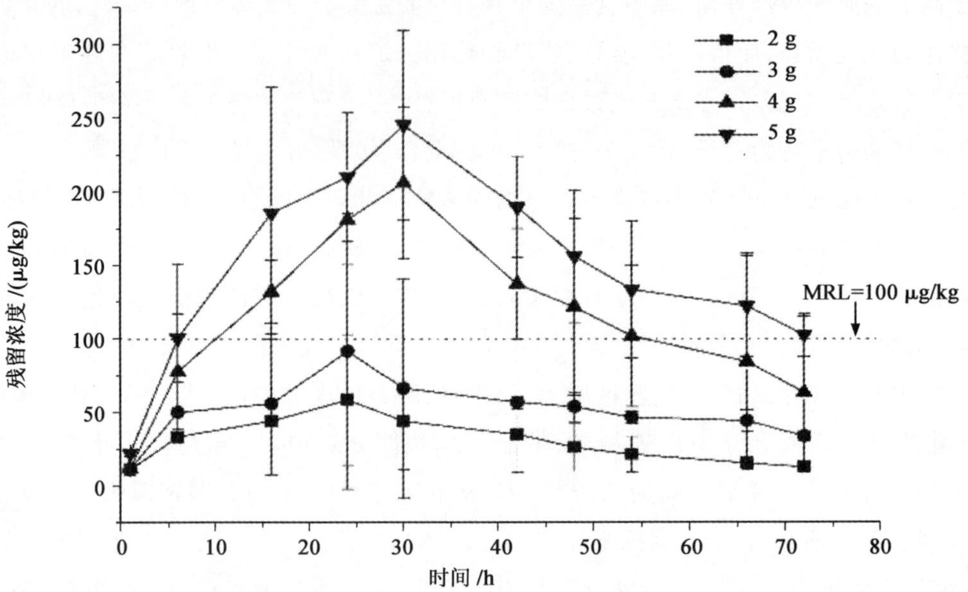

图 30-1　2 g、3 g、4 g 和 5 g 剂量的土霉素子宫灌注给药后在牛奶中的平均药物浓度-时间曲线图

（丁双阳团队）

第31章　蜡样芽孢杆菌毒素特征及耐药基因 *tet*(45)的可移动性研究

31.1　概述

“民以食为天，食以安为先”，近年来我国的食品安全形势依然严峻，食品安全问题受到社会的高度关注。目前，由微生物污染导致的食物中毒事件频发，微生物污染已成为食品安全首要问题(中国分析剂量网，2015)。随着社会发展以及生活水平逐渐提高，消费者对动物性食品的需求稳步增加，保障动物源性食品的安全是未来养殖业和食品生产加工业可持续性发展的主要目标和责任。多种细菌、真菌等微生物或其代谢产物均可引起动物性食品的腐败与污染，导致食物中毒事件频发，其中细菌污染的动物性食品所引起的食物中毒最为常见、危害最为严重(Ceuppens, et al.,2011, Doulgeraki, et al.,2012, Shiby 和 Mishra,2013)。因此，必须加强对动物性食品中致病菌的监控与控制，保障人们的健康。

蜡样芽孢杆菌是一类在自然界中广泛存在有柱状内芽孢的革兰氏阳性细菌，多为周鞭毛，具有活动性，常存在于土壤、水、昆虫、动植物及多种食物中(Bottone 2010)。蜡样芽孢杆菌(*Bacillus cereus*)、炭疽芽孢杆菌(*Bacillus anthracis*)和苏云金芽孢杆菌(*Bacillus thuringiensis*)同属于蜡样芽孢杆菌属(*Bacillus cereus* group strains)，该种属细菌成员的16S rRNA基因序列的相似度在80%以上，但在部分表型和致病性方面表现出很大差异(Bavykin, et al.,2004, Han, et al.,2006, Ivanova, et al.,2003, Vilas-Boas, et al.,2002)。蜡样芽孢杆菌作为一种常见的食源性致病菌，主要由其分泌的肠毒素和呕吐毒素等毒力因子产生致病性，可以引起以呕吐和腹泻为主要特征的食物中毒。同时，蜡样芽孢杆菌也可导致胃肠炎、脑膜炎、菌血症和皮肤坏疽等烈性疾病(Bottone 2010, Ceuppens, et al.,2011, Ehling-Schulz, et al.,2004, Helwigh, et al.,2009)。在世界范围内，蜡样芽孢杆菌所导致的感染与食物中毒事件频繁发生。在美国，蜡样芽孢杆菌在引发细菌性食源疾病的病原菌中位列第五(Bennett, et al.,2013)。在中国大陆常见的细菌性食源性疾病中，由蜡样芽孢杆菌引起的食物中毒事件总量仅次于沙门氏菌(Wang, et al.,2007)。目前世界范围内对蜡样芽孢杆菌流行分布、毒力因子和耐药情况均有比较系统的研究，而我国关于致病性蜡样芽孢杆菌的流行病学资料仍十分不足，尤其表现在关于蜡样芽孢杆菌毒素特征和耐药性相关的研究十分匮乏。

蜡样芽孢杆菌除了作为一种条件性致病菌外，还可作为益生菌广泛地应用于医疗、畜牧和农业生产等多个领域，如用于治疗婴幼儿的腹泻和肠功能紊乱，促植物生长，以及净化水体等(郭贵海，2004；尹清强，2007；王冬梅，2010；蔡元呈，2002)。当前由于抗生素残留和耐药问题的严重性，益生菌因其无毒、无残留和无耐药性等特征，逐渐成为一种有效的抗生素替代品(黄卫强，2015)。1989年美国食品药品监督管理局(FDA)与饲料工业协会(AFIA)就允许了蜡样芽孢杆菌作为饲料添加剂应用于畜牧生产中(李芝儒，2013)。1996年，我国农业部批准了蜡样芽孢杆菌可作为生物兽药菌种使用(胡永红，2013)。2001年，联合国粮农组织和卫生组织(FAO/WHO)对益生菌的功能和安全性进行了整理和评估。欧洲食品安全管理(EFSA)发布了关于益生菌安全性的关键因素。我国亦有一些法律法规和行业准则，如《微生物肥料生物安全通用技术准则》、《微生物饲料添加剂技术通则》以及《食品微生物指标制定和应用的原则》(中华人民共和国农业部,2006;中华人民共和国农业部,2007;中华人民共和国农业部,2009)规定了评估益生菌的安全性。

由于益生蜡样芽孢杆菌的大规模使用,以及作为条件致病菌广泛分布流行的特点,蜡样芽孢杆菌的污染加大了毒性和耐药性传播转移的风险。为系统地研究蜡样芽孢杆菌在宿主和环境间流行分布规律,本研究采集北京周边奶牛场的牛奶和环境样本,全国范围内收集包括人用、兽用和农用的蜡样芽孢杆菌益生菌产品。对蜡样芽孢杆菌进行分离鉴定,研究其作为食源性致病菌的流行分布规律和致病机制,为其作为益生菌的筛选评估和研发提供全面系统的数据支持。同时对其耐药性进行表征,了解其耐药基因的传播转移机制,为食品安全、风险评估和公共卫生管理提供科学依据。

31.2　蜡样芽孢杆菌的分离鉴定及其毒素和耐药性情况调查

蜡样芽孢杆菌是一种天然存在于土壤中的革兰氏阳性细菌,在自然界中分布广泛(Bottone,2010)。无论是在土壤中进行腐生生殖,或是在植物根部、昆虫及哺乳动物肠道的共生生殖,以及对昆虫、动物和人的致病性,蜡样芽孢杆菌都表现出生态多样性。一方面蜡样芽孢杆菌是益生菌常用的菌种之一。蜡样芽孢杆菌作为哺乳动物的肠道共生菌,可以调节肠道菌群组成,促进优势菌群的生长,而抑制病原菌等其他细菌的繁殖,是治疗婴幼儿腹泻药物的主要成分,并作为动物饲料添加剂被大量广泛使用(蔡元呈,2002)。蜡样芽孢杆菌在生长繁殖过程中,还可以产生大量的酶类和细菌素等有益成分,因此被广泛地应用于作物促生长剂和水体净化剂等(Bizani and Brandelli 2004)。另一方面,蜡样芽孢杆菌是一种常见的食源性致病菌,其分泌的毒素可引起以呕吐和腹泻为主要特征的食物中毒,也可导致胃肠炎、脑膜炎、菌血症和皮肤坏疽等烈性疾病,也可导致奶牛和山羊的乳房炎(Logan 1988)。蜡样芽孢杆菌的污染途径包括:首先动物通过与环境中的蜡样芽孢杆菌接触而感染,进而污染相关的动物性食品;其次人因摄入受到致病性蜡样芽孢杆菌污染的食物而导致食物中毒的发生;最后蜡样芽孢杆菌随着受到污染的动物、食品和人的代谢又重新回到环境中(Ceuppens, et al.,2013)。同时,蜡样芽孢杆菌因具有内芽孢,多有周鞭毛,因此蜡样芽孢杆菌对环境生存适应性很强,并具有运动性,所以由蜡样芽孢杆菌导致的污染具有种类多、范围广,并且污染后难以彻底清除等特点。

由于益生蜡样芽孢杆菌的大规模使用,以及作为条件致病菌广泛分布流行的特点,蜡样芽孢杆菌的污染加大了毒性和耐药性传播转移的风险。为系统地研究蜡样芽孢杆菌在宿主和环境间流行分布规律,本研究采集北京周边奶牛场的牛奶和环境样本,全国范围内收集包括人用、兽用和农用的蜡样芽孢杆菌益生菌产品。对蜡样芽孢杆菌进行分离鉴定,研究其作为食源性致病菌的流行分布规律。同时对其耐药性进行表征,了解其耐药谱和耐药率,为食品安全、风险评估和公共卫生管理提供科学依据。

本研究于2013—2014年间在北京周边奶牛场采集了牛奶样品205份、环境样品101份,并购买国内市售应用于人、动物和植物的蜡样芽孢杆菌益生菌产品15种。共分离到110株蜡样芽孢杆菌属细菌,分离率为34.5%。蜡样芽孢杆菌常见毒力基因 *nhe*、*hbl*、*cytK*1 和 *ces* 的携带率分别为100%、80%、0和0.9%;96.4%的分离株可表达非溶血性肠毒素(Nhe),其中92.7%的菌株表现细胞毒性作用;1株产生呕吐毒素(cereulide)的菌株。药物敏感性试验表明所有分离株均对林可霉素和截短侧耳素类药物耐药,对四环素不敏感率为35.5%,表现多重耐药性的菌株占所有分离株的23.6%(图31-1,图31-2)。

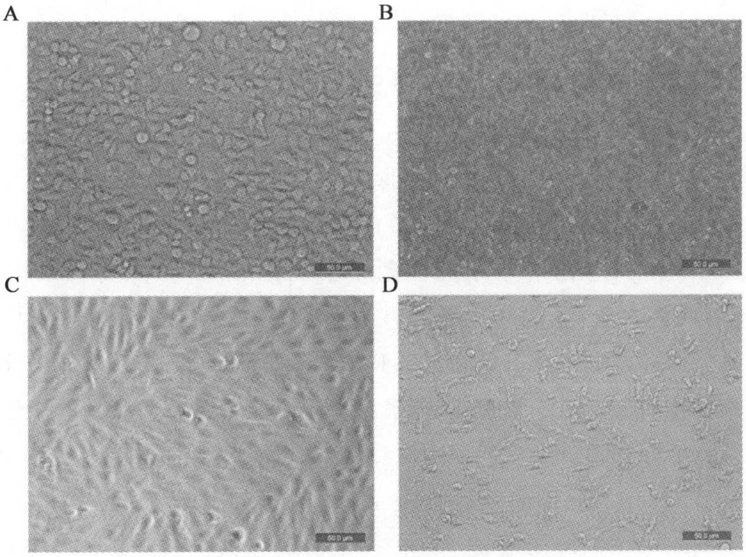

图 31-1　蜡样芽孢杆菌毒素的细胞毒性作用

A:正常的 HEp-2 细胞;B:为 cereulide 处理后的 HEp-2 细胞;

C:正常的 Vero 细胞;D:为肠毒素处理后的 Vero 细胞。

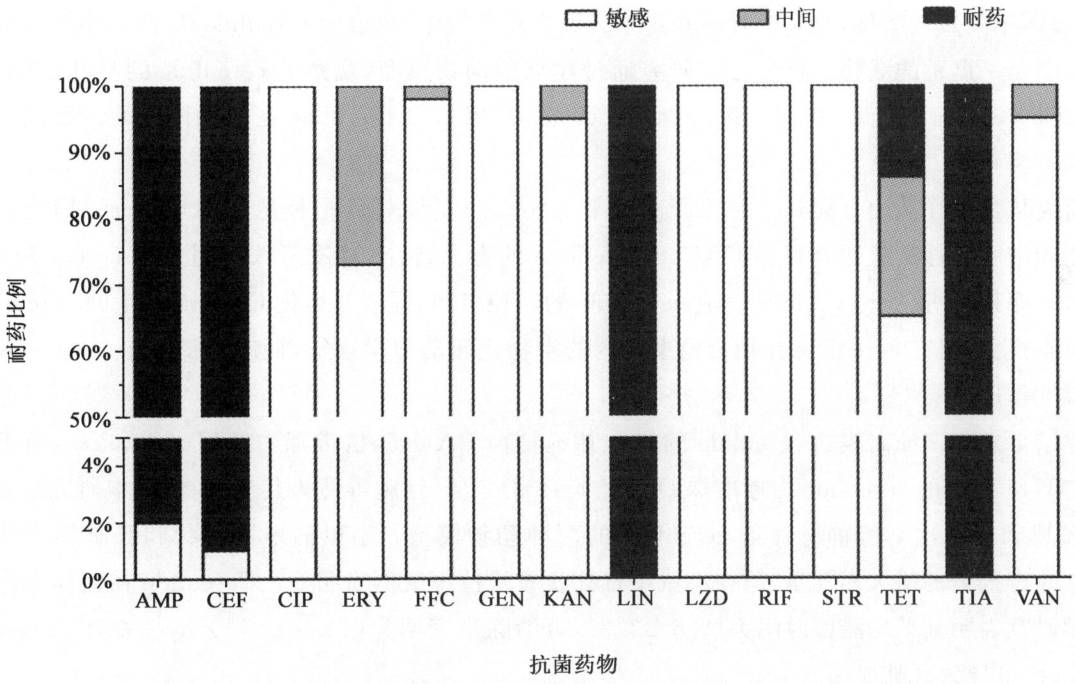

图 31-2　蜡样芽孢杆菌分离株对 14 种抗菌药物的耐药比例

AMP:氨苄西林,CEF:头孢噻呋,CIP:环丙沙星,ERY:红霉素,FFC:氟苯尼考,GEN:庆大霉素,

KAN:卡那霉素,LIN:林可霉素,LZD:利奈唑胺,RIF:利福平,STR:链霉素,TET:四环素,

TIA:泰妙菌素,VAN:万古霉素。

31.3 蜡样芽孢杆菌呕吐毒素(cereulide)的毒物代谢动力学研究

蜡样芽孢杆菌的毒素主要包括:两种由三个毒素单体组成的肠毒素复合体非溶血性肠毒素(Nhe)和溶血性肠毒素(Hbl);一种由单一蛋白形成的腹泻型毒素细胞毒性蛋白(CytK1);以及一种亲脂性的十二环肽 cereulide。Nhe 和 Hbl 在蜡样芽孢杆菌中检出率较高,一般都在 50%以上(Böhm, et al., 2015),临床上主要引起腹泻与腹痛,病症较缓和并且消除快,不再摄入毒素 24 h 后即可完全消除。目前报道的仅有 5 株:NVH 391/98、NVH 883/00、INRA AF2、AFSSA 08CEB44 BAC 和 CVUAS2833,可产生 CytK1 的蜡样芽孢杆菌,因此临床分离率很低,主要导致腹泻及肠上皮细胞坏死(Hardy, et al.,2001)。5%~6%的蜡样芽孢杆菌可产生 cereulide,cereulide 中毒会导致强烈的恶心与呕吐,经常伴有头晕腹泻与发烧,症状较剧烈,同时 cereulide 还可导急性肝衰竭(Naranjo, et al.,2011),因此受到了更多的关注。

欧洲 2007—2013 年报道的 cereulide 所导致的食物中毒事件中发现多种食物类型中都检测到了 cereulide,米饭、面条等富含淀粉的谷物,以及牛奶、奶油和奶酪等乳制品中,cereulide 含量都很高,并且这两大类食品的 cereulide 中毒事件,占了全部报道事件的 68%。Cereulide 分子量小,化学性质稳定,对高温和酸抵抗力强,并可抵抗蛋白酶的水解作用。食物经过普通的加工处理并不能使 cereulide 失活,只有暴露于高碱性条件,或是长时间暴露于高温高压环境中,才会使 cereulide 失活。因此,cereulide 对食品安全是一严重的威胁。目前已有研究通过建立的动物模型,观察了 cereulide 的呕吐反应,并计算了其 EC50(Agata, et al.,1995, Shinagawa, et al.,1995),但 cereulide 在动物体内的毒物代谢动力学规律仍不清楚。

本研究从牛奶样品中分离到了一株产高水平 cereulide 的蜡样芽孢杆菌 CAU45。通过蛋白水平、仪器检测和细胞毒性试验综合评估 CAU45 cereulide 的毒力特征;对该菌株控制合成 cereulide 的 ces 基因簇进行序列分析,探讨 CAU45 合成 cereulide 的调控机制,提取并纯化 CAU45 产生的 cereulide 建立动物攻毒模型,研究 cereulide 在动物模型体内的毒物代谢动力学规律,同时检测 cereulide 对肝脏所产生的毒性作用。

研究结果发现该株高表达 cereulide 的蜡样芽孢杆菌 CAU45,携带毒力基因 *nhe* 和 *ces*,但不表达 Nhe。CAU45 分泌的 cereulide 为标准株 DSMZ 4312 的 7 倍,细胞毒性为其 15.3 倍。本研究建立了小鼠单次灌胃和兔单次耳缘静脉注射 cereulide 的两种动物模型。小鼠的中毒症状和肝脏损伤情况随 cereulide 攻毒剂量的增大而加重,雌性小鼠中毒症状较雄性小鼠更为明显。Cereulide 在兔体内毒物代谢动力学研究表明其平均滞留时间为(9.6±2.9) h,消除半衰期为(10.8±9.1) h,兔在注射 cereulide 后 30 min 即可导致肝脏损伤。

31.3.1 CAU45 毒力基因的检测与 *ces* 基因的定位

提取 CAU45 菌株的基因组与质粒,通过 PCR 检测,以及对目的片段序列测定,发现 CAU45 携带 *nhe* 和 *ces* 两种毒力基因,且 *ces* 基因位于质粒,电泳检测如图 31-3 所示。

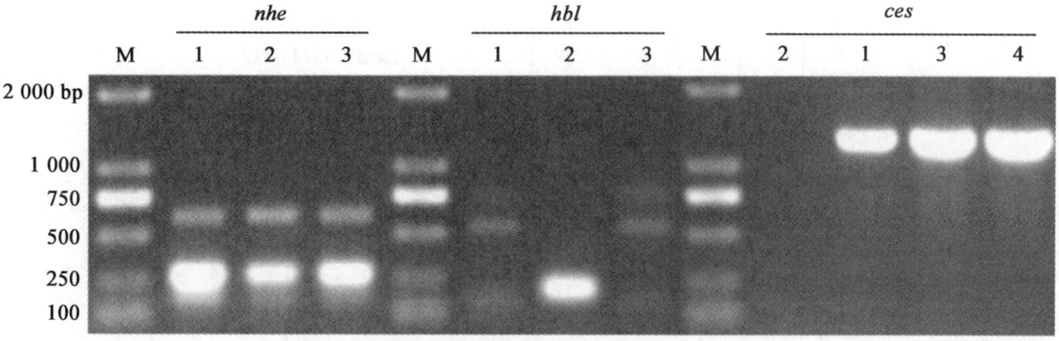

图 31-3　CAU45 毒力基因的检测与 *ces* 基因定位

检测了毒力基因 *nheA*(186 bp),*nheB*(281 bp),*nheC*(618 bp),*hblA*(237 bp),*hblD*(205 bp)和 *ces*(1 271 bp);泳道 1～4 的模板分别为:蜡样芽孢杆菌 DSMZ 4312(1);ATCC 14579(2);CAU45(3)及其质粒(4);M 为 Trans 2K 分子量标准(条带自上至下依次为 2 000 bp,1 000 bp,750 bp,500 bp,250 bp和 100 bp)。

31.3.2　CAU45 质粒高通量测序及序列分析

通过对 CAU45 质粒的高通测序,获得了其质粒序列片段。将目的基因 *ces*(GenBank 编号 NG_036207.1)与 CAU45 质粒序列片段进行比对,发现目的基因 *ces* 可与 CAU45 质粒序列 contig 4 比对上,contig 4 长度为 73 930 bp,目的基因位于其 45 316～73 930 bp 的区间上。将 CAU45 contig 4 序列上传至 NCBI BLAST (http://blast.ncbi.nlm.nih.gov/Blast.cgi)进行比对,发现 CAU45 contig 4 的序列与蜡样芽孢杆菌 NC7401 的质粒 pNCcld 序列(AP007210.1)、蜡样芽孢杆菌 AH187 的质粒 pCER270 序列(DQ889676.1)以及蜡样芽孢杆菌 H3081.97 的质粒 pH308197 序列(CP001166.1)相似度高,相似度都达到了 99%。截取 CAU45 的 *ces* 序列与 NG_036207.1 进行比对,结果如图 31-4 所示。

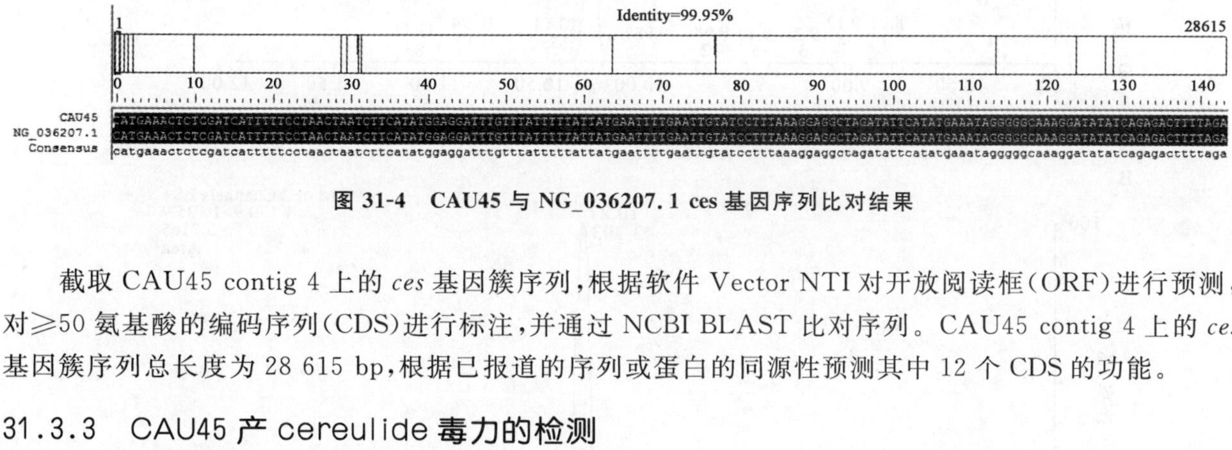

图 31-4　CAU45 与 NG_036207.1 ces 基因序列比对结果

截取 CAU45 contig 4 上的 *ces* 基因簇序列,根据软件 Vector NTI 对开放阅读框(ORF)进行预测,对≥50 氨基酸的编码序列(CDS)进行标注,并通过 NCBI BLAST 比对序列。CAU45 contig 4 上的 *ces* 基因簇序列总长度为 28 615 bp,根据已报道的序列或蛋白的同源性预测其中 12 个 CDS 的功能。

31.3.3　CAU45 产 cereulide 毒力的检测

1. ELISA 检测 CAU45 毒素

蜡样芽孢杆菌 DSMZ 4312 作为 cereulide 的标准对照菌株;蜡样芽孢杆菌 ATCC 14579 产非溶血性肠毒素 Nhe 和溶血性肠毒素 Hbl,作为这两种毒素的标准株。进行 ELISA 试验,检测发现 CAU45 仅分泌 NheA 且表达量低,无 NheB 产生;通过对 CBP(伴随 cereulide 合成的相关蛋白)的检测,发现 CAU45 的 cereulide 产量大,是标准株 DSMZ 4312 产量的 8.7 倍,两者差异极其显著(**,$P=0.0097$),如图 31-5 所示。

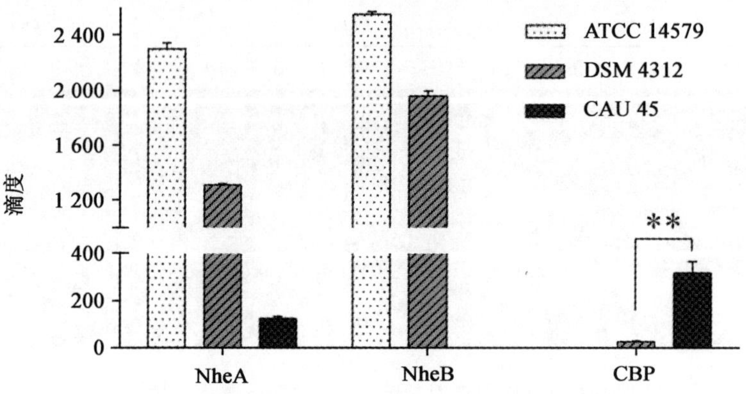

图 31-5　ELISA 检测 CAU45 产毒素情况($n \geq 3$)

2. UPLC-MS/MS 检测 CAU45 cereulide 表达量

使用 UPLC-MS/MS 对产 cereulide 蜡样芽孢杆菌分离株 CAU45 和标准株 DSMZ 4312 cereulide 的产量进行定量分析,发现同样条件下 CAU45 的产量是 DSMZ 4312 的 7 倍,如图 31-6 所示。

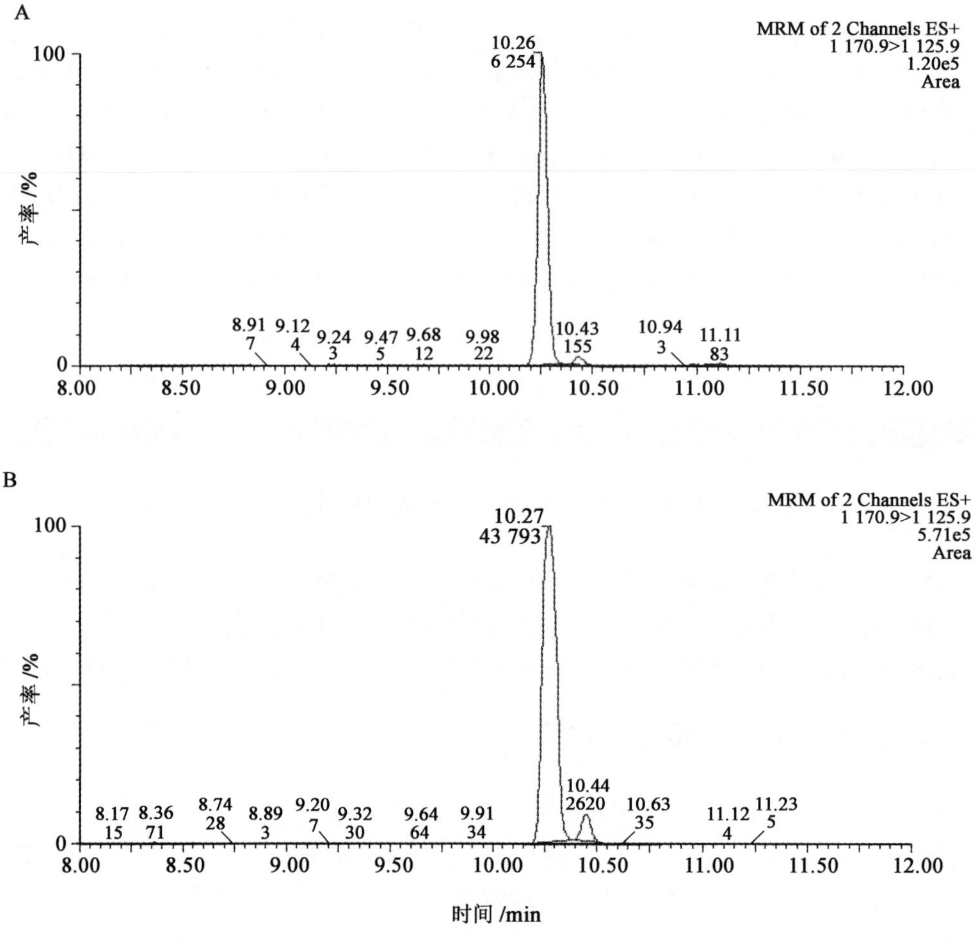

图 31-6　UPLC-MS/MS 检测 CAU45 和 DSMZ 4312 cereulide 的产量

A 为 DSMZ 4312 产 cereulide;B 为 CAU 45 产 cereulide。

3. 细胞毒性作用

蜡样芽孢杆菌 DSMZ 4312 作为 cereulide 的标准对照菌株，对比评估了 CAU45 所分泌的 cereulide 对 Vero 细胞、HEp-2 细胞和 A204 细胞的细胞毒性作用。DSMZ 4312 与 CAU45 都不产 Nhe，对 Vero 几乎都无毒性作用；CAU45 的 cereulide 对 HEp-2 的毒性作用最强，对 A204 的毒性作用也十分明显，且都显著高于 DSMZ 4312 所分泌的 cereulide，结果如图 31-7 所示。

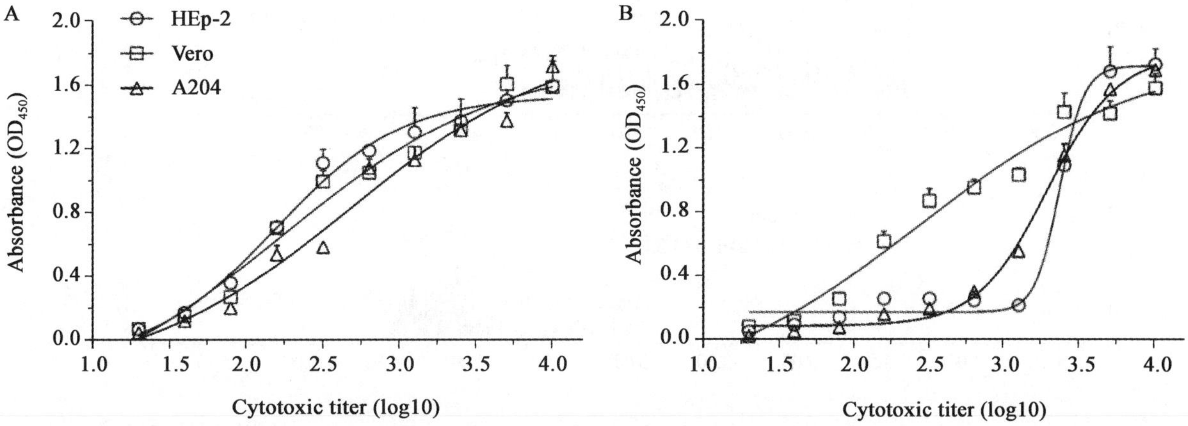

图 31-7　Cereulide 对不同细胞系的毒性作用($n \geq 3$)

A 为 DSMZ 4312 产 cereulide 对 3 种细胞的毒性作用，B 为 CAU45 产 cereulide 对 3 种细胞的毒性作用。

对比 CAU45 产 cereulide 及标准株 DMSZ 4312 产 cereulide 对 HEp-2 细胞的细胞毒性作用，结果显示 CAU45 对 HEp-2 细胞的毒性作用是标准株 DSMZ 4312 的 15.3 倍，两者差异极其显著(＊＊，P＝0.000 3)，如图 31-8 所示。

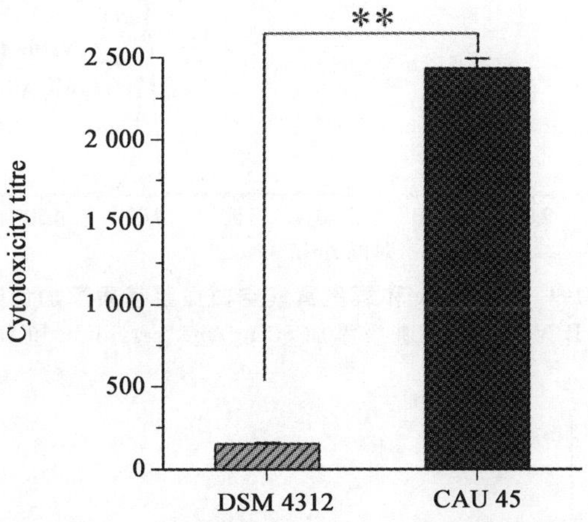

图 31-8　CAU45 和 DSMZ 4312 产 cereulide 对 HEp-2 细胞的细胞毒性作用($n \geq 3$)

31.3.4　Cereulide 在兔体内的毒物代谢动力学研究

兔单次耳缘静脉注射 5 μg cereulide 后，临床观察无明显症状，不同时间点血浆样本中 cereulide 浓度的变化如图 31-9，图 31-10 所示，兔耳缘静脉注射 cereulide 15 min 后，血浆中 cereulide 浓度很快达到峰值，之后 cereulide 血浆浓度迅速下降，至 1 h 后又开始回升，并在攻毒后 4～8 h 间维持相对稳定的血浆浓度。血浆中 cereulide 浓度在注射后 8 h 开始逐渐降低，至 32 h 后血浆中不再检测到 cereulide 的存在。

数据经 WinNonlin 软件按照非房室模型分析方法进行分析后，主要的毒物代谢动力学参数如表

31-1 所示。在兔体内的达峰时间在(2.6±3.4) h,达峰浓度为(40.8±21.6) ng/mL,单次耳缘静脉注射后 cereulide 的表观分布容积为(320.1±399.6) mL,cereulide 在兔体内平均滞留时间为(9.6±2.9) h,消除半衰期为(10.8±9.1) h。

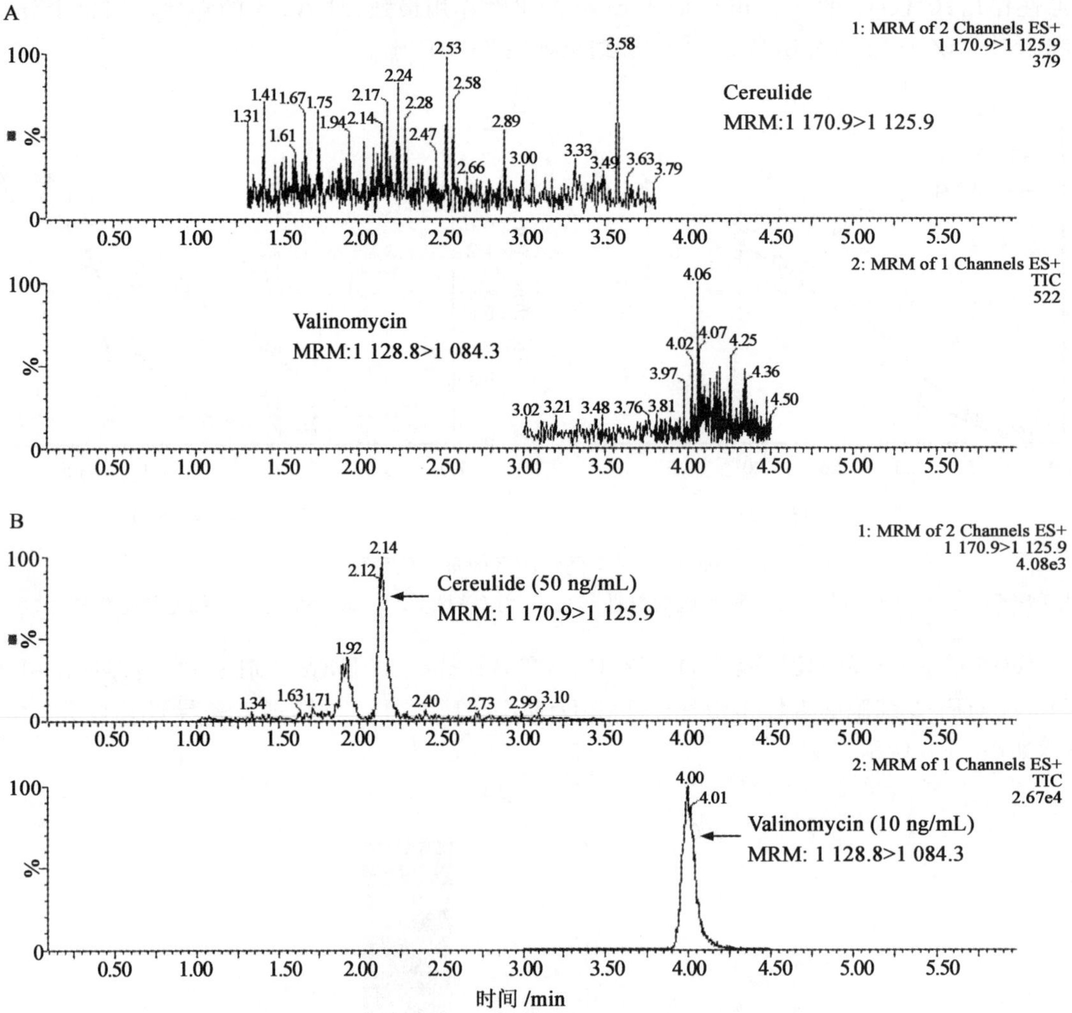

图 31-9 Cereulide 和缬氨霉素空白血浆基质添加色谱图

A 为空白血浆基质;B 为空白血浆基质添加 50 ng/mL cereulide 和 10 ng/mL 缬氨霉素。

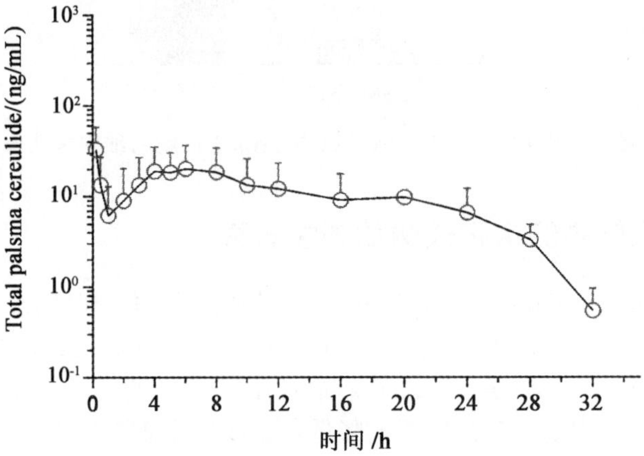

图 31-10 兔血浆中 cereulide 浓度-时间曲线(n=8)

表 31-1　兔单次耳缘静脉注射 cereulide 模型的毒物代谢动力学参数(n=8)

主要动力学参数	中间值	范围	平均值±标准差
AUC /(h×ng/mL)	309.3	81.2～851.1	320.9±240.1
AUC_{∞}/(h×ng/mL)	330.5	126.0～853.9	390.3±257.9
Cl/ (mL/h)	15.5	5.9～39.7	19.1±12.8
C_{max}/(ng/mL)	33.8	13.3～78.1	40.8±21.6
HL_Lambda_z/h	6.9	1.9～24.5	10.8±9.1
Lambda_z /(1/h)	0.1	0.03～0.4	0.1±0.1
MRTlast/h	10.6	4.5～13.4	9.6±2.9
T_{max}/h	0.2	0.2～8.0	2.6±3.4
V_d/mL	208.1	16.3～1 254.5	320.1±399.6

AUC,至最后一采样点时浓度-时间曲线下面积;AUC_{∞},至无尽时间点时浓度-时间曲线下面积;Cl,清除率;C_{max},达峰浓度;HL_Lambda_z,消除半衰期;Lambda_z,消除速率;MRTlast,平均滞留时间;T_{max}达峰时间;V_d 表观分布容积。

31.3.5 Cereulide 对兔肝脏的毒性作用

使用碧云天® AST ELISA 检测试剂盒(兔),检测兔单次耳缘静脉注射 5 μg cereulide 后,不同采样点血浆中 AST 浓度的变化,结果如图 31-11 所示。兔注射 cereulide 30 min 后,血浆中 AST 浓度迅速升高并超出正常范围,之后浓度基本稳定,在注射 12 h 后,血浆内 AST 浓度开始逐渐下降,直至 32 h 后恢复到正常范围内。

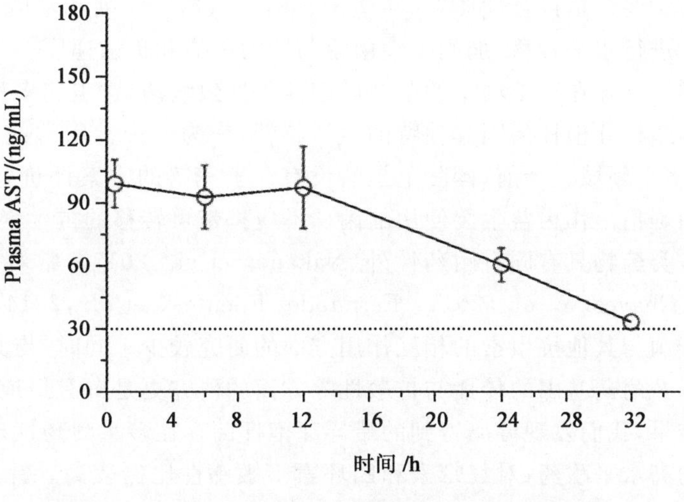

图 31-11　兔血浆中天冬氨酸转氨酶浓度-时间曲线(n=8)

空白血浆中天冬氨酸转氨酶浓度在 30 μg/mL 以内(图中虚线标注)。

对比不同性别的兔血浆中 AST 浓度数据,发现雌性兔血浆中 AST 浓度普遍高于雄性,特别是在注射 cereulide 30 min 后,两者血浆 AST 浓度差异显著(P=0.034 5),见图 31-12。

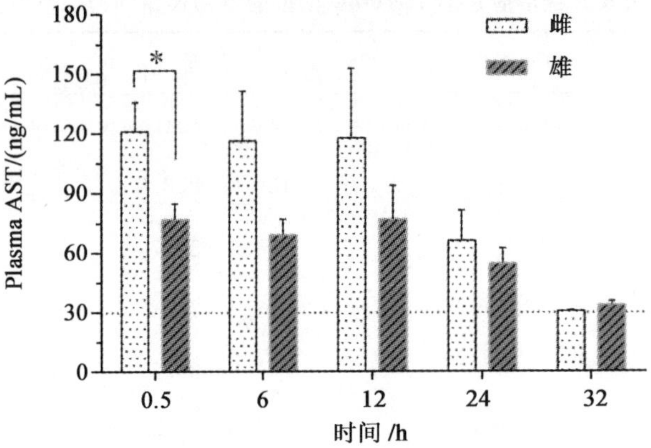

图 31-12　不同性别兔血浆中天冬氨酸转氨酶浓度差异($n=4$)

31.4　蜡样芽孢杆菌中四环素耐药基因 *tet*(45)的研究

抗菌药物在动物细菌感染性疾病的预防或治疗中起到了重要作用,但由于抗菌药物的滥用和不合理使用,细菌耐药性问题日益严峻,已经成为一项全球性的难题。目前,新型耐药基因不断被发现,细菌多重耐药现象越来越严重(宁宜宝,2013)。不仅致病菌在抗菌药物的使用过程中易获得耐药性,共生菌及其他条件致病菌等也可随宿主耐药基因的转移而获得耐药性。有研究发现,临床中细菌携带的耐药基因主要来源于环境细菌(Martínez,2008)。细菌耐药性包括固有耐药和获得性耐药。固有耐药是指细菌对某些抗菌药物天然不敏感,而获得性耐药一般是由于细菌的遗传信息发生了变化。细菌可通过基因突变或表达潜在抗性基因而产生耐药性,也可通过接受可移动的耐药基因元件而产生耐药性。目前研究发现的可移动元件主要包括接合性质粒、转座子、整合子、插入序列和基因岛等(Bennett 2008)。耐药基因通过可移动元件进行水平转移,加剧了细菌耐药性的传播和扩散速度

蜡样芽孢杆菌是一类广泛存在于土壤中的革兰氏阳性条件致病菌,常引起多种食源性疾病,如食物中毒、急性肝衰竭。此外,蜡样芽孢杆菌因其独特的生活特性,作为一种常用的益生菌被广泛地应用于医疗、畜牧和农业生产等多个领域。当前,国际上虽然没有一套完善的方案评价益生菌的有效性,但对益生菌的安全性评估均明确指出作为益生菌使用的菌株不应携带可转移的抗生素耐药性基因。蜡样芽孢杆菌除报道对 β-内酰胺类药物具有固有耐药性外(Nakano, et al. ,2015),常对四环素类和红霉素等抗生素表现出不敏感性(Chaves, et al. ,2011, Fernández-Fuentes, et al. ,2014, Merzougui, et al. ,2014),但关于蜡样芽孢杆菌与其他抗生素的相互作用方面的研究较少。同时,与其他致病菌相比,关于蜡样芽孢杆菌耐药机制以及耐药基因的传播与扩散性等方面的研究更是鲜有报道。

基于第二章的试验结果,我们发现分离得到的蜡样芽孢杆菌存在多重耐药性现象,表现为对林可霉素和截短侧耳素类药物的高水平耐药;对红霉素和四环素不敏感性比例较高。针对这些不同的耐药表型,本章对蜡样芽孢杆菌可能的相关耐药基因进行了系统的筛查。我们在兽用益生蜡样芽孢杆菌中发现四环素耐药基因 *tet*(45),对 *tet*(45)基因进行定位,研究其作为可移动耐药基因传播扩散的可行性。

31.4.1　蜡样芽孢杆菌分离株的药物敏感性

基于第二章中蜡样芽孢杆菌分离株的 MIC 试验结果,补充了分离株对多西环素、沃尼妙林、瑞他帕林和维吉尼亚霉素的 MIC 数据。依据 CLSI M100-S21 标准,判断药物敏感性结果为:所有分离株的对沃尼妙林和瑞他帕林耐药,对维吉尼亚霉素敏感,对多西环素的不敏感率为 9.1%、耐药率为 2.7%。不

同样本来源的蜡样芽孢杆菌分离株对补充的 4 种抗菌药物的敏感性结果如表 31-2 所示。

表 31-2　蜡样芽孢杆菌分离株的药物敏感性结果

抗菌药物	样本来源	最小抑菌浓度/(μg/mL)			细菌数量(比例)/%		
		范围	50%	90%	敏感	中介	耐药
多西环素	垫料(*n*=42)	<0.125～16	0.125	1	37(88.1)	4(9.5)	1(2.4)
	粪便(*n*=15)	<0.125～8	0.125	0.125	14(93.3)	1(6.7)	
	污水(*n*=8)	<0.125～4	0.125	1	8(100)		
	饲料(*n*=7)	<0.125～1	0.125	0.125	7(100)		
	牛奶(*n*=20)	<0.125～4	0.125	1	19(95)		1(5)
	人用益生菌(*n*=5)	<0.125～4	0.125	1	5(100)		
	兽用饲料添加剂(*n*=9)	<0.125～16	4	8	6(66.7)	2(22.2)	1(11.1)
	作物用杀虫剂(*n*=4)	<0.125～4	1	4	4(100)		
沃尼妙林	垫料(*n*=42)	32～256	64	128			42(100)
	粪便(*n*=15)	64～128	64	64			15(100)
	污水(*n*=8)	64	64	64			8(100)
	饲料(*n*=7)	32～64	32	64			7(100)
	牛奶(*n*=20)	32～128	64	64			20(100)
	人用益生菌(*n*=5)	64	64	64			5(100)
	兽用饲料添加剂(*n*=9)	32～128	64	64			9(100)
	作物用杀虫剂(*n*=4)	64	64	64			4(100)
瑞他帕林	垫料(*n*=42)	32～128	64	64			42(100)
	粪便(*n*=15)	64～128	64	128			15(100)
	污水(*n*=8)	64	64	64			8(100)
	饲料(*n*=7)	32～64	64	64			7(100)
	牛奶(*n*=20)	32～128	32	64			20(100)
	人用益生菌(*n*=5)	32～64	64	64			5(100)
	兽用饲料添加剂(*n*=9)	32～128	64	64			9(100)
	作物用杀虫剂(*n*=4)	32～64	32	64			4(100)
维吉尼亚霉素	垫料(*n*=42)	4～16	8	8	42(100)		
	粪便(*n*=15)	8	8	8	15(100)		
	污水(*n*=8)	4～8	8	8	8(100)		
	饲料(*n*=7)	4～8	8	8	7(100)		
	牛奶(*n*=20)	4～16	4	8	20(100)		
	人用益生菌(*n*=5)	8	8	8	5(100)		
	兽用饲料添加剂(*n*=9)	8～16	8	8	9(100)		
	作物用杀虫剂(*n*=4)	8	8	8	4(100)		

31.4.2　蜡样芽孢杆菌分离株耐药基因的筛查

综合 110 株蜡样芽孢杆菌属细菌分离株的两次药物敏感性试验结果，所有菌株都与林可霉素、泰妙菌素、沃尼妙林和维吉尼亚霉素耐药，对红霉素和四环素不敏感率高，因此对具有耐药表型的分离株进

行了 *tet*、*vga*、*lsa* 和 *cfr* 等相关耐药基因的筛查。检测结果表明所有分离株都不携带 *vga*、*lsa* 和 *cfr* 类耐药基因，部分分离株携带有 *tetL* 基因，携带率(携带 *tetL* 菌株/四环素耐药菌株)为 73.1%(19/26)，部分 *tetL* PCR 鉴定结果如图 31-13 所示。其中一株分离自兽用饲料添加剂样本中的蜡样芽孢杆菌(命名为 CAU17)同时对四环素和多西环素耐药，其 tetL 耐药基因经测序比对后，发现与 *tet*(45)(GenBank 编号 JF837331.1)的同源性更高。CAU17 tet(45)基因编码的氨基酸序列与 Tet45(GenBank 编号 AEM62953.1)和 TetL(GenBank 编号 AEV41258.2)氨基酸序列的比对结果如图 31-14 所示。

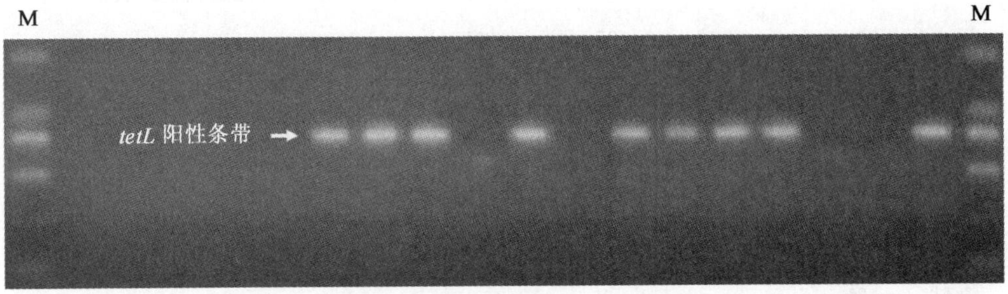

图 31-13　蜡样芽孢杆菌耐药株中 *tetL* 基因的筛查

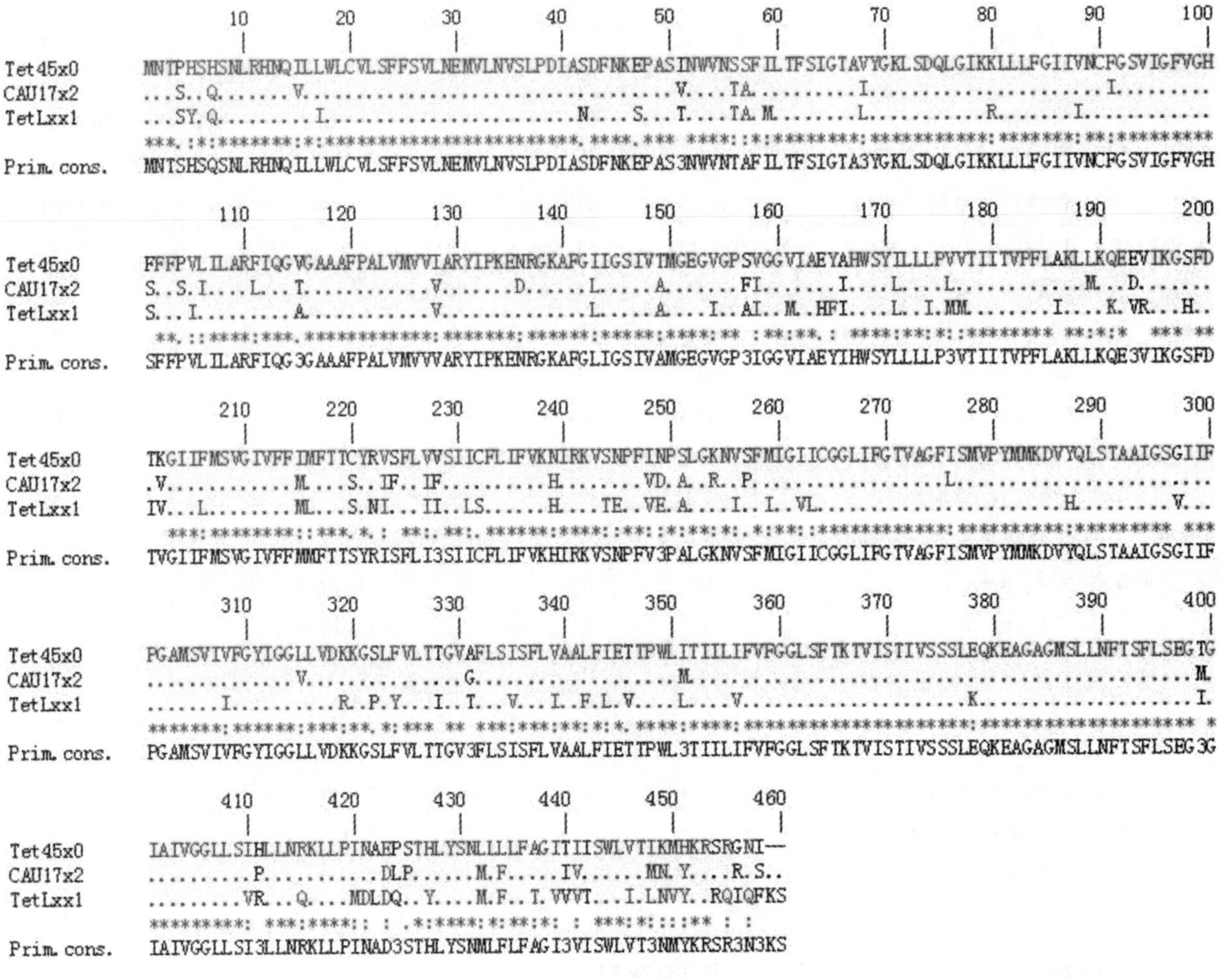

图 31-14　*tet*(45)基因编码氨基酸序列比对

"Tet45×0"为 Tet45 氨基酸序列(GenBank 编号 AEM62953.1);"CAU17×2"为 CAU17 tet(45)基因编码的氨基酸序列;"TetL××1"为 TetL 氨基酸序列(GenBank 编号 AEV41258.2)。

31.4.3　*tet*(45)基因定位及可移动性

1. *tet*(45)基因的定位

提取蜡样芽孢杆菌 CAU17 的质粒进行 *tet*(45)基因 PCR 检测，结果呈阳性，可初步判断 *tet*(45)基因位于 CAU17 的质粒上。

2. 电转化试验

提取 CAU17 菌株的质粒，将其电转化至大肠杆菌 DH5α、金黄色葡萄球菌 RN4220 和枯草芽孢杆菌 ATCC 6051，只有金黄色葡萄球菌 RN4220 电转成功，获得电转子命名为 CAU171。对 CAU171 进行 *tet*(45)基因 PCR 验证，结果如图 31-15 所示。对 PCR 产物进行序列测定，经 NCBI BLAST 与 *tet*(45)基因同源性最高。以及对 CAU171 进行四环素和多西环素的 MIC 试验，其 MIC 值分别为 32 μg/mL 和 16 μg/mL。

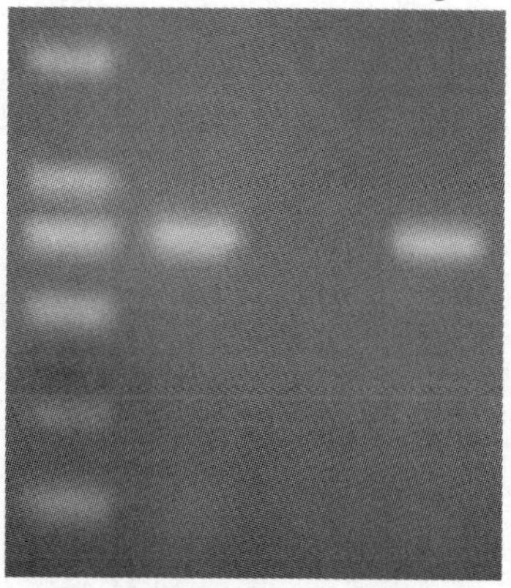

图 31-15　*tet*(45)基因电转子 PCR 电泳图

泳道 1 为 CAU17；2 为金黄色葡萄球菌 RN4220；3 为 CAU171；M 为 Trans 2K 分子量标准（条带自上至下依次为 2 000 bp，1 000 bp，750 bp，500 bp，250 bp 和 100 bp）。

3. 化学转化试验

提取 CAU17 菌株的质粒，将其通过化学转化至大肠杆菌 DH5α 和枯草芽孢杆菌 ATCC 6051，都未获得阳性转化子，重复操作一次，结果一致。

4. 接合转移试验

分别使用大肠杆菌 EC600、粪肠球菌 JH2-2 和枯草芽孢杆菌 ATCC 6051 作为受体菌，CAU17 为供体菌，通过滤膜法进行接合转移试验。使用 20 μg/mL 利福平和 8 μg/mL 四环素对 EC600 和 JH2-2 受体菌的接合子进行筛选，使用 8 μg/mL 四环素对 ATCC 6051 受体菌的接合子进行筛选，其中 ATCC 6051 为受体菌的选择性平板上未长菌，EC600 和 JH2-2 为受体菌的选择性平板上都长出细菌，但通过 PCR 方法对 *tet*(45)基因进行检测验证后，证明都为假阳性结果。

31.4.4　*tet*(45)基因耐药机制的功能验证

tet(45)基因编码的氨基酸序列与 *TetL* 具有 78%的相似度，耐药机制同为外排泵型导致细菌对四环素类药物产生耐药性，因此选择了 3 种不同的外排泵蛋白抑制剂对其功能进行验证。首先通过试验确定了 3 种外排泵抑制剂 CCCP、PAβN 和 reserpine 对试验细菌的最大无毒性剂量，分别为 2.5、20 和 5 μg/mL。按照确定的外排泵抑制剂对菌株最大无毒性剂量，将其分别添加至 CAU17 的四环素类药物的 MIC 试验中，MIC 结果如表 31-3 所示。结果发现 3 种外排泵抑制剂对 *tet*(45)基因的功能都有抑制作用，作用效果从高到低依次为 reserpine、CCCP 和 PAβN，如图 31-16 所示。

表 31-3　*tet*(45)基因外排泵抑制剂试验

菌株*	药物敏感性/(μg/mL)			
	四环素	四环素+CCCP	四环素+PAβN	四环素+reserpine
ATCC 29213	0.125	0.125	0.125	0.125
RN4220	0.125	0.125	0.125	0.125
CAU17	32	8	8	1
CAU171	32	8	8	1

* ATCC 29213 为金黄色葡萄球菌，作为四环素 MIC 试验的质控菌；RN4220 为金黄色葡萄球菌，是 *tet*(45)基因电转化的受体菌；CAU17 为兽用饲料添加剂益生菌产品中分离得到的蜡样芽孢杆菌，对四环素和多西环素耐药，携带 *tet*(45)基因；CAU171 为将 CAU17 *tet*(45)质粒电转化入金黄色葡萄球菌 RN4220 中的电转子。

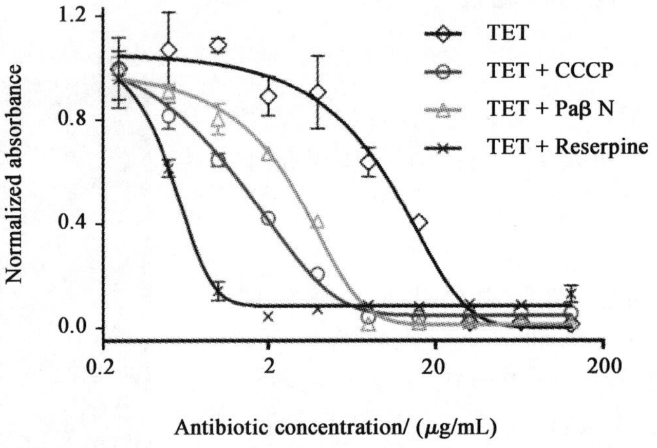

图 31-16 不同外排泵抑制剂对 *tet*(45)基因功能的抑制作用

图中试验菌株为 CAU17，分别使用 CCCP、PAβN 和 reserpine 作用后，观察 CAU17 对四环素的 MIC 变化。

31.4.5 *tet*(45)基因侧翼序列分析

通过对 CAU17 菌株全基因组的高通量测序，获得基因组序列片段。使用 CLC Genomics Workbench 8.5.1 软件将目的基因 *tet*(45)(GenBank 编号 JF837331.1)与 CAU17 全基因组序列片段进行比对，发现目的基因 tet(45)可与序列 contig 29 比对上，contig 29 长度为 6 799 bp，目的基因位于其 5 016～6 387 bp 的区间上。通过改良随机引物测序步移策略，成功地对 contig 29 的 5′端序列进行了延伸，延伸序列可与 CAU17 全基因组序列片段 contig 3(87 923 bp)进行拼接，将 contig29(5′-3′)与 contig3(3′-5′)进行反向拼接后得到了长度为 95 552 bp 的序列片段。但之后多次尝试使用改良随机引物测序步移策略和反向 PCR 方法，都无法获得完整质粒序列。对已获得的含有 *tet*(45)基因的序列进行分析，使用软件 Vector NTI 对开放阅读框(ORF)进行预测，对≥50 氨基酸的编码序列(CDS)进行标注，并通过 NCBI BLAST 比对序列，根据已报道的序列或蛋白的同源性预测其中 59 个 CDS 的功能，如表 31-4 所示。*tet*(45)基因的部分侧翼序列物理图谱如图 31-17 所示，与已报道的 *tet*(45)基因环境不同(You, et al. ,2013)。

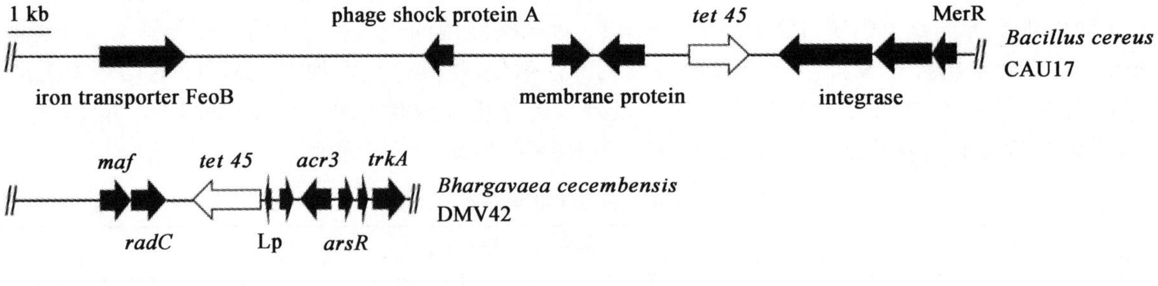

图 31-17 *tet*(45)基因侧翼序列对比

研究结果发现兽用益生蜡样芽孢杆菌 CAU17 中检测到的位于可移动元件上的四环素耐药基因 *tet*(45)，该基因通过编码特异性外排泵蛋白介导细菌对四环素产生耐药性。通过电转化成功获得携带 *tet*(45)基因的金黄色葡萄球菌 RN4220 电转子并表现出四环素抗性。CAU17 的 *tet*(45)基因侧翼序列与已报道的其他细菌不同，推测 CAU17 是在整合酶作用下获得 *tet*(45)基因，从而获得对四环素的耐药性。

综上所述，蜡样芽孢杆菌作为条件致病菌对我国的公共卫生安全存在巨大的潜在危害。一方面蜡样芽孢杆菌可产生多种毒素，严重威胁食品安全；另一方面蜡样芽孢杆菌对抗菌药物产生耐药性，携带可转移的耐药基因，会加剧耐药性的传播与扩散。

（丁双阳团队）

第32章　奶牛乳房炎耐药菌的调查与分析

32.1　概述

奶牛乳房炎是奶牛乳腺发生的一种炎症，是牛场中一种常见多发性疾病，它会使患牛奶产量和质量降低，最终会产生废乳房，这直接影响着奶牛养殖业的经济效益(Malinowski，2004)。而引起该病的主要原因是病原微生物感染，其中以葡萄球菌、大肠杆菌、链球菌最为常见(王根林等，2001)。乳房炎奶牛病例90%都是由这三种细菌引起(Burvenich, et al.，2003)，但是不同地区奶牛乳房炎感染也是有所差异。大肠杆菌性的奶牛乳房炎的高发率可能是由于奶牛场的环境卫生或者是乳房炎控制时抗菌药物的过度使用(Gröhn, et al.，2004)。

目前抗生素药物是治疗奶牛乳房炎的常用药，这就导致养殖户对抗生素的大量使用和滥用，本研究进行了金黄色葡萄球菌和大肠杆菌的分离、鉴定以及药敏感性实验，这对疫苗的研制、筛选敏感药物预防和更好的临床治疗和预防奶牛乳房炎具有重要的意义。

32.2　大肠杆菌的分离、鉴定及相关研究

经过2次纯化分离得到的菌株在伊红美蓝培养基上培养形成金属光泽、圆形、隆起、光滑和直径为1～2 mm的菌落(图32-1)，对分离的菌株进行涂片、革兰氏染色后镜检(图32-2)，结果为革兰氏阴性、红色、两端钝圆的短杆菌，结果分离得到150株疑似大肠杆菌。

图32-1　伊红美蓝培养基生长情况

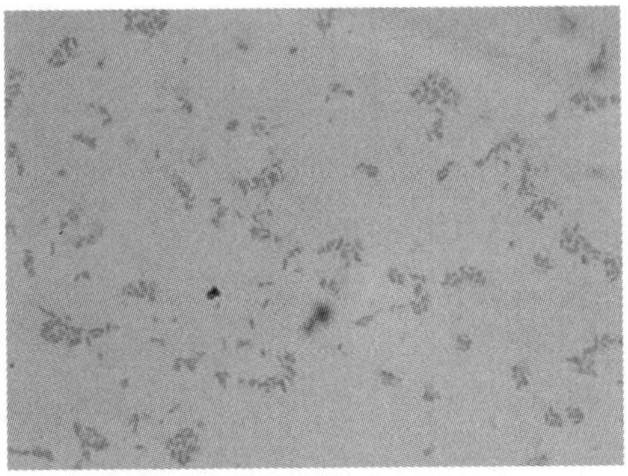

图32-2　显微镜观察结果

从样品中分离疑似大肠杆菌的菌株共有150株，对其中75株进行五项生化鉴定，其中48株菌株完全符合埃希氏大肠杆菌生化特性，占被鉴定菌株的64%，表32-1为生化反应鉴定结果。

表 32-1　埃希氏大肠杆菌生化鉴定结果

生化试验	乳糖发酵	M. R 试验	V. P 试验	吲哚试验	枸橼酸盐试验
结果	+	+	+	+	+
菌株	72	56	13	53	9
符合率/%	96	74.67	17.33	70.67	12

选取符合埃希氏大肠杆菌生化特性的 48 株大肠杆菌进行临床常用治疗药物的敏感性检测，从表 32-2 可以看出分离、鉴定得到的 48 株大肠杆菌对每种抗生素的抗药性差别很大，从 0 到 100%，其中耐药率达到 50%以上的抗生素有青霉素、苯唑西林、克林霉素、红霉素、四环素、万古霉素，其中红霉素、四环素的耐药率为 54.71%，对克林霉素的耐药率为 75%，对苯唑西林和万古霉素的耐药率分别为 81.25%和 85.42%，而对青霉素的耐药率甚至达到 93.75%，分离的菌株对诺氟沙星、环丙沙星、卡那霉素具有良好的敏感性，敏感性达到 100%。同时分离得到的每株大肠杆菌对 24 种抗生素表现出多重耐药性(表 32-3)，可以看出 5 种以上抗生素的耐药率为 72.92%，其中 5 种药物的耐药率最大为 25%。

表 32-2　48 株大肠杆菌对 24 种抗生素耐药性试验结果

抗生素	菌株个数			高敏菌株比例/%	中敏菌株比例/%	耐药菌株比例/%
	敏感(S)	中敏(I)	耐药(R)			
头孢唑林 Cefazolin	41	0	7	85.41	0	14.58
庆大霉素 Gentamicin	43	0	5	89.58	0	10.42
氨苄西林 Ampicillin	35	3	10	72.91	6.25	20.83
青霉素 Penicillin	3	0	45	6.25	0	93.75
苯唑西林 Oxacillin	9	0	39	18.75	0	81.25
链霉素 Strepolin	39	0	9	81.25	0	18.75
克林霉素 Clindamycin	12	0	36	25	0	75
红霉素 Erythromycin	22	0	26	45.83	0	54.17
四环素 Tetracycline	20	2	26	41.67	4.17	54.17
阿米卡星 Amikacin	46	1	1	95.83	2.08	2.08
头孢噻吩 CefotaximeSodium	38	10	0	79.17	20.83	0
头孢哌酮 Cefobid	44	2	2	91.67	4.17	4.17
诺氟沙星 Norfloxacin	48	0	0	100	0	0
磺胺甲恶唑 Sulfamethoxazole	46	0	2	95.83	0	4.17
氯霉素 Chloroamphenicol	44	0	4	91.67	0	8.33
万古霉素 Vancomycin	7	0	41	14.58	0	85.42
环丙沙星 Ciprofloxacin	48	0	0	100	0	0
头孢曲松 Ceftriaxone Sodium	41	1	6	85.42	2.08	12.5
头孢呋辛钠 Xilixin	41	1	6	85.42	2.08	12.5
头孢噻肟 Cefotaxime Sodium	42	1	5	87.5	2.08	10.42
氧氟沙星 Ofloxacin	47	0	1	97.91	0	2.08
磺胺甲恶唑片/甲氧苄啶 Trimethoprim	40	0	8	83.33	0	16.67
卡那霉素 Kanamycin	48	0	0	100	0	0
头孢西丁 Cefoxitin	46	1	1	95.83	2.08	2.08

表 32-3　48 株大肠杆菌多重耐药型分析结果

耐药类型(种)	2	3	4	5	6	7	8	12	13	14	17
耐药率/%	6.25	6.25	8.33	25	18.8	12.5	6.25	2.08	2.08	4.17	2.08

目前,国内外针对乳房炎的治疗主要以抗生素为主,但是反复长期大量的使用导致残余的抗生素超标和致病性的大肠杆菌在药物的选择压力下其耐药性逐渐提高,这不仅危害人体健康也给奶牛的乳房炎的治疗增加困难,为了提高治疗国内外学者对乳房炎病原菌进行了大量的抗敏实验(Heringstad, et al.,2000)。倪春霞等研究中国不同地区乳房炎病原菌的种类、敏感性和分布情况,结果发现不同地方病原微生物耐药性不尽相同,大肠杆菌对喹诺酮类药物高度敏感,对大环内酯类有严重耐药性。王晓等研究了大肠杆菌型乳房炎的耐药性以及毒性基因,结果发现青霉素和克林霉素的耐药率为 96.43%,Ecs3703、CNF2 和 Irp2 检出率为 100%。J. Nemeth 等从乳房炎牛和健康牛牛乳和粪便中分离大肠杆菌,比较其生化特性和其潜在的毒理基因,结果发现健康牛中含有潜在的毒力因素,在一定条件下其能够诱发大肠杆菌型的乳腺炎(Nemeth,et al.,1994)。Marie-Anne Botrel 等对 1 770 个乳房炎乳样品进行病原菌分离以及耐药性分析(Botrel, et al.,2010)。

本试验从该牛场采集的样品中分离鉴定的牛源大肠杆菌对 24 种抗菌药进行敏感性实验研究,结果表明大肠杆菌对临床使用的抗菌药产生了不同程度的耐药性,尤其青霉素耐药率可达 93.75%,同一株菌最多耐药 17 种,最少耐药 2 种,耐药 5 种及 5 种以上的占 73%。但是诺氟沙星、环丙沙星、卡那霉素、磺胺甲恶唑、氧氟沙星对乳房炎奶牛中筛选的大肠杆菌均有较高的敏感性,这说明这几种抗生素在该牛场使用量较少或尚未推广使用,表明这几种抗生素对治疗大肠杆菌型奶牛乳房炎有较好的效果。同时青霉素、苯唑西林、克林霉素、万古霉素抗生素对一些大肠杆菌产生耐药性,这可能与该牛场大量或长期使用这些抗生素治疗有关,建议该牛场在防治奶牛乳房炎可以暂时放弃这些药物治疗,同时奶牛场应定期进行临床型乳房炎的细菌分离和耐药检测,以便更好地指导奶牛场防控疾病与合理用药。由于健康的奶牛也可能含有与乳房炎相同的耐药菌,因此要对奶牛场加大环境卫生管理以及挤奶前的消毒工作,抑制微生物的生长,减少乳房炎奶牛的发病率,从而提高牛奶的品质。

32.3　金黄色葡萄球菌分离鉴定及相关研究

共分离出可疑菌株 142 株。Baird-Parker 培养基培养 24 h 后菌落为圆形,直径 1~2 mm,颜色灰或黑色,周围环晕约 2~3 mm。营养琼脂上培养 24 h 后菌落为圆形,直径 2~3 mm,表面光滑、湿润、边缘完整,未见明显环晕。营养肉汤培养 12 h 后液体浑浊,静止后底部有沉淀,轻摇后全部旋起溶解。

将纯培养的菌株进行革兰氏染色,其中 126 株结果为阳性,显微镜下呈葡萄球状排列,边缘散落菌体呈短链状存在,不存在鞭毛、芽孢、荚膜。

分离菌株出现粉色,即呈阳性;阴性对照无粉色出现。

分离菌株全部出现气泡,即呈触酶阳性;阴性对照无气泡产生。血浆凝固分离菌株中 47 株出现凝固现象,即 6 h 倾倒无流动现象,呈阳性;阴性对照无凝固现象。其中凝固酶阴性,表明无致病性或致病性较低;凝固酶阳性,则具有致病性。

47 株分离菌的发酵试验结果见表 32-4。

表 32-4　糖发酵试验结果

细菌类型	葡萄糖	果糖	蔗糖	甘露醇	麦芽糖	乳糖	海藻糖	甘露醇	木糖醇	密二糖	棉籽糖	木糖
金黄色葡萄球菌	+	+	+	+	+	+	+	+	−	−	−	−

注:“+”表示分离菌株生化反应呈阳性;“− ”表示呈阴性。

根据上述结果，查阅可知，所得菌株为金黄色葡萄球菌。

药物敏感试验：47 株金黄色葡萄球菌的药物敏感试验结果见表 32-5。

表 32-5　47 株金黄色葡萄球菌药物敏感试验结果

抗菌药物	耐药菌数			耐药菌比例		
	耐药(R)	中介(I)	敏感(S)	R	I	S
头孢唑林(Cefazolin)	5	3	39	11%	6%	83%
庆大霉素(Gentamycin)	1	3	43	2%	6%	91%
氨苄西林(Ampicillin)	28	3	16	60%	6%	34%
青霉素 (Penicillin)	39	1	7	83%	2%	15%
苯唑西林(Oxacillin)	23	0	24	49%	0%	51%
链霉素(Streptomycin)	25	5	17	53%	11%	36%
克林霉素(Clindamycin)	22	3	22	47%	6%	47%
红霉素 (Erythrocin)	16	3	28	34%	6%	60%
四环素(Tetracycline)	9	5	33	19%	11%	70%
阿米卡星(Amikacin)	6	2	39	13%	4%	83%
头孢噻吩(Cefalotin)	5	3	39	11%	6%	83%
头孢哌酮(Cefoperazone)	1	3	43	2%	6%	91%
诺氟沙星(Norfloxacin)	0	1	46	0%	2%	98%
磺胺甲恶唑(Sulfamethoxazole)	15	1	31	32%	2%	66%
氯霉素(Chloramphenicol)	7	7	33	15%	15%	70%
万古霉素(Vancomycin)	5	0	42	11%	0%	89%
环丙沙星(Ciprofloxacin)	0	3	44	0%	6%	94%
头孢曲松(Ceftriaxone)	3	15	29	6%	32%	62%
头孢呋辛钠(Cefuroxime sodium)	12	1	34	26%	2%	72%
头孢噻肟(Cefotaxime)	12	3	32	26%	6%	68%
氧氟沙星(Ofloxacin)	0	0	47	0%	0%	100%
甲氧苄啶(Trimethoprim)	16	0	31	34%	0%	66%
卡那霉素(Kanamycin)	14	2	31	30%	4%	66%
利福平(Rifampicin)	13	2	32	28%	4%	68%
头孢西丁(Cefoxitin)	8	3	36	17%	6%	77%

表 32-6　47 株金黄色葡萄球菌耐药数量

抗菌药物数量	16	12	11	10	8	7	6	5	4	3	2	1	0
耐药菌数量	1	3	2	3	3	5	7	10	2	4	4	2	2

由表 32-5、表 32-6 得知，分离菌株对多种药物具有不同程度的耐受性，其中 1 株菌对 16 种药物耐药；且有 9 株对 10 种以上药物具有耐受性。菌株对青霉素耐药率高达 83%，对氨苄西林、链霉素耐药率分别为 60%、53%，不建议经常或单独使用；而对氧氟沙星、诺氟沙星、环丙沙星、庆大霉素、头孢哌

酮、万古霉素、头孢唑啉、头孢噻吩、阿米卡星具有较强的抗菌活性($S>80\%$),可用于奶牛疾病的临床用药;其余药物可选择性使用。

乳房炎在奶牛泌乳期频发,在挤乳时出现交叉感染,患病率随奶牛年龄及胎次增加而增高,且泌乳前期发病率低,后期发病率高,差异极显著。引起奶牛乳房炎原因较多,如:病原微生物感染、机械损伤、物理损伤和化学刺激等,其病症复杂,可以引起乳腺组织病变,牛奶中颜色、气味异常,体细胞数目增多等。经报道得知,奶牛乳房炎主要由金黄色葡萄球菌引起,可引起局部化脓感染,也可引起肺炎、肠炎、心包炎等,甚至引发败血症,且由其引起的乳房炎传染性强、治愈率低、发病周期长。金黄色葡萄球菌不是细胞内的细菌,但根据一些体外研究表明它可以入侵乳腺上皮细胞和巨噬细胞并在其中生存,从而逃避某些免疫反应(Grönlund, et al.,2006, Oviedo-Boyso, et al.,2007, Rooijakkers, et al.,2005)。

国内外寻找奶牛乳房炎发病原因最常用的方法是病原菌的分离鉴定(Phuektes, et al.,2001)。金黄色葡萄球菌在适宜的条件下产生核酸酶、接触酶以及凝固酶,这些酶在感染初期起到重要的作用,检测细菌是否分泌这些酶,是判断该菌株是否具有致病性的重要指标之一。本文使用奶牛乳头涂抹点、牛乳、粪便样品,结合细菌的革兰氏染色、耐热核酸酶试验、触酶试验、凝固酶试验以及糖发酵试验,从 142 株疑似菌中鉴定出 47 株金黄色葡萄球菌,检出率为 33.1%。

目前,抗生素是治疗奶牛乳房炎的常用手段,但大量使用抗生素会使金黄色葡萄球菌产生耐药性。本文通过药敏试验得知,分离菌株对多种药物具有不同程度的耐受性,其中 1 株菌对 16 种药物耐药;且有 9 株对 10 种以上药物具有耐受性。菌株对青霉素耐药率高达 83%,对氨苄西林、链霉素耐药率分别为 60%、53%,不建议经常或单独使用;而对氧氟沙星、诺氟沙星、环丙沙星、庆大霉素、头孢哌酮、万古霉素、头孢唑啉、头孢噻吩、阿米卡星具有较强的抗菌活性($S>80\%$),可用于奶牛疾病的临床用药;其余药物可选择性使用。对于奶牛乳房炎,除药物防治外,还应以预防为主,注意加强饲养管理、注重挤奶卫生、平衡日粮、并进行定期检测,做到早发现早治疗,从根本上降低乳房炎的发病率。此外,还要加强干奶期的预防,干奶期是奶牛泌乳周期的一个重要阶段,是对奶牛机体和乳房健康的重要调整期,也是控制和治疗乳房炎发生的重要环节,在此阶段,药物可以长时间作用于乳房,对降低下一泌乳期乳房炎发病率具有显著作用(Jacobsson,2003)。

(陈历俊团队)

第 33 章　原料乳乳蛋白“指纹图谱”的建立

33.1　概述

牛乳的蛋白质是含氮的有机化合物，乳品企业蛋白质的检测方法仍以“凯氏定氮”为主（Adam 2009，BANIA，et al.，2001），该方法的优点是结果准确可靠，但是缺点是费时耗力，而且破坏样品，同时其以含氮量来换算蛋白质含量使其难以判断是否掺假（Barbano 和 Lynch 2006）。随着检测技术的发展，液相色谱、气相色谱、质谱、流变学特性、感官特性等也用于乳品检测中，但是往往费用较高，针对某一类已知检测物的检测效果较佳，普及率并不高（Barron，et al.，1990，Borin，et al.，2006）。

蛋白质是一种有机高分子复合体，由多个氨基酸通过肽键互相连接而成。乳蛋白发生改变，氨基酸的含量及种类必然发生某些改变，且不同的乳蛋白氨基酸组成是不同的（Callejón，et al.，2010）。本项目将利用液相色谱检测与分析技术，得到样品蛋白质的整体“指纹”图谱信息，建立特定的“指纹”图谱库，形成原料乳的质量评价标准，有效地对原料乳中的掺假物质进行判定（Chávez-ServÍn，et al.，2004，Chapman，et al.，2001）。

建立完整的原料乳质量评价体系，保障乳品安全，是乳品行业发展和行业监管亟待开展的工作之一，也是开发适合中国饮食特色的乳制品的必然基础（Chen，et al.，2004）。

33.2　氨基酸的分析

1. 氨基酸标准的 UPLC 谱图

氨基酸标准品的谱图如图 33-1 所示。

2. 氨基酸的标准曲线

以组氨酸为例，氨基酸的标准曲线如图 33-2 所示。

3. 乳样的 UPLC 谱图

原料乳经盐酸水解，其氨基酸谱图如图 33-3 所示。

4. 精密度试验

取同一份样品溶液，按照上述色谱条件进行连续测定 6 次，以正缬氨酸为内参比峰，计算指纹图谱中各个主要共有峰的相对保留时间和相对峰面积。结果表明各主要峰的相对保留时间和相对峰面积的相对标准偏差（RSD）均小于 3%，计算 6 次分析所得到的色谱峰的相似度，其相似度均大于 0.99，表明仪器的精密度良好。

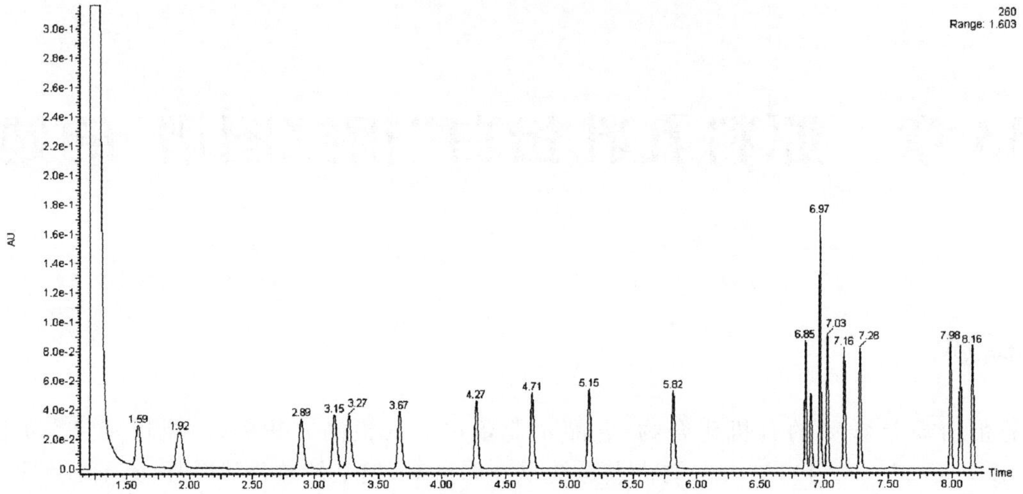

图 33-1　氨基酸标准的 UPLC 谱图示意

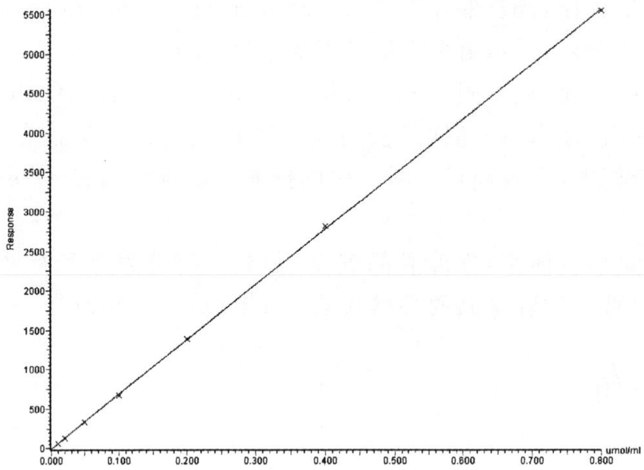

图 33-2　组氨酸的标准曲线示意

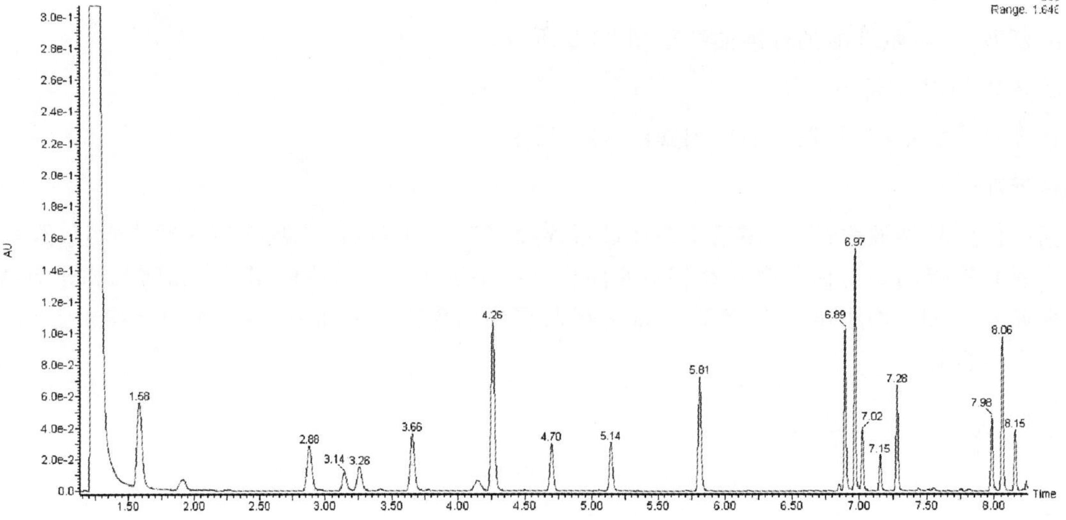

图 33-3　原料乳的 UPLC 谱图示意

5. 稳定性试验

取同一份样品溶液分别在 0、2、4、6、8、10、12 和 24 h 不同时间点，按照色谱条件进行连续测定 6 次，以正缬氨酸为内参比峰，计算指纹图谱中各个主要共有峰的相对保留时间和相对峰面积。结果表明各主要峰的相对保留时间和相对峰面积的相对标准偏差(RSD)均小于 3%，计算 6 次分析所得到的色谱峰的相似度，其相似度均大于 0.99，表明样品在 24 h 内稳定。

6. 重复性试验

取同一批次样品溶液 5 份，按照色谱条件进行连续测定 5 次，以正缬氨酸为内参比峰，计算指纹图谱中各个主要共有峰的相对保留时间和相对峰面积。结果表明各主要峰的相对保留时间和相对峰面积的相对标准偏差(RSD)均小于 3%，计算 5 次分析所得到的色谱峰的相似度，其相似度均大于 0.99，表明该提取方法具有良好的稳定性和可靠性。

7. 回收率试验

试验条件下多数残基在水解过程中都会发生不同程度的损失，损失最大的为半胱氨酸和色氨酸。乳蛋白水解后氨基酸的回收率可以达到 90±2%。定量限与检测限采用 AccQ・Tag 柱前衍生方法，UPLC 可在 10 min 内完成对氨基酸的分析，从而对不同来源的乳蛋白质量进行评价，其定量限(S/N=10)为 42.7～235.1 ng/mL，检测限(S/N=3)为 12.9～69.3 ng/mL。

33.3　原料乳氨基酸数据模型的建立

1. 原料乳蛋白质含量及氨基酸百分比结果

500 份乳样为北京三元食品股份有限公司从牛场通过在线取样设备现场取样，500 个有效样本的蛋白质含量 2.86～3.61 g/100 mL，平均含量为 3.22 g/100 mL。各种氨基酸的平均值如表 33-1 所示。

表 33-1　500 份乳样的氨基酸含量

成分	单位	范围	平均值	标准误差(SE)	标准均方差(SD)
蛋白质	g/100 mL	2.86～3.61	3.23	0.01	0.16
His	%	245～289	264	0.01	0.08
Ser	%	238～537	481	0.02	0.26
Arg	%	332～385	349	0.00	0.07

2. 主成分分析结果

原料乳中各种氨基酸的相关系数矩阵如表 33-2 所示，氨基酸变量之间直接的相关系数比较强。

各成分的方差贡献率和累计贡献率如表 33-3 所示，前两个组分的特征根大于 1，第一个主成分的方差占所有主成分方差的 79.63%，大于一半，前两个组分的贡献率达到 87.18%，已经可以描述原料乳中的蛋白质含量水平。

表 33-2　相关矩阵

	His	Ser	Arg	Gly	Asp	Glu	Thr	Ala	Pro	Cys	Lys	Lyr	Met	Val	Ile	Leu
Ser	0.73															
Arg	0.97	0.78														
Gly	0.70	0.55	0.68													
Asp	0.84	0.82	0.89	0.58												
Glu	0.75	0.62	0.80	0.52	0.77											
Thr	0.89	0.87	0.95	0.62	0.94	0.79										
Ala	0.90	0.81	0.94	0.64	0.96	0.80	0.96									
Pro	0.94	0.82	0.98	0.65	0.92	0.77	0.97	0.95								
Cys	0.11	0.51	0.21	0.13	0.30	0.22	0.43	0.29	0.31							
Lys	0.66	0.62	0.69	0.47	0.76	0.61	0.72	0.76	0.72	0.19						
Tyr	0.92	0.76	0.92	0.67	0.85	0.71	0.88	0.87	0.92	0.20						
Met	090	0.80	094	0.63	0.87	0.77	0.94	0.92	0.94	0.33	0.67	0.87				
Val	0.96	0.69	0.96	0.65	0.88	0.76	0.89	0.92	0.94	0.02	0.70	0.89	0.88			
Ile	0.96	0.68	0.96	0.65	0.87	0.75	0.87	0.91	0.93	0.00	0.69	0.90	0.88	0.99		
Leu	0.95	0.79	0.98	0.67	0.93	0.80	0.96	0.96	0.98	0.26	0.72	0.92	0.94	0.96	0.95	
Phe	0.96	0.70	0.95	0.69	0.78	0.78	0.87	0.85	0.92	0.19	0.62	0.89	0.90	0.91	0.91	0.93

表 33-3　各成分的方差贡献率和累计贡献率

成分	初始特征值			提取平方和载入		
	合计	方差的%	累积%	合计	方差的%	累积%
1	13.537	79.632	79.632	13.537	79.632	79.632
2	1.284	7.553	87.185	1.284	7.553	87.185
3	0.599	3.524	90.710			
4	0.466	2.739	93.449			
5	0.358	2.109	95.557			
6	0.232	1.364	96.922			
7	0.170	1.000	97.922			
8	0.127	0.747	98.669			
9	0.074	0.435	99.104			
10	0.033	0.195	99.299			
11	0.030	0.174	99.474			
12	0.026	0.151	99.625			
13	0.022	0.130	99.755			
14	0.016	0.092	99.847			
15	0.011	0.064	99.911			
16	0.008	0.045	99.956			
17	0.007	0.044	100.000			

从而得出各主成分的表达式，在表达式中的变量已经不是原始的变量，而是标准化变量。

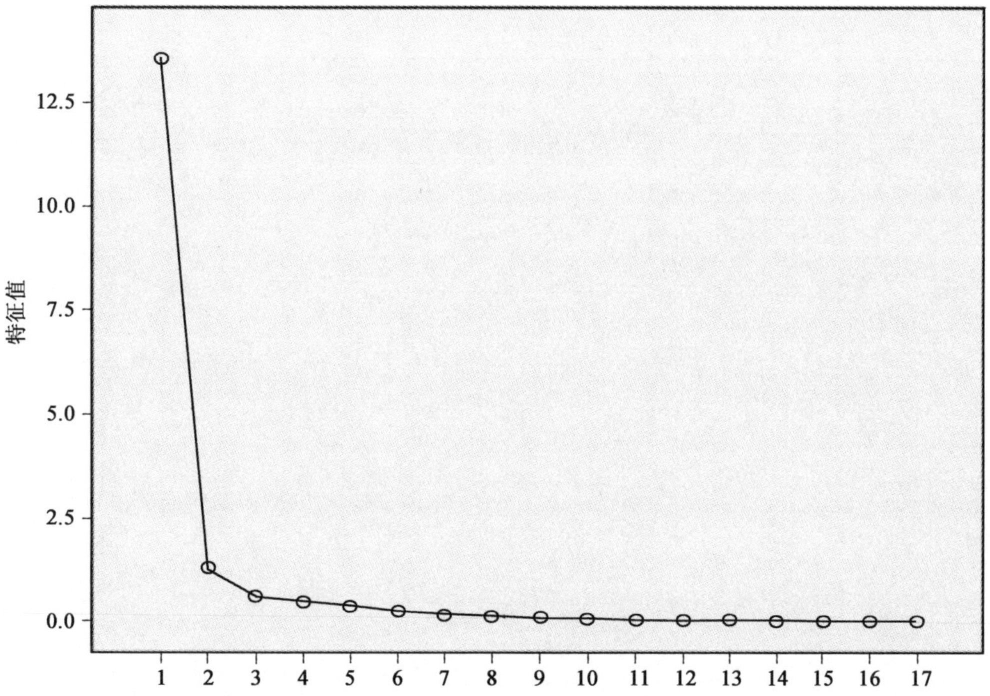

图 33-4　碎石图

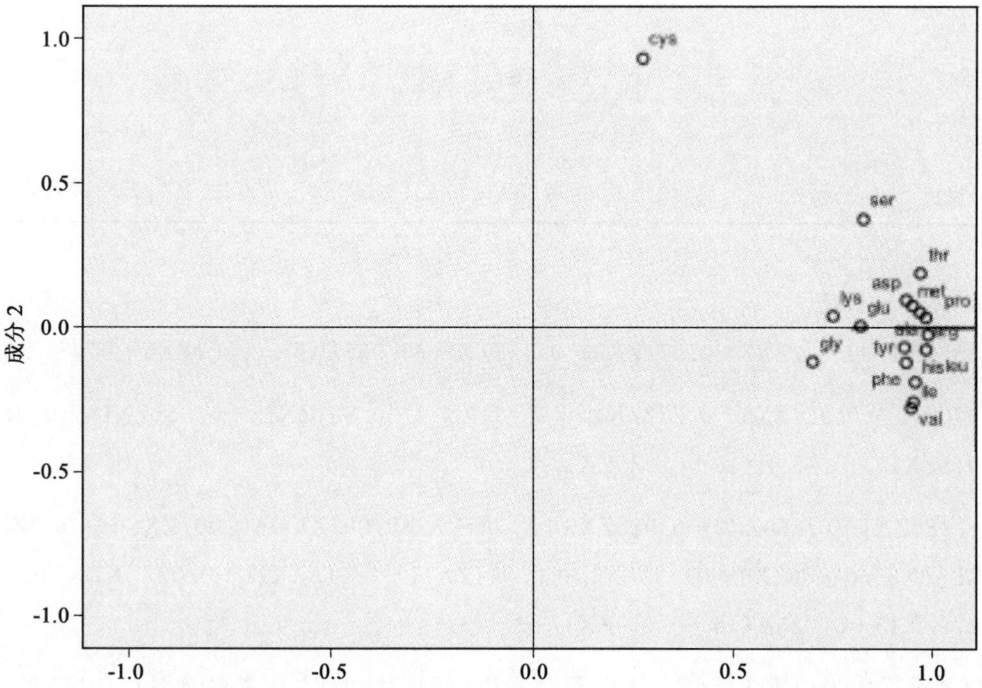

图 33-5　成分图

表 32-4 成分矩阵

成分	成分 1	成分 2
His	0.958	−0.188
Ser	0.828	0.377
Arg	0.985	−0.074
Gly	0.701	−0.116
Asp	0.935	0.097
Glu	0.821	0.007
Thr	0.971	0.189
Ala	0.970	0.055
Pro	0.984	0.036
Cys	0.272	0.932
Lys	0.751	0.041
Tyr	0.931	−0.066
Met	0.951	0.077
Val	0.953	−0.257
Ile	0.948	−0.278
Leu	0.990	−0.023
Phe	0.935	−0.119

3. 线性回归分析结果

F1＝0.958ZX1＋0.377ZX2－0.074ZX3－0.116ZX＋40.935ZX5＋0.821ZX6＋0.971ZX7＋0.970ZX8＋0.984ZX9＋0.272ZX10＋0.751ZX11＋0.931ZX12＋0.951ZX13＋0.953ZX14＋0.948ZX15＋0.990ZX16＋0.935ZX17

F2＝－0.188ZX1＋0.828ZX2＋0.985ZX3＋0.701ZX＋0.097ZX5＋0.007ZX6＋0.189ZX7＋0.055ZX8＋0.036ZX9＋0.932ZX10＋0.041ZX11－0.066ZX12＋0.077ZX13－0.257ZX14－0.278ZX15＋0.023ZX16－0.119ZX17

500 份原料乳样中蛋白质含量(Foss120 红外光谱仪测定结果)与氨基酸含量(UPLC 测定结果)回归分析结果如表 33-5、表 33-6 所示。

表 33-5　系数 *a*

模型		非标准化系数		标准系数	*t*	Sig.
		B	标准误差	试用版		
1	（常量）	1.698	0.11		15.412	0
	His	3.224	3.43	0.248	0.94	0.348
	Ser	0.249	0.561	0.042	0.443	0.658
	Arg	14.755	3.739	1.453	3.946	0
	Gly	−0.106	0.849	−0.008	−0.125	0.9
	Asp	0.937	0.752	0.245	1.246	0.214
	Glu	−0.278	0.144	−0.158	−1.931	0.055
	Thr	−1.024	3.06	−0.119	−0.335	0.738
	Ala	−5.442	2.765	−0.47	−1.968	0.05
	Pro	−0.69	1.16	−0.183	−0.595	0.553
	Cys	4.041	5.825	0.075	0.694	0.489
	Lys	0.425	0.186	0.149	2.283	0.023
	Tyr	−2.27	0.782	−0.356	−2.903	0.004
	Met	0.626	2.13	0.043	0.294	0.769
	Val	−2.622	1.942	−0.479	−1.35	0.179
	Ile	3.076	2.311	0.463	1.331	0.185
	Leu	−0.769	1.523	−0.203	−0.505	0.614
	Phe	0.658	1.742	0.084	0.378	0.706

表 33-6　方差分析[b]

模型		平方和	df	均方	F	Sig.
1	回归	3.827	17	0.225	22.441	0.000[a]
	残差	1.956	195	0.010		
	总计	5.784	212			

a. 预测变量：（常量），Phe，Cys，Lys，Gly，Glu，Ser，Asp，Tyr，Met，Ala，Val，His，Pro，Thr，Ile，Arg，Leu。

b. 因变量：蛋白质(protein)。

33.4　蛋白质掺假乳样

1. 动物水解蛋白掺假

动物水解蛋白为动物皮革毛发等经水解成可溶性肽链，其掺入牛乳可以提高乳蛋白的表现含量，但是严重损害消费者的利益。羟脯氨酸是胶原蛋白中特有的氨基酸，在正常胶原蛋白中含量约为13.4%，在其他的蛋白质中则不存在。如若原料乳中添加了动物水解蛋白，则会在羟脯氨酸位置出峰，以羟脯氨酸为标志物，如图 33-6 所示。

2. 三聚氰胺掺假

三聚氰胺($C_3H_6N_6$)俗称密胺，蛋白精，是一种含氮杂环有机化合物，其氮含量可以达到 66%。由于蛋白质定量成本较高，国内大部分乳制品企业通过“凯氏定氮法”测定氮含量进而估算蛋白质含量。而添加三聚氰胺会使得蛋白质测定含量增加，同时作为一种白色结晶粉末，无味，掺假后不容易被发现。但是三聚氰胺对身体有害，不可用于食品加工或者食品添加物三聚氰胺添加到牛奶中后，在制作的过程中会产生三聚氰酸。三聚氰胺与三聚氰酸结合在一起后形成网络状结晶。这种结晶微溶于水，吃到人

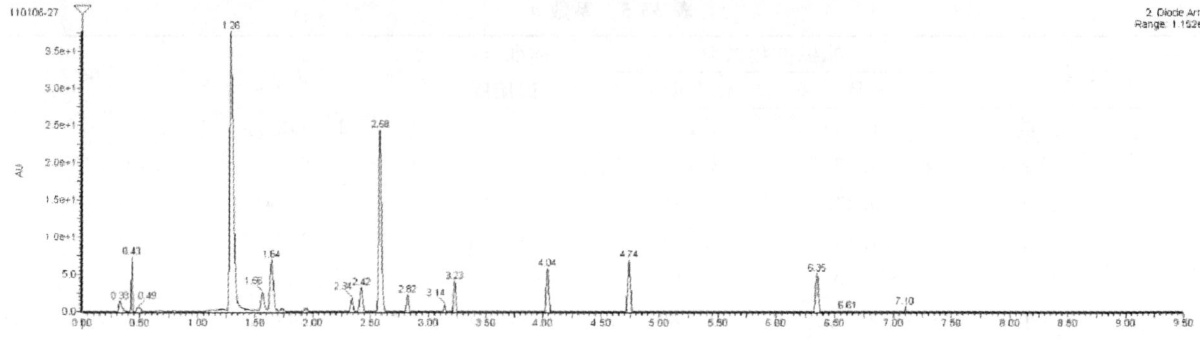

图 33-6　掺入动物水解蛋白乳样的氨基酸图谱

体中遇到胃酸时会溶解开来,但是排到尿中,两种物质再次结合,因为排尿的肾小管非常纤细,所以这些网络状的结晶可能堵塞肾小管,随着结晶在体内含量的增多,如果不能排除,积累到一定的程度后形成结石,给肾功能带来极大的损害。添加了三聚氰胺的原料乳,在氨基酸检测中各种氨基酸的含量均会明显降低,即以氨基酸的显著降低为标志。

3. 乳清蛋白掺假

乳清粉是国外乳品企业在加工奶酪时的副产物,因此,价格相对于奶粉要便宜很多,这就为一些不法商贩在交售鲜乳时掺假乳清粉提供快乐可能。因为乳清粉的全部成分都来源于鲜乳,因此常规的化学方法很难分辨该乳的真假。在乳糖的检测过程中如果乳糖含量显著高于 4.8%,则可判定掺假了乳清粉。在氨基酸的测定中,以天门冬氨酸、丙氨酸和脯氨酸为标志物可以检测乳清蛋白的掺假。掺入了乳清蛋白浓缩物(WPC)和乳清蛋白分离物(WPI)的氨基酸谱图分别如图 33-7 和图 33-8 所示。

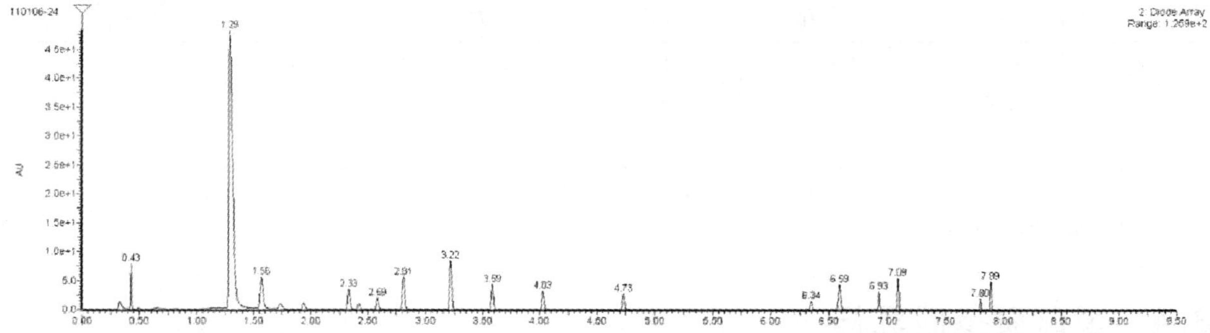

图 33-7　掺入乳清蛋白浓缩物乳样的氨基酸图谱

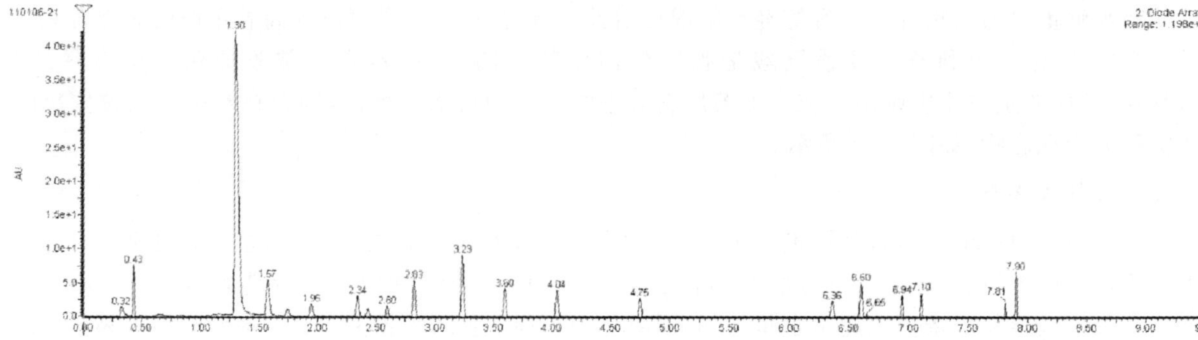

图 33-8　掺入乳清蛋白分离物乳样的氨基酸图谱

经过统计学分析，乳清蛋白掺假的联合置信区间如表 33-7 所示。

表 33-7　乳清蛋白掺假的联合置信区间

Conf level/%	Reject if		
	Asp	Ala	Pro
95	>7.92	>3.40	<7.69
99.5	>8.25	>3.50	<7.39
99.8	>8.40	>3.60	<7.10

4. 大豆蛋白掺假

植物蛋白的成本低廉，这就为掺假者在鲜乳中添加相对提纯的大豆蛋白成分提供了可能，植物蛋白的营养价值远远没有乳蛋白高，氨基酸的种类和数量也没有乳蛋白丰富，但是目前乳蛋白测定的国标方法（凯氏定氮）并不能进行区分鉴别。聚丙烯酰胺凝胶电泳可以检测牛乳中的大豆蛋白成分。图 33-9 给出了大豆蛋白掺假乳样的氨基酸谱图，大豆蛋白的氨基酸组成与乳清蛋白接近，掺入大豆蛋白也可以天门冬氨酸、丙氨酸及脯氨酸为标志物。原料脱脂乳乳样的氨基酸指纹图谱如图 33-10 所示。

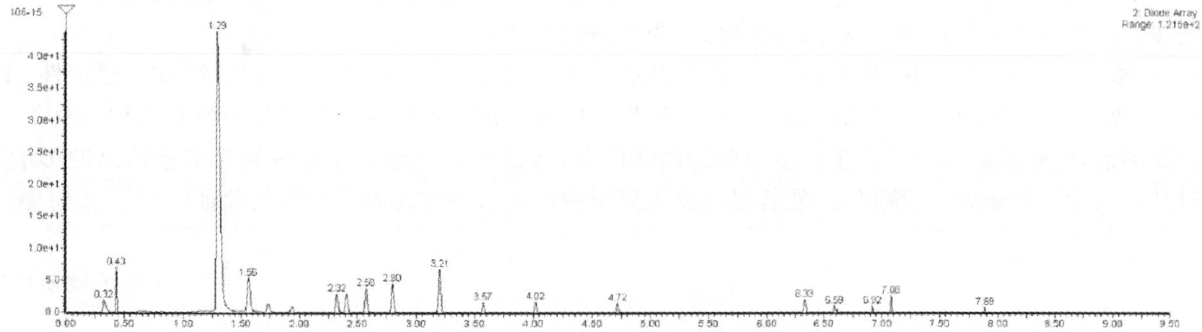

图 33-9　掺入大豆蛋白乳样的氨基酸指纹图谱

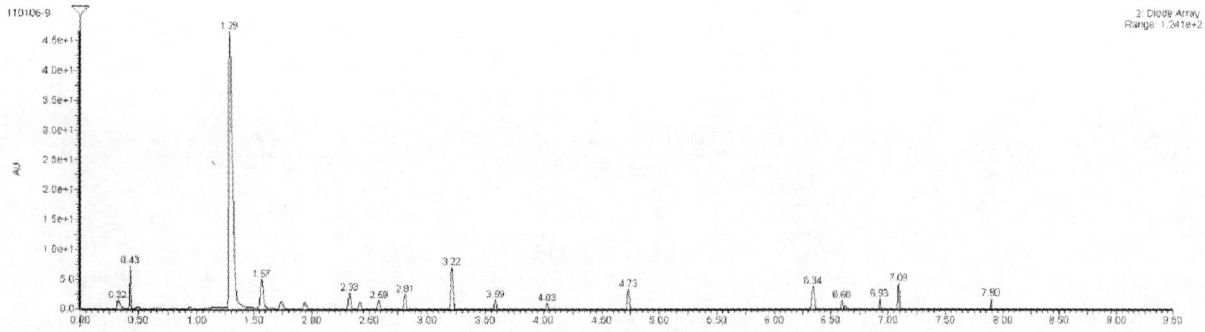

图 33-10　原料脱脂乳乳样的氨基酸指纹图谱

不同的蛋白质分子氨基酸组成及比例不同，通测定过测定含量差别较大的某个或者几个氨基酸或者特有的氨基酸来区别不同的蛋白质，即使发生了变性水解现象也不会影响测定。而利用氨基酸组成的差异检测牛乳蛋白中掺入的外源蛋白质组分并不像单一蛋白质检测那样简单，首先，必须确定牛乳中内源蛋白质的总体氨基酸组成，而这个总体的氨基酸组成也是有个体差异的。其次，掺入的外源蛋白质在掺假乳总蛋白质中所占的比例很小，大部分是乳源蛋白，所以由外源蛋白掺入导致的总体氨基酸组成的变化很小，难以检测。

33.5 结论

原料乳蛋白质特异性检测和非特异性检测各有优缺点,二者相互补充,总的来说,特异性检测追求高精确性,可以定性定量检测,但是一次的检测只能针对某一种蛋白质掺假物质;而非特异性检测追求高效性,一次检测可以筛查出某一类蛋白质掺假物质,但是不能准确的定性和定量检测,误判率也较特异性检测高。乳品在整个流通过程中,前期应多采用非特异性检测,将大量具有明显掺假特征的生鲜乳销毁在进入流通领域之前(前期要适当放宽标准,防止误判)。后期多采用特异性检测,加工后的乳制品一般保质期较长,有充足的时间进行各种精确的特异性掺假检测,形成宽进严出的乳制品市场。

本研究利用 Foss 120 红外光谱仪测定原料乳中的蛋白质、脂肪、总固形物、非脂固形物、乳糖、密度、冰点、酸度、游离脂肪酸、酪蛋白等十项参数,利用仪器配备的原料乳 Quality Assurance(QA)模块比较光谱差异,如有异常视为掺假。

按照 GB 5413.38—2010 采用热敏电阻冰点仪测定原料乳的冰点,高于－0.508℃或者低于－0.546℃视为掺假原料乳。

HPLC 技术测定原料乳中的乳糖,如存在其他非原料乳中应有的糖类即为原料乳的乳糖掺假;聚丙烯酰胺凝胶电泳出现异常条带或者含量降低即视为掺假牛乳。

将 500 份原料乳样水解成氨基酸,采用 UPLC 技术建立氨基酸的测定方法,其精密度、稳定性、重复性、回收率、定量限及检测限均得到了较佳的结果。同时利用原料乳蛋白质含量与氨基酸种类及含量的指纹图谱,建立以氨基酸监测蛋白质掺假的线性模型,从根本上杜绝了非蛋白氮对实验结果的影响。同时其在动物水解蛋白、三聚氰胺、乳清蛋白及大豆蛋白的掺假中均得到了较好的验证。

(陈历俊团队)

第34章 展　望

五年来，围绕奶牛产业技术体系北京市创新团队“服务奶牛产业，创造美好生活”的工作理念和方针，乳品安全岗团队强化人才队伍建设，加强检测技术的创新和应用，建立了基层生鲜乳安全监测站，实实在在地为奶农提供技术服务。经过整个团队的共同努力，顺利地完成了五年工作计划的目标，有效地推进了北京市乳品安全工作的进行。

在人才队伍的建设方面，团队一直把培养从事乳产品安全的优秀人才和提高基层人员的检测能力作为队伍建设的一项战略性任务来抓，从规范培养机制、强化检测技能等方面入手，探索更加合理有效的队伍建设机制，具体表现在以下两方面：①对基层检测人员加强培训，定期进行检测技能培训，同时对相关的理论知识进行详细的讲解。五年来，总计培训基层检测人员500余人，经培训的人员基本上能独立完成残留检测的操作。②五年来总计培养博士及硕士研究生20余人，发表SCI 10余篇，已授权专利9项，获得省部级及以上科技奖励3项。

在检测技术的创新和应用方面，团队建立了牛奶中青霉素及头孢类、磺胺类、氟喹诺酮类、链霉素类、四环素类、碳青霉烯类抗生素和黄曲霉毒素残留的仪器和快速检测方法；探究了牛场阿莫西林、克拉维酸、泼尼松龙和土霉素在牛奶中的残留消除规律；并进行健康牛与染病牛残留消除规律比较，明确了疾病状况下这几种兽药的休药期，减少了牛奶中兽药残留超标情况的发生。同时，团队对乳产品安全相关的问题进行了积极的调研和研究，具体调研问题包括蜡样芽孢杆菌毒素特征及耐药基因的可移动性研究，奶牛常用药物质量核查，生鲜乳乳品安全监控工作，奶牛乳房炎致病菌的监测和建立原料乳乳蛋白“指纹图谱”等，最大限度地为牛场安全合理的用药和益生菌，乳品的安全可靠提供了理论支持和技术保障。

此外，团队在北京市延庆县建立了生鲜乳安全监测站，为监测站提供了相关的仪器设备和技术支持，培养一大批生鲜乳安全监测的技术人员。目前该实验室已能独立使用戴尔沃试剂盒检测牛奶中多种抗生素残留及酶联免疫分析方法检测牛奶中三聚氰胺、黄曲霉毒素的残留。作为生鲜乳安全岗，及时为奶农提供应急服务是我们的工作的特色之处。五年来，应基层牛场需求，共完成10余次应急技术服务，服务内容包括牛奶中致病菌的筛查及药敏试验、牛奶中黄曲霉毒素、亚硝酸盐、氯霉素和磺胺类等药物的检测，最大程度地减少了奶农的经济损失，为提高团队应急服务能力起到了重要的作用。

尽管团队顺利完成了五年的规划和目标，在各方面也取得了一些成绩。但离整个奶业安全的重任和目标，仍然有很长的路要走。“雄关漫漫真如铁，而今迈步从头越”，在今后的工作中我们会不断弥补与基层牛场的及时服务和交流问题，提高我们的技术检测水平，真真切切的服务奶牛产业！

（丁双阳，陈历俊团队）

参考文献

[1] 蔡元呈. 植物微生态学与植物微生态制剂的应用[J]. 中国生态农业学报,2002,10(2):106-108.
[2] 常立萍. 喹诺酮、林可霉素类药致过敏性休克 12 例分析[J]. 中国误诊学杂志,2005,5(18):3523-3524.
[3] 郭贵海,王崇文. 肠道菌群调节剂的研究进展[J]. 临床内科杂志,2002,19(2):88-90.
[4] 郭美华,杜晓明,马满玲,等. 293 例林可霉素致不良反应文献分析[J]. 中国药房,2008,19(5):378-380.
[5] 黄卫强,张和平. 饲用微生态制剂替代抗生素的研究进展[J]. 中国微生态学杂质,2015,27(4):488-494.
[6] 胡永红,陈卫,欧阳平凯. 高效有益微生态制剂开发与利用-蜡样芽孢杆菌[M]. 北京:化学工业出版社,2013,1-2.
[7] 李芝儒. 常用微生态制剂及其特性[J]. 畜牧生产,2013,7:23.
[8] 马启明,要维英. 林可霉素注射液诱发低钾型周期性麻痹 1 例[J]. 河北医科大学学报,2004,25(2):80-80.
[9] 宁宜宝. 一个值得高度关注的问题——动物源细菌耐药性[J]. 公共卫生,2013,30(12):19-23.
[10] 潘瑞云,王风. 林可霉素临床应用的不良反应[J]. 齐鲁医学杂志,2001,16(2):168-169.
[11] 王宏博,高雅琴,杜天庆,等. 2010. 牛奶中抗生素残留的危害及检测方法的研究进展[J]. 畜牧与饲料科学,31(4):158-160.
[12] 王冬梅,耿晓娜,赵宝华,饲用微生态制剂的应用研究进展[J]. 畜牧与饲料科学,2010,31(2):54-56.
[13] 王根林. 奶牛乳房炎及其控制 [M]. 中国农业出版社, 2001.
[14] 尹清强. 如何利用微生态制剂来替代抗生素[J]. 中国动物保健,2007,9:105-106.
[15] 中国分析剂量网. 微生物污染成食品安全首要问题[J]. 化学分析剂量,2015,24(2):97.
[16] 中华人民共和国农业部. NY 1109—2006. 微生物肥料生物安全通用技术准则. 北京:中国标准出版社,2006-07-10.
[17] 中华人民共和国农业部. NY/T 1444—2007. 微生物饲料添加剂技术通则. 北京:中国标准出版社,2007-09-14.
[18] 中华人民共和国农业部,中国国家标准化管理委员会. GB/T 23784—2009. 食品微生物指标制定和应用的原则. 北京:中国标准出版社,2009-05-18.
[19] Adam AAH. Milk adulteration by adding water and starch at Khartoum state. Pakistan Journal of Nutrition 2009,8:439-440.
[20] Adams A, Thompson K. Recent applications of biotechnology to novel diagnostics for aquatic animals. Revue scientifique et technique (International Office of Epizootics) 2008,27:197-209.
[21] Agata N, Ohta M, Mori M et al. A novel dodecadepsipeptide, cereulide, is an emetic toxin of Bacillus cereus. Fems Microbiology Letters 1995,129:17-20.
[22] Anfossi L, Baggiani C, Giovannoli C et al. Lateral-flow immunoassays for mycotoxins and phy-

cotoxins:a review. Anal Bioanal Chem 2013,405:467-480.

[23] Appel GB, Neu HC. The nephrotoxicity of antimicrobial agents. N Engl J Med 1977,296:784-787.

[24] Böhm M-E, Huptas C, Krey VM et al. Massive horizontal gene transfer, strictly vertical inheritance and ancient duplications differentially shape the evolution of Bacillus cereus enterotoxin operons hbl, cytK and nhe. BMC Evol Biol 2015,15.

[25] BANIA J, UGORSKI M, POLANOWSKI A et al. Application of polymerase chain reaction for detection of goats' milk adulteration by milk of cow. J Dairy Res 2001,68:333-336.

[26] Barbano D, Lynch J. Major advances in testing of dairy products: Milk component and dairy product attribute testing. J Dairy Sci 2006,89:1189-1194.

[27] Barron LJ, Hierro MTG, Santa-María G. HPLC and GLC analysis of the triglyceride composition of bovine, ovine and caprine milk fat. J Dairy Res 1990,57:517-526.

[28] Bavykin SG, Lysov YP, Zakhariev V et al. Use of 16S rRNA, 23S rRNA, and gyrB gene sequence analysis to determine phylogenetic relationships of Bacillus cereus group microorganisms. J Clin Microbiol 2004,42:3711-3730.

[29] Bennett PM. Plasmid encoded antibiotic resistance: acquisition and transfer of antibiotic resistance genes in bacteria. Br J Pharmacol 2008,153 Suppl 1:S347-S357.

[30] Bennett SD, Walsh KA, Gould LH. Foodborne disease outbreaks caused by Bacillus cereus, Clostridium perfringens, and Staphylococcus aureus—United States, 1998-2008. Clin Infect Dis 2013,57:425-433.

[31] Bizani D, Brandelli A. Influence of media and temperature on bacteriocin production by Bacillus cereus 8A during batch cultivation. Appl Microbiol Biotechnol 2004,65:158-162.

[32] Borin A, Ferrao MF, Mello C et al. Least-squares support vector machines and near infrared spectroscopy for quantification of common adulterants in powdered milk. Anal Chim Acta 2006, 579:25-32.

[33] Botrel M-A, Haenni M, Morignat E et al. Distribution and antimicrobial resistance of clinical and subclinical mastitis pathogens in dairy cows in Rhône-Alpes, France. Foodborne Pathog Dis 2010,7:479-487.

[34] Bottone EJ. Bacillus cereus, a volatile human pathogen. Clin Microbiol Rev 2010,23:382-398.

[35] Boxall A, Fogg LA, Kay P et al. Prioritisation of veterinary medicines in the UK environment. Toxicol Lett 2003,142:207-218.

[36] Burette A, Finet C, Prigogine T et al. Acute hepatic injury associated with minocycline. Arch Intern Med 1984,144:1491-1492.

[37] Burvenich C, Van Merris V, Mehrzad J et al. Severity of E. coli mastitis is mainly determined by cow factors. Vet Res 2003,34:521-564.

[38] Butaye P, Devriese L, F. Differences in antibiotic resistance patterns of Enterococcus faecalis and Enterococcus faecium strains isolated from farm and pet animals. Antimicrob Agents Chemother 2001,45:1374-1378.

[39] Callejón R, Troncoso A, Morales M. Determination of amino acids in grape-derived products: a review. Talanta 2010,81:1143-1152.

[40] Canzi E, Ceccarelli A, Ferrari A et al. Effect of lincomycin treatment on intestinal microflora composition and its bile-acid-metabolizing activity. Curr Microbiol 1985,12:1-4.

[41] Ceuppens S, Boon N, Uyttendaele M. Diversity of Bacillus cereus group strains is reflected in their broad range of pathogenicity and diverse ecological lifestyles. FEMS Microbiol Ecol 2013, 84:433-450.

[42] Ceuppens S, Rajkovic A, Heyndrickx M et al. Regulation of toxin production by Bacillus cereus and its food safety implications. Critical reviews in microbiology 2011,37:188-213.

[43] Chávez-Servín JL, Castellote AI, López-Sabater MC. Analysis of mono-and disaccharides in milk-based formulae by high-performance liquid chromatography with refractive index detection. J Chromatogr A 2004,1043:211-215.

[44] Chapman K, Lawless H, Boor K. Quantitative descriptive analysis and principal component analysis for sensory characterization of ultrapasteurized milk. J Dairy Sci 2001,84:12-20.

[45] Chaves JQ, Pires ES, Vivoni AM. Genetic diversity, antimicrobial resistance and toxigenic profiles of Bacillus cereus isolated from food in Brazil over three decades. Int J Food Microbiol 2011, 147:12-16.

[46] Chen F, Ming X, Chen X et al. Immunochromatographic strip for rapid detection of Cronobacter in powdered infant formula in combination with silica-coated magnetic nanoparticles separation and 16S rRNA probe. Biosens Bioelectron 2014,61:306-313.

[47] Chen RK, Chang LW, Chung YY et al. Quantification of cow milk adulteration in goat milk using high-performance liquid chromatography with electrospray ionization mass spectrometry. Rapid Commun Mass Spectrom 2004,18:1167-1171.

[48] Chiu M-H, Yang H-H, Liu C-H et al. Determination of lincomycin in urine and some foodstuffs by flow injection analysis coupled with liquid chromatography and electrochemical detection with a preanodized screen-printed carbon electrode. J Chromatogr B 2009,877:991-994.

[49] Cohlan. SQ. Tetracycline staining of teeth. Teratology 1977,15:127-129.

[50] Compton DE. Bleaching of tetracycline-stained vital teeth. Journal of Esthetic & Restorative Dentistry 2002,14:13-29.

[51] Doulgeraki AI, Ercolini D, Villani F et al. Spoilage microbiota associated to the storage of raw meat in different conditions. Int J Food Microbiol 2012,157:130-141.

[52] Dzantiev BB, Byzova NA, Urusov AE et al. Immunochromatographic methods in food analysis. TrAC, Trends Anal Chem 2014,55:81-93.

[53] Ehling-Schulz M, Fricker M, Scherer S. Bacillus cereus, the causative agent of an emetic type of food-borne illness. Molecular nutrition & food research 2004,48:479-487.

[54] Fernández-Fuentes MA, Abriouel H, Morente EO et al. Genetic determinants of antimicrobial resistance in Gram positive bacteria from organic foods. Int J Food Microbiol 2014,10:1-5.

[55] Gao P, Ding Y, Hui L et al. Occurrence of pharmaceuticals in a municipal wastewater treatment plant:Mass balance and removal processes. Chemosphere 2012,88:17-24.

[56] Gröhn Y, Wilson DJ, González R et al. Effect of pathogen-specific clinical mastitis on milk yield in dairy cows. J Dairy Sci 2004,87:3358-3374.

[57] Grönlund U, Johannisson A, Waller KP. Changes in blood and milk lymphocyte sub-populations during acute and chronic phases of Staphylococcus aureus induced bovine mastitis. Res Vet Sci 2006,80:147-154.

[58] Han CS, Xie G, Challacombe JF et al. Pathogenomic sequence analysis of Bacillus cereus and Bacillus thuringiensis isolates closely related to Bacillus anthracis. J Bacteriol 2006,188:3382-

3390.

[59] Hardy SP, Lund T, Granum PE. CytK toxin of Bacillus cereus forms pores in planar lipid bilayers and is cytotoxic to intestinal epithelia. Fems Microbiology Letters 2001,197:47-51.

[60] Hasan T, Kochevar IE, Mcauliffe DJ et al. Mechanism of tetracycline phototoxicity. J Invest Dermatol 1985,84:179-183.

[61] Helwigh B, Korsgaard H, Chriél M. The Community Summary Report on Food-borne Outbreaks in the European Union in 2007. The EFSA Journal 2009.

[62] Heringstad B, Klemetsdal G, Ruane J. Selection for mastitis resistance in dairy cattle:a review with focus on the situation in the Nordic countries. Livestock Production Science 2000,64:95-106.

[63] Ivanova N, Sorokin A, Anderson I et al. Genome sequence of Bacillus cereus and comparative analysis with Bacillus anthracis. Nature 2003,423:87-91.

[64] Jacobsson K. A novel family of fibrinogen-binding proteins in Streptococcus agalactiae. Vet Microbiol 2003,96:103-113.

[65] Karakus C, Salih BA. Comparison of the lateral flow immunoassays (LFIA) for the diagnosis of Helicobacter pylori infection. J Immunol Methods 2013,396:8-14.

[66] Liu Q, Lin Z, Zhang Y et al. Improved poly (3-hydroxybutyrate) production in Escherichia coli by inactivation of cytochrome bd-Ⅱ oxidase or/and NDH-Ⅱ dehydrogenase in low efficient respiratory chains. J Biotechnol 2014,192:170-176.

[67] Logan NA. Bacillus species of medical and veterinary importance. Journal of Medical Microbiology 1988,25:157-165.

[68] Malinowski E. Mastitis as a cause of reproductive disorders in cows. Med Weter 2004,60:793-797.

[69] Martínez JL. Antibiotics and Antibiotic Resistance Genes in Natural Environments. Science 2008,321:365-367.

[70] Mazza JJ, Kryda MD. Tetracycline-induced hemolytic anemia. J Am Acad Dermatol 1980,2:506-508.

[71] Merzougui S, Lkhider M, Grosset N et al. Prevalence, PFGE typing, and antibiotic resistance of Bacillus cereus group isolated from food in Morocco. Foodborne Pathog Dis 2014,11:145-149.

[72] Moellering RC, Eliopoulos GM, Sentochnik DE. The carbapenems:new broad spectrum β-lactam antibiotics. J Antimicrob Chemother 1989,24:1-7.

[73] Nakano S, Okazaki S, Ishitsubo E et al. Structural and computational analysis of peptide recognition mechanism of class-C type penicillin binding protein, alkaline D-peptidase from Bacillus cereus DF4-B. Scientific Reports 2015,5:13836.

[74] Naranjo M, Denayer S, Botteldoorn N et al. Sudden death of a young adult associated with Bacillus cereus food poisoning. J Clin Microbiol 2011,49:4379-4381.

[75] Nemeth J, Muckle C, Gyles C. In vitro comparison of bovine mastitis and fecal Escherichia coli isolates. Vet Microbiol 1994,40:231-238.

[76] Oviedo-Boyso J, Valdez-Alarcón JJ, Cajero-Juárez M et al. Innate immune response of bovine mammary gland to pathogenic bacteria responsible for mastitis. J Infect 2007,54:399-409.

[77] Papp-Wallace KM, Endimiani A, Taracila MA et al. Carbapenems:past, present, and future. Antimicrob Agents Chemother 2011,55:4943-4960.

[78] Phuektes P, Mansell P, Browning G. Multiplex polymerase chain reaction assay for simultaneous detection of Staphylococcus aureus and streptococcal causes of bovine mastitis. J Dairy Sci 2001,84:1140-1148.

[79] Pikkemaat MG. Microbial screening methods for detection of antibiotic residues in slaughter animals. Anal Bioanal Chem 2009,395:893-905.

[80] Pikkemaat MG, Oostra-van Dijk S, Schouten J et al. A new microbial screening method for the detection of antimicrobial residues in slaughter animals:The Nouws antibiotic test (NAT-screening). Food control 2008,19:781-789.

[81] Posthuma-Trumpie GA, Korf J, van Amerongen A. Lateral flow (immuno) assay:its strengths, weaknesses, opportunities and threats. A literature survey. Anal Bioanal Chem 2009,393:569-582.

[82] Rooijakkers SH, Van Kessel KP, Van Strijp JA. Staphylococcal innate immune evasion. Trends Microbiol 2005,13:596-601.

[83] Shiby V, Mishra H. Fermented milks and milk products as functional foods—A review. Crit Rev Food Sci Nutr 2013,53:482-496.

[84] Shinagawa K, Konuma H, Sekita H et al. Emesis of rhesus monkeys induced by intragastric administration with the HEp-2 vacuolation factor (cereulide) produced by Bacillus cereus. Fems Microbiology Letters 1995,130:87-90.

[85] Suri CR, Boro R, Nangia Y et al. Immunoanalytical techniques for analyzing pesticides in the environment. TrAC, Trends Anal Chem 2009,28:29-39.

[86] Taranova N, Berlina A, Zherdev A et al. 'Traffic light'immunochromatographic test based on multicolor quantum dots for the simultaneous detection of several antibiotics in milk. Biosens Bioelectron 2015,63:255-261.

[87] Tsakos M, Kokotos CG. Primary and secondary amine-(thio)ureas and squaramides andtheir applications in asymmetric organocatalysis. Cheminform 2014,45:10199-10222.

[88] Vilas-Boas G, Sanchis V, Lereclus D et al. Genetic differentiation between sympatric populations of Bacillus cereus and Bacillus thuringiensis. Appl Environ Microbiol 2002,68:1414-1424.

[89] Wang S, Duan H, Zhang W et al. Analysis of bacterial foodborne disease outbreaks in China between 1994 and 2005. FEMS Immunol Med Microbiol 2007,51:8-13.

[90] Xie Q-Y, Wu Y-H, Xiong Q-R et al. Advantages of fluorescent microspheres compared with colloidal gold as a label in immunochromatographic lateral flow assays. Biosens Bioelectron 2014,54:262-265.

[91] You Y, Hilpert M, Ward MJ. Identification of Tet45, a tetracycline efflux pump, from a poultry-litter-exposed soil isolate and persistence of tet (45) in the soil. J Antimicrob Chemother 2013,68:1962-1969.

[92] Zhang F, Zou M, Chen Y et al. Lanthanide-labeled immunochromatographic strips for the rapid detection of Pantoea stewartii subsp. stewartii. Biosens Bioelectron 2014,51:29-3.

附录　生鲜乳安全功能研究室成果

成果一　已发表文章

1. Zhu, K., Hölzel, C. S., Cui, Y., Mayer, R., Wang, Y., Dietrich, R., & Ding, S*. (2016). Probiotic Bacillus cereus strains, a potential risk for public health in China. Frontiers in microbiology, 7.

2. Cui, Y., Liu, Y., Liu, X., Xia, X., Ding, S*., & Zhu, K. (2016). Evaluation of the Toxicity and Toxicokinetics of Cereulide from an Emetic Bacillus cereus Strain of Milk Origin. Toxins, 8(6), 156.

3. Cui, Y., Liu, X., Dietrich, R., Märtlbauer, E., Cao, J., Ding, S*., & Zhu, K. (2016). Characterization of Bacillus cereus isolates from local dairy farms in China. FEMS microbiology letters, 363(12), fnw096.

4. Liu, Y., Zhu, K., Wang, J., Huang, X., Wang, G., Li, C., & Ding, S*. (2016). Simultaneous detection and comparative pharmacokinetics of amoxicillin, clavulanic acid and prednisolone in cows' milk by UPLC-MS/MS. Journal of Chromatography B, 1008, 74-80.

5. Wu, Y., Bi, Y., Bingga, G., Li, X., Zhang, S., Li, J., Ding S*., & Xia, X*. (2015). Metabolomic analysis of swine urine treated with β 2-agonists by ultra-high performance liquid chromatography-quadrupole time-of-flight mass spectrometry. Journal of Chromatography A, 1400, 74-81.

6. Zhou, J., Zhu, K., Xu, F., Wang, W., Jiang, H., Wang, Z., & Ding, S*. (2014). Development of a microsphere-based fluorescence immunochromatographic assay for monitoring lincomycin in milk, honey, beef, and swine urine. Journal of agricultural and food chemistry, 62(49), 12061-12066.

7. Xu, F., Jiang, W., Zhou, J., Wen, K., Wang, Z., Jiang, H., & Ding, S*. (2014). Production of monoclonal antibody and development of a new immunoassay for apramycin in food. Journal of agricultural and food chemistry, 62(14), 3108-3113.

8. Xu, F., Wang, W., Jiang, H., Wang, Z., Wang, Z., Guo, P., & Ding, S*. (2014). Indirect competitive enzyme-linked immunosorbent assay for the detection of dibutyl phthalate in white wine, compared with GC-MS. Food analytical methods, 7(8), 1619-1626.

9. Wu, Y., Xu, F., Jiang, H., Tao, X., Zhu, K., Liu, W., & Ding, S*. (2014). Determination of Salbutamol, Clenbuterol, and Brombuterol in Urine by a Highly Sensitive Chemiluminescence Enzyme Immunoassay. Analytical Letters, 47(16), 2761-2773.

10. Bingga, G., Liu, Z., Zhang, J., Zhu, Y., Lin, L., Ding, S*., & Guo, P*. (2014). High resolution melting curve analysis as a new tool for rapid identification of canine parvovirus type 2 strains. Molecular and cellular probes, 28(5), 271-278.

11. Xiao, Z., Yang, Y., Li, Y., Fan, X., & Ding, S*. (2013). Determination of neonicotinoid insecticides residues in eels using subcritical water extraction and ultra-performance liquid chromatography-tandem mass spectrometry. Analytica chimica acta, 777, 32-40.

12. Wu, J., Xu, F., Zhu, K., Wang, Z., Wang, Y., Zhao, K., & Ding, S*. (2013). Rapid and sensitive fluoroimmunoassay based on quantum dots for detection of melamine in milk. Analytical Letters, 46(2), 275-285.

13. Wang, Y., Wang, Z., Jiang, H., Xia, X., Shen, J., & Ding, S*. (2013). Development of a Monoclonal Antibody-Based Enzyme-Linked Immunosorbent Assay for the Analysis of Diclazuril in Chicken Tissues. Food Analytical Methods, 6(6), 1685-1692.

14. 刘源，刘文丽，崔一芳，丁双阳*. 牛奶中土霉素残留检测方法改进及临床消除规律探究. 中国畜牧兽医，43，1335-1342，2016.

15. 徐飞，周洁，吴超，王建芬，丁双阳*，李秀波*. 一种基于荧光微球标记的卡那霉素免疫层析定量方法的建立. 中国农业科学，21，4358-4365，2015.

16. 周洁，徐飞，吴超，刘文丽，丁双阳*. 2种不同检测模式下的林可霉素胶体金试纸条的比较研究. 中国畜牧兽医，41，159-162，2014.

17. 何香婷，梁雅洁，牟光庆，陈历俊，姜铁民. 电子鼻技术建立酵母菌发酵乳风味指纹图谱的研究. 食品科技，7，293-299，2014.

18. 柴溢，张毅，姜铁民，范维，陈历俊. UPLC法测定牛乳脂肪中脂肪酸的构成. 食品科技，6，272-275，2014.

19. 岳华，闵伟红，姜铁民，刘继超，李建涛，李路，陈历俊. 马克思克鲁维酵母菌、肠膜明串珠菌以及保加利亚乳杆菌复合发酵乳的工艺优化. 中国食品学报，9，117-126，2015.

20. 李路，刘继超，姜铁民，刘敬兰，刘丽娟，陈历俊. 北京地区奶牛养殖场中大肠杆菌的分离鉴定及耐药性分析. 中国乳品工业，12，7-9，2014.

21. 陈宇翔，陈历俊，姜铁民. 北京豆汁优势菌群的探究及其发酵性能测试. 食品科技，8，67-70，2013.

22. 康博燕，牟光庆，陈历俊，姜铁民. 酸奶生产环境中芽孢杆菌的调查与分析. 中国奶牛，11，36-40，2013.

23. 李安然，田裕春，姜铁民，陈历俊，赵长新. 高灵敏度检测金黄色葡萄球菌电化学DNA传感器的构建. 食品科技，6，318-322，2013.

24. 李先胜，姜铁民，陈历俊. 西藏曲拉中酵母菌的分离、鉴定及其优势菌分析. 中国乳品工业，5，26-28，2013.

25. 李雪，牟光庆，陈历俊，姜铁民. 高效液相色谱-串联质谱法测定饲料和卧床中的环境雌激素. 色谱，9，908-913，2013.

26. 李雪，牟光庆，陈历俊，姜铁民. 固相萃取-高效液相色谱串联质谱法测定原料奶中5种环境雌激素残留量的研究. 食品工业科技，9，293-297，2013.

27. 梁龙，牟光庆，陈历俊，姜铁民，吕雪峰. 高效液相色谱法测定混菌发酵中乳糖-葡萄糖及半乳糖含量的变化. 食品工业科技，13，292-295，2013.

28. 梁龙，牟光庆，陈历俊，姜铁民. 乳酸克鲁维酵母与乳酸菌混菌发酵对乳糖降解条件的优化. 中国乳品工业，5，12-14.

29. 刘潇忆，张彧，陈历俊，姜铁民. 原料乳生产过程中微生物污染的来源追溯研究. 中国乳品工业，6，51-55，2013.

30. 刘潇忆，张彧，陈历俊，姜铁民. 原料乳中微生物检测技术的研究进展. 中国食品添加剂，2，

169-174，2013.

31. 吕雪峰，闵伟红，陈历俊，姜铁民. 酿酒酵母对贮存期发酵乳特性的影响. 中国乳品工业，7，20-23，2013.

32. 田裕春，李安然，陈历俊，姜铁民，赵长新. 乳酸菌与酵母菌在还原乳中的混合培养条件的探究. 食品科技，7，2-6，2013.

33. 杨海清，姜铁民，陈历俊，安家彦. 抑真菌的乳酸菌在酸奶生产中的应用. 中国奶牛，16，37-40，2013.

34. 药璐，闵伟红，姜铁民，陈历俊. 益生菌对发酵乳蛋白的影响. 食品科学，23，194-199，2013.

35. 药璐，闵伟红，姜铁民，陈历俊. 添加干酪乳杆菌的益生菌酸乳生产工艺条件的优化. 食品工业科技，6，251-256.

36. 张咚咚，安家彦，姜铁民，韩鹏军，陈历俊. 传统发酵乳中高产蛋白酶乳酸菌的筛选及鉴定. 食品科技，8，5-8，2013.

37. 张咚咚，安家彦，姜铁民，刘继超，陈历俊. 利用德氏乳杆菌全酶系水解牛乳酪蛋白的研究. 食品科学，7，107-112，2014.

38. 张敏，叶淑红，陈历俊，姜铁民. 超高效液相色谱分析酵母发酵乳清中的游离氨基酸. 食品科技，8，29-34.

39. 陈历俊，姜铁民. 我国乳品行业现状与发展趋势探讨. 食品科学技术学报，4，1-5，2013.

40. 张福娟，孙成行，王延平，宋文利. 乳及乳制品中硫氰酸钠检测的研究与进展. 中国食品添加剂，5，173-177，2013.

41. 刘继超，药璐，姜铁民，姜阿赤，李建涛，陈历俊. 响应面法优化添加植物乳杆菌的益生菌发酵乳生产工艺研究. 中国乳品工业，5，60-64，2014.

42. 何香婷，梁雅洁，牟光庆，陈历俊，姜铁民. 电子鼻技术建立酵母菌发酵乳风味指纹图谱的研究. 食品科技，7，293-299，2014.

43. 张咚咚，陈丹瑾，刘继超，姜铁民，刘彦品，陈历俊. 奶牛乳房炎细菌耐药菌的筛选及菌株鉴定——基于北京某规模牛场的调查. 中国畜牧杂志，12，68-73，2015.

44. 刘敬兰，刘继超，姜铁民，李路，刘彦品，陈历俊. 北京某牛场奶牛乳房炎金黄色葡萄球菌的分离鉴定与药敏试验. 中国奶牛，7，39-42，2015.

45. 李路，刘敬兰，姜铁民，闵伟红，刘继超，陈历俊. SPE-GC/MS 技术分析马克思克鲁维酵母对发酵乳中游离脂肪酸的影响. 食品与发酵工业，2，173-178，2015.

46. 刘彦品，刘利娟，牟光庆，姜铁民，陈历俊. 超高效液相色谱-串联四极杆质谱法测定奶粉中唾液酸的含量. 中国奶牛，17，44-48，2015.

47. 李菊芳. 分娩方式及婴儿性别对母乳喂养婴儿肠道菌群定植的影响. 中国食品科学技术学会，1，2016.

48. 刘继超，董学艳，姜铁民，李建涛，王群，陈历俊. 母乳中宏量营养成分含量与新生儿相关因素的分析. 食品工业科技，21，353-356，2016.

成果二　软件著作权

1. 三元乳制品生产过程质量监控软件 V1.0(2014SR182448)；
2. 三元乳制品食品安全追溯管理软件 V1.0(2014SR182451)。

成果三 专利

1. 一种检测对人体有害的小分子物质残留的方法及其专用试剂盒(CN201010033615.6);
2. 一种单链抗体及其在β兴奋剂检测中的应用(CN201210160712.0);
3. 一种单链抗体及其在检测黄曲霉毒素中的应用(CN201210160699.9);
4. 一种黄曲霉素 M1 人工抗原及其制备的抗体(ZL201210044659.8);
5. 一种已烯雌酚半抗原、人工抗原及其制备方法(ZL201210176849.5);
6. 一种莱克多巴胺半抗原、人工抗原及其制备方法(ZL201210177057.X);
7. 一种莱克多巴胺人工抗原及其制备方法与应用(ZL201310078328.0);
8. 一种莱克多巴胺抗体免疫亲和层析柱及其应用(ZL201310077763.1);
9. 一种乙酰甲喹人工抗原及其制备的抗体(ZL201210042251.0);
10. 酥油加工设备(ZL201210366034.3);
11. 金黄色葡萄球菌肠毒素 A、B 基因 PCR 同步检测试剂盒(ZL201210054205.9);
12. 一种乳品蛋白质掺假的检测方法(ZL201310298289.5);
13. 一种发酵乳的制备方法(ZL201310187831.X);
14. 牛奶生产全自动监测与采样系统(ZL201310024964.5);
15. 一种检测乳制品中狄试剂残留量的方法(ZL 201410853178.0);
16. 全自动清洗系统(ZL2013202760753)。

成果四 著作

1. 兽药残留限量相关规定(2015 版),科普手册;
2. 兽药残留限量相关规定(2016 版),科普手册。

成果五 获奖

1. 155 种重要抗菌药物及其他有害化合物残留检测关键技术,中华农业科技奖一等奖(丁双阳);
2. 动物源性食品安全检测与控制技术研究团队,中华农业优秀创新团队(丁双阳);
3. 基于高性能生物识别材料的动物性产品中小分子化合物快速检测技术,国家技术发明奖二等奖(丁双阳);
4. 乳制品安全加工技术创新研究与产业化,大兴区科学技术奖一等奖(陈历俊);
5. 优质乳生产的奶牛营养调控与规范化饲养关键技术及应用,国家科技进步奖二等奖(陈历俊);
6. 微生物凝乳酶与乳酸菌发酵剂制备关键技术及其应用研究,甘肃省科学技术进步奖(陈历俊);
7. 干酪制造与副产物综合利用技术集成创新与产业化应用,国家科技进步奖二等奖(陈历俊);
8. 特色乳制品现代化加工关键技术研究与产业化,北京市科学技术奖三等奖(陈历俊)。

第七篇　产业经济

研究背景

产业经济岗以北京奶牛产业链发展为主线，以都市型高效现代农业为背景，从政策宏观、产业中观、企业微观三个层次对北京奶业经济发展和政策进行了全面的梳理，并在此基础上系统分析了北京奶牛养殖、乳品加工、市场流通及消费者终端等环节。同时，着眼于北京奶业可持续性和中国奶业产业安全，力求全方位审视北京奶牛产业经济发展全貌。

经过 5 年的建设，产业经济岗已经统筹搭建起了北京奶牛产业基础预警平台，包括了北京示范牛场生产信息监测系统、北京乳制品市场价格采集系统和中国奶业安全损害预警系统三个模块，覆盖了牛奶养殖、国内市场和国际贸易等奶业链的三个关键节点。并依托该平台实现了北京奶业月度监测，撰写了月度监测报告 28 期，实现了产业信息的科学性、有效性及时效性。该平台奶牛创新团队实时采集奶业链信息并开展预警调控的重要抓手。

产业经济岗位研究既有常规性研究工作，又有应急性热点问题追踪；研究成果既有研究报告、论文、专著、获奖、政策建议书，还有软件开发和多层次人才培养。共完成软件开发 3 个，发表论文 31 篇，出版专著 10 部，获得省部级奖励 1 项，提交政策建议书 7 份。

本篇主要收集了产业经济岗位的代表性研究成果。具体包括八章内容：北京奶业可持续发展评价研究；北京奶牛养殖业发展种养结合模式可行性探讨；乳品企业成长性评价研究；北京奶业市场竞争力研究；中国奶业损害预警模型构建与实证研究；世界乳制品贸易发展对中国奶业的影响；中国和主要发达国家奶业政策对比与借鉴。

第35章　北京奶业可持续发展评价研究

35.1　概述

奶业作为我国农牧业中的支柱产业，对提高人民生活质量和推动社会经济发展起到了十分重要的作用。在新时期下，加快奶业发展，对于带动农村经济发展和结构调整具有重要的意义。

近年来，随着国民经济的快速发展和人民生活水平的不断提高，北京奶业迎来了繁荣发展的新时期，无论是奶业市场规模，还是奶牛育种水平都达到了全国领先水平。但在北京奶业在繁荣发展的背后，依然存在的一些隐患，其中之一就是可持续发展问题，具体影响北京奶业可持续发展的因素包括，奶牛养殖成本逐渐攀升、养殖污染不断加剧，乳品行业垄断程度增强，进口乳制品冲击程度加深，土地、水资源日益匮乏，社会与自然的矛盾不断加剧等等。在此大背景下，本文将运用可持续发展相关理论构建北京奶业可持续发展评价指标体系，并运用多级模糊综合评价法对其进行科学评价，总结近年来北京奶业可持续发展的变化趋势，并提出相关政策建议。

在构建可持续发展评价指标体系方面，葛锐[1]（2013）在分析了黑龙江省奶业实际发展的基础上，构建了黑龙江省奶业可持续发展评价指标体系，并将其具体分为目标层、准则层、要素层，并运用了障碍因素分析法，对黑龙江奶业可持续发展进行了科学评价。袁燕华[2]（2010），在分析食用菌产业发展内涵和特征的基础上，遵循科学性、系统性、可操作性等原则，将可持续发展系统细分为，发展基础支持系统，协调能力支持系统和可持续发展支持系统，初步建立了食用菌产业可持续发展评价指标体系。在多级模糊综合评价模型的应用方面，朱颖超[3]（2010）年运用多级模糊综合评价模型，对其设计的石油工业可持续发展评价指标体系进行了科学的评价，并提出了相关的政策建议。

35.2　构建北京奶业可持续发展评价指标体系

本文在结合北京奶业实际发展情况的基础上，遵循科学性、系统性、区域性、层次性、可操作性与静态动态相结合原则，运用可持续发展理论、系统思想论、区域可持续发展理论等，将分散选取的指标进行科学构建，把北京奶业可持续发展评价指标体系细分为目标层（北京奶业可持续发展）、准则层（奶牛养殖要素、生产加工要素、市场与消费要素，资源与环境要素、社会与文化要素）、指标层（共34个）。

经过对指标的层层筛选，最终建立出北京奶业可持续发展评价指标体系（表35-1）。

表 35-1　北京奶业可持续发展评价指标体系

目标层	准则层	指标层	指标内涵
北京奶业可持续发展	X_1:奶牛养殖要素	X_{11}:原料奶产量/(万 t/年)	奶牛养殖产出水平
		X_{12}:存栏量 100 头养殖场占养殖场总数百分比/%	奶牛养殖规模化水平
		X_{13}:原料奶日测定平均体细胞数/(千个/mL)	奶牛养殖规范化水平
		X_{14}:大规模养殖场奶牛年平均物质与服务费用/(元/头)	奶牛养殖成本
		X_{15}:大规模奶牛养殖成本利润率/%	奶牛养殖盈利水平
		X_{16}:大规模养殖场奶牛年平均单产量/(kg/头)	奶牛养殖生产效率
		X_{17}:奶牛口蹄疫合格率/%	奶牛健康水平
		X_{18}:牛奶固形物数量/%	原料奶品质
	X_2:生产加工要素	X_{21}:乳制品总产量/(万 t/年)	乳制品加工总体水平
		X_{22}:亏损企业占企业总数百分比/%	乳品加工行业盈利环境
		X_{23}:奶业从业人数/人	乳品加工行业整体规模
		X_{24}:利润总额/亿元	乳品加工行业盈利水品
		X_{25}:资产总额/亿元	乳品加工行业资本水平
		X_{26}:负债总额/亿元	乳品加工行业负债水平
	X_3:市场与消费要素	X_{31}:工业销售产值/亿元	奶业市场销售水平
		X_{32}:乳制品进口量/t	对国外乳制品市场依赖程度
		X_{33}:生鲜乳收购价格/(元/kg)	成本承受水平
		X_{34}:乳制品消费占食品消费支出的比重/%	乳制品消费整体水平
		X_{35}:城市居民人均年乳制品消费支出/(元/人)	城市居民乳制品消费水平
		X_{36}:农村居民人均年乳制品消费量/(kg/人)	农村居民乳制品消费水平
		X_{37}:乳制品市场容量/亿元	乳品市场发展潜力
		X_{38}:乳制品产量占奶类产量比重/%	乳制品加工规模化水平
		X_{39}:进口乳制品市场占有率/%	奶业市场被国外冲击程度
	X_4:资源与环境要素	X_{41}:奶牛存栏量/万头	奶牛养殖总规模
		X_{42}:乳品企业个数/个	乳制品加工行业总规模
		X_{43}:奶业用水量/亿 m^3	奶业水资源利用水平
		X_{44}:污水处理能力/(万 m^3/d)	区域整体污水处理能力
		X_{45}:粪便清运量/万 t	区域整体粪便清运能力
		X_{46}:水资源总量/亿 m^3	区域水资源总体水平
	X_5:社会与文化要素	X_{51}:社会消费品零售总额/亿元	社会消费整体水平
		X_{52}:人均可支配收入/元	城乡居民收入水平
		X_{53}:地区生产总值/亿元	社会生产整体水平
		X_{54}:奶农专业合作社数量/个	基层奶业组织化程度
		X_{55}:企业家信心指数	企业对宏观环境的乐观程度

35.3 北京奶业可持续发展水平评价

模糊综合评价法是一种基于模糊数学的综合评标方法。该综合评价法根据模糊数学的隶属度理论把定性评价转化为定量评价，即用模糊数学对受到多种因素制约的事物或对象做出一个总体的评价。它具有结果清晰，系统性强的特点，能较好地解决模糊的、难以量化的问题，适合各种非确定性问题的解决。

35.3.1 多级模糊综合评价模型建立

1. 确定因素集 $\boldsymbol{X}$

$\boldsymbol{X}=(X_1,X_2,X_3,X_4,\cdots,X_n)$，各因素就是指标体系中的具体指标，它们代表了被评价对象的质量。

2. 确定评语集 B

$\boldsymbol{B}=(B_1,B_2,B_3,B_4,\cdots,B_n)$，评语集是被评价对象评价结果所构成的集和，本文用优、良、中、差四级来表示.

3. 确定权重集 $\boldsymbol{W}$

$\boldsymbol{W}=(W_1,W_2,W_3,W_4,\cdots,W_n)$，权重集设定了不同因素，在各系统中的重要程度。

4. 确定隶属度

确立因素集中各因素对评价集的隶属关系，确定隶属度，建立隶属度函数，得出模糊评价向量 $\boldsymbol{R}$。$\boldsymbol{R}_{mn}=\{r_{m1},r_{m2},\cdots,r_{mn}\}$，单因素模糊评价矩阵表示为：

$$\boldsymbol{R}=\begin{bmatrix} r_{11} & r_{12} & \cdots & r_{1n} \\ r_{21} & r_{22} & \cdots & r_{2n} \\ \cdots & \cdots & \cdots & \cdots \\ r_{m1} & r_{m2} & \cdots & r_{mn} \end{bmatrix}$$

5. 模糊综合评价

用权重集与单因素模糊评价矩阵做模糊运算，得到评价结果：

$$\boldsymbol{C}=\boldsymbol{W}\cdot\boldsymbol{R}=[W_1,W_2,\cdots,W_n],\begin{bmatrix} r_{11} & r_{12} & \cdots & r_{1n} \\ r_{21} & r_{22} & \cdots & r_{2n} \\ \cdots & \cdots & \cdots & \cdots \\ r_{m1} & r_{m2} & \cdots & r_{mn} \end{bmatrix}=[C_1,C_2,\cdots,C_n]$$

最后，将各因素的 $\boldsymbol{C}$ 值(指标得分)相加，得出每一个子系统 $\boldsymbol{C}$ 值(子系统得分)，利用同样的方法，得出整个系统的得分。值得注意的是，在多级模糊综合评价模型中，$\boldsymbol{E}=\{X_1,X_2,X_3,X_4,\cdots\cdots,X_n\}$，$\boldsymbol{E}'=\{X_{11},\cdots,X_{1_{m1}},X_{21},\cdots,X_{2_{m2}},\cdots,X_{p1},\cdots X_{p_{mp}}\}$，我们把 E 称为第二因素集，其中的任何一个元素 X_1，为 E'的子集。

35.3.2 数据来源

本文数据来源自历年《中国奶业年鉴》、《北京统计年鉴》和相关测算。

35.3.3 因素集和评语集确定

根据多级模糊综合评价模型的原理，设北京奶业可持续发展评价的目标层为因素集 X，其包含 5 个子系统因素,表示为 $X=\{X_1,X_2,X_3,X_4,X_5\}$={奶牛养殖要素,生产加工要素,市场与消费要素,资源与环境要素,社会与文化要素},5个子系统又可以作为独立的因素集,表示为 $X_1=\{X_{11},X_{12},X_{13},X_{14},X_{15},X_{16},X_{17},X_{18}\}$={原料奶产量,存栏量100头养殖场占养殖场总数百分比,原料奶日测定平均体细胞数,大规模养殖场奶牛年平均物质与服务费用,大规模奶牛养殖成本利润率,大规模养殖场奶牛年平均单产量,奶牛口蹄疫合格率,牛奶固形物数量},$X_2=\{X_{21},X_{22},X_{23},X_{24},X_{25},X_{26}\}$={乳制品总产量,亏损企业占企业总数百分比,奶业从业人数,利润总额,资产总额,负债总额},$X_3=\{X_{31},X_{32},X_{33},X_{34},X_{35},X_{36},X_{37},X_{38},X_{39}\}$={工业销售产值,乳制品进口量,生鲜乳收购价格,乳制品消费占食品消费支出的比重,城市居民人均年乳制品消费支出,农村居民人均年乳制品消费量,乳制品市场容量,乳制品产量占奶类产量比重,进口乳制品市场占有率},$X_4=\{X_{41},X_{42},X_{43},X_{44},X_{45},X_{46}\}$={奶牛存栏量,乳品企业个数,奶业用水量,污水处理能力,粪便清运量,水资源总量},$X_5=\{X_{51},X_{52},X_{53},X_{54},X_{55}\}$={社会消费品零售总额,人均可支配收入,地区生产总值,奶农专业合作社数量,企业家信心指数}。

设定评价集 B,任意 $B_i\in B$ 是实域的一个模糊子集,考虑到指标数据的特殊性和复杂度,在本文中,将每个指标的评语设定为:优、良、中、差四等,表示为 $B=\{B_1,B_2,B_3,B_4\}$={优、良、中、差},对每一个指标 R 建立相应的隶度函数,且 $R_{Bi}\to[0,1]$。

35.3.4 构造隶度函数

将北京奶业可持续发展评价指标体系中的所有定量指标分为正、逆指标两类,这样能够保证模型结果的客观性。

设 a_i 为指标 x_i 的最小值,I_i 为指标 X_i 的最大值,将指标 X_i 的中间部分设定为 P_1 和 P_2 两部分,并得到 P_1、P_2 的平均值,表示为 $\bar{P}_1$、$\bar{P}_2$,设指标实际观测值为 t_i。

设 $X_{1i}=a_i,X_{2i}=\bar{P}_1,X_{3i}=\bar{P}_2,X_{4i}=I_i$,以 a_i 和 I_i 作为隶度函数的下限边界和上限边界,大于等于 I_i 的指标样本评价为优,小于等于 a_i 的指标样本评价为差,中间两个平均值点作为良和中的边界点,由于中间两个平均值点可以充分表示级别的特性,不是很模糊,所以隶属度设定为1。下限边界和上限边界概念比较模糊,所以隶属度设定为0.5。由此,可以构建正指标的五等级隶度函数如下:

$$B_{4i}(t)=\begin{cases}0.5, & t\leqslant X_{1i}\\ (t-X_{2i})/(X_{1i}-X_{2i}), & t\in[X_{1i},X_{2i}]\\ 0, & \text{其他}\end{cases}$$

$$B_{3i}(t)=\begin{cases}(t-X_{1i})/(X_{2i}-X_{1i}), & t\in[X_{1i},X_{2i}]\\ (t-X_{3i})/(X_{2i}-X_{3i}), & t\in[X_{2i},X_{3i}]\\ 0, & \text{其他}\end{cases}$$

$$B_{2i}(t)=\begin{cases}(t-X_{2i})/(X_{3i}-X_{2i}), & t\in[X_{2i},X_{3i}]\\ (t-X_{4i})/(X_{3i}-X_{4i}), & t\in[X_{3i},X_{4i}]\\ 0, & \text{其他}\end{cases}$$

$$B_{1i}(t)=\begin{cases}0.5, & t\geqslant X_{4i}\\ (t-X_{3i})/(X_{4i}-X_{3i}), & t\in[X_{3i},X_{4i}]\\ 0, & \text{其他}\end{cases}$$

逆指标的计算原理相同,方向相反。

35.3.5 确定指标权重

本文选取变异系数法来计算北京奶业可持续发展各指标权重,计算结果如下:

$W_1=(0.0323, 0.2436, 0.0912, 0.2245, 0.1507, 0.1269, 0.0382, 0.0112)$

$W_2=(0.091, 0.0491, 0.3175, 1.7778, 0.1772, 0.1887)$

$W_3=(0.4609, 0.6254, 0.1616, 0.2134, 0.3092, 0.5724, 0.384, 0.1156, 0.4635)$

$W_4=(0.0573, 0.338, 0.125, 0.0637, 0.0407, 0.2464)$

$W_5=(0.2172, 0.1886, 0.2165, 0.686, 0.0089)$

35.3.6 北京奶业可持续发展模糊综合评价

根据上文计算结果，得出各子系统（奶牛养殖要素，生产加工要素，市场与消费要素，资源与环境要素，社会与文化要素）的模糊综合评价结果，各子系统中的指标评价值具体表示为 $M_i=R_i\cdot W_i(i=1,2,3,4,5)$，对本文评语集 B={优、良、中、差}中各元素分别赋值为 90，80，70，50，各子系统得分见表 35-2。

表 35-2　各子系统模糊综合评价得分

年份	奶牛养殖要素得分	生产加工要素得分	市场与消费要素得分	资源与环境要素得分	社会与文化要素得分
2008	17.027	55.786	30.297	12.557	33.326
2009	11.063	42.049	51.814	27.722	22.135
2010	29.938	75.094	35.982	16.204	77.514
2011	22.717	71.168	24.946	28.808	46.794
2012	16.465	41.622	46.169	11.65	81.099
2013	25.589	50.108	34.2	17.85	59.018

根据多级模糊综合评价模型原理，可以计算出北京奶业可持续发展水平总得分，具体见图 35-1。

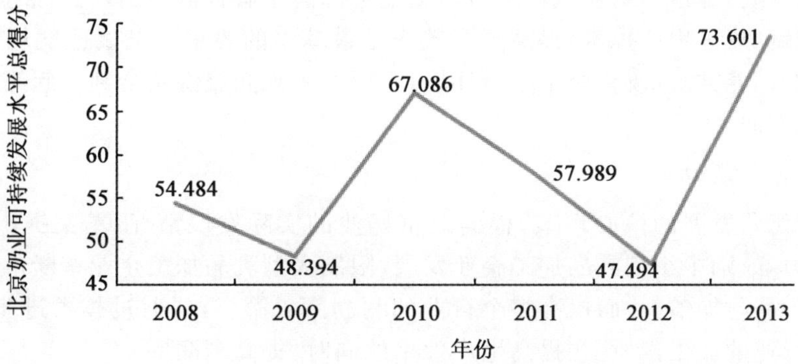

图 35-1　北京奶业可持续发展总得分

35.4 北京奶业可持续发展面临制约因素分析

通过上述对北京奶业可持续发展水平评价发现，制约北京奶业可持续发展的主要因素有以下四个层面：

1. *原料奶产量和奶牛养殖效率不高*

自 2008 年至 2013 年北京奶业原料奶产量从 132.92 t 下降到 122.92 t，总体呈下降趋势。大规模养殖场平均物质与服务费用和养殖成本利润率波动幅度较大，下降和增长趋势并不明显。大规模养殖场奶牛单产量不断下降,从 2008 年的 9 662 kg/头,下降到 2013 年的 7 633.34 kg/头。这些指标值的不稳定波动,导致了北京奶业在奶牛养殖环节的可持续发展处于较低水平。

2.利润总额大幅波动和负债总额不断增大

北京奶业乳品加工环节利润总额波动幅度较大,从 2008 年的 0.07 亿元快速增长到 2010 年的 1.35 亿元,之后三年又快速下降至 0.44 亿元,呈明显的倒"V"字发展。负债总额呈逐步上升趋势,由 2008 年的 29.48 亿元增长到 2013 年的 47.86 亿元,这两项指标直接影响了北京奶业在乳品加工环节可持续发展的综合得分。

3.乳制品进口持续增长

近年来,随着北京市社会和经济的快速发展,人民生活水平的不断提高,奶业市场容量不断扩大,但在一片繁荣的背后,却隐藏着一些隐患,经测算,北京市乳制品进口量从 2008 年的 26221.75 t 增长到了 2013 年的 14 5621.23 t,增长幅度十分迅速,其中占比较大的是奶粉进口量。进口乳制品市场占有率从 2008 年的 9.08%上升至了 2013 年的 35.14%,其中奶粉市场几乎被国外品牌控制。

4.水资源利用效率不高

近年来,随着社会和经济的快速发展,北京市社会与环境矛盾日益凸显,从指标样本数据中可以看出,在资源与环境环节,北京市奶牛存栏量从 2008 年的 16.9 万头下降到 2013 年的 14.4 万头,水资源总量也由 34.2 亿 m^3 降至 24.8 亿 m^3。从长远的角度考虑,这两项指标值的不断下降,将对北京奶业可持续发展带来不利影响。

35.5 对策与建议

1.北京奶业在养殖环节应继续走"高效之路"

随着市场经济的快速发展,都市型奶业城市人口与土地资源的矛盾日益突出,在自然资源先天不足的情况下走可持续发展道路,改进生产技术,提高生产效率是最基本的要求。发展适度规模化牛场,实行"种养结合"新模式,改进饲养方式,改善奶牛生活环境,将奶业和观光旅游结合到一起等等,是北京奶业未来走向可持续发展的方向。

2.提高乳品加工行业盈利能力

乳品加工行业是整个奶业发展的核心环节,根据北京奶业的实际发展情况,本文提出如下三条建议。第一,要增强行业活力,鼓励中小型乳品加工企业发展,限制大型乳品加工企业垄断市场。第二,优化乳制品种类结构,增加产品附加值,从而提高整个行业的利润率。第三,要通过技术进步降低人工成本和材料成本,提高整个行业的员工素质,在提高生产效率的同时,提高利润率。

3.抵御国外乳制品市场冲击

北京奶业市场想要走可持续发展的道路,一定要摆脱国外乳制品市场的控制。首先要做的就是要培育本土高端奶粉品牌,重塑消费者信心,重新夺回奶粉市场的制高点。其次,要建立科学的奶业市场预警机制,客观准确地反映北京奶业市场受冲击的程度,根据具体情况,布置具体的应对措施。最后,要实行"走出去"战略,提升北京奶业的国际影响力,让我们培育出的乳品加工企业扬名世界市场。

4.提高资源利用效率

北京是一个资源匮乏型城市,特别是一个严重缺水的城市,而水资源恰恰是奶业发展的基础,发展规模化牛场无疑需要大量的土地资源和水资源。北京市作为典型的都市型奶业城市,大规模养殖并不是北京奶业可持续发展的方向,未来,北京奶业一定是向集约化和适度规模化方向发展,既然没有庞大的自然资源系统支持,就要走"高效之路"。在资源环节本文建议北京市发展节水奶业,利用最新的物联网系统，打造智慧奶业，最大程度的提高资源利用效率。发展高端牧场体验园，使社会资本不断涌入北京奶业的基础环节，拓宽牧场盈利渠道，延长奶业养殖环节的产业链，打造高端牧场生态体验区，从而摆脱北京奶业对资源的过分依赖。不断提升牧场牛奶的品质，打造高端牧场品牌，利用品牌效应增强乳制品附加值，实现北京奶业在奶牛养殖环节的可持续发展。

（刘芳团队）

第36章 北京奶牛养殖业发展种养结合模式可行性探讨

36.1 概述

根据农业部发布的《全国优势农产品区域布局规划(2008—2015)》，北京是全国4个奶牛优势区域之一，在人才科技、市场资源、优良品种等方面拥有很大优势。发展奶牛养殖业也是北京建设“菜篮子”工程的重要保障，有利于从源头上控制好食品的安全性。但是奶牛养殖业粪污排放量较大，一头成年奶牛一年排放的粪尿约为22 t。由其引起的环境问题是北京发展奶牛养殖的最大担忧。另外随着北京国际化都市建设步伐的加快，农业用地不断减少，奶牛养殖业用地难以保障，导致饲料成本远高于全国平均水平，直接影响了奶牛产业的利润率。在有限的土地上发展现代奶牛产业，推广“种养结合”模式，增加奶牛养殖和饲料种植用地，是促进奶牛产业健康发展有效路径之一。

36.2 北京市奶牛养殖业、种植业基本情况分析

1.北京市奶牛养殖业基本情况分析

据北京市奶业协会统计，近年来北京市奶牛存栏量变化不大，奶牛单产水平逐年提高。截至2014年，全市存栏100头以上的规模化现代牧场、合作社共计231个，总存栏量占全市奶牛存栏量的95.2%。北京奶牛业基本实现规模化养殖、机械化挤奶、TMR混合日粮饲喂等先进措施。2013年全市牛奶总产量61.46万t，占全国总产量的2%。2014年存栏约为13.8万头，成母牛存栏8.8万头。北京市奶牛存栏在13个区县均有分布，主要集中于城市发展新区和生态涵养保护区，形成了以大兴、通州、顺义、房山为主的京南奶牛产业带和以密云、延庆、怀柔为主的京北奶牛产业带。按照北京市产业布局，奶牛存栏将基本稳定在14万头。北京大型奶牛养殖场的现代化水平较高，在科研设备配置、疫情监测、TMR混合日粮饲养、粪污处理等方面走在全国牛奶养殖业的前列。北京首农集团的奶牛单产达到10.9 t每年，达到世界领先水平。但是，北京的奶牛养殖场专用饲料种植基地不足，外埠依赖度较高，饲料外购不但额外增加了运输成本，还给饲料的质量控制形成安全隐患。由于奶牛养殖场没有配套种植基地，粪污难以做到有效还田。

2.北京市种植业基本情况分析

奶牛是草食家畜，以采食饲料为主，目前的奶牛粗饲料主要有农作物秸秆、秋白草、东北羊草、紫花苜蓿等，在作物秸秆型粗饲料中，奶牛对青贮玉米秸秆饲料的依赖性高于其他粗饲料。

从牧草种植情况看，结构趋于优化与产量不断提升。2012年，北京全市牧草种植面积37万亩，涵盖8个区县，总产量41.26万t。其中：一年生牧草34万亩，产量40万t，以青饲玉米和黑小麦为主；多年生牧草3万亩，产量1.26万t，以紫花苜蓿为主。

从秸秆粮食作物种植情况看，种植面积呈逐年下降趋势。随着北京市城市化进程的加速和进一步深化，近年来农作物种植面积呈逐年下降趋势。根据《北京市统计年鉴》统计数据显示，1978年农作物

播种面积为 1 036 万亩，截至 2013 年末仅剩农作物播种面积 363 万亩。农作物的种植结构也经历了较大变化，2000 年以前粮食作物播种面积占比在 80%左右，近年来基本维持在 60%～70%之间。经济作物尤其是蔬菜瓜果类植物在 2000 年至 2005 年曾有过一段繁荣期，2003 年一度占到总种植面积的 50%。但随着农作物播种面积的趋势性下降，经济作物播种面积下降加速，截至 2013 年仅占 34%，其中饲料作物的播种面积从 1978 年的 30 万亩下降到 2013 年的 3 万亩。2013 年北京市粮食播种面积 238 万亩，总产量为 96 万 t，其中玉米播种面积 170 万亩，占粮食总播种面积的 72.04%，总产量 13 万 t。

北京城郊背靠首都庞大的消费人群，粮食产区功能基本退化，而经济作物种植比率偏低，农业生产积极性不高。发展集约化、现代化农业，提高种养结合水平，已经成为促进北京种养殖业发展的有效途径。

36.3　北京奶牛养殖业推行种养结合模式的重要意义

种养结合是一个将生态、经济和技术复合而成的人工生态系统。北京市目前的奶牛养殖模式，无论是大规模养牧场还是小区养殖，都存在“种养分离”状态，农场经营户没有足够的草场进行放牧，也没有大量的土地用来种植饲草，所以北京的奶业从饲草，饲料，牛犊，都需要购买，劳动力需要雇佣，导致了养殖成本的不断攀升。种养分离，不仅饲养成本高，还造成环境污染，提高了环保治污成本。从长远发展看，推广实施“种养结合”的养殖模式对于北京市奶牛养殖业可持续发展具有重要意义。

36.3.1　种养结合是发展生态农业、循环经济的重要途径

随着农业生产技术和生产效率的提高，给人们带来丰富的物质产品的同时，也造成了生态危机：土壤肥力下降甚至被破坏、化肥和农药用量上升、能源危机、环境污染。种养结合是一个将生态、经济和技术复合而成的人工生态系统。奶牛养殖场既种植农作物又饲养奶牛，饲料直接来源于自有农场上种植的作物，奶牛粪污经过处理后就近还田，形成种植业与养殖业一体化生产模式。该模式降低了养殖成本，改善了农业生产环境，提高了生鲜乳质量，并通过种植业与养殖业的直接良性循环，改变了传统农业生产方式。据国内专家学者的调查研究，国外奶牛养殖业大都采用种养结合模式，有农场才有牧场，田长饲料，粪肥还田，循环利用。如牟海日考察罗马尼亚奶牛养殖业后写道：农场主根据自己拥有的土地面积、饲料资源来确定牛群饲养规模，粗饲料都是自己生产，奶牛的粪尿进入储粪池，春秋季集中还田，走循环经济之路。

36.3.2　种养结合是缓解环境承载力的重要途径

发展种养结合奶牛养殖模式需要考虑环境的承载能力。环境承载力的影响因素有很多，大到宏观的生态系统，小至牛群结构，本文主要从饲料需求量和粪污还田的角度分析奶牛养殖的环境承载能力。

1. 需求测算

玉米青贮是我国奶牛粗饲料的主要来源。根据《关于调结构转方式、发展高效节水农业的意见》，未来北京市奶牛存栏数量基本稳定在 14 万头左右，主要分布在大兴、通州、延庆、密云、顺义等区县。假设北京奶牛存栏数量保持 14 万头规模，奶牛中泌乳奶牛按 50%，即约 7 万头泌乳奶牛，按照泌乳奶牛每年 7.5 t 全株青贮玉米，后备奶牛和干奶牛每年 3 t 计算，则全株玉米青贮需要量为 7 万 t 左右。按亩产 5 t 计算，需要耕地 14 万亩。

除了青贮玉米外，在饲料中添加适量苜蓿能显著提高牛奶产品和质量。按照平均每头牛每天 3 kg 苜蓿计算，一年需要 1 t，北京市奶牛养殖业需要 14 万 t 苜蓿。根据“振兴奶业苜蓿发展行动计划”的成果汇报，旱作条件下苜蓿平均单产近 500 kg/亩，灌溉条件下平均单产近 800 kg/亩，取平均值，以亩产 650 kg 计算，北京市种植苜蓿需要耕地 22 万亩左右。

综上所述,北京奶牛养殖粗饲料基本自给需要耕地 36 万亩,约占北京市总耕地面积的 1/10。

2. 承载力测算

国际上就土地对厌氧消化残余物(沼渣、沼液)的承载力有明确的规定,具体数值见表 36-1。一般奶牛粪污的含氮率为 1%左右,以英国为例,粗略估算 1 hm^2 土地的奶牛粪污承载力为 25～50 t。我国专家学者对北京市土地承载能力进行了研究,结果表明每亩地可消纳 2～3 t 粪肥。

表 36-1　厌氧消化残余物(畜禽粪污)的土地承载力

国家	年氮最大负荷/(kg/hm^2)	需要存储时间/月
英国	250～500	4
美国	第 1 年 450,以后 280	12
法国	150	
意大利	170～500	3～6
奥地利	100	6
丹麦	牛:170,猪:140	9

北京市 14 万头奶牛存栏量,假设全部为成母牛,一头成母牛年均排放粪污 22 t,合计年排放 308 万 t。粪污处理有不同的工艺,如果按照自然还田模式可供 100 万～150 万亩耕地使用,约占北京耕地的不到一半。北京奶牛养殖业发展种养结合模式具备良好的土地承载能力。

36.3.3　种养结合提高产业经济效益

1. 种养结合模式种植结构效益提升

主要从传统农作物产值和奶牛饲草产值角度分析经济效益情况,简单对比后发现种植青贮玉米要优于种植粮食玉米,种植苜蓿经济效益优于种植粮食作物。

据北京市农村工作委员会统计,房山区窦店镇窦店村的青贮玉米百亩示范田,截至 2014 年已连续 3 年亩产逾 5 000 kg。按照每千克青贮饲料 0.3 元计算,每亩青贮玉米可实现收入 1 500 元。青贮玉米的经济效益远远超过种植粮食玉米。

假设秋夏两季分别种植玉米和冬小麦,2013 年北京市玉米亩产 438 kg,小麦亩产 345 kg,玉米和小麦都按每千克 2 元计算,产值为 1 565 元。2008—2013 年进口苜蓿价格从 250 美元/t 增至 350 美元/t,2014 年 10 月份涨到 411 美元/t,创近年来新高。如果换成种植苜蓿,假设亩产 650 kg,每千克 2.4 元,可实现产值 1 560 元,和种植粮食作物的收入基本持平。但是苜蓿耐干旱、耐盐碱,适合中低产田种植,是多年生植物,能大量节省人工成本。综合考虑考虑人工成本、机械化、规模化生产等因素,种植苜蓿的经济效益优于种植粮食作物。

2. 种养结合模式提高产业规模效益

土地规模化经营、集约化经营是发展现代农业,提高农民收入的可行路径。分田到户的种植模式制约了农民投资积极性,也限制了大型农用机械耕作的条件。北京市的奶牛养殖业基本实现规模化养殖,并出现了像三元绿荷这样的大型现代化养殖场。根据陈晓明[6]的调研报告,三元绿荷的金银岛牧场发展循环经济,修建了沼气池,将利用牛粪产生的沼气,供应给周边农户烧水做饭。在为村民免费提供沼气的基础上,奶牛场还建设了沼气发电工程,将多余沼气转换成电能,供奶牛场日常照明使用;产生的沼渣、沼液无偿供给农户还田。如果大型养殖场同时有自己的种植基地,将奶牛养殖和农作物种植结合起来,沼液灌溉农田,沼渣施肥,能让奶牛养殖企业最大程度的做到粪污还田,减少环境污染,大大提高种植效益的同时降低了奶牛养殖的饲料成本。

36.4　北京奶牛养殖业推行种养结合模式面临的困难

1. 土地资源紧张、用地规划缺乏稳定性

北京的城市化进程发展迅速，农作物种植面积下降明显。北京发展大都市圈的同时，农业用地资源进一步减少，农业用地规划缺乏长期性、稳定性。在 2011 年北京市启动的畜牧业发展五年规划中，将全市划分为禁养区、限制养殖区、可持续发展区。应当看出这仅仅是五年规划，土地用途缺乏长期规划，难以吸引到大型企业集团投资。另外，目前北京市农户手中拥有的土地面积少，土地集中流转又受到制约。现在只有小型农场，根据自家土地（包括草地、林地、荒地）提供多少饲草和饲料，养多少牛。土地规模小，相应饲养规模低。现行的土地政策是影响种养结合模式推广的主要困难因素。

2. 养殖业布局不合理，阻碍种养循环

目前，北京养殖业过于集中且规模大，与种植业消污面积难以匹配。一个年出栏万头的养牛场，日排放污水近百吨，需上万公顷的农场才能全部消纳。通常来说，牛粪的经济运输距离在 5 km 左右，丹麦沼气工程的沼渣、沼液运输距离一般在 10 km 以内。其次是种植业分布广阔，种植业也同样存在接纳养殖污水的问题。种养互为利用难以匹配，直接制约着两者之间的循环。

3. 饲料供应缺口较大，外埠依赖度过高

青贮玉米及紫苜蓿自我供需不足，缺口较大。一方面，按照北京奶牛存栏数量将维持现有规模，约 14 万头奶牛，其中泌乳奶牛占 50%左右，即约 7 万头泌乳牛。按照泌乳牛每年 7.5 t 全株青贮玉米，后备奶牛和干奶牛每年 3 t 计算，则全株玉米青贮需要量 74 万 t 左右。按亩产 5 t 计算，需要耕地 14 万亩，约 9 333 hm^2。截至 2013 年末，北京市饲料作物种植面积仅为 2 251 hm^2，假设饲料作物全部为青贮玉米，远远满足不了奶牛养殖业对青贮玉米的需求，缺口约 7 000 hm^2。另一方面，按照平均每头牛每天 3 kg 苜蓿计算，一年需要 1 t，北京市奶牛养殖业需要 14 万 t 苜蓿。根据"振兴奶业苜蓿发展行动计划"的成果汇报，旱作条件下苜蓿平均单产近 500 kg/亩，灌溉条件下平均单产近 800 kg/亩，取平均值，以亩产 650 kg 计算，北京市奶牛养殖业需要种植苜蓿需要耕地 21 万亩左右，约 1.4 万 hm^2。

但是，奶牛是大型食草动物，按照一头泌乳奶牛一年消耗大约 3 t 精饲料，7.5 t 粗饲料，其他牛消耗精粗料为其一半计算，北京一年需要 34 万 t 精饲料和约 85 万 t 粗饲料。

4. 资金不足、缺乏金融支持

种养结合模式需要配备种养结合生态农业的设施和配备机械设备。这些设施对于一些小型种养结合的农场来说是一笔巨大的开支，然而，农业设施及设备的缺失，势必会影响种养结合的农牧场的经济生态效益。现有直接从事种养结合的农户中，部分农场经营者对农业生产技能掌握不够，资金不足，不利于农场的健康发展。

36.5　政策建议

1. 加快土地流转，推广种养结合生产模式

北京市人多地少，在种养环节实行规模化经营，需要对土地进行流转集中，如采取股份制企业化形式，农民用土地承包经营权入股，成立有限责任公司，实现规模化经营，提高农民的组织化程度。加大对种养结合重要性的宣传，种养结合是农业结构调整的需要，是市场经济的需要，是生态农业的需要，更是农民致富的需要。加强认识种养结合对奶牛产业发展的生态意义。

2. 加速调整种植结构，扩大饲草种植面积

政府应该通过引导，开展种植主体与养殖主体的需求对接，在种植结构调整中加大一定面积的青贮

玉米种植,对于粮饲兼用型青贮玉米、专用青贮玉米等的补贴政策相对缺乏,政府可采用粮食直补、良种补贴政策、退粮补饲等提高农民的饲草种植积极性,有利于青贮玉米、苜蓿等种植和推广。

3.种养结合专项扶持资金,解决资金不足

对于符合种养结合模式标准的养殖场,政府应给与专项资金的扶持,以帮助奶牛养殖场积极向种养结合模式转移。同时还可以通过养殖合作社与种植合作社的协同对接的种养联合社模式,开展专项资金的支持,并给予专项贴息贷款等方式,解决种养结合所面临的经费短缺、规模化程度不高等问题。

(刘芳团队)

第 37 章　乳品企业成长性评价研究

37.1　概述

企业成长性研究是指对影响企业成长的因素及其交互作用的研究，研究成果统称为企业成长理论。企业的成长性是指企业不断挖掘未利用的资源，持续实现潜在价值生产的能力，是依据企业的发展状况和能力，对未来企业走向做出精确预测。并能够合理地进行评价，找出适合企业评走向价的方法，能够准确地预测企业未来的成长性，既可以给股票投资者的决策提供判断依据，也对企业发展具有深远意义。

关于企业成长性的研究颇多。黄潇(2012)以民营房地产上市公司 2010 年的财务报表中的数据为基础进行因子分析，得出了我国民营房地产上市公司的成长性主要受以资产报酬率、净资产收益率、每股收益和总资产收益率为主的企业盈利能力的驱动，此外还要加强企业的内部风险管理。李金洲等(2008)，李晓非等(2008)，龚福和等(2013)均采用因子分析法对不同上市企业的成长性进行实证研究。李长春等(2011)和张倩(2011)建立了上市企业成长性的评价指标体系，并采用突变级数的方法进行实证研究。李益娟(2009)从企业的偿债能力、营运能力、股东获利能力、现金流量能力、盈利能力和发展能力这六个方面选择了 36 个财务指标来判定我国上市公司的成长性，采用 Logisitic 回归模型对 24 家上市公司进行实证分析，得出对企业成长性影响最大的 4 个指标是流动负债比率、每股未分配利润、有形净值债务率和现金流量对流动负债比率。崔璐等(2011)运用层次分析—灰色关联度综合评价法对中小科技企业的成长性进行了测度比较。陈爱成(2012)、何奕佳(2008)、程海峰等(2005)创建企业评价体系并用权重进行合理赋值，对企业的成长性进行了综合层次分析法依据权重进行合理赋值，对企业的成长性进行了综合的评价。陈晓兰(2008)采用定性与定量相结合的方法，构造出评价中小企业成长性的模型，应用层次分析法对多指标进行综合考虑，并且通过实证研究，证明了该方法的科学实用性。

本文通过财务角度，依据乳品企业财务报表，通过各个财务指标对企业的重要性，对这四家上市乳品企业的成长性进行综合评价。

37.2　方法说明

层次分析法是将多个目标决策问题作为一个整体的复杂系统，将策略问题按最终目标和各分目标、待选方案评价方法，对特定序列分解为不同的层次结构，然后通过求解判断矩阵特征向量法为每个元素计算权重，最后通过计算权重法和合并目标权重，提出最佳解决方案(图 37-1)。

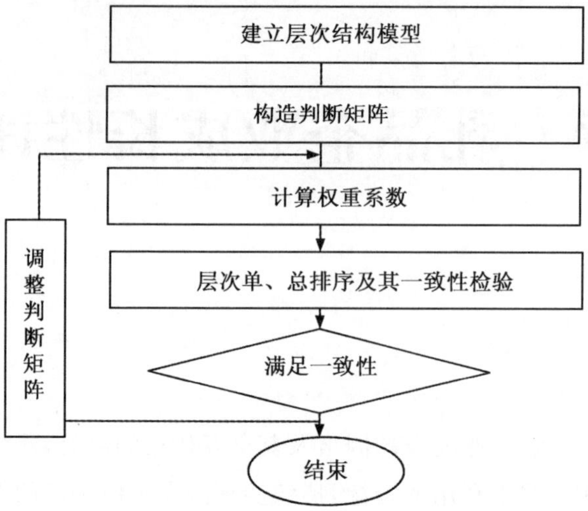

图 37-1　层次分析法的使用流程与步骤

37.3　北京乳品企业成长性评价

37.3.1　北京乳品企业成长性评价指标体系设置

运用层次分析法对企业成长性进行评价，首先要确定反应乳品企业成长性的指标体系。根据企业的成长性的特点和评价指标的性质，建立一个综合评价的层次结构列出乳制品企业增长。为了使结果更真实、简洁、客观、选择原则。本研究从盈利能力、发展能力、偿债能力、运营能力的四个方面选择了12 个财务指标来对上市乳品企业进行成长性评价。层次结构模型如表 37-1 所示。

表 37-1　北京乳品企业成长性评价指标体系

<table>
<tr><th>目标层(A)</th><th>指标类别(B)</th><th>指标名称(C)</th></tr>
<tr><td rowspan="12">乳品企业成长性</td><td rowspan="3">盈利能力指标(B1)</td><td>主营业务利润率(C1)</td></tr>
<tr><td>销售利润率(C2)</td></tr>
<tr><td>净资产收益率(C3)</td></tr>
<tr><td rowspan="3">发展能力指标(B2)</td><td>主营业务收入增长率(C4)</td></tr>
<tr><td>总资产增长率(C5)</td></tr>
<tr><td>净利润增长率(C6)</td></tr>
<tr><td rowspan="3">偿债能力指标(B3)</td><td>流动比率(C7)</td></tr>
<tr><td>速动比率(C8)</td></tr>
<tr><td>资产负债率(C9)</td></tr>
<tr><td rowspan="3">营运能力指标(B4)</td><td>流动资产周转率(C10)</td></tr>
<tr><td>应收账款周转率(C11)</td></tr>
<tr><td>总资产周转率(C12)</td></tr>
</table>

37.3.2 样本企业的选择

本文选取了 SY 股份(600429)、MN 乳业(02319)、YL 股份(600887)、GM 乳业(600597)这四家企业收集了 12 个经济指标。为了更准确地反映企业持续的成长性,排除突发性因素对计算结果的影响,本研究所用的数据为 2010—2012 年三年的加权时间序列数据。

37.3.3 样本指标数据的处理

在选取的这四家上市公司 2010—2012 年 12 个财务指标中,越近的年份,越能反映企业当前的状况,所以将近五年的财务指标权重分别设置为:2012 年的财务指标权重设为 0.5;2011 年的财务指标权重设为 0.3;2010 年属于过渡期,是各乳品企业发展的恢复时段,因此将 2010 年的财务指标设为 0.2。然后计算出三部分的加权数据,也就是 12 个财务指标三年的加权平均值,以此作为四家企业的评价指标。如表 37-2 所示,各财务指标三年的平均值分别记作 X_1—X_{12}。

表 37-2 北京上市乳品企业 2010—2012 年财务指标加权数据

企业	X_1	X_2	X_3	X_4	X_5	X_6	X_7	X_8	X_9	X_{10}	X_{11}	X_{12}
SY	20.56	0.63	2.32	14.08	11.84	−41.04	0.92	0.71	44.90	2.93	17.41	0.99
MN	22.59	4.22	11.74	8.85	6.86	2.04	1.44	1.23	40.34	3.59	58.95	1.92
YL	29.16	4.07	24.40	18.33	11.99	40.37	0.62	0.36	65.65	5.02	140.29	2.11
GM	33.98	2.38	8.46	19.47	29.33	32.97	1.16	0.89	55.78	3.34	11.50	1.73

数据来源:财务报表数据整理。

37.3.4 两两比较判断矩阵的构造

根据层次分析法的原理,从各级子目标对财务综合评价进行重要性判别,得出层次结构模型各子目标的判断矩阵。其目的是为了对层次结构中各目标重要性进行赋值,量化各定性因素,从而更加客观的表明各个因素对上一层次因素的权重。构造两两比较的结果采用 T. L. Saaty 教授提出的 1～9 的标度方法,见表 37-3 至表 37-7。

表 37-3 企业成长性综合评价的判断矩阵

	B_1	B_2	B_3	B_4
$A=$	1	3	5	7
	1/3	1	3	4
	1/5	1/3	1	3
	1/7	1/4	1/3	1

表 37-4 盈利能力的判断矩阵 B_1

	C_1	C_2	C_3
$B_1=$	1	6	7
	1/6	1	3
	1/7	1/3	1

表 37-5　发展能力的判断矩阵 B_2

	C_4	C_5	C_6
$B_2=$	1	4	5
	1/4	1	2
	1/5	1/2	1

表 37-6　偿债能力的判断矩阵 B_3

	C_7	C_8	C_9
$B_3=$	1	4	8
	1/4	1	3
	1/8	1/3	1

表 37-7　营运能力的判断矩阵 B_4

	C_{10}	C_{11}	C_{12}
$B_4=$	1	3/5	8/5
	5/3	1	5
	5/8	1/5	1

37.3.5　单排序及其一致性检验

对于判断矩阵最大特征根 λ_{max}的特征向量，经过归一化，也就是使向量中各元素之和等于 1。归一化后元素相同级别水平的因素进行权重排序，这个过程称为层次单排序。确认层次单排序所得到的结果是否合理需要进行一致性检验，是指对矩阵确定不一致的允许范围。

根据计算可得，判断矩阵 A 的最大特征值是 $\lambda_{max}=4.000\ 7$，归一化特征向量 $\boldsymbol{W}_K=(0.563\ 4,0.251\ 3,0.124\ 8,0.060\ 5)^T$，一致性指标 $CI=(\lambda-n)/(n-1)=(4.000\ 7-4)/(4-1)=0.000\ 2$，$n=4$ 在随机一致性指标的数值表中查得 R1=0.9，故一致性比率 CR=CI/RI=0.000 2/0.9，计算得 CR=0.000 3＜0.1。所以 A 通过了一致性检验。

根据上面的计算原理，分别对判断矩阵 $\boldsymbol{B}_1,\boldsymbol{B}_2,\boldsymbol{B}_3,\boldsymbol{B}_4$ 求层次单排序的权向量并进行一致性检验，计算结果如表 37-8 所示。

表 37-8　各矩阵特征向量及一致性指标

K	1	2	3	4
W_{K1}	0.739	0.681	0.715	0.283
W_{K2}	0.179	0.201	0.206	0.573
W_{K3}	0.082	0.118	0.079	0.144
K	3.000	3.000	3.000	3.014
CI_K	0.000	0.000	0.000	0.007
RI_K	0.580	0.580	0.580	0.580
CR_K	0.000	0.000	0.000	0.012

通过上面的计算可知，CR_K（$k=1,2,3,4$）均小于 0.1，因此，矩阵 $\boldsymbol{B}_1,\boldsymbol{B}_2,\boldsymbol{B}_3,\boldsymbol{B}_4$ 都通过了一致性检验。

37.3.6　层次总排序及其一致性检验

1. 层次总排序

单一相同水平，可以计算出在一个层面上，所有因素权重的层次排序。层次总排序需要一个接一个从上到下，其层次单排序即为总排序。如表 37-9 所示。

表 37-9　各个指标的合成权数

评价指标	评价指标的合成权数
X_1（主营业务利润率）	$Z_{11}=a_1w_{11}=0.5634\times0.7394=0.4166$
X_2（销售利润率）	$Z_{12}=a_1w_{12}=0.5634\times0.1788=0.1007$
X_3（净资产收益率）	$Z_{13}=a_1w_{13}=0.5634\times0.0818=0.0461$
X_4（主营业务收入增长率）	$Z_{21}=a_2w_{21}=0.2513\times0.6806=0.1710$
X_5（总资产增长率）	$Z_{22}=a_2w_{22}=0.2513\times0.2014=0.0506$
X_6（净利润增长率）	$Z_{23}=a_2w_{23}=0.2513\times0.1179=0.0296$
X_7（流动比率）	$Z_{31}=a_3w_{31}=0.1248\times0.7146=0.0892$
X_8（速动比率）	$Z_{32}=a_3w_{32}=0.1248\times0.2064=0.0258$
X_9（资产负债率）	$Z_{33}=a_3w_{33}=0.1248\times0.0789=0.0098$
X_{10}（流动资产周转率）	$Z_{41}=a_4w_{41}=0.0605\times0.2826=0.0171$
X_{11}（应收账款周转率）	$Z_{42}=a_4w_{42}=0.0605\times0.5733=0.0347$
X_{12}（总资产周转率）	$Z_{43}=a_4w_{43}=0.0605\times0.1442=0.0087$

由此得出层次总排序的权向量，记为 $\boldsymbol{Z}(0.4166,0.1007,0.0461,0.1710,0.0506,0.0296,0.0892,0.0258,0.0098,0.0171,0.0347,0.0087)^T$。

2. 一致性检验

由表 37-9 已经得出准则层 B_1、B_2、B_3、B_4 对目标层 A 的层次单排序一致性指标 CI_K 及随机一致性指标 RI_K，则层次总排序的一致性比率

$CR=(0.5634\times0.02+0.2513\times0.0017+0.1248\times0.0001+0.0605\times0.0069)/[0.58\times(0.5634+0.2513+0.1248+0.0605)]=0.0010<0.1$，所以层次总排序通过了一致性检验。

37.3.7　评价结果分析

1. 综合指标评价

从表 37-10 中可知，盈利能力指标排名第一，占总权重的 56.34%。我们知道，盈利能力指标是作为最有效衡量企业发展能力的、最具有影响能力的指标。企业的发展能力指标所占权重为 25.13%，排名第二。企业的偿债能力和营运能力排名靠后，重要性低于前两个指标，但是我们也不能忽视他们的重要性。

表 37-10　四家乳品企业指标综合权重

一级评价指标	权重	重要性排名	二级评价指标	权重	综合权重
B_1	0.563 4	1	C_1	0.739 4	0.416 6
			C_2	0.178 8	0.100 7
			C_3	0.081 8	0.046 1
B_2	0.251 3	2	C_4	0.680 6	0.171 0
			C_5	0.201 4	0.050 6
			C_6	0.117 9	0.029 6
B_3	0.124 8	3	C_7	0.714 6	0.089 2
			C_8	0.206 4	0.0258
			C_9	0.078 9	0.009 8
B_4	0.060 5	4	C_{10}	0.282 6	0.017 1
			C_{11}	0.573 3	0.034 7
			C_{12}	0.144 2	0.008 7

2. 各准则层评价

对企业标准化处理后排名，如表 37-11 所示。

利用各指标的合成权数乘以相应的各指标三年的加权平均值，得出四家上市乳品企业的综合评价结果，如表 37-12 所示。综合排名第一的是 YL 股份，可以看出，该企业的企业成长指数是排名最高的，也就是说，如果企业的成长指数越高，那么企业的成长状况也就越好。YL 和 GM 股份的成长指数相对较高，其次是 MN 乳业，成长指数最低的是 SY 股份。结合表 37-10，这四家上市乳品企业的评价综合权重指标可以看出，主营业务利润率的指标数据越高，综合排名就越靠前，这是由于主营业务利润率的层次总权重最大，它在很大程度上说明了企业的成长性。

通过计算分析可知，在这四家上市乳品企业中成长状况最好的是 YL 股份，该企业的偿债能力和营运能力均排名第一，盈利能力和发展能力排名第二，YL 股份的各能力指标的排名相较于其他三家乳品企业来说，有着很大的优越性。综合排名第二的 GM 乳业，在盈利能力和发展能力的财务指标上排名第一。该企业的偿债能力也具有一定的优越性，但是其营运能力方面表现不是很好，使其综合实力下降，位居第二。所以，GM 乳业要想提高自身发展能力，有更好的成长性，需要提高营运能力。排名第三的是 MN 乳业，其营运能力相对较好，但是其盈利能力、发展能力和偿债能力的综合实力都不是很强，该企业需要综合提高这三方面的实力。排名最后的是 SY 股份，在盈利能力、发展能力和偿债能力方面均垫底。

表 37-11　四家乳品企业的评价指标分值及排名

评价指标		SY	MN	YL	GM
盈利能力	分值	8.570 8	10.376 3	13.682 7	14.783 5
	排名	4	3	2	1
发展能力	分值	1.792 1	1.921 8	4.937 7	5.792 2
	排名	4	3	2	1
偿债能力	分值	0.542 6	0.557 4	0.711 3	0.675 9
	排名	4	3	1	2
营运能力	分值	0.662 5	2.122 8	4.970 2	0.471 2
	排名	3	2	1	4

表 37-12　四家乳品企业成长综合排名

公司简称	企业成长指数	综合排名
YL 股份	24.301 9	1
GM 乳业	21.722 9	2
MN 乳业	14.978 3	3
SY 股份	11.731 2	4

37.4　北京上市乳品企业成长性影响因素分析

37.4.1　技术因素

目前，我国生产乳制品的机械成套的比较少，自动化生产线也少，生产效率低，乳品企业用的机械较国外的相比是比较落后的。这四家乳品企业以生产液态奶为主，干酪技术还不是很成熟。由于设备不先进，技术落后，导致乳品企业的深加工、高附加值的乳制品少，阻碍了企业快速、健康的成长。就北京的这四家上市乳品企业来说，这四家企业受资金、技术、规模和人才的制约，产品的研发能力不强，没有研发出高附加值的乳制品，产品的同质化严重，缺少市场细化，缺少竞争力。

37.4.2　管理因素

1. 财务方面

主营业务利润率、销售利润率与企业的成长性成正相关。从上面的分析中可以知道，2012 年 SY、MN、YL 和 GM 的经营业绩都有一定的提高，但是增长缓慢。这是由于近年来随着原料奶成本上升，饲料和饲草的成本价格上涨，以及人工成本不断上涨，导致了企业的生产成本提高。因此，乳品企业应该努力控制生产成本，降低生产费用。发展能力最好的是 GM，相对较差的是 SY，主要受三聚氰胺事件的影响大。GM 的总资产增长率是最高的，表明该企业的资产规模扩张速度快。企业的偿债能力也可以进一步反映出企业持续经营能力的强弱，也是企业负责人最关心的问题之一。总体来看，营运能力最强的是 YL，SY、MN、GM 应该加强对企业资金、资产的管理，提高企业的营运能力。这四家乳品企业的总资产周转率都不是很高，表明他们的销售能力不强，而企业产品的竞争力与销售能力的强弱有很大的关系。

2. 奶源方面

目前，北京的这四家乳品企业建立了企业专门的奶源基地，如北京 SY 的绿荷养殖中心，但是这些较大型的养殖场并不能满足乳品加工企业对奶源的需求，所以这几家企业的奶源一小部分来源于奶牛养殖小区和农户散养，奶源的稳定性差。随着牧场的利润走低，养殖场越来越少，奶源数量也将越来越少。总之，奶源的发展落后于乳品企业市场的发展。个别奶农为追求利润，掺假兑水，而乳制品加工企业仅是对送来的原料奶进行快速抽检，这样一来，直接影响到乳品加工企业的产品质量，严重制约了其健康发展。另外，国家颁布的质量卫生标准大多是十几年前制定的，有些已经过时，且分别隶属于不同部门，涉及指标较少，检测方法也比较落后，不能实现生产加工全过程的监控。奶源监控力度不到位，导致了乳制品的质量参差不齐。

37.3.3　政策因素

近几年，政府加大对乳品企业的扶持力度，加强对奶业发展的政策支持，使乳品企业更加健康、快速的发展。但是由于政府没有正确引导、监管,使个别企业为了降低生产成本,走上了粗放经营模式,所以就出现了2008年的"三鹿奶粉事件"以及之后出现的一系列乳品企业掺假行为。这一系列事件,使得消费者对国产乳品信任度降低,有的甚至不信任,纷纷买进口牌子奶粉。在三聚氰胺事件中,GM乳业亏损2.8亿元,MN受的影响最大,亏损了9.486亿元。虽然SY、MN、YL、GM这四家乳品企业已经算是国内的龙头企业,但是其发展,产品结构,技术等方面仍远远低于国外企业,政府对乳品行业的财政、税收、信贷等方面的支持力度不够,导致企业很难扩大规模,缺少资金引进先进技术。

37.5 对策与建议

根据上述研究结果,我们认为提升北京乳品企业的成长性应该从以下几个方面进行:

1.增加高新技术投入

乳品企业的规模比较小,要想增加企业的成长性,必须扩大企业生产规模,降低生产成本。当然,企业在扩大规模的同时,还要引进先进设备,提高生产效率,增加产品线。应大力发展液态奶的生产,提高乳制品的保质期和营养水平。提倡生产天然纯正的乳制品,加强绿色乳制品的研究,开发集保健、营养、医疗于一体的新型乳制品的研究,提高乳制品的附加值。同时,应大力借鉴国外先进技术,从而开发属于自己的新产品。开发具有功能性和区域特色的高附加值产品,丰富产品的品种,增加产品的品种细分类,扩大消费者群体。

2.加强奶源监控

目前,北京当地的原料奶数量和质量不能满足乳品加工企业的需要,奶源紧张。应在北京寻求一个适合养奶牛的地方,在此地建立奶牛饲养专业合作组织,利用养殖小区将分散的众多个体奶农集中起来,统一对奶牛进行防疫,发放统一饲料配方,进行统一挤奶,牛奶统一销售,以供应当地加工企业生产鲜奶的需要。这样,既可以保证奶农的利益,降低了经营的风险,又可以有效的控制奶源的数量和质量,保证当地乳品加工企业的产品质量。

3.加强政府的扶持力度

乳品加工企业的发展还需要政府的积极引导和企业的广泛参与。首先,政府应该为乳品加工企业提供相关的基础设施,这样才能降低企业成本,增加产品的市场竞争,加快企业成长。加大对冷藏、保鲜、运输、包装等基础设施的投入度,避免出现三聚氰胺这样类似的事件,使企业能够健康有序的发展。

(刘芳团队)

第 38 章　北京奶业市场竞争力研究

38.1　概述

北京发展都市型现代农业，是首都经济可持续发展的必然要求，是服务首都、富裕农民的必然选择。而北京的奶牛产业又是发展都市型现代农业的重要组成部分，具有不可代替的作用。通过对北京奶牛产业市场竞争力的研究，可以正确把握当前北京奶业发展状况及市场竞争程度，进而提出合理的政策建议促使奶业健康发展。2011 年北京牛奶产量 639 759 t，内蒙古的牛奶产量高达 9 482 914.29 t，如此的差距值得我们思考北京奶业的市场竞争力程度究竟如何。

国内有关市场竞争力研究方法也比较多，在畜牧业及农产品方面的竞争力研究方法还缺乏一定的创新性。张昱(2003)通过市场占有率、基于进出口数据指标、盈利水平等指标来测算农产品的市场竞争力。赵梦珺(2005)在分析中国奶业竞争力时采用了波特的钻石模型，从而得出了影响我国奶业竞争力发展的因素。徐爱国(2009)首先对大庆市奶业市场竞争力进行模糊评判，然后采用层次分析法对大庆市奶业市场竞争力指标体系进行评定。毕宇晓(2009)在奶牛养殖业和乳品加工企业两个方面采用 SWOT 分析法来研究泰安市泰山区奶业发展。刘淑梅(2013)通过统计方法、因子分析、回归法等计量方法，对中国农业竞争力在世界主要国家中的地位做出评价。

本文根据波特钻石理论模型构建了奶业市场竞争力评价指标体系，将全国 30 个省(自治区，直辖市)奶业发展进行比较研究，通过主成分分析法发现影响北京奶业市场竞争力的主要因素，在利用聚类分析合理定位北京奶业现阶段在全国所处地位及市场竞争力程度。

38.2　指标选择及数据来源

1. 指标构建

本文有效地结合波特钻石理论从生产要素、企业战略表现、相关产业效应、需求状况及市场环境五个方面构建了奶业市场竞争力评价指标体系。

生产要素方面主要选择奶牛存栏量、牛奶产量及 100 头以上饲养户个数，分别反映了奶牛在饲养阶段的劳动力资源、奶牛生产能力、奶牛饲养的规模化程度。企业战略表现方面主要选取乳制品企业个数，可以反映出区域的企业规模大小；乳品企业的利润总额直接体现出企业盈利能力；资产总额可以看出企业运营实力；牛奶销售价格表明企业产品在市场销售能力；乳制品产量反映出企业整体产出实力。相关产业方面主要选取两个指标分别为饲料加工企业利润总额和饲料产业，分别代表饲料业的盈利能力和产出实力。需求状况主要是城镇、农村居民的人均乳制品消费支出及消费量，反映出城镇、农村的乳制品市场消费规模。最后在市场环境方面通过城镇居民的可支配收入、食品消费支出及农村居民人均纯收入反映出居民的整体消费能力(表 38-1)。

表 38-1　奶业市场竞争力评价指标体系一览表

要素	指标编号	指标名称	指标含义
生产要素	X_1	奶牛存栏量(万头)	反映饲养劳动力资源
	X_2	牛奶产量(t)	反映生产能力
	X_3	100 头以上养殖户个数(个)	反映奶牛饲养规模化程度
企业战略表现	X_4	乳制品企业个数(个)	反映乳制品企业规模
	X_5	乳制品企业利润总额(亿元)	反映乳制品企业盈利能力
	X_6	乳制品企业资产总额(亿元)	反映乳制品企业运营实力
	X_7	袋装鲜奶销售价格(元/500 g)	反映乳品市场销售能力
	X_8	乳制品产量(万 t)	反映乳制品企业产出实力
相关产业	X_9	饲料加工企业利润总额(亿元)	反映相关产业盈利能力
	X_{10}	配混合饲料产量(万 t)	反映相关产业产出实力
需求状况	X_{11}	城镇居民人均乳制品消费支出(元)	反映城镇市场消费规模
	X_{12}	农村居民人均乳制品消费量(kg)	反映农村市场消费规模
市场环境	X_{13}	城镇居民人均可支配收入(元)	反映城镇实际消费能力
	X_{14}	城镇居民人均食品消费支出(元)	反映城镇潜在消费能力
	X_{15}	农村居民人均纯收入(元)	反映农村实际消费能力

2. 数据来源

在北京奶业市场竞争力评价中，本文根据数据的完整与可利用性，主要对我国华北、东北、华东、中南、西南、西北等地区所涉及的 30 个省市及自治区奶业市场竞争力进行对比分析，其中均包括了奶业较发达的地区及奶业发展较缓慢的地区，更加有效地体现出北京奶业发展在中国的市场竞争力程度。本文的各个指标原始数据主要来源于《中国奶业年鉴 2012》中的数据，并运用 SPSS19.0 软件对原始数据经过标准化处理后再进行主成分分析和聚类分析。

38.3　北京奶业市场竞争力分析

38.3.1　主成分分析

以上所建立的 15 个相关评价指标，从不同程度上都反映出所研究问题的某些信息，通过主成分分析法可以切实地把多个指标转化为少数几个综合性的指标，以较少的变量来得到较多的信息，从而发现影响北京奶业市场竞争力的主要因素。

1. 主成分分析法的适用性检验

将标准化后的数据导入 SPSS19.0 软件，通过巴特利特球度检验和 KMO 检验，由表 38-2 可知：巴特利特球度检验统计量的观测值为 561.438，相应的概率 P 值接近 0。同时本文变量所检验的 KMO 值为 0.734＞0.5，根据 Kaiser 给出的 KMO 度量标准可知原有变量适合进行主成分分析。

表 38-2　KMO 和 Bartlett 的检验

取样足够度的 Kaiser-Meyer-Olkin 度量		0.734
Bartlett 的球形度检验	近似卡方	561.438
	df	105
	Sig.	0.000

数据来源：SPSS19.0 软件输出结果。

2. 提取主成分

从表 38-3 可以看出，经过旋转平方和后，总的累计方差贡献率没有发生变化，当然就没有影响到原有的变量共同度。前三个成分的特征根大于 1，且累计方差贡献率达到 84.368%，体现出这三个主成分已经能充分地显示出原 15 个指标变量中所包含的相关信息。因此可以提出前三个主成分。

表 38-3　解释的总方差

成分	初始特征值			提取平方和载入			旋转平方和载入		
	方差的%	累积%	合计	方差的%	累积%	合计	方差的%	累积%	合计
1	6.449	42.995	42.995	6.449	42.995	42.995	6.140	40.933	40.933
2	4.119	27.463	70.458	4.119	27.463	70.458	4.337	28.915	69.847
3	2.087	13.910	84.368	2.087	13.910	84.368	2.178	14.521	84.368

提取方法：主成分分析。数据来源：SPSS19.0 软件输出结果。

3. 建立主成分载荷矩阵

在建立载荷矩阵中，这里采用最大方差法对主成分的载荷矩阵实行正交旋转使主成分具有命名解释性。从表中 38-4 可以观察到 X_1、X_2、X_3、X_4、X_5、X_6、X_8 在第一个主成分上有较高的载荷，主要反映出奶业市场竞争力中养殖生产加工环节中的基础实力，这也与实际奶业竞争力中的主要影响效力相符合，可将第一个主成分命名为奶业养殖生产基础实力；X_7、X_{11}、X_{12}、X_{13}、X_{14}、X_{15} 在第二个主成分上有较高载荷，反映出市场环境中人们生活水平提高对乳制品的需求程度，这样的消费市场也能影响其市场竞争，可将第二个主成分命名为市场环境需求力度；X_9、X_{10} 为第三个主成分，反映了奶业上游产业链中饲料产业的发展对其奶业发展的影响程度，因此可将其命名为相关产业辅助效益。

表 38-4　旋转成分矩阵

		成分		
		1	2	3
X_1	奶牛存栏量	0.848	−0.280	−0.137
X_2	牛奶产量	0.958	−0.208	−0.026
X_3	100 头以上养殖户	0.942	−0.142	0.067
X_4	乳制品企业个数	0.911	−0.091	0.181
X_5	乳制品企业利润总额	0.889	0.146	0.217
X_6	乳制品企业资产总额	0.875	0.120	0.003
X_7	袋装鲜奶销售价格	−0.331	0.761	0.207
X_8	乳制品产量	0.937	−0.027	0.180
X_9	饲料加工企业利润总额	0.245	0.082	0.884
X_{10}	配混合饲料产量	0.212	0.025	0.929
X_{11}	城镇居民人均乳制品消费支出	0.007	0.863	−0.203
X_{12}	农村居民人均乳制品消费量	0.311	0.381	−0.556
X_{13}	城镇居民人均可支配收入	−0.034	0.977	−0.010
X_{14}	城镇居民人均食品消费支出	−0.182	0.931	0.049
X_{15}	农村居民人均纯收入	0.084	0.922	−0.047

数据来源：spss19.0 输出结果。

4.计算主成分综合得分

将三个主成分提取完毕后，为了对各省市、自治区的奶业市场竞争力能够进行有效的对比，分析出北京奶业市场竞争力在全国的竞争力力度中的影响因素情况，需要对三个主成分采用回归法计算三个主成分得分，并且对三个主成分各自的贡献率在总的累积贡献率中的比重为加权计算综合得分。具体公式如下：

$$综合得分(F)=(F_1\times 0.409\,33 + F_2\times 0.289\,15 + F_3\times 0.145\,21) / 0.843\,68$$

5.综合得分及排名

根据第一主成分 F_1(养殖生产基础实力)得分排名，北京位居于第 10 名，前三名分别为内蒙古、黑龙江、山东这三个地区，而北京在奶业发展的养殖生产加工等基础环节上的实力与内蒙古、黑龙江、山东等地区相比，还存在一定的距离，而第一主成分 F_1 是影响奶业竞争力主要因素，体现出各地区在基础实力的强弱。

在第二主成分 F_2(市场环境需求力度)得分排名中，北京位居 2 名，第一名是上海，体现出北京在全国范围内居民生活水平的程度较高，对乳制品的市场需求量也较大，在市场消费中处于全国领先地位。

第三主成分 F_3(相关产业辅助效益)得分排名中，北京居于 29 位，可见名次极度靠后，排名前三位的地区分别为广东、辽宁、山东。这三个地区的饲料业都是比较发达的，尽管 F_3 在整体累计方差贡献率中占据比率相对较少，但是也会影响地区的奶业发展及市场竞争力程度，因此相关产业的辅助效益对北京奶业市场竞争力也存在一定的影响。

从综合得分的排名上来看，北京排列于第七位，内蒙古、天津、上海分别位于综合得分排名前三，总体来说北京奶业发展具有一定的竞争力，需要进一步提高(表 38-5)。

表 38-5　中国 30 个省(自治区，直辖市)奶业市场竞争力影响因素综合得分排名前十名地区

城市	F_1 得分	排名	F_2 得分	排名	F_3 得分	排名	F 得分	排名
内蒙古	3.321 14	1	−0.075	12	−0.598 31	20	1.48	1
山东	2.009 19	3	0.384 23	9	1.713 68	3	1.4	2
上海	0.104 63	8	3.106 63	1	−0.798 1	23	0.98	3
广东	−0.190 17	13	1.227 59	4	2.284 28	1	0.72	4
黑龙江	2.034 42	2	−0.738 24	25	−0.801 46	24	0.6	5
河北	1.554 37	4	−0.702 11	22	0.124 48	11	0.53	6
北京	**0.064 57**	**10**	**2.072 2**	**2**	**−1.279 15**	**29**	**0.52**	**7**
辽宁	0.071 46	9	0.011 52	10	1.888 68	2	0.36	8
河南	0.597 67	5	−0.736 89	24	1.567 57	4	0.31	9
江苏	−0.022 77	11	0.947 48	5	−0.233 28	15	0.27	10

数据来源：SPSS19.0 软件输出结果。

38.3.2　聚类分析

为了进一步明确北京奶业市场竞争力在全国的竞争程度及所处地位，需要对此进行更深一步的分析与讨论。根据建立的奶业市场竞争力指标体系的特征，利用 SPSS19.0 软件在主成分分析的基础上以三个主成分(F_1、F_2、F_3)为变量进行聚类分析。

在聚类分析过程中采用了系统聚类分析方法中的 Q 型聚类，主要是根据变量来对文中区域样本进行聚类，可以使其具有相似性特征的样本能够聚集到一起，从而使差异性较大的区域样本分离出来。从聚类分析所输出的结果可以整理出表 38-6 所示的相关信息。根据分析可以看出目前我国的奶业发展区域主要呈现出四大层次，将其奶业发展的市场竞争力程度将其归纳为四大集团。不难看出北京奶业市场竞争力被划分到第二集团，这个集团里一共有 7 个省(自治区，直辖市)，其奶业市场竞争力程度较强，可以看到同一集团都包括了上海、北京、天津、重庆这四个直辖市，说明城市的发展力度在奶业的市场竞争力中占有比较重要的份额，这也与实际的奶业发展趋势相符，这样的市场竞争力对于第一集团的奶业发展具有一定的挑战性。

表 38-6　奶业市场竞争力聚类分析结果

层次	奶业市场竞争力程度	数量	地区
第一集团	极强	4	内蒙古、山东、黑龙江、河北
第二集团	较强	7	上海、**北京**、江苏、浙江、天津、福建、重庆
第三集团	中等	6	广东、辽宁、河南、四川、湖南、广西
第四集团	较弱	13	陕西、安徽、新疆、湖北、吉林、江西、山西、宁夏、云南、海南、青海、甘肃、贵州

38.4　影响北京奶业市场竞争力因素

1. 奶牛养殖能力比较薄弱

北京是一个地少人多的城市，在奶牛的养殖环节的实力比较薄弱，2011 年北京奶牛存栏量为 15.07 万头，内蒙古、黑龙江的奶牛存栏量为 278.48 万头、285.22 万头。可见北京奶牛的饲养能力远远落后于内蒙古、黑龙江等地区。由于北京土地少且城市化建筑扩张的局限性，大多数的散养户没有专门的奶牛养殖用地，更加无法实现种养结合的养殖方式，一定程度上削弱了奶牛饲养能力。此外，奶牛日常排放的粪便也没有固定的回收场所，并且也没有较好的粪便处理措施，导致了粪便随处可见，随意流入道路及河流，污染环境，传播细菌，对疾病防控造成很大阻碍，影响奶牛饲养。

2. 饲养规模化程度不均衡

尽管北京奶业随着现代化科技饲养水平的提高，更加机械化、集约化，可以看到北京在近年来奶牛饲养规模程度也高于其他省区，但是总体上看北京奶牛饲养的规模程度发展不均衡，100 头以下的小规模饲养场户占所有养殖户数的 83%，500 头以上的大规模奶牛饲养的场户数仅占 3.8%。与内蒙古、黑龙江地区相比，北京 100 头以上的奶牛养殖户仅仅占内蒙古、黑龙江 100 头以上的奶牛养殖户的 14.23%、27.6%，差距甚大。通过调研了解到北京许多大规模的养殖场已经采用了先进的 TMR 混合日粮配方，但是多数散养户为降低自己的养殖成本，并没有给奶牛喂养标准的饲料，而是将一些枯黄的秸秆喂给奶牛。这种规模化的不均衡一定程度上会影响到牛奶品质。

3. 乳制品加工企业运营能力较弱

据相关统计北京现阶段乳制品加工企业有 28 家，主要分布在通州、顺义、昌平、怀柔、丰台等区县，北京 90%的乳制品加工主要集中在三元、光明、蒙牛、伊利及达能等五家大型乳品加工企业。可以看出仅剩 10%左右的乳制品加工在其余的 23 家企业，主要包括和润、圣祥、吉康、归原生态等等。体现出 23 家乳品加工企业的运营能力相对较弱。真正的北京本土龙头乳制品加工企业就仅仅只有三元一家。通过调研还发现各大乳品加工企业生产的乳制品主要还是集中在液态奶、酸奶、奶粉等这类常规性的产品，而黄油、奶酪、炼乳这类的乳制品生产相对较少，这种缺乏创新性的产品开发，使企业之间对热销产品相互模仿、低价销售，从而削弱其运营能力。

4. 饲料产业发展相对落后

北京的奶业发展也与饲养产业息息相关，奶牛的饲养必须要靠饲料的供给，才能正常生产繁殖。本文通过主成分分析,观察到 F_3(相关产业辅助效益)中北京在全国排名 29,位置极度靠后,可见北京饲养产业发展在全国并不占优势。从相关数据显示,北京饲料企业有 46 家,饲料产业发展较好的地区辽宁、山东等分别高达 356 家、401 家;北京饲料企业的利润总额为 5.36 亿元,全国为 375.08 亿元,占额仅为 1.4%,这些数据表明北京饲料产业发展并不是很乐观。北京饲料企业的营销人员的销售能力水平也较低,对农村地方深入不够,因此饲料销量也提升不上去。北京饲料企业在外地很少建有连带厂家,这对于外地想购入饲料造成运输成本的增加,从而也会降低北京饲料企业的销售业绩,阻碍该产业的发展。

38.5 提升北京奶业市场竞争力政策建议

1.提高北京奶牛养殖水平

北京奶业市场竞争力程度的高低很大部分取决于北京奶牛产业在饲养阶段的实力大小,虽然近年来北京奶牛存栏量有缓慢下降,但是可以通过提高奶牛单产,来提升牛奶的产量,合理节省饲养奶牛的劳动力资源、土地资源等等,从而进一步提高其生产水平,使北京奶业在饲养阶段的效益最大化。在奶牛饲养过程中合理处理粪便排放,建立粪便回收站。加强对奶牛的疾病预防,防止奶牛乳房炎、子宫内膜炎的经常发生,定期安排技术人员深入到养殖户进行养殖技术指导及相关知识的传播,提高奶农的饲养能力。

2.加强奶业饲养规模化建设

由于北京奶牛饲养的规模化程度发展水平不均,1 000 头以上的大规模奶牛饲养场还比较少,有必要加强对北京奶业饲养规模化的建设。可以将北京比较大型乳制品加工企业(三元、蒙牛、伊利、光明等)的养殖基地扩大规模,将原有的、比较小的养殖基地进行有效合并,将较好的生产仪器设备进行统一使用和管理,提高了生产效率。对于中小规模的养殖户或小型养殖基地,可以通过北京的奶业协会或者其他途径协商,共同出资建设养殖小区,按照股份制的模式将奶牛集中饲养。此外,可以对一些中小养殖户适度推广 TMR 技术,逐步向现代化养殖过渡,使奶牛饲养均衡。

3.改进乳制品加工企业战略部署

乳制品加工企业的经营效益对奶业市场竞争力的影响是非常大的,乳品企业首先必须要保证乳制品加工生产的安全性,质量安全问题是消费者重点关注的因素。其次,使乳制品产品结构的多样性,开发出满足不同档次消费者的需求,而不是仅仅局限于普通的盒(袋)装牛奶、酸奶、乳酸饮料等常规销售品种,可以尝试性地多发展黄油、乳酪、炼乳等乳制品品种,激发出潜在消费者的乳品消费潜力,提高乳制品消费量。最重要的是要扩大宣传力度,让消费者认识并认可这个乳品品牌。真正地打造出多个本土品牌,并面向全国乳制品消费市场,从而提升北京奶业市场竞争力地位。

4.政府加大对北京饲料产业的扶持力度

北京本土饲料产业的发展,对奶业发展有一定影响,目前饲料产业发展在全国排名中并不乐观,对此政府应该加大对北京饲料产业的扶持力度,适度放宽饲料产业的相关税收政策,提高产业效益。对出台的相关产业政策必须认真落实并加大领导力度,为饲料企业的发展创造出良好的环境与配套服务。当然饲料企业自身发展也是极其重要的,饲料企业应该加大对各自品牌的建设,努力追赶国内大型的饲料集团,比如四川新希望集团、山东六和集团、广东恒兴集团等等。还应加大对饲料产业的人才队伍建设,定期对饲料从业人员进行技术指导和培训工作。

(刘芳团队)

第39章 中国奶业损害预警模型构建与实证研究

39.1 概述

世界贸易组织(WTO)《反倾销守则》将产业损害界定为,进口商品给进口国生产相同或类似产品的产业造成实质伤害、实质性损害威胁或实质性阻碍了该类产业建立[1]。中国《中国反倾销——产业损害幅度测算方法》将产业损害定义为,在国际贸易中,出口商品(或进口商品)在某进口国国内的大量销售对该国国内相关产业的发展和建立造成威胁、阻滞以及毁灭的过程[2]。近年来,中国乳品贸易程度加大,国外乳制品进口对中国的产业冲击也不断加强,只有构建可行的奶业损害预警模型,对乳品贸易潜在危机进行提前预警,才能使各方损失降至最低,消费者信心得以增强。

近年来,部分学者对产业损害预警模型构建进行了研究,陈又星等(2009)从产业损害运行的客观规律出发,本着可操作性、可比性、预警性和科学性原则,建立了产业损害指标,并做了实证分析;徐春霞等(2011)分析了河北省水产品安全预警现状,提出了河北省水产养殖安全预警子系统构建的基本思路及框架体系;程杰等(2010)构建了河南省安全监测预警系统,并作了实证研究;刘树枫等(2001)在理论分析和实践工作的基础上,采用层次分析法,将预警的各影响因素进行了统计分析;张双凤等(2011)通过把华北地区分为不同的预警区域,建立区域地震震情指标预警模型,确定了华北地区14个地震预警判据,利用层次分析法,通过震情指标的相应运算,建立区域指标预警系统,根据预警等级判断标准得出每次震例的红、橙、黄、蓝预警等级;李梦觉等(2009)通过建立粮食安全预警系统和指标体系,为衡量粮食安全状况,提前对粮食安全损害发出预报,并及时做出政策调整构建了系统性框架;邵立民(2011)根据中国粮食发展总体目标,分析了中国历年粮食发展的规律,用符合实际的科学预测模型,预测出未来粮食安全综合警限指标,并提出了建立中国粮食安全预警系统的对策。

本研究从预警指标体系的设计、模型构建、预警模型的应用等方面分析构建中国奶业损害预警模型,并对2004—2011年中国奶业损害情况进行了综合评价分析。

39.2 中国奶业损害预警模型指标体系的设定

本文主要依据中国《对外贸易法》、《反倾销条例》等国内法律法规的基础上,根据产业损害相关理论,并结合奶业自身特点而设计了中国奶业损害预警指标体系。

39.2.1 中国奶业损害预警指标体系设立的原则

选择、确定合理的奶业损害预警指标体系是建立一个反应快速准确的预警监测体系的关键。一套合理的指标体系,应该具备整体性、层次性、科学实用性。

1. 整体性

奶业损害预警模型指标体系的设计是一个系统工程。要坚持定量计算与定性判断相结合、指标设置的综合表征与单项描述相结合、指标的静态分析与动态分析相结合。

2. 层次性

奶业损害预警模型指标体系是由具有一定功能的、指标内在有一定的关联性、指标反映分级有一定的层次性的指标组成,各指标层包含的指标又相互补充、支持。

3. 科学实用性

提供一套具有实用性的评价指标,同时为中国实施反倾销、反补贴和特别保障措施的重要依据是建立中国奶业损害预警指标体系的目的之一,因此,建立中国奶牛产业损害预警指标体系要有一定的科学实用性。

39.2.2 中国奶业损害预警指标体系的构成

从确保乳品贸易安全的角度看,预警指标体系在决策原则、目的原则、可得原则及就简原则的基础上,应该包括进口数量影响指数、进口价格影响指数、国内产业影响指数以及其他相关指标四方面指标。进口数量影响指标由进口数量变化率来反映,进口价格影响指数由进口价格变化率,国内产业影响指数由国内乳制品销售价格变化率、税前利润率变化率、进口占市场份额变化率、国内销售数量变化率、人均工资水平变化率来反映,其他相关指标的指标主要由国内奶业相关政策的影响、国内乳品企业竞争的影响来反映(表 39-1)。

表 39-1 奶业损害预警模型指标体系

总指标(目标层)	一级指标(准则层)	二级指标(方案层)	指标说明
奶业损害预警模型指标	进口数量影响指数	进口数量变化率	定量指标
	进口价格影响指数	进口价格变化率	定量指标
	国内产业影响指数	国内乳制品销售价格变化率	定量指标
		税前利润率变化率	定量指标
		进口占市场份额变化率	定量指标
		国内销售数量变化率	定量指标
		人均工资水平变化率	定量指标
	其他相关指标	国内奶业相关政策的影响	定性指标
		国内乳品企业竞争的影响	定性指标

39.2.3 中国奶业损害预警指标警限的设置

为了研究问题的方便,将警度分为单警度和总警度。指标层(方案层)各指标的警度称为单警度;目标层(即奶业损害警度)称为总警度。

本研究参照 Likert 五点尺度量表即“利克特量表”(Lkert Scale),构建奶业损害程度的单警度和总警度警限。一般情况下,警度的警限(评语集)划分由“好”→“坏”或由“高”→“低”分为 5 级,分别对应 A、B、C、D、E 等级,并相应赋值为 5、4、3、2、1。本研究将五点尺度量表转化为奶业损害预警指标的警限分别对应为“非常安全、安全、一般、危险、非常危险”,本研究单警度五点尺度量表主要依据中国现有的消费水平和发展状况及专家调查问卷结果来衡量。

1. 乳制品进口数量变化率

中国乳制品进口数量变化率直接影响着中国奶牛产业的发展,2004 年以来,中国乳制品进口量呈现上升的态势,2004—2011 年中国乳制品进口量变化率如表 39-2 所示。

表 39-2　中国乳制品进口数量变化率　%

年份	2004	2005	2006	2007	2008	2009	2010	2011
进口数量变化率	10.12	−7.67	32.04	8.55	17.54	70.04	24.84	21.58

数据来源：中国奶业年鉴。

2005 年中国乳制品进口量变化率为−7.67%，进口量出现了下降，2009 年中国乳制品进口量变化率值达到了 70.04%，为近几年增长率最高水平，2011 年中国乳制品进口量变化率达到了 21.58%，根据中国奶牛产业发展情况及专家调查问卷，本研究做出如表 39-3 所示的乳制品进口量值单警度的判断。

表 39-3　乳制品进口数量变化率单警度五点尺度量表

项目	D_{11}/%				
	<10	[10,30)	[30,50)	[50,100)	≥100
评语	很安全	安全	临界危险	危险	非常危险
赋值	5	4	3	2	1

2. 乳制品进口平均价格变化率

乳制品进口价格影响中国消费者购买本国乳制品数量，进而影响中国乳制品的销售情况。表 39-4 中所列数据经汇率、价格调整至 2007 年价格水平。

表 39-4　中国乳制品进口平均价格变化率　%

年份	2004	2005	2006	2007	2008	2009	2010	2011
进口平均价格变化率	11.83	7.19	6.78	40.10	−11.43	−34.97	53.19	1.08

数据来源：中国奶业年鉴及作者整理。

如表 39-5 所示，2009 年中国乳制品进口平均价格变化率达到了−34.97%，本研究取平均价格变化率的绝对值，据表 39-4 数据以及专家调查问卷，乳制品进口平均价格变化率单警度五点尺度量表设计如下：

表 39-5　乳制品进口平均价格变化率单警度五点尺度量表

项目	D_{21}/(元/t)				
	<5	[5,10)	[10,30)	[30,50)	≥50
评语	很安全	安全	临界危险	危险	非常危险
赋值	5	4	3	2	1

3. 国内乳制品销售价格变化率

由数据的可获得性，本研究用全国袋装鲜牛奶(元/500 g)销售平均价格来代替国内乳制品销售价格，将超市集市平均价格作为国内乳制品销售价格来统计(表 39-6)。

表 39-6　袋装鲜牛奶销售平均价格变化率　%

年份	2004	2005	2006	2007	2008	2009	2010	2011
销售平均价格变化率	2.34	−0.46	11.93	5.33	27.24	0.00	1.22	7.25

数据来源：中国价格信息网。

由表 39-6 可知，除 2005 年外，全国袋装鲜牛奶销售平均价格为上升趋势，2005 年下降了 0.46%，本研究取该值的绝对值进入模型，2008 年较 2007 年平均价格上涨了 27.24%，2009 年平均价格未发生变动。本研究袋装鲜牛奶销售平均价格变化率的单警度五点尺度量表如表 39-7 所示。

表 39-7 袋装鲜牛奶销售平均价格单警度五点尺度量表

项目	D_{22}/%				
	<5	[5,10)	[10,20)	[20,30)	≥30
评语	很安全	安全	临界危险	危险	非常危险
赋值	5	4	3	2	1

3. 税前利润率变化率

该指标反映奶牛产业的盈利水平，数值越小则表明奶牛产业的利润的变化幅度越小，该产业受损害的程度越小。本研究选用中国散养奶牛的平均成本利润率来代替奶牛产业税前利润率，本研究选择 2004－2011 年全国散养奶牛平均成本利润率来反映奶牛产业税前利润率变化情况(表 39-8)。

表 39-8 散养奶牛平均成本利润率变化率 %

年份	2004	2005	2006	2007	2008	2009	2010	2011
成本利润率变化率	－17.19	－14.66	－25.30	20.05	37.91	1.76	4.91	16.37

数据来源：全国农产品成本收益资料汇编。

根据以前年度数据并结合专家调查问卷，本研究散养奶牛平均成本利润率的单警度五点尺度表如表 39-9 所示。

表 39-9 散养奶牛平均成本利润率变化率单警度五点尺度量表

项目	D_{31}/%				
	>15	(5,15]	(0,5]	(－10,0]	≤－10
评语	很安全	安全	临界危险	危险	非常危险
赋值	5	4	3	2	1

4. 进口占国内市场份额变化率

进口占国内市场份额可以反映出进口乳制品在中国市场中所占的比重，进口占国内市场份额＝进口量/(本国产量－出口量＋进口量)，中国进口乳制品占市场份额呈现先减后增的趋势，2009 年，进口占市场份额增加幅度较大，可能与 2008 年“三聚氰胺”事件有关(表 39-10)。

表 39-10 进口占国内市场份额变化率 %

年份	2004	2005	2006	2007	2008	2009	2010	2011
进口占市场份额变化率	－15.48	－32.39	－2.5	－29.06	15.06	57.07	11.33	9.88

数据来源：中国统计年鉴及作者计算。

根据表 39-10 数据及专家调查问卷，将进口占国内市场份额比重的单警度五点尺度表划分如表 39-11。

表 39-11 进口占国内市场份额变化率单警度五点尺度量表

项目	D_{32}/%				
	<10	[10,15)	[15,30)	[30,50)	≥50
评语	很安全	安全	临界危险	危险	非常危险
赋值	5	4	3	2	1

5. 国内销售数量变化率

国内销售数量=本国产量-出口量，反映了中国乳制品的国内销售情况。2000 年以来，中国乳制品国内销售数量呈现上升趋势(表 39-12)。2008 年较 2007 年，中国乳制品销售数量仅增加 1.41%。

表 39-12　国内乳制品销售数量变化率　%

年份	2004	2005	2006	2007	2008	2009	2010	2011
国内销售数量变化率	31.15	38.18	13.03	11.44	1.41	7.34	11.65	10.53

数据来源：作者计算整理。

国内乳制品销售数量变化率警度五点尺度量表如表 39-13 所示。

表 39-13　国内乳制品销售数量变化率单警度五点尺度量表

项目	D_{33}/%				
	>30	(15,30]	(10,15]	(5,10]	≤5
评语	很安全	安全	临界危险	危险	非常危险
赋值	5	4	3	2	1

6. 人均工资水平变化率

该指标反映乳制品进口对中国奶牛产业的影响，本研究用饲养奶牛人工成本来替代人均工资水平(表 39-14)。

表 39-14　饲养奶牛人工成本变化率　%

年份	2004	2005	2006	2007	2008	2009	2010	2011
人工成本变化率	12.01	15.08	0.02	5.61	13.80	5.60	24.10	24.93

分析 2004—2011 年中国饲养奶牛人工成本数据，参照 2004 年该数据，饲养奶牛人工成本单警度五点尺度量表如表 39-15 所示。

表 39-15　饲养奶牛人工成本单警度五点尺度量表

项目	D_{34}/%				
	>20	(10,20]	(5,10]	(1,5]	≤1
评语	很安全	安全	临界危险	危险	非常危险
赋值	5	4	3	2	1

7. 国内奶业相关政策的影响

加入 WTO 以来，中国乳制品贸易发生了很大的变化，贸易政策对中国乳制品贸易的影响程度逐步加大，2008 年发生了三聚氰胺事件，因此，将 2008 年作为一个转折点，中国乳制品贸易政策影响的单警度五点尺度量表如表 39-16 所示。

表 39-16　乳制品贸易政策影响单警度五点尺度量表

项目	D_{41}				
	<2001	[2001,2007)	[2007,2008)	[2008,2010)	≥2010
评语	非常小	较小	一般	较大	非常大
赋值	1	2	3	4	5

8. 国内乳品企业竞争的影响

国内乳品企业竞争状况影响中国乳制品企业的发展，随着中国生产力水平的发展，奶牛产业技术水平逐步提高，国内乳制品企业的竞争日益激烈，本研究采用“均值原则”确定技术进步影响的单警度五点尺度量表(表 39-17)。

表 39-17 国内乳品企业竞争影响单警度五点尺度量表

项目	D_{42}				
	<2000	[2000,2004)	[2004,2008)	[2008,2012)	≥2012
评语	非常低	较低	一般	较高	非常高
赋值	1	2	3	4	5

39.3 中国奶业损害预警模型的构建

1. 建立判断矩阵

奶业损害预警模型的构建，是一个比较复杂的多属性决策问题，其目标具有层次结构；引入权重可以将多属性决策问题转化为单属性决策问题求解，它解决了指标属性值对目标即预警指数重要性的度量问题，监测指标属性值的确定。

本研究采用确定权重的 AHP 算法，即用 1～9 标度，通过两两比较的方式确定层次中诸因素的相对重要性。如表 39-18 所示：

表 39-18 1～9 标度的含义

相对重要度	定义	说明
1	同等重要	两个元素对某个属性具有同样重要性
3	略微重要	两个元素比较，一个元素比另一个元素稍微重要
5	相当重要	两个元素比较，一个元素比另一个元素重要
7	明显重要	两个元素比较，一个元素比另一个元素明显重要
9	绝对重要	两个元素比较，一个元素比另一个元素极端重要
2,4,6,8	两个相邻判断的中间值	需要在上述两个标准之间折中时采用

2. 计算指标权重

本研究采用和积法计算指标权重，具体步骤如下。

(1)将判断矩阵的每一列元素作归一化处理，其元素的一般项为；

$$B_{ij} = \frac{b_{ij}}{\sum b_{ij}} \quad (i,j = 1,2,\cdots,n)$$

(2)将每一列经归一化处理后的判断矩阵按行相加为；

$$w_{ij} = \sum_{j=1}^{n} b_{ij} \quad (i = 1,2,3,\cdots,n)$$

(3)对向量 $W=(W_1,W_2,\cdots,W_n)_t$ 归一化处理：

$$W_i = \frac{W_i}{\sum_{j=1}^{n} W_j} \quad (j = 1,2,3,\cdots,n)$$

$W=(W_1,W_2,\cdots,W_n)_t$ 即为所求的特征向量的近似解。

(4)一致性检验,其表达式为:

$$CR=\frac{CI}{RI}$$

式中,CR 为一致性指标,当 CR<0.1 时,一致性检验通过,即判断矩阵是合理的。

3. 构建预警模型

通过专家打分对中国奶牛产业损害预警指标的层次结构进行分析比较,分别构建判断矩阵,然后计算出中国奶牛产业损害各评价指标的权重,进而采用多目标线性加权函数法,计算出中国奶牛产业损害的综合评分值,即:

$$D=\sum_{i=1}^{m}w_i\sum_{j=1}^{n}R_{ij}w_{ij}$$

其中,D 为中国奶牛产业损害预警综合评价指数;m 为准则层个数;n 为某准则层选取的具体指标数;w_i 为第 i 个准则层在总目标层所占的权重;w_{ij} 为 w_i 准则层选取的第 j 个指标在该准则层所占的权重;R_{ij} 为第 i 个准则层中选取的第 j 个指标的评分值。

中国奶牛产业损害预警综合评价安全级别的值域,每一个级别对应于一个相应的值域。确定了中国奶牛产业安全级别的警戒值域才能据此确定中国奶牛产业损害的综合评价情况。按线性刻度法将中国奶牛产业损害安全警级划分为五级,各级与中国奶牛产业损害综合评价指数 D 对应的关系如表 39-19 所示:

表 39-19　中国奶业损害预警模型总警度

评价安全警级	非常危险	比较危险	一般	比较安全	非常安全
总评价分值(D)	1～1.8	1.8～2.6	2.4～2.6	3.4～4.2	4.2～5.0

39.4　中国奶业损害预警模型的实证分析

1. 中国奶业损害指标权重的确定

分别求出中国奶业损害评价体系的各指标层权重之后,可以得到各指标相对于总目标的权重,见表 39-20:

表 39-20　奶牛产业损害预警指标体系层次总排序表

一级指标	进口数量影响指数	进口价格影响指数	国内产业影响指数	其他指标影响指数	综合权重
二级指标	0.24	0.05	0.61	0.10	
进口数量变化率	1				0.240 0
进口价格变化率		1			0.050 0
国内乳制品销售价格变化率			0.48		0.292 8
税前利润率变化率			0.05		0.030 5
进口占市场份额变化率			0.26		0.158 6
国内销售数量变化率			0.12		0.073 2
人均工资水平变化率			0.09		0.054 9
国内奶业相关政策的影响				0.78	0.078 0
国内乳品企业竞争的影响				0.22	0.022 0

数据来源:专家问卷调查及作者计算整理。

2. 中国历年奶业损害综合评价指数

经计算,中国2004—2011年中国奶业安全度如表39-21所示:

表39-21 中国奶业损害综合评价指数

年份	安全度	等级	年份	安全度	等级
2004	3.19	一般	2008	2.12	比较危险
2005	3.25	一般	2009	1.61	非常危险
2006	2.30	一般	2010	3.31	一般
2007	3.01	一般	2011	3.27	一般

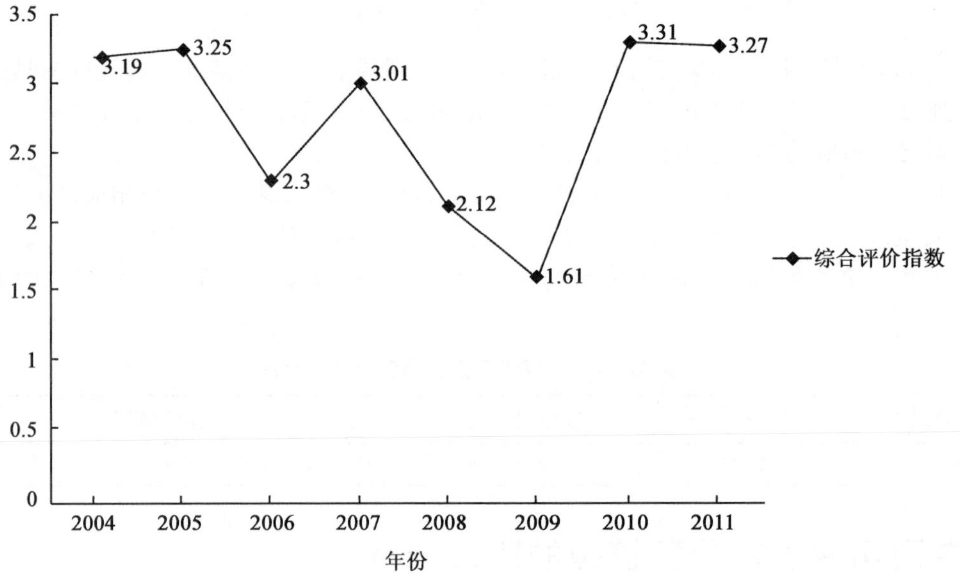

图39-1 中国奶牛产业损害安全评价指数发展趋势图

从图39-1可以看出,2004—2007年,中国奶牛产业基本处于安全状态;2007—2009年,中国奶牛产业损害综合评价指数处于下降趋势,且2008年处于“比较危险”状态,受2008年“三聚氰胺”事件的影响,2009年处于“非常危险”状态,2010—2011年,出现了回升。

39.5 影响中国奶业损害的因素分析

1. 国际乳制品贸易的发展和变化

中国奶业从过去的“走进来”到如今的“走出去”,国际化水平不断提高,在对中国奶业发展产生积极作用的同时,也使中国奶牛产业面临着巨大挑战。由于中国乳制品进口环节中进口配额或相关非关税政策的缺失,以及出口方面补贴政策的短缺,中国从国外进口的乳制品逐年增加,新西兰、澳大利亚等低价国家成为中国的进口最大贸易国,澳大利亚对华的乳制品出口主要集中在高端产品上,与新西兰的乳制品形成差异化;新西兰是中国乳制品进口最大的来源国,2012年从新西兰进口的奶粉40.53万t,占全部进口量的86.45%;美国国内乳制品人均消费量已经很高,因此新增的产量主要加工成乳制品用于出口,而中国作为全球最大的乳制品进口国也是美国重点关注的国家之一,因此,预计未来几年出口至中国的乳制品还持续增长。这些都将对中国奶牛产业造成一定的威胁。

2. 中国奶业发展自身存在问题

近年来，中国原料奶产量上升的原因主要归功于中国奶牛存栏头数的增加，而与发达国家相比，中国奶牛的单产水平较低，北京、上海等地奶牛单产水平在 6.5 t 以上，美国、荷兰、加拿大等奶牛养殖发达国家在 9 t 以上，制约了牛奶总产量的增长和生产效益的提高；且中国奶牛养殖方式主要是农户小规模分散饲养，不利于卫生防疫、饲料配方、品种改良等科学方法的推广；就乳品加工业来讲，2011 年，全国现有的 3 116 家乳制品加工企业中，大型企业仅有 5 家，中型企业有 180 家，其余的为小规模乳品加工企业，中国奶业生产、加工环节的薄弱，土地、劳动力、饲料等生产资料价格不断上涨，使得中国乳制品价格的上涨，中国人均乳制品消费量较大，成为欧盟、美国、澳大利亚、新西兰等乳制品生产大国的目标市场。

3. “三聚氰胺”等乳制品事件削弱了消费者的信心

2008 年，中国奶业损害预警模型综合评价结果为“比较危险”，2009 年为“非常危险”，这与“三聚氰胺”事件有很大关系，消费者担心中国乳制品的安全，购买进口乳制品，尤其是奶粉。使得国外乳制品对中国市场的占有率逐步加大，应该引起注意。中国发生的如“三聚氰胺”等乳制品事件削弱了消费者对中国乳制品的信心，严重影响了中国乳制品市场，使中国奶牛业面临着严重的挑战。

39.6　对策与建议

1. 制定合理的关税政策，保护我国奶业发展

政府部门一直在为发展国内乳制品产业做着努力，但我国奶业关税税率依然存在着名义税率高于实际税率，这影响了国际上对我国加入 WTO 的协议的履行评价，扭曲了关税的涉外作用，影响到了我国的国际形象，在一定程度上反映了我国进口商品关税税率制定的不够合理。在调整关税时应考虑对国内生产的影响。国内生产能力不足而需求量大的乳制品可采取低关税政策，对国内生产基本能够满足国内需求，竞争力不强的产品应采取高关税限制其部分进口，对国内需求量少，高附加值的产品可采取低关税。在此基础上，应在遵守国际贸易准则的条件下采取适宜的非关税保护措施依法保护本国奶业，充分使用符合 WTO 规则的“绿箱”政策，适当运用“黄箱”政策来保护和发展我国奶业。

2. 建立奶牛产业损害预警信息平台，防范国外乳制品过量进口的冲击

我国加入 WTO 以后，乳制品非关税贸易壁垒进一步削减，关税趋于降低，而乳制品进口主要来源地却存在着不同程度的倾销和补贴，针对这种存在于国际贸易中的不公平行为，运用世贸组织规则允许的反补贴、反倾销和保障措施来维护本国乳业的利益是我国的权利，我国应建立和完善奶业损害预警机制，通过对乳制品进口数量、价格及国内生产情况等重要参数的监测，分析乳制品进口对国内产业的影响，发布产业受到实质性损害、实质性损害威胁或阻碍发展的预警。防范国外乳制品过量进口对我国奶牛产业造成的冲击。

3. 加强奶牛产业建设，保障乳品质量安全

中国奶牛产业正处于从散养向规模养殖转变，粗放型向集约型转型时期，在此过程中出现的散户数量、奶牛存栏和牛奶产量下降、散养户退出、规模养殖数量增加等都是世界奶业发展的共同规律，且对提高乳品质量安全水平有积极的作用，对于奶牛养殖主产区，应实现规模化、标准化养殖，对于诸如北京、天津等较为发达的地区，应保证足够的乳制品供应，向小型家庭牧场转型。中国乳制品的健康发展需要从收购、加工、生产、运输到销售，注意质量和安全，加大对乳品企业的监管并进一步加大对奶农的扶持力度，奖励优质奶源农户，鼓励其引进先进的管理技术，制定出合理、严格的检验标准，提高监督部门的执法力度，加大政府对举报人的保护力度，从源头保证中国奶业的健康发展。

4.建立信息定期发布制度,增强消费者的信心

随着居民生活水平的提高,膳食结构不断改善,奶制品消费需求保持增长,而中国发生的乳制品安全事件削弱了消费者对中国乳制品的信心,不少消费者倾向于进口乳制品,政府在启动“学生奶”计划的同时还应通过各种途径扩大宣传,增强国民对乳制品的消费观念,还应给消费者普及有关还原奶和鲜奶质量、营养方面的知识,建立信息定期发布制度,增强消费者的信心。

(刘芳团队)

第40章 世界乳制品贸易发展对中国奶业的影响

40.1 概述

近年来，在经济全球化和世界乳制品贸易进程加快的大背景下，我国乳制品进出口贸易也迅猛发展，世界乳制品贸易及中国奶业的发展也受到了众多学者的关注。沙森(2014)从乳产量、乳加工、消费、全球乳制品贸易、价格等角度分析了2013年世界乳业形势；陈兵、毕鉴锟等(2014)分析了2013年国际奶业形势，并展望了2014年国际奶业形势，他指出，2013年我国乳制品贸易的整体形势是进口规模继续扩大，再创历史新高，而出口大幅萎缩。2014年国际主要奶业国家产量将出现一定增长，而国际需求保持旺盛，原料奶价格将保持在高位。王莉、曹志军(2009)分析了世界及中国奶业形势及趋势；孟雪(2014)、孙桂兰(2015)、魏秀芬(2013)等从不同角度分析了我国奶业发展问题。其中，孟雪从乳品安全角度分析了中国乳制品进出口贸易，孙桂兰分析了乳制品进口过快增长对我国奶业发展的影响，魏秀芬分析了乳制品进口对我国乳业发展的影响，并提出了相关政策建议。而对世界乳制品贸易发展趋势及对中国奶业的影响的研究相对较少。世界乳制品贸易发展趋势如何？对我国奶业造成了什么影响？

基于以上思考，本研究分析世界乳制品贸易发展现状、预测世界乳制品贸易发展趋势，重点分析世界乳制品贸易对中国奶业的影响，并对中国奶业的发展提出了政策建议。

40.2 世界奶业发展概况与趋势分析

1.世界泌乳牛存栏量持续扩张

全球泌乳牛存栏量呈现持续扩张的态势。存栏总数由2011年的1.31亿头，增长到2016年的1.42亿头，增长了1 100万头。主要奶业生产国印度、巴西、欧盟、中国和新西兰泌乳牛存栏量增长最快，分别比2011年增长了960万头、152.6万头、88万头、42万头和28.2万头，成为带动全球泌乳牛存栏的主要增长极(表40-1)。

表40-1 世界及主要国家泌乳牛存栏情况(2011—2016年)

万头

地区	2011年	2012年	2013年	2014年	2015年	2016年2月
世界	13 078.8	13 306.3	13 503.5	13 773.6	13 987.6	14 192.6
印度	4 490.0	4 640.0	4 825.0	5 050.0	5 250.0	5 450.0
欧盟	2 312.2	2 305.3	2 319.3	2 348.1	2 355.7	2 355.0
巴西	1 615.4	1 645.5	1 659.9	1 682.5	1 733.0	1 768.0
美国	919.9	923.7	922.4	925.7	931.0	930.5
中国	762.0	800.0	835.0	840.0	840.0	850.0
俄罗斯	865.0	860.0	825.0	805.0	775.0	758.5
墨西哥	640.0	635.0	630.0	635.0	640.0	645.0
新西兰	481.6	501.0	500.5	517.5	520.0	510.0

数据来源：USDA。

2.世界乳制品产量快速增长

全球乳制品产量持续增长。从产品结构看,2015 年全球主要乳制品产量为牛奶 49 120.4 万 t,黄油 984.8 万 t,奶酪 1 879.7 万 t,脱脂奶粉 461.1 万 t,全脂奶粉为 484.9 万 t,分别比 2011 年增长了 8.7%、13.4%、7.5%、23.6%和 10%,脱脂奶粉增速最快(表 40-2)。

表 40-2 全球主要乳制品产量

万 t

年份	牛奶	黄油	奶酪	脱脂奶粉	全脂奶粉
2011	45 200.3	868.8	1 748.2	373.1	440.8
2012	46 284.8	902.7	1 795.7	405.9	450.0
2013	46 662.1	924.9	1 803.7	405.1	458.1
2014	48 430.7	963.7	1 847.6	451.2	499.2
2015	49 120.4	984.8	1 879.7	461.1	484.9
2015/2011	8.7%	13.4%	7.5%	23.6%	10.0%

数据来源:USDA。

从地区结构看,2011—2015 年间,牛奶产量增长较快的国家是中国、印度、巴西和新西兰,分别增长了 21.3%、19.6%、17.2%和 12.8%;黄油产量增长较快的国家是乌克兰、俄国、新西兰和印度,分别增长了 38.2%、22.1%、17.0%和 16.3%;奶酪产量增长较快的国家是白俄罗斯、新西兰、俄国和巴西,分别增长了 29.3%、15.7%、12.9%和 10.6%;脱脂奶粉产量增长较快的欧盟、印度、巴西和美国,分别增长了 41.5%、25.6%、18.9%和 15.1%;全脂奶粉产量增长最快的是美国、中国和巴西,分别增长了 46.7%、25.0%和 19.8%。

3.世界乳制品消费稳步提升

从国内消费数量看,各种乳制品消费量都快速增长。2015 年液态奶、黄油、奶酪、脱脂奶粉、全脂奶粉的国内消费量分别比 2011 年增长了 5.4%、12.3%、6.1%、14.2%和 16.6%(表 40-3)。

表 40-3 世界乳制品国内消费量

万 t

乳制品	2011 年	2012 年	2013 年	2014 年	2015 年
液态奶	17 066.9	17 158.8	17 351.5	17 750.3	17 983.8
黄油	816.4	849	871.6	901	916.7
奶酪	1 703.3	1 740.3	1 746.8	1 776.4	1 807.6
脱脂奶粉	319.3	345.3	348.9	360.6	364.7
全脂奶粉	338.9	350.3	367.6	379.8	395.3

数据来源:USDA。

从消费结构看,2011—2015 年间,液态奶消费增长前五位的主要新西兰、中国、巴西、印度和澳大利亚,分别为 65.7%、20.6%、18.5%、15.7%和 11.5%;黄油消费的增长较快的是中国台湾、白俄罗斯、澳大利亚、印度和新西兰,分别为 30.0%、23.1%、21.8%、16.3 和 10.0%;奶酪消费的增长主要是在菲律宾、新西兰、中国台湾、韩国和墨西哥,分别为 44.4%、33.3%、31.8%、28.7%和 14.0%;脱脂奶粉消费的增长主要在墨西哥、中国、印度,分别为 29.5%、28.5%和 19.5%;全脂奶粉消费增长主要在中国、美国和阿尔及利亚,增速分别为 46.7%、30.0%和 16.2%。中国成为全球奶粉消费增长的重要拉动力量。

40.3　世界乳制品贸易发展趋势

1. 世界乳制品贸易持续扩张

就全球奶业经济而言，国际贸易是必不可少的，它在缩小乳制品生产与消费之间的差距上发挥重要的作用。2011 年以来，世界乳制品贸易量呈现不同程度的上涨。其中，脱脂奶粉和黄油贸易量增速很快，分别由 2011 年的 158.4 和 76.9 万 t，增长到 2015 年的 209 和 89.8 万 t，增长率分别达到了 31.9% 和 16.8%；全脂奶粉和奶酪贸易呈平稳上扬的趋势（图 40-1）。

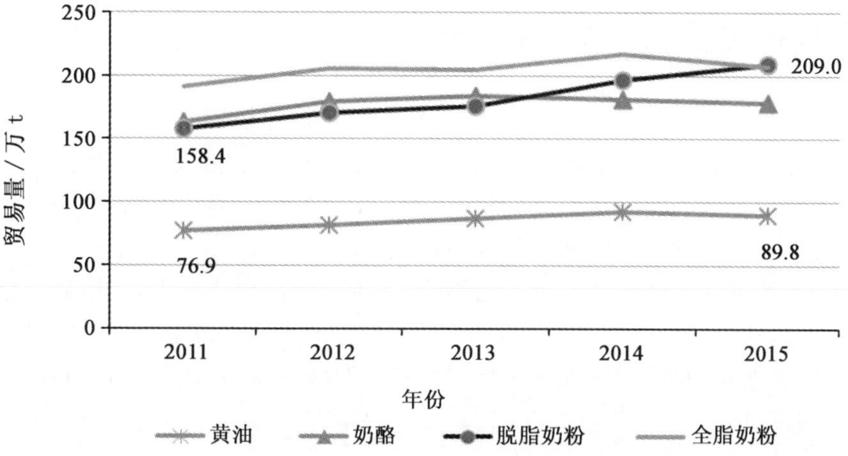

图 40-1　世界乳制品贸易量变化趋势

数据来源：USDA

2. 世界乳制品出口国与进口国相对集中

乳制品出口国与进口国相对集中欧盟和新西兰，进口将主要在中国和中东地区。就乳制品贸易国而言，在亚洲热带地区和中东地区，供给缺口不断扩大，这些国家生产原奶的成本较高，国产原奶将优先用于高附加值的液体乳产品，因此对于干乳制品的需求主要是通过进口得到满足。据美国农业部报告显示，2016 年全球乳制品需求有望继续上涨，供需将会达到一个新的平衡，意味着乳制品贸易将保持长期的增长趋势。几乎所有的主要出口国对乳制品的扩张都做了重大贡献，如欧盟和新西兰占据了很大的市场份额。新西兰在乳制品贸易市场上稳居首位，而欧盟则位居第二。由于美国本国的需求和美元升值影响了美国在国际乳制品贸易市场上的竞争。乳制品市场需求空间的拓展将主要在中国和中东的地区。

3. 世界乳制品价格将稳中有升

国际乳制品贸易的主要品种包括全脂奶粉、脱脂奶粉、奶酪和黄油。2000 年以来，其国际贸易价格持续快速上涨，2014 年以后增速放缓，并趋于稳中有降的趋势。其中奶酪贸易呈刚性需求，国际价格持续走高。另据 IDF 报告①估计，世界乳制品价格继 2014 年及 2015 年的下降后将会出现复苏，未来 10 年，奶酪价格预计持续缓慢增长，保持在 2013 年的价格水平（图 40-2）。

① Bulletin of IDF. No. 481. 2015. The World Dairy Situation.

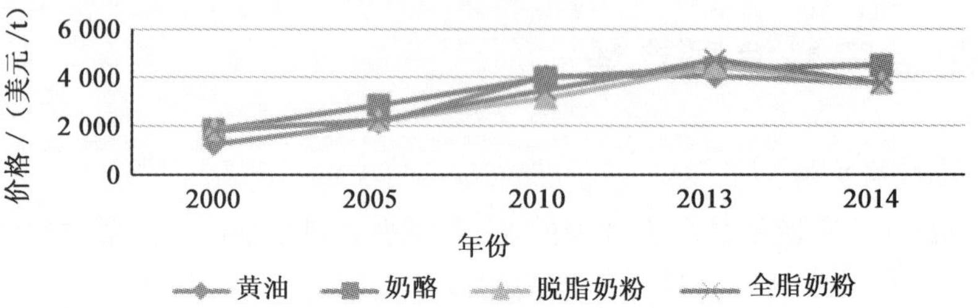

图 40-2 世界乳制品价格变化趋势

资料来源:中国海关信息网

40.4 世界乳制品贸易对中国奶业的影响

我国乳制品进出口贸易形势发生变化的主要原因在于国际奶业供需形势的变化,国际奶业供大于需,外来竞争加剧。世界乳制品供给增加,从而造成世界乳制品市场价格大幅下滑。在这样的形势下,一方面,中国企业将加大世界采购乳制品原料的规模,冲击国内奶源的刚性需求;另一方面,国际乳制品企业也加大对华的宣传和促销力度,挤压国有品牌的中国市场。

就乳制品出口而言,受国际乳制品贸易市场的影响,我国乳制品出口量少,且增幅不稳定,出口品种单一;就乳制品进口而言,我国乳制品进口数量逐年增加,进口市场日趋集中,进口结构单一。相较于我国乳制品进口贸易的快速增长、我国同期乳制品出口贸易的发展速度相对缓慢,我国乳制品贸易逆差现象持续走高。

40.4.1 挤压国有乳制品出口

1.出口规模小

我国乳制品出口国在入世前后变化较大,呈现出口国集中度不断降低,数量不断增长的趋势。据统计,入世前后十年,我国乳制品出口国由 49 个增加到 93 个。而相比于我国乳制品进口国而言,我国乳制品出口国并非世界主要的乳制品需求国。2009 年我国乳制品出口 3.66 万 t;2015 年出口 3.33 万 t,较 2009 年降低了 9.01%,年均增长率不足 3%,增幅缓慢(图 40-3)。

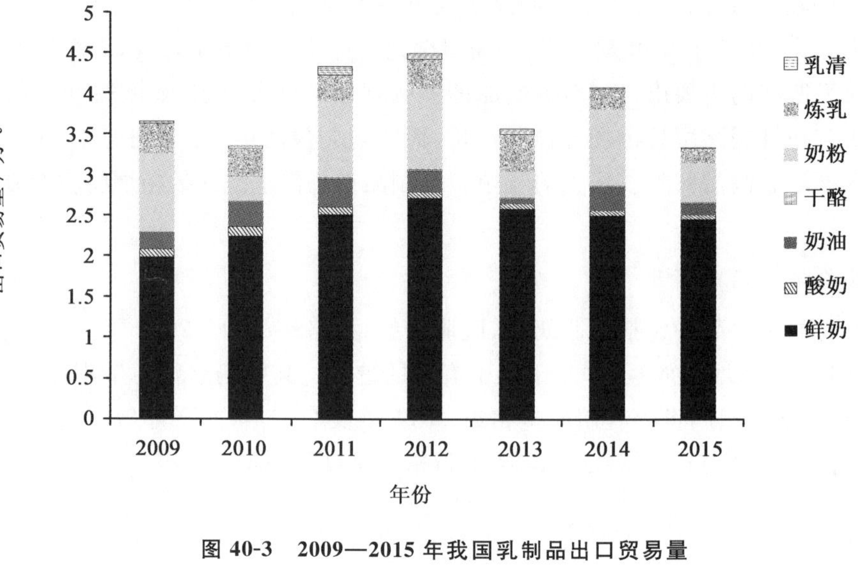

图 40-3 2009—2015 年我国乳制品出口贸易量

资料来源:中国海关信息网

2. 出口品种单一

我国乳制品出口品种呈现单一的特点，出口品种以鲜奶和脱脂奶粉为主，近年来，我国频发的食品安全事件，给我国乳制品的出口带来了不利的影响，严重制约了我国在乳制品国际贸易中干乳制品和液态奶的出口量和出口额。2014 年我国共出口乳制品 3.33 万 t，其中，鲜奶出口 2.46 万 t，奶粉 0.49 万 t，共占到了我国乳制品出口量的 88.59%(图 40-4)。

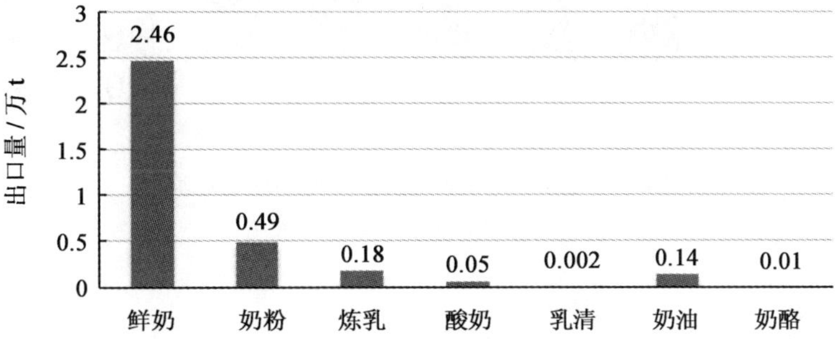

图 40-4　2014 年中国乳制品分产品出口量

资料来源：中国海关信息网

40.4.2　加大了乳制品对外依存度

1. 进口数量逐年增加

近年来，中国乳制品进口数量持续上升，从 2008 年到 2014 年，乳制品进口从 35 万 t 到 181.25 万 t，年均增长率达到了 31.53%，增长速度较快(图 40-5)。

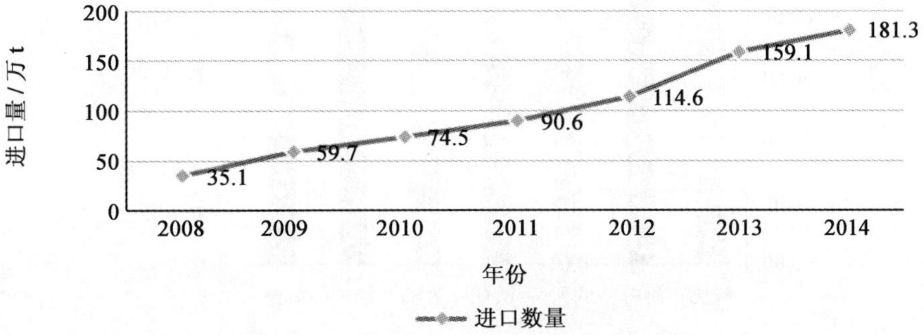

图 40-5　2008—2014 年中国乳制品进口数量

数据来源：中国海关信息网

2015 年，我国乳制品进口 161.12 万 t，较 2014 年的 181.3 万 t 下降了 11.13%，下降的重要原因之一，是目前我国乳品加工企业仍有尚未消化的奶粉库存。虽然目前进口下降，但从长远来看，进口乳制品压力仍会长期存在。

2. 进口结构单一

世界乳制品贸易加剧，对我国乳制品进口产品的影响较大，我国乳制品生产成本相比于国外乳制品而言较高，因此对于干乳制品的需求主要是通过进口得到满足。而对我国乳制品进口产品结构的影响主要是奶粉、乳清进口量较大，且各产品进口贸易量处于逐年上涨趋势(图 40-6)。

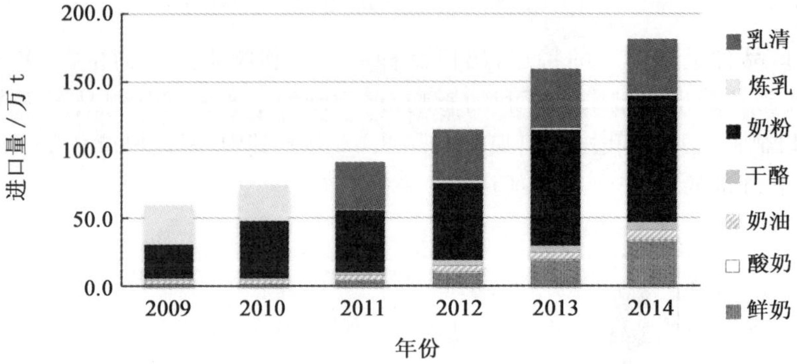

图 40-6 2009—2014 年我国乳制品进口贸易量

资料来源:中国海关信息网

3.进口来源地集中

从我国乳制品进口贸易市场的地理分布来看,我国乳制品进口贸易的来源市场主要集中在美国、新西兰、澳大利亚、法国等国家,据相关统计显示(图 40-7),近十年来,我国与上述四个国家的乳制品国际贸易额和进口量集中度分别超过 83%和 81%。自 2008 年我国和新西兰签订《自由贸易协定》之后,新西兰一跃成为我国乳制品进口国之首。就 2014 年我国乳制品进口市场来看,从新西兰进口的奶粉占到了 80.35%、鲜奶占到了 17.98%、酸奶占到了 65.02%、奶油占到了 87.38、奶酪占到了 42.28%、乳清占到了 1.06%、炼乳 0.04%。

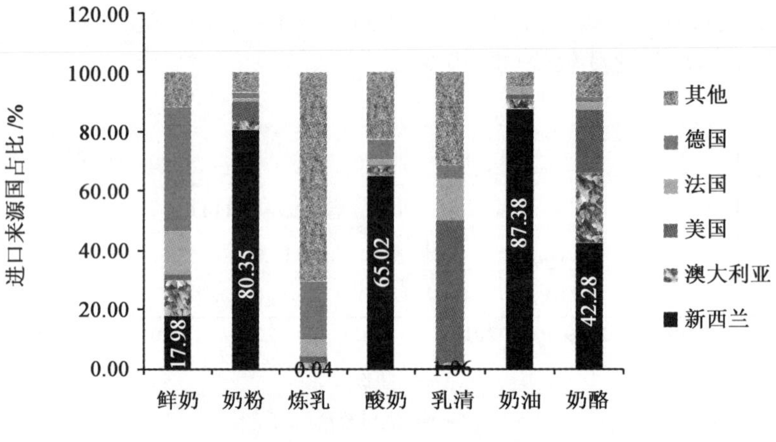

图 40-7 2014 年乳制品进口来源国

资料来源:中国海关信息网

40.4.3 倒逼国有乳企产品结构转型升级

1.液态奶增长速度减缓

我国液态奶产量一直处于增长趋势,而长期的乳制品进口迫使我国液态奶生产出现了变化。2014 年,我国液态奶产量由 2013 年的 2 422.16 万 t 下降为 2 400.12 万 t。2000 年以来,我国液态奶增长速度减慢,2002 年,我国液态奶增长率达到了 86.18%,随后,增长率一路下降,到 2006 年,我国液态奶增长率为 8.57%,2014 年我国液态奶出现了负增长,液态奶产量较 2013 年下降了 0.91%(图 40-8)。长期以来,使得我国国有乳制品企业产业结构发生了变化。

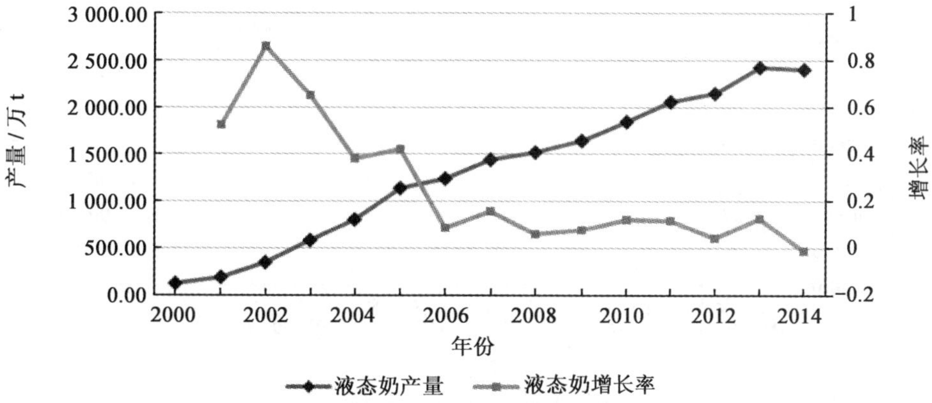

图 40-8　2000—2014 年我国液态奶产量、增长率变化趋势

资料来源：中国奶业统计年鉴

2. 低温奶生产成乳企新的增长点

进口常温奶对国产奶的冲击越来越明显。从进口量来看，2010—2013 年，中国液态奶进口量年年递增，分别为 1.59 万 t、4.05 万 t、9.38 万 t、19.5 万 t。由于受冷链制约，进口液态奶绝大多数为常温奶。随着欧盟乳业配额的放开和澳大利亚出口中国乳制品关税的降低，成本低廉的进口奶会对我国乳企以常温奶(尤其是高端产品)为主的赢利模式造成冲击。受国内外乳制品市场的影响，低温奶生产成为乳品企业新的增长点，越来越多的乳企用低温奶替代常温奶来满足乳制品市场需求。

据统计，我国经营低温奶产品的企业数量已超过 400 家，且区域龙头乳企的低温增速达到了 20% 左右，对常温奶的替代优势越来越明显。由于我国消费者健康理念的提高，近年来低温奶越来越受消费者的青睐。除了国内企业，国外乳企也在加大力度布局我国低温奶市场。据调查，目前包括法国、日本、韩国在内的乳企均已将低温产品引进了我国乳制品市场。

3. 国有奶粉品牌口碑得到恢复性提振

继我国发生的奶粉质量安全事件后，消费者对我国乳制品品牌信心不足，同时导致我国乳制品消费者更倾向国外乳制品品牌，在婴幼儿奶粉的品牌的选择上更为突出。近年来，国家采取了一系列的重大举措，密集出台政策法规提高了乳制品企业的行业准入门槛，推动落实企业主体责任，从多方面加强监管力度。而且，有关部门对婴幼儿奶粉从奶源、生产制造到销售等各个环节都出台了更为严格的国家标准。提振消费信心在于持之以恒的质量管理。国内大型乳企在执行严苛国标的同时，原料质量、技术装备、管理水平等方面都呈现飞跃式提升，与此同时，诸如伊利等的乳品企业向消费者敞开了加工工厂的大门。在多方的努力下，国有奶粉品牌口碑得到了恢复性提振。

40.4.4　国内奶源建设受到不同程度的冲击

1. 国内奶牛存栏与原料奶产量增速缓慢

近年来，我国奶业的发展越来越多地表现出畜牧业固有的周期性，受制于消费增长的放缓，增长速度明显变慢。由于 2013 年下半年到 2014 年上半年较高的奶价和良好的养殖效益，国内奶牛养殖积极性增加，奶牛进口量大增，加上良好的气候条件和无疫情的影响，2014 年我国原料奶产量增加，受到国内乳制品供需平衡、养殖成本变化和国际乳制品市场的影响，国内奶牛存栏与原料奶产量增速均减缓(图 40-9)。从全国调研情况看，2015 年中国奶业生产呈现由散户到规模牧场的低迷状态，预计奶牛总存栏比 2014 年下降了 10.5%，其中散户存栏下降最为明显，预计下降了约 22.5%，规模化牧场存栏量增长了 4%，增幅不大。

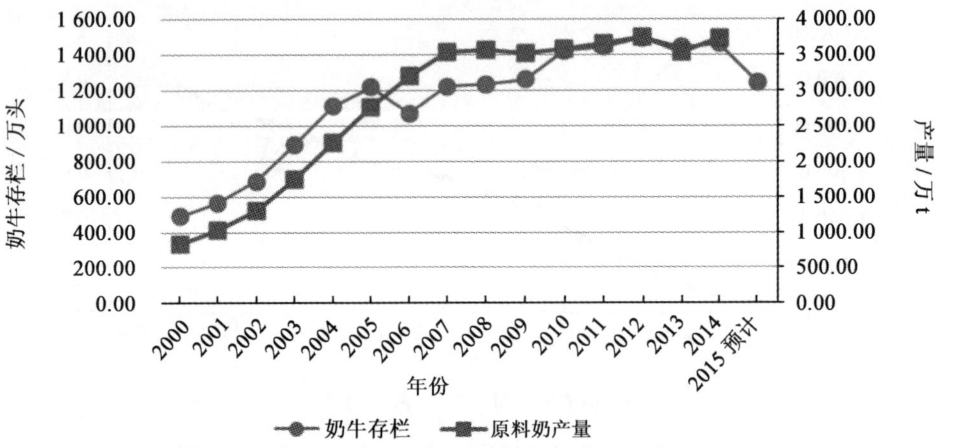

图 40-9　2000—2015 年我国奶牛存栏、原料奶产量情况

资料来源:中国奶业统计年鉴

2. *原料奶价格振荡走低,奶农养殖积极性受挫*

从表 40-4 可见,2014 年以来,液态奶进口价格持续走低,国内 8 个主产省的生鲜乳收购价格几乎同步持续下行。奶料价格指数作为奶牛养殖环节的景气指数的晴雨表,其表现值在 1.4～1.6 及以上较有利于调动奶牛养殖业的积极性。从奶业协会对 8 个主产省得监测数据看,2015 年上半年奶料价格指数一直处于略高于 1.4 的盈亏平衡点附近,奶农的利润空间很小,这也是奶业生产低迷的直接原因。11 月份以来,随着精饲料价格的走低,奶料价格指数呈回升趋势,但随着全球性奶价的下跌,国内奶价回升空间狭小,奶农的积极性提振艰难。

表 40-4　8 个主产省奶、料价格及奶料价格比值指数

时间	生鲜乳价格/(元/kg)	玉米价格/(元/kg)	豆粕价格/(元/kg)	混合精料价格/(元/kg)	奶料价格比值	液态奶进口价格/(元/kg)
2014 年 1 月	4.326	2.390	4.260	2.764	1.565	4.323
2 月	4.358	2.380	4.250	2.754	1.582	4.277
3 月	4.350	2.365	4.118	2.716	1.602	4.171
4 月	4.340	2.356	4.054	2.696	1.610	3.822
5 月	4.293	2.408	4.130	2.752	1.560	3.803
6 月	4.233	2.468	4.173	2.809	1.507	3.412
7 月	4.178	2.564	4.110	2.873	1.454	3.303
8 月	4.158	2.653	4.053	2.933	1.418	2.946
9 月	4.143	2.698	4.005	2.959	1.400	2.551
10 月	4.128	2.610	3.940	2.876	1.435	2.720
11 月	4.070	2.508	3.933	2.793	1.457	2.601
12 月	4.038	2.470	3.862	2.748	1.469	2.315
2015 年 1 月	3.880	2.425	3.733	2.687	1.444	2.553
2 月	3.785	2.408	3.598	2.646	1.431	2.445
3 月	3.760	2.415	3.588	2.650	1.419	2.160
4 月	3.740	2.438	3.540	2.658	1.407	2.058

续表 40-4

时间	生鲜乳价格/(元/kg)	玉米价格/(元/kg)	豆粕价格/(元/kg)	混合精料价格/(元/kg)	奶料价格比值	液态奶进口价格/(元/kg)
5 月	3.735	2.458	3.468	2.660	1.404	2.035
6 月	3.743	2.468	3.330	2.640	1.418	1.842
7 月	3.746	2.470	3.306	2.637	1.420	1.967
8 月	3.748	2.460	3.303	2.629	1.426	1.800
9 月	3.770	2.374	3.254	2.550	1.478	1.733
10 月	3.798	2.230	3.235	2.431	1.562	1.628
11 月	3.810	2.125	3.180	2.336	1.631	1.764
12 月	3.834	2.136	3.104	2.330	1.646	1.623
2016 年 1 月	3.843	2.103	3.080	2.299	1.672	—

注:混合精料价格=(玉米价格 * 4+豆粕价格)/5;奶料价格比值=生鲜乳/混合精料价格。

40.5　结论及对策建议

国外乳制品的大量进口,丰富了中国乳制品市场,满足了不同消费者的需要,促使中国奶业的产品结构、地区结构等进行了不同程度的调整。同时,受国际乳制品进出口贸易的影响,我国乳制品进出口贸易长期以来存在进口增速快、出口规模小、出口品种单一、贸易逆差大等一系列问题。面对经济全球化的发展和激烈的国际市场竞争压力,我国应提升我国奶业规模化与标准化水平,优化乳制品贸易结构,拓宽中国奶业保护手段和保护力度,促进乳制品贸易的健康可持续发展。

1.强内功,提升中国奶业规模化与标准化水平

随着国际贸易的深入发展,乳制品市场准入的标准也逐渐提高,规模化、标准化养殖尤为重要,我国应继续实施标准化养殖,提高科学养殖水平。在政策上,一是要引导奶牛小区和散户进行牧场化改造,推动中小牧场进行转型升级;二是要继续加大国家对奶牛标准化规模养殖的扶持力度,持续跟进奶牛良种补贴政策,进一步扩大补贴范围和规模;三是鼓励引导奶牛场户采用集中托管、入股、退区(退院)进场等形式,推进规模化、专业化、标准化发展,提高养殖效益。

2.调结构,优化重要乳制品进口的全球布局

推进进口来源多元化,大力拓展发展中国家市场,加快形成互利共赢的稳定的乳制品经贸关系。鉴于我国乳制品进出口贸易发展不平衡、出口品种单一的特点,我国应该及时调整乳制品出口战略,增加奶粉、奶酪和乳清等干乳制品的出口份额,大力提高干乳制品尤其是奶酪等产品的出口份额,逐渐加大乳制品深加工力度,使得乳制品出口贸易在广度和深度上得到全面发展;其次,我国应大力拓宽和开发乳制品出口市场,保持我国乳制品出口贸易在发展中国家市场的优势,发掘诸如东亚、东南亚的潜力市场,逐步开拓诸如中国香港、日本等国家和地区作为中国重点开发的乳制品出口市场。

3.增服务,拓宽中国奶业保护手段和保护力度

政府要科学制定乳制品国际贸易政策,发挥宏观调控的积极作用,引导乳制品产业的快速、健康、可持续发展。首先,加强对乳制品市场监管力度,从源头上杜绝食品质量安全问题发生,引导有能力的企业开展乳制品深加工和高附加值生产,扩大乳制品出口量;其次,加强乳制品贸易市场的风险管理,通过贸易保护政策,为我国乳制品进出口贸易规避风险;合理调整乳制品关税水平,防止恶性竞争;再次,加大对乳制品产业的扶持和投入力度,通过设立专项基金,保证乳制品产业的基础设施建设、人才培养等方面的持续发展;最后,充分发挥行业协会作用,提高其在乳制品反倾销调查的能力。

4.树品牌,通过宣传,提振国有品牌的消费者信息

国家多年的宣传,培养了广大消费者常温奶的消费习惯。多数消费者并不清楚常温奶和低温奶的营养差异,加上常温奶储存期长,携带方便,低温奶消费的刚性需求还没有形成。加强低温奶消费宣传,鼓励消费巴氏奶。一是,通过公益广告、新闻媒体、社区宣传片等方式开展巴氏奶、酸奶等营养知识普及,引导市民改变传统常温奶消费;二是,通过巴氏奶、酸奶消费者消费补贴,刺激消费者,拉动消费;三是,推进低温学生奶工程,让低温奶走进学生的日常消费中。

5.有取舍,适当放开高档奶粉市场,采取差异化产品生产

在国际奶价下行,国内乳制品成本上升的情况下,根据自身优势,舍弃部分高端婴幼儿奶粉市场,守住中低端婴幼儿奶粉,开发特色中老年奶粉;确保低温奶消费市场。

6.重预警,健全贸易救济和产业损害补偿机制

加强对乳制品进口的预警跟踪,根据国际市场变幻,及时制定救济措施,包括信息咨询援助、贷款支持、奶牛品种改良等。

(刘芳团队)

第41章 新澳自贸区对中国奶业的影响研究

41.1 概述

中国与新西兰自由贸易协定自2008年10月生效至今已有7年，中国与澳大利亚自由贸易协定已于2015年6月份签署。新澳自贸区的设立必然给老百姓带来很大实惠，中国居民可以以更便宜的价格买到进口奶粉、牛肉及水产品，新西兰和澳大利亚居民也可享受到质优价廉的家电和电子产品等。但是新西兰和澳大利亚是乳制品贸易大国，新澳自贸区必然会给中国奶业带来很巨大冲击。已有文献从定量角度分析自贸区对我国乳业的影响。如王莉运用全球贸易模型(GTAP)分析指出中澳自贸区将对中国奶业形成负面影响；何好俊运用可计算一般均衡(CGE)方法和扩展的MCHUGE模型分析指出：中国农产品包括乳制品的产出水平将因中澳自贸区而下降。本文运用定量和定性分析相结合的方法，首先对中新自贸区的关税协定情况进行详细分析，通过奶粉和干乳制品的进口数据验证了自贸区建立对乳制品进口的影响是非常显著的；其次对中澳自贸区情况进行简要分析，并对未来影响进行预测；然后对新澳自贸区给我国奶业带来的影响作了深入分析；最后作简要总结，提出相应的对策建议。

41.2 中新自贸区的建立对我国乳制品进口影响显著

1.中新自贸区关于乳制品的关税协定条款分析

根据中新自贸协定，两国乳制品贸易最终将实现零关税，但实施过程中为我国乳制品进口设置了较长降税过渡期，并对鲜奶、奶粉、黄油和奶酪等四类乳制品共11个税号设置了特殊保障机制。自贸协定实施前乳制品进口的基础税率在10%～20%之间，包括奶粉、奶油及浓缩非固状乳等在内的4个税号降税过渡期为12年，包括乳清粉、黄油、奶酪等其他乳制品的7个税号降税过渡期为10年，另外包括酸乳、乳酪、乳酱等9个税号降税过渡期为5年。下面以奶粉为例说明降税过程。

中国从新西兰进口奶粉的基础税率为10%，降税过渡期为12年，从2008年10月起降为9.2%，以后逐年降低关税，每年降低0.8%，至2019年降到零。为了保护我国奶业免受巨大冲击，设置了“特殊保障机制”，适用期为2009—2023年。具体措施为：根据2005—2007年从新西兰的平均进口量设定奶粉进口触发水平基数为9.5万t，在降税过渡期内的触发水平每年递增5%，例如2009年的触发水平为9.975万t，从新西兰进口奶粉数量未超过9.975万t部分，按照优惠税率8.3%征收税款，超过部分按照最惠国税率10%征收税款。到2023年触发水平将上升至19.7498万t，2023年以后中国将放弃使用特殊保障措施的权利。另外，到2013年双方对中国奶粉降税进行中期审议，主要是评估关税减让造成的进口增长是否在总体上对中国奶业造成了负面影响，如是则于2014年暂停降税1年，并将特殊保障措施延长至2024年。从实际运行情况来看，中期审议未认定自贸协定关税减免对我国奶业造成了负面影响。

2.自贸区建立后从新西兰进口乳制品显著增加

我国进口乳制品中以干乳制品为主，而干乳制品中进口金额最大的是奶粉，近5年平均占比70%。

因此下面以奶粉进口数据为例,分析新西兰自贸区建立带来的影响。

在自贸协定生效第一年,即2009年,在优惠税率刺激下从新西兰进口奶粉增长303%,新西兰在中国奶粉进口来源国中占绝对主导地位。由于我国奶粉进口量持续大幅度增长,随着自贸区关税不断降低,历年触发特殊保障措施的日期不断提前,由2009年的8月逐年提前至2010年的4月、2011年的3月、2012年的2月,2013年的1月18日,2014年的1月14日,2015年的1月5日。

从直观上看,自贸区建立对奶粉进口的刺激非常明显,但是叠加2008年"三聚氰胺"事件,国内奶粉信誉扫地,消费者纷纷转向国外。已有学者从实证分析角度证明,"三聚氰胺"事件对奶粉进口影响同样非常显著。另外,奶粉进口量增长还和我国经济发展密切相关,随着人们消费水平提高,会提高中高档产品的消费比例,国外奶粉代表了绝大多部分中高档市场份额,同样会刺激奶粉进口增加。为此,我们选用新西兰奶粉进口量占全部奶粉进口量之比的时间序列作为研究对象,这样就规避了纵向数据比较的其他干扰因素。2004—2014年中国从新西兰进口奶粉量占比如表41-1所示。

表41-1　2004—2015年从新西兰进口奶粉及干乳制品量情况　万t

年份	奶粉进口			干乳制品进口		
	总进口量	新西兰	新西兰占比	总进口量	新西兰	新西兰占比
2004	14.49	10.86	75.00%	34.37	12.18	35.40%
2005	10.69	8.23	77.00%	31.58	9.65	30.60%
2006	13.49	10.41	77.20%	34.33	12.21	35.60%
2007	9.82	7.15	72.80%	29.37	9.26	31.50%
2008	10.09	5.06	50.10%	34.25	7.49	21.90%
2009	24.68	20.39	82.60%	58.27	24.12	41.40%
2010	41.4	33.65	81.30%	72.82	37.33	51.30%
2011	44.95	36.7	81.70%	86.3	41.74	48.40%
2012	57.29	49.53	86.50%	104.39	56.12	53.80%
2013	85.44	68.65	80.30%	139.74	75.68	54.20%
2014	92.34	72.81	78.90%	148.36	83.16	56.10%
2015*	48.17	38.92	80.80%	95.58	46.84	49.01%

注:2015年数据为前10个月进口量。

数据来源:《中国奶业年鉴》,中国海关统计数据。

设2004—2008年从新西兰进口奶粉量的占比为总体1,2009—2015年从新西兰进口奶粉量的占比为总体2。因为总体1和总体2的方差未知,且样本数量较小,所以此抽样分布近似服从自由度为f的t分布,关于f的计算公式及t统计量的计算公式可参考贾俊平等编著的《统计学》。作如下假设检验:

H_0:总体1和总体2的均值没有区别

H_1:总体1和总体2的均值有区别

经计算,自由度f为4.25,t统计量值为2.16,在95%的置信水平下拒绝零假设,即总体1和总体2的均值有区别,2008年后中国从新西兰进口奶粉数量占比显著上升。

由于中国从新西兰进口奶粉数量占比一直很高,从2008年前的平均占比70%,提升2008年后的82%,提升空间有限。如果考察干乳制品进口量占比,则从2008年前的平均占比31%,提升2008年后的51%,进口量增加非常明显,具体数据见表1。做类似假设检验,经计算,自由度f为8.06,t统计量值为6.31,在99%的置信水平下拒绝零假设,即2008年后中国从新西兰干乳制品数量占比显著上升。

3. 自贸区效应仍未完全释放

中新自贸区建立后，两国贸易往来日趋频繁，2014 年新西兰出口总额 416.3 亿美元，其中对中国出口额为 83 亿美元，中国成为新西兰的第一大出口国。受国际乳制品需求增加影响，尤其是中国需求的增加，新西兰近年来原料奶生产增长迅速，2014 年原料奶产量为 2 184 万 t，与 2008 年相比增长 40%。新西兰原料奶产量接近我国的 60%，但人口只有 450 万左右，因此大部分原料奶被加工成奶粉等干乳制品出口国外。新西兰是世界乳制品贸易第一大国。2014 年中国从新西兰进口干乳制品 83.2 万 t，进口液态奶 49.5 万 t，按照奶粉 1∶8.5，乳清粉 1∶8.8，黄油 1∶7.55，奶酪 1∶6.14 的折算率计算①，经折算后相当于 698 万 t 原料奶，新西兰约 1/3 的乳制品出口到了中国。

在自贸协定生效第一年（2009 年），在优惠税率刺激下从新西兰进口奶粉激增。尽管随后几年从新西兰进口奶粉量增长速度也很快，但和其他国家的增速相差不大，见图 41-1。2009 年从新西兰进口奶粉总量中以优惠税率进口比例为 49%。随后这一比例逐年降低，因为奶粉进口量增长速度远远超过特殊保障措施中规定的触发水平增长率，至 2014 年能以优惠税率进口的奶粉比例已经降至 17%。

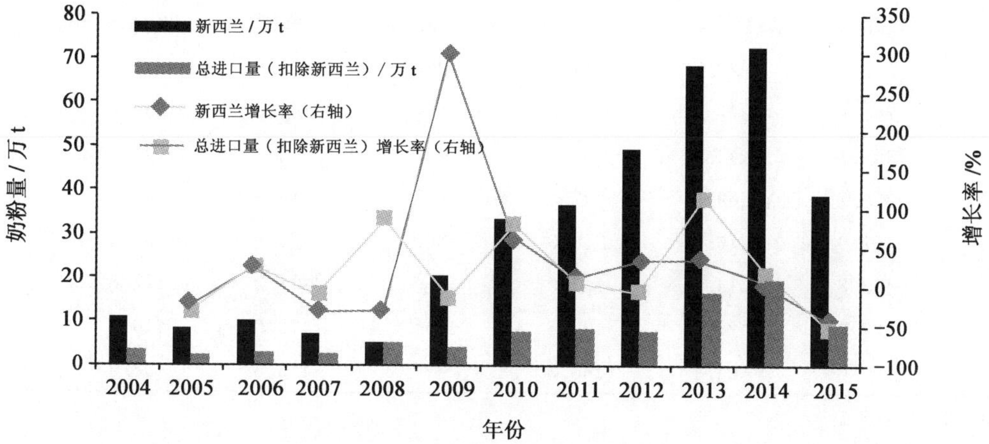

图 41-1　从新西兰进口奶粉量及增速和其他国家对比情况

注：2015 年数据为前 10 个月进口量

从新西兰进口奶粉量的变化过程可以看出，关税降低仅在第一年产生重大影响，随后影响逐渐降低。由于特殊保障措施的实施，2010 年以后从新西兰进口奶粉量的增长因素主要来自于贸易惯性及对进口奶粉需求的增长。如果特保措施到期，新西兰进口奶粉将对中国奶业产生二次冲击。

41.3　中澳自贸区对我国乳制品进口影响分析

1. 中澳自贸区关于乳制品的关税协定分析

中澳自贸协定跟中新自贸协定类似，原产于澳大利亚的奶粉类产品分 12 年将关税分批降为 0，大部分乳制品分 10 年将关税降为 0，其中只有包括乳清、乳酱、蓝纹乳酪的 3 个税号分 5 年将关税降为 0，其中对两个税号（4022100，4022900）的奶粉类产品设置了特殊保障措施。从澳大利亚进口乳制品的基础税率与新西兰基本一致，其中奶粉（包括 04021000，04022100，0402900）进口基础税率为 10%，跟新西兰自贸协定安排基本一致，每年降低 0.8%，经过 12 年最终降为 0，并且保留了特殊保障机制。从短期看，中澳自贸协定生效后对奶粉进口量影响不会特别大，因为目前中国从澳大利亚进口的奶粉量占比非

① 具体参见《中国-新西兰自由贸易协定》附件三 http://fta.mofcom.gov.cn

常小,很容易达到特殊保障机制中设定的触发水平。

2. 澳大利亚乳制品生产及贸易现状

澳大利亚的国土面积和经济体量都比新西兰大很多,但是原料奶产量要远远低于新西兰,2014 年原料奶产量为 966.5 万 t。由于澳大利亚人口只有 2 400 万左右,大量的乳制品用于出口。2014 年中国从澳大利亚进口干乳制品 5.57 万 t,进口液态奶 4.3 万 t,经折算后相当于 47.4 万 t 原料奶。在中国乳制品进口来源国中,从澳大利亚进口量排在新西兰和美国之后。

澳大利亚也是国际市场上乳制品出口大国,2014 年出口各类乳制品 74.6 万 t。从成本优势上来看,澳大利亚原料奶的收购价格与新西兰不相上下,相对于中国原料奶具有绝对的优势,见表 41-2。未来中澳自贸区建立后,对中国出口潜力不容忽视。

表 41-2　世界各国原料奶收购价格　　美元/t

年份	中国	新西兰	澳大利亚	美国	法国	德国	荷兰
2004	541.3	232.4	199.6	356	365.9	346.9	377.3
2005	566.3	267.7	233.7	335	376.7	343.8	375.0
2006	559.4	220.8	241.8	286	365.8	344.0	337.1
2007	704.8	277.5	270.0	424	424.5	459.2	435.6
2008	364.1	444.9	404.3	407	524	495.1	492.1
2009	380.7	269.6	327.8	285	413.9	334.7	357.1
2010	457.9	376.3	368.3	360	422.9	405.3	397.1
2011	493.8	514.3	432.0	—	481.2	477.8	476.0
2012	607.0	429.3	420.6	—	428.0	410.3	409.2
2013	700.0	604.1	463.3	—	443.6	498.2	562.5

数据来源:《中国奶业年鉴》。

3. 中澳自贸区对乳制品进口影响预测

中澳自贸协定保留了特殊保障措施,根据中新自贸协定的经验,预计每年的进口乳制品触发水平以近几年的平均水平为基数,以后每年保持合理增长速度。目前中国从澳大利亚进口乳制品总量较小,不到新西兰的十分之一。自贸协定生效后第一年,估计从澳大利亚进口乳制品会有一次翻倍增长,以后逐步趋于平稳。在特殊保障措施的保护下,澳大利亚进口乳制品对我国奶业的冲击有限。

41.4　新澳自贸区对我国奶业的影响利弊兼有

中新自贸区成立后,中国从新西兰进口乳制品迅速增加,叠加“三聚氰胺”事件,中国奶业遭受沉重的打击。原料奶生产进入发展平台期,奶粉生产发展缓慢,乳制品对外依存度逐年提升。众所周知,我国原料奶的生产成本远远高于新西兰、澳大利亚以及欧美国家(表 41-2),世界乳业贸易大国与我国建立自贸区后,我国奶业的市场竞争力从何而来?在这种背景下,我国奶业的食品安全、质量控制得到了前所未有的重视,奶牛养殖结构发生了很大变化,乳制品企业的发展战略出现重大转折。

1. 中新自贸区引发进口乳制品激增,国内奶牛养殖业进入平台期

近年来我国原料奶生产增长速度放缓,自 2010 年以来奶牛存栏量基本维持在 1 400 多头的水平上,原料奶产量年均复合增长率仅在 1%左右(图 41-2)。

我国原料奶产量进入平台期有多方面的原因,包括奶牛养殖结构转型升级,中小奶牛养殖户逐步退出,养殖成本提高等,其中乳制品进口量大幅增加对国内奶业的挤压是一个重要因素。进口乳制品中,

干乳制品占 80%以上，按照一定的折算比例，将干乳制品折算成原料奶，可以发现进口奶的占比逐年上升，从 2007 年的 6%上升到 2014 年的 26%。将进口奶计算在内，2010 年以来国内原料奶总供应量年均增幅 4.6%(图 41-3)。在国内乳制品市场需求总体疲软的环境下，乳制品消费市场的增量部分基本上被进口奶抢占，奶粉市场尤为明显。2009 年和 2010 年奶粉进口量每年翻一倍，2014 年进口 92.3 万 t，比 2008 年增长 8.4 倍。2010—2014 年国产奶粉产量一直徘徊在 140 万～150 万 t，进口奶粉已占到奶粉市场的 4 成。

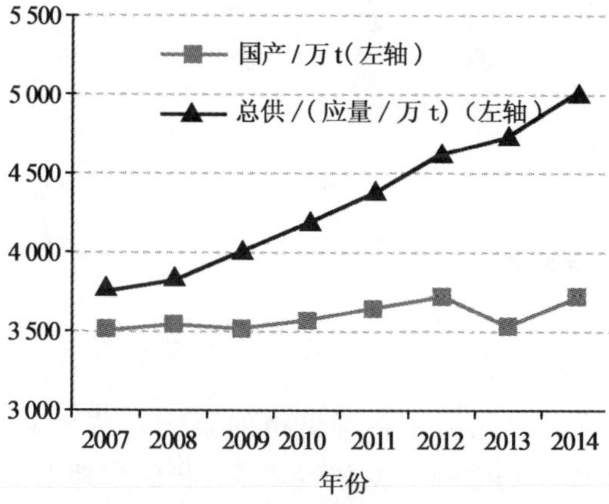

图 41-2　2007—2014 年原料奶总供应量

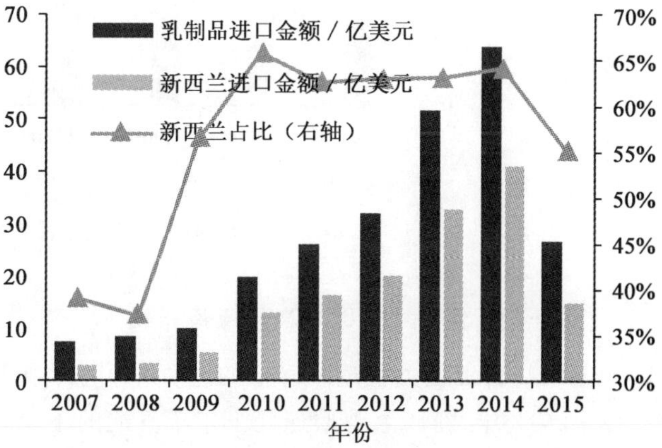

图 41-3　2007—2015 年从新西兰进口乳制品情况

（注：2015 年数据为前 10 个月进口量）

2. 中新自贸区导致我国乳制品进口来源日趋单一

近年来我国乳制品进口迅速增长，很大一部分贡献来自于新西兰。自 2008 年 10 月中新自贸区签订以来，我国从新西兰进口乳制品金额的比重跃升明显，从 2008 年的 37%上升到 2009 年的 57%，随后几年一直维持在 50%以上。

统计上一般将乳制品分为液态奶和干乳制品，干乳制品主要包括奶粉、乳清、干酪、奶油、炼乳等，2008—2014 年干乳制品的最大进口国一直是新西兰，其中 2014 年从新西兰进口的干乳制品金额超过了 40 亿美元，占比全部干乳制品进口金额的 67%。液态奶的进口情况稍有不同，2014 年液态奶的最大进口来源国是德国，超过了此前一直占比最大的新西兰，但液态奶进口金额在乳制品进口总额中占比不到 2%。

乳制品进口来源国单一容易造成我国乳制品企业定价权丧失，使得我国容易受进口来源国乳制品价格波动影响。

3. 中国乳企发力液态乳，奶粉企业发展缓慢

由于中国从新西兰进口乳制品中主要以奶粉等干乳制品为主，而我国乳制品企业主要以液态奶为主，因此受自贸区建立的影响较小。例如伊利股份的奶粉及奶制品收入占液态奶收入的比例一直维持在 15%～20%，蒙牛乳业的奶粉收入占比更小，占液态奶收入的比例在 10%以下。2007—2014 年我国乳品业的销售总额稳步增长，年均复合增长 14.1%，乳品业利润总额除了 2008 年大幅下滑及 2012 年小幅下滑外，其他年份均实现增长，年均复合增长率为 16.4%(图 41-4)。蒙牛乳业连续 6 年入围全球乳业 20 强，伊利集团于 2014 年跻身全球乳业公司 10 强。

从国内乳制品品牌来看，液态奶基本上以国内品牌为主，婴幼儿奶粉市场基本上被国外品牌占据。以奶粉生产销售为主业的飞鹤乳业近年来发展缓慢，飞鹤国际于 2013 年从美国纽交所退市，总部位于杭州的贝因美则以新西兰进口奶源为原料生产奶粉。

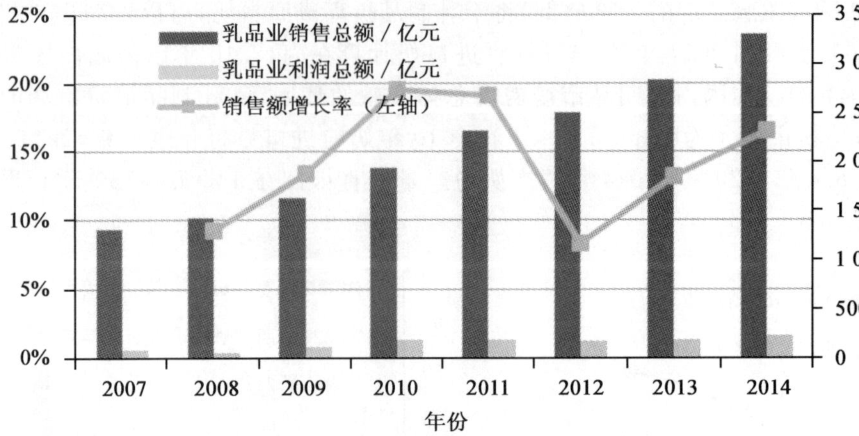

图 41-4 我国乳品业销售总额及增长情况

4. 自贸区建立倒逼奶牛养殖结构升级

在中新自贸区关税逐步降低的进程中，国际乳制品价格波动对我国原料奶价格的影响日益明显。2012—2013 年，新西兰曾遭遇几十年年不遇的干旱，使得国际原料奶涨幅一度超过 20%，我国多地上演"奶荒"现象。2014 年底随着国际奶价回落，我国多地又出现"倒奶"事件。在此期间，中小养牛户没有因为奶价上涨而增加奶牛存栏数，奶价下跌时则被动淘汰很多奶牛。2010—2014 年，我国奶牛存栏量一直保持在 1 400 多万头，原料奶产量维持在 3 600 t 左右，原料奶生产增长速度放缓，进入发展平台期，体现了奶牛养殖结构的转型进程。

规模化牧场养殖具有标准化、集约化的特征，利于奶牛品种改良、制定科学合理的饲料配方、加强卫生免疫能力等，是奶牛养殖业的未来发展方向。近年来规模化养殖程度日益提高，有利于从源头上把控乳制品生产的质量关。根据农业部监测的数据，2014 年我国规模牧场(全群 100 头以上)的奶牛存栏量占全国总存栏量的 45%，比 2008 年提高了 25.5%。中小奶牛养殖户陆续退出奶牛养殖环节，导致散户所占比例持续下降，但规模化养牛场的增加抵消了散户退出的影响。

5. 自贸区建立激发乳企加强质量控制及提高创新能力

大型乳企在质量管理方面都取得了很大进步。伊利股份引入了全球通行并认可的 FSSC22000 食品安全体系，建设完成了"产品专属追溯码体系"。蒙牛引进了 Danone 集团无可争议的质量管理技术。三元股份建立了包括质量管理体系、食品安全管理体系、职业健康管理体系、环境管理体系的"四标一体"管理体系。2013 年，伊利股份、蒙牛乳业、三元股份、完达山等四家乳企率先成为工信部启动的"食品质量安全追溯体系"试点企业。

大型乳企的研发支出逐年增加，伊利股份在 2014 年的研发支出近 7 000 万元，详细数据见图 41-5。随着研发投入的增加，国内乳企获得了丰硕的创新成果，其中三元股份于 2013 年获国家科技进步奖二等奖一项，2014 年获 4 项授权发明专利，并筹建"国家母婴乳品健康工程技术研究中心"；伊利股份 2012 年至 2014 年分别获专利授权 134、350、159 项，成立内蒙古乳业技术研究院有限责任公司，并在荷兰和新西兰分别成立海外研发中心。

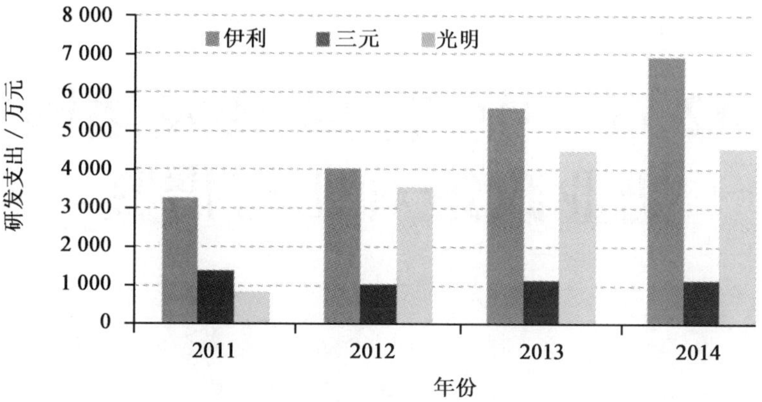

图 41-5　大型乳企研发支出情况(数据来源:上市公司年报)

41.5　总结及政策建议

新澳自贸区的特殊保障措施失效后,中国从新西兰和澳大利亚进口的乳制品数量会有一次大的跃升,届时国内乳制品分化将更为明显,国产奶源将大部分用于低温奶、酸奶、常温奶等不易保存、不易长距离运输的液态奶生产,奶粉等干乳制品生产将严重依赖国外奶源。

针对国外质优价廉的奶源,我国大型乳企提出“用全球优质资源服务中国消费者”的战略,通过在海外设立研发中心、在新西兰和澳大利亚建设一体化乳业基地等方式提升品牌的可信度,充分利用自贸区带来的优惠条件,与国外同行合作共赢,参与到乳制品进口链条中来。例如,贝因美等乳制品生产企业利用进口奶源打造出了高知名度的国产奶粉品牌,伊利通过全球化战略大大提升了品牌可信度。

乳企积极应对自贸区冲击的同时,政府监管部门也应积极采取措施支持、补偿和保护我国奶业,促进奶业健康发展。新西兰和澳大利亚在奶业发展方面具有明显的技术优势和丰富的管理经验,国家应支持奶牛养殖、乳制品加工等相关科技人员及管理人员利用自贸区平台进行科技交流和培训,推动中国奶业竞争力提升;推进奶业生产方式转变,引导乳制品企业加强奶源基地建设,提高规模化养殖程度,完善质量安全追溯体系;加强对乳制品进口的预警跟踪,制定救济措施,包括信息咨询援助、贷款支持、奶牛品种改良等。

(刘芳团队)

第 42 章　中国和主要发达国家奶业政策对比与借鉴

42.1　概述

奶业的发展必须要有相应的政策法规来保障其健康运行，奶业政策成为各国政府在一定时期为促进奶业的可持续发展，提升产业竞争力及实现社会发展目标，在奶业发展的重要环节制定和实施各种法令、措施、条例的总和，具有导向、分配、协调功能。近年来，经过全面整顿和努力振兴，中国奶业正在从快速增长阶段走向建设现代奶业的新阶段。中国奶业政策的总结和国内外对比分析借鉴研究显得尤为重要。

在奶业政策研究这个领域中，国内许多学者通过对部分发达国家的政策描述与整理，提出适合中国奶业发展的政策建议。张文兵(2005)利用关税减让、进口配额、出口补贴等政策数据的变化，得出中国可适度采取战略性贸易政策来提高奶业国际竞争力。李胜利等(2007)借鉴美国奶牛现代化牧场建设、奶牛育种等方面经验和政策措施，提出中国现阶段要抓住推广学生奶的时机，带动国内奶业发展。曹暕等(2009)对发达国家奶业政策手段进行分析，发现不同国家根据各自的国情、产业优势来制定有利于本国奶业发展的政策。王秀东(2011)通过日本的乳业补贴政策的分析，找出日本乳业补贴政策涉及生产、销售、消费和保险等方面，对中国的奶业发展有所启示。路遥等(2012)阐述了发达国家政府利用牛奶生产配额、价格保护等干预行为让奶农获益，显示出各国政府支持本国奶业发展干预程度的不同。

大多数研究中对国外奶业政策缺乏系统归类，本文通过借鉴相关学者对国外奶业发展政策的研究成果，选取了欧盟、美国、新西兰、日本四个国家，将其主要奶业政策从养殖、加工、流通、进出口和质量监控等 5 个方面归类，并与中国进行对比研究，以期对中国奶业政策体系的完善提供借鉴。

42.2　发达国家相关奶业政策概况

欧盟、美国、新西兰及日本先后出台了 40 多个奶业相关的政策和法规(表 42-1)，这些国家在促进奶业发展中有不同的侧重点，欧盟政府主要通过牛奶生产配额、市场干预和出口补贴；美国政府主要是直接补贴加出口激励；新西兰政府在对奶业的扶持较少，主要以市场为导向，注重奶业技术研发，树立品牌；日本通过价格保护体系来保护国内乳品企业发展。他们共同特点都是十分重视乳品质量安全。

1. 奶牛养殖相关政策

欧盟一直是世界上的产奶大国，1961 年到 1980 年 20 年间，牛奶产量急速增长，1980 年产量为 15 418 万 t①，增长幅度达到 31.78%，欧盟政府为了限制牛奶产量过剩，在 1984 年制定了牛奶生产配额制度，明确牛奶产量上限。2003 年欧盟农委提出切断直接补贴与生产联系的改革方案，将政府补贴

① 各国牛奶产量的数据来源于 FAO 数据库。

与质量、环保挂钩，这也对牛奶生产影响重大。2008 年欧盟增加 2% 牛奶生产配额，以后每年增加 1%，直至 2015 年 3 月 31 日完全取消配额限制，鼓励奶农自主决定生产。

表 42-1　主要发达国家奶业相关政策法规及政策手段汇总

序号	年份	欧盟	年份	美国	年份	日本
1	1962	共同农业政策	1924	《5A 级巴氏灭菌奶法令》	1933	修改《牛奶营业管理规则》
2	1984	牛奶和奶制品生产配额、价格补贴和定价干预制度	1926	《美国法典》	1947	《食品卫生法》
3	1993	通用食品卫生规定	1933	乳制品支持项目	1950	《乳制品质量的管理条令》
4	1996	欧盟食品卫生法	1935	学校营养餐计划	1951	《关于乳以及乳制品成分规格等省令》
5	2000	欧洲食品安全白皮书	1936	《联邦法规》	1952	《饲料供给稳定法》
6	2002	食品法规一般原则和要求、欧盟乳制品生产管理与控制法规	1949	原奶保护价收购计划	1953	《关于饲料品质改善法律》、《有畜农户创设特别措施法》
7	2003	切断直接补贴与生产的联系	1980	推行 HACCP 管理	1958	设立奶农振兴基金
8	2004	重新实施内部市场干预措施	1983	乳制品进口分摊项目	1961	《农业基本法》、《畜产品价格稳定法》《加工原料乳生产者补助金暂定措施法》《奶农基本法》
9	2007	停止黄油和脱脂奶粉出口补贴	1985	乳制品出口激励项目	1995	《综合卫生管理制造过程》
10	2008	增加 2% 牛奶生产配额，以后每年增加 1%	1995	出口刺激计划受限、出口补贴的数量和总支出受限	1999	《家畜排泄物法》
11	2009	重启私人储备援助计划、恢复乳制品干预购买计划、恢复乳制品出口补贴	2002	牛奶收入损失合同项目、直接补贴	2003	修改《食品卫生法》
12			2003	《美国乳品加工法规与标准》	2004	支付直接补贴
13			2004	《乳制品检验标准方法—17 版》	2006	实施“肯定列表制度”
14			2005	直接补贴此项计划中止	2007	修改《乳与乳制品成分标准部级法令》、《雪印乳业行动基准》
15			2006	直接补贴又重新恢复	2008	《食品、食品添加剂等的规格和标准》
16			2008	奶业政策项目授权或再授权	2009	更新《食品、食品添加剂等规格和标准》

数据来源：文献收集整理。

美国在1995年开始执行减少存栏数、提高单产、增加牛奶产量的措施，奶牛存栏量由1965年的1 440多万头减少到2011年的920万头，牛奶产量达到8 902万t。2002年实行的牛奶收入损失合同项目能更好保护奶农利益。新西兰于1984年实行经济和农业政策重大改革，取消补贴，国内奶业政策主要以市场为导向。2001年奶业与河流清洁法令使奶业可持续发展。日本政府早在1958年设立奶农振兴基金、《农业基本法》、《畜产品价格稳定法》、《奶农基本法》等法律法规来促进日本奶业发展。2004年为制造用奶限额项目的农民提供直接补贴10.52日元/kg。

2.乳制品加工相关政策

美国政府要求所有乳制品加工企业都要具备营业执照，有28个州政府通过检查认证后发放乳制品销售许可证，允许牧场直接销售原料奶和加工后的牛奶。新西兰1951年开始采用奶罐车收集全脂牛奶，1955年政府大力引进牧场牛奶冷却技术，体现新西兰政府早期就十分注重奶业技术上的创新与探索。日本在1966年制定价格保护体系，对乳品加工企业提供价格支持和制定制造业用奶限额(不包括干酪和奶油)，2001年重新改革为直接支付体系。通过用奶限额提高乳制品市场销售价格，使乳品加工企业从中获益。2003年发放奶业支付保险补贴207.1亿日元支持该国奶业发展。

3.市场流通相关政策

1933年美国在《农业法》的乳制品价格支持项目中通过农产品信贷公司购买乳制品，将乳品价格维持在一定的价格水平，保障了乳制品在市场上的正常流通。为促进乳品消费，美国在1935就开始实施“学校营养餐计划”，1946年对该计划立法推广。另外国防部还为所有海外驻军基地专门配送UHT奶，保证反恐与食品安全的需要，美国政府还会收购支持价格内卖不出去的牛奶，稳定生产商。

新西兰生产的乳制品仅有5%用于国内消费，而新西兰政府的支持政策集中于产业的研究和开发。2001年《乳品行业改革法》确保了新西兰乳品市场的竞争性和有效运行。日本政府早在1900年就颁布了《牛奶营业管理规则》，规范本国牛奶营业。同时对中小学学生午餐奶的销售提供补贴，以及对幼儿、老年人等家庭购买牛奶进行补贴，促进居民的乳品消费。

4.乳制品进出口贸易相关政策

欧盟政府为了防止成员国的乳制品短缺，对乳品出口征收关税，2007年停止了对黄油和脱脂奶粉的出口补贴，2009年又恢复该项补贴以稳定欧盟各国的奶业发展。美国国内的生产力大于本国居民对商品的消耗，会出现乳制品过剩，而美国政府对外政策的核心是加强产品出口，限制进口。1983年和1985年分别实施了乳制品进口分摊项目和乳制品出口激励项目，1995年WTO相关规定限制了这两个项目。2008年在新农场法中再次对乳制品进口分摊项目、乳制品出口激励等项目进行授权，使美国的奶业发展更加健康稳定。新西兰乳制品95%用于出口，政府对乳制品进出口实施自由贸易政策，现已和澳大利亚、印度、中国、韩国、文莱、新加坡等国家达成了自由贸易协定。日本政府主要通过颁发出口许可证、关税配额制及关税壁垒来限制国外过多的乳制品进入到国内，在关税配额限制范围内，脱脂奶粉、全脂奶粉、奶油等乳制品的进口关税分别在0～35%之间，超出配额范围的进口关税高达210%以上。

5.乳品质量安全相关政策

目前欧盟拥有世界上最完善的乳品质量安全监管体系，现阶段食品卫生新法规已全部生效，其中提倡“农田到餐桌”的管理模式，从生产到消费各个环节设立产品标识来加强对乳品质量监管。1993年《通用食品卫生规定》、1996年《欧盟食品卫生法》、2000年《欧洲食品安全白皮书》、2002年《食品法规一般原则和要求》等都对乳制品的生产、加工、销售进行了严格监管。

美国在1924年制定了5A级巴氏灭菌奶法令(简称PMO)，对乳制品的生产、加工到销售各个环节都严格控制，颁发许可证及规定罚款条例。经过多次修改，PMO现已成为美国奶业最受尊重的法规。1936年美国《联邦法规》中第21卷涉及乳制品的规定，其中包括兽药残留、食品添加剂等多种内容，进一步完善对乳制品质量的管制。1980 年美国逐步推行 HACCP 管理来强调预防为主的食品安全管理理念。2003 年出台《乳制品检验标准方法》等法规来明确乳品各项检验与监督，体现出对食品安全的重视。

新西兰的食品监管模式呈倒三角形，从上到下依次为消费者、企业、第三方实验室和监管者，通过《动物产品法》、《农业化合物和兽药法》、《食品法》及乳制品生产风险管理措施 RMP 等法律法规，保证该国乳品安全。

日本政府在 20 世纪 50 年代就颁布了《饲料品质改善法律》、《关于乳以及乳制品成分规格等省令》等政策法规对乳品质量加以监管。1995 年在《综合卫生管理制造过程》中要求乳品行业在内的 6 个行业应用 HACCP 系统，全面提高乳品卫生控制。2000 年雪印乳业事件引起日本政府高度重视，2003 年制定实施《食品安全基本法》重点强调食品安全风险。2009 年更新的《食品、食品添加剂等的规格和标准》中针对兽药残留制定了 418 项指标，全方位对乳品进行监管。

42.3　中国奶业政策概况

随着中国奶业的发展，中国先后出台了 17 个主要的奶业法规和政策，从奶牛养殖、乳品加工、乳制品流通、进出口贸易及乳品质量监控等 5 个环节加强政策对产业助推和护航。具体见表 42-2。

表 42-2　中国主要奶业政策一览表

序号	发布时间	政策名称
1	1958 年 8 月	《乳、乳制品质量标准及检验方法》
2	1984 年	《1991—2000 年全国食品工业发展纲要》
3	2003 年 4 月 6 日	《牛奶质量安全推进计划(2003—2007 年)》
4	2007 年 8 月 8 日	《奶牛良种补贴资金管理暂行办法》
5	2007 年 9 月 27 日	《关于促进奶业持续健康发展的意见》
6	2008 年 4 月	《中华人民共和国政府和新西兰政府自由贸易协定》
7	2008 年 9 月 21 日	《关于开展全国奶站专项整治行动的通知》
8	2008 年 10 月 9 日	《乳品质量安全监督管理条例》
9	2008 年 10 月 18 日	《乳制品行业整顿和规范工作方案》
10	2008 年 11 月 1 日	《奶业整顿和振兴规划纲要》
11	2009 年 6 月 1 日	《乳制品工业产业政策》
12	2010 年 6 月 8 日	《全国奶业发展规划(2009—2013 年)》
13	2010 年 9 月 16 日	《关于进一步加强乳品质量安全工作的通知》
14	2010 年 11 月 1 日	《企业生产婴幼儿配方奶粉许可条件审查细则》 《企业生产乳制品许可条件审查细则》
15	2011 年 4 月 11 日	《奶畜养殖和生鲜乳收购运输环节违法行为依法从重处罚的规定》
16	2012 年 4 月 1 日	《2012 年畜牧良种补贴项目实施指导意见》
17	2013 年 1 月 24 日	《进出口乳品检验检疫监督管理办法》

1. 奶牛养殖相关政策

国家为了促进奶牛养殖业增长方式的转变，2005 年出台了奶牛良种补贴政策，对奶牛散养户和规模养殖户均能享受此项政策，规定能繁母牛的冻精使用量为每年每头 2 剂，每剂补贴 15 元。

中国牛奶产量在近几年有大幅度上升，2011 年农业部出台的《全国畜牧业发展第十二个五年规划》

中提到,中国奶业发展目标是2015年产奶量达到5000万t。中国大部分地区奶牛散养户居多,规模化养殖较少。2004年国家为了加快畜牧业规模化生产,农业部制定了《关于推进畜禽现代化养殖方式的指导意见》,2011年再次下拨5亿元资金用于规模化牛场的建设,使奶牛规模化小区正常运行。

2.乳制品加工方面相关政策

乳制品加工企业在整个奶业产业链中扮演着重要的角色,既要面向养殖小区、奶站,又要面向消费者。2008年的三聚氰胺事件,给中国奶业带来严重打击。2008年10月相关部门颁布了《乳制品行业整顿和规范工作方案》,加大了对乳品加工企业的整顿力度,同年11月农业部又颁布了《生鲜乳生产收购管理办法》,明确了生鲜乳收购、加工、运输、销售等环节的责任。2009年《乳制品工业产业政策》提高了企业进入该行业门槛,保障奶业生产效益。

3.市场流通相关政策

奶业发展不仅要有广阔的消费市场,同时政府要竭力促进和推广乳制品消费。2000年8月,国家七部委共同组织实施"学生饮用奶计划",不仅有利于提高青少年的身体素质,更能扩大中国乳制品消费市场。2012年底,全国29个省区市660个市(县)共6万多所中小学推广实施了"学生饮用奶计划",日平均供奶量达到1800万份以上,同比增长114.1%①。近几年政府还鼓励鲜奶吧经营,场店一体、厂店一体、餐店一体的模式,这些有助于拓宽乳制品销售渠道,推进奶业一体经营。目前山东地区已经兴起这种奶业形态,由于刚起步,还需不断改进。重庆、陕西的"蛋奶工程",内蒙古的"一杯奶"行动也在实施中,进而扩大乳品市场流通的面积。

4.乳制品进出口贸易相关政策

在加入WTO前中国乳制品进口关税率处于较高水平,2000年奶粉的进口关税率为25%,2005年至今下调为10%[12],2013年中国对780多种进口商品实施低于最惠国税率的年度进口暂定税率,其中特殊配方婴幼儿奶粉关税从原来的20%降到5%。2008年与新西兰政府签订了自由贸易协定,并将在2019年前取消大部分新西兰进口产品关税。2011年中国进口乳制品数量增长,中国又提出将原产于新西兰的11个税号乳制品实施特殊保障措施,2013年国家质检总局颁布了《进出口乳品检验检疫监督管理办法》,严格规定了乳品进出口、风险预警、法律责任等细则,从而稳定中国乳品的进出口贸易。

5.乳品质量安全相关政策

三聚氰胺事件,给乳制品安全敲响了警钟,2008年国务院颁发了《乳制品质量安全监督管理条例》,2010年9月又再次发出《关于进一步加强乳制品质量安全工作的通知》,严格规定了乳制品生产要求,11月出台的《企业生产婴幼儿配方奶粉许可条件审查细则》与《企业生产乳制品许可条件审查细则》加大了对乳制品生产条件的审查及其产品生产许可的检验。同年农业部还提供生鲜乳质量安全监管项目资金1 500万元②。可见近几年国家加大了对乳制品质量安全的管理。

42.4 主要发达国家及中国相关奶业政策对比分析

1.中国奶业法律法规起步较晚,政策手段单一

从各国所出台的奶业法律法规时间来看,欧盟、美国、新西兰与日本这四个国家均比中国所出台奶业政策时间早,中国最早颁布的国家级标准是1958年的《乳、乳制品质量标准及检验方法》,起步较晚。此外,英国早在二战时期就提出儿童饮奶的重要性,日本在二战后也提出"一杯奶强壮一个民族"的口

① 数据来源:中国教育报。

② 项目资金1 500万元出自于农业部下发的《关于下达2011年畜牧业质量安全监督项目资金的通知》。

号，20 世纪 30 年代美国的“三杯奶”运动体现出国家对奶业发展的重视，中国的学生奶却是在 2000 年才提出的，远远落后于西方国家。

改革开放以来，中国虽然加快了奶业的发展，直到 2003 年才真正接连出台促进奶业发展政策，但政策手段还是比较单一。通过和发达国家对比，他们在促进奶业发展中采取牛奶生产配额、价格保护、国储奶粉，在乳品进出口贸易方面采用关税壁垒、出口补贴及进出口许可证等政策手段，而中国政府主要对乳品市场实行税收政策和基本补贴，乳品进出口贸易上主要是签订自由贸易协定，政策手段还不丰富。

2. 中国政府对奶业基础环节扶持力度不够，规模化养殖程度不高

奶牛饲养是奶业能否健康发展的关键环节，发达国家早在 20 世纪在良种繁育上建立专门的繁育体系，积极研究开发先进的配种技术，在对奶牛养殖场的良种补贴上提供大量的资金支持，中国的良种补贴从 2005 年才开始执行，据调研，到目前为止大多数奶农均享受到此项政策，但是经过多年的补贴，冻精的补贴额依旧没有变化，导致很多农户养殖水平不能大幅提高。

发达国家所出台的政策不仅是促进牛奶产量增加，更要使奶牛养殖实现规模化、产业化、集约化。中国近 10 年来出台了推进奶牛养殖规模化的相关政策，在政策的引导下，黑龙江，宁夏等当地政府也颁布了推进奶牛养殖规模化的相关政策意见，其中黑龙江 2011 年利用国家补贴资金新建规模化养殖场 320 个，但从整体上看，全国大多数地区还是处于饲养规模小、分布零散的状态，比如新疆、贵州等地区。与此同时，现有的畜牧法中对形成规模化养殖没有门槛限定。从表 42-3 可以看出，中国与发达国家相比，牧场数量最多，平均规模头数却最少，规模化最高的国家是新西兰，其次是美国，该国提倡工业化养殖，对规模化养殖场提供现代化牛舍和喂养机械，这些政策都是值得我们借鉴。

表 42-3　2011 年中国与发达国家的奶牛养殖规模比较

项目	国家				
	欧盟	美国	新西兰	日本	中国
牧场数量/个	1 038 700	51 481	11 735	21 000	2 310 128
平均规模/头	22	179	386	70	7

资料来源：调研搜集数据。

3. 中国乳品质量监管体系不完善，监管力度有待于加强

在乳制品质量安全监管方面，很多发达国家早在 20 世纪就对此颁布了许多条例来严格监管乳制品安全，保证消费者能喝上放心奶。美国、日本等国家在 20 世纪初就对乳制品质量安全高度关注，在乳品生产、加工、销售各环节均有严密细致的监管，提倡从农场到餐桌理念。中国政府部门所出台的一系列乳品质量安全相关政策却是在 2008 年三聚氰胺事件发生后，政策才加强监管力度，但是在乳品监管体系中，还存在职能重复、监管力度不大、惩治不严等现象，导致信息不对称，许多标准未得到执行。此外，中国只在生奶中规定了农兽药残留标准，而乳制品检验中缺乏相应标准。2008 年后依然出现大大小小的乳品质量安全事件，如圣元奶粉事件、老酸奶事件等，体现出现阶段乳品质量监管的漏洞与缺陷，应加强完善。

4. 中国奶业技术创新激励政策缺乏，技术创新与推广力度不够

从发达国家的奶业政策看出，新西兰政府出台的奶业政策比较注重奶业技术的创新与推广，中国在奶业技术研发和推广上进度较缓慢，近年来所出台的政策几乎都是关于乳制品质量监管，而奶牛养殖本身又需要先进的科学技术作为支撑。新西兰在奶牛饲养上采用天然放牧的形式，而中国的大多数奶牛养殖户仍然是保持长期圈养，使奶牛不能健康生长。中国在治疗奶牛药物的研发上没有重大突破，造成许多奶农滥用药物，影响奶质。此外，在奶业技术创新上缺乏奶牛专业技术人员及推广人员，影响了中

国奶业技术发展。

42.5 发达国家奶业政策对中国奶业的借鉴

1.加大奶业政策扶持力度,促进奶业发展

为了使中国奶业能健康持续发展,政府应加大政策扶持力度,重新定位良种标准,提高良种质量及补贴额度,对进口的性控精液给予定额补贴,增加对挤奶机械补贴、保险补贴,大力提倡种养结合模式,借鉴新西兰人工草场经验,出台相应配套措施。在乳品消费方面,中国政府不仅要大力推进学生奶工作,还要扩大鲜奶吧、蛋奶项目的实施。将乳制品推广到农村,增强农村居民乳品消费意识,加大乳制品宣传面积。在进出口方面,中国政府通过增加关税配额,来限制乳制品进口,保护国内乳品加工企业的发展。培养一批精通 WTO 规则的人才,设定严格的乳制品进口市场准入制度。政府积极鼓励国内居民购买国产奶粉,提高出口国产奶粉退税率和增加出口补贴,扩大对国产奶粉的出口量,促进中国奶业发展。

2.全面形成规模化养殖,提高饲养门槛

针对中国奶牛养殖散而小的情况,应全面推行规模化养殖,对搬迁的牛场应该开具牛群流动证明,保证奶牛检疫合格,防止病原传染。提高奶牛养殖的门槛,对饲养人员发放从业资格证书,政府对规模化牛场要进行配套监控,包括人工、土地配额、饲料、营养、配种、检疫等方面。可以出台关于奶牛规模化养殖的各种条例规范,把奶牛场每天的生产经营情况公布在互联网上,使信息透明化。同时全面推进规模化进程,借鉴日本经验,加强奶牛饲养环境保护的法律法规建设。

3.完善乳制品监管检测体系,保证乳品质量安全

奶业产业链中的各个环节均影响着乳制品质量安全,近年来中国政府也加大了管制力度,为了确保不再发生三聚氰胺事件,中国政府应该充分完善乳制品质量监管体系,明晰各部门的职能监管,对有漏洞的质量法规条例重新修正,比如所有兽药上必须规定标有休药期、明确乳品的运输检疫证等。可以借鉴美国经验,严惩违法犯罪分子,借鉴新西兰的倒三角形食品监管模式,将消费者、企业、第三方实验室统一联合监管。建立健全乳品质量安全可追溯体系及风险预警机制,防止乳制品质量安全事件再次发生。

4.加强现代奶牛产业科技建设,满足产业技术需求

科学技术是第一生产力,技术引领行业发展。中国政府必须加强对奶业科技的资金投入,建立现代奶牛产业科技体系,将科技研发提高到更高层次。全面开展奶牛养殖的技术推广,加快研发良种繁育、饲料营养、疫病防控等关键技术。重点培训优质冻精改良技术、奶牛群体改良技术、全混日粮饲养技术、无公害牛奶生产技术等先进技术。此外可以与农科院校联合培养懂技术、会经营的奶牛专业从业人员,深入实地为奶农养殖进行技术指导,提供先进的技术支持,为奶农在奶牛饲养中积累专业经验,从而满足奶业技术需求。

(刘芳团队)

参 考 文 献

[1] 毕宇晓.泰安市泰山区奶业发展研究[D].山东农业大学,2009(4):21-43.

[2] 曾悦，洪华生，曹文志，等.畜禽养殖废弃物资源化的经济可行性分析[J].厦门大学学报:自然科学版，2004，43:195-200.

[3] 陈爱成.层次分析法在中小企业成长性分析中的运用[J].中国商贸,2012,02:103-104+132

[4] 陈兵,毕鉴锟,等.2013 年国际奶业形势分析及展望[J].中国奶牛,2014(07).46-53.

[5] 陈静.新疆乳制品行业竞争与研究[D].新疆农业大学,2005:32-36.

[6] 陈晓兰,刘建冰,毕晓霞.基于 AHP 法的山东省中小企业成长性评价研究[J].山东财政学院学报,2008,03:39-42

[7] 陈晓明.规模奶牛场粪污处理与环境保护状况调查报告[J].中国乳业，2012，(10):19-20.

[8] 陈又星,徐辉,产业损害预警模型构建及其模糊定量测评[J].资源与产业,2009(06).

[9] 程海峰,吕道明.基于层次分析的企业成长性评价模型[J].统计与决策,2005,17:16-17.安全监测及预警系统的构建,洛阳理工学院学报(社会科学版)[J].2010(02).

[10] 崔璐,钟书华.基于层次分析——灰色关联度综合评价法的高技术中小企业成长性测度[J].科技进步与对策,2011,24:148-152.

[11] 付凤生,杨怀伟,安艳松,等.北京房山区环境对奶牛养殖承载力的研究[J].中国奶牛，2009,(12):60-63.

[12] 葛锐.黑龙江省奶业可持续发展评价研究[D].黑龙江:东北农业大学,2013

[13] 龚福和,高娟.基于因子分析法的中小制造企业成长性研究[J].西安工业大学学报,2013,01:46-51.

[14] 韩柱.日本奶业发展政策及启示[J].黑龙江畜牧兽医,2013(2):27-29.

[15] 何奕佳.AHP 层次分析法在企业成长性综合评价中的应用[J].科技信息,2008,34:163-164

[16] 胡冰川,刘玉满,李静.中国乳业发展及贸易现状和相关政策变化[J].中国畜牧杂志,2009(45):24.

[17] 黄景晟.中国乳制品与美国乳制品监管的比较及建议[J].广东化工,2012(18):73-77.

[18] 黄潇.基于因子分析的企业成长性实证研究——以民营房地产上市公司为例[J].商业文化(上半月),2012,04:31-32.

[19] 李金洲,周敏倩.基于因子和判别分析的医药行业上市公司成长性综合研究[J].现代管理科学,2008,01:70-71+82.

[20] 李胜利，刘玉满，等.2013 年中国奶业回顾与展望[J].中国奶牛，2014，(5):1-6.

[21] 李胜利,王林昌,等.从美国奶业发展看中国奶业[J].中国畜牧杂志,2007(43):1-9.

[22] 李晓非,赵祥,等.基于因子分析的高技术企业成长性特征研究[J].统计与信息论坛,2008,09:81-84.

[23] 李益娟.基于 Logistic 回归模型的上市公司成长性判定[J].财会月刊,2009,06:64-66.

[24] 李长春,程燕.基于突变级数法的农业上市公司成长性评价[J].统计与决策,2011,19:156-159.

[25] 刘芳,等.北京奶业经济发展研究[M].北京:中国农业出版社,2013,79-80.

[26] 刘芳,危薇,何忠伟,杨宇泽.北京奶业市场竞争力研究[J].中国食物与营养,2014,20(5):16-20.
[27] 刘芳,张存根.中国肉羊产业国际竞争力研究[M].中国农业出版社,2006:36-49.
[28] 刘淑梅.中国农业竞争力评价与提升对策研究[D].吉林大学,2013(6):115-142.
[29] 刘树枫,袁海林.环境预警系统层次分析模型[J].陕西师范大学学报(自然科学版),2001(S1).
[30] 刘心谅.基于指标体系的河北省乳制品工业竞争力评价研究[D].河北经贸大学,2011:28-41.
[31] 刘玉满,李胜利.中国奶业经济研究报告 2011[M].中国农业出版社,2012:175-222.
[32] 路遥,王奇,等.世界主要乳制品生产国的乳业制度与政策回顾[J].中国畜牧杂志,2012,22(48):55-58.
[33] 孟雪.从乳品安全角度分析中国乳制品进出口贸易[D].东北财经大学.
[34] 牟海日.考察罗马尼亚奶牛养殖业后的思考[J]. 中国乳业,2014,(2):74-74.
[35] 沙淼.2013 年世界乳业形势[J].中国乳品工业,2014(09):60-64.
[36] 邵立民.我国粮食安全预警系统研究[J].农业经济与管理,2011(02).
[37] 孙桂兰.论乳制品进口过快增长对我国奶业发展的影响[J].赤峰学院学报(自然科学版),2015(04):116-118.
[38] 王莉,曹志军.世界及中国奶业形势分析及趋势展望[J].中国畜牧杂志,2009(06):28-32.
[39] 王明明,李江.我国乳业技术追赶中的产业政策作用研究[J].科技管理研究,2011(3):52-55.
[40] 王世昆,刘国燕,等.华北地区奶业区域竞争力评价体系构建及实证分析[J].河北经贸大学学报,2011(6):93-96.
[41] 王世群,李文明.奶业支持政策:美国的经验与启示[J].农业经济,2010(10):28-30.
[42] 王秀东.日本乳业补贴对中国的借鉴研究[J].经济研究导刊,2011(3):193-194.
[43] 王毅,朱有志,唐之享.中国产业安全报告:预警与风险化解[M].北京:红旗出版社,2009.
[44] 危薇,刘芳.中国奶业国际竞争力研究[J].世界农业,2013(8).
[45] 魏秀芬.乳制品进口对我国乳业发展的影响及有关政策建议[J].中国奶牛,2013(12):01-05.
[46] 徐爱国.大庆市奶业市场竞争力的系统研究[D].黑龙江八一农垦大学,2009(6):21-40.
[47] 徐春霞,曾昭春,等.河北省水产养殖安全预警子系统的构建[J].中国渔业经济,2011(02).
[48] 于春英,张瑞梅,等.关于我国奶牛业的思考——加拿大奶牛业考察后有感[J].中国乳业,2011,(2):70-72.
[49] 于永达,戴天宇,等.反倾销理论与实务[M].北京:清华大学出版社,
[50] 袁燕华.食用菌产业可持续发展指标体系研究[J].农村经管,2010,2:11.
[51] 云振宇,刘文,等.欧盟乳制品质量安全监管机构及法规标准体系概述[J].中国乳品工业,2010(3):41-44.
[52] 张倩. 基于突变级数法的中小企业成长性评价模型及应用[J]. 财会通讯,2011,32:56-57
[53] 张双凤,孙佩卿,等.基于层次分析法的地震预警分级研究[J].地震研究,2011(03).
[54] 张文兵.战略性贸易政策影响奶业国际竞争力的实证研究[J].华南农业大学学报,2005(4):60-63.
[55] 张希颖.中国乳制品国际竞争力研究[J].特区经济,2007(7):285-286.
[56] 张昱.农产品市场竞争力的理论与实证分析[D].浙江大学,2003(4):40-46.
[57] 赵梦珺.用钻石模型分析中国奶业竞争力现状[D].首都经济贸易大学,2005:39-40.
[58] 赵同刚.对新西兰乳制品监管现状的法律思考[J].中国卫生法制,2011(19):29-30.
[59] 周俊玲.发达国家乳制品质量安全控制的主要经验[J].国外农业,2011(1):37-38.
[60] 朱星宇,陈勇强.SPSS 多元统计分析方法及应用[M].清华大学出版社,2011:241.
[61] 朱颖超.我国石油工业可持续发展评价与预测研究[D].北京:中国石油大学,2010

[62] F. Full et al. Got milk? The rapid rise of China's dairy sector and its future prospects[J]. Food Policy, 2006 (31): 201-215.

[63] LueioBrunale. Private Sector Participation in the Brazilian Agricultural Research System: Case studies from the cotton and dairy industries [D]. Australia: University of Queensland, 2006(12): 39-56.

附录　产业经济岗研究成果

成果一　已发表文章

1. 任娇;何忠伟;刘芳. 美国农业人才培养对中国现代农业人才培养改革的启示. 世界农业,2016.

2. 栗卫清;刘芳;何忠伟. 我国农村乳制品需求的影响因素研究. 中国奶牛,2016.

3. 陈吉铭;王琛;何忠伟;刘芳;何向育. 北京奶牛产业链利润分配机制研究. 中国畜牧杂志,2016.

4. 韩啸;余洁;刘芳;何忠伟. 中国奶粉进口市场势力分析. 农业展望,2016.

5. 王琛;何忠伟;刘芳. 农林类高校研究生教育管理工作研究. 教育现代化,2016.

6. 王敏;何忠伟;刘芳;陈吉铭;何向育. 新西兰奶业发展现状及经验借鉴. 世界农业,2016.

7. 韩啸;余洁;刘芳;何忠伟. 进口价格波动对中国乳制品进口来源布局的影响研究. 中国畜牧杂志,2016.

8. 王惠惠;刘芳;王琛;郭江鹏. 中新、中澳自由贸易区对中国奶业的影响研究. 世界农业,2016.

9. 何向育;何忠伟;刘芳;陈吉铭. 北京市奶牛养殖融资问题研究. 中国食物与营养,2016.

10. 康海琪;刘芳;何忠伟. 基于 DEA 交叉模型的乳制品企业效率测量研究. 中国畜牧杂志,2016.

11. 刘芳;白燕飞;何忠伟. 世界乳制品贸易发展趋势及对中国奶业的影响研究. 世界农业,2016.

12. 刘芳;范宣丽;郭江鹏;何忠伟. 中国奶牛养殖时空变化及影响因素研究. 中国畜牧杂志,2016.

13. 范宣丽;白艳娟;何忠伟;刘芳. 区域经济社会发展评价指标体系构建研究. 科技和产业,2016.

14. 康海琪;韩啸;刘芳;何忠伟. 中国奶价波动分析:基于 GARCH 类模型. 中国畜牧杂志,2016.

15. 张振;刘芳;康海琪;何忠伟. 稳定中国奶业发展的实证分析——基于内蒙古自治区的相关调查. 农业展望,2016.

16. 刘芳;王泽;何忠伟;王秋菊. 北京奶业可持续发展评价研究. 中国畜牧杂志,2016.

17. 何忠伟;刘芳;吴夏梦. 基于 SEM 的国内外乳制品择定模式研究——基于北京 506 个消费者样本的调研. 农业技术经济,2016.

18. 陈吉铭;何忠伟;王琛;刘芳. 基于京津冀一体化的乳制品冷链物流发展研究. 中国畜牧杂志,2016.

19. 何忠伟;罗丽;刘芳. 养殖户畜禽疫病防控水平及其影响因素分析. 湖南农业大学学报(社会科学版),2016.

20. 罗小红;何忠伟;刘芳. 中国奶业区域布局及发展研究. 农业展望,2016.

21. 张春磊;刘芳. 国家现代农业科技城中介服务需求分析. 农业展望,2016.

22. 罗丽;刘芳;康海琪;何忠伟. 北京市畜禽养殖疫病防控的影响因素研究——基于最优尺度回归分析. 中国畜牧杂志,2016.

23. 康海琪;刘芳;何忠伟. 内蒙古家庭牧场面临的问题与对策. 中国奶牛,2016.

24. 罗丽;刘芳;何忠伟. 重大动物疫情公共危机下养殖户的疫病防控行为研究——基于博弈论的分析. 世界农业,2016.

25. 张孟骅;刘芳;何忠伟. 北京"互联网+休闲农业"新模式探讨. 农业展望,2016.

26.栗卫清;刘芳;罗丽;康海琪;何忠伟.北京沟域经济发展趋势分析.科技和产业,2016.

27.范宣丽;何忠伟;刘芳.乳制品进口激增背景下中国乳制品加工企业时空变化及影响因素研究.世界农业,2016.

成果二　软件

1. 示范牛场信息采集平台,支撑北京示范牛场动态监测;

2. 乳制品价格采集平台,支撑北京终端乳制品价格信息监测;

3. 中国奶牛产业损害预警平台,从国内外一体化市场视角,全面监测奶业的市场变动,并开展乳制品进口对中国奶业的损害冲击评估及预警工作。

成果三　著作

1.北京奶业市场竞争力研究,中国商务出版社,2016 年 4 月;

2.北京奶牛养殖业水资源利用绩效研究,中国农业出版社,2016 年 8 月;

3.国际化背景下中国奶业时空变化与影响机制研究,中国商务出版社,2016 年 11 月;

4.中国奶牛养殖户生产效率研究,中国农业出版社,2016 年 1 月;

5.北京奶业可持续发展研究,中国商务出版社,出版社编校中。

成果四　获奖

1.外来畜禽遗传资源对中国畜牧业发展的影响研究,北京市第十四届哲学社会科学优秀成果奖——管理学二等奖,2016;

2.家庭农场经营管理学,全国高校农业经济管理类本科教学改革与质量建设优秀成果奖,2016;

3.农村统计与调查,全国高校农业经济管理类本科教学改革与质量建设优秀成果奖,2016。

成果五　其他

1. 协助首席办组织完成了“北京北京奶牛、肉牛、肉羊供给侧改革调研”,并提交《北京北京奶牛、肉牛、肉羊供给侧改革研究报告》(1.3 万字);

2. 撰写“关于北京推行奶业政策性保险的建议”;

3. 负责完成北京奶牛产业技术研究进展(2012—2106)——产业经济部分;

4. 北京市 2016 年第一季度畜牧生产形势分析会议,并做题为“北京奶业发展形势与供给侧改革探讨”的报告;

5. 不定期提供产业宏微观数据信息。